Barbara Fornefeld

"Elementare Beziehung" und Selbstverwirklichung geistig Schwerstbehinderter in sozialer Integration

Reflexionen im Vorfeld einer leiborientierten Pädagogik

Barbara Fornefeld

"Elementare Beziehung" und Selbstverwirklichung geistig Schwerstbehinderter in sozialer Integration

Reflexionen im Vorfeld einer leiborientierten Pädagogik

verlag mainz
Wissenschaftsverlag, Aachen

Die Deutsche Bibliothek - CIP-Einheitsaufnahme

Fornefeld, Barbara:
"Elementare Beziehung" und Selbstverwirklichung geistig Schwerstbehinderter in sozialer Integration : Reflexionen im Vorfeld einer leiborientierten Pädagogik / Barbara Fornefeld. - 4., unveränd. Aufl. - Aachen : Mainz, 1997
Zugl. : Köln, Univ., Diss., 1989
ISBN 3-925714-45-6

Die vorliegende Arbeit wurde von der Heilpädagogischen Fakultät der Universität zu Köln mit dem Gustav-Otto-Kanter-Preis für Behinderten-Studien 1989 ausgezeichnet.

4. Auflage 1997

Herstellung: Fotodruck Mainz GmbH
Süsterfeldstr. 83, 52072 Aachen
Tel. 0241/87 34 34

ISBN 3-925714-45-6

Vorwort

Die vorliegende Arbeit versucht, einen Beitrag zur Erfassung und Gestaltung der Erziehungswirklichkeit mit geistig schwerstbehinderten Menschen zu liefern, indem sie die konkret-erlebte Beziehung zwischen Schüler und Lehrer zum Anlaß der pädagogischen und didaktischen Reflexion nimmt. Sie steht am vorläufigen Ende eines intensiven Auseinandersetzungsprozesses, der vor acht Jahren in der Praxis begann und sich auf der vorwissenschaftlichen Ebene folgendermaßen beschreiben läßt:

> Große blaue Augen treffen mich, als ich Nils[1] zum ersten Mal in der Klasse begegne. Hoffnungsvoll erwidere ich seinen Blickkontakt. Hoffnungsvoll, weil dies mein erster Tag in einer neuen Schule, in einer neuen Klasse, bei mir zuvor wenig bekannten schwerstgeistigbehinderten Schülern ist.
> Doch nach einer kurzen Weile des gegenseitigen Anschauens umfängt mich eine seltsame Beklommenheit: Seine Augen blicken starr auf meine, tasten weder mein Gesicht noch meine Gestalt ab; Nils ist nicht an der Person, die sich in meinen Augen ausdrückt, sondern nur am Bild meines - irgendeines - Augenpaares interessiert.
> Ich nehme ihn auf den Schoß, um durch Wiegen Kontakt zu ihm zu bekommen. Aber Spasmen bewirken, daß sich Hals und Extremitäten überdehnen, und er antwortet mit lautem Stöhnen, unartikuliertem Schreien und Haareraufen.
> Während ich ratlos und betroffen über Nils' unerwartete Reaktionen neben seinem Bett knie, berühren behutsam ein paar Finger meinen Rücken. Gleichzeitig höre ich immer lauter werdende schlürfende Geräusche hinter mir. Als ich mich umwende, sehe ich Anna auf dem Boden hocken. Sie drückt eine Hand tief in ihren Rachen, wobei ihr Speichel aus dem Mund fließt. Ich versuche, ihre mir entgegengestreckte Hand zu ergreifen, doch sie zieht sie zurück und rutscht auf den Knien hinter meinen Rücken. Diese Szene wiederholt sich jedesmal, wenn ich mich zu ihr hinwende.
> Sie scheint meinen Blick, mein **Ansehen** nicht ertragen zu können. Der Rücken dagegen ist eine Komponente ihrer stereotypen Autostimulation. Erst durch das Berühren eines Rükkens erhält das Halsdrücken seinen besonderen Reiz. Ihre leeren Augen und die starre Mimik machen mir gleich klar, daß es nicht **mein** Rücken ist, der ihr Tun bestimmt, sondern der Rükken an sich. Sie benötigt die 'Rückseite des Menschen', um sich mit sich und nicht etwa mit dem Anderen auseinanderzusetzen.

---

1 Anm.d.Verf.: Namen der Schüler aus Gründen des Datenschutzes geändert.

Soweit eine persönliche Aufzeichnung zu Beginn des Erziehungsprozesses, die einen ersten Eindruck von der schulischen Lebenswelt Schwerstbehinderter vermitteln soll. Sie zeigt darüber hinaus, wie schwierig es für den Lehrer hier ist, pädagogische Entscheidungen zu treffen, den Schüler Leben zu lehren und ihn, entsprechend dem Bildungsauftrag der Schule für Geistigbehinderte, zu 'Selbstverwirklichung in sozialer Integration' zu führen.

Im Schwerstbehinderten begegnet der Lehrer einem Menschen, den er nicht in der ihm vertrauten Weise anzusprechen vermag, der nicht erwartungsgemäß auf Kontakt- und Lernangebote reagiert und dessen Verhalten ihm anfangs unverständlich bleibt. Die pädagogischen Fähigkeiten des Lehrers, die sich in der Erziehung Geistigbehinderter als zweckmäßig erweisen, scheinen angesichts der Schwere der Behinderung dieser Schüler wenig wirkungsvoll zu sein. Zurückweisung seitens des behinderten Kindes, denn als solche interpretiert der Lehrer dessen Verhalten meist anfänglich, und das Unvermögen, pädagogische Erwartungen zu realisieren, bewirken eine komplexe Beziehungsstörung zwischen Schüler und Lehrer und führen den Erzieher schließlich an seine eigenen Grenzen: Grenzen des Wissens, Verstehens, Erlebens und Handelns.

"*Grenzen in der Erziehung*", so läßt sich mit BUNDSCHUH vorab festhalten, "*erweisen sich als subjektiv bedeutsam, sie hängen von psycho-physischen Bedingungen, vom individuellen Empfinden und Wahrnehmen sowohl des Erziehers als auch des Kindes ab. Grenzen in der Erziehung können sich im drohenden Abbruch des Verhältnisses bzw. der Beziehung zwischen Lehrer und Kind bewegen. Das Bewußtsein solcher Grenzen kann nicht als pädagogisch verwerflich, vielmehr als in höchstem Maße pädagogisch sinnvoll und wünschenswert betrachtet werden. Der Konflikt wird zu einem pädagogischen Prozeß.*"[2]

Doch als solcher wird die Grenzsituation bisher kaum erkannt, weil es für den Lehrer schwierig ist, sich die eigenen pädagogischen und persönlichen Grenzen bewußt zu machen, sie zu akzeptieren und nicht vorschnell und entlastend eine Schuldzuschreibung in Richtung Schüler vorzunehmen. Der Konflikt ist als pädagogischer Prozeß zu erkennen, damit neue Wege zur Überwindung der bestehenden Beziehungsstörungen gefunden werden und kindgemäße Förderung beginnen kann.

"*Verstehen heißt Antworten*"[3], sagt BODENHEIMER, und Beziehung ist nichts anderes als verstehendes Antworten. Erst wenn wir erkannt haben, daß Verstehen und Antworten im BODENHEIMERschen Sinne wesensgleich sind, wird es möglich, einen Zugang zum schwerstbehinderten Menschen zu finden und **mit ihm** eine ihm adäquate Erziehung zu erreichen. Um diesen Fragenhorizont wird es in der vorliegenden Arbeit gehen.

---

[2] BUNDSCHUH,K.: *Grenzen in der Erziehung*, in: ADAM, HUSSLEIN; PFEFFER (Hrsg.): *Erziehen als Beruf*, Würzburg 1987, 83

[3] BODENHEIMER,A.R.: *Begleiten-Erweitern-Stören: Die drei Grundformen aller Beziehung*, in: BÄCHTOLD, JELTSCH-SCHUDEL, SCHLIENGER: *Sonderpädagogik - Handlung, Forschung, Wissenschaft*, Berlin 1986, 109

Danken möchte ich an erster Stelle meinen Schülern, für die unzähligen beruflichen und persönlichen Erfahrungen, die letztlich zur Innovation meines Denkens und Handelns führten und die Grundlage der Arbeit bilden.
Mein ganz besonderer Dank gilt Herrn Professor Dr. W. Dreher, der mich zu dieser Arbeit ermutigte und sie von Anfang an mit viel Interesse und Anregungen begleitet hat. Die vielfältigen Gespräche mit ihm trugen dazu bei, daß ich die Beziehung zwischen Schüler und Lehrer in ihrer existentiellen Relevanz erkennen, theoretisch begründen und sie in einem größeren didaktischen Zusammenhang verstehen lernte.
Herrn Professor Dr. A. R. Bodenheimer, dessen Beziehungstheorie mein Denken, aber auch meine praktische Tätigkeit maßgeblich beeinflußte, gab mir während dreier gemeinsam gestalteter Seminare an der Universität zu Köln wichtige Anregungen zum Weiterdenken. Vor allem bestärkte er mich, unter der speziellen Schwerstbehindertenproblematik eine Abgrenzung von seiner Lehre zu versuchen, wofür ich ihm hier noch einmal herzlich danke.
In meinen besonderen Dank möchte ich auch Herrn Professor Dr. M. Hahn einschließen, der meine Arbeit in verständnisvoller Weise mitbegleitet hat, stets für Fragen offen war und mir mit seinen z.T. unveröffentlichten Schriften wichtige Impulse gab.
Wesentliche Anregungen für die phänomenologische Fundierung meiner Arbeit erhielt ich durch die Habilitationsschrift von Dr. W. Pfeffer, die mir Herr Professor Dr. A. Möckel freundlicherweise vor der Drucklegung zur Verfügung stellte.

INHALTSVERZEICHNIS

II. BIOGRAPHISCH - PÄDAGOGISCHER TEIL

III. DIDAKTISCH - METHODISCHER TEIL

0.1 Einführung in die Problemstellung

Die vorliegende Arbeit ist das vorläufige Ergebnis eines langen Prozesses praktischer, theoretischer und metatheoretischer Auseinandersetzung mit den konkreten Beziehungserfahrungen, die ich im Laufe mehrerer Jahre mit und durch meine schwerstbehinderten Schüler machte. Sie zu verstehen und in ihrer pädagogischen Wirkung zu erfassen, war primäres Ziel innerhalb eines größeren schwerstbehindertenpädagogischen Kontextes, und erst langsam, schrittweise, kristallisierte sich die heutige Problemstellung heraus. Praktisches Erleben, Überdenken und wissenschaftliche Reflexion ergänzten hierbei einander und führten durch das Erscheinen der diversen lebensweltlichen Ebenen, auf denen sich zwischenmenschliche Beziehung zu konstituieren vermag, zu einer weiteren Ausdifferenzierung. Vor diesem gewachsenen Hintergrund, quasi der eigenen Geschichte der Arbeit, müssen Zielsetzung, Struktur und insbesondere Methode der Erörterung gesehen werden. So wechseln spätere mit früheren Teilen oder werden ältere, seinerzeit abgeschlossene Passagen der Aktualität wegen durch neuere Veröffentlichungen ergänzt, wobei hier natürlich, leider, eine willkürliche Zäsur gesetzt werden mußte, da das gesetzte Zeitlimit sonst nie hätte eingehalten werden können. Schon allein hierdurch impliziert die Arbeit aber auch Dynamik, fordert durch ihre phänomenologische Ausrichtung, das Aufzeigen existentieller Dimensionen im Erziehungsprozeß, zum Weiterdenken in Richtung einer leiborientierten Pädagogik auf.

Um Zielsetzung und Aufbau der Arbeit in ihrem konkreten schul- und unterrichtsbezogenen, also vorwissenschaftlichen Kontext transparent zu machen, ist es erforderlich, einige zentrale Phasen dieses Auseinandersetzungs- bzw. Suchprozesses zu skizzieren. Diese subjektive Beschreibung hat demnach repräsentativen Charakter, verdeutlicht erste grundsätzliche Probleme der Erziehung Schwerstbehinderter und belegt die Notwendigkeit der Eingrenzung auf die besondere Beziehungsthematik.

In der ersten Zeit meiner praktischen Tätigkeit, geprägt von Erfahrungen, wie ich sie im Vorwort beschrieben habe, beschäftigte ich mich intensiv mit der 'Basalen Stimulation' FRÖHLICHs, die ich als Förderansatz bei Übernahme der Klasse[1] vorfand. Er lieferte mir zunächst viele konkrete Anregungen für den Unterricht, für Stimulationen, die alle Sinnesbereiche des

---

[1] Anm.d.Verf.: Die Klasse bestand zunächst aus sechs, später aus acht sieben- bis sechzehnjährigen Schülerinnen und Schülern mit unterschiedlichen Behinderungsausprägungen und -kombinationen. Durch Umzug, Integration in andere Klassen der Schule und Tod zweier Schülerinnen änderte sich die Zusammensetzung der Klasse während der knapp sieben Jahre meiner Tätigkeit häufig. Der Wechsel der Mitarbeiter (Fachlehrerinnen, Kinderkrankenschwestern, Krankengymnastinnen und Zivildienstleistende) war ebenso groß, was sich nicht nur als organisatorisches, sondern vor allem als lernpsychologisches Problem erwies. Im letzten Schuljahr erhielt die Klasse einen zweiten Sonderschullehrer, der nach meinem Ausscheiden die Leitung übernahm.

kindlichen Körpers aktivierend berücksichtigten. Gleichzeitig wurde es mit seiner Hilfe möglich, den eigenen gewohnten Anspruch an Unterricht zu reduzieren und neue Akzente zu setzen. Doch nach einigen Monaten stellte ich fest, daß die Schüler zwar auf das Reizangebot reagierten, ihr Verhalten sich aber nicht änderte, sie immer wieder in ihre Autostimulation oder -aggression verfielen und nicht der kleinste Lernzuwachs zu beobachten war. Die Sinnhaftigkeit meiner Förderung wurde mir zunehmend zweifelhafter, und ich suchte nach weiteren Anregungen.

Mein damals primär didaktisch-methodisches Interesse richtete sich auf aktuelle Veröffentlichungen aus der Schwerstbehindertenpädagogik[2] und auf praktische Anregungen aus dem Frühförderbereich[3], ohne aber auch hier Lösungen für meine Probleme zu finden. In meiner Ratlosigkeit las ich begierig alles, was ich zu diesem Thema fand, hoffend, endlich das zu finden, was ich suchte, und doch nicht wissend, was ich tatsächlich suchte.

Zur gleichen Zeit nahm ich an dem Schulversuch "*Entwicklung von Modellen zur pädagogischen Förderung schwer geistigbehinderter Schüler an Schulen für Geistigbehinderte*", an der Universität zu Köln, unter Leitung von Prof. Dr. Dreher teil. Hier lernte ich u.a. die materialistische Behindertenpädagogik JANTZENs und FEUSERs kennen, die mich soziale Bedingungen als isolierende Faktoren und Mitkonstituenten der Behinderung stärker ins Blickfeld rücken ließen. Trotz intensiver Auseinandersetzung und Austausch mit den am Projekt beteiligten Kollegen gelang es mir nicht, die theoretische materialistische Konzeption im Unterricht zu realisieren. Das Gefühl, die Schüler mit meinem Tun nicht zu erreichen, blieb. Sie ließen die Handlungen, von der sensoriellen Anregung bis zu Aktivierungshilfen, an sich geschehen; war die 'pädagogische Aktion' beendet, schienen sie wieder in ihre Welt zu versinken, von der wir Erzieher ausgeschlossen blieben.

Mir wurde nach etwa einem Jahr bewußt, daß ich nur dann etwas ändern konnte, wenn ich meinen eigenen Aktionismus reduzierte und mich mit meinem Verhältnis, meiner Einstellung zu den Schülern auseinandersetzte. Ich befand mich, bildlich gesprochen, auf dem Scheideweg. Entweder gelänge es mir durch erneute aber andersartige Reflexion einen Weg mit und für die Schüler zu finden, oder ich müßte mich wie meine Vorgänger ebenfalls 'geschlagen' geben.

PFEFFER beschreibt die persönliche Situation, in der sich der Lehrer angesichts der Schwere der Beeinträchtigung seiner Schüler und der eigenen Hilflosigkeit befindet, wie folgt, wobei seine Ausführungen gleichzeitig meine subjektive Darstellung stützen: "*Die Begegnung des Erziehers mit schwer geistig behinderten Kindern und Jugendlichen bleibt nicht ohne tiefgreifende Auswirkungen auf die Persönlichkeit des Erziehers. Allgemein gilt der Erzieher als entwickelte und gefestigte Persönlichkeit, die durch Erziehung und Entwicklung der zu Erziehenden wichtige Impulse gibt, ohne sich dabei jedoch selbst in einschneidender Weise zu verändern. ... (I)m Falle der Erziehung*

[2] Anm.d.Verf.: z.B. BREITINGER/FISCHER 1981, HAUPT 1982, DREHER 1979, MÜLLER 1982, HAHN 1979, TUCKERMANN 1978, WARWEG 1982, RICHTER 1980, KANE/KANE 1978

[3] Anm.d.Verf.: z.B.SCHMITZ 1976, GÜNZBURG 1978, STRASSMEIER 1981, KIPHARD 1980, OHLMEYER 1979

schwer geistig Behinderter sehen sich die Erzieher vor Probleme gestellt, die ohne tiefgreifende Veränderungen in der Persönlichkeit des Erziehers nicht zu lösen sind. Die notwendigen Veränderungen beziehen sich nicht etwa nur auf den Erwerb neuer pädagogischer und didaktischer Fertigkeiten, sondern auf zentrale Dimensionen der Persönlichkeit."[4]

Mir wurde damals deutlich, daß meine Probleme weniger, um es mit den Worten PFEFFERs zu sagen, eine "*Sache von Unterrichtstechniken, von Organisationsformen des Unterrichtes*" waren, "*sondern mehr durch die Person des Lehrers, seinen Bezug zum geistig behinderten Kind und zur Welt bedingt zu sein*"[5] schienen. Die Lernwelt konnte für die Schüler nicht bedeutungsvoll werden, weil die Vermittlung zwischen ihm und dem Lehrer gestört war, weil zwischen beiden keine wirkliche Beziehung bestand. Aus psychoanalytischer Sicht weist PFEFFER auf die voraussetzende Funktion dieser Beziehung für das Lernen des Kindes, wenn er sagt: Die "*Weltzugewandtheit des geistig behinderten Kindes kann nicht als Ergebnis einer Bereizung im Sinne einer falsch verstandenen basalen Stimulation gesehen werden, sie ist - das lehrt uns die psychoanalytisch forschende Entwicklungstheorie - mehr Ergebnis einer Eltern-Kind-Lehrer-Schüler-Beziehung*"[6].
Doch wie war diese Lehrer-Schüler-Beziehung angesichts der vielfältigen Schwierigkeiten zu erreichen? Gab es überhaupt Möglichkeiten, das Entstehen von Beziehungen zu beeinflussen? Offene Fragen, auf die ich nicht im Denken, sondern durch das folgende Erlebnis mit der schwer körperlich und geistig behinderten, blinden Eva eine allererste Antwort fand. Ich habe damals notiert:

> Eva soll, auf meinem Schoß sitzend, unterschiedliche Matten selbständig betasten; eine ihr vertraute Lernsituation. Um sie zur Eigenaktivität zu motivieren, führe ich mit sprachlicher Unterstützung ihre Hand über die beiden Unterlagen. Doch Eva reagiert nicht wie gewöhnlich durch Klopfen mit den Fingerspitzen; sie scheint erwartungsvoll zu verharren; meine Motivationsversuche bleiben wieder wirkungslos. Ratlos unterbreche ich meine Demonstration. Ich weiß nicht mehr weiter.
> Während wir beide einen Augenblick still dasitzen, spüre ich plötzlich wie sich Evas Körperspannung - Eva hat eine Muskelhypotonie - erhöht. Sie hebt langsam ihren Kopf, der meist vornüber gebeugt hängt, und wendet ihn in meine Richtung, dabei seufzt sie tief. Erstaunt über dieses unerwartete Verhalten kann ich zunächst nur durch stilles Betrachten reagieren. Mit erneutem tiefen Seufzer läßt sie ihren Kopf rückwärts

---

[4] PFEFFER,W.: *Zur Entwicklung des Erziehers in der Erziehung bei schwer geistig Behinderten*, in: ADAM, HUSSLEIN, PFEFFER (Hrsg.): *Erziehen als Beruf*, Würzburg 1987a, 257

[5] PFEFFER, W.: *Die Bedeutung des Selbstseins im Unterricht mit Geistigbehinderten*, in: Zt. Geistige Behinderung, 4/1982a, 247

[6] ebd. 1982a, 247

> gegen meine Schulter fallen. Diese Geste und ihr glücklicher Gesichtsausdruck treffen mich zutiefst, rühren mich an und ich antworte, indem ich ihr behutsam über die Wangen streichele. Ihre Augen, die sonst matt sind, erfüllen sich mit Glanz und ein erneuter tiefer Seufzer ergreift mich. Auf diesen Anruf antworte ich mit einem Schnalzlaut, den sie ihrerseits zurückgibt.
> Wir führen unseren Lautdialog von Anrufen und Antworten noch eine Weile fort, bis wir von der Schulglocke, die das Unterrichtsende ankündigt, unterbrochen werden.

Versucht man eine intensiv erlebte Beziehung in Worten zu fixieren, büßt sie zwar einen Großteil ihrer Originalität und Intensität ein. Doch ein zur Sprache bringen des Erlebten ist notwendig, damit es reflektiert, in seinem Wesen und in seiner Bedeutung für das schwerstbehinderte Kind erschlossen werden kann, und genau das will ich im Rahmen dieser Arbeit versuchen.
Zum damaligen Zeitpunkt verstand ich noch nicht, was sich in der elementaren Beziehung, wie ich sie in Anlehnung an BODENHEIMERs Elementen-Lehre zunächst unkommentiert nannte, zwischen Eva und mir zugetragen hatte. Mir wurde durch dieses Erleben deutlich, daß ein Zugang zum schwerstbehinderten Kind möglich wurde, wenn ich ihm die Möglichkeit gab, sich selbst und in seiner Weise zu artikulieren. Er setzte aber auch voraus, daß ich mich auf das präverbale Ausdruckvermögen des Kindes einließ und in gleicher Weise ihm zu antworten versuchte.
Durch die Erfahrung mit Eva wurde ich offener für die anderen Schüler. In den Beziehungen mit ihnen lernte ich sie in ihrer Lebenswelt zunehmend besser verstehen und ihr Beziehungsbedürfnis allmählich sinnvoll, d. h. den Lernprozeß unterstützend, in den Unterricht zu integrieren.
Dieser Prozeß wurde begleitet durch die intensive Auseinandersetzung mit der Frage nach dem Sein und Werden des Menschen in und durch Beziehung. Ich beschäftigte mich u.a. mit den phänomenologisch anthropologischen Werken BUBERs, BOLLNOWs, BUYTENDIJKs, GUARDINIs, MERLEAU-PONTYs und BODENHEIMERs, der mich schließlich anregte, eine Übertragung seines Verständnisses von Beziehung auf die Erlebnisse mit den Schülern zu versuchen. BODENHEIMERs Beziehungs-Theorie ist insofern für die vorliegende Themenstellung von Belang, weil BODENHEIMER sie selbst im Rahmen jahrelanger psychotherapeutischer Erfahrung mit behinderten, vornehmlich gehörlosen Menschen in praxi realisierte. Seine Lehre von den Elementen der Beziehung erschloß mir die Bedeutung der Sinne auf völlig neue Weise. Ich lernte sie nun nicht mehr ausschließlich in ihrer sensoriellen, sondern gerade in ihrer beziehenden Funktion kennen. Die basale sensorielle Anregung bekam damit einen völlig neuen Schwerpunkt.
Der Auseinandersetzungsprozeß intensivierte sich zunehmend, indem sich das Erleben, die Erfahrung im praktischen Tun mit den Schülern einerseits, und das Reflektieren des Geschehenen, das Suchen nach Erklärungen andererseits, stetig, spiralförmig sich weiterentwickelnd

umeinander bewegten. Schließlich wurde mir deutlich, daß die Beziehungs-Theorie BODENHEIMERs unter dem Schwerstbehindertenaspekt einer Ergänzung bedurfte, weil die Beziehung zwischen Schüler und Lehrer gewisse Eigengesetzlichkeiten zeigt.
In Anlehnung an die Phänomenologie MERLEAU-PONTYs, MAIERs, PFEFFERs und in der Auseinandersetzung mit dem Phänomen der Leiblichkeit versuchte ich, die Lehre BODENHEIMERS um die existentielle Dimension zu erweitern. So erwies sich die **elementare** Beziehung, die ich fortan als leibgegebenen Dialog auffaßte, als überaus dynamischer Prozeß, der sich, in Abgrenzung zu BODENHEIMERs Beziehungskreis, anhand eines helicalen Modells veranschaulichen läßt.
Diese Arbeit ist die Dokumentation eines Entwicklungsprozesses, in dem die beiden Ebenen, die der Praxis mit der Erlebens- und Erfahrensebene und der Theorie mit der Reflexions- und Verstehensebene, in ihrem reziproken Verhältnis zu einander dargestellt werden. Phänomenologie als Wissenschaftstheorie und -methode bildet die Grundlage der Erarbeitung. Durch den Versuch der Verbindung anthropologischer, pädagogischer und didaktischer Aussagen scheint die elementare Beziehung in ihrem dynamischen Wesen und in ihrer Funktion, den Bildungsauftrag der Schule für Geistigbehinderte nach Selbstverwirklichung und sozialer Integration auf vielfache Weise zu ermöglichen.
Dabei darf aber nicht erwartet werden, und das sei hier ausdrücklich betont, daß elementare Beziehungen gezielt planbar sind, um sich ihrer in Erziehung und Unterricht zu bedienen. Sie entstehen immer unmittelbar, sind von der Intentionalität der sich Beziehenden abhängig und setzen die anthropologische Auseinandersetzung des Lehrers voraus. Sie kann sich nur durch die Beschäftigung des Erziehers mit sich selbst, mit seinem Verständnis von Menschsein, seinem Akzeptieren des behinderten Anderen und am Bewußtsein seiner Verantwortung entfalten. Insofern, als der Lehrer anthropologische Grundentscheidungen in das Zentrum seiner Unterrichtsvorbereitungen rückt, wird elementare Beziehung in die Erziehung integrierbar. Das Mißlingen von Unterricht wird dann nicht mehr ausschließlich am Nichtkönnen des behinderten Kindes, sondern im gleichen Maße an den anthropologisch-reflektierenden und didaktischen Fähigkeiten des Lehrers selbst festzumachen sein.
Mit DREHER läßt sich die Verbindung von notwendiger Beziehung zum schwerstbehinderten Schüler und vorauszusetzender Selbst-Reflexion des Lehrers aus einer anthropologischen Bestimmungsebene heraus abrundend darstellen:
"Der schwer Geistigbehinderte ist von Grund auf als Verhältnismoment einer Begegnung zu verstehen, er kann sich nur vom Anderen her, im Um-gang erschließen. Jede Bestimmung dieses Menschen auf Grund ontologischer Gegenstandsbegriffe verfehlt ihn, da er nur in Vollzugsbegriffen, in den pathischen Kategorien des Müssens, Wollens, Könnens, Sollens und Dürfens und deren Negation zu begreifen ist (v. WEIZSÄCKER, 1967, 57ff). 'Um-gang', 'Solidarität' und 'Gegenseitigkeit' wären Begriffe, die eine Beziehung ermöglichten, die aus der Isolation und Distanz befreien. Für Erzieher bedeutet dies, sich in den Dialog mit dem anderen Menschen hineinzugeben, sich in gemeinsamer Verbundenheit mit

dem Behinderten in Situationen verstricken zu lassen, mit am Hervorbringen von Thematisierungen beteiligt zu sein und doch zugleich Distanz nehmen zu können, zu analysieren und zu reflektieren. Dies setzt allerdings eine Selbst-Erziehung als Erziehung-des-Selbst des Erziehers voraus, die ... erst in Ansätzen erkannt ist, Widerstand hervorrufen wird und durch deren Verwirklichung nicht weniger mühsam sein wird als die Erziehung des behinderten Menschen selbst."[7]

Worauf diese Forderung abzielt bzw. was eine an Beziehung orientierte Erziehung bewirken kann, möchte ich perspektivisch und auf praktischer Ebene anhand von Anna, deren Verhalten ich eingangs beschrieben habe, aufzeigen:

> Nach langer Zeit des Nichtverstehens, man könnte auch sagen der Beziehungsstörung, gelang es Anna und mir durch gemeinsames Schaukeln, bei dem sie mit dem Rücken an meinen Oberkörper gelehnt saß, Beziehung zu einander aufzunehmen. Als ich sie kennenlernte, sagte man mir, sie sei vermutlich stumm. Doch es wurde uns dann innerhalb weniger Wochen möglich, mit einander zu lachen, in Lauten zu sprechen und sogar durch Modulation der Stimme zu 'singen'. Sie wollte nicht mehr auf dem Boden kriechen, sondern lief aufrecht neben mir, wenn ich sie vom Schulbus abholte. Den Rollstuhl brauchte sie nicht mehr. Ihr Halsdrücken reduzierte sich zunehmend, weil sie nun auch ohne meine Hilfe zu Gegenständen und anderen Personen Beziehungen aufnehmen und sich mit ihnen aktiv auseinandersetzen konnte.
> Wenige Tage vor ihrem Tod, sie starb an einer Lungenentzündung, kam **sie**, die als schwere Autistin galt, auf meinen Schoß geklettert, lehnte ihren Kopf an meine Schulter und hörte meinem Xylophonspiel zu.

0.2 Zielsetzung und Struktur der Arbeit

Zur Einordnung der Problemstellung dieser Arbeit in ihren praktischen Bezugsrahmen sind die vorausgehenden Beschreibungen der schulischen Wirklichkeit mit Schwerstbehinderten erforderlich und hilfreich, lassen gleichzeitig aber auch schon erkennen, daß angesichts der extremen Lernbeeinträchtigungen der Schüler hier derart an Grenzen gestoßen wird, daß, wie Speck fordert, "*(d)er Zugang zur Wirklichkeit der Erziehung von Kindern mit Behinderungen und Erziehungsproblemen ...neu zu suchen*"[8] ist. Jedoch stelle sich dieser

---

7 DREHER,W.: *Überlegungen im Vorfeld einer sonderpädagogischen Theoriebildung der Erziehung schwer geistigbehinderter Menschen*, in: HOFMANN,Th. (Hrsg.): *Beiträge zur Geistigbehindertenpädagogik*, Rheinstetten 1979, 211

8 SPECK, O:: *System Heilpädagogik - Eine ökologisch reflexive Grundlegung*, München/Basel 1988, 58

Zugang nicht mehr so klar und einfach dar, "*wie er der bisherigen Sonderpädagogik erschien*"[9]. SPECK bezieht sich hierbei auf eine sich heute insgesamt veränderte Wirklichkeit, deren gesellschaftlich-ökonomische, technologische, rechtlich und administrative Veränderungen sowie Weiterentwicklungen wissenschaftlicher Theorien nicht ohne Einfluß auf die Wirklichkeit von Erziehung behinderter Menschen geblieben seien. Diesen Gedankengang SPECKs werde ich nicht weiter verfolgen, weil er doch mehr zu allgemein sonderpädagogischen Fragestellungen führt, möchte aber doch unter dem besonderen Schwerstbehindertenaspekt ein bedenkenswertes Moment aufgreifen: Entscheidend für das Problem der Zugangsfindung zur Erziehungswirklichkeit mit Schwerstbehinderten ist m.E. zunächst, daß sich die schulische Lehr- und Lernwelt durch die Aufnahme der zuvor als bildungsunfähig geltenden schwerstbehinderten Menschen vornehmlich in ihrer anthropogenen Dimension verändert hat und von der Sonder-, genauer der Geistigbehindertenpädagogik eine grundsätzliche Revision ihres Erziehungsverständnisses verlangt. Sie ist, um es noch einmal mit den Worten SPECKs zu sagen, erneut vor die KANTschen Grundfragen gestellt:" *Was können wir wissen? Was sollen wir tun? Was dürfen wir hoffen? Was ist der Mensch?*"[10]

Fragen, die auf die erforderliche anthropologische Rückbesinnung deuten; denn die Erziehungswirklichkeit mit Schwerstbehinderten ist in ihrer Komplexität nicht mehr ausschließlich anhand empirisch gewonnener Erkenntnisse zu erklären. Diese allein machen aus der Wirklichkeit der Erziehung eine konstruierte. Besonders problematisch wird nach SPECK "*das konstruierte 'Wissen von der Wirklichkeit' u.a. dann, wenn* (die Wirklichkeit, Anm.d.Verf.) *Unregelhaftigkeiten und Widersprüche aufweist, d.h. wenn keine Ordnung, kein Sinn erkennbar wird.*"[11] Und die Erziehungswirklichkeit mit Schwerstbehinderten scheint geradezu von 'Unregelhaftigkeiten und Widersprüchen' geprägt zu sein, die es erschweren, diese "*neue Wirklichkeit zu begreifen, einen Schlüssel zu ihrem Verständis zu finden.*"[12]

Doch das Verständnis der Wirklichkeit mit Schwerstbehinderten ist Voraussetzung, damit Erziehung wirksam werden kann, und wird erreicht, wenn sich die Geistigbehindertenpädagogik auf anthropologische Fragen besinnt, neben dem erklärenden auch einen verstehenden Zugang zur Erziehungswirklichkeit sucht und begreift, daß Pädagogik nicht erst da zur Stelle ist, wie DREHER sagt, "*wo Lernen im Sinne der Änderung beobachtbaren Verhaltens möglich ist, sondern es ist ebenso ihr Aufgabengebiet, den Aspekt des Erlebens des Menschen in ihren Fragehorizont zu rücken.*"[13]

---

[9] ebd. 1988, 58

[10] ebd. 1988, 58

[11] ebd. 1988, 61

[12] ebd. 1988, 61

[13] DREHER,W.: *Selbstverwirklichung in sozialer Integration- Idee und Wirklichkeit einer neuen Lebensperspektive für Menschen mit sogenannten geistigen Behinderungen*, unveröffentlichtes Manuskript zur Antrittsvorlesung , Köln 1982, 20

Ein in der Erziehung Schwerstbehinderter besonders relevanter Aspekt, weil hier das zum Lernen und Lehren notwendige einander Verstehen von Schüler und Lehrer kaum möglich scheint. Häufig bleiben die Äußerungen und Handlungen des jeweils anderen unverständlich, können die gegenseitigen Erwartungen nicht erfüllt werden, was nicht ohne Auswirkungen auf das Erleben beider bleibt und die Erziehungswirklichkeit nachhaltig prägt. Perspektivisch und zum Weiterdenken anregend will ich hier nur zwei Gesichtspunkte pädagogischer Bedeutungsamkeit von Erleben aufzeigen: Da schwerstbehinderte Kinder häufig nicht in der Lage sind, ihre Lernbedürfnisse zu artikulieren und wenig Reaktionen auf Lernangebote zeigen, ist der Lehrer gezwungen, seine inhaltsbezogenen und methodischen Unterrichtsentscheidungen vor dem eigenen, subjektiven Erfahrens- und Erlebenshintergrund zu treffen und unterliegt dabei immer der Gefahr von Fehlinterpretationen des kindlichen Verhaltens. Bezogen auf den Schüler läßt sich festhalten, daß er sich anscheinend nur solchen Lerninhalten zuwenden kann, von denen er sich erlebensmäßig angesprochen fühlt.
'**Erleben**' wird somit zu einer entscheidenden Kategorie in der Erziehung Schwerstbehinderter, das trotz seiner Komplexität und Subjektivität doch wenigstens partiell verstanden werden kann, wenn das elementare Beziehungs-Erleben zwischen schwerstbehindertem Schüler und Lehrer nicht nur in seiner existentiellen, sondern auch in seiner pädagogischen und didaktischen Dimension reflektiert wird. In der vorliegenden Arbeit soll nun nicht das Erleben von Schüler und Lehrer in seiner vielschichtigen Ganzheit zu erörtern versucht werden - zumal ich es für fraglich halte, menschliches Erleben in seiner Fülle überhaupt erfassen zu können -, sondern es wird nur insofern wissenschaftlich reflektiert, wie es sich in und durch die elementare Beziehung zwischen Schüler und Lehrer zeigt. Durch die Wesenserfassung elementarer Beziehungen wird neben dem Beziehungs-Erleben die Erziehungswirklichkeit mit Schwerstbehinderten als intersubjektive Wirklichkeit erkennbar, die ihrerseits einen verstehenden Zugang zum Phänomen des Schwerstbehindert-Seins ermöglicht und damit die Grundlage für pädagogisch-didaktische Reflexionen bzw. Revisionen schafft.

Diese Betonung der subjektiven Beziehungs-Dimension als unabdingbarem Bestandteil der Arbeit ließ zwei Probleme erwachsen, das der Wissenschaftlichkeit und ein zweites, eher pragmatisches, nämlich subjektives Erleben, in nachvollziehbarer Weise in Worten zur Darstellung zu bringen. Bezogen auf den ersten Problemkreis ist mit SPECK festzuhalten, daß "*um das, was Wissenschaft, was Wissenschaftlichkeit im Gegensatz zu Un-wissenschaftlichkeit im einzelnen ausmacht, seit je gerungen und gestritten*"[14] wurde. Die Forderung, das vorherrschende Wissenschaftsverständnis zu überdenken, ist somit nicht neu, m.E. aber notwendig, wie ich im ersten Teil der Arbeit noch ausführlich zeigen werde, weil auch im pädagogischen Bereich eine Auffassung von Wissenschaft dominiert, die stark an der naturwissenschaftlichen Grundforderung nach empirischer Meßbarkeit orientiert ist.
"*Pädagogik ist aber nicht erst da zur Stelle, wo Lernen im Sinne der Änderung beobachtbaren* (und meßbaren, Anm. d. Verf) *Verhaltens möglich ist, sondern es ist*

[14] SPECK 1988, 64

ebenso ihr Aufgabengebiet, den Aspekt des ***Erlebens*** (meine Hervorhebung) *des Menschen in ihren Fragenhorizont zu rücken*"[15], nur, "*im Erleben konstituiert sich Welt* ***anders*** *als durch Ordungen des Physiologischen*"[16].
Das durch Messung Erfaßbare macht nur einen Teil der Wirklichkeit und der Erziehungswirklichkeit aus; das nicht Meßbare, wie etwa das Erfahren von Beziehung zwischen behindertem Kind und Lehrer, ist zwar existent, aber "*blieb außerhalb des wissenschaftlichen Denkansatzes*"[17], weil der Grundsatz "*(a)lles messen, was meßbar ist, und alles meßbar machen, was - noch - nicht meßbar ist,... zur Eliminierung alles dessen, was nicht meßbar zu machen war*"[18], führte.
Aber, so sagt SPECK in Anlehnung an KANT, " *'die Wahrheit', 'die Dinge an sich' (KANT), sind von uns nicht bestimmbar. Über den Bereich des Nicht-Wißbaren, des Unerklärlichen lassen sich keine rationalen Aussagen machen. Ahnung, Mystik, Glauben sind auch Wirklichkeiten, Wirklichkeiten, die offensichtlich der Sehnsucht des Menschen nach einem universalen Zusammenhang des Ganzen entspringen, und die deshalb auch auf etwas deuten, was über den Bereich des kognitiv Erfahrbaren immer schon hinausreichte.*"[19]

Wenn wir uns der Grenzen unserer konstruierten Wirklichkeit bewußt sind, und es uns gelingt, das Nichtmeßbare wenigstens in Anfängen zu verstehen, seine Existenz nicht von vornherein abzulehnen, können wir lernen, mit dem Unerklärbaren zurechtzukommen, werden wir sensibler, aber vor allem (selbst-) kritischer im Umgang mit der Wirklichkeit.
DREHER[20] fordert, daß sich die Geistigbehindertenpädagogik in eigenständiger Weise dem "*Bereich des Empfindens sogenannter behinderter Menschen zu nähern*"[21] versucht. In der Beschreibung und phänomenologischen Reflexion konkreten Beziehungserlebens sehe ich die Möglichkeit, der Erziehungswirklichkeit mit Schwerstbehinderten verstehend zu begegnen, denn "*Wissenschaft selbst ist vom Geschlechte des Persönlichen. ... Das, was man Wahrheit, Erkenntnis, Wissenschaft zu nennen pflegt, ... hat im Grunde immer die Wesensart der Person, nicht der Sache ...*"[22]

Damit komme ich zur zweiten, eher methodischen Schwierigkeit, die subjektiven Beziehungserfahrungen von und mit schwerstbehinderten Kindern aus der Unmittelbarkeit des Vollzugs zu

---

15 DREHER 1982, 20
16 ebd. 1982, 21
17 SPECK 1988, 64
18 ebd. 1988, 64
19 ebd. 1988, 62
20 Anm.d.Verf.: Auf DREHERs Ausführungen zum Verhältnis von Psychischem und Physischem in seiner Bedeutung für die Geistigbehindertenpädagogik werde ich im Rahmen der Erörterungen zum Ganzheitsbegriff (Teil I, Kpt.3) noch näher eingehen.
21 DREHER 1982, 19
22 WEIZSÄCKER, V.v.: *Natur und Geist*, 1974. nach DREHER 1982, 2

erheben und der Reflexion zugänglich zu machen. Hiermit ist jetzt noch nicht das methodologische Problem der Widergabe ursprünglicher Lebensweltlichkeit[23] gemeint, sondern zunächst ist die grundsätzliche Frage zu klären, wie es möglich ist, über das Erleben schwerstbehinderter Schüler zu sprechen, wo sich diese doch nicht selbst zu ihren Erfahrungen und Empfindungen äußern können.

Es gehört, wie ich im ersten Teil meiner Arbeit noch ausführlich zeigen werde, zum Wesen der elementaren Beziehung, in besonderer Weise zum gegenseitigen Verstehen der beiden Beziehungspartner beizutragen, und so ist es dem Lehrer aufgrund seiner eigenen Beziehungserfahrungen möglich, bedingt Aussagen über das Erleben seines Schülers zu machen. Im elementaren Dialog werden Kind und Lehrer zur Welt **für einander**. Mittels der Gesten und Gebärden ihres Leibes, als sympathischen Kommunikationsweisen, rufen sie einander an. In der Antwort des Schülers, in dessen Rück-Ruf findet der Lehrer nicht nur seinen Anruf bestätigt, sondern er erfährt auch, **daß** das schwerstbehinderte Kind sich von seinem Anruf erlebensmäßig angesprochen fühlte. **Was** das Kind in dieser Zwiesprache mit dem Lehrer erlebt, bleibt aber weiterhin verborgen. Dokumentiert werden kann darum lediglich das Beziehungs-Erleben des Lehrers in Relation zu den präverbalen Äußerungen bzw. zum leiblich-präreflexiven Ausdrucksvermögen des Kindes.

Auch wenn das **Was** des kindlichen Erlebens hier nicht thematisiert wird und werden kann, so läßt sich doch über die Wirkung der Beziehungserfahrung in vielfacher Weise reflektieren. Elementare Beziehungen haben nämlich die Eigenschaft, über den unmittelbaren Vollzug zwischen Kind und Lehrer hinaus nachhaltig wirkungsvoll zu sein. Weil sie dem Kind Selbstvertrauen und -zutrauen vermitteln, kann es sein Verhalten ändern und sich der schulischen Lernwelt gegenüber öffnen.

Während das elementare Beziehungsgeschehen und -erleben immer nur von **dem** Lehrer beschrieben werden kann, der unmittelbar am Dialog mit dem Kind beteiligt war, sind seine Wirkungen anhand der Entwicklungs- und Verhaltensveränderungen allgemein zugänglich, d.h. werden auch von den anderen Erziehern beobachtet. Im Rahmen dieser Arbeit ist es demzufolge nur möglich, von meiner eigenen unmittelbaren Beziehungserfahrung auszugehen und das gemeinsame Erleben mit dem Kind aus der eigenen Subjektivität heraus zu beschreiben. Unterstützt werden die Aussagen durch subjektive Beziehungsberichte der Kollegen. Vor allem in Bezug auf die kindlichen Entwicklungs- und Verhaltensveränderungen, die maßgeblichen Einfluß auf den Umgang aller Erzieher mit dem Kind hatten, fließen die Beobachtungen anderer in die Darstellung mit ein. Insgesamt wird das Erleben von Schüler und Lehrer, in der Auseinandersetzung mit dem Phänomen der elementaren Beziehung von seinen Wirkungen auf Entwicklung und Lernen aus zu erfassen versucht, und dies geschieht zunächst in Form von Beziehungsbeispielen, wie ich sie im vorausgegangenen Abschnitt schon darstellte.

Die praktischen Beispiele sind einerseits Voraussetzung der Reflexion, andererseits dienen sie zur Untermauerung theoretischer Aussagen. Die Beschreibung von Gefühlen und Erleben ist

---

23 Anm.d.Verf.: ihm wende ich mich später im Rahmen der wissenschaftsmethodischen Erörterungen zu; vgl. Teil I, Kpt. 1.5

aber schwierig, weil die Sprache bzw. das geschriebene Wort nur bedingt das Erlebte widerspiegeln können, hingegen aber schnell sentimental und wenig wissenschaftlich wirken. Andererseits hat Wahrheit, wo Forschung sich die Begegnung zum Thema wählt, immer den Charakter des Personalen.[24] Damit der vorwissenschaftliche Charakter der Beziehungsbeispiele und das Reflexionsniveau der Aussagen von vornherein erkennbar wird, sind die praktischen Beziehungsbeispiele im Text eingerückt und in anderem Schriftbild dargestellt.
Die Aufnahme subjektiver Erlebensberichte in eine wissenschaftliche Arbeit ist nicht nur ein phänomenologisches Charakteristikum, sondern sie verlangt vom Leser auch einen spezifischen, vielleicht ungewohnten Zugang oder Umgang mit ihr, d.h. neben der rein sachlogischen Auseinandersetzung ist hier ebenso ein 'in Beziehung treten', ein Nachempfinden des Erlebten, ein Vergleichen des Dargestellten mit eigenen Beziehungserfahrungen gewünscht. Damit die Lebendigkeit von Beziehung und Erleben nicht in Sprache allein erstarrt, werde ich neben den konkreten Beispielen lyrische Texte und Skizzen zur Veranschaulichung einfügen. Sie ermöglichen es, aus einer anderen als der rein reflektierenden Perspektive auf die Wirklichkeit zu blicken, und daß sie in einer wissenschaftlichen Arbeit ihren Platz haben, möchte ich mit den Worten V. von WEIZSÄCKERs belegen: "*Die wechselseitige Erläuterung kann auf die verschiedenen Arten erfolgen. Erklärung, Phantasie, Ahnung, Schau. Die erklärende Wissenschaft steht dabei am einen Ende, die Poesie am anderen Ende einer Reihe, die man nicht absichtlich zu zerreißen braucht.*"[25]

Der nun noch zu beschreibende Aufbau der Arbeit folgt aus der schon erwähnten phänomenologischen Ausrichtung mit der Ursprungnahme ihrer Wesensschau in der konkreten, der vorwissenschaftlichen Welt. Weil sich diese aber so überaus komplex gestaltet, ist die Reflexion nicht nur den verschiedenen lebensweltlichen Ebenen, sondern ebenfalls ihren verschiedenen Wesensmerkmalen anzupassen. Das heißt konkret: Da sich elementare Beziehung im pädagogischen Feld der Schule ereignet, über das unmittelbare Erleben hinaus wirkungsvoll ist und damit zur Selbstverwirklichung des Kindes, aber auch durch Veränderung von Unterricht zu einer angemesseneren Erziehung Schwerstbehinderter beiträgt, hat die vorliegende Arbeit sowohl **anthropologische**, als auch **pädagogische** und **didaktische** Charakteristika der elementaren Beziehung zu erfassen, und dies soll aus methodischen Gründen in drei Teilen erfolgen, die aber in enger Wechselwirkung zu einander gesehen werden müssen.

Im ersten Teil sind zunächst wissenschaftstheoretische und -methodische Fragen in Bezug auf die Fragestellung zu klären. Dieses erste Kapitel beinhaltet eine Begriffsbestimmung von der spezifisch phänomenologischen Terminologie, über das 'erzieherische Verhältnis' und die

---

[24] vgl. DREHER 1982, 25

[25] WEIZSÄCKER 1946, 23 nach DREHER,W: *Anthropologische Fragmente zu einer Pädagogik, der es um sogenannte schwer geistigbehinderte Menschen geht - Bemerkungen über Probleme ihrer kommunikativen Kompetenz*, in: Forschungsgemeinschaft 'Das körperbehinderte Kind' (Hrsg.): *Entwicklung und Förderung Körperbehinderter*, Heidelberg 1986, 164

'elementare Beziehung' (Kpt. 1) bis hin zum Begriff der 'schweren geistigen Behinderung' (Kpt. 2). In der sich anschließenden Auseinandersetzung mit dem Ganzheitsbegriff (Kpt. 3) wird die Notwendigkeit einer anthropologisch-phänomenologischen Reflexion der elementaren Beziehung erkennbar. Ausgehend vom Phänomen der Leiblichkeit soll im vierten Kapitel eine Abgrenzung zur BODENHEIMERschen Beziehungslehre erreicht und durch das Aufzeigen existentieller Dimensionen der Entwurf einer Theorie der elementaren Beziehung versucht werden. Den charakteristischen Gesetzmäßigkeiten des elementaren leibgegebenen Dialogs wende ich mich in einem anschließenden fünften Kapitel zu, um die Eigendynamik des Beziehungsprozesses in Abgrenzung zu BODENHEIMERs Beziehungskreis anhand eines helicalen Modells zu veranschaulichen. Am Ende des ersten Teils wird durch die anthropologische Akzentsetzung die elementare Beziehung in ihrer existentiellen Relevanz für die Selbstverwirklichung des schwerstbehinderten Kindes erscheinen.

Im zweiten Teil stehen biographisch-pädagogische Fragestellungen im Mittelpunkt, die erst durch die systematische Aufarbeitung des zusammengetragenen Praxismaterials[26] beantwortet werden konnten (Kpt. 1). Die Wirkung der elementaren Beziehung auf Entwicklung und Lernen des Kindes läßt sich nur vom einzelnen Kind aus erschließen, und dies soll exemplarisch an zwei Schülern geschehen (Kpt. 2). Indem sie in ihrer durch umfängliche Beziehungsstörungen geprägten Lebensgeschichte dargestellt, in ihrer Entwicklung im beziehungsorientierten Unterricht beschrieben und die Einzelaussagen schließlich im interindividuellen Vergleich aufeinander und auf die Erkenntnisse im ersten Teil bezogen werden (Kpt. 3), soll die elementare Beziehung in ihrem pädagogischen Wesen erkennbar werden.

Die lern- und entwicklungsbezogene Darlegung bildet im III. Teil die Grundlage für die didaktischen Reflexionen zum beziehungsorientierten Unterricht (Kpt. 1). Aufgrund der Uneinheitlichkeit metatheoretischer Aussagen im sonderdidaktischen Feld sind neben der terminologischen Klärung[27] erst einmal die verschiedenen didaktischen Modelle aus der Allgemeinen Pädagogik vorzustellen und bezüglich ihrer Übertragbarkeit auf die Geistigbehindertenpädagogik zu befragen (Kpt. 2). Die extreme Heterogenität der geistigbehinderten Schülerschaft verlangt ein differenziertes didaktisch-methodisches Denken und Vorgehen, das wiederum durch die Aufnahme Schwerstgeistigbehinderter an seine Grenzen gerät und zum Entwurf der 'Basalen Förderung' führte. Da in ihr aber noch zentrale Aspekte einer kindgemäßen Erziehung sowie der des Erlebens unberücksichtigt bleiben (Kpt. 2.4), ist, unter Rückbezug auf die Ausführungen in den ersten beiden Teilen, eine stärkere Leibbetonung zu fordern. Der beziehungsorientierte Unterricht versteht sich als eine Konkretion der leiborientierten Pädagogik, und so lassen sich durch die exemplarische Beschreibung didaktischer und methodischer Aspekte eben dieses Unterrichtes erste Wege zu einer

---

[26] Anm.d.Verf.: gemeint sind damit die zahlreichen Niederschriften der konkreten Beziehungs- und Unterrichtserfahrungen sowie deren systematische mehrdimensionale Reflexion

[27] Anm.d.Verf.: zu klären sind die Begriffe 'Didaktik' und 'Methodik'

umfassenderen leiborientierten Erziehung aufzeigen. Dabei erscheint das Wesen der elementaren Beziehung in ihrer didaktischen **und** methodischen Wirkung.
Durch die elementare Beziehung wird es möglich, bestehende pädagogische Denk- und Umgehensweisen aus einer anderen Perspektive heraus zu betrachten, zu überdenken und für eine schwerstbehindertengerechtere Förderung nutzbar zu machen. Die Arbeit erhebt nicht den Anspruch, eine grundlegend neue Didaktik der Schwerstbehinderten konzipieren zu wollen; vielmehr geht es um eine existentielle Durchdringung und damit Revision der bestehenden; insofern dann doch vielleicht eine 'neue' Didaktik.

In einem abschließenden Rückblick werden die drei Wesensmerkmale des elementaren Dialogs noch einmal zu einander in Beziehung gesetzt und weiterführende Aspekte aufgezeigt.

I. THEORETISCH - PÄDAGOGISCHER TEIL

1 Die Wende in der Sonderpädagogik - Metatheoretische Überlegungen -

ERZIEHUNG IST BEZIEHUNG -

eine Assertion, die, nicht zuletzt durch die Aufnahme schwerstbehinderter Menschen in die Schule, an wissenschaftstheoretischem Interesse gewonnen hat.
Die Entwicklung, die zu dieser Erkenntnis führte und damit die Wende im derzeitigen sonderpädagogischen Denken begründet, soll im folgenden als Grundlegung der eigenen wissenschaftstheoretischen Position skizziert werden.

Während sich die Heilpädagogik nach dem zweiten Weltkrieg sehr stark mit ethisch - charismatisch caritativen Fragen der Erziehung Behinderter beschäftigte und sich zunächst primär als 'Praktische Pädagogik' verstand, rückte in den 60iger Jahren, nachdem die ersten praktischen Förderungsschwierigkeiten überwunden waren, das Problem der Theoriebildung zunehmend ins Blickfeld, mit der Intention, sich auf diese Weise als eigenständige Wissenschaft etablieren zu können. In ihrem Angewiesen- und Eingebundensein in ihre Nachbarwissenschaften (Medizin, Psychologie, Philosophie, Sozialwissenschaften etc.), und die Heilpädagogik kann in ihrer Entstehungsphase *"geradezu als Konglomerat unterschiedlicher, vorwiegend praktischer Bemühungen von Problemfällen angesehen werden"* (WILLAND)[1], bestand immer die Gefahr, daß sie sich im Einflußbereich ihrer Bedingungswissenschaften selbst auflöste.
Die Entwicklung einer *"Theorie der Sondererziehung"*[2] hatte zwei Funktionen zu erfüllen. Einerseits diente sie zur Abgrenzung von den Nachbarwissenschaften, zum anderen zur Überwindung des Status, Pädagogik aus zweiter Hand zu sein.
"Durch die Paradigmenkonkurrenz", so stellt HAEBERLIN fest, *"war die Heilpädagogik bezüglich ihres Wissenschaftsausweises in eine Notlage geraten."*[3] Die Meta-Theorie sollte ein unabhängiges Wissenschaftsverständnis der Heil- / Sonderpädagogik begründen und zur Klärung im Paradigmenstreit führen. Heilpädagogik kann sich nur als Wissenschaft ausweisen, meint WILLAND in Orientierung an BLEIDICK und SCHULTHEIS, *"wenn es ihr gelingt, sich unter konstruktiver Abgrenzung von außerpädagogischen Wissen-*

---

1 WILLAND,H.: *Theoriediskussion als Grundlage einer Allgemeinen Heilpädagogik*, in: VHN 1980, 239

2 ebd. 1980, 239

3 HAEBERLIN,U.: *Die wissenschaftliche Wende in der Sonderpädagogik*, in: VHN 1/1980, 7

schaften wie Medizin,..., auf erziehungswissenschaftlich-methodologischem Wege als Pädagogik zu legitimieren."[4]

Die hierzu notwendige meta-theoretische Reflexion vollzog sich in den 60iger und 70iger Jahren primär auf rational-logischer Ebene; die Gegenstandsbestimmung orientierte sich stark an der empirischen Natur- und Sozialwissenschaft.
In seinem Werk "*Pädagogik der Behinderten*" hat BLEIDICK (1968) eine Meta-Theorie der Sonderpädagogik entworfen, die von HAEBERLIN als "*Adaption der allgemeinpädagogischen Meta-Theorie von Wolfgang Brezinka*"[5]
aufgefaßt wird und die die "*Wissenschaftslehre des Kritischen Rationalismus für die Heilpädagogik als verbindlich erklärt*"[6].

Dieser neue Wissenschaftsausweis, so führt HAEBERLIN weiter aus, "*war am leichtesten herzustellen durch den Rückgriff auf eine in anderen Wissenschaften anerkannte Meta-Theorie. ... Für die Heilpädagogik wurde der gleiche Schritt vollzogen, den vorher schon Vertreter dar Allgemeinen Pädagogik gemacht hatten. Die Heilpädagogik wird einer Meta-Theorie untergeordnet, welche für sich beansprucht, für* ***alle*** *Wissenschaften und unabhängig vom einzelwissenschaftlichen Gegenstand Gültigkeit zu haben. Die Begründung dieses generellen Gültigkeitsanspruches hat ihren Schwerpunkt in der höchstmöglich garantierten Objektivität des Erkenntnisvorganges. Diese Garantie ist nur gewährleistet für die intersubjektive Nachvollziehbarkeit der Überprüfung von empirisch gehaltvollen Gesetzeshypothesen, d.h. von Wenn-Dann-Beziehungen.*"[7]

Mit der Einführung der Wissenschaftslehre des Kritischen Rationalismus durch BLEIDICK wurden seine charakteristischen Grundregeln "*Ausschluß des Vertretens von Werten*", "*Beschränkung auf die Überprüfung von empirisch gehaltvollen Gesetzeshypothesen*" und die "*Trennung zwischen deskriptiven und normativen Aussagen*"[8] auch für die Sonderpädagogik verbindlich. Damit gelten im sonderpädagogischen Bereich nur solche Hypothesen bzw. Erkenntnisse als 'wissenschaftlich', die objektivierbar sind und jederzeit in nachprüfbare Allgemeinaussagen überführt werden können, d.h. Allgemeingültigkeit besitzen. Anthropologische Fragestellungen, z. B., wären aus dieser Perspektive heraus dem Bereich des Spekulativen zuzuordnen.

---

[4] WILLAND 1980, 239
[5] HAEBERLIN 1980, 7
[6] ebd. 1980, 7
[7] ebd. 1980, 8
[8] ebd. 1980, 8

Bezieht man die genannten Forderungen nun auf den Gegenstand der Sonderpädagogik, wird deutlich, daß durch empirisch-analytische Adaptionen der behinderte Mensch zum Objekt in der Wissenschaft, in der Theoriebildung und Forschung zu werden droht.
"Eine Heilpädagogik, welche die empirisch-analytische Wissenschaftlehre als alleinverbindlich erklärt", so kritisiert HAEBERLIN, *"trifft mit diesem Schritt eine schwerwiegende anthropologische Grundentscheidung über den Gegenstand der wissenschaftlichen Erkenntnis: Das Kind wird aus rein wissenschaftlicher Sicht als Objekt gesehen, welches von (wissenschaftlich nachweisbaren) Gesetzmäßigkeiten determiniert ist. Menschliche Freiheit, Offenheit und Transzendenz verschwinden aus dem Blickfeld der rein wissenschaftlichen Sicht."*[9]
Im Mittelpunkt des positivistischen Wissenschaftsinteresses steht nicht der behinderte Mensch an sich, sondern dieser wird durch die vorgenommene *"technologische Reduktion"*[10] zum Gegenstand im Sinne eines Objektes, dessen *"determinierende Gesetzmäßigkeiten"*[11] zu erforschen sind. An selber Stelle sagt HAEBERLIN weiter: *"Das Kind wird aus wissenschaftlicher Sicht zum Objekt, mit dem der Sachkundige mit fortschreitender Technologie nach Belieben umgehen kann. Spontaneität, Unbestimmtheit und Vorsehung erscheinen nur noch unter dem Sammelbegriff 'Störvariablen'."*[12]

Und das schwerstbehinderte Kind, um das es ja in dieser Arbeit geht, ist m.E. in besonderem Maße dieser Verobjektivierung durch allzusehr an der Naturwissenschaft, vor allem der Medizin (Pädiatrie und Psychiatrie) und der normativen Entwicklungspsychologie, orientierten Denk- und Bestimmungsweisen ausgesetzt. Seine multiplen organischen Schädigungen und die damit verbundenen extremen Normabweichungen in der Entwicklung und Sozialisation werden zu ausschlaggebenden Charakteristika sowohl der praktischen als auch der theoretischen Auseinandersetzung mit dem Phänomen der 'Schwerstbehinderung'.
Welche Konsequenzen sich aus einer rational-logischen Sichtweise und der damit verbundenen empirisch-analytischen Untersuchungsmethode für den schwerstbehinderten Menschen ergeben können, möchte ich anhand eines ersten Praxistransfers zu verdeutlichen versuchen. Das heißt, indem ich aus einer vorwissenschaftlichen, praktischen Erfahrungsebene heraus auf das neue Forschungsfeld der Erziehung Schwerstbehinderter blicke, sollen einige grundsätzliche Schwierigkeiten aufgezeigt und die Entscheidung für den eigenen phänomenologisch-hermeneutischen Zugang begründet werden.

> Auf Anna habe ich in der Einführung schon hingewiesen. Wie lassen sich Annas organische, entwicklungsbedingte und verhaltensmäßige Beeinträchtigungen als Merkmale ihrer Schwerstbehinderung im objektiven Sinne analysieren, um auf

---

[9] ebd. 1980, 8
[10] ebd. 1980, 8
[11] ebd. 1980, 8
[12] ebd. 1980, 8

dieser Basis und durch ergänzendes Vergleichen zu einer allgemeinverbindlichen Theorie der Erziehung Schwerstbehinderter zu gelangen?

Mit Hilfe medizinischer Untersuchungsmethoden sind ihre organischen Schädigungen und Fehlentwicklungen belegbar. Der interindividuelle Vergleich innerhalb der Schwerstbehindertenpopulation ergibt dann aber kaum allgemeingültige, schädigungsbezogene Aussagen im Hinblick auf eine angemessene Therapie oder Förderung, wie dies etwa in der Autismus- oder Down-Syndrom-Forschung möglich ist. Kennzeichen der Schwerstbehinderung ist gerade die Kumulation von verschiedenen, in ihrer Ausprägung divergenten Beeinträchtigungen, die sich bei jedem betroffenen Menschen **individuell** gestaltet. Schwerstbehinderung wird dadurch zum individuellen Phänomen, das sich derzeit einer allgemeinen Kategorisierung zu entziehen scheint.

Auf eine weitere charakteristische Schwierigkeit im naturwissenschaftlich orientierten Zugriff läßt sich hier exemplarisch hinweisen und gleichzeitig verdeutlichen, daß auch wissenschaftliches Denken und Forschen durch die Begegnung mit der schweren geistigen Behinderung an ihre Grenzen gerät.
Die medizinische Diagnose liefert uns z.B. keine Anhaltspunkte, weshalb Anna immer wieder ohne erkennbare organische oder psychosomatische Disposition akut hohes Fieber entwickelte. Bei anderen Schülern sind es plötzliche unerklärliche Schluckbeschwerden, Verdauungsstörungen, unklare Krampfzustände, übermäßiger Speichelfluß oder Körpergeruch und vieles andere mehr, was Fachleute (Ärzte, Therapeuten, Lehrer) immer wieder rätseln läßt. Die Suche nach logischen, organbezogenen Begründungen bleiben meist ergebnislos; die Ableitung der erforderlichen Therapie- bzw. Förderkonsequenzen wird unmöglich. Die Begrenztheit im Erklärenkönnen belegt und verstärkt die Forderung nach dem ergänzenden 'verstehenden Zugriff', der von der individuellen Lebenssituation des Schwerstbehinderten seinen Ausgang nimmt.

In diesem Zusammenhang ist auch zu bedenken, daß Behinderungen Abweichungen im Entwicklungsverlauf des Kindes bewirken. In der Regel sind diese mit standardisierten Entwicklungstests oder -skalen für jeden Entwicklungsbereich operationalisierbar, doch zur entsprechenden Diagnose beim Schwerstbehinderten fehlen derzeit Testkonstruktionen. Man ist deshalb noch auf die Verwendung von Entwicklungsprofilen aus dem Geistigbehinderten-[13] oder Frühförderbereich[14] angewiesen. Diesen derzeit gebräuchlichen Entwicklungstests liegt nicht etwa die Vergleichspopulation der Geistigbehinder-

---

[13] Anm.d.Verf.: z.B. GÜNZBURG/GÜNZBURG 1979, GÜNZBURG 1981
[14] Anm.d.Verf.: z.B. KIPHARD 1980, STRASSMEIER 1981

ten, sondern die der nichtbehinderten Kleinkinder zugrunde. Individuelle, behinderungsbedingte Entwicklungsgegebenheiten sind nicht berücksichtigt. Das Instrumentarium muß deshalb in seiner Übertragbarkeit bzw. Relevanz für den schwerstbehinderten Menschen von vornherein fragwürdig erscheinen. Die achtjährige Anna, die Gegenstände nicht anfaßt, nicht weil ihr dazu die motorischen Fähigkeiten fehlen, sondern weil jene für sie keine Bedeutung haben, wäre auf einer derartigen testdiagnostischen Grundlage im feinmotorischen Bereich mit einem Säugling in den ersten Lebensmonaten zu vergleichen. Forderungen an die Erziehung Schwerstbehinderter, die sich an der Entwicklung des nichtbehinderten Kindes orientieren, müssen von Anfang an unrealisierbar bleiben, da es dabei letztendlich um eine Anpassung des Behinderten an einen fragwürdigen Bezugsrahmen, nämlich den der Normalität geht; ein Problemfeld auf das später ausführlicher eingehen werde.

Spezifische Verhaltensweisen, wie etwa das autoaggressive Halsdrücken und Schaukeln von Anna, lassen sich durch Videoaufzeichnungen, Protokolle u.ä. in ihrer situativen Gegebenheit erfassen und fixieren. Dabei sind determinierende äußere Faktoren eliminier- und damit schließlich abbaubar. Doch es wird mit einer solchen Dokumentation und Analyse nicht möglich zu erklären, weshalb Anna ausgerechnet diese Form der Autoaggression wählt, was sie für sie bedeutet, und warum sie diese im Gegensatz zu Personal- und Materialbegegenungen für sich bevorzugt. Auch hinsichtlich der individuellen Verhaltensweisen schwerstbehinderter Menschen sind kaum allgemeingültige Hypothesen möglich, die z.B. in einer spezifischen 'schwerstbehindertengerechten' Verhaltensmodifikation oder -therapie münden könnten.

Weitere Behindertenaspekte sind zu untersuchen und in Relation zueinander zu betrachten, z.B. Erwartungen der Umwelt und Entwicklung des Kindes oder kindliche Autoaggression und die Reaktion der Umwelt und vieles andere mehr. Aber auch diese Analysen lassen den schwerstbehinderten Menschen nur in seinen meßbaren und beobachtbaren Funktionen erscheinen. Schließlich wird ja nur das untersucht, was der Fragende als würdig erachtet; der Schwerstbehinderte wird der Untersuchungsintention und dem -instrumentarium angepaßt. Der Blick auf ein größeres Ganzes des Menschen bleibt verborgen.
Grundlegende Aspekte des Menschseins, wie beispielsweise das subjektive Erleben und Empfinden von Anna in ihrer fundamentalen Bedeutung für ihr Handeln und Denken, können im skizzierten Ansatz nicht als berücksichtungswürdig gelten, weil sich diese dem objektivierbaren Zugang verschließen. Aber gerade ihre Emotionalität kann uns, wenn es uns gelingt, eine verstehende Beziehung zu Anna herzustellen, Aufschlüsse

darüber geben, weshalb sie zu Beginn nicht bereit ist zu Sprechen und aufrecht zu gehen, warum sie das Angesehenwerden meidet und die 'Rückseite des Anderen' als Ort der Selbststimulation sucht. Im empirisch-analytischen Ansatz wird man ihre motorischen 'Fehlfunktionen' vorschnell auf die Körperbehinderung und die Autoaggression, möglicherwiese auf eine sensorielle Deprivation zurückführen.

Das Beispiel sollte verdeutlichen, daß die Schwerstbehinderung ein individuelles Phänomen ist, das sich in besonderer Weise dem vertrauten wissenschaftlichen Zugriff zu entziehen scheint und die Theoriebildung darum überaus schwierig macht. Es ist nicht erfaßbar, wenn es bestehenden Methoden angepaßt wird; dabei verpaßt man es. In diesem Zusammenhang fordert BEGEMANN:

"*Wenn es darauf ankommt, daß wir den Menschen in seiner Ganzheit, Mensch und Welt in ihrer Ganzheit wahrnehmen, damit wir recht handeln und Sinn erfahren, damit wir menschenwürdig erziehen und die Katastrophe verhindern, dann ist der Pädagoge herausgefordert. Er muß die Einseitigkeit und die Begrenztheit, die Konstruktion und das Machtgefälle aller erziehungswissenschaftlichen Theoriebildung erkennen, die sich an überholten naturwissenschaftlichen Modellen orientiert. Der Mensch, wenn wir ihn im Ganzen wahrnehmen wollen, ist nicht einfach durch empirische Methoden zu erfassen, er ist nicht rational kausal zu erklären, er ist nicht durch isolierte Kognition zu steuern. In diesem Sinne gibt es keine subjektive wissenschaftliche Wahrheit, keine logische Theorie, die intersubjektiv gültig ist, den Menschen vorhersagen und damit manipulieren läßt, die pädagogisches Handeln begründen kann und Ziele wie Wege ableiten läßt. All diese Versuche, mögen sie als wissenschaftlich gelten, objektiv sein wollen und Wahrheit anstreben, verfehlen den Menschen.*"[15]

Mit BEGEMANN ist eine "*Wissenschaft des Lebens*" zu fordern, weil diese "*standortbezogen*" erfolgt, sie ihre Erkenntnisse "*immer vom Subjekt des Fragenden, seiner Methode und von der Situation abhängig*"[16] macht. Sie behaupte sich gegenüber bestehenden wissenschaftlichen Normen und Werten und ließe den Aspekt der Allgemeingültigkeit bedenkenswert erscheinen. "*Der Erfassung ganzheitlicher Lebenssituation wie ihre Darstellung sind neu zu lernen. Eine Subjekt-Objekt-Trennung ist nicht mehr auszunehmen, eine Spaltung in Geist und Materie, Leib und Seele auch nicht.*"[17]

---

[15] BEGEMANN,E.: *Von definierten Verhältnissen zu biographischer Erfahrung*, in: EBERWEIN,H.(Hrsg.): *Fremdverstehen sozialer Randgruppen*, Berlin 1987, 32

[16] ebd. 1987, 38

[17] ebd. 1987, 40

Wenn uns gerade durch die derzeitige Auseinandersetzung mit schwerstbehinderten Menschen bewußt wird, daß, um es mit den Worten SPECKs zu sagen, "*Objektivation nicht alles ist*"[18] und wir uns wieder auf anthropologische, ethische oder charismatisch caritative Werte und Normen besinnen, dann darf mit dieser erneuten Wende aber nicht ein "*Zurückgehen auf vormoderne Zeiten zum Wohl des Behinderten*"(WÖHLER)[19] gemeint sein. Dabei würden diese wieder in ein Abseits fallen, das von willkürlicher Wohltätigkeit beherrscht sei.[20]

Darüber hinaus birgt eine derartig ausschließlich subjektbetonte Rückbesinnung die Gefahr in sich, die allgemeine Wissenschaftsmüdigkeit, die SPECK bei Praktikern und Studierenden beobachtet[21], zu verstärken. Seiner Ansicht nach würde dies wiederum dazu beitragen, daß sich die verschiedenen "*sozialen und pädagogischen Systeme*"[22] vermehrt auf ihre Eigenständigkeit konzentrierten und sich dabei zunehmend auseinanderentwickelten. Den jetzigen "*Zustand*" zwischen den verschiedenen sonderpädagogischen Teilsystemen hält SPECK für "*kritisch*"[23]. Eine Situation, die m.E. die Selbstbehauptung der Sonderpädagogik als Wissenschaft gefährdet.

Die Forderung nach einer ganzheitlichen oder einer subjektorientierten Erfassung, nach ein "*Wissenschaft des Lebens*" (BEGEMANN) darf darum nicht ein Zurückgehen hinter einen bereits erreichten Erkenntnisstand bedeuten, sondern verlangt ein wissenschaftstheoretisches Umdenken und zwar in der Form, daß wir die Begrenztheit des eigenen wissenschaftstheoretischen Denkens und Handelns erkennen und uns um eine "*interdisziplinäre Verständigung*" (SPECK[24]) bzw. um ein "*Miteinander von Natur- und Geisteswissenschaften*"[25] bemühen, damit sich die Sonderpädagogik langfristig als autonome Wissenschaft behaupten kann.

Ausgehend von POPPERs Feststellung, daß das Herumreiten auf den Unterschieden zwischen Geistes- und Naturwissenschaften heute eher Langeweile hervorriefe[26], fragt SPECK nach dem Gemeinsamen beider Wissenschaftsbereiche, um von da aus Perspektiven eines Miteinanders aufzuzeigen. In beiden ginge es im Grunde methodologisch gesehen um etwas Gleichartiges oder Gleichgerichtetes, um das Problemlösen per Vermutung und Widerlegung[27]. "*Insofern ist die Methode des Verstehens nicht nur für die sogenannten Geisteswissen-*

---

18 SPECK,O.: *Wende der Sonderpädagogik*, in Zt. Sonderpädagogik, 4/1982, 155

19 WÖHLER,K.: *Wie die Sonderpädagogik zum Behinderten kam und kommt: Der Behinderte als Objekt und Subjekt*, in: Zt. Behinderte 5/1986, 11

20 vgl. ebd. 1986, 11

21 vgl. SPECK 1982, 154

22 ebd. 1982, 154

23 vgl. ebd. 1982, 154

24 vgl. SPECK,O.: *Wissenschaftstheoretische Grundlagen und ihre Bedeutung für das Miteinander von Natur- und Geisteswissenschaften*, in: Zt. Infans Cerebropathicus, 4/1980, 85-91

25 ebd.1980

26 vgl. POPPER 1974, 206 nach SPECK, 1980, 88

27 vgl. SPECK 1980, 89

schaften charakteristisch."[28] Trotz ihrer definierten Unterschiede sieht SPECK beide Wissenschaftsbereiche in einem gegenseitigen Bezugsverhältnis zueinander, das er als wechselseitig zirkuläres charakterisiert und wie folgt beschreibt:
"*Naturales und Epistemisches (Geistiges) bedingen sich gegenseitig. Damit ist auch ein gegenseitiges Ergänzungsverhältnis angesprochen, in welchem sich der eine Wissenschaftsbereich dem anderen öffnet, um in Austausch von relevanten Komplementaritäten zu treten. Zu denken ist hier z.B. an das Ergänzungsverhältnis von pädiatrisch-psychiatrischer Neurologie und Heilpädagogik, etwa im Bereich der Frühförderung hirnfunktionsgestörter Kleinkinder.*"[29]

SPECK geht es dabei ausdrücklich nicht darum, die "*unterschiedlichen wissenschaftlichen Ansätze*"[30] zu verwischen, sondern "*erst durch die konsequente Beschäftigung mit der eigenen Materie erschließt sich die Ergänzungsbedürftigkeit des eigenen begrenzten Ansatzes*"[31]. Der interdiziplinäre Austausch würde damit eine "*Korrektur- oder Kontrollfunktion*"[32] erhalten. In der offenen Auseinandersetzung miteinander würde es möglich, "*über das unzulässige Eigenziel hinausgreifende Generalisierungen sichtbar zu machen und anzuweisen*"[33]. SPECK fragt weiter, wie trotz der wachsenden Hindernisse zwischen den getrennten Wissenschaften eine Überbrückung möglich sei. Er glaubt daran:
" *'Credo, ut intelligam'. Eine wichtige Funktion für die Verbindung der verschiedenen Einzelwissenschaften dürfte dem Philosophieren zukommen, das seit je als das Beschäftigen mit der Welt als Ganzem gilt.*"[34]

Auch wenn wir noch am Anfang eines wirklichen Miteinanders stehen, und die Überbrückung der vermeintlichen Gegensätze eher noch als "*Traum*"[35], wie SPECK es ausdrückt, erscheint, halte ich diesen Traum gerade angesichts der vielfältigen, durch die Schwerstbehinderten aufgeworfenen, Probleme für notwendig und langfristig für durchaus realisierbar.
Im Philosophieren sehe ich eine Möglichkeit, aus dem derzeitigen "*kritischen Zustand*" (SPECK), aus der Grenzsituation herauszutreten. Deshalb möchte ich nachfolgend mit PFEFFER und MAIER eine lebensweltliche Öffnung der Sonderpädagogik fordern und versuchen, einen philosophisch-phänomenologischen (lebensweltlichen) Zugang zum Phänomen des Schwerstbehindertseins zu finden, damit erste Aspekte einer Schwerstbehinderten-Pädagogik entworfen werden können.

---

28 ebd. 1980, 89
29 ebd. 1980, 89
30 vgl. ebd. 1980, 89
31 ebd. 1980, 89
32 ebd. 1980, 89
33 ebd. 1980, 89
34 ebd. 1980, 90
35 vgl. ebd. 1980, 90

Ich habe mich für diesen Weg entschieden, weil er mir, bei aller Einseitigkeit, geeignet scheint, zum Verständnis dieses uns noch weitgehend unbekannten Personenkreises beizutragen, sowie Möglichkeiten aufzeigt, uns der verborgenen Welt des schwerstbehinderten Menschen zu nähern, und uns damit helfen kann, allererste theoretische und konkret pädagogisch-didaktische Konsequenzen zu erkennen.
Der hier versuchte Theorieentwurf, der nach dem Beziehungsverhältnis von schwerstbehindertem Kind und Welt in seiner Relevanz für eine adäquate Erziehung fragt, versteht sich ausdrücklich als Voraussetzung für weitere (natur- und geistes-) wissenschaftliche Auseinandersetzungen. In seiner erschließenden Funktion bedarf er geradezu einer nachfolgenden Ergänzung, ggf. auch einer Korrektur durch beispielsweise medizinische, psychologische oder psychiatrische, aber auch anthropologische Erkenntnisse. Er könnte insofern die Grundlage für eine *"interdisziplinäre Verständigung"* (SPECK) bilden und damit möglicherweise einen Weg zu einer ganzheitlichen Sonderpädagogik ebnen.

"Es sind die gleichen ordnenden Kräfte, die die Natur in allen ihren Formen gebildet haben und die für die Struktur unserer Seele, also auch unseres Denkvermögens verantwortlich sind."

WERNER HEISENBERG[36]

[36] HEISENBERG 1983 nach DRAVE/STREICHER: *Zusammenhänge sehen- Die ordnende Kraft der Natur*, Köln 1984, 30

1.1 Phänomenologisches Fragen in der Geistigbehindertenpädagogik

Die neuerliche Rückbesinnung in der Sonderpädagogik, erkennbar an Forderungen wie das Kind zum Subjekt der Wissenschaft zu machen (HAEBERLIN), es in seiner Ganzheit zu betrachten (SPECK) oder eine Wissenschaft des Lebens zu betreiben (BEGEMANN), intendiert, den behinderten Menschen in seiner Lebenswelt wieder in den Mittelpunkt sonderpädagogischen Fragens zu stellen und führt damit gleichsam zu einem "*Wiederaufleben phänomenologischer Denktradition im erziehungswissenschaftlichen Denken*"[37]. Eine Tendenz, die nicht auf die Sonderpädagogik beschränkt bleibt, sondern die LIPPITZ seit den siebziger Jahren in vielen anderen Bereichen der Erziehungswissenschaft beobachtet hat. Deutlich wird diese Entwicklung an dem steigenden Beliebtheitsgrad phänomenologischer Begriffe wie 'Lebenswelt', 'Alltagswelt' oder 'Leiblichkeit', deren Verwendung aber nicht zwangsläufig als Beleg eines konsequent phänomenologischen Denkens des Verfassers verstanden werden kann. Häufig bleibt es bei der reinen Beschreibung pädagogischer Phänomene; die Zurückführung auf phänomenologisch-philosophische Zusammenhänge wird vielfach nicht vollzogen.
Bevor ich auf die Begrifflichkeit näher eingehe, damit erkennbar wird, was die Forderung nach einer "*lebensweltlichen Öffnung*"[38] für die Sonderpädagogik bedeutet, und wie sich phänomenologisches Fragen in ihr vollzieht, will ich zu klären versuchen, was Phänomenologie selbst ist, und welcher Stellenwert ihr in der Pädagogik und schließlich in der Geistig- bzw. Schwerstbehindertenpädagogik zukommt.

Von **der** Phänomenologie zu sprechen ist schwierig, denn als solche gibt es sie nicht. Phänomenologie als transzendentalphilosophische Wissenschaft und Methode von EDMUND HUSSERL (1859-1938) Ende des vergangenen Jahrhunderts entwickelt und zunehmend ausgeformt, unterlag in seiner Nachfolge den unterschiedlichsten philosophischen, pädagogischen und sozialwissenschaftlichen Strömungen, die nicht zuletzt dazu beigetragen haben, daß Phänomenologie, aus Unkenntnis der HUSSERLschen Philosophie, entweder als "*Stratosphärendenken*"[39] oder als "*naiver Realismus*"[40] abgetan wird.
Mit WALDENFELS ist fürs erste festzuhalten, daß Phänomenologie kein "*monolithischer Block und schon gar nicht ein bloßes Arsenal fundamentaler Thesen oder methodischer Handgriffe*"[41] ist.

---

[37] LIPPITZ,W.: *Phänomenologie als Methode? Zur Geschichte und Aktualität des phänomenologischen Denkens in der Pädagogik*, in: LIPPITZ/MEYER-DRAWE: *Kind und Welt*, Frankfurt/M. 1987², 101

[38] WÖHLER 1986, 11

[39] vgl. LIPPITZ/MEYER-DRAWE: *Einige Bemerkungen zur Aktualität und Geschichte phänomenologischen Fragens in der Pädagogik*, in: ders.: *Lernen und seine Horizonte*, Frankfurt/M. 1986³, 6

[40] ebd. 1986, 6

[41] WALDENFELS 1980, 8 nach LIPPITZ/MEYER-DRAWE 1986³, 6

"Wo sie lebendig bleibt, verkörpert sie eine flexible Seh- und Frageweise, die verschiedene Richtungen nimmt, sich ständig neu erprobt und sich nicht auf eine fertige Identität versteift."[42]
Aufgrund der Vielfalt der phänomenologischen "*Richtungen*" (WALDENFELS) ist es überaus schwierig, einen eindeutigen wissenschaftstheoretischen Bezug zur Sonder- bzw. Schwerstbehindertenpädagogik herzustellen. Die kritische Auseinandersetzung mit, bzw. das Hinterfragen von derzeit phänomenologisch Aktuellem ist nur möglich, wenn die verschiedenen "*phänomenologischen Strömungen und Trends in der Pädagogik*"[43] systematisch auf ihre Verbindung zu den philosophischen Ursprüngen HUSSERLs hin überprüft werden, damit von da aus spezifisch sonderpädagogische Standpunkte abgegrenzt werden können. Eine Aufgabe, die ich wegen ihrer Umfänglichkeit hier nicht zu leisten vermag, ohne dabei meine eigene Problemstellung aus den Augen zu verlieren. Mit LIPPITZ werde ich stattdessen einen kurzen geschichtlichen Abriß phänomenologischen Denkens aufzeigen, damit mein späterer Versuch, dem Zur-Welt-Sein und der elementaren, leibgegebenen Beziehungsfähigkeit des schwerstbehinderten Kindes mittels der Phänomenologie MERLEAU-PONTYs näherzukommen[44], in einem größeren wissenschaftstheoretischen Kontext erscheinen kann.
Dazu dient letztlich auch die nachfolgende Darstellung der lebensweltlichen Sichtweise WILHELM PFEFFERs, die m.E. exemplarisch für konsequent phänomenologisches Denken in der Geistigbehindertenpädagogik ist, weil PFEFFER sich in der Tradition HUSSERLs und MERLEAU-PONTYs darum bemüht, die verschiedenen phänomenologisch-philosophischen und -pädagogischen Grundströmungen unter dem Schwerstbehindertenaspekt sinnvoll miteinander zu verknüpfen, und es darum möglich wird, sich auch unter der gestellten Beziehungsproblematik seinem lebensweltlich orientierten Verständnis von Pädagogik anzuschließen.

Schon zu Lebzeiten HUSSERLs hat ein Segregationsprozeß innerhalb der phänomenologischen Philosophie begonnen, der nicht ohne Wirkung auf das phänomenologische Denken in der Pädagogik blieb und zur Entstehung "*unterschiedlicher Richtungen, Schulen, Orientierungen*" führte, "*die sich zunehmend untereinander, z.T. sogar gegeneinander verselbständigten*"[45]. Das breite Spektrum derzeitiger phänomenologisch orientierter Pädagogik im deutschsprachigen Raum hat ihren Ursprung in dieser Segregationsbewegung.
Zu Beginn dieses Jahrhunderts kam dem phänomenologischen Denken "*in den Bereichen der pädagogischen Tatsachenforschung*"[46] nur eine geringe Bedeutung zu. Die führenden Vertreter einer phänomenologischen Pädagogik, wie FISCHER (1914), REYER (1920) oder LOCHNER (1927), reduzierten die Phänomenologie im Sinne einer pädagogischen Rezeption. TSCHAMLER beschrieb die Entwicklung folgendermaßen: "*Man reduzierte die Phänomenologie auf eine möglichst theoriefreie und evidente Erfassung der*

---
42 ebd. 1980, 8 nach LIPPTZ/MEYER-DRAWE 1986^3, 6
43 LIPPITZ 1987^2, 104
44 vgl. Kapitel 4
45 LIPPITZ 1987^2, 102
46 ebd. 1987^2, 102

pädagogischen Praxis."[47] Deskription wurde zu der phänomenologischen Methode erklärt, "*die man ohne weitere Differenzierung mit der 'Wesenserkenntnis' gleichsetzte*"[48]. LIPPITZ/MEYER-DRAWE sind der Ansicht, daß auch heute noch vielfach pädagogisch-phänomenologisches Denken auf der "*Rezeptionsstufe eines A. FISCHERs oder R. LOCHNERs*"[49] festgeschrieben würde, und es so zu einer grundlegenden Fehlinterpretation der HUSSERLschen Philosophie käme und zwar in dem Sinne, daß "*sie in der Regel als transzendentalidealistische Theorie der Konstruktion von Bewußtseinsgegenständlichkeiten*"[50] erschiene. "*In den Hintergrund treten HUSSERLs Analysen der Bewußtseinsakte und die Auseinandersetzung mit den Problemen der Lebenswelt.*"[51] Aufgrund des starken Rezeptinteresses der Pädagogik konnte sich nur sehr schwer ein differenziertes phänomenologisches Denken, das sozialwissenschaftliche und anthropologische Fragestellungen zuließ, durchsetzen.[52] Ein größeres Gewicht erhielt es in der Pädagogik darum erst nach dem zweiten Weltkrieg in der sogenannten 'anthropologischen Wende' der fünfziger und sechziger Jahre. Die sich in dieser Zeit bildenden Richtungen BOLLNOWs und LANGEVELDs spiegeln ein Stück Segregationsgeschichte der pädagogischen Phänomenologie wider. BOLLNOWs Phänomenologieverständnis ist "*existentialistisch, lebensphilosophisch-hermeneutisch 'gefärbt'*"[53]. Es lehnt sich der, obwohl selbst aus der HUSSERLschen Philosophie hervorgegangenen, ihr aber kritisch gegenüberstehenden Daseisanalytik HEIDEGGERs an und bleibt damit weniger dem philosophischen Ursprung (HUSSERL) verpflichtet als LANGEVELD, dem Vertreter einer "*expliziten humanwissenschaftlich (psychologisch, anthropologisch) ausgerichteten phänomenologischen Richtung*"[54]. LANGEVELD ziehe sich, nach LIPPITZ, aber auch dort von HUSSERL zurück, "*wo dieser die mundane deskriptive, phänomenologisch psychologische Einstellung zur Mensch-Welt-Korrelation verläßt und auf die Ebene einer transzendentalphilosophischen Konstitutionsanalyse des philosophischen Bewußtseins übergeht, die sich dem traditionsreichen Geschäft einer Selbstbegründung philosophischer und damit menschlicher Vernunft überhaupt widmet.*"[55]
Dieser Rückzug war mit einer wesentlichen Umorientiertung in den dreißiger Jahren verbunden, die von französischen Phänomenologen unter Einfluß HEIDEGGERs entwickelt wurde. MERLEAU-PONTY, als Mitbegründer dieser sogenannten 'lebensweltlichen Wende', trug dazu bei, daß sich phänomenologisches Denken intensiver als bei HUSSERL "*anthroplogischen, humanwissenschaftlichen Fragestellungen*"[56] öffnete und sich einer hermeneutischen

---

47 TSCHAMLER 1977, 167 nach LIPPITZ/MEYER-DRAWE 1986³, 7
48 LIPPITZ/MEYER-DRAWE 1986³, 7
49 ebd. 1986³, 7
50 ebd. 1986³, 7
51 ebd. 1986³, 7
52 vgl. ebd. 1986³, 7
53 LIPPITZ 1987², 102
54 ebd. 1987², 102
55 ebd. 1987², 103
56 ebd. 1987², 103

Philosophie näherte. Eine Tradition, die in der 'Utrechter Schule' LANGEVELDs weitergeführt wurde, während im deutschsprachigen Raum in den letzten zwanzig Jahren eine "*Reaktualisierung des sozialphänomenologischen Zweigs der Phänomenologie in enger Verbindung zum amerikanischen Pragmatismus und zur Ethnomethodologie*"[57] vollzog.
Die derzeitige phänomenologische Renaissance habe sich nach LIPPITZ bei uns daher nicht aus der eigenen phänomenologisch-pädagogischen Denktradition heraus entwickelt, sondern sei indirekt, d. h., einerseits durch die Auseinandersetzung mit der Krititischen Theorie der Frankfurter Schule und zum anderen durch die amerikanische Wissenssoziologie A. SCHÜTZ' in die Erziehungswissenschaft zurückgekehrt. Durch diese "*sozialwissenschaftliche Wende*"[58] in der Pädagogik sei das Verhältnis der Erziehungswissenschaft zu ihrer eigenen phänomenologischen Tradition nun endgültig gebrochen. Es habe ein Prozeß des Verdrängens und des Vergessens der eigenen Geschichte dort begonnen, wo Problembearbeitung notwendig gewesen wäre. LIPPITZ übt folgende Kritik an der augenblicklichen Entwicklung:
"*An der Art und Weise, wie neuerdings die Sozialphänomenologie in die erziehungswissenschaftliche Theoriebildung unter dem Stichwort 'Alltagsorientierung' Eingang findet, kann man besonders eindrucksvoll verfolgen, wie der Mangel an systematischer und historisch reflektierter Auseinandersetzung mit der Tradition dazu führt, Engpässe und Aporien des phänomenologischen Denkens unbesehen zu übernehmen und so pädagogische Fragestellungen damit von vornherein zu belasten.*"[59]

In den letzten Jahren werden nun auch im deutschsprachigen Raum u.a. gerade durch die eben erwähnte "*sozialwissenschaftlich beeinflußte 'Alltagswende' in der Pädagogik*"[60] initiierte Versuche unternommen, an die Utrechter Schule anzuknüpfen[61] und "*zugleich die phänomenologische Strömung für die Pädagogik fruchtbar zu machen, die unter der 'Lebenswelt'-Thematik sozial- und gesellschaftswissenschaftliche Fragestellungen in sich aufgenommen hat.*"[62] Damit zeichnet sich heute ein eher integrierendes phänomenologisches Denken in der Pädagogik ab, das sich gleichzeitig um eine Rückbesinnung auf seine philosophischen Ursprünge bemüht.
Ich will es bei diesem kurzen geschichtlichen Abriß der wichtigsten phänomenologisch-pädagogischen Strömungen belassen, weil weitere Richtungen, wie z.B. die Münchener Schule (REINACH, PFÄNDER, SCHELER), nur einen sehr begrenzten Einfluß auf die Pädagogik nahmen und für das Verständnis des nachfolgend mit PFEFFER dargestellten phänomenologisch 'lebensweltlichen' Ansatzes in der Geistigbehindertenpädagogik nicht erforderlich ist.

---

[57] ebd. 1987^2, 102
[58] ebd. 1987^2, 101
[59] LIPPITZ 1980, 138 nach LIPPITZ/MEYER-DRAWE 1986^3, 9
[60] LIPPITZ 1987^2, 103
[61] Anm.d.Verf.: beispielsweise VON MANEN, LIPPITZ oder MEYER-DRAWE
[62] LIPPITZ 1987^2, 103

In seiner Habilitationsschrift, auf die ich im vierten Kapitel noch einmal ausführlich zurückkomme, hat PFEFFER in ANLEHNUNG an HUSSERL, MERLEAU-PONTY, LANGEVELD, SCHÜTZ, LIPPITZ u.a. phänomenologisch- philosphisches und methodologisches Denken systematisch für die Geistigbehindertenpädagogik erschlossen. Auf einem eher allgemein phänomenologischen Hintergrund, denn PFEFFER bleibt nicht einer Schule ausschließlich verpflichtet, faßt er Erziehung als "*intersubjektive Wirklichkeit*"[63] zwischen Kind und Welt sowie zwischen Erzieher und dem zu Erziehenden auf und belegt dies auf den unterschiedlichen phänomenologischen Reflexionsebenen; dazu er selbst:

"*Erziehung ist demnach eine intersubjektive Wirklichkeit mit den grundlegenden Problemen des Fremdverstehens und Fremdwirkens zwischen Erzieher und zu Erziehendem mit schwerer geistiger Behinderung, aber auch zwischen den Erziehern und zwischen Wissenschaftlern bzw. zwischen ihnen und den Erziehern.*"[64]

Erziehungswirklichkeit entziehe sich der objektiven wissenschaftlichen Betrachtung; eine Feststellung, die PFEFFER nicht als Affront gegen objektivierende Wissenschaften trifft, sondern "*aus der ganz einfachen Erfahrung, daß Erziehung eben so nicht betrachtet werden kann, ohne daß das verschwindet, was sie im Kern ausmacht,* ***intersubjektive Wirklichkeit*** *zu sein*"[65]. Eine solche Wirklichkeit zeige sich in ihrer Selbstgebung und damit meint er: "*Die wissenschaftliche Beschäftigung mit der Erziehung beginnt da, wo sich diese Wirklichkeit gibt, im* ***lebensweltlichen Vollzug.***"[66]

Die Erziehungswirklichkeit mit schwerstbehinderten Menschen anhand ihrer Lebenswelt wissenschaftlich zu erfassen heißt für PFEFFER, in der wissenschaftlichen Reflexion diese konkrete Wirklichkeit nicht zu verlieren oder zu vernachlässigen[67]. Die konkrete Praxis, mit ihren Erfolgen und Mißerfolgen, dürfe nicht in der Abstraktion verschwinden. Erst dann fänden sich die in der Erziehung Tätigen mit ihren Problemen in der wissenschaftlichen Bearbeitung wieder.[68]

Die Rehabilitierung konkreter Wirklichkeiten begänne nach phänomenologischer Auffassung mit der "*natürlichen Einstellung*"[69]. In dieser schlichten Welterfahrung sei sich der Mensch vorwissenschaftlich seiner Welt bewußt, "*von ihr affiziert, nimmt wahr, denkt nach, plant und handelt*"[70]. Vor jedem Philosophieren, "*vor aller Theorie und Reflexion, ist die Welt in den faktischen Lebensvollzügen intentional erfahren, ist der Mensch mit ihr ursprünglich ('naiv') vertraut*"[71], es ist die Welt "*der unmittelbaren Erlebbarkeit*"[72]. Die-

---

63 PFEFFER,W.: *Grundlegung der Aufgaben und Möglichkeiten der Förderung schwer geistig Behinderter*, unveröff. Habil.-Schr. Würzburg, Mai 1986, 190

64 ebd. 1986, 190

65 ebd. 1986, 190

66 ebd. 1986, 190/191

67 vgl. ebd. 1986, 191

68 vgl. ebd. 1986, 192

69 ebd. 1986, 192

70 HUSSERL: Krisis, S. 238 nach PFEFFER 1986, 192

71 MERLEAU-PONTY 1966, 3 nach PFEFFER 1986, 193

72 LANGEVELD 1981, 16 nach PFEFFER 1986, 193

ser natürlichen Einstellung zur Welt, in die der Mensch selbst verfangen ist, wird er sich erst bewußt, wenn er sich von ihr in der Reflexion abzuheben versucht; doch diese ist dann nicht mehr mit der 'unmittelbaren Erlebbarkeit' identisch. Die Erziehungswirklichkeit in ihrem Vollzug nur zu beschreiben, sie noch nicht wissenschaftlich zu reflektieren, wie etwa im Beziehungsbeispiel mit Eva[73], bedeutet, die 'natürliche Einstellung' in ihrer Unmittelbarkeit zu verlassen. Darum darf und kann selbst diese vorwissenschaftliche Erfahrung (wie beispielsweise mit meinen schwerstbehinderten Schülern) nicht mit der 'natürlichen Einstellung zur Welt' gleichgesetzt werden.

Aus diesem Faktum folgert PFEFFER, daß es mehrere Ebenen vorwissenschaftlicher Erfahrung der Wirklichkeit gäbe, was im Begriff der 'Lebenswelt' zum Ausdruck käme; doch dieser sei "*keineswegs mit der natürlichen Einstellung identisch*"[74]. In Anlehnung an HUSSERLs Spätwerk definiert PFEFFER den Begriff der Lebenswelt folgendermaßen:

"*Die Lebenswelt ist die 'wirklich anschauliche, wirklich erfahrene und erfahrbare Welt, in der sich unser ganzes Leben praktisch abspielt'(HUSSERL: Krisis, 1982, S.54), 'für uns, die in ihr wach Lebenden immer schon da, im voraus uns seiend' (HUSSERL: Krisis, 1954, S.145), 'bruchlos in purer Seinsgewissheit daseinende' (ebd. S. 175), die stets in frageloser Selbsverständlichkeit vorgegebene Welt der sinnlichen Erfahrung und alles von ihr genährten Denklebens, des unwissenschaftlichen und schließlich auch des wissenschaftlichen' (HUSSERL: Krisis, 1982, S.83).*"[75]

HUSSERL bezeichnet die Lebenswelt als die "*bloß subjektiv-relative Anschauung des vorwissenschaftlichen Welterlebens*"[76]. Die Lebenswelt diene als subjektiv-relative für den Wissenschaftler, "*als für alle objektive Bewährung die theoretisch-logische Seinsgeltung letztlich Begründende, also als Evidenzquelle, Bewährungsquelle*"[77]. Die objektive Welt stelle nach HUSSERL eine theoretisch-logische Substruktur dar, "*die eines prinzipiell nicht Wahrnehmbaren, prinzipiell in seinem Selbstsein nicht Erfahrbaren, während das lebensweltlich Subjektive in allem und jedem eben durch seine wirkliche Erfahrbarkeit ausgezeichnet ist.*"[78]

In der Philosophie HUSSERLs ist die Lebenswelt "*letztlich Boden und Woraufhin für die Philosophie, für die Konstitution des Seins in der trans-zendentalen Subjektivität und somit die Letztbegründung aller Wissenschaft.*"[79] Vor diesem transzendentalphilosophischen Horizont gehörten die Wissenschaften "*als theoretische Praxis, als jene, die*

[73] Anm: das ich in der Einleitung beschrieben habe
[74] PFEFFER 1986, 193
[75] ebd. 1986 193/194
[76] HUSSERL: Krisis, 1982, 127 nach PFEFFER 1986, 194
[77] HUSSERL: Krisis, 1982, 129 nach PFEFFER 1986, 194
[78] HUSSERL: Krisis, 1982, 130 nach PFEFFER 1986, 194
[79] PFEFFER 1986, 194

in der vorwissenschaftlichen Lebenswelt ihre Grundlage haben, in die Lebenswelt selbst hinein".[80]

Phänomenologen wie MERLEAU-PONTY, SCHÜTZ, WALDENFELS oder LIPPPITZ ständen HUSSERLs vornehmlicher "*Orientierung der Konstitution des Seins in der transzendentalen Subjektivität kritisch gegenüber*"[81] und begründeten mit ihren "*Überlegungen zu den Sinn-Konstitutionen in den Humanwissenschaften*"[82] die lebensweltliche Wende in der Phänomenologie, auf die ich ja zuvor schon hingewiesen habe.

Aus dieser 'lebensweltlichen Wende' erwuchsen für die Erziehungswissenschaften funktional-methodologische Konsequenzen, die PFEFFER wie folgt zusammenfaßt:

"*So verstanden hat die Erziehungswissenschaft die Aufgabe, Sinn-Konstitutionen auf dem Boden der Erziehungspraxis und der pädagogischen Reflexion der in der Praxis Tätigen herauszuarbeiten, zu beschreiben und zu reflektieren. Sie nimmt ihren Ausgangspunkt von der Lebenswelt als ihrem Boden und steht letztlich in deren Dienst.*"[83]

In neuerer Zeit erführe die Herausnahme der Philosophie aus dem Kreis der Wissenschaften eine noch schärfere Kritik, was zu einer differenzierten Sicht der Lebenswelt geführt habe. Sie bleibe Fundament der Wissenschaft, auch der Philosophie, gleichzeitig sei Wissenschaftliches in das Lebensweltliche eingegangen[84]. Die Lebenswelt dürfe nicht nur in ihrer Gegenwärtigkeit betrachtet werden, sie sei geschichtlich geworden. In der lebensweltlichen Wende, vor allem durch MERLEAU-PONTY, sei deutlich geworden, daß die Philosophie selbst lebensweltlich ist. Der Zusammenhang von Lebenswelt, Einzelwissenschaften und Philosophie erführe angesichts der Antagonismen im HUSSERLschen Ansatz eine Erklärung, die die Phänomenologie für die Einzelwissenschaften und deren Zusammenhang mit der konkreten Lebenswelt fruchtbar werden ließe[85]. Daraus leitet PFEFFER folgende Ergebnisse ab:

1. Es gäbe eine Lebenswelt vor und außerhalb aller Wissenschaft: "*die Konkret, selbstverständlich seiende geschichtliche Welt der schlichten subjektiven und intersubjektiven Erfahrung*".[86] Sie sei Fundament aller Sinngebung, "*zeitige jedoch keine einheitliche Sinngebung, weil sie selbst eine Vielfalt von Sonderverhalten darstellt, die in verschiedenen Organisationsweisen der Erfahrung begründet sind.*"[87]

   Mit dieser Auffassung ginge die heutige Phänomenologie über die Annahme von einer ursprünglich einheitlich gegebenen Lebenswelt HUSSERLs hinaus. In Übertragung auf die intersubjektive Erziehungswirklichkeit folgert PFEFFER hieraus, daß es z.B.: "*die*

---

[80] ebd. 1986, 194
[81] ebd. 1986, 195
[82] ebd. 1986, 195
[83] ebd. 1986, 195
[84] vgl. ebd. 1986, 196
[85] vgl. ebd. 1986, 196
[86] ebd. 1986, 196
[87] ebd. 1986, 196

unterschiedlichen Organisationsweisen der Erfahrungen von Kindern und Erwachsenen, von Schülern und Lehrern, von behinderten und nichtbehinderten Kindern und Erwachsenen"[88] seien, die konkret eine Vielfalt in der Lebenswelt bildeten und die nicht durch vorschnelle Reduktion auf die bloß ursprüngliche Gegebenheit für die Wahrnehmung als einheitlich vernachlässigt werden dürften. [89]
Die umfänglichen Beziehungsstörungen zwischen schwerstbehindertem Schüler und Lehrer, wie ich sie in der Einleitung beschrieb, die ein Gestalten und Erleben gemeinsamer Lernsituationen zu verhindern scheinen, belegen m.E. die Vielfalt, in der Lebenswelt sich bildet und von den betroffenen Menschen gebildet wird.

2. Als weiteres Ergebnis einer Abgrenzung zum HUSSERLschen Verständnis von Lebenswelt hält PFEFFER fest, "*daß die Lebenswelt Sinnfundament und Vorgegebenheit aller Wahrnehmung und der Philosophie ist.*"[90] Der Lebenswelt würde gleichsam per Dekret eine wissenschaftliche bzw. philosphische Funktion zugeschrieben[91]. Der Begriff der Lebenswelt sei ein philosophischer, der sich an den objektiven Wissenschaften orientiere und nicht mehr nur das schlichte Daseiende meine[92].

3. Die Lebenswelt ist immer auch eine geschichtliche. Sie sei "*sowohl konkret, vorwissenschaftlich, als auch in ihrer philosophischen und wissenschaftlichen Funktion als Boden und Wohin eine* ***geschichtliche gewordene****, in die nicht nur Entwicklungen und Ergebnisse praktischer Lebensvollzüge, sondern auch Erkenntnisse aus der theoretisch-wissenschaftlichen Arbeit als Sinnsedimente eingegangen und wirksam geworden sind, sei es unreflektiert, reflektiert oder wissenschaftlich reflektiert.*"[93]

4. Als letztes Merkmal der kritischen Betrachtung des HUSSERLschen Lebenswelt-Verständnisses stellt PFEFFER heraus, daß selbst Wissenschaften und Philosophie zur Lebenswelt gehören. "*Die Verankerung der Philosophie in einer transzendentalen* ***Subjektivität*** *ist gescheitert. Philosophie und Einzelwissenschaften sind spezifische Formen konkreter Lebensvollzüge und keineswegs Ergebnisse geschichtsloser Transzendentalität.*"[94]
Rationalität und Intelligibilität seien nicht nur im Logischen zu finden. Rationalität ist immer mit Faktischem verbunden. In meiner Auseinandersetzung mit dem Phänomen der Leiblichkeit werde ich auf die "*Unaufhebbarkeit des Leibaprioris in der Erkennt-*

---

[88] ebd. 1986, 197
[89] vgl. ebd. 1986, 197
[90] ebd. 1986, 197
[91] vgl. ebd. 1986, 197
[92] vgl. ebd. 1986, 197
[93] ebd. 1986, 198
[94] ebd. 1986, 198

nis"[95] zurückkommen, die APEL sowohl für die Makrophysik der EINSTEINschen Relativitätstheorie, als auch für die Mikrophysik der Quantentheorie gezeigt hat.[96] WALDENFELS fragt im Anschluß an diese Erkenntnis, "*ob Philosophie und Wissenschaft nicht selbst auch nach dem Muster der skizzierten lebensweltlichen Erfahrung zu denken sind*"[97], und stellt weiter fest, "*daß die gesuchte Wissenschaft von der Lebenswelt stärker in dieser verwurzelt ist, als es der Anspruch auf letztbegründende Reflexion wahrhaben will.*"[98] Mit MERLEAU-PONTY, für den die Welt die "*Heimat aller Realität*"[99] ist, muß gefordert werden, daß die Wissenschaft die Dinge nicht länger 'behandelt', anstatt sie zu 'bewohnen'[100]. Auf MERLEAU-PONTYs Verständnis vom 'Wohnen' werde ich in anderem Zusammenhang später ausführlicher eingehen.

Die wissenschaftstheoretische Darstellung möchte ich nun mit den methodologischen Konsequenzen, die PFEFFER aus seiner Lebenswelt-Diskussion für die Erfassung der Erziehungswirklichkeit zieht, abrunden. Die Lebenswelt stellt für ihn verschiedene Ebenen der Organisation von Erfahrung dar. Sie sei "*schlicht daseiende, konkrete, vorreflektierte und vorwissenschaftlich erfahrene Welt.*"[101] Das Subjekt sei in die entscheidenden Lebensvollzüge, wie z.B. Erziehung, unmittelbar eingebunden, spontan tätig, leibhaftig, ohne reflektierende Distanz. Es nehme sie im Erleben oder Tätigsein wahr.
Indem sich das Subjekt durch Reflexion in "*relativer innerer Distanz*"[102] sich dieser ersten Ebene vergewissert, "*konstituiert es Lebenswelt als vorwissenschaftlich auf der Ebene mehr oder weniger gezielter Reflexion.*"[103] Auf dieser zweiten Ebene sucht der Erzieher z.B. nach Lösungen für seine Fragen, plane und verwerfe. In dieser Planung ginge es nicht nur um Entwicklungen und Ergebnisse der praktischen Erziehungstätigkeit, sondern es würden auch wissenschaftliche Erkenntnisse einbezogen.
Die dritte, die wissenschaftliche Ebene unterscheidet sich von der zweiten, "*insofern Lebenswelt mit bestimmten Methoden theoretisch reflektiert wird, und zwar in der Gemeinschaft der Wissenschaftler und unter Beachtung wissenschaftlicher Kriterien.*"[104]
Aufgabe der Erziehungswissenschaften sei es, die konkrete Erziehungswirklichkeit und die pädagogische Reflexion der Erzieher so zur Selbstgebung in der Darstellung kommen zu lassen, daß sie im Netz miteinander konkurrierender Theorien reflektiert werden können. Ab-

---

[95] K.O. APEL 1985, o.J. nach PFEFFER 1986, 199
[96] vgl. PFEFFER 1986, 199
[97] WALDENFELS 1985, 29 nach PFEFFER 1986, 199
[98] WALDENFELS 1985, 31 nach PFEFFER 1986, 200
[99] MERLEAU-PONTY 1966, 489 nach PFEFFER 1986, 200
[100] vgl. MERLEAU-PONTY: L'Oeil et l'Esprit nach PFEFFER 1986, 200
[101] PFEFFER 1986, 200
[102] ebd. 1986, 201
[103] ebd. 1986, 201
[104] ebd. 1986, 201

schließend folgert PFEFFER: "*Ziel ist ein immer tieferes Verstehen der Erziehungswirklichkeit, die Erkenntniss ihrer impliziten Sinngebungen, deren kritische Diskussion und die Vergewisserung des Sinns der eigenen, wissenschaftlichen Tätigkeit und ihres Weges. Ihre philosophische Aufgabe ist es, die Paradigmen- und Modellbildung aller Art gegen Tendenzen rigider Vereinheitlichung und Verallgemeinerung für die einheitliche Mannigfaltigkeit (menschlichen) Lebens offen zu halten.*"[105]

In PFEFFERs Habilitationsschrift, die auf ein Forschungsprojekt der Universität Würzburg zurückgeht, bilden die konkreten Erfahrungen von Erziehern und Studierenden mit schwerstbehinderten Kindern und Jugendlichen den Ausgangspunkt seiner philsophisch-pädagogischen Erörterungen. Aufgrund der Parallelität zum eigenen Praxisbezug bietet es sich an, PFEFFERs zuvor skizzierte Darstellung der verschiedenen Organisationsebenen von Erfahrung auf die eigene methodische Vorgehensweise zu übertragen. Doch dieser methodologische Transfer ist erst der zweite Schritt. Zunächst ist zu fragen, wie es dem Lehrer in der alltäglichen Erziehungssituation möglich ist, sich der scheinbar so fremden Lebenswelt seiner schwerstbehinderten Schüler zu nähern, damit er sie überhaupt sinnvoll bzw. sinn-erschließend auf der wissenschaftlichen Ebene zu reflektieren vermag.
Ich will darum nachfolgend unter anthropologischen Gesichtspunkten zu klären versuchen, welche Bedeutung dem erzieherischen Verhältnis zur Erschließung der Lebenswelt des schwerstbehinderten Schülers zukommt und gleichzeitig eine erste Begründung für die Wahl der besonderen Beziehungsthematik geben. Ihr schließt sich dann, in Rückbesinnung auf PFEFFER, die methodologische Erörterung an.

1.2 Die Lebenswelt-Thematik unter dem Schwerstbehindertenaspekt

Im vergangenen Abschnitt habe ich mich der Lebenswelt-Thematik unter primär wissenschaftstheoretischen Gesichtspunkten zu nähern versucht; die für die eigene Fragestellung bedeutenderen philosophisch-pädagogischen Dimensionen kommen im Verlauf des ersten theoretischen Teils hinzu. Die anfängliche Akzentsetzung erfolgte einerseits zur Bestimmung des Begriffes selbst, andererseits, um mit ihrer Hilfe auf das besondere Interdependenzverhältnis der verschiedenen lebensweltlichen Organisations- bzw. Erlebens- und Reflexionsebenen hinzuweisen. Dieses läßt die Erfassung der kindlichen Lebenswelt im Erziehungsprozeß allein schon aus methodologischer Sicht schwierig werden.

---

105 ebd. 1986, 201

Doch bei Menschen mit schwerer geistiger Behinderung scheint die Erschließung ihrer Lebenswelt nicht nur ein methodisches, sondern in der Hauptsache auch ein anthropologisches Problem zu sein; ein Problem, das ich nachfolgend zu begründen versuche.
Die bisherigen Erörterungen, vornehmlich die subjektive Darstellung meiner anfänglichen Unterrichtssituation[106], machen deutlich, daß sich die Lebenswelt des Schwerstbehinderten von der des Nichtbehinderten in besonderer Weise zu unterscheiden scheint. Die kindlichen Lebensäußerungen, die Art, wie es sich auf die Welt richtet und sie gestaltet, sind uns fremd und oft unverständlich. Die Lebenswelt betreffende Beschreibungen, Interpretations- oder Erklärungsversuche bleiben deshalb immer unzureichend und unbefriedigend.
Um das schwerstbehinderte Kind in seiner Lebenswelt zu erfassen, reicht es eben nicht mehr aus, es nur von der reflexiven oder gar ausschließlich von der wissenschaftlich reflexiven Ebene[107] zu betrachten. Wissenschaftliche Reflexion allein birgt immer die Gefahr der einseitigen Verobjektivierung für den schwerstbehinderten Menschen in sich, da in ihr dessen 'ursprüngliche Einstellung' zur Welt verborgen bleibt. Doch nur diese kann uns wirklich Aufschlüsse über die Lebenswelt des Kindes geben, und sie wird für den Lehrer im 'ursprünglichen' Sinne erfahrbar, wenn er sich unmittelbar an ihr beteiligt, wenn er sich direkt auf das schwerstbehinderte Kind einläßt, wenn sie sich 'elementar' aufeinander beziehen. Deshalb muß vor jeder Reflexion der Erziehungswirklichkeit das gegenseitige Erleben und Erfahren in der 'ursprünglichen Einstellung' von schwerstbehindertem Kind und Lehrer stehen. Nur dann treffen die in der anschließenden Reflexion gemachten Aussagen über den schwerstbehinderten Menschen, seine Lebenswelt und sein Erziehungswirklichkeit diesen auch, betreffen ihn tatsächlich.

HUSSERLs Motto '**Zurückgehen auf die Sache selbst**', muß auch oder gerade in unserem Zusammenhang Gültigkeit haben.' Zurückgehen auf die Sache selbst' heißt, um mit MERLEAU-PONTY zu sprechen,

"zurückgehen auf diese aller Erkenntnis vorausliegende Welt, v o n der alle Erkenntnis spricht und bezüglich derer alle Bestimmung der Wissenschaft notwendig abstrakt, signitiv, sekundär bleibt, so wie die Geographie gegenüber der Landschaft, in der wir allererst lernten, was dergleichen wie Wald, Wiese und Fluß überhaupt ist."[108]

Der methodologische Grundsatz *"Zurückgehen auf die Sache selbst"*, Zurückgehen auf die Lebenswelt des Schwerstbehinderten, wie sie sich im konkreten Unterrichtsvollzug darstellt, bedeutet zurückgehen auf zwei schwerstbehindertenpädagogische Phänomene, die in enger Verbindung zueinander stehen. Zum einen kann dies heißen, Zurückgehen auf die

106 Anm.d.Verf.: die aber durchaus repräsentativen Charakter trägt
107 Anm.d.Verf.:wie dies in vielen naturwissenschaftlich orientierten neueren Fachpublikationen geschieht
108 MERLEAU-PONTY, 1966 nach LIPPITZ/MEYER-DRAWE 1986^3, 10

"kleinstmögliche und daher stets als Ganzes ins Auge zu fassende Einheit" (KOBI[109]) des Erziehungsprozesses, die KOBI als die *"Dyade von Erzieher und Kind"*[110] bezeichnet. Dem erzieherischen Verhältnis zwischen schwerstbehindertem Kind und Lehrer kann eine lebensweltersschließende Funktion zukommen, der ich mich in einem gesonderten Unterpunkt nachfolgend, durch die Auseinandersetzung mit der Wechselwirkung von *"Dialogik und Dialektik"*, wie KOBI sie für das erzieherische Verhältnis mit behinderten Kindern charakterisiert, zu nähern versuche.
Das Aufeinandergerichtetsein von Lehrer und **schwerst**-behindertem Kind ist aber auf vielfältige Weise gestört, das erzieherische Verhältnis extrem belastet, so daß die Erschließung der Lebenswelt des Schwerstbehinderten zunächst unmöglich erscheint. Ein Aspekt, dem PFEFFER und HAHN ein besonderes Augenmerk geschenkt haben. Ihre Ausführungen können später zur Beantwortung der Lebensweltfrage beitragen und zeigen, daß dem erzieherischen Verhältnis im Unterricht mit Schwerstbehinderten eine wesentliche Bedeutung zukommt.
Die Reflexion des erzieherischen Verhältnisses steht in engem Zusammenhang mit dem zweiten Phänomen, in dem die Lebenswelt des schwerstbehinderten Kindes zum Ausdruck kommt, oder anders ausgedrückt, durch das Lebenswelt charakterisiert ist. Es geht um das Wechselwirkungsverhältnis von Kind und Welt, wie es sich im Phänomen der Leiblichkeit darstellt; auf dieses müssen wir zurückgehen. Ursprünglich erfahrbar wird das Phänomen der Leiblichkeit nur in der unmittelbaren Begegnung von schwerstbehindertem Schüler und Lehrer, in der Besonderheit des erzieherischen Verhältnisses, das 'elementare Beziehung' heißt.

In einem eigenen Kapitel (Teil I, Kpt.4) werde ich mich mit dem Phänomen der Leiblichkeit des schwerstbehinderten Menschen ausführlich auseinandersetzten, weil, so viel kann vorab schon gesagt werden, im leib-haften Bezug zueinander Schüler und Lehrer, trotz aller Unterschiede in ihrem Welterleben und -gestalten, für einander verstehbar werden, ohne sich dabei aber gegenseitig jemals völlig verstehen zu können. In diesem einander unmittelbaren und ursprünglichen Verstehen ist die Voraussetzung für eine adäquate Schwerstbehindertenerziehung gegeben. Das Phänomen ist insofern also von großer pädagogischer Relevanz, auf die ich im jetztigen Kontext nur kurz mit MAIER eingehen will.

Für ihn stellt das allgemein menschliche Problem der Leiblichkeit gleichzeitig ein zentrales pädagogisches dar [111]. Ausgehend von A. NITSCHKEs Beschreibung des ersten kindlichen Lächelns, *"als weltoffene Anlage des Menschen"* [112] und als *"erste menschliche Antwort auf den liebevollen Anruf der Mutter"* [113], stellt MAIER fest, daß es problematisch ist, den

---

[109] KOBI,E.: *Heilpädagogik als Herausforderung*, Luzern 1979, 27
[110] ebd. 1979, 27
[111] vgl. MAIER,W.: *Die Leiblichkeit des Menschen - ein pädagogisches Problem*, in BOLLNOW,O.F. (Hrsg): *Erziehung in anthropologischer Sicht*, Zürich 1969, 211
[112] vgl.Nitschke, 1962, 91 nach MAIER 1969, 211
[113] vgl. MAIER 1969, 216

menschlichen Leib *"als bloßes biologisches Substrat"*[114] zu sehen. Genauso unzureichend sei es aber auch, wenn man den Leib als *"einsinnig und allein das"*[115] verstehe, *"was jenseits des bloß Biologischen als Geist das Wesen des Menschen ausmacht"*[116]. MAIER ist dagegen

"überzeugt, daß wir uns der Lebenswelt des Kindes erst dann in der dieser Wirklichkeit angemessenen Weise zu nähern vermögen, wenn wir dabei weder nach einem biologischen noch nach einem geistigen Defizit suchen, sondern wenn wir uns von vornherein bemühen, die uns erscheinende Nichtfestgelegtheit und Unvollkommenheit als eine absolute Positivität zu interpretieren."[117]

Mit BOLLNOW sei eine neue anthropologische Betrachtungsweise in der Pädagogik zu fordern, die die *"metaphysische Struktur des Leibes"*[118] zu berücksichtigen versteht. Die Struktur des menschlichen Leibes schließe immer die Notwendigkeit des Bezugs zu anderen Menschen ein. Unter der *"metaphysischen Struktur des Leibes"* sei das Bezogensein des Menschen auf einen sich ihm zuwendenden Menschen und über diesen hinaus auf die es von allen Seiten umhüllende Welt zu verstehen. *"Die Rede von der Leiblichkeit des Menschen meint nichts anderes als eben dieses Bezogensein."*[119]

Erfaßbar wird m.E. dieses Bezogensein des Kindes auf die Welt im ursprünglich erlebbaren Sinne, wenn Schüler und Lehrer qua Leib zur Welt für einander werden und dies ist, wie ich später in Abgrenzung zur Beziehungstheorie BODENHEIMERs zeigen werde, in der Situation der 'elementaren Beziehung' gegeben. Und insofern ist die 'elementare Beziehung' eine Besonderheit des erzieherischen Verhältnisses zwischen schwerstbehindertem Schüler und Lehrer.

Leiblichkeit und Lebenswelt sind unlösbar miteinander verbunden und setzen zu ihrer Erschließung das unmittelbare Partizipieren des Pädogogen an der kindlichen Lebenswelt voraus. Erst in einem zweiten, rückschauenden Akt, in der Reflexion und in der sich anschließenden wissenschaftlichen Reflexion wird es möglich, auf dieser lebensweltlichen Erfahrung mit dem Schwerstbehinderten eine ihm angemessene pädagogische Theorie zu entwickeln. Deshalb ist sich der Überzeugung MAIERs anzuschließen, *"daß sich aus einer erweiterten und vertiefteren Auseinandersetzung mit dem Problem der Leiblichkeit entscheidende Folgerungen für die gesamte pädagogische Theorie ergeben"*, und, *"daß eine von dieser Problematik* (gemeint ist die Leiblichkeit) *her neu durchdachte pädagogische Theorie von ihrem Ansatz her darauf angewiesen ist, nicht bloß auf einer abstrakten Ebene durch eindeutige Darstellbarkeit sich als gültig auszuweisen,*

---

[114] ebd. 1969, 217
[115] ebd. 1969, 217
[116] ebd. 1969, 217
[117] ebd. 1969, 217
[118] MERLEAU-PONTY o.A. nach MAIER 1969, 218
[119] MAIER 1969, 219

sondern vielmehr dort allein ihre Dignität hat, nämlich ausschließlich in der Praxis: in der Praxis des Elternhauses, aber auch in der Praxis der Schulstuben"[120].

Intention meiner Arbeit ist es, gerade vom konkreten beziehenden Erleben mit den schwerstbehinderten Schülern, also von der vorreflexiven Ebene aus, erste pädagogisch-didaktische Wege aufzuzeigen.
Ich will hier die phänomenologische Gedankenspur erst einmal verlassen, um mich nun, mit den anthropologisch-pädagogischen Ausführungen KOBIs, HAHNs und PFEFFERs der zwischenmenschlichen Dimension im erzieherischen Verhältnis und ihrer Bedeutung für die Lebenswelt-Erfassung des schwerstbehinderten Kindes zuzuwenden.

[120] ebd. 1969, 225

1.3 Das erzieherische Verhältnis in seiner Relevanz für die Erschließung der Lebenswelt des schwerstbehinderten Kindes

Zuvor habe ich mit den Worten MERLEAU-PONTYs festgestellt, daß Zurückgehen auf die Sache selbst heißt "*Zurückgehen auf diese aller Erkenntnis vorausliegende Welt*"[121], auf die vorwissenschaftliche Erfahrung. Auf das erzieherische Verhältnis zwischen Schüler und Lehrer zurückgehen bedeutet, es in seiner Unmittelbarkeit zu erleben, damit hierbei die Lebenswelt des Kindes im ursprünglichen Sinne erfahrbar wird. Jede thematisch-theoretische Auseinandersetzung muß von hier aus ihren Anfang nehmen. Doch mitteilbar wird das Erleben in seiner Ursprünglichkeit nicht, denn jedes Sprechen oder Denken darüber ist bereits Reflexion, in der die Unmittelbarkeit verlassen wird.
Wohlwissend, daß die subjektive Beschreibung des gemeinsamen Erlebens nicht mit der 'natürlichen Einstellung' identisch, sondern bereits Reflexion ist, will ich den weiteren Erörterungen zur Veranschaulichung einen persönlichen Erfahrungsbericht voranstellen, der sowohl die Besonderheit des erzieherischen Verhältnisses mit schwerstbehinderten Menschen als auch dessen Notwendigkeit belegt, damit Erziehung unter erschwerten Bedingungen überhaupt fruchtbar werden kann.

> In den ersten Wochen machte es mir die elfjährige, blinde Astrid besonders schwer, mich als Lehrerin in meiner neuen Klasse zu bewähren. Zunächst war es ihr befremdendes Äußeres, der durch extreme Spastizität kontrakte Körper, die entstellte Mimik, die matten, sich fortwährend asynchron bewegenden Augen, der starke Speichelfluß und der unangenehme säuerliche Geruch, die mich erschraken, mich sogar ekelten.
> Von ihrem heftigklagenden tränenlosen Weinen seltsam berührt und angesprochen, setzt ich mich immer wieder zu ihr, in Erwartung, sie durch tröstende Worte vielleicht doch beruhigen oder zumindest verstehen zu können, warum sie überhaupt weinte. Aber schließlich mußte ich resignierend feststellen, daß Astrid mich nicht wahrzunehmen schien, und meine vielfältigen Bemühungen wirkungslos blieben. Ihr seltsames tränenloses Weinen unterbrach sie häufig, indem sie unvermittelt, anscheinend grundlos, laut und monoton zu lachen begann. Ein Lachen, das nichts mit dem freudigen oder ausgelassenen Klang einer vergnügten Laune gemein hatte und mich darum um so mehr befremdete. Ihre seltsamen Stimmungsäußerungen und -schwankungen blieben mir lange unverständlich: sie verunsicherten mich so sehr, daß ich meine pädagogischen Fähigkeiten in Frage stellte.
> Auch beim Füttern, Wickeln oder bei sensoriellen Anregungen war ich mir nicht sicher, ob ihre minimalen Reaktionen tatsächlich im Zusammenhang mit meiner Ansprache standen, oder

---
[121] MERLEAU-PONTY 1966 nach LIPPITZ/MEYER-DRAWE 1986^3, 10

ob ich fälschlicherweise nur aufgrund meines eigenen Kontaktwunsches ihre Äußerungen auf mein Tun bezog.
Bei aller Verunsicherung fühlte ich mich aber gleichzeitig auf unerklärliche Weise von ihr angerührt und gedrängt, immer wieder auf sie zuzugehen und sie anzusprechen.
Nach vielen Monaten scheinbar vergeblichen Mühens gelang es uns schließlich doch, miteinander in Beziehung zu treten, uns im gemeinsamen Atem-Dialog einander mitzuteilen. Astrid lernte daraufhin Musik zu lauschen, Materialien festzuhalten und lutschend zu erkunden. Ihr anfängliches tränenloses Klagen wurde von situationsbezogenem, tränenreichem Weinen abgelöst. Sie ließ sich trösten und konnte freudig mit den anderen lachen. Mir gelang es zunehmend besser, ihre Bedürfnisse und Wünsche an ihrer Mimik und Körperhaltung zu erkennen und Lernsituationen interessant für sie zu gestalten.
In der 'elementaren Beziehung' zueinander hatten wir gerade einen hoffnungsvollen Weg gefunden, als Astrid mit zwölf Jahren während eines Kuraufenthaltes an einer zu spät erkannten Lungenentzündung starb.

Mit PFEFFER möchte ich eine erste Interpretation meines Erlebens mit Astrid zu Beginn des erzieherischen Verhältnisses geben. Es ist ein Erleben, das PFEFFER ebenso bei Studenten und Lehrern feststellte, die im Rahmen seines Forschungsprojektes schwerstbehinderte Menschen in Schule und Heim betreuten.
"Der Anfang des erzieherischen Verhältnisses bei schwerer geistiger Behinderung ist durch die ambivalenten Gefühle von Distanz und Anziehung gekennzeichnet. Distanz konstituiert sich im Erleben von Hilflosigkeit der Kinder, ihrer Fremdheit, Abkapselung und Kontaktverweigerung, ihres oft entstellten Aussehens und sie impliziert beim Erzieher Gefühle des Getrenntseins, die von Trauer und Angst über Abscheu und Ekel bis zum Gefühl von Unwirklichkeit reichen und das Selbst des Erziehers tief berühren oder gar erschüttern; er kennt sich angesichts dieser Begegnungen selbst nicht mehr.
Gleichzeitig zeitigen die ersten Begegnungen Gefühle des Angezogenwerdens. Das Angezogenwerden konstituiert sich im Erleben derselben Gegebenheiten (Hilflosigkeit, Fremdheit, Kontaktverweigerung, und Abkapselung), teilweise aber auch durch hübsches Aussehen des Kindes, und impliziert Gefühle des Mitleids, des Gefesseltseins, der Faszination, der Sympathie und der Trauer angesichts eigenen Unvermögens, diesen Kindern zu helfen."[122]

[122] PFEFFER 1986, 241/242

Die anfängliche Ratlosigkeit und das Nicht-miteinander-umgehen-Können ist überwindbar, wenn es gelingt, ein erzieherisches Verhältnis zueinander aufzubauen. Für HAHN ist die *"Frage der Erziehung von Menschen mit schwerer Behinderung"*, *"die Frage nach der Ermöglichung eines erzieherischen Verhältnisses."*[123]
Bevor ich vertiefend auf die Besonderheit des Verhältnisses zu Schwerstbehinderten eingehe, will ich zunächst zu klären versuchen, was unter dem 'erzieherischen Verhältnis' zu verstehen ist und wodurch seine erziehungsermöglichende Wirkung zustande kommt.
Im vorausgegangen Abschnitt habe ich schon darauf hingewiesen, daß KOBI die *"Dyade von Erzieher und Kind"* als kleinstmögliche *"Einheit für die Pädagogik"*[124] auffaßt. Die Interaktionen innerhalb dieser Einheit werden von mehr oder weniger festgelegten Bildungs- und Erziehungsintentionen bestimmt, die ihrerseits wieder von normativen, gesellschaftlichen oder institutionellen Faktoren geprägt werden und in enger Wechselwirkung zu einander stehen. KOBI beschreibt den größeren Bezugsrahmen, in dem sich die Dyade von Kind und Erzieher vollzieht, folgendermaßen:
"Eine derartige Dyade kommt als solche freilich (...) nirgends isoliert und unabhängig vor. Erziehung ist keine ausschließliche Privatangelegenheit, sondern wird mitgetragen und bestimmt durch die Sozietät und deren Institutionen. Diese melden - informell und formell, offiziös und offiziell - ihre Wünsche und Absichten an die Adresse der Erziehungsverantwortlichen bezüglich der Erziehung und Bildung der jungen Generation." [125]
Auch im Unterricht mit Schwerstbehinderten sind die verschiedenen Rahmenbedingungen wirkungsvoll. Doch in ihm scheinen sich ihre Gewichte bzw. Einflußmöglichkeiten zu verschieben. Normative Bildungs- und Erziehungserwartungen sind, wenn überhaupt, für den Lehrer schwerer durchsetzbar, werden vom Kind viel später oder gar nicht erfüllt.
Da der schwerstbehinderte Schüler aufgrund seiner gravierenden Beeinträchtigungen meist noch nicht zur eigenaktiven und angemessenen bzw. erwarteten Auseinandersetzung mit der unterrichtlichen Inhalts- und Sachwelt fähig ist, wie dies das Beispiel mit Astrid belegt, bedarf er in besonderer Weise der Vermittlung durch den Lehrer. Dieser scheint hier zunächst weniger als Vermittler von kulturellen Bildungsinhalten, vielmehr eher als Mensch gefordert zu sein, und insofern mag das erzieherische Verhältnis dann doch eine gewisse *"Privatangelegenheit"* (KOBI) zu werden.
Aufgrund dieser Tatsache halte ich es zur Begriffsbestimmung für wenig sinnvoll, das erzieherische Verhältnis in Bezug auf seine sozietären, institutionellen oder kulturellen Einflußfaktoren, seine *"mechanistischen Ursache-Wirkungs-Verhältnisse"*[126] oder gar bezüglich der

[123] HAHN,M.: o.T.,unveröff. Manuskript zum VDS-Vortrag am 24.5.1983 in Ulm, 4/2
[124] KOBI 1979, 27
[125] ebd. 1979, 27
[126] vgl. KOBI 1979, 23f

Abhängigkeitsstrukturen zwischen Schüler und Lehrer[127] zu betrachten[128]. Vielmehr geht es mir darum, mich dieser "*kleinsten pädagogischen Einheit*" (KOBI) von einer primär anthropologischen Ebene her zu nähern und nach dem Dialogischen zwischen Schüler, Lehrer und Welt zu fragen, damit das erzieherische Verhältnis in seiner Bedeutung für die Erfassung der Lebenswelt des Schwerstbehinderten im ursprünglich erlebten Mitvollziehen erscheinen und **Erziehung**, entsprechend der anfänglichen Festsetzung, als **Beziehung** erkennbar werden kann.

In seiner Auffassung von "*Heilpädagogik als Dialog*" sieht KOBI nicht die Behinderung als solche und auch nicht das behinderte Kind als Gegenstand der Heilpädagogik an, "*sondern beeinträchtigte Erziehungsverhältnisse sowohl im einzelnen wie auch im Gesellschaftsganzen. Die kleinste pädagogische Einheit ist das Erzieher-Zögling-Verhältnis; Erzieher und Zögling sind die Pole des sie definierenden Erziehungsverhältnisses.*"[129]
Das erzieherische Verhältnis ist für KOBI dadurch charakterisiert, "*daß es sich um ein dialogisches Verhältnis handelt*".[130] Dem erzieherischen Geschehen liege immer die "*Zwei-Einheit von Erzieher und Zögling*"[131] zugrunde.
Für PFEFFER konstituiert sich das erzieherische Verhältnis "*im wechselseitigen Austausch subjektiver Sinnstiftung zwischer Erzieher und zu Erziehendem mit dem Ziel des Aufbaus einer gemeinsamen Welt.*"[132]

---

[127] vgl. BLEIDICK,U.: *Überlegungen zu einer Theorie der Beziehung aus behindertenpädagogischer Sicht*, in: *Begegnen-Verstehen- Annehmen: Beziehung in der heilpädagogischen Arbeit* - Bericht der 13. Fachtagung der Bundesgruppe der Heilpädagogen (BHS), Berlin, 1981, 11-36

[128] Anm.d.Verf.: Anhand der nur schematisch skizzierten Einflußfaktoren wird deutlich, daß die Interaktion zwischen Erzieher und dem zu Erziehenden von den verschiedensten Ebenen heraus reflektiert werden kann. Doch diese alle ausführlich darzustellen erscheint für die eigenen Fragestellung wenig sinnvoll. Deshalb sei hier nur beispielhaft auf die vier "*Paradigmen pädagogischer Beziehung*", das traditionelle Modell NOHLs, Labeling approach, das traditionelle Modell und das systemtheoretische strukturfunktionale Rollenmodell hingewiesen, wie sie BLEIDICK, 1981 in Orientierung an der Soziologie und Wissenschaftstheorie KUHNs für seine "*Theorie der Beziehung*" (vgl. S.22f) zusammengestellt hat.
Eine völlig andere Zugangsweise bietet die Antipädagogik, die dem Machtverhältnis zwischen Schüler und Lehrer im Erziehungsprozeß nachgeht und der MEYER-DRAWE eine interessante phänomenologische Position entgegensetzt, indem sie "*die Selbstverständlichkeit des Primats des Pädagogischen Bezugs in der Weise*" in Frage stellt, daß sie "*den Lernenden als Mit-Subjekt, als Mit-Konstituierenden im Erziehungs- und Unterrichtsgeschehen*" sieht.(entnommen: MEYER-DRAWE: *Die Belehrbarkeit des Lehrenden durch den Lernenden - Fragen an den Primat des Pädagogischen Bezugs*, in: LIPPITZ/MEYER-DRAWE 1987², 72)

[129] KOBI,E.: *Heilpädagogik als Dialog*, in: LEBER,A.: *Heilpädagogik*, Darmstadt 1980, 61

[130] KOBI,E.: *Grundfragen der Heilpädagogik und der Heilerziehung*, Bern 1975, 44

[131] ebd. 1975, .44

[132] PFEFFER,W.: *Fremdverstehen auf präreflexiver Ebene erzieherischer Interaktion*, in: EBERWEIN,H.(Hrsg.): *Fremdverstehen sozialer Randgruppen*, Berlin, 1987, 104

HAHN versteht unter ihm ein "*personales Verhältnis zwischen Erzieher und Kind*"[133]. Allen drei Definitionen ist eins gemeinsam: sie betrachten das erzieherische Verhältnis aus der "*Dimension der Gegenseitigkeit*"[134] oder anhand der "*Kategorie der Dialogik*"[135]. Der Dialog wurde als Prinzip in der Pädagogik erstmals durch den jüdischen Religions- und Sozialphilosophen MARTIN BUBER (1878-1965) thematisiert und findet in seinem philosophischen Hauptwerk "*Ich und Du*" (1923) seinen Niederschlag.[136] Für BUBER ist das Wesenhafte seines Menschverständnisses Mitmenschlichkeit. Die besondere Seinsweise des Menschen konstituiere sich durch das Bezogensein auf ein DU, ein Gegenüber. Dies sieht er aber in einem größeren religions-philosophischen Zusammenhang, so daß die zwischenmenschliche Beziehung in einem umfassenden Ich-Du-Verhältnis von Mensch und Gott eingebettet ist und dadurch erst ihre letzte Begründung erhält. "*Pädagogisch bedeutsam wurde die Dialogik Bubers insbesondere für eine Theorie des erzieherischen Verhältnisses*"[137], das BUBER als rein dialogisches auffaßt. Nach TISCHNER erkenne BUBER Erziehung zwar als ein absichtsvolles Tun an, doch spreche er "*jeglicher Intentionalität in der Erziehung eine pädagogische Valenz ab*"[138]. "*Pädagogisch fruchtbar ist nicht die pädagogische Absicht, sondern die pädagogische Begegnung*"[139]. Erziehung im eigentlichen Sinne sei für BUBER demnach nur die personale Beziehung zwischer Erzieher und dem zu Erziehenden.[140]

Das 'Dialogische Prinzip' war in Nachfolge BUBERs den unterschiedlichsten interpretativen Strömungen unterworfen, auf die ich hier nicht näher eingehen kann, sondern stattdessen auf die Darstellung TISCHNERs verweise.

Ich will den Begriff der Dialogik, wie KOBI ihn für die heutige Heilpädagogik als verbindlich erklärt, nachgehen, weil sich von hier aus mit HAHN, in Anlehnung an BUBER, die Besonderheiten des erzieherischen Verhältnisses mit Schwerstbehinderten in ihrer Vieldimensionalität aufzeigen läßt.

Unter Dialog versteht KOBI den "*im pädagogischen Inter-Esse sich herausbildenden zwischenmenschlichen (interpersonellen) Umgangs-Modus*"[141],der sich von der Dialektik folgendermaßen abgrenzt: "*Während die dialektische Betrachtungsweise sich auf eine Sache, einen Sachverhalt, auf ein objektives ES richtet, bezeichnet Dialogik die unmittelbaren, intersubjektiven Bezüge zwischen Personen.*"[142]

---

133 HAHN 1983, 2/1

134 FABER,W.: *Zum Problem der Begegnung*, München 1969, 134

135 ebd. 1969, 134

136 vgl TISCHNER,W.: *Das dialogische Prinzip in der Erziehung und die Entwicklungsstufen der kindlichen Aktivität*, in: Zt. Pädagogische Rundschau, 2/1985, 469-489

137 ebd. 1985, 469

138 ebd. 1985, 470

139 BUBER 1969, 58 nach TISCNER 1985, 470

140 vgl. TISCHNER 1985, 470

141 KOBI 1979, 30

142 ebd. 1979, 30

Da sich Heilpädagogik, genauso wie Pädagogik, *"mit Subjekten und intersubjektiven Beziehungen"*[143] beschäftigt, würde auch ein diese Subjekthaftigkeit ernst nehmender Umgangs-Modus der Dialogik[144] notwendig. Doch derzeit sei die Bezeichnung *"subjektiv"* in Politik und Wissenschaft zu einem *"diffamierenden Schimpfwort"*[145] geworden. *"Was auch immer seinen Existenz- und Wahrheitsbeweis antreten möchte, hat dies unter dem Diktat der Objektivität zu tun."*[146] Im Rahmen meiner wissenschaftstheoretischen Überlegungen habe ich schon auf diese Gefahr hingewiesen.
Für KOBI hat Objektivität dort ihre Grenze, wo die Welt der Objekte aufhört. Der Mensch müsse immer als **Subjekt** befragt werden.[147] Das heißt aber gleichzeitig für KOBI: *"wer sehen will, muß sich sehen lassen; Subjekte erschließen sich der Subjektivität."*[148] Objektivität innerhalb eines dialogischen Verhältnisses bedeutet für ihn:
" Dem anderen gerecht werden, indem man ihm Recht einräumt, sich selbst darzustellen und mitzuteilen. Eins bedeutet in dialogischer Sicht die Hälfte von zwei! Das Wesen des je Einzelnen erschließt sich ihm und anderen in der Reversibilität und gegenseitigen Spiegelung."[149]

Der subjektbezogene Ansatz KOBIs fragt nicht nach dem Allgemeingültigen, sondern nach der *"Stimmigkeit und Wahrhaftigkeit in der Rückbindung an das Subjekt"*[150]. *"Ein Dialog wird um so gewichtiger, je weniger allgemeingültig und repräsentativ er ist."*[151] Und der Dialog sei gerade für den behinderten Menschen von Bedeutung, da er aufgrund seiner besonderen Abhängigkeit selten zu einem *"partnerschaftlichen Du"*[152] werde und endlich als Subjekt betrachtet werden müßte, *"auf das man hört, von dem man etwas lernt, das man benötigt, das mir hilft, auf das ich existentiell angewiesen bin"*[153].
Auch wenn ich mich KOBIs Forderung nach einer subjektiven Betrachtungsweise in der Heilpädagogik anschließe und es ebenso für unbedingt notwendig erachte, in den Dialog mit dem Schwerstbehinderten zu treten - schließlich wäre ohne den gemeinsamen Dialog Astrids Förderung nicht möglich geworden -, scheinen mir seine zuletzt zitierten Feststellungen zu pauschal und floskelhaft. In dieser wenig reflektierten Weise von einem existentiellen Angewiesensein des Nichtbehinderten auf den Behinderten zu sprechen, halte ich sogar für gefährlich, denn ein unüberwindbarer Unterschied wird immer bestehen bleiben. Letztlich kann der Nichtbehinderte erst einmal sehr gut ohne den Behinderten, der Behinderte aber oftmals nicht ohne

143 ebd. 1979, 31
144 vgl. ebd. 1979 31
145 ebd. 1979, 31
146 ebd. 1979, 31
147 vgl. ebd. 1979, 32
148 ebd. 1979, 32
149 ebd. 1979, 32
150 ebd. 1979, 32
151 ebd 1979, 32
152 ebd. 1979, 33
153 ebd. 1979, 33

den Nichtbehinderten leben. Daß es in der gemeinsamen Lebenswelt von Schule und Unterricht doch ein gewisses existentielles Angewiesensein auf Seiten des nichtbehinderten Lehrers gibt, werde ich im Verlauf meiner Auseinandersetzung mit der Beziehungsproblematik zu begründen versuchen.

MARTIN HAHN sieht gerade in der extremen Abhängigkeit, im *"Mehr an Abhängigkeit"* des Schwerstbehinderten vom Erzieher, eine Besonderheit dieses erzieherischen Verhältnisses. In einem Vortrag, den er 1983 anläßlich eines Kongresses in Ulm hielt[154], setzt er sich mit der Bedeutung des erzieherischen Verhältnisses mit und für Schwerstbehinderte auseinander. Indem er es aus der Subjektivität des Schwerstbehinderten heraus betrachtet und gleichzeitig mit seiner Darstellung die Durchsetzung des 'Dialogischen Prinzips' in der Erziehung dieser Schülergruppe intendiert, gelingt es ihm, das erzieherische Verhältnis in seiner primär anthropologischen Dimension zu zeigen.
Auf BUBER zurückgehend faßt er das erzieherische Verhältnis als *"personales Verhältnis zwischen Erzieher und Kind"*[155] auf, das sich einerseits durch seine Qualität und zum andern durch *"Langzeitprozesse bei zunehmendem Alter des Kindes"*[156] auszeichne. Als Charakteristika der Qualität beschreibt er beispielsweise:

- eine Ich-Du-Beziehung im Sinne BUBERs
- innere emotionale Bindung (z.B. Mutterliebe)
- erzieherische Autorität (auf pädagogische Verantwortung gründend)
- gegenseitiges Vertrauen und das Angewiesensein auf dieses gegenseitige Vertrauen
- Annahme und Bejahung der Person des Kindes
- Respektierung menschlicher Bedürfnisse
- Empathie des Erziehers; (BUBER nennt dieses für die Erziehung wichtige Moment *"die Erfahrung der Gegenseite"*)[157]

Als Merkmale des Langzeitprozesses führt HAHN u.a. an:
- abnehmende Emotionalität und zunehmende Rationalität
- abnehmende Bindung an den Erzieher und zunehmende Einbettung in andere soziale Bezugssysteme
- abnehmende Abhängigkeit und damit zunehmende Unabhängigkeit und Verantwortung des Heranwachsenden[158]

---

[154] Anm.d.Verf.: und dessen Manuskript er mir freundlicherweise zur Verfügung stellte
[155] HAHN 1983, 2/1
[156] ebd. 1983, 2/1
[157] vgl. ebd. 1983, 2/1
[158] vgl. ebd. 1983, 2/1

Die teilweise *"idealtypischen Charakterisierungen"*[159], die in der Literatur immer wieder zu finden und m. E. vor allem angesichts der schweren geistigen Behinderung nur bedingt realisierbar sind, belegen HAHNs Grundauffassung, *"daß das erzieherische Verhältnis darauf angelegt ist, sich selbst zu erübrigen, wenn es im Bereich der alters-entsprechenden Unabhängigkeitsnormen den jungen Menschen zu Mündigkeit und Partnerschaft hinführt."*[160]

Und ein Weiters wird an seiner Merkmalsliste deutlich: zurückgehend auf KRON ist für ihn das erzieherische Verhältnis primär ein *"Urphänomen der Menschheit und der Menschlichkeit und in zweiter Linie erst ein pädagogisches Verhältnis"*[161] Insofern erhält der Begriff des erzieherischen Verhältnisses gleichzeitig verschiedene Dimensionen, die HAHN folgendermaßen zusammenfaßt:

1. die anthropologische Dimension: die Begegnung von Mensch zu Mensch
2. die interaktionale Dimension: die Kommunikation, den Dialog, den Diskurs
3. intentionale Dimension:die Antizipation von Erziehungszielen, die in die Interaktion eingebracht wird
4. qualitativ bestimmte Strukturen: die langfristig z.B. Vertrauen, Sicherheit, Geborgenheit und Halt vermitteln
5. personale und zeitliche Konstanz: verbunden mit einem langfristig angelegten prozessualen Geschehen
6. in der Regelpädagogik sei es darauf angelegt, sich selbst zu erübrigen
7. es sei auch Grundlage der Erziehung von Menschen mit schwerer Behinderung[162]

"Auf eine ursprüngliche Weise aber zeigt sich das erzieherische Verhältnis dort, wo der ältere Mensch mit dem jüngeren gerade nicht unter dem Auftrag einer pädagogischen Intentionalität verkehrt, sondern wo er ihm von Mensch zu Mensch begegnet."[163]

Nachdem HAHN den Begriff des erzieherischen Verhältnisses zunächst in Orientierung an nichtbehinderten Kindern beschreibt, versucht er in einem zweiten Schritt, die Feststellungen auf Schwerstbehinderte zu übertragen und führt dabei u.a. folgende Besonderheiten auf, die anhand des Erfahrungsberichtes, am Verhältnis zu Astrid, überprüft werden können[164]:

---

159 vgl. ebd. 1983, 2/2
160 ebd. 1983, 2/2
161 KRON 1971, 7 nach HAHN, 1983, 2/2
162 vgl. ebd. 1983, 2/3
163 KRON 1971, S.9 nach HAHN, 1983, 2/3
164 Anm.d.Verf.: Die Übertragungen auf das Praxisbeispiel sind mit Klammern versehen.

- Die Herstellung des Ich-Du-Verhältnisses zwischen Schüler und Lehrer benötigt mehr Zeit. (Wir benötigten ein knappes Jahr, um Beziehungen zueinander aufzubauen.
- Die Kommunikation zwischen beiden bedient sich häufig nicht konventioneller Formen und ist anstrengender.(Erste Kommunikation über Atem-Dialog)
- Die Erzieher sind i.d.R. nicht auf die Besonderheit des Verhältnisses vorbereitet. (Astrids Lebensäußerungen waren zu Anfang für mich unverständlich.)
- Die Erzieher verfügen i.d.R. nicht über die Erfahrung der Gegenseite nach BUBER, weil sie nichtbehindert sind.
- Das Verhältnis ist durch größere Hilfsbedürftigkeit des Kindes und vermehrtes Helfen des Erziehers gekennzeichnet.
- Es ist häufig durch vorliegende Hilfsbedürftigkeit mitgeprägt.
- Die Intentionalität des Verhältnisses bezieht sich auf andere Inhalte als bei Nichtbehinderten. (Gegenseitiges Akzeptieren und Verstehen; erste Begegnung mit der Personen- und Sachwelt)
- Das erzieherische Verhältnis führt i.d.R. quantitativ und qualitativ nicht in jene sozialen Bezugssysteme hinein, die für die Sozialisation Nichtbehinderter selbstverständlich sind; Desintegration beim Schwerstbehinderten führt zu größerer Verantwortung beim Erzieher. (Noch kein Kontakt zu Mitschülern und Lehrern)
- Die wahrnehmbare Schädigung bei schwerstbehinderten Menschen kann im erzieherischen Verhältnis zu einer stärkeren Ausprägung der kognitiven Komponenten führen.
- Da diese Menschen nicht selbständig werden können, dauert das Verhältnis meist lebenslang an.[165]

Bei Menschen mit schwerer geistiger Behinderung kommt es also sowohl in der anthropologischen, der interaktionalen, als auch in der intentionalen Dimension zu Besonderheiten. HAHN vermutet, "*daß all diese Besonderheiten zu qualitativen Beeinträchtigungen, Erschwerungen und echten Gefährdungen des erzieherischen Verhältnisses bei Menschen mit schwerer Behinderung führen können,*"[166] die ich in zusammengefaßter Form wiedergebe:

1. Durch die Geringschätzung oder Nichtbeachtung des Schwerstbehinderten und den Entzug seiner Voraussetzung würde bei ihm auch mit dem erzieherischen Verhältnis leichtfertig umgegegangen.
2. Diese Art der Behandlung gefährde nicht nur das Verhältnis selbst, sondern stelle damit auch die Erziehung von Menschen mit schwerer Behinderung in Frage.
3. Die Gründe für den leichtfertigen Umgäng lägen vermutlich
   - in der Ausbildung professioneller Erzieher,
   - bei anthropologischen Voraussetzungen für die Erziehung,

[165] vgl. HAHN 1983, 3/1 u. 3/2
[166] ebd. 1983, 3/4

- in der Anfangssituation der Pädagogik für Menschen mit schwerer Behinderung,
- im erzieherischen Aufwand, der gescheut wird,
- im fehlenden Korrektiv für den Erzieher,
- in der ungleichen Machtausstattung des möglichen Erziehungsverhältnisses.

4. Besonders groß sei die Gefährdung für den Schwerstbehinderten, wenn aus dem Verhältnis seine Bedürfnisse, die Realisierung seines Freiheitspotentials und pädagogische Zielsetzungen ausgeklammert würden.[167]

HAHNs gefährdungsbezogene Ausführungen machen deutlich, welch' große anthropologische Bedeutung das erzieherische Verhältnis bei schwerstbehinderten Menschen hat und belegen die Notwendigkeit der intensiveren Auseinandersetzung mit diesem Problem.
Die Förderung Schwerstbehinderter scheint zunächst weniger ein intentionales Problem, ein Problem von Erziehungsinhalten und -strukturen, zu sein, sondern primär ein anthropologisches, ein Problem von "*Menschlichkeit und Mitmenschlichkeit*" (HAHN). Darum ist der Lehrer zu Beginn des Erziehungsverhältnisses mit schwerstbehinderten Menschen vor die "*affektive Entscheidung*" (PFEFFER) gestellt, ob er diesen Konflikt, weniger als Vermittler von Lerninhalten, sondern primär als Person gefordert zu sein, auf sich nehmen und der künftigen Belastung standhalten kann. Die Entscheidung, "*kein erzieherisches Verhältnis aufzubauen, sei legitim*", sagt PFEFFER und "*sollte das Selbstwertgefühl des Erziehers als Pädagogen nicht zerstören oder übermäßig belasten.*"[168] Die Entscheidung für den Aufbau eines erzieherischen Verhältnisses werfe aber die Frage auf, "*welche kognitiven Fähigkeiten und welche Hilfen von außen hinzukommen müssen, damit der Erzieher seine Entscheidung angesichts vielfältiger Belastungen durchzutragen vermag.*"[169]

Erziehung des Schwerstbehinderten kann erst dann fruchtbar sein, wenn sich im erzieherischen Verhältnis, alle möglichen Vorbehalte oder Gefährdungen überwindend, zwischen Schüler und Lehrer eine Beziehung entfaltet hat. Und insofern ist unter dem Schwerstbehindertenaspekt Erziehung : **Beziehung**!

> Erst durch die Beziehung zueinander hat Astrid gelernt, daß es außerhalb ihrerselbst Personen und Dinge gibt, mit denen es sich auseinanderzusetzen lohnt. Sie konnte schließlich ihren Gefühlen und Stimmungen so Ausdruck verleihen, daß diese von anderen verstanden und befriedigend beantwortet wurden.

Im Erkennen des elementaren Beziehungsvermögens des schwerstbehinderten Kindes sehe ich eine Chance für den Lehrer, das erzieherische Verhältnis so aufzubauen, daß es dem Kind Erziehungsintentionen eröffnet und ihm selbst dabei das Durchhalten des Bezugs erleichtert.

---

[167] vgl. ebd., 1983, 4/17
[168] PFEFFER 1986, 242
[169] ebd. 1986, 242

Die Lebenswelt des schwerstbehinderten Kindes erschließt sich uns nur, wenn wir in unmittelbare Beziehung zu ihm treten, wenn sich der Lehrer so auf das Kind einläßt, wie das Kind sich auf uns einzulassen vermag. Intention meiner Arbeit ist es, der Besonderheit dieser Beziehung nachzugehen, damit durch sie die Lebenswelt des Schwerstbehinderten verstehbar wird und wir auf dieser Grundlage zu einer angemesseneren Erziehung gelangen.
Da es mir primär um die Erhellung der anthropologischen Dimension des Beziehungs-Verhältnisses zwischen schwerstbehindertem Schüler und Lehrer geht, und der Begriff des 'erzieherischen Verhältnisses' per definitionem weitere Ebenen impliziert, werde ich zukünftig nur noch von Beziehung, genauer von 'elementarer Beziehung' sprechen. Warum ich mich für diese Formulierung entschieden habe, werde ich im folgenden Abschnitt näher erläutern.

1.4 Erziehung ist Beziehung - Zum Begriff der 'elementaren Beziehung' -

Meine einleitende Behauptung, daß Er-ziehung von und mit schwerstbehinderten Menschen[170] Be-ziehung zu ihnen sei, habe ich bisher aus unterrichtlichen und interaktionalen Gesichtspunkten, d.h. unter dem Aspekt des erzieherischen Verhältnisses, zu belegen versucht. Dem zirkulären Aufbau der Arbeit entsprechend werde ich mich in ihrem weiteren Verlauf der Relation von Er- und Be-ziehung erneut zuwenden, sie beispielsweise mit der phänomenologischen Reflexion des Zur-Welt-Seins des Schwerstbehinderten um die anthropologisch philosophische Dimension ergänzend betrachten. Im zweiten, dem praktischen Teil meiner Darstellung kann durch die Analyse zweier Schülerbeispiele das Interdependenzverhältnis zwischen Er- und Be-ziehung konkret nachvollziehbar werden. Im letzten, dem dritten Part, soll anhand einiger didaktischer Hinweise gezeigt werden, wie ein beziehungs-orientierter Unterricht beiden Gesichtspunkten gerecht zu werden vermag, damit abschließend deutlich wird, daß elementare Beziehung zum schwerstbehinderten Kind nicht nur Voraussetzung für eine angemessene Erziehung, sondern selbst bereits als Erziehung aufzufassen ist. Dies heißt aber gleichzeitig auch, daß durch die elementare Beziehung dem schwerstbehinderten Kind die schulische Sach- und Inhaltswelt erschlossen werden kann. Nur in der Überwindung der Beziehungsstörung zwischen Kind und Lehrer wird Erziehung sinnvoll. Die weitere Ausführung dieser Gedanken setzt die Erläuterung der gewählten Terminologie, vor allem des Begriffs der 'elementaren Beziehung' voraus.

---

[170] Anm.d.Verf.: und im Grunde nicht nur bei Schwerstbehinderten

Weshalb verwende ich in meiner primär pädagogischen Problemstellung statt des naheliegenden pädagogischen Begriffs der '**Begegnung**', den philosophischen der '**Beziehung**'? Die Begründung hierfür ist eng an die Entwicklung des eigenen Gedankenganges, in Nachfolge BODENHEIMERs, MERLEAU-PONTYs und PFEFFERS, gebunden. So geht es mir neben der pädagogisch - didaktischen Umsetzbarkeit vor allem darum, Beziehungen in ihrer existentiellen Bedeutung für den Menschen zu verstehen, und dazu erscheint mir der Terminus der 'Beziehung' als geeigneter.

BRUGGER definiert die Beziehung (Relation) als "*das Sich-Verhalten eines Seienden zu einem anderen.*"[171] Und HERBART prägte den vielzitierten Satz: "*Wir leben einmal in Relationen und bedürfen nichts weiter.*"[172]
Vereinfacht ausgedrückt versteht die Philosophie unter der Beziehung das wechselseitige Bedingungsgefüge von Mensch und Welt, das ich in Kapitel 4 aus phänomenologischer Sicht zu spezifizieren versuche.

Dem gegenüber ist die 'Begegnung' ein zentraler Begriff in der von der Existenzphilosophie beeinflußten Pädagogik BOLLNOWs. Im Anschluß an BUBER, BARTH, GUARDINI und JASPERS ist Begegnung für ihn "*Erlebnis einer dem Menschen gegenübertretenden Wirklichkeit, durch die dieser in seinem innersten Sein in Frage gestellt ist.*"[173]
"*In der existentiellen Begegnung, die grundsätzlich schicksalhaft und unplanbar ist, geht es nicht um inhaltliche Bereicherung, sondern um einen sittlichen Aufschwung, in der der Mensch erst er selbst ist.*"[174]
Begegnung ist für BOLLNOW weder planbar, noch pädagogisch zu methodizieren und dennoch müsse die Erziehung für das Entstehen von Begegnungen jederzeit offen sein. Für die Erziehung fordert er darum neben "*steten*" auch "*unstete Erziehungsformen*", die der Selbstwerdung des Menschen in der Begegnung Raum gäben.[175]
DERBOLAV hat, ausgehend von der platonischen Anamnesethematik, die Begegnung als "*Selbstwerdung durch das Andere...aus der erweckten...Substanz des Eigenen*"[176] verstanden und wollte damit die Auffassung LITTs und BOLLNOWs verbinden, "*um so die Einheit des Bildungsprozesses wiederzugewinnen. Bildung geschieht danach als eine Folge von Begegnungen, in denen das Selbst sich im Verstehen des Anderen (der Welt) selbst versteht.*"[177]

---

[171] BRUGGER,W.: *Philosophisches Wörterbuch*, Freiburg 1976, 48
[172] HERBARTH o.A. nach MAUTHNER,F.: *Wörterbuch der Philosophie*, Zürich 1980, 308
[173] BOLLNOW o.A. nach GROOTHOF/STALLMANN: *Neues pädagogisches Lexikon*, Stuttgart 1971, 70
[174] BOLLNOW o.A. nach DICKOPP, in ROMBACH,H.(Hrsg.): *Lexikon der Pädagogik*, Freiburg 1970, 164
[175] vgl. ebd 1970, 164
[176] DERBOLAV o.A. nach GROOTHOF/STALLMANN, 1971, 71
[177] GROOTHOF/STALLMANN,1971, 71

Führt man den Begegnungsbegriff auf seine Ursprünge zurück, dann erscheint er eher als philosophischer, den sich die Pädagogik für ihre Belange zueigen gemacht hat. DICKOPP betont, daß der Begegnungsbegriff in enger Verbindung zu verwandten Bedeutungen wie 'Pädagogischer Bezug', 'Dialog', 'Ich-Du-Verhältnis', 'Mit-Sein', 'Mitmenschlichkeit' oder 'Kommunikation' verwendet würde.[178]
All diesen Bezeichnungen läge die Erfahrung zugrunde, "*daß der Mensch nicht aus sich selbst heraus sein Menschsein erreichen, sondern daß er es nur in 'Welt' realisieren kann, in konstituierender Beziehung mit anderen Menschen, Dingen und Wesen.*"[179]
Um diese Beziehungen des schwerstbehinderten Menschen mit der Welt, mit der Welt der Menschen und Materialien, mit seiner Schul- und Unterrichtswelt geht es mir in meiner Arbeit. Dabei orientierte ich mich zunächst[180] am Beziehungsverständnis BODENHEIMERs, wie er es in seiner Elementen-Lehre vertritt.

Als Psychiater und Psychotherapeut, der der HEIDEGGERschen Schule verpflichtet ist, spricht BODENHEIMER nicht von 'Begegnung' sondern ausschließlich von 'Beziehung'. Er glaubt, daß in unserer Zeit 'Beziehung', die meist mit "*dem horriblen Epitheton 'zwischenmenschlich' bedacht*" würde, "*geradezu das Schlagwort sämtlicher Formen von Menschenkunde jeglicher Observanz*"[181] geworden sei.
Wir begegneten der 'Beziehung' unter "*zahlreichen Namen, in der verschiedensten Weise konzipiert, so etwa als Kommunikation, als Gruppenbildung, als Übertragung und Gegenüberstellung, als Partizipation, als Besorgen, als Mit-Sein.*"[182]
Diese machen die eindeutige Begriffsbestimmung schwierig und so stellt auch BODENHEIMER seiner Darstellung keine festumgrenzte Definition von 'Beziehung' voran. Es geht ihm schließlich auch nicht um eine begriffliche sondern um den Versuch einer inhaltlichen Erschließung und genauer:
"*Dieser Versuch möchte dort ansetzen und eben daselbst fragen, wo die bisherigen Konzepte von der Beziehung weder einen Ansatzpunkt noch einen Grund zur Frage gefunden haben: nicht bei 'der' Beziehung, nicht 'beim Menschen' und sei-*

---

178 Anm.d.Verf.: In der schwerstbehindertenpädagogischen Literatur wird häufig gerade da von Kommunikation gesprochen, wie z.B. in der 'Basalen Kommunikation' MALLs, wo der Begriff der Begegnung geeigneter wäre. Dasselbe gilt für FRÖHLICHs Verständnis vom 'Somatischen Dialog'. Auf eine terminologische Abgrenzung von Kommunikation und Beziehung unter dem Schwerstbehindertenaspekt kann ich an dieser Stelle nicht näher eingehen und verweise dazu auf eine ausführliche Gegenüberstellung auf sprachwissenschaftlicher Grundlage WATZLAWICKs im Abschlußbericht der Begleituntersuchung: DREHER,W: *Modelle zur Förderung schwer geistigbehinderter Schüler*, Köln 1986.

179 DICKOPP 1970, 164

180 Anm.d.Verf.:wie ich dies bereits in der Einführung beschrieben habe

181 BODENHEIMER,A.R.: *Versuch über die Elemente der Beziehung*, Basel/Stuttgart 1967, 21/22

182 ebd. 1967, 22

nen Beziehungen, sondern bei der Prämisse, auf welcher die Lehren von der Beziehung gebaut haben, ohne zu fragen, welche Situation gegeben sein könnte, wenn diese Prämisse nicht oder wenn sie anders, als stets angenommen, erscheinen könnte."[183]
Intention der Auseinandersetzung BODENHEIMERs ist es, Beziehungen auf ihre Elemente hin zu befragen, damit es möglich wird, Menschen, die in ihren Beziehungen gestört sind, therapeutisch zu helfen. Er sagt selbst, ihm ginge es "*um einen Versuch, Elemente der Beziehung verstehend zu erfassen, mit dem Ziel, an die Voraussetzungen zu einem Verständnis der elementaren Störung der Beziehung heranzukommen.*"[184]
Anhand des Paradigmas des Echos kommt er, wie ich in Kapitel vier noch ausführlich zeigen werde, der Beziehung näher und charakterisiert sie als reziprokes Anruf-Antwort-Geschehen. Beziehung sei wesensgemäß immer "*Rück-Beziehung (Re-latio)*"[185].

Der existenzphilosophischen Auffassung BODENHEIMERs habe ich mich so lange angeschlossen, bis deutlich wurde, daß mit seiner Elementen-Lehre dem Beziehungserleben schwerstbehinderter Schüler nur bedingt näherzukommen ist, und ich mich zu einer phänomenologischen Reflexion entschloß, d.h.versuchte, über die Auseinandersetzung mit dem Phänomen der Leiblichkeit zu einem angemesseneren Verstehen des Erfahrenen zu gelangen. Die veränderte Zugehensweise bedeutet aber nicht, daß ich mich völlig von der BODENHEIMERschen Elementen-Lehre distanziere. Vielmehr läßt sich meine Arbeit als Versuch auffassen, seine Position mit Hilfe der Phänomenologie MERLEAU-PONTYs um die Leib-Dimension zu ergänzen, damit die Theorie der 'elementaren Beziehung' der Besonderheit schwerstbehinderter Menschen gerecht werden kann.
Ich habe zur Spezifizierung meines Beziehungsverständnisses das Adjektiv 'elementar' eingeführt, um damit einerseits auf die BODENHEIMERschen Elemente zu weisen[186] und um andererseits die Beziehung in ihrer Leibgegebenheit, sowie in ihrer existentiellen Notwendigkeit für den schwerstbehinderten Menschen darzustellen. Die Wechselwirkung zwischen Mensch und Welt, wie sie sich im Phänomen der Leiblichkeit ausdrückt, ist keine statisch feste Größe, die linear zu erfassen wäre. Die Transzendenz des Leibes, die auch und gerade in der Beziehung der Menschen miteinander zum Ausdruck kommt, macht es unmöglich, das Beziehungsverhalten Schwerstbehinderter im Sinne rudimentären, 'basalen oder fundamentalen' menschlichen Vermögens aufzufassen. Ihr Verhalten ist kein grundlegend anderes oder reduziertes und damit minderwertigeres, sondern, und das will ich mit meinen Ausführungen gerade zeigen,

---
183 ebd. 1967, 22
184 ebd. 1967, 23
185 vgl. ebd. 1967, 49
186 Anm.d.Verf.: In welcher Form dies geschieht, stelle ich in Kpt.4 dar.

ein urmenschliches Ausdruckvermögen des Leibes. Ein Vermögen, das jedem Menschen, behindert oder nicht, zueigen ist, und das es dem Lehrer möglich macht, sich trotz aller nicht zu leugnenden Unterschiede im Welterleben und -gestalten auf das schwerstbehinderte Kind zu beziehen.
Während die im Schwerstbehindertenbereich gebräuchlichen Termini wie 'basal' oder 'fundamental' im Sinne eines festen, tragenden, aber auch voraussetzungslosen Grundes[187] zu verstehen sind, von denen aus sich Kommunikation und Förderung quasi 'aufwärts' entwickeln kann, erscheint mir der Begriff des 'elementaren' für die Darstellung der Beziehungsproblematik geeigneter zu sein.
'Elementar' (lat. elementarius) bezeichnet nicht nur das Grundlegende, sondern auch das Wesentliche, oder das Naturhafte[188]. So sind Elemente sowohl Grundbestandteile oder Komponenten eines Ganzen, als auch Wesensmerkmale desselben. Und gerade die Erhellung der Wesensmerkmale steht im Mittelpunkt meines Interesses, denn nur wenn wir das Wesen menschlicher Beziehungen und genauer, die wesensmäßigen Merkmale der Auseinandersetzung des Kindes mit der Welt kennen, wird es möglich, es adäquat anzusprechen und zu fördern. Pädagogik kann dem schwerstbehinderten Kind nur dann entsprechen, wenn wir aufhören, es unreflektiert den Erwartungen und Erfordernissen einer Nichtbehinderten-Welt anzupassen, anstatt es zunächst in seiner Lebenswelt zu verstehen versuchen. In der elementaren, leibgegebenen Beziehung, in der sich Schüler und Lehrer unmittelbar begegnen, ist die Voraussetzung für ein gegenseitiges Verstehen gegeben.

Ich will es bei diesem kurzen terminologischen Aufriß belassen, weil zur umfänglichen Begriffsklärung wichtige philosophisch-pädagogische Zusammenhänge nachfolgend erst zu erarbeiten sind. Im Rahmen der phänomenologischen Reflexion[189] werde ich auf die gewählte Begrifflichkeit noch einmal erläuternd zurückkommen.

Diesen Abschnitt möchte ich nicht abschließen, ohne vorher kurz die m.E. sehr interessanten ethymologischen Ausführungen VON PUTTKAMERs zum Begriff der Erziehung vorzustellen, damit das Verhältnis von Erziehung und Beziehungen auf der bisher skizzierten terminologischen Grundlage noch einmal aufgegriffen werden kann.
MARGARETE VON PUTTKAMER versteht "*Gestalt und Gebärden*" unseres Leibes als "*Wegweiser zum Wort*"[190]. Ausgehend von entwicklungspsychologischen Erkenntnissen versucht sie zu "*Quellen der deutschen Sprache*"[191] vorzudringen, dabei sind folgende Worte BUBERs für sie wegweisend: "*Jede genetische Untersuchung, die ihre Unbefan-*

---

[187] Anm.d.Verf.: z.B. in FRÖHLICHs Definition von 'Basalen Stimulation'

[188] vgl. DROSCHOWSKI,G.(Hrsg.): *DUDEN - Das große Wörterbuch der deutschen Sprache*, Mannheim 1976, Bd. 2, 676

[189] Anm.d.Verf.: vgl. Kap. 4

[190] PUTTKAMER, M.v.: *Gestalt und Gebärden - Wegweiser zum Wort*, in Zt. Poeisis, Oldenburg 4/1988, 102-109

[191] ebd. 1988, 102

genheit wahrt, bestätigt uns die alte Einsicht, auf die nicht oft genug verwiesen werden kann, daß das Geheimnis der Sprachwerdung und das der Menschwerdung eins sind."[192]

Menschwerdung vollziehe sich nach VON PUTTKAMER in dem Bemühen des Menschen, in die Aufrichtung zu gelangen, bekunde sich in dem Bedürfnis nach Kommunikation und in dem Drang, sich mit der gegenständlichen Umwelt auseinanderzusetzen. VON PUTTKAMER sieht den Menschen hier also in einem größeren interaktionalen Zusammenhang mit der ihn umgebenden Welt. In der Individualentwicklung jeden gesunden Kleinkindes könne man dieses Bemühen und Bedürfnis, z.B. im Hochheben des Kopfes, im Sich-Aufstellen oder im Sich-selbertragen-können[193] unmittelbar beobachten. Diese Ur-gebärden des Menschen bildeten zugleich die Urformen der Begegnung von Mensch und Welt. Diese Urgebärden der Aufrichtung betrachtet VON PUTTKAMER in ihrer Bedeutung für unseren Wortschatz und so stellt sie zum Begriff der Erziehung fest, daß es keinen inneren Zusammenhang von "*ziehen*" und "*aufziehen*" mit dem Wort "*erziehen*" gibt. "*Handelt es sich doch bei 'erziehen' statt um ein passives Gezogenwerden von Gegenständlichem um die lebendige Wechselwirkung und -beziehung von einem Ich und einem Du.*"[194]

Auch die Bedeutungsableitung aus dem mittelhochdeutschen Wort 'ufziehen', "*sich erheben*"[195], zeige "*in eindrucksvoller Weise sowohl richtungs- wie erlebensmäßig ihren Zusammenhang mit der Urgebärde 'hochheben des Kopfes'*".[196]

Die Auseinandersetzung mit den Urformen menschlicher Welt- Begegnungen, die zunächst in Gebärden, später erst in der Sprache ihren bewußten Ausdruck findet, macht deutlich, welche existentielle Bedeutung der Erziehung zukommt. Sie ist mehr als die Anpassung eines sog. 'Zöglings' an kulturelle, wirtschaftliche und soziale Gegebenheiten, "*damit der Bestand von Kultur und Sozialordnung gewährleistet wird*"[197].

M.E. muß sie auch über SPECKs Verständnis von "*Erziehung im engeren Sinne*" hinausgehen. Für ihn ist sie darauf ausgerichtet, "*einem Menschen über bestimmte Hindernisse hinweg zu helfen, sein Leben in sinnvollen sozialen Zusammenhängen zu begreifen, aufzubauen und zu meistern. Erziehen ist dabei intentionales Handeln auf das Erziehungsziel hin und funktionaler Prozeß, bestimmt von gegebenen sozialen Bedingungen.*"[198]

Bei Äußerungen wie diesen steht nicht das Kind, das sich selbst in die Gesellschaft mit ihren sozialen oder kulturellen Gegebenheiten er-heben will und das ein auf sich beziehendes Du

---

192 BUBER o.A. nach VON PUTTKAMER 1988, 102

193 vgl. ebd.1988, 103

194 ebd. 1988, 109

195 ebd. 1988, 109

196 ebd. 1988, 109

197 Lexikon: Der Neue Herder, Bd 1, 4.Aufl., Freiburg 1951, S. 996

198 SPECK,O.: *Aufgabenfelder der Erziehung von Behinderten*, In: BLEIDICK,U.(Hrsg.): *Theorie der Behindertenpädagogik*, Berlin 1985, 139

sucht, am Anfang, sondern es wird stets aus dem Blickwinkel der Erwachsenen- bzw. der Nichtbehindertenwelt auf das Kind geschaut und aus dieser Perspektive heraus Erziehungsintentionen an es herangetragen.

Doch dort, wo Menschen in besonderer Weise nicht in der Lage sind, gesellschaftlich-kulturelle Erwartungen zu erfüllen, ist eine Rückbesinnung auf das urmenschliche Verlangen, sich von sich aus 'zu erheben', notwendig. Wir müssen das schwerstbehinderte Kind in seiner Lebenswelt verstehen und erkennen, mit welchen leibgegebenen (ur-menschlichen) Möglichkeiten es in Beziehung mit der Welt tritt. Genau hier hat Erziehung anzufangen. D.h. für den Lehrer, sich einlassen auf die Welt des Kindes, mit ihm in Beziehung treten, um auf dieser Verstehensbasis mit dem Kind die Eingliederung, aber auch die Selbstbehauptung in der Gemeinschaft mit anderen zu erreichen.

Mit PFEFFER läßt sich Erziehung Schwerstbehinderter abschließend verstehen "*als Befähigung von Kindern und Jugendlichen durch Erwachsene zum sinnkonstituierenden Erleben und Gestalten der menschlichen Beziehungen, der dinglichen Welt und seiner selbst zugleich und zwar durch den Austauch subjektiver Sinnstiftungen im erzieherischen Verhältnis.*"[199]

Bevor ich mich im nächsten Kapitel dem Phänomen des Schwerstbehindert-Seins genauer zuwende, ist es im Rahmen der metatheoretischen Erörterungen notwendig, phänomenologisch - methodologische Aspekte unter der besonderen Beziehungsthematik zu diskutieren und dies soll im nächsten Abschnitt geschehen.

---

199 PFEFFER 1987a, 257

"Um Lebendes zu erforschen, muß man
sich am Leben beteiligen."
V.v.WEIZSÄCKER[200]

1.5 Methodologische Strukturen der Arbeit

Elementare Beziehung ist Erziehung. Sie ist aber auch Wesensmerkmal - Phänomen - der Erziehung Schwerstbehinderter. Sie ist die 'Sache selbst', auf die es im phänomenologischen Sinne zurückzugehen gilt.

Von ihrer Wortbedeutung her heißt "*Phänomeno-logie... soviel wie Lehre von den Erscheinungen; denn 'Phänomen' kommt von dem griechischen (phainomenon) und bedeutet das, was erscheint, was klar vor uns liegt*"[201].
In der Phänomenologie geht es nach DANNER also um das, was erscheint oder, in Rückbesinnung auf Vorheriges anders ausgedrückt: um die 'Sache selbst' (HUSSERL). Doch die 'Sache selbst', die Phänomene, liegen meist nicht offen vor unseren Augen, sondern sie sind "*verstellt oder verschüttet durch alltägliche und wissenschaftliche Weisen des Betrachtens und Handelns*"[202].
Wollen wir zur 'Sache selbst' gelangen, benötigen wir eine Untersuchungsmethode, die auf die lebensweltliche Erfahrung zurückgreift und diese nicht von vornherein durch empirisch erklärte Sachverhalte zu ersetzen sucht. Die Phänomenologie läßt sich mit SEIFFERT fürs erste als eine solche charakterisieren:
" *'Phänomenologisch' nennen wir ... eine Methode, die die Lebenswelt des Menschen unmittelbar durch 'ganzheitliche' Interpretation alltäglicher Situationen versteht. Der Phänomenologe ist demnach ein Wissenschaftler, der selbst an dieser Lebenswelt durch seine Alltagserfahrungen teilhat, und der diese Alltagserfahrungen für seine wissenschaftliche Arbeit auswertet.*"[203]

Als Phänomene, die in der pädagogischen Alltagserfahrung gewonnen und wissenschaftlich auszuwerten sind, bezeichnet DANNER Gegenstände, Vorgänge, Verhältnisse, Strukturen, Zusammenhänge usw., "*welche wir (möglichst) vorurteilsfrei, naiv und unkritisch als wirklich hinnehmen*"[204]. Elementare Beziehung ist ein solches Phänomen, das aus der Alltagserfahrung des Unterrichtes und der Erziehung mit Schwerstbehinderten stammt, und das ich wissenschaftlich "*auszuwerten*" (DANNER) beabsichtige.

---

200 WEIZSÄCKER,v. 1973, 3 nach PFEFFER 1986, 191

201 DANNER,H.: *Methoden geisteswissenschaftlicher Pädagogik*, München 1979, 112

202 LIPPITZ/MEYER-DRAWE 1986³, 10

203 SEIFFERT,H.: *Einführung in die Wissenschaftstheorie*, Bd.2, 8. verb. und erw. Aufl., München 1983, 112

204 DANNER 1979, 139

Elementare Beziehung ist unmittelbares Richten aufeinander und ursprüngliches gegenseitiges Erleben von schwerstbehindertem Schüler und Lehrer. Sie ist vorwissenschaftliche Erfahrung, vollzieht sich in der Lebenswelt beider und ist begründet in der Intentionalität des Leibes. Elementare Beziehung vermag sich auf verschiedenen Ebenen, von der unmittelbaren Erfahrung bis hin zur wissenschaftlichen Reflexion, zu konstituieren. Die verschiedenen Ebenen präwissenschaftlicher Erfahrung der Erziehungswirklichkeit mit Schwerstbehinderten, wie sie im Begriff der 'Lebenswelt' zum Ausdruck kommt, habe ich bereits mit PFEFFER[205] beschrieben. Jetzt soll anhand der PFEFFERschen lebensweltlichen Organisationsstufen das Phänomen der elementaren Beziehung unter methodologischen Gesichtspunkten näher betrachtet werden:

1. Die erste Stufe bezeichnet PFEFFER als die konkrete, vorreflektierte, vorwissenschaftliche Welt, die der Mensch im Erleben oder im Tätigsein unmittelbar wahrnehme.
   In der ursprünglichen Einstellung zwischen Schüler und Lehrer, d.h. in der unmittelbaren Erfahrung der beiden miteinander, erleben sie die elementare Beziehung zueinander, wobei die ursprüngliche Intentionalität[206] wesentlich durch die Leiblichkeit charakterisiert ist.

2. Auf der Ebene der mehr oder weniger gezielten Reflexion erfolgt die Vergewisserung der ersten und zwar auf der Grundlage "*relativer innerer Distanz*"[207].
   Sie ist in unserem Kontext in der Rückbesinnung auf das Erlebte gegeben und kommt in den fixierten Beziehungsbeispielen zum Ausdruck.

3. Ihr schließt sich die theoretische Reflexion der Lebenswelt unter Beachtung wissenschaftlicher Kriterien an.
   Das elementare Beziehungserleben wird mit Hilfe philosophisch-phänomenologischer Erkenntnisse hinterfragt und in Bezug auf pädagogisch-didaktische Erfordernisse überprüft.

Diese erste themenbezogene Akzentuierung, die durch die weitere methodologische Auseinandersetzung zu konkretisieren ist, folgt der Dreigliedrigkeit der phänomenologischen Methode, wie DANNER sie für die Pädagogik mit den Begriffen '*Vorurteilsfreie Einstellung*', '*Beschreibung*' und '*Wesenserfassung*' kennzeichnet. Im Gegensatz dazu unterscheidet die ursprünglichere HUSSERLsche philosophische Methode **fünf** Schritte oder Reflexionsstufen, die sich, aufgrund der schon beschriebenen Segregationsentwicklung innerhalb der philosophischen und pädagogischen Phänomenologie, in der Pädagogik nicht durchsetzen konnten. Während sich die phänomenologische Methode vor dem zweiten Weltkrieg, vor allem in Nachfolge A. FISCHERs, als reine **Beschreibungsmethode** verstand, rückte in den 50er und 60er Jahren, nicht zuletzt durch den Einfluß BOLLNOWs, der reflektorische Aspekt der

---

205 Anm.d.Verf.: siehe Abschnitt 1.2.

206 Anm.d.Verf.:wie ich in Kapitel 4 ausführlich zeigen werde

207 PFEFFER 1986, 201

Wesenserfassung stärker in das pädagogisch-phänomenologische Blickfeld. Unberücksichtigt bleiben aber weiterhin die phänomenologische und die transzendentale Reduktion, wie sie HUSSERL für die Philosophie als verbindlich erklärte. Zur Verdeutlichung stelle ich mit DANNER kurz HUSSERLs Auffassung von Phänomenologie als Wissenschaftsmethode vor.

HUSSERL ging es[208] in seiner Philosophie um eine Grundlegung aller Wissenschaften sowohl im transzendentalphilosophischen, als auch im methodologischen Sinne. Diese gewissermaßen 'fundamentale' Wissenschaft nimmt "*den Zugang zu ihrem Gegenstand, die Welt im ganzen, über die intentionalen Bewußtseins-Erlebnisse und zielt auf Wesensstrukturen ab.*"[209] Unter Phänomenen, auf die es zurückzugehen gilt, versteht HUSSERL "*intentionale Gegenstände*" und "*intentionale Bewußtseinsakte*"[210].
Die Wesenserfassung der pädagogischen Phänomenologie richtet sich nicht auf "*intentionale Gegebenheiten*", sondern auf erziehungsrelevante "*(Bewußtseins-)Inhalte*"[211], so daß in der Pädagogik der "*Rückgang zur transzendentalen Subjektivität*"[212] nicht vollzogen würde. Diese Unterlassung ist für DANNER das wichtigste Unterscheidungsmerkmal zwischen den beiden Methodologien.
Der Rückgang bis hin zur transzendentalen Subjektivität geschieht bei HUSSERL in Form von Reduktionsstufen, oder "*Stufen der Epoché (einer Enthaltung)*"[213].

In der 'ersten Epoché' würde nach DANNER von einer sekundären, theoretischen und von wissenschaftlichen oder idealen Vorurteilen geprägten Welt auf die primäre Lebenswelt zurückgegangen. Diese erste Reduktionsebene habe ich zuvor mit PFEFFER in Anlehnung an HUSSERL als '*ursprüngliche Einstellung*' beschrieben.
Hier setzt die 'phänomenologische Reduktion' an, die sich "*jenes naiven Hineinnehmens*"[214] der ersten Epoché enthielte. Die phänomenologische Einstellung sei durch einen "*unbeteiligten Zuschauer*" charakterisiert, "*der sich auf die Denk-Erlebnisse und die intentional gegebenen Gegenstände richtet*"[215].
In der sich anschließenden 'eidetischen Reduktion' würde "*das Wesen, das Eidos der Gegebenheiten herausgearbeitet*"[216]. Die eidetische Reduktion oder Wesensschau ist ein schöpferischer, aktiver Denk-akt, der den Gegenstand in seinem intentionalen Gegebensein variiere. "*Das sich dabei herausstellende Invariante, Allgemeine ist das Wesen.*"[217]

208 Anm.d.Ver.: wie bereits in Abschnitt 1.2. erwähnt
209 DANNER 1979, 128
210 ebd. 1979, 128
211 ebd. 1979, 143
212 ebd. 1979, 143
213 ebd. 1979, 128
214 ebd. 1979, 129
215 ebd. 1979, 129
216 ebd. 1979, 129
217 ebd. 1979, 129

Im letzten Schritt, der 'transzendentalen Reduktion', die allerdings für DANNER prinzipiell schon mit der phänomenologischen Reduktion identisch ist, würde "*auf ein Ich zurückgegangen, dem in der Weise Welt vorgegeben ist, daß das Vorgegebene und die Weisen, wie es dem Subjekt gegeben ist, zusammengehören*".[218] Auf der Ebene der transzendentalen Subjektivität würde Welt konstituiert. Eine Ebene, die von pädagogischer Phänomenologie meist nicht bemüht wird. Zu fragen bleibt, wieviel die pädagogische Methodologie mit der ursprünglich philosophischen noch gemein hat.

Die phänomenologisch orientierte Pädagogik will auf erzieherische Gegenstände, auf die Phänomene der Erziehung selbst, zurückgehen, untersuchen, wie sie tatsächlich ohne "*vorwissenschaftliche, ideologische, traditionsgebundene Meinungen*"[219] gegeben sind und sich als solche zeigen. Die phänomenologische Methode hat in der Pädagogik insofern Bedeutung, als sie die quantifizierte Verengung einer rein empirischen Wissenschaft meide.[220]
Doch eindeutig zu bestimmen, was die phänomenologische Methode in der Pädagogik ist, wird schwierig, "*da sie sich im Rahmen der Pädagogik noch verwirrender darstellt als etwa innerhalb der Philosophie*".[221]
Ihr Verständnis reicht von der Rückbesinnung und Anlehnung an HUSSERL bis hin zur reinen Beschreibungsmethode. DANNER führt im wesentlichen zwei Kriterien an, weshalb in der Pädagogik, aufgrund ihres geringen erkenntnistheoretischen oder metaphysischen und großen pädagogisch-anthropologischen Interesses, von der HUSSERLschen Position abgegangen würde. Auf beide sei noch einmal kurz hingewiesen:

1. Fehlender "*Rückgang auf ein vor-psychologisches welt-konstituierendes Ich*"[222] (=Transzendentale Reduktion) und
2. Nichtbeachtung intentionaler Bewußtseinsgegebenheiten (=Phänomenologische Reduktion)

Doch die Deskription pädagogischer Phänomene allein reicht m.E. nicht aus, um diese in **ihrem Wesen** zu erschließen und dem erzieherischen Handeln und Denken wieder zugänglich zu machen. Reduktion und insbesondere Reflexion, auch wenn sie nicht unbedingt bis in den transzendentalen Bereich führt, stattdessen sich in der Ebene des phänomenologischen Reflektierens bewegt, sind für die Pädagogik und vor allem für die Schwerstbehindertenpädagogik notwendig, damit das behinderte Kind in seiner Lebenswelt tatsächlich verstehbar wird und Erziehungs- und Förderkonzeptionen endlich **von ihm aus** entworfen werden können.
Zur Begründung einer übergeordneten Erziehungswissenschaft reicht nach Auffassung DANNERs die phänomenologische Methode allein nicht aus. Sie bedürfe dazu einer Ergänzung durch andere Methoden.

---

218 ebd. 1979, 129
219 ebd. 1979, 129
220 vgl. ebd. 1979, 129
221 ebd. 1979, 130
222 ebd. 1979, 130

Nach dieser eher allgemein-methodologischen Erörterung möchte ich die drei methodischen Schritte der pädagogischen Phänomenologie näher beleuchten und auf die eigene Problemstellung übertragen.
Auf die erste, die *'ursprüngliche Einstellung'* oder, um mit DANNER zu sprechen, die 'möglichst vorurteilsfreie Einstellung' bin ich zuvor mit PFEFFER[223] schon ausführlich eingegangen. Zusammenfassend geht es in ihr darum, "*von einer Welt 'aus erster Hand' auf eine 'Welt aus zweiter Hand' zurückzugehen, die HUSSERL als 'Lebenswelt' charakterisiert hat.*"[224] Das heißt nichts anderes, als sich vorurteilsfrei offen zu halten für das Unvorhergesehene in der Erziehungswirklichkeit, wie beispielsweise für den unmittelbaren, leibgegebenen Dialog mit dem schwerstbehinderten Kind, sich von ihm anrufen zu lassen und aus dem Angerührtsein heraus ihm zu antworten. Die Sache, auf die wir zurückzugehen haben, ist die elementare Beziehung zum Kind, die nicht planbar ist, sondern aus der Intentionalität beider Partner unmittelbar und ursprünglich erfahrbar entsteht. Die unmittelbare Erlebbarkeit endet in dem Augenblick, in dem auch die elementare Beziehung zwischen Schüler und Lehrer abbricht. Jede Rückbesinnung auf das Erlebte als Voraussetzung für das Bewußtwerden des Erfahrenen, ist bereits Reflexion.
Die erste Stufe der Reflexion ist für mich die Deskription des Erlebten in Form von Beziehungsbeispielen, die ich den theoretischen Erörterungen entweder voranstelle oder auf die ich zur Wesenserfassung zurückgreife. Die angeführten Beispiele sind exemplarisch für die vielen Beziehungserlebnisse, die ich hier nicht alle aufführen kann, die aber genügen, um an ihnen die Leibgegebenheit und -gebundenheit, die existentielle Bedeutung sowie die Struktur elementarer Beziehungen im Unterricht mit Schwerstbehinderten herauszuarbeiten.

Mit LIPPITZ läßt sich die 'exemplarische Deskription' als "*Methode der Präsentation eines Allgemeinen im Besonderen*"[225] auffassen. Exemplarisch sei die Deskription insofern, "*als der Reflektierende seine Erfahrungen und Erlebnisse zum Anlaß nimmt, ... um von ihnen her wesentliche Merkmale zu erhellen.*"[226]
Subjektivität, "*in dem modifizierten Sinne eines dezentrierten, situativen Bewußtseins*"[227], ist ein die Methode bestimmendes Charakteristikum. Sie ist, für LIPPITZ, "*der Ort, an dem primär bzw. überhaupt nur den Sinn unserer Erfahrung als ein Knotenpunkt im Netzwerk vor personaler, personaler und sozialer Praxis- und Erfahrungsvollzüge verstanden wird, in denen Sinn angeeignet, reproduziert oder neu gestiftet wird.*"[228]

---

223 Anm.d.Verf.: vgl. Ausführungen im Abschnitt 1.2.
224 DANNER 1979, 137
225 LIPPITZ 1987^2, 116
226 ebd. 1987^2, 116
227 ebd. 1987^2, 116
228 ebd. 1987^2, 116

Deshalb erscheint es mir sinnvoll, die eigene Subjektivität betonend, die Ich-Form für meine Darstellung zu wählen, was aber nicht bedeutet, daß es nur um mein eigenes, rein individuelles Erleben geht, um eine Erfahrung, die jedem anderen verborgen bliebe. Sicherlich, in ihrer Unmittelbarkeit bleibt das Erleben subjektiv, d.h. auf die beiden Beziehungpartner beschränkt.[229] Doch als Beispiel weist es auf etwas, was der Leser an sich selbst verifizieren kann. Und mit den Worten LIPPITZ möchte ich ihn dazu auffordern, sich beim Lesen in die dargestellten Beispiele zu vertiefen, sie mit eigenem Beziehungserleben zu vergleichen, damit die in der Reflexion getroffenen Aussagen in ihrer Allgemeingültigkeit nachvollziehbar werden.

"Die Methode der Exemplifikation, der anschaulichen und lebendigen Vergegenwärtigung von vorgegebenen, in unseren Erfahrungen und Erlebnissen unthematisch fungierenden Strukturen ist nicht bloß ein Stück philosophischer oder pädagogischer Belletristik. Sie ist eine ihrer 'Gegenstände' adäquate Methode, genauso wie die Aufforderung an den Leser, diese Exemplifizierung für sich nachzuvollziehen und unter Rückgriff auf eigene Erfahrungen zu bestätigen, zu ergänzen, evtl. sogar zurechtzurücken."[230]

Die Beziehungsbeispiele knüpfen an *"Fäden vorreflexiven Sinns"*[231] an, *"die mein praktisches Tun und Denken unthematisch durchziehen."*[232]

Beispiele sind also *"reflexive 'Zugriffe' auf Erfahrungsvollzüge, in denen eine bestimmte Struktur bzw. ein bestimmter Sinn plastisch vor Augen tritt."*[233]

Sie deuten einerseits auf die existentielle Bedeutung der elementaren Beziehung für den schwerstbehinderten Menschen (=Sinn), den ich mit der Phänomenologie MERLEAU-PONTYs und PFEFFERS zu reflektieren versuche und gleichzeitig auf gewisse strukturelle Gesetzmäßigkeiten, die sich in Abgrenzung zur Beziehungstheorie BODENHEIMERs in einem helicalem Modell veranschaulichen lassen. Struktur und Sinn werden nicht induktiv gewonnen, sondern ergeben sich aus dem *"intuitiven, ganzheitlichen Zugriff"*[234], den man als Wesensschau bezeichnet. Der intuitive Zugriff ist nach LIPPITZ also kein konstruktiver Akt, sondern einer, der den Charakter des Sinns und der Struktur Rechnung trägt.[235] Und LIPPITZ selbst dazu:

"Statt daß das Denken sich der Erfahrung mit Hilfe theoretisch fixierter allgemeiner Begriffe bemächtigt, in denen jede Einzelerfahrung als partikulärer Fall eines Gesetzes allgemeinen auftritt und so als beliebig austauschbar und ersetzbar - keinen eigenen Sinn aufzuweisen hat, spielt im Beispiel die konkrete Erfah-

---

[229] Anm.d.Verf.: Auf das Beziehungserleben des schwerst-behinderten Schülers, der ja zur Artikulation seiner Erfahrung nicht fähig zu sein, und die uns zunächst unzugänglich scheint, werde ich im Kapitel 4 ausführlich eingehen.

[230] LIPPITZ 1987^2, 123

[231] ebd. 1987^2, 116

[232] ebd. 1987^2, 116

[233] ebd. 1987^2, 116

[234] ebd. 1987^2, 116

[235] vgl. ebd. 1987^2, 117

rung eine besondere Rolle. Sie ist der das Allgemeine konkretisierende und dadurch erst ermöglichende Vollzug. Infolgedessen ist die plastische Schilderung von Erfahrungen, die wir machen, keine bloße literarisch gekonnte Ausschmükkung, sondern ein hermeneutisches Erfordernis. Sie expliziert einen allgemeinen Sinn, indem sie ihn zugleich in ihrer Konkretion beläßt. Intuition und Deskription erbringen ein Wissen um Erfahrungen, die man in der traditionellen praktischen Pädagogik und in der geisteswissenschaftlichen Reflexion darauf als 'Kunde' kennt. Es ist ein Wissen, das in Erfahrungen entsteht und für die Fortbildung praktischer Erfahrungen genutz werden kann."[236]

Da ich mich, um zum Wesen der elementaren Beziehung zu gelangen, der Philosophie MERLEAU-PONTYs bediene, d.h. versuche, Beziehung aus der Intentionalität des Menschen, aus der Einheit von Mensch und Welt, heraus zu verstehen, gehe ich über den allgemein - pädagogischen Rahmen der Reflexion hinaus.[237] Die 'Wesenserfassung' erhält dadurch eine Bereicherung im Sinne der 'phänomenologischen Reduktion'.
Obwohl ich bestrebt bin, das Phänomen der elementaren Beziehung von möglichst vielen Seiten und unter verschiedenen Aspekten phänomenologisch-hermeneutisch zu betrachten, gelingt mir nicht der "*Rückgang zur transzendentalen Subjektivität*"[238] im Sinne der letzten Stufe der HUSSERLschen eidetischen Reduktion. Die Letztbegründung menschlicher Beziehungen in einem transzendentalen Ich muß ich vorenthalten, weil sie das übersteigt, was derzeit mit pädagogischen Mitteln zu erreichen ist.
"*Phänomenologische Wesenserkenntnis präsentiert nicht die Wahrheit 'erleuchteter' Philosophen, sondern Deutungsvorschläge für Erfahrungen, in denen wir immer schon befangen sind. Phänomenologie bleibt in diesem Sinne eine nie abreißende Auslegung von kommunikativ strukturierten Erfahrungen.*"[239]

Mit DANNER läßt sich abschließend festhalten, daß es der pädagogischen Phänomenologie durch kritische und darstellende Funktion darum geht, "*pädagogisch bedeutsame Gegebenheiten*"[240] zu erarbeiten. Und elementare Beziehung fasse ich in der Erziehung schwerstbehinderter Menschen eben als solche 'pädagogisch bedeutsame Gegebenheit' auf. Die Exemplifikation des konkret Erlebten bildet in allen drei Teilen meiner Arbeit den methodischen Ausgangspunkt, wobei aber die Intentionen der Reflexion in jedem eine andere ist:

---

236 ebd. 1987^2, 117
237 vgl. dazu DANNER 1979 143 und 146
238 DANNER 1979, 143
239 LIPPITZ 1987^2, 117
240 DANNER 1979, 154

Während im ersten Teil die Erhellung des Sinns (Kpt. 4) und der Struktur (Kpt. 5) elementarer Beziehungen im Mittelpunkt steht, werde ich im zweiten das elementare Beziehungsgeschehen in seiner Auswirkung auf die konkreten Entwicklung des Kindes im beziehungsorientierten Unterricht betrachten, um es schließlich im dritten Teil in seiner Relevanz für die didaktischen Belange der Erziehung Schwerstbehinderter zu reflektieren. Doch alle drei Fragenkomplexe nehmen ihren Ursprung im unmittelbaren Beziehungserleben von schwerstbehindertem Kind und Lehrer .

2 Terminologische Reflexionen

Nachdem im vorausgegangenen Kapitel wissenschaftstheoretische und -methodische Sicht- bzw. Vorgehensweisen im Mittelpunkt standen, und dabei die phänomenologische Terminologie sowie der Begriff der 'elementaren Beziehung' erläutert wurden, soll im folgenden der Bildungsauftrag der Schule für Geistigbehinderte, 'Selbstverwirklichung in sozialer Integration', definiert werden. Bezogen auf die Themenformulierung sind desweiteren die Begriffe 'schwere geistige Behinderung' und 'geistig schwerstbehinderter Mensch' zu bestimmen. Durch die Darstellung verschiedener, z.T. divergenter Grundpositionen derzeitigen schwerstbehindertenpädagogischen Denkens wird die inhaltliche Auslegung zu ergänzen versucht, damit von einer eher förderungsbezogenen Ebene aus die Notwendigkeit der eigenen beziehungsbetonten Sichtweise belegt und zur Auseinandersetzung mit dem Phänomen der Leiblichkeit übergeleitet werden kann. Den Definitionsversuchen möchte ich einige grundsätzliche Gedanken zur Begriffsbestimmung unter dem gewählten Schwerstbehindertenaspekt voranstellen, weil sie mir zum weiteren Verständnis wichtig erscheinen.

Zur Bedeutung definierter Begrifflichkeit im Rahmen einer wissenschaftlichen Arbeit sagt BEGEMANN: *"In Diskussionen wie in wissenschaftlichen Abhandlungen wird gesagt oder gefragt, was man mit einem Wort oder Begriff meint. Nur dann scheint das Gespräch oder die Argumentation bzw. Kritik möglich, wenn inhaltliche Bestimmungen vorliegen, wenn ein Begriff definiert ist. Ansonsten bleibt die Aussage vage, unwissenschaftlich, mißverständlich unwahr, nicht objektiv, nicht diskutierbar."*[1]
Die eindeutige Begriffsbestimmung gestaltet sich aber im Schwerstbehindertenbereich überaus schwierig, denn man stößt hier überall an Grenzen und eben auch - oder gerade - bezüglich einer klaren, eindeutigen Begrifflichkeit: Unterricht entspricht hier nicht dem üblichen Verständnis von Unterricht[2], das erforderliche Lehrerverhalten nicht der vertrauten Definition der Lehrerrolle, und Erziehung auf dieser Ebene läßt sich nicht mehr ausschließlich als Vermittlung kultureller Bildungsinhalte und -werte verstehen.
Indem die zu erfassenden Begriffe in einem größeren, z.T. (geschichtlich) gewachsenen Bedeutungszusammenhang gesehen und die Schwerstbehinderten in den Mittelpunkt der definitorischen Analyse gerückt werden, ist es möglich, zu einer Verständniserweiterung der Termini zu gelangen. Die Definitionsversuche sind deshalb an sinnerschließender Stelle in den Text integriert, was auch heißt, daß einzelne zentrale Formulierungen, wie 'Selbstverwirklichung', 'elementare Beziehung' oder 'Erziehung' mehrfach aufgegriffen und durch den jeweiligen Stand der Erarbeitung in ihrer Bedeutung ergänzend vertieft werden.
Der schulische Bildungsauftrag - 'Selbstverwirklichung in sozialer Integration' - , den es nun als erstes zu definieren gilt, wird zunächst von seiner konzeptionellen Seite her zu betrachten sein,

---

[1] BEGEMANN, 1987, 26
[2] Anm.d.Verf.: auch nicht dem mit Geistigbehinderten

"Nach einer gewissen Etablierung der Schule für Geistigbehinderte (Ende der 60er Jahre) begann erst Mitte der 70er Jahre eine vermehrte Auseinandersetzung mit dem Problem der schweren geistigen Behinderung. Die Geistigbehindertenpädagogik wandte sich der 'Randgruppe in der Randgruppe der Geistigbehinderten' zu.
An einzelnen Hochschulen (Reutlingen, Köln, München) bemühte man sich vermehrt um eine anthropologisch wissenschaftliche Auseinandersetzung, es wurden vermehrt Forschungsprojekte zur Analyse der Situation schwer Geistigbehinderter durchgeführt, es wurden erste Seminare zur Förderung schwer Geistigbehinderter angeboten. Auch die Lebenshilfe wandte sich dem Problem der schwer Geistigbehinderten zu. Sie setzte einen maßgeblichen Wegweiser mit ihrer Studientagung 'Hilfe für Geistig Schwerstbehinderte - Eingliederung statt Isolation' in Hamburg 1977.
Dort konnten die zu diesem Zeitpunkt bestehenden Ansätze zur Förderung und Erziehung schwer Geistigbehinderter erstmalig gegenübergestellt, diskutiert und einer breiteren Öffentlichkeit vorgestellt werden.
Von da ausgehend fand eine breitere und intensivere Auseinandersetzung innerhalb der Behindertenpädagogik statt. Spezielle Förderansätze (vgl. FISCHER, in BAIER 1976; FEUSER, in Lebenshilfe 1978; TUCKERMANN, in FRÖHLICH 1978; SCHMEICHEL, in FRÖHLICH 1978; Bethel, Patmosschule) und die allgemein theoretische Auseinandersetzung zu Methoden, Inhalten und Zielen der Förderung schwer Geistigbehinderter konnten sich mehr und mehr etablieren. Auch die Schule für Geistigbehinderte konnte sich dieser Entwicklung nicht mehr verschließen.
Lange Zeit galten auch für die Sonderschulen in NRW gewisse Voraussetzungen für die Einschulung in diesen Sonderschultypus. 1976 wurden erstmalig im amtlichen Schulblatt für den Regierungsbezirk Düsseldorf auf die unbedingt zu erfolgende Aufnahme schwerbehinderter Kinder hingewiesen. Im Juli 1978 folgte dann erst eine erweiternde Ergänzung der Bestimmung des Sonderschulaufnahmeverfahrens. Es wurde verfügt: 'Im Zuge der Weiterentwicklunmg des Sonderschulwesens wird das Ziel angestrebt, möglichst alle Behinderten, auch Schwerstbehinderte in die Schule aufzunehmen.' (Runderlaß des Kultusminister des Landes NRW vom 12.7.1978 - II.A.536-5/ 0 Nr. 1831/78)
Aufgrund dieser Verfügung wurden seitdem mehr sogenannte schwer Geistigbehinderte in die Schule aufgenommen. Es wurden z.T. spezielle Klassen für schwer Geistigbehinderte gebildet, z.T. wurden sie in allgemeine Klassen integriert."[6]

---

6 DREHER, W.: *Begleituntersuchung 'Modelle zur Förderung schwer geistigbehinderter Schüler*, unveröff. Zwischenbericht, Köln 1984, 7 f.

Doch erst zwei Jahre nach Inkrafttreten des o.a. Runderlasses zur Aufnahme Schwerstbehinderter in die Sonderschule fand am 20.9.1980 die erste konstituierende Sitzung der Fachkommission zur Erstellung von Richtlinien im Landesinstitut für Curriculumsforschung in Neuss statt, deren Aufgabe darin bestand, die gültigen Richtlinien der Schule für Geistigbehinderte **nach unten fortzuschreiben**, d.h., die fünf Zielbereiche, auf die ich im didaktischen Teil noch näher eingehen werde, sollten bestehen bleiben, doch durch weitere Elementarisierung bzw. Reduktion auf den Unterricht mit Schwerstbehinderten anwendbar werden. Die Kommission legte ihren Entwurf 1983 dem Kultusminister zur Genehmigung vor. Zweieinhalb Jahre später, am 1.8.1985, traten die 'Richtlinien für die Förderung schwerbehinderter Schüler in Sonderschulen und Hinweise für den Unterricht' in Kraft.
Festzuhalten bleibt, daß der pädagogische Auftrag der Schulform, den behinderten Schüler zu 'Selbstverwirklichung in sozialer Integration' zu befähigen, demzufolge weitergeführt wird, was für den terminologischen Klärungsversuch bedeutet, ihn von dieser Ebene aus zu beginnen.

In seinen Überlegungen zum handlungsorientierten Unterricht mit Geistigbehinderten setzt sich MÜHL (1979) mit dem angeführten Bildungsauftrag auseinander und stellt zunächst fest: "*Zugegebenermaßen unterscheidet sich diese Formulierung nicht von Zielsetzungen, wie sie für andere Behinderte und Nichtbehinderte gelten; insofern ist keine Spezifizierung im Hinblick auf Geistigbehinderte vorgenommen, sieht man einmal davon ab, daß üblicherweise von Selbstverwirklichung gesprochen wird, der Zusatz 'in sozialer Integration 'vernachlässigt wird.*"[7] In MÜHLs Ausführungen deutet sich eine gewisse Polarität der beiden pädagogischen Aspekte, der 'Selbstverwirklichung' einerseits, und der 'sozialen Integration'andererseits an. Beide Momente lassen sich auf die didaktische Grundkonzeption SPECKs zurückführen. Unter anthropologischen Gesichtspunkten sieht er die Stellung des Geistigbehinderten in der Welt in Bezug auf seine extreme sozietäre Abhängigkeit. Der pädagogische Auftrag der Schule bestehe demgemäß darin, dem Behinderten sowohl ein erfülltes Dasein - Selbstverwirklichung -, als auch die Integration in die Gemeinschaft zu ermöglichen. Dazu SPECK selbst: "*Seine Bildung ist darauf gerichtet, daß es* (das geistigbehinderte Kind, Anm.d.Verf.) *leben lernt in der für es erfahrbaren Welt, d.h. innerhalb eines angemessenen Gefüges existentieller Beziehungen auf der Basis der Förderung aller dazu nötigen und erlernbaren Fähigkeiten. Seine Erziehung soll ihm das Finden einer individuell und sozial sinnvollen Existenz ermöglichen. Sinnvoll ist sie dann, wenn sie im Sinnhorizont menschlicher Existenz an sich steht, d.h. einbezogen ist in das, was als menschenwürdiges Dasein gilt.*"[8] Und weiter sagt SPECK an anderer Stelle: " *'Mensch zu werden und Mensch zu sein mit den Menschen.' D.h., 'der Mensch soll seinen Platz unter den Menschen haben,*

---

[7] MÜHL, H.: *Handlungsbezogener Unterricht mit Geistigbehinderten*, Bonn - Bad Godesberg 1979, 36

[8] SPECK, O./THALHAMMER, M.: *Die Rehabilitation der Geistigbehinderten*, München - Basel 1974, 116

miteinbezogen sein im sozialen Gefüge, seine Lebensrolle spielen, das Seine leisten, mit den anderen auf dem Weg bleiben zur Verwirklichung des Lebenssinnes und Freude am Leben haben.' "[9]
Wenn diese beide Pole, die 'Selbstverwirklichung' und die 'soziale Integration' explizit in die Leitidee aufgenommen wurde, dann gilt es in Anlehnung an MÜHL damit zwei Gefahren für den Geistigbehinderten abzuwenden, "*nämlich einmal die Gefahr, für den Geistigbehinderten im Sinne der Selbstverwirklichung eine eigene Welt aufzubauen, und andererseits die Gefahr, den Geistigbehinderten unter Hintanstellung seiner eigenen Bedürfnisse den Forderungen der Gesellschaft zu unterwerfen.*"[10]
Erhöbe man die Selbstverwirklichung zum ausschließlichen Ziel der Förderung, "*was das Gegenteil von Normalisierung beinhaltet*"[11], führte dies eher zur Isolation **von**, als zur Integration des Geistigbehinderten **in** die Gesellschaft. Eine einseitige Schwerpunktsetzung in Richtung der 'sozialen Integration' hätte dagegen die funktionale Anpassung des Behinderten an die gesellschaftlichen Gegebenheiten zur Folge; dem Behinderten würde es nicht möglich, sich selbst, seine spezifischen Fähigkeiten und Bedürfnisse zu entfalten, sich selbst zu verwirklichen.
Die beiden Begriffe sind demzufolge in der Leitidee aufeinander bezogen, was sich in der Konjunktion 'in' ausdrückt: 'Selbstverwirklichung **in** sozialer Integration'. Dazu noch einmal abschließend MÜHL: "*Damit soll ausgesagt werden, daß beide Dimensionen zwei Seiten einer Sache sind, die man möglicherweise mit dem Begriff 'Menschsein' oder 'Menschlichkeit' umschreiben könnte. Selbstverwirklichung, Identitätsfindung, Ich- und Selbstbewußtsein stellen sich erst ein, wenn es gelingt, in Gruppen aufgenommen zu werden, in ihnen tätig sein zu können und deren Anerkennung zu finden. Das Ich bildet sich nicht aus sich selbst heraus, sondern nur in der Auseinandersetzung mit anderen Ichs. Umgekehrt können Interaktion, Kommunikation und Integration erst dann gelingen, wenn Ichbildung und Identitätsfindung in einem gewissen Ausmaß stattgefunden haben. Die wechselseitige Bezogenheit der beiden Dimensionen kommt darin zum Ausdruck, daß sich beide nicht isoliert herausbilden, sondern in einem wechselseitigen schrittweisen, gewissermaßen spiralförmigen Aufbau.*"[12]

Meine Intention ist es nun, der Reziprozität beider Aspekte in der Erziehung Schwerstbehinderter durch den spezifischen Beziehungsaspekt besonders Rechnung zu tragen. Durch die Überwindung der Beziehungsstörung **zum** schwerstbehinderten Kind einerseits, und durch die Beziehungsstörung des Kindes zur Welt andererseits, wird es zur ihm adäquaten 'Selbstverwirklichung in sozialer Integration' geführt.

---

9 SPECK, O.: *Geistige Behinderung und Erziehung*, München 1972, 75
10 MÜHL 1979, 37
11 ebd. 1979, 37
12 ebd. 1979, 37

Ich stelle den sich jetzt aufdrängenden inhaltlich-anthropologischen Gesichtspunkt der Selbstverwirklichung Schwerstbehinderter zurück, um zuvor grundlegende, zur weiteren sinnvollen Erörterung notwendige Begriffe und Bedingungen zu klären. Nur dann können die beiden anfangs gestellten Fragen nach der Bedeutung und Realisierbarkeit des pädagogischen Auftrags angesichts der bestehenden Lebens-, Lern- und Erziehungsschwierigkeiten schwerstbehinderter Schüler unter dem Aspekt der Leiblichkeit befriedigend beantwortet werden.

2.2 Zum definierten Verständnis von Menschen mit schwerer geistiger Behinderung

Die auf den behinderten Menschen bezogene Terminologie ist in der Schwerstbehindertenpädagogik vielfältig und vor allem uneindeutig, so daß es für die eigene Abgrenzung notwendig wird, der Auseinandersetzung mit den aktuellen Verstehens- oder Definitionsweisen eine formale Klärung des Begriffs der 'schweren geistigen Behinderung' voranzustellen. Erst dann können die z.T. recht unterschiedlichen anthropologischen Aussagen zum Menschen mit schwerer geistiger Behinderung in den einzelnen Positionen deutlich und der eigene beziehungsbetonte Zugang nachvollziehbar werden.

2.2.1 Zum Begriff der schweren geistigen Behinderung

Die einleitenden schulpraktischen Beispiele haben erste Hinweise auf den der Arbeit zugrunde liegenden Personenkreis gegeben; sie skizzierten Eva als blindes, schwerst körperlich und geistig behindertes Mädchen, Anna als schwere autoaggressive Autistin und Nils als völlig introvertiert, schwerst körper- und geistigbehindert. Drei Menschen, drei Ausprägungsformen von Behindert-Sein, drei Lebenswirklichkeiten, die gebräuchlicherweise alle mit dem Begriff des 'Schwerstbehinderten' oder genauer des 'Schwerst**geistig**behinderten' gekennzeichnet bzw. als solche definiert werden.
Wenn eine Definition "*wörtlich übersetzt - Ausgrenzung, Abgrenzung*" bedeutet, und "*(e)in definierter Begriff*", wie BEGEMANN sagt, "*also für etwas Bestimmtes stehen*"[13] soll, sich aber dieses 'Bestimmte' - die schwere geistige Behinderung - eben so überaus vielfältig gestaltet, scheint das Anliegen, den schwerstbehinderten Menschen per definitionem abzugrenzen oder gar zu bestimmen, nicht nur schwierig, sondern unmöglich. THALHAMMER ist der Auffassung, daß es wohl keine menschliche Wirklichkeit gibt, "*die sich geradezu zur Gänze einer auch nur in Mindestanteilen denkbaren Erreichbarkeit, Beschreib-*

---

[13] BEGEMANN 1987, 26

barkeit und Interpretierbarkeit analog ***entzieht*** *wie die conditio humana des schwerstbehinderten Menschen.*"[14]

Die extreme Heterogenität führt bei den Definierenden dazu, daß sie hier stärker als anderswo lediglich <u>die</u> Einzelaspekte zur Bestimmung des Phänomens der Schwerstbehinderung in den Mittelpunkt rücken, die sie für definitionswürdig erachten, was u.a. an der Begriffsvielfalt von 'schwerbehindert', 'schwerstbehindert', 'intensivbehindert', 'mehrfachbehindert' sowie 'schwerstmehrfachbehindert' abzulesen ist, und die im Sinne einer Steigerung der durch die Behinderung bedingten Beeinträchtigungen verwendet werden.

"*Der Begriff 'Schwerstbehinderung' drückt*", für HAHN "*einen graduellen und nicht prinzipiellen Unterschied im Ausprägungsgrad einer Behinderung gegenüber einer leichteren Behinderung aus.*"[15] Und weiter sagt er: "*Der schwerstbehinderte Mensch unterscheidet sich damit nicht prinzipiell vom leichtbehinderten Menschen. Es gibt im Kontinuum von nicht behindert bis zum schwerstbehinderten Menschen keine Grenzziehung, die grundsätzlich einen anderen Typus Mensch rechtfertige. Etwa ohne Recht auf Zuwendung. Etwa ohne Recht auf Erziehung und Bildung. Etwa ohne Recht auf Befriedigung vitaler Bedürfnisse. Etwa ohne Recht auf Leben.*"[16]

Der Begriff der 'Schwerstbehinderung' scheint somit zunächst ungeeignet, Auskunft über den Menschen, der als schwerstbehindert gilt, zu geben; anthropologische Aussagen über ihn werden nicht möglich. Vielmehr entsteht der Eindruck, daß aus der Sicht des Nichtbehinderten ein Phänomen zu klassifizieren versucht wird, dessen Erfassung den Definierenden vor Probleme stellt.

"*Die Beschreibung 'schwerst' läßt*", so meinen BEGEMANN, FRÖHLICH und PENNER, "*an eine äußere Grenze denken; eine objektiv gültige Einteilung von 'Behinderungsgraden' gibt es*", auch für sie, "*bisher nicht, so daß die Anwendung der Vokabel 'schwerst' eher auf relative Gegebenheiten hinweisen. 'Schwerst' wäre dann immer auf die eigenen Erfahrungen oder die eigene Einrichtung bezogen.*"[17] Ein Beleg hierfür ist die Tatsache, daß der Begriff der 'Schwerstbehinderung' in unterschiedlichen Institutionen und bei teilweise sehr verschiedenen Menschen Anwendung findet. So wird beispielsweise ein Kind, das bei durchschnittlicher Intelligenz schwierig im Umgang ist, u.U. ebenso als schwerstbehindert bezeichnet wie das blinde, körperlich- und geistigbehinderte. Die unterschiedlichen Bedingungen, die zur Behinderung dieser Kinder beitrugen und im

---

[14] THALHAMMER, M.: *Warten und Erwarten, Träumen und Trauern - Anthropologische Fragmente zur Schwerstbehindertenpädagogik*, in: ders. (Hrsg.): *Gefährdungen des behinderten Menschen im Zugriff von Wissenschaft und Praxis*, München 1986, 125

[15] HAHN, M.: *Zur Problematik der Definition des Begriffs 'schwerstbehinderte'*, in: Zt. Zur Fortbildung, Heft 1/2 1976, 7

[16] ebd. 1976, 7

[17] BEGEMANN/FRÖHLICH/PENNER: *Förderung von schwerstbehinderten Kindern in der Primarstufe - Zwischenbericht*, Mainz 1979, 73

Grunde nicht vergleichbare individuelle Lebenssituationen prägen, machen von vornherein völlig verschiedene erzieherische Zielsetzungen und methodische Vorgehensweisen erforderlich. Der interinstitutionelle bzw -disziplinäre Vergleich wird unsinnig. Die Verwendung des Begriffs 'schwerstbehindert' signalisiert lediglich die Grenzsituation, in der sich die einzelnen sonderpädagogischen Fachbereiche wähnen.
Erschwerend kommt hinzu, daß Menschen mit vergleichbaren Ausprägungsgraden ihrer Behinderung in den unterschiedlichsten Institutionen gefördert werden, und die Zuweisung immer noch nach sehr uneinheitlichen Kriterien erfolgt. So kann bei einem in mehreren Körperfunktionen beeinträchtigten Kind einmal die Körperbehinderung zum ausschlaggebenden Merkmal für die Einschulung in die Schule für Körperbehinderte werden, zum anderen aber auch die Einweisung in die Schule für Geistigbehinderte erfolgen, wenn der Beurteiler dessen geistige Behinderung zur Primärbehinderung erhebt. Eine gewisse Willkürlichkeit bei der Zuordnung ist also je nach Ausrichtung des Erstuntersuchers, -testers etc. festzustellen.
Aufgrund der Uneindeutigkeit in der Verwendung des Begriffs kann mit SCHRÖDER zusammenfassend festgehalten werden, "*daß der Superlativ 'schwerstbehindert' lediglich besagt, daß es um Behinderungen geht, die vom Benutzer dieser Bezeichnung als besonders gravierend angesehen werden, also eine formal - qualitative Klassifikation, die keinenfalls eindeutig ist und nur gering inhaltlich - quantitativen Aussagewert besitzt.*"[18] Erst durch die Ergänzung der Adjektive 'körperlich-', 'geistig-', oder 'seelisch-schwerstbehindert' gewinne nach SCHRÖDER der Begriff an Eindeutigkeit.
Da Schwerstbehinderung "*in der Regel Mehrfachbehinderung*"[19] ist, also eine Kumulation von Behinderungen vorliegt, ist eine dem Vorschlag entsprechende adjektivische Bestimmung schwierig.

> Vergegenwärtigen wir uns hierzu das Beispiel von Eva. Sie wurde kurz als blind, geistig- und körperlich schwerstbehindert beschrieben, doch welche der drei Behinderungen ihr Sein am meisten prägt, vielleicht auch beeinträchtigt, ist nicht zu sagen. Es ist unsinnig zu fragen, was für Eva schlimmer ist, blind, geistig- oder körperbehindert zu sein. Alle drei Faktoren bedingen sich gegenseitig, machen die Behinderung an sich aus.

"*Mehrfachbehinderung*", so betont auch SCHRÖDER, "*ist keine Doppel-, Dreifach- oder Sechsfachbehinderung, bei denen jede weitere Behinderung von uns besonderen Respekt verlangt, ... jede Kumulierung ist ein Phänomen mit Eigengesetzlichkeit, mit besonderen diagnostischen und methodischen Problemen und sollte als 'Behinderung' so komplex gesehen und angegangen werden wie es sich im Leben darstellt.*"[20]

---

[18] SCHRÖDER, S.: *Anmerkungen zum Phänomen Schwerst- und Mehrfachbehinderung*, in: HOFMANN, Th.: *Beiträge zur Geistigbehindertenpädagogik, Rheinstetten* 1979, 224
[19] KULTUSMINISTER NRW, Richtlinien 1985, 6
[20] SCHRÖDER 1979, 228

Der Begriff der 'Schwerstmehrfachbehinderung' ist analog zur 'Schwerstbehinderung' eine quantitative Fortschreibung der 'Mehrfachbehinderung', der aber nicht durch das Hinzufügen eines Adjektives an Eindeutigkeit gewinnt. Gerade die "*Eigengesetzlichkeit der Kumulierung von Behinderungen*" (SCHRÖDER) macht das Phänomen des 'Schwerstbehindert-Seins' so wenig greifbar, eben zu einem **individuellen**, das wir m.E. als solches akzeptieren sollten.

Warum ich angesichts der terminologischen Unklarheiten im Titel nicht vereinheitlichend von 'Schwerstbehinderten', sondern von '**geistig** Schwerstbehinderten' spreche, hat ausschließlich formal-schulbezogene Gründe. Unter dem Beziehungsaspekt mag die Betonung des Adjektives '**geistig** - schwerstbehindert' noch unsinniger erscheinen, doch sie ist hier angebracht, weil die Entwicklung des beziehungsorientierten Unterrichtes eng an den geistigbehindertenspezifischen Schultyp gebunden ist. Der Runderlaß zur Aufnahme Schwerstbehinderter in Sonderschulen des Landes Nordrhein-Westfalen differenziert nach schwerer Verhaltensstörung, Körper- und Geistigbehinderung und gibt hierfür genaue Kriterien an[21]. Alle Schüler, die ich unterrichtete, entsprachen durch ihre Mehrfachbehinderung, vornehmlich durch ihre **geistige** Behinderung, eben diesen Bestimmungen zur Aufnahme in die Schule für Geistigbehinderte. Außerdem sollte ihnen durch die beziehungsorientierte Förderung der Übergang aus der reinen Schwerstbehinderten-Klasse, die in den Richtlinien nur als vorübergehender Lernort ausgewiesen ist, in eine Regelklasse ermöglicht werden. In dieser erfolgt die Förderung dann eben nach pädagogischen und didaktischen Grundsätzen (Richtlinien) der Schule für Geistigbehinderte. Charakteristische Erziehungsmomente des Schultyps fließen somit in die konzeptionellen Überlegungen ein, was die eingegrenzte Themenformulierung der Arbeit rechtfertigt.

Im Rahmen der definitorischen Eigenarten ist auf eine weitere Schwierigkeit aufmerksam zu machen, die jetzt weniger die begriffliche, vielmehr die anthropologische Dimension betrifft. Mit THALHAMMERs vielzitierten Sätzen, die in besonderer Weise für schwerst-geistigbehinderte Menschen zuzutreffen scheinen, ist die hier gemeinte "*existentielle Darstellungs- und Deutungsnot*", wie KOBI sagt," *prägnant zum Ausdruck*"[22] zu bringen: "*Auf den geistigbehinderten Menschen läßt sich lediglich hinweisen, er ist begrifflich nicht zu fassen. Die Definition 'geistige Behinderung' scheitert an der Ratlosigkeit desjenigen, der dieses Phänomen beschreibt und interpretieren will, da er die existentielle Wahrheit und Wirklichkeit mit seinen Kriterien und Argumenten nicht erreicht, in der sich der geistigbehinderte Mensch vorfindet und definiert. Es wird*

---

[21] vgl. RdErL. d. Kultusministers NRW v. 12.7.1978: Aufnahme Schwerstbehinderter in Sonderschulen (GABl. NW. S.503)

[22] KOBI, E.E: *Vorstellungen und Modelle zur Wesenserfassung geistiger Behinderung und zum Umgang mit geistig Behinderten*, in: Zt. Geistige Behinderung, 3/1983, 155

neuerdings ständig über ihn gesprochen; er selbst spricht nicht, damit man ihn höre und verstehe."[23]
Die Lebenswelt und -wirklichkeit geistig schwerstbehinderter Menschen scheint sich unserem direkten Zugriff zu verschließen, weil es nicht möglich ist, wie etwa mit einem Blinden oder Körperbehinderten, mit dem Schwerstbehinderten auf der Meta-Ebene über sein Behindert-Sein zu kommunizieren. Aber auch der 'imaginative Zugang' zum behinderten Anderen bleibt für KOBI angesichts der geistigen Behinderung unvorstellbar. Er sagt dazu selbst: "*Sowenig geistige Behinderung sich aus sich selbst herauszuheben vermag, sowenig gestattet sie umgekehrt einen imaginativen Zugang. Ich kann mich zwar ohne Augenlicht, taub, stumm, gelähmt denken, nicht aber geistig behindert, da ich hierzu die imaginative Ich-Instanz selbst reduzieren müßte.* ***Geistige Behinderung ist 'unvorstellbar'.***"[24]
Eine Überwindung dieser '*existentiellen Darstellungs- und Deutungsnot*' (KOBI) ist m.E. nur zu erreichen, wenn wir interaktionale Gesichtpunkte stärker ins Blickfeld rücken, d.h., wenn wir begreifen, daß auch die schwere geistige Behinderung von existentieller Relevanz für den ihr begegenden oder den sie definierenden Pädagogen ist.
In seinem Aufsatz "*Humanes Annehmen geistigbehinderter Kinder*" weist HOFMANN bereits 1979 auf dieses Problem hin, wenn er sagt: "*Die Behinderung beansprucht die Aufmerksamkeit des Nichtbehinderten vollkommen; sie behindert eine Kommunikation, sie führt zu einer Verunsicherung, ja oftmals zu einer Desorganisation der Verhaltenssteuerung. Der Nichtbehinderte wird zum Verhaltensgestörten! Er wird in Zukunft nach Möglichkeit jeder Begegnung mit Behinderten ausweichen, mit Ablehnung, vielleicht auch mit Ekel, Abscheu und Entsetzen reagieren.*"[25] Die Verunsicherung sei auch bei Eltern und Erziehern groß und brächten sie oft "*in Verlegenheit, was sie von den Behinderten erwarten sollen, welche Anforderungen sie stellen dürfen.*"[26] Dadurch käme es zu einer "*ungünstigen Beurteilung des geistigbehinderten Kindes, zu einem neuen Vorurteil.*"[27] HOFMANN fordert deshalb die Partnerschaft mit Behinderten, die für ihn immer "*gegenseitiges humanes Annehmen*"[28] ist.
Zu vergleichbaren Aussagen kommt BODENHEIMER, wenn er die Wirkung von Behinderung auf den Nichtbehinderten als 'Verblüffung' beschreibt. Weil er wichtige Anregungen zum Weiterdenken gibt, will ich einige seiner Grundgedanken vorstellen, um daran die Möglichkeit der elementaren Beziehung zur Lebenswelt-Erfassung Schwerstbehinderter perspektivisch aufzuzeigen.

---

[23] THALHAMMER, M.: *Geistige Behinderung*, in: SPECK/THALHAMMER: *Die Rehabilitation der Geistigbehinderten*, München 1974, 9
[24] KOBI 1983, 155
[25] HOFMANN, Th. *Humanes Annehmen geistigbehinderter Kinder*, in. ders. (Hrsg.): *Beiträge zur Geistigbehindertenpädgogik*, Rheinstetten 1979, 26
[26] ebd. 1979, 26
[27] ebd. 1979, 26
[28] ebd. 1979, 27

Für BODENHEIMER hat *"(a)lles das, was wir als Behinderung zusammenfassen,... ja ein Gemeinsames an sich: Es trifft uns in der unvorbereiteten Begegnung so, daß wir verlegen,* ***verblüfft*** *werden und daher uns nicht mehr als Herren unserer erfahrenen reflektorisch laufenden Reaktionen spüren."*[29] Und den Zustand der 'Verblüffung', in den wir angesichts der Behinderung geraten, konkretisiert BODENHEIMER weiter: *"Wenn nun unvorhersehbar jemand anders aussieht oder anders anspricht, als wir es erwartet haben, dann kommt diese Verblüffung über uns; sie macht, daß wir uns unfrei fühlen - ausgeliefert mithin. Und zwar ausgeliefert an den, der uns in diese Situation versetzt. Wir: Das sind die Nichtbehinderten."*[30]

In der Situation der 'Verblüffung' geraten wir, vereinfacht ausgedrückt[31], außer Fassung, so daß kein Austausch zwischen den Partnern zustande kommt. Die Schuld für die eigene 'Fassungslosigkeit' wird, wenn auch meist unbeabsichtigt -unbewußt, dem Behinderten zugeschoben, und damit machen wir ihn, so meint BODENHEIMER, zum Behinderten. Die Reaktion auf die eigene Fassungslosigkeit beschreibt er folgendermaßen: *"So etwas nimmt man übel. Aber das darf man sich wiederum nicht eingestehen, darf es um so weniger, als ja derjenige Partner, welcher da so ungefragt Verblüffung an uns herangetragen hat, als der definierte Schwächere gilt. Worin eigentlich schwächer, außer in einigen rein mechanischen Verrichtungen, welchen bloß die Allgegenwärtigkeit der Technik so viel Bedeutung gibt, das weiß ich nicht. Mir will eher scheinen, es sei diese Schwäche eine von uns, den einen deklarierte, welche unter Appell an unser schlechtes Gewissen die besondere Eigenschaft der anderen zudecken soll. Die Schwäche liegt darin, daß wir in Verwirrung geraten, wenn einmal etwas anders aussieht und anders anredet, als unser Schema es haben will. Jeden Abgang vom Schema nennen wir Behinderung. Die Vielfalt an anderen Möglichkeiten des Sichverhaltens und des Sichentäußerns, des Sichorientierens in dieser Welt hat einen umfassenden Namen: Behinderung."*[32]

Behinderung gründet sich für BODENHEIMER auf Verblüffung und diese behindert, stört den Umgang des Nichtbehinderten mit dem Behinderten, des Arztes mit dem Patienten, des Lehrers mit dem behinderten Schüler und schließlich auch des Definierenden mit dem zu Definierenden. Obwohl letzterem die Verblüffung nicht in der unmittelbaren Begegnung mit dem Behinderten widerfährt, können BODENHEIMERs Beschreibungen doch ebenso auf ihn übertragen werden. Auch kann bei gründlich-anthropologischer Reflexion durch das Nichterfüllen theoretischer und wissenschaftlicher Erfordernisse, durch den 'Abgang vom Schema' (BODENHEIMER) seitens der Schülergruppe außer Fassung geraten, was sich, so könnte man hypothetisch festhalten, in einer verkürzten anthropologischen Sichtweise niederschlägt. Verblüffung stört die **Beziehung**, stört aber auch die theoretische Auseinandersetzung. Der Grad

---

[29] BODENHEIMER, A.R.: *Die einen und die anderen*, in: Zt. Zur Orientierung, 1/1982, 35

[30] ebd. 1982, 35

[31] Anm.d.Verf.: denn ich werde im vierten Kapitel noch einmal ausführlich auf dieses Phänomen zurückkommen

[32] ebd. 1982, 35/36

dieser Beziehungsstörung gibt m.E. Anlaß zur Verwendung gradueller oder quantitativer Behinderungsbegriffe und prägt nachhaltig das definierte Verständnis von schwerer geistiger Behinderung.
Was schwere geistige Behinderung existentiell für den Menschen, der von ihr betroffen ist, bedeutet, können wir, wenn überhaupt, nur in der unmittelbaren Begegnung mit ihm erfahren. In der Überwindung der multiplen Beziehungsstörungen sehe ich die Voraussetzung für die definitorische Reflexion gegeben. Die elementare Beziehung ist, wie ich später ausführlich zeigen werde, geeignet, zum Abbau von Beziehungsstörungen beizutragen und ermöglicht es dem Pädagogen durch die gemeinsame Weltgestaltung, den Schwerstbehinderten wenigstens ansatzweise in seiner Lebenwelt zu verstehen. Doch dieses Begreifen bleibt immer auf die Beziehung mit dem einzelnen Schwerstbehinderten beschränkt und die Schwerstbehinderung damit ein **individuelles** Phänomen.

2.2.2 Die administrative Verständnisweise

Zu Beginn des Kapitels habe ich die Entwicklung beschrieben, die in Nordrhein-Westfalen zur Aufnahme Schwerstbehinderter in die Schule für Geistigbehinderte und zum Entwurf spezifischer Richtlinien führte. Zu ergänzen ist im definitionsbezogegen Zusammenhang die Bestimmung der Schülergruppe in diesen beiden Quellen, im Erlaß zur 'Aufnahme Schwerstbehinderter in Sonderschulen' (1978) und in den 'Richtlinien zur Förderung Schwerstbehinderter' (1985). Die Richtlinien sind dabei in ihrer Beschreibung der kindlichen Entwicklungsabweichungen als Spezifizierung des allgemeineren Merkmalkatalogs im Aufnahme-Erlaß zu verstehen.
Im letzteren heißt es konkret: "*In der Regel*

- *zeigen sie einen geistig-seelischen Entwicklungsstand, der noch keinen Gegenstandsbezug erkennen läßt und nicht über die Stufe eines bloß dranghaften Hantierens hinauszugehen scheint; ein sinnvoller Umgang mit Materialien ist noch nicht zu beobachten und das Kind kann auch bei angemessener Tätigkeit nicht über mehrere Minuten verweilen;*
- *besitzen sie noch nicht die Fähigkeit, einfache verbale oder gestische Mitteilungen zu verstehen;*
- *können sie soziale Verhaltensweisen noch nicht erlernen;*
- *weisen sie einen Gesundheitszustand auf, bei dem die Beteiligung an schulischen Veranstaltungen herkömmlicher Art eine Überforderung darstellen würde.*

Bei diesen Schülern findet sich vielfach eine abweichende körperliche Allgemeinentwicklung neben verschiedenartigen Beeinträchtigungen des Gesundheitszustandes, wie etwa chronischen Krankheiten und deren Folgeerscheinungen.
Sie bedürfen weitgehend individueller Erziehungsbemühungen fundamentaler Art und sind in erheblichem Umfang pflege- und aufsichtsbedürtig."[33]

Mit diesem Erlaß wurden die Voraussetzungen für die Aufnahme behinderter Kinder in die Schule für Geistigbehinderte 'nach unten' erweitert, d.h., es sollen jetzt auch solche Schüler aufgenommen werden, deren Entwicklungsstand die bisherigen Erwartungen in unspezifischer, aber gravierender Weise **unter**schreiten. Die Beschreibung selbst hat den Charakter einer 'Mängelliste', anhand derer der zur Durchführung des Sonderschulaufnahmeverfahrens beauftragte Lehrer die Schwerstbehinderung und spezielle Förderung des Kindes diagnostizieren soll. Da z.Zt. standardisierte Tests zur Erfassung von Schwerstbehinderung noch fehlen, und der Lehrer hier auf sein subjektives Urteil angewiesen ist, birgt eine derartige Negativbeschreibungen immer die Gefahr in sich, mögliche Vorbehalte des Beurteilers zu verstärken und das Bild des Kindes einseitig zu verzerren; sein Nicht-Können wird augenfälliger als seine verbliebenen Lernmöglichkeiten. Aber gerade sie sollten doch eigentlich am Anfang des schulischen Förderprozesses stehen.
Aufnahmekriterien und -bestimmungen sind zumindest aus verwaltungstechnischen Gründen (z.B. Schüler-Lehrer-Relation, Klassengröße, bauliche Maßnahmen etc.) notwendig, sie sind aber nur sinnvoll, wenn sie human gehandhabt, d.h. vom Kind aus betrachtet und eingesetzt werden. Das bedeutet auch, daß sich der Lehrer im Vorfeld der Einschulung bewußt macht, wie subjektiv, situationsgebunden und vorläufig seine Aussagen über das schwerstbehinderte Kind sind.

Ausgehend von diesen Aufnahme-Bestimmungen wurden in den 'Richtlinien zur Förderung Schwerstbehinderter' die Entwicklungsabweichungen im motorischen, sensorischen und emotional-sozialen Bereich in Relation zum Lernverhalten des Kindes weiter dargestellt. Die Richtlinien-Kommission nahm bei ihrer Konzeption die Schwierigkeit der Grenzziehung zwischen Behinderung und Schwerstbehinderung zum Anlaß, die Merkmale des schwerstbehindertenspezifischen Lernverhaltens durch das Aufzeigen einer Spannbreite 'von - bis' zu charakterisieren, um auf diese Weise **alle** Schwerstbehinderten zu erfassen und andererseits eine eindeutige Trennung zur 'Behinderung' vorzunehmen. Der Individualität des Phänomens 'Schwerstbehinderung' sollte auf diese Weise Rechnung getragen werden.

---

[33] KULTUSMINISTER NRW.- RdErl. 1978

Das Lernverhalten dieser Schüler wird in den Richlinien als "*durch Beeinträchtigungen der Aufnahme, Verarbeitungs- und Speicherungsprozesse sowie der Ausdrucksmöglichkeiten*"[34] gekennzeichnet. Es könne sich erstrecken von

"- *noch keinem beobachtbaren Interesse, nicht einmal auf vitale Bedürfnisse, bis hin zu Lerninteresse auf vitale Bedürfnisse;*
- *häufiger Verhinderung von neuen Lernprozessen durch Stereotypien und extremen Verhaltensstörungen bis hin zum Lernen in elementaren Lernsituationen;*
- *noch nicht erkennbarer Ansprechbarkeit, über personenbezogene Äußerungen und Reaktionen bis hin zu sach- und situationsverhafteter Ansprechbarkeit;*
- *noch nicht erkennbarem Aufgabenverständnis bis hin zu begrenzter Fähigkeit zur Aufgabengliederung;*
- *apathischem Verhalten bis hin zu geringer Spontaneität im Hinblick auf bestimmte Lernaufgaben;*
- *noch nicht beobachtbaren Reaktionen auf Empfindungen und Umweltreize bis hin zu einem überwiegend handlungsbezogenen Lernen;*
- *noch fehlender Durchhaltefähigkeit im Lernprozeß bis hin zu geringer Belastbarkeit,*
- *noch nicht erkennbarem Erinnerungsvermögen bis hin zu ansatzweisen Gedächtnisleistungen;*
- *noch nicht erkennbarem Kommunikationsverhalten bis hin zu begrenzten sprachlichen Aufnahme-, Verarbeitungs- und Darstellungsfähigkeiten*"[35]

Die Entwicklungsabweichungen in den drei o.a. Bereichen werden durch eine Reihe von Beeinträchtigungsmerkmalen konkretisiert, von denen ich hier exemplarisch nur einige anführe:

Im motorischen Bereich:

"*Beeinträchtigungen in der Fortbewegung;*
- *fehlende Kopfkontrolle, fehlende Blickkontrolle;*
- *Störung der Sprechorgane;*"[36]

Im sensorischen Bereich:

"- *organische oder psychische Ausfälle im Bereich der Wahrnehmung;*
- *geringe Fähigkeit und Verarbeitung von Sinneseindrücken;*
- *Überempfindlichkeit oder herabgesetzte Empfindlichkeit für Sinnesreize;*"[37]

---

[34] KULTUSMINISTER NRW - Richtlinien 1985, 6

[35] ebd. 1985, 6/7

[36] ebd. 1985, 7

[37] ebd. 1985, 7

Im emotional-sozialen Bereich:

"- *aggressives bzw. autoaggressives sowie überängstliches Verhalten;*
- *Stimmungslabilität, nicht nachvollziehbare Verhaltensweisen sowie unmotiviertes Lachen, Weinen;*"[38]

"*Zu den Entwicklungsabweichungen können*", so wird weiter ausgeführt, "*Krankheitszustände auftreten wie chronische Erkrankungen, Krampfbereitschaft, erhöhte Anfälligkeit, Abhängigkeit von Dauermedikation und -therapie, erhöhtes Unfalls- und Sterberisiko, Gefährdungen durch unangepaßte Reaktionen wie Verschlucken, Erstickungsanfälle.*"[39]

Auch wenn sich die Richtlinien-Kommission bemüht hat, den Personenkreis so umfänglich wie möglich darzustellen, damit jeder Ausprägungsgrad von Schwerstbehinderung in der Beschreibung wiederzufinden ist, erscheint der schwerstbehinderte Mensch hier stigmatisierend als defizitäres Mängelwesen. Zunächst entsteht der Eindruck, als sei die Charakterisierung durch die Reduktion in der Entwicklung Geistigbehinderter enstanden, da diese aber wiederum von der der Nichtbehinderten abgeleitet wurde, ist die eigentliche Bezuggröße die sog. Normalentwicklung. Entwicklungsanomalien und -abweichungen sind sicher zu berücksichtigen, doch sie machen nur einen Aspekt des Behindertseins aus. Sie entstehen nicht nur aufgrund organischer Schädigungen, sondern sind Ausdruck komplexer, multifaktorieller Wechselwirkungsprozesse des behinderten Menschen und seines Lebensvollzugs. Darum ist für HAHN die Schädigung nicht identisch mit dem, "*was wir Behinderung nennen. Behinderung kann, muß sich aber nicht als Folge einer Schädigung entwickeln. Mit Behinderung meinen wir die Vielzahl der konkret faßbaren, aber auch diffus-unfaßbaren Lebensbeeinträchtigungen, die aufgrund einer Schädigung ... auf psychischem, sozialem und auch auf körperlichem Gebiet zu Abweichungen von der Norm führen. ... Um die Schädigung gruppieren sich nun Auswirkungen, die, wenn sie der Schädigung direkt benachbart sind, konkret faßbar werden, die aber ins Uferlose und Diffuse übergehen können und dann (z.B. im sozialen Bereich) nur selten konkret feststellbar sind.*"[40] Hier hätten wir, so meint HAHN weiter, "*das eigentliche Aufgabenfeld der Heilpädagogik vor uns. Nicht der gesetzte Schaden im organischen Bereich, sondern das, was in seinem Umkreis als Behinderung entsteht, interessiert primär die Heilpädagogik.*"[41]
HAHNs Ausführungen stehen am Anfang der Schwerstbehindertenpädagogik und haben trotz ihres relativen Alters nicht an Aktualität eingebüßt; vielmehr ist erschreckend, daß seine wich-

[38] ebd. 1985, 7
[39] ebd. 1985, 7
[40] HAHN 1976, 11
[41] ebd. 1976, 11

tigen pädagogischen Hinweise immer noch nichts zur Selbstverständlichkeit wurden. Zum Ausdruck kommt die Geringschätzung dessen, "*was im Umkreis der Behinderung entsteht*" (HAHN), z.B. in dem auch häufig in der Pädagogik verwandten Therapie- anstelle des relevanteren Förderbegriffes. Es sind, wie HAHN sagt, nicht die Schädigungen selbst, die für die 'Heilpädagogik', genauer vielleicht für den Heilpädagogen oder Lehrer, von Belang sind, sie gehören ja schließlich in den Kompetenzbereich der Medizin, sondern es sind die "*Auswirkungen der Schädigung, die ins Uferlose und Diffuse*" (HAHN) übergehen können. Doch diese sind für den Lehrer nicht faßbar, wenn sie aus der Perspektive der 'Normalität' betrachtet werden; dann kommt es zu Äußerungen, wie ich sie oben aus den Richtlinien vorstellte: z.B. "*Stimmungslabilität, nicht nachvollziehbare Verhaltensweisen sowie unmotiviertes Lachen, Weinen*"[42]. Nur weil der Lehrer nicht versteht, weshalb das Kind plötzlich lacht oder weint, ist sein Verhalten nicht unsinnig; es ist für es selbst äußerst bedeutungsvoll. Der Lehrer muß begreifen, daß er die Bedeutung des kindlichen Verhaltens manchmal mit seinen Mitteln eben nicht erfassen kann.

Und noch ein weiteres problematisches Moment möchte ich zu Bedenken geben. In den Richtlinien heißt es an anderer Stelle:
"*(E)rhöhte Anfälligkeit im Bereich unwillkürlicher Organfunktionen wie Kreislauf, Atmung und Verdauung.*"[43] Auch der nichtbehinderte Mensch reagiert, wenn er sich nicht verstanden oder über- bzw. unterfordert fühlt, psychosomatisch; das reicht von Herzneurosen über Magengeschwüre bis hin zu Verdauungsproblemem. Aber im Gegensatz zum Schwerstbehinderten kann der 'Nichtbehinderte' seinen Problemen verbal Ausdruck verleihen, der schwerstbehinderte Mensch hingegen bleibt auf seinen Körper verwiesen. Sollten wir darum nicht versuchen, seine somatischen Reaktionen als leibliche Ausdrucksweisen seiner Befindlichkeit oder seines Emotionalisiertseins zu verstehen?
Mit einem weiteren richtlinienbezogenen Beispiel will ich die Betrachtung der 'störungsorientierten' Sichtweise abrunden: "*Störung der Sprechorgane*"[44], heißt es da. Nicht alles, was wir als Störung beim Schwerstbehinderten interpretieren, hat organische Ursachen und ist unabänderbar. Anna galt, als ich sie kennenlernte, als stumm, doch durch elementare Beziehungen zueinander wurde es möglich, gemeinsam in Lauten zu kommunizieren. Die Pädagogik sollte die Störungen des Kindes von ihren interaktionalen Auswirkungen aus zu erfassen und ihnen zu begegnen versuchen.
Die Reihe der überdenkenswerten Aussagen zum Personenkreis innerhalb der Richtlinien könnte beliebig fortgeführt werden; worum es geht, wird aber schon an den drei Beispielen deutlich: Es ist für das schwerstbehinderte Kind fatal, wenn man sein Verhalten nicht als für es

---

[42] KULTUSMINISTER 1985, 7
[43] ebd. 1985, 7
[44] ebd. 1985, 7

selbst sinnvoll ansieht und es vom Kind aus erfaßt. Erst dann kann eine Erziehung in Richtung 'Normalität' erfolgen, was ja schließlich die Eingliederung langfristig überhaupt erst ermöglicht.
Auf dieser Basis erscheint der folgende pädagogische Grundsatz der Richtlinien fragwürdig. *"Der schwerstbehinderte Schüler und seine Lebenssituation sind Mittelpunkt des erzieherischen und damit unterrichtlichen Geschehens. Ziel der Arbeit ist es, die größtmögliche Beziehungsfähigkeit zur Welt zu erreichen."*[45]
Die Lebenssituation kann nur sinnvoll im Mittelpunkt des Unterrichtes stehen, wenn sie vom Schüler aus betrachtet wird; nur dann kann sich Beziehungsfähigkeit zur Welt entfalten. Wie soll, so läßt sich abschließend etwas provokativ fragen, das schwerstbehinderte Kind zu '**Selbstverwirklichung** in sozialer Integration' gelangen, wenn seine Verhaltensweisen vom Lehrer als 'unmotiviert', 'gestört' oder 'überempfindlich' (Richtlinien) betrachtet werden?

2.2.3 Die entwicklungsbezogene Verständnisweise (FRÖHLICH)

In den mehrfach zitierten 'Richtlinien' ist die entwicklungsbezogene Sichtweise FRÖHLICHs wiederzufinden, was daran liegen mag, daß der FRÖHLICHsche Förderansatz die 'Basale Stimulation', sich damals wegen seiner Praxisnähe größter Beliebtheit erfreute, und von den Lehrern der Richtlinien-Kommission z.T. selbst praktiziert wurde.
Als HEIDINGSFELDER und FRÖHLICH 1977 ihr Konzept der 'Basalen Stimulation', das inzwischen bekannteste innerhalb der Schwerstbehindertenpädagogik, vorstellten, bezogen sie es auf Kinder, *"die in absehbarer Zeit nicht in der Lage sein werden, die vergleichbaren Leistungen eines gesunden Säuglings von 6 Monaten zu erreichen"*[46], wobei die Entwicklungsbereiche Kommunikation, Perzeption, Handfunktion, Stellfunktion des Körpers sowie Fortbewegung genannt wurden.[47] Fünf Jahre später, in seinem Aufsatz 'Der somatische Dialog' (1982), beschreibt FRÖHLICH die Entwicklungsabweichungen dieser Schülergruppe etwas genauer und zwar folgendermaßen: *"Die zur Frage stehenden Kinder zeichnen sich durch extreme Entwicklungsrückstände im psychosomatischen Bereich aus, hinzu kommen schwerste cerebrale Bewegungsstörungen und/oder Fehlbildungen. Eine Retardierung der intellektuellen Fähigkeiten ist ebenso zu beobachten.*

---

[45] ebd. 1985, 7

[46] FRÖHLICH, A.: *Ansätze zur ganzheitlichen Förderung schwer geistig Behinderter unter sensumotorischem Aspekt*, in: Schriftenreihe Lebenshilfe: *Hilfe für schwerst Geistigbehinderte - Eingliederung statt Isolation* , Bd. 3, 1978, 43

[47] vgl. FISCHER, E.: *Ansätze und Tendenzen in der pädagogischen Förderung schwer Geistigbehinderter in der Bundesrepublik Deutschland*, in: Zt. f. Heilpädagogik, 38.Jg.,7/1985, 512

Die Kinder bieten insgesamt den Eindruck stagnierter Entwicklung in allen Bereichen der Persönlichkeit."[48]
In FRÖHLICHs Verständnis dominiert, wie durch die beiden Zitate deutlich wird, die Orientierung an der Normalentwicklung, obwohl er selbst die Problematik einer derartigen Gleichsetzung betont, wenn er beispielsweise sagt: "*Für extrem behinderte Kinder gilt das Prinzip der Entwicklungsanalogie (zum gesunden Säugling oder Kleinkind) nur bedingt, Diskontinuitäten und eigenständige Abläufe sind die Regel.*"[49]
Der Vergleich mit der Entwicklung des nichtbehinderten Kleinkindes bleibt nicht ohne Auswirkungen auf die pädagogischen Entscheidungen bzw. Vorgehensweisen des Erziehers. PFEFFER ist der Meinung, daß aufgrund der Diskontinuitäten im Entwicklungsverlauf die Beschreibung schwerer geistiger Behinderung nicht auf ein normatives Entwicklungsmodell bezogen erfolgen sollte. Die Orientierung und Förderung an derartigen Entwicklungsmodellen, so führt er weiter aus, berge die Gefahr in sich, "*die Offenheit und Situationsgebundenheit des Erziehungsprozesses, deren interaktionalen Charakter und die Berücksichtigung subjektiver Bedürfnisse und Befindlichkeiten der schwer behinderten Kinder zugunsten straff organisierten, gebundenen und produktorientierten Lernens zu vernachlässigen, das seine Zielvorgabe einseitig mit dem Normativen des jeweiligen Entwicklungsmodells legitimiert.*"[50] Mit ERHARD FISCHER, der der einseitigen pädagogischen Orientierung an der Normalentwicklung, spezieller der Denk- oder Intelligenzentwicklung kritisch gegenübersteht, läßt sich der konzeptionelle Hintergrund der 'Basalen Stimulation' FRÖHLICHs zusammenfassend betrachten.

Bei der Entwicklung der 'Basalen Stimulation' als Förderansatz gingen FRÖHLICH und seine Mitautoren[51] "*auf die Notwendigkeit der Vermeidung sensorieller Deprivation (PECHSTEIN 1974), auf PIAGETs Konzept der sensomotorischen Intelligenz, auf die Theorie der somatogenen Intelligenzhemmung (JETTER 1975, SCHÖNBERGER 1974), auf Erfahrungen der Physiotherapie (FELDKAMP/DANIELCIK o.J.) und auf die Theorie der neurologischen Organisation (THOMAS 1969, LURIA 1970)*"[52] zurück. Mittels der basalen Aktivierung soll das Kind "*aus einer wegen der schweren Behinderung subjektiv als reizarm empfundenen Umwelt in einen pädagogischen Raum*"[53] geführt werden, "*wo sie mit massiven, durch die Behinderung durchstoßenden Stimuli angeregt werden*"[54], um vorhandene Perzeptions- und Verarbeitungsorgane zu

---

48 FRÖHLICH, 1982, 15
49 FRÖHLICH 1978, 47
50 PFEFFER, W.: *Die pädagogische Dimension des Begriffs 'schwerste geistige Behinderung'*, in: Zt. Behindertenpädagogik, 21.Jg., 2/1982, 125
51 Anm.d.Verf.: vgl. HEIDINGSFELDER/FRÖHLICH 1977, BEGEMANN/FRÖHLICH 1979 oder HAUPT/FRÖHLICH 1982
52 FISCHER 1985, 512
53 FRÖHLICH 1978, 50 nach FISCHER 1985, 512
54 FRÖHLICH 1987, 50 nach FISCHER 1985, 512

aktivieren, ohne das schwerstbehinderte Kind zu Aufnahmefähigkeit, auch materieller und sozialer Bezüge, und zu Eigenaktivitäten gelangen lassen sollen. Die 'Basale Stimulation' unterscheidet zu diesem Zweck somatische, akustisch-vibratorische, vestibuläre, haptische und optische Anregungsfelder, sowie Stimulationen im Mundbereich, Fein- und Grobmotorik. Aufgrund ihres mechanistischen Charakters wurde die 'Basale Stimulation' anfangs als "*a-pädagogisches Konzept einer bloßen 'Reiztherapierung'*"[55] kritisiert[56] und FRÖHLICHs Veröffentlichungen in der Praxis als "*fertige Handlungsanweisungen*"[57] mißverstanden.
Aus seinem Blickwinkel der 'bedeutungsstiftenden Wahrnehmungsförderung' hält FISCHER die These, "*daß eine 'inhaltliche Fülle' oder 'soziale Vermittlung von kulturellen Bildungsinhalten' nicht von vornherein, sondern erst nach erreichter 'Aufnahmefähigkeit und Eigenaktivität' angestrebt werden soll*"[58] für fragwürdig. Unberücksichtigt blieben die subjektiven Austauschprozesse zwischen Erzieher und schwerstbehindertem Kind, bei denen auf der Anmutungs- oder Erlebensebene bereits Bedeutungen gestiftet würden. In der basalen, funktionell ausgerichteten visuellen Stimulation "*mit einem DIN A4 Bogen in Form von Streifenmuster oder bei einer akustischen Anregung mit Metronomschlägen in einer bestimmten Fequenz*"[59], so kritisiert FISCHER, würde dem Kind eine künstliche Welt geboten, die zur Bedeutungsstiftung wenig beitrüge. Darum fordert er, "*nicht eine formale Funktionsentwicklung, sondern eine den Bedürfnissen und der Lebenssituation des einzelnen Kindes angemessene Reizqualität.*"[60/61]
In den 80iger Jahren versuchte FRÖHLICH den Ansatz der 'Basalen Stimulation' im Hinblick auf ein ganzheitliches Entwicklungskonzept weiterzuentwickeln, wobei die Förderbereiche Sozialkontakte, Emotionalität, Wahrnehmung, Bewegung, Sprache und intelligentes Verhalten[62] in enger Wechselwirkung zu einander betrachtet werden müssen und sich stufenweise aufbauen. Körperkontakt und Bedürfnisbefriedignung bilden die Grundstufe, auf der sich die "*systematische Anregung der Sinne (basale Stimulierung), eine Bewegungsförderung, Unterstützung der Nahrungsaufnahme sowie Förderung der Lautbildung*"[63] aufbauen kann. FISCHER kritisiert in Anlehnung an PFEFFER, daß in einem an der Normalentwicklung entlang gedachten Konzept die Diskontinuitäten im Entwicklungsverlauf zu wenig berücksichtigt würden. Die Planung des nächsten Entwicklungsschrittes sollte sich nicht an allgemeinen Entwicklungsnormen bzw. -abfolgen orientieren, sondern "*aus einer indivi-*

---

55 FISCHER, 1985, 513
56 Anm.d.Verf.: vgl. DREHER 1979
57 FISCHER 1985, 513
58 ebd. 1985, 513
59 ebd. 1985, 513
60 ebd. 1985, 513
61 Anm.d.Verf.: Auf die pädagogischen, vornehmlich didaktischen Konsequenzen der funktional ausgerichteten 'Basalen Stimulation' werde ich im dritten Teil meiner Arbeit noch einmal ausführlich zurückkommen.
62 vgl. FISCHER 1985, 513
63 ebd. 1985, 513

duumsbezogenen Perspektive unter Berücksichtigung der sozio-emotionalen Befindlichkeit des einzelnen schwer geistigbehinderten Kindes erfolgen."[64]
Wie FRÖHLICH berücksichtigt auch FEUSER, dessen Ansatz ich anschließend vorstellen werde, neurophysiologische-entwicklungspsychologische Erkenntnisse, geht jedoch durch seine Orientierung an der materialistischen Behindertenpädagogik JANTZENs in eine ganz andere Richtung. Während FRÖHLICH immer stark auf die Praxis bezogen blieb, legte FEUSER ein primär theoretisches Konzept vor.

2.2.4 Die gesellschaftsbezogene Verständnisweise (FEUSER)

FEUSER wählt seinen Zugang zum Phänomen der Schwerstbehinderung über das Konzept der Intelligenzentwicklung PIAGETs "*unter Berücksichtigung der Ergebnisse der Neurophysiologie und der sowjetischen Psychologie (kulturhistorische Schule)*"[65] und diskutiert sie vor einem gesellschaftskritischen Hintergrund, vor dem auch sein Verständnis von Menschen mit schwerer geistiger Behinderung gesehen werden muß. Er sagt selbst: "*Der spezifische, von uns als schwere geistige Behinderung definierte Stand der Persönlichkeitsentwicklung dieser Kinder ist resultativer Ausdruck ihrer Aneignung von Welt unter den spezifischen Bedingungen ihrer organischen Voraussetzungen und ihrer sozialen Situation.*"[66]
An einer anderen Stelle konkretisiert er diese noch recht allgemeine Aussage, wobei seine materialistische Ausrichtung (JANTZEN) deutlich wird: "*Ich sehe gerade in der Situation der sog. Schwerstbehinderten in besonderer Weise kein individuelles, sondern ein gesellschaftliches Problem insofern, als sich bei diesen Kindern und Jugendlichen die Unterschreitung der äußersten Toleranz hinsichtlich einzulösender gesellschaftlicher Minimalvorstellungen durch das Kind mit dem höchsten Grad des Anspruchs eines Menschen an die Gesellschaft hinsichtlich seiner Erziehung und Bildung (die seine Pflege einschließt) koppelt und diesem Anspruch des Kindes eine an akademischen Zielen und einer kulturellen Intelligenz orientierte*

---

[64] ebd. 1985, 514

[65] FISCHER, 1985, 514

[66] FEUSER, G.: *Zur Realisation des Auftrags der Förderung aller geistig Behinderter in Kindergarten und Schule*, in: Schriftenreihe Lebenshilfe: *Hilfe für schwerst Geistigbehinderte - Eingliederung statt Isolation*, Bd. 3, Marburg 1978, 70

Schule und eine an Gewinnmaximierung orientierte wie zum Konsum zwingende Gesellschaft gegenübersteht, in der seine Ausbildung in keiner Relation zum monetären Nutzen seiner Ausbildung zu stehen scheint."[67]

Erst durch den Abbau überhöhter kultureller und materieller gesellschaftlicher Erwartungen, die den behinderten Menschen isolieren, ist für FEUSER eine angemessene Erziehung möglich.

Einen Weg zum besseren Verständnis Schwerstbehinderter sieht er in der Auseinandersetzung mit der Neurophysiologie und der Entwicklungpsychologie, speziell der Intelligenzentwicklung in Nachfolge PIAGETs, die erkennen ließe, daß *"das Verhältnis lebendiger Organismen zu ihrer Umwelt im allgemeinen und das der Menschen im besonderen nicht ein polares, sondern ein dialektisches Verhältnis"*[68] sei. Das spezielle Wechselwirkungsverhältnis von Individuum und Umwelt stelle sich als das der 'Adaption', der Anpassung an die Umwelt dar. Um die Adaption leisten zu können, baue das Individuum deutlich innerorganismische Organisationen auf. *"Diese 'Organisation', die entsprechend den internen Aspekt der Anpassung darstellt, finden wir in den Funktionsprozessen unseres Zentralnervensystems repräsentiert, das Informationen aus der Umwelt aufnimmt, speichert und im Sinne der Steuerung der organismischen Funktionen und Tätigkeiten des Organismus verarbeitet, um die Anpassung zu optimieren, d.h., den in der Umwelt herrschenden Bedingungen anzugleichen."*[69] Dies geschehe in zwei eng miteinander verwobenen Prozessen, die nach PIAGET als 'Assimilation' und 'Akkomodation' bezeichnet werden können und an denen er die Entwicklung der kindlichen Intelligenz festmache. Als didaktisch-methodische Prinzipien ergeben sich nach FISCHER aus diesen beschriebenen Kategorien *"u.a. die Notwendigkeit einer Vermittlung ausreichender sensorischer Stimulation, der Integration von Maßnahmen zur Förderung und Pflege, einer Vermittlung ausreichender Aktivitäts- und Erfahrungsmöglichkeiten, der Vermeidung widersprüchlicher sowie das Sinnessystem überlastender Informationen, der Schaffung überschaubarer räumlicher und zeitlicher Bedingungen sowie einer Konstanz des pädagogischen Personals."*[70] Im Unterricht sollten lernpsychologische Konzepte im Vordergrund stehen und ihren Niederschlag in *"klar strukturierten Strukturanalysen des zu vermittelnden Stoffes sowie in der Anwendung verhaltenstherapeutischer Prinzipien und Techniken"*[71] finden. Eine solche Pädagogik verstehe FEUSER als 'basale Pädagogik'.[72]

---

[67] FEUSER, G.: *Schwerstbehinderte in der Schule für Geistigbehinderte,* in: DITTMANN/KLÖPFER/RUOFF (Hrsg.): *Zum Problem der pädagogischen Förderung schwerstbehinderter Kinder und Jugendlicher,* Rheinstetten 1979, 23

[68] ebd. 1979, 28

[69] ebd. 1979, 25

[70] FISCHER, 1985, 515

[71] ebd. 1985, 515

[72] vgl. ebd. 1985, 515

Im Zusammenhang mit den Aneignungsmöglichkeiten von Umweltreizen vergleicht FEUSER den Entwicklungsstand des menschlichen Gehirns bildhaft mit einem Schiff, das "*durch die beschriebenen Prozesse im Sinn der Aneignung befrachtet wird, wobei sein Bauplan jede mögliche Fracht zuläßt, für die es dann bestimmte Funktionen ausbildet.*"[73]
Mir erscheint hier bedenkenswert, daß nicht jedes Schiff, um im Bild FEUSERs zu bleiben, in der gleichen Weise beladen werden kann. Woher weiß man, in welcher Form und in welchem Umfang man das Schiff beladen kann, wenn niemand seinen genauen Bauplan kennt? Natürlich liegt es nahe, die Reizaufnahme, -leitung und -verarbeitung bei jedem Menschen gleich anzunehmen; ontogenetisch-neurophysiologische Gesetzmäßigkeiten sind nicht zu ignorieren. Doch für mich stellt sich hier aufgrund der praktischen Beobachtungen und Erfahrungen mit schwergeschädigten Kindern die Frage, inwieweit Anomalien oder Schädigungen des Gehirns und der Sinnesorgane nicht diese Anpassungs- oder Aneignungsprozesse verändern, sie dem behinderten Kind die Wahrnehmung und Verarbeitung von Umweltreizen anders erscheinen oder es erleben lassen und den Vergleich mit der 'Normalität' darum unmöglich machen. Obschon FEUSER das individuelle Erleben als Basis der Wahrnehmungsaktivitäten berücksichtigt, sich um eine differenzierte Sichtweise des kindlichen Aneignungsprozesses von Welt bemüht und anthropologische Aspekte zu integrieren versucht, sind in seinen weiteren Ausführungen keine befriedigenden Antworten auf dieses Grundproblem zu finden.

Für ihn ist das Verhalten Schwerstbehinderter "*als Aneignung ein intelligentes Verhalten*".[74] Dies ließe keinen Zweifel darüber zu, "*daß der Schwerstbehinderte voll Mensch ist, zumal sein genetisches Material, sein Bauplan, unserem phylogenetischen Stand entspricht und seine Adaption an eine menschliche Umwelt und unter deren Bedingungen stattfindet, wie auch seine organismische Organisation im Sinne der Ausbildung der funktionalen Hirnorgane, die sein beobachtbares Verhalten hervorbringen, den internen Aspekten seiner Adaption darstellt.*"[75]
Durch die dialektische Auseinandersetzung mit der Umwelt bilde der Mensch stets neue Verknüpfungen von Schemata und Strukturen aus, die letztlich zum Aufbau der geistigen Operationen führten und sich im Denken, in der Sprache und im Bewußtsein repräsentierten. "*Die Umwelt spiegelt sich in den kognitiven, emotionalen und motivationalen psychologischen Bereichen und im Erleben wider. Wo tätige Auseinandersetzung mit der Umwelt stattfindet, und sei es bei einem schwerstbehinderten Kind im Sinne motorischer Stereotypien, müssen wir diesem Funktionsniveau adäquates Denken und Bewußtsein annehmen.*"[76]

[73] ebd. 1979, 25
[74] ebd. 1979, 26
[75] ebd. 1979, 26
[76] ebd. 1979, 26

Führt man sich stereotypes oder autoaggressives Verhalten Schwerstbehinderter vor Augen und vergegenwärtigt sich in Verbindung damit noch einmal die Ergebnisse der Hospitalismusforschung von RENE SPITZ, dann wird deutlich, daß die kindliche Entwicklung nie ohne ein 'gesellschaftliches' (FEUSER) Bedingungsgefüge betrachtet werden kann. Für Feuser ist darum die schwere geistige Behinderung kein rein individuumsbedingtes Phänomen, sondern immer eines, das von zentralen sozialen Bedingungen mitbestimmt wird. Als Begründung führt er aus: Das Kind eignet sich die "*objektiven Gegebenheiten in subjektiver Weise an und bildet seine Individualität durch die Gesellschaftsbezogenheit seiner Existenz aus. Es eignet sich aber auch die Beeinträchtigungen seiner Persönlichkeitsentwicklung, seien sie organischer und/oder sozialer Art, in gleicher Weise an, wodurch, greifen wir nicht pädagogisch intentional in diese Prozesse ein, sich für die betroffenen Kinder ein verhängnisvoller Teufelskreis anbahnt, der in eine Persönlichkeitsentwicklung einmündet, die wir als Schwerstbehinderung beschreiben. Diese können wir zusammenfassend auf der Basis der dargestellten Zusammenhänge als resultativer Ausdruck der Aneignung von Welt unter den spezifischen Bedingungen der organischen Voraussetzungen und der sozialen Situation der Kinder sehen. Ihre Gesamtsituation ist aufgrund ihrer organischen und/oder gesellschaftlichen Situation durch ihre Isolation von der Aneignung von Welt gekennzeichnet, deren Kumulierungspunkt die Wahrnehmungstätigkeit der Betroffenen ist, über die sich die Wechselprozesse zwischen Individuum und Umwelt vollziehen.*"[77]
Das soziale Gefüge, in dem sich der Schwerstbehinderte in besonderer Weise befindet, verlangt m.E. aber auch eine intensivere Auseinandersetzung mit der Affektivität und Motivation derjenigen, die am Beziehungsprozeß beteiligt sind. Doch diese beiden Bereiche spielen in FEUSERs Darstellung nur eine untergeordnete Rolle, und so ist in Anlehnung an PFEFFER kritisch festzuhalten, und im Verlauf der Arbeit werde ich die Behauptung aus dem eigenen leiborientierten Verständnis heraus zu belegen versuchen, daß die **affektive menschliche Beziehung** die Grundvoraussetzung für die Umweltaneignung und -auseinandersetzung ist. PFEFFER meint dazu: "*Die Qualität des affektiven menschlichen Bezugs der in ihrem Zentralnervensystem geschädigten Kinder darf in Analogie zur Hospitalismusforschung als conditio qua non für eine qualifizierte Begegnung mit der Umwelt verstanden werden.*"[78] Die praktischen Erfahrungen lassen vermuten, daß der Bedeutungsgehalt der Umwelt oder die Sinnstiftung von Welt bei schwerstbehinderten Kindern maßgeblich vom Bezug zwischen Schüler und Lehrer abhängig ist bzw. stark von ihm bestimmt wird. Darum ist PFEFFER in Abgrenzung zu FEUSER der Meinung, daß "*(e)s primär nicht die Fülle von Reizen, auch nicht die Armut an Reizen, sondern die affektive Qualität der Reize*" ist, "*die die Basis bildet für deren somatische Weiterleitung, die Verarbeitung im ZNS und schließlich für das affektiv-emotionale Erleben im Sinne der*

77 ebd. 1979, 29/30
78 PFEFFER 1982, 129

psychischen Bedeutungsstiftung. Die psychischen Hintergrundaktivitäten psychomotorischer Akte, die die Wahrnehmungsfähigkeit beeinflussen, ist primär und fundamental affektiv-emotionaler Art und stellt erst als solche die Basis für sehr anstrengende kognitive Verarbeitungen sensorischer Stimuli dar."[79] Dem entspräche, so führt PFEFFER weiter aus, "*das bei vielen schwerst geistig behinderten Kindern und Jugendlichen zu beobachtende Bedürfnis nach Hautkontakt und Schmusen, nach oraler Befriedigung und nach personaler Zuwendung als dominanter (und mitunter einziger) Außenorientierung.*"[80] PFEFFER behauptet, daß die Welt für den Schwerstbehinderten nicht an sich interessant ist, sondern sie es erst durch Menschen werde, die das Kind "*affektiv-emotional positiv erlebt hat, die Objekt im SPITZschen Sinne geworden sind. Es sind affektiv-emotionale positive Erfahrungen und damit verbundenes Erleben, was den psychischen Hintergrund der Reizaufnahme und -verarbeitung und die psychische Hintergrundaktivität der Intentionalität, des psychomotorischen Verhaltens bildet.*"[81]

Mein Aufriß des FEUSERschen Verständnis' von Schwerstbehinderung möchte ich nicht abschließen, ohne auf die aktuelle Weiterentwicklung seines Denkansatzes aufmerksam zu machen[82], die er im Rahmen einer Fachtagung im September 1988 in Hamburg referierte, indem er "*jene Gesetzmäßigkeiten*" verdeutlichte," *die uns den Menschen als spezifischen Fall sich selbst organisierenden und -regulierenden Lebens begreifen lassen*"[83]. Diese Gesetzmäßigkeiten beziehen sich, "*auf das Prinzip der 'Selbstorganisation und -regulation' lebendiger Systeme im Kontext und durch deren permanentes Austauschverhätnis mit ihrer Umwelt. Philosophische wie naturwissenschaftlich-empirische Grundlage dazu ist das inbesondere in der Physik bei EINSTEIN möglich gewordene Denken und Verstehen des Kosmos und des Aufbaus der Materie im Sinne ihrer Selbstorganisation.*"[84] Das Prinzip sei in besonderer Weise geeignet, lebendige Systeme zu erklären, "*die ihre inneren und äußeren Prozesse in übergeordneter Koordination selbst regulieren.*"[85] In der Auseinandersetzung mit dem naturwissenschaftlichen Prinzip der 'Selbstorganisation und -regulation', das FEUSER im weiteren spezifiziert und auf didaktische Aspekte der Integration Schwerstbehinderter überträgt, glaubt er ein "*neues Bild vom Menschen*" gefunden zu haben, "*durch das sich Behinderung als eine völlig unbrauchbare Kategorie für die Erkenntnis des menschlichen We-*

---

[79] ebd. 1982, 129
[80] ebd. 1982, 129
[81] ebd. 1982, 129
[82] Anm.d.Verf.: Eine intensivere Auseinandersetzung ist mir aus Zeitgründen nicht mehr möglich.
[83] FEUSER, G.: *Integrative Erziehung und Unterrichtung schwerstbehinderter Kinder - eine Frage der Didaktik!*, Manuskript zum Vortrag anläßlich der Fachtagung des VDS: *Entwicklungsförderung schwerstbehinderter Kinder und Jugendlicher*, Hamburg 9./10.9.1988, 3
[84] ebd. 1988, 3
[85] ebd. 1988, 3

sens erweist (Jantsch 1984, Hollitscher 1983,1984,1985, Oparin 1963,1981)."[86] Auf dieser Grundlage faßt er den schwerstbehinderten Mensch nun als "*ein sich unter seinen individuellen Lebensbedingungen vollwertig selbstorganisierendes lebendiges System,*" auf," *dem keine menschliche Eigenschaft abgeht.*"[87] Der Schwerstbehinderte sei "*ein an subjektiven und persönlichen Sinn- und Bedeutungsfindungen orientierter, wahrnehmender, denkender und handelnder Mensch und nicht ein Automat oder Reflexwesen, das mit Informationen gefüttert werden muß, sondern dem darin geholfen werden muß, daß ihm die auf ihn einströmenden und von ihm rezeptorisch aufnehmbaren Eindrücke zur Information werden können und er darauf bezogen adäquat handeln kann, wobei die Betonung auf "Handeln" liegt.*"[88]

2.2.5 Die diagnostik - orientierte Verständnisweise

In den Raum zwischen den beiden dargestellten naturwissenschaftlich orientierten Ansätzen und den nachfolgenden anthropologisch ausgerichteten Verständnisweisen läßt sich eine diagnostisch-empirische Sichtweise einfügen, die in unserem Zusammenhang allerdings nur geringe Auskünfte über den Menschen mit schwerer geistiger Behinderung geben.

Ausgehend von der medizinisch beeinflußten Symptomatologie- und der Aetiologie-Klassifikation sowie von der psychologischen Intelligenzdiagnostik wird, so meint MÜLLER, der Versuch unternommen, "*geistige Behinderung als 'Minusvariante', schwere geistige Behinderung damit als 'extreme Minusvariante' anzusehen.*"[89] Das Kriterium, an dem Menschen mit schwerer geistiger Behinderung hier gemessen würden, bestünde "*in einer statistischen Norm, beispielsweise der 'Gesundheit' oder dem Mittelwert zusammen mit einem Streuungsmaß innerhalb einer Gesamtpopulation.*"[90]
Wenn wir nun der Diagnostik entstammende IQ - Angaben betrachten - Schwerstbehinderung wird international mit Idiotie = IQ unter 30 gleichgesetzt - muß gefragt werden, welche Maßstäbe der Messung zugrunde liegen. Obwohl hinlänglich bekannt ist, wie ungenau und unbrauchbar die gebräuchlichen Meßinstrumente im unteren IQ - Bereich sind, findet man vor allem in der medizinisch-psychologischen Literatur immer wieder Hinweise auf diese Werte. KREBS sagt dazu: "*Bekanntlich versagt gegenüber den Schwerstbehinderten das*

---

[86] ebd. 1988, 3
[87] ebd. 1988, 5
[88] ebd. 1988, 5/6
[89] MÜLLER, M.: *Heilpädagogische Diagnostik bei schwer und schwerstbehinderten Kindern*, Berlin 1982, 19
[90] ebd. 1982, 19

gewohnte diagnostische Instrumentarium mit der heute ausgebauten Präzision einer exakten Standardisierung. Die unteren Grenzwerte von Tests werden bei Schwerstbehinderten häufig unterschritten, so daß eine Aussagefähigkeit im Rahmen der gewonnenen Verfahren nicht mehr möglich ist. Dennoch bleibt der zur Untersuchung vorgestellte Schwerstbehinderte ein lebendes Individuum mit Reaktionen, mit unterschiedlichen Graden für Ansprechbarkeit und auch Befähigungen."[91] Der einzelne Behinderte sei darum immer, so fordert KREBS weiter, **individuell** zu beurteilen. Zu fragen sei aber, wie "*eine differenzierte Diagnostik bei dieser Situation vorgehen*"[92] solle. Man müsse erkennen, "*daß hier das Ende einer sinnvollen standardisierten Intelligenz-Diagnostik erreicht*"[93] sei. Erst eine intensive Beschäftigung mit dem Behinderten ermögliche Aussagen über die individuellen Einzelbehinderungen und -befähigungen.[94] KREBS ist angesichts dieser Grenzen der Meinung, "*daß, je komplexer und schwerer die Behinderung ist, sie sich auch um so individueller darstellt und somit einer genormten Diagnostik entzieht. Es gibt eben auch bei Schwerstbehinderung eine spezifische Individualität der Persönlichkeitsstruktur, die sich oft in ganz eigenen Leistungen und Verhaltensweisen - nicht selten sogar ausgesprochen extremer Art - beim einzelnen Individuum darstellt.*"[95]

Der Aspekt der Individualität des Phänomens 'Schwere geistige Behinderung' ist zu unterstreichen, weil er in den Versuchen, es in normtentsprechender Weise zu erfassen, allzu leicht verloren geht. In unserer Kultur herrscht die Tendenz vor, alle Erscheinungsformen, technischer, natürlicher und sozialer Art, auf ihre Gesetzmäßigkeiten hin zu überprüfen und zu generalisieren. Nicht erklärbare oder erfaßbare Phänomene verwirren, scheinen nicht zu passen. Also machen wir sie passend und verkürzen sie dadurch oft dermaßen, daß sie ihre Eigenart verlieren.

---

[91] KREBS, H.: *Pathobiologische und ärztliche Gesichtspunkte bei der Versorgung und Förderung schwer geistig Behinderter*, in: Schriftenreihe Lebenshilfe: *Hilfe für schwerst Geistigbehinderte - Eingliederung statt Isolation*, Bd. 3, Marburg 1978, 27

[92] ebd. 1978, 27

[93] ebd. 1978. 27

[94] vgl. ebd. 1978, 27

[95] ebd. 1978, 27

2.2.6 Die lebenssituationsbezogene Verständnisweise (BREITINGER / FISCHER)

Einen ganz anderen Zugang zum Problem der Begriffsklärung unternehmen BREITINGER und FISCHER, die sehr deutlich auf die Schwierigkeiten einer umfassenden Beschreibung des Personenkreises aufmerksam machen und für die die unterschiedlichen Termini 'schwer', 'schwerst geistig behindert' oder 'schwerstmehrfachgeschädigt'[96] das Grundproblem in der Kennzeichnung widerspiegeln. BREITINGER/FISCHER sprechen, in Orientierung an SPECK, nicht von 'Schwerst-', sondern von 'Intensivbehinderten', um damit auf die Intensität des Förderbedarfs dieser Schüler hinzuweisen. SPECK selbst zieht "*die Bezeichnung 'Intensivformen geistiger Behinderung*" vor, "*da diese kategorial sachlich, d.h. fachlich adäquater zu verwenden ist; die Amerikaner haben jetzt den Terminus 'profound', also 'tiefgreifend' gewählt; 'schwerst' enthält eine mehrfach problematische Wertung. Außerdem ermöglicht 'intensiv', was wörtlich 'gesteigert' bedeutet, die entsprechende Zuordnung der pädagogischen, therapeutischen und pflegerischen Maßnahmen, nämlich 'Intensivförderung'.*"[97] SPECK definiert schließlich die "*intensive geistige Behinderung als eine komplexe menschliche Befindlichkeit, die im extremen Maß lebenslang Hilfe und Zuwendung, eben intensive Stützung, Förderung und Pflege herausfordert.*"[98]

In dem Bemühen, das Phänomen der Schwerst- oder Intensivbehinderung beschreiben und erklären zu wollen, sehen BREITINGER und FISCHER die Gefahr, "*ungewollt und unversehen den Menschen damit zu treffen bzw. ihn letztlich dabei zu übersehen.*"[99] Sie sind darum der Auffassung, daß es bei der Suche nach dem Menschsein von nachgeordneter Bedeutung sei, "*ob man das Phänomen der Behinderung als eine erhebliche, meist andauernde Beeinträchtigung, ...vorwiegend aus personal-anthropologischer Sicht (SPECK) oder mehr gesellschaftskritischer (FEUSER)*"[100] sehe. Für den Pädagogen sei es "*dagegen unaufgebbar wichtig, die tatsächliche* ***Lebenssituation*** *von schwer behinderten Menschen zu begreifen. Dies sollte er nicht als distanzierter Betrachter tun, er sollte sich auf die Seite der Menschen schlagen, die mit einer schweren Behinderung leben müssen. Er sollte sich bemühen und den Mut haben, die vorhandenen Lebensbedingungen wirklich zu sehen, und wo immer ihm möglich, sich in diese Lebenswirklichkeit mit hineinnehmen lassen; er sollte sich in*

---

96 vgl. BREITINGER/FISCHER 1981, 39

97 SPECK, O.: *Kinder mit Intensivformen geistiger Behinderung - Tendenzen zu ihrer Förderung im internationalen Überblick*, in: Zt. VHN, 47, Jg, 1/1978, 7

98 ebd. 1978, 7

99 BREITINGER/FISCHER 1981, 39

100 ebd. 1981, 39

seinem pädagogischen Nachdenken und in seinem pädagogischen Handeln innerlich bewegen lassen. Nur so wird er auch etwas für den jeweils betroffenen Menschen bewegen können."[101]
Ich stimme mit den Autoren überein, daß wir den geistig Schwerstbehinderten nur dann verstehen können, wenn es uns gelingt, zumindest ausschnitthaft an seinem Leben zu partizipieren; eine Schwierigkeit, die in Rahmen dieser Arbeit zur Darstellung gebracht werden soll.

Das Merkmal der intensiven geistigen Behinderung bestimmt nach BREITINGER und FISCHER nicht nur die äußeren Gegebenheiten der Lebenssituation, "*sondern auch den Umgang der Beteiligten, das Fühlen und Erleben, das Nachdenken und Handeln untereinander und miteinander.*"[102] Es entstünden dabei Lebenssituationen, wie beispielsweise unmotiviertes Schreien, die uns befremdeten und uns zu einem Rückzug aus dieser Situation heraus drängten. Aber gerade in dieser Lebensituation habe Lernen und Leben stattzufinden. Ihre daraus resultierenden Forderungen an Erziehung und Erzieher lauten: "*Um so notwendiger kündigt sich jetzt schon an, daß Erziehung und Bildung , Förderung insgesamt nicht zur Methode werden darf, mit der man behinderte Kinder 'belernt', 'gewöhnt' oder 'trainiert'. Es ist eine grundlegende Aktivierung*[103] *an erster Stelle notwendig, eine Herausforderung und eine Einbeziehung in Interaktionsfelder, die über Begegnung Beziehung wachsen läßt.*"[104] Die Erziehungs- und Bildungsarbeit hat demzufolge "*nicht von der Fähigkeits- oder Defizitebene ..., sondern von der* ***Lebenssituation***"[105] auszugehen.
Aus dem Blickwinkel der speziellen Lebenssituation Intensivbehinderter entwerfen BREITINGER und FISCHER eine acht Punkte umfassende Merkmalsliste[106], anhand derer sie den Personenkreis näher beschreiben. Dabei wird die Schädigung immer in enger Relation zu ihren interaktional-sozialen Auswirkungen auf die Lebens- und Förderungssituation des von ihr betroffenen Menschen gesehen. Schließlich folgern die Autoren: "*Über den intensivbehinderten Menschen etwas auszusagen, ist wahrhaftig schwer. Oft gibt er sich schweigend oder in einer Weise redend, die wir nicht erschließen können. Das gemeinsame Leben mit ihm, das Nähe und Distanz kennt, das Annäherung und Abgrenzung wagt, das Begegnung zwischen einem Ich und einem Du versucht, wird neben allem Schweren aber auch jene Momente entdecken, die zwar anders sein mögen als gewohnt, sicher aber nicht nur schwer.*"[107]
Zusammenfassend kann mit PFEFFER festgehalten werden, daß BREITINGER und FISCHER mit ihrer Beschreibung des intensivbehinderten Menschens von seiner individuellen Lebens-

---

[101] ebd. 1981, 39/40
[102] ebd. 1981, 43
[103] Anm.d.Ver.: auf die ich im dritten Teil meiner Arbeit genauer eingehen werde
[104] ebd. 1981, 44
[105] ebd. 1981, 53
[106] vgl. 1981, 54/55
[107] ebd. 1981, 55

situation her "*eindringlich in Richtung der sozialen Bedingtheit der Ausprägung der Behinderung durch Interaktionen*"[108] weisen und damit die "*pädagogische Aufgabe des gemeinsamen Lebens und Erlebens und des gemeinsamen Erlebens-Lebens für Behinderte wie Nichtbehinderte*"[109] begründen.

Eine Weiterentwicklung dieses anthropologischen Grundverständnisses ist in der Dissertationschrift FISCHERs (1984) zu finden, in der er nicht mehr allgemein von der Lebenssituation des Behinderten ausgeht, sondern konkret nach der Funktion der Behinderung im Lebenslauf eines behinderten/schwerstbehinderten Menschen fragt und, vereinfacht ausgedrückt, Behinderung und Lebenslauf oder Lebensgeschichte in einem reziproken Verhältnis zu einander sieht. FISCHER "*geht es weniger um ein Feststellen von statisch zu erfassenden und statisch bleibenden Einzelphänomenen, sondern um ein grundlegendes Verstehen dessen, was Behinderung bewirkt und wie diese von Behinderten erlebt wird. Verstehen aber kann man nur 'erlebte Bedeutsamkeiten'.*"[110]
Anhand dreier Merkmale charakterisiert er das Verhältnis von Lebenslauf, Behinderung/Schwerstbehinderung und Erziehung:
"*1. Lebensläufe behinderter Menschen sind Beispiele für ein Leben in permanenter Abhängigkeit statt in Selbstbestimmung,*
2. Lebensläufe behinderter Menschen sind Beispiele für ein Leben mit reduzierten oder unzureichenden 'curricularen Kompetenzen',
3. Lebensläufe behinderter Menschen sind Beispiele für ein Leben mit dominanter Thematik, das bei vielen Betroffenen möglicherweise bereits ihr 'Kerngebiet' erfaßt hat."[111]
Aus der engen Verzahnung von Behinderung und Lebensgeschichte des Menschen leitet FISCHER eine 'lebenslauforientierte Didaktik' ab, deren anthropologische Grundlage ich hier abschließend kurz mit seinen Worten skizzieren möchte: "*So formt sich die Lebensgeschichte eines Menschen zu einer unverwechselbaren Gestalt aus den Ereignissen seines Lebens wie auch aus den Bedeutungen, die der einzelne Mensch diesen im Laufe seines Lebens zuspricht. Durch die permanente Konfrontation mit Neuem werden diese 'Erträge' hinterfragt, in Frage gestellt, bestätigt oder auch modifiziert, manchmal sogar über Bord geworfen. Herausfordernd für die Sonderpädagogik wird dann jenes Moment, wo eine belastende Tatsache, 'eine traumatische Erfahrung, die man einfach nicht verstehen kann' (LOCH, 1979, 101), in das Leben eines Individuums tritt, mit einer Deutung vorläufig nicht mehr erreichbar ist und deshalb auch nicht mehr persönlichkeitsfördernde Kraft gibt, sondern sogar Kraft nimmt (nach LOCH). Durch die Verzahnung von Ereignissen mit der vom*

---

[108] PFEFFER 1982, 130
[109] ebd. 1981, 130
[110] FISCHER, D.: *Lebenslauf und Behinderung als Herausforderung für die sonderpädagogische Didaktik*, unveröffentlichte Dissertationsschrift, Würzburg 1984, 125
[111] ebd. 1984, 125

einzelnen Menschen beigelegten Bedeutung entsteht ein Kontinuum in der Personwerdung des Menschen. Dieses macht letztlich bei aller erfahrbaren Brüchigkeit und Unregelmäßigkeit ihre Ganzheit und unverwechselbare Gestalt aus."[112]

Mit PFEFFFER läßt sich eine Verbindungslinie zwischen den hier skizzierten Aussagen zur Lebenssituation Schwerstbehinderter und den zuvor dargestellten, mehr entwicklungsorientierten Ansätzen aufzeigen. In seinem Aufsatz "*Die pädagogische Dimension des Begriffs 'schwerste geistige Behinderung'*" (1982) versucht PFEFFER eine aus der Auseinandersetzung mit bestehenden Ansätzen "*gewonnene interaktional orientierte, die Lebensgeschichte einbeziehende und pädagogisch dimensionierte Beschreibung ... zur Diskussion zu stellen.*"[113]
Schwere geistige Behinderung nimmt für ihn ihren Ursprung von der Schädigung des Zentralnervensystems. Damit einher gingen physische und psychische Beeinträchtigungen im Bereich der Wahrnehmung, Kognition, Emotion, Intention, Motorik und Sprache.[114] Durch "*die Qualität der Interaktion seitens der menschlichen Umwelt*" erführe das Phänomen "*von Geburt an bzw. vom Auftreten der Schädigung an eine individuelle, lebensgeschichtlich bedingte Ausprägung.*"[115] Schwerste geistige Behinderung konstituiere sich, so meint PFEFFER weiter, "*aus der Interaktion zwischen dem in seinem ZNS geschädigten Kind und dessen menschlicher Umwelt, was eigenständige Abläufe und Diskontinuitäten in der Entwicklung des behinderten Kindes bedingt.*"
Die Interaktionen des geschädigten Kindes mit der Umwelt beschreibt er unter zwei Gesichtspunkten: zum einen die schädigungsbedingten Beeinträchtigungen auf seiten des Kindes, Beschreibungen,in denen die Ausführungen FEUSERs wieder anklingen. Zum anderen macht er Aussagen zu den Reaktionen der Umwelt auf die schweren Behinderungen und schließt sich damit den anthropologischen Ausführungen BREITINGERs und FISCHERs an. Bezogen auf den ersten Aspekt sagt er: "*Die qualifizierte Aufnahme und Verarbeitung von Umweltreizen (Wahrnehmung), deren Überführung in psychisches Erleben (als Erfahrung, als Sinnstiftung) und die von psychischer Intentionalität (subjektives Interesse, Motivation) beeinflußten psycho-motorischen Aktivitäten, die ihrerseits wiederum die Wahrnehmung beeinflussen, gründen unabdingbar in primär affektiv-emotionalen Beziehungen zwischen dem geschädigten Kind und seiner menschlichen Umwelt.*"[116] Diese gestörten oder ganz fehlenden Interaktionen beinträchtigten oder verhinderten "*eine qualifizierte sinn-konstituierende Adaption der menschlichen und dinglichen Umwelt.*"[117] Interaktionsbeeinträchtigungen wirkten sich prägend auf die Form der geistigen Behinderung aus und führten zur extremen Isolation von der Aneignung von

[112] ebd. 1984, 464
[113] PFEFFER 1982, 122
[114] vgl. ebd. 1982, 130
[115] ebd. 1982, 130
[116] ebd. 1982, 130/131
[117] ebd. 1982, 131

Welt, die ihrerseits wieder mit schweren Beeinträchtigungen auf seiten der nichtbehinderten Umwelt korrespondiere. Als solche interaktionshemmende Gegebenheiten der Umwelt nennt PFEFFER die extremen Belastungen der Eltern und Geschwister von Schwerstbehinderten sowie das "*Unvermögen und das Nichtweiterwissen der Fachleute in der Erziehungspraxis wie in der Erziehungswissenschaft*"[118]. So kommt er zu der pädagogischen Schlußfolgerung: "*Der Beeinträchtigung der einen korrespondiert jene der anderen. Wird wegen dieser Beeinträchtigungen der nichtbehinderten Umwelt der schwerst behinderten Kinder das Bemühen um qualifizierte Interaktionen nicht durchgehalten ..., so droht wiederum Reduktion der Kommunikation und damit Isolation von der Aneignung von Welt. Pädagogisch gilt nur die 'Flucht nach vorn': Trotz der Schwere der Beeinträchtigungen beim behinderten Menschen und seinen nichtbehinderten Mitmenschen, trotz der unsäglichen Mühen und Enttäuschungen muß der Versuch gemeinsamen Lebens und Erlebens und gemeinsamen Lernens gewagt und durchgehalten werden.*"[119]
Dem letztgenannten Aspekt des 'gemeinsamen Lernens' geht PFEFFER vier Jahre später in seiner Habilitationschrift vertiefend nach, indem er die Erziehungswirklichkeit mit schwerstbehinderten Menschen als intersubjektive Wirklichkeit auffaßt und ihre Interaktionen mit der Umwelt auf der sich hier bereits abzeichnenden anthropologisch-phänomenologischen Grundlage zu begründen versucht. Da seine Ausführungen wesentlich zum Verständis der Bedeutung elementarer Beziehungen im Erziehungsprozeß beitragen, werde ich sie schwerpunktmäßig im vierten Kapitel dieses ersten Teils diskutieren und hier nicht weiter auf sie eingehen.

---

[118] ebd. 1982, 131/132

[119] ebd. 1982, 132

2.2.7 Die abhängigkeitsbezogene Verständnisweise (HAHN)

Einen anderen anthropologischen Zugang zum Phänomen der Schwerstbehinderung wählt HAHN, indem er der sozialen Abhängigkeit des Menschen mit schwerer geistiger Behinderung nachgeht; ein Aspekt, der zuvor von FISCHER als spezifisches Merkmal der Lebensgeschichte Schwerstbehinderter gesehen wurde.
HAHN geht von der Grundannahme aus, daß jeder Mensch nicht nur eine selbstverantwortete 'Freiheit', die sich in 'Selbst-Entscheidung' und 'Selbst-Handeln'[120] ausdrückt, hat, sondern gleichzeitig als "*soziales Wesen zeitlebens auf andere Menschen angewiesen*"[121] ist. Die soziale Abhängigkeit führe ihn u.a. durch Erziehung erst zur erstrebten Autonomie. Sie begrenze zwar die Unabhängigkeit, würde vom Menschen aber bejaht, weil sie an seinen Bedürfnissen nach sozialen Interaktionen anknüpfe. Davon zu unterscheiden sei aber die "*aufgezwungene Abhängigkeit, die der Mensch als Zufuhr von Unfreiheit*"[122] erlebe und bekämpfe.
Im Idealfall komme es, so führt HAHN an anderer Stelle aus, "*zu einer Balance zwischen einem Maximum an Unabhängigkeit, das der eigenen Verantwortlichkeit angemessen ist (weder über- noch unterfordert) und einem Minimum an bejahter Abhängigkeit, das die Befriedigung seiner Bedürfnisse gewährleistet.*"[123] Selbstverwirklichung wäre dann im HAHNschen Sinne nichts anderes als die Erlangung der eigenen Identitätsbalance im sozialen Umfeld.
Beim behinderten Menschen sei diese Identitätsbalance im besonderen Maße gefährdet, da er durch ein 'Mehr' an sozialer Abhängigkeit nicht zur selbstverantworteten Freiheit gelangen könne. Darum stellt die Behinderung für HAHN "*ein quantitatives und qualitatives 'Mehr' an sozialer Abhängigkeit dar*"[124]. Durch die körperlichen und geistigen Beeinträchtigungen seien Behinderte nicht in der Lage "*kulturspezifische Unabhängigkeitsnormen*"[125] zu erfüllen und wären deshalb lebenslang auf Hilfe anderer angewiesen. Das 'Mehr' an Abhängigkeit des behinderten Menschen beziehe sich auf die Bereiche "*An- und Auskleiden, Aufstehen, Zubettgehen, Toilette, Nahrungsaufnahme, Körperpflege, hauswirtschaftliche Tätigkeiten, Fortbewegung innerhalb und außerhalb der Wohnung, 'Kulturtechniken', Kommunikation, Gefährdungen.*"[126] Zwangsläufig erwüchse aus die-

---

[120] vgl. HAHN, M.: *Von der Freiheit schwerstbehinderter Menschen: anthropologische Fragmente*, in: HARTMANN, N.(Hrsg.): *Beiträge zur Pädagogik der Schwerstbehinderten*, Heidelberg 1983, 132

[121] ebd. 1983, 132

[122] ebd. 1983, 132

[123] HAHN, M.: *Selbstbestimmung bei Menschen mit Schwerst- und Mehrfachbehinderung?*, in: BUNDESVERBAND FÜR KÖRPERBEHINDERTE (Hrsg.): *Pädagogische Förderung schwerstbehinderter Kinder und Jugendlicher*, Köln 1987, 58

[124] HAHN 1983, 133

[125] ebd. 1983, 133

[126] HAHN 1987, 59

sem 'Mehr' an Abhängigkeit ein 'Weniger' an Unabhängigkeit. "*Der Freiheitsraum für Entscheiden und Handeln verringert sich in dem Maße, wie die behinderungsbedingte Abhängigkeit zunimmt.*"[127]
Die Indentitätsbalance sei beim behinderten Menschen - und schwerstbehinderten in besonderer Weise - zu ungunsten der Unabhängigkeit in Richtung auf ein 'Mehr' an Abhängigkeit verschoben, wobei HAHN ausdrücklich darauf hinweist, daß die Abhängigkeit der meisten Schwerstbehinderten nicht ausschließlich durch die Schädigung verursacht, sondern durch die Umwelt verstärkt werde: "*Schwerstbehinderte werden abhängiger gemacht als sie tatsächlich sein müßten. Es lassen sich Produktionsmuster der Unfreiheit erkennen und beschreiben. Untersuchungen weisen nach, daß schwere Schädigungen in der Umwelt Reaktionen hervorrufen können, welche verbliebene Freiräume noch mehr verkleinern oder völlig beseitigen.*"[128]
Die Abhängigkeit schwerstbehinderter Menschen erhält damit eine zweite Dimension, d.h. es besteht hier also nicht nur ein **quantitatives** 'Mehr' an Abhängigkkeit, sondern auch ein **qualitatives**. Da die an der Altersnorm gemessenen Unabhängigkeitserwartungen der feststellbaren Abhängigkeit des Behinderten nicht entsprächen, führte dies nach Ansicht HAHNs zu qualitativ anderen Reaktionen in der Umwelt. "*Im qualitativen 'Mehr' drücken sich andere 'Inhalte' der Abhängigkeit und andere **Erlebensweisen** bzw. andere Identitätsgrade des Erlebens aus.*"[129]
In seinen Untersuchungen "*zur Situation schwerstbehinderter Menschen*"[130] (1981) weist HAHN nach, daß es durch "*Stigmatisierung und Etikettierung als 'Pflegefall', Desintegration und Isolation, Infantilisierung (Überbefürsorgung) und - ganz allgemein - mangelndes Problembewußtsein in der Umwelt*"[131], und hier sind vor allem auch Erzieher in Behinderteninstitutionen zu nennen, zu "*universeller, multipler oder partieller Produktion*"[132] sozialer Abhängigkeit für den schwerstbehinderten Menschen kommt. Vorhandene Freiheitsräume würden reduziert oder gar beseitigt, und je kleiner die durch Schädigung verbliebenen Freiräume Schwerstbehinderter für das eigene Entscheiden und Handeln seien, desto größer sei die Gefahr, daß sie durch die Umwelt weiter verringert würden. "*Übermächtig bewirken Menschen ohne Behinderung diese Freiheitseinschränkungen. Ohnmächtig sind Menschen mit schwerer Behinderung dieser Generalisierung ihrer Unfreiheit ausgesetzt.*"[133]
Die unangemessenen Reaktionen der sozialen Umwelt beschränkten u.a. die ohnehin geringen Artikulationsmöglichkeiten des Schwerstbehinderten in der Form, daß sie erst gar nicht als sol-

---

[127] ebd. 1987, 59
[128] HAHN 1983, 135
[129] HAHN, M.: *Behinderung als soziale Abhängigkeit: Zur Situation schwerstbehinderter Menschen*, München 1981, 50
[130] Anm.d.Verf.: Teil des o.a. Titels seiner veröffentlichten Dissertationsschrift
[131] HAHN 1983, 135
[132] ebd. 1983, 135
[133] ebd. 1983, 135

che verstanden oder völlig fehlinterpretiert würden. Man fasse sie nicht als Ausdruck möglicher Bedürfnisse, sondern als isolierte Störmomente im Verhalten auf. Häufig verzichte man ganz auf die Interpretation, die im "*Ausdrucksverhalten zu vermutenden Bedürfnisse*" würden ignoriert, der Mensch würde zum Objekt, das sich in der Pflegehandlung den rationalisierten Pflegemustern einer "*Pflegeperson, einer Abteilung oder einer Institution*"[134] anzupassen habe. Doch im spezifischen Verhalten des Schwerstbehinderten drücke sich sein Freiheitsbedürfnis aus und es sei nur "*auf dem Hintergrund einer bestimmten Biographie und einer aktuell, konkreten Lebenssituation*"[135] verstehbar.

"*Zeichnet sich die Lebenssituation des behinderten Menschen*", wie HAHN weiter ausführt, " *durch Abwesenheit von Freiräumen für eigenes Entscheiden und Handeln aus, werden Äußerungen seines Freiheitsbedürfnisses immer im Widerspruch zu dem stehen müssen, was seine soziale Umwelt von ihm erwartet.*"[136]

Als exemplarische Verhaltensweisen Schwerstbehinderter zur Artikulation ihres Freiheitsbedürfnisses stellt HAHN die" *aktive Opposition gegen Erziehungsmaßnahmen*"[137] heraus, die sich beispielsweise in gestörtem Eßverhalten, in eigenwilliger Steuerung der Ausscheidungsfunktionen, im sich anderen Personen Entziehen, im Bewegungsdrang, in Laut- und Geräuschproduktionen, in Aggressionen und Autoaggressionen oder in Passivität ausdrückten. Diese Verhaltensweisen seien häufig die einzige Möglichkeit des schwerstbehinderten Menschen, sich den beschränkenden Maßnahmen der Umwelt zu entziehen.

Dennoch gebe es nach HAHN "*in der Lebenswirklichkeit von Menschen mit schwerer Behinderung ... Freiheitsräume, innerhalb derer Autonomie realisiert werden kann, ohne zu unter- oder zu überfordern.*"[138] Diese seien aufzuspüren, eine Aufgabe, der sich die Pädagogik zu stellen habe.

Um zu pädagogisch relevanten Aussagen zu kommen, setzt HAHN Freiheit und Lernen in Relation zueinander und stellt fest, daß Erzieher viel zu früh Leistung verlangen, wo Selbständigkeit als grundlegende Voraussetzung noch gar nicht entfaltet ist. Durch die von außen gesetzte Unfreiheit werde dem schwerstbehinderten Kind jegliche Motivation genommen, und schließlich trügen Erzieher in der Förderung schwerstbehinderter Menschen primär "*mechanistisch-enge Programme*" an sie heran, "*obwohl diese zuerst der Freiheit für eigenes Entscheiden und Handeln*"[139] bedürften.

HAHNs Forderung an die Schwerstbehindertenpädagogik lautet demzufolge: "*Bekämpfen von Unfreiheit*" und "*Schaffen von Freiräumen für eigenes Entscheiden und Handeln.*"[140] Das pädagogische Grundprinzip 'Entscheidenlassen' verlange vom Erzieher, "*einen Freiraum für Entscheidungen zur Verfügung stellen, unkomplizierte Alternativen*

---

[134] ebd. 1983, 135
[135] ebd. 1983, 136
[136] ebd. 1983, 136
[137] ebd. 1983, 136
[138] HAHN 1987, 60
[139] HAHN 1983, 140
[140] ebd. 1983, 140

für Entscheidungen anbieten, Phantasie und Anstrengungsbereitschaft zur Bereitstellung dieser Alternativen aufzuwenden, sich der Bedeutung des zu schaffenden Freiraumes bewußt zu sein."[141]
"Das 'Prinzip Entscheidenlassen' ist bei den verschiedensten Behinderungsarten und -graden , auf allen Altersstufen und in sämtlichen Lebenssituationen realisierbar. ***Seine Verwirklichung ist allerdings von Menschen abhängig, die erkannt haben, daß humane Existenz auf der Realisierung von Freiheit gründet."***[142]

Die anthropologische Sichtweise HAHNs ist für die eigene Fragestellung von Bedeutung, weil er durch den direkten Einbezug der sozialen Umwelt in den Beschreibungsversuch Ursachen und Wirkungen der Behinderung nicht einseitig in der organischen Schädigung begründet sieht. Die extreme Abhängigkeit des Schwerstbehinderten von seiner sozialen Umwelt, die für ihn eine existenzsichernde Notwendigkeit ist, wird aber gleichzeitig durch das diskriminierende, belastende und einschränkende Verhalten der Menschen, die sich den Umgang mit ihm zur Aufgabe machen, zu Konstituenten der Behinderung. Es wird damit erforderlich, das Verhältnis von Erzieher und schwerstbehindertem Schüler in den Fokus der pädagogischen Diskussion zu rücken.
Hervorheben möchte ich noch einmal HAHNs Feststellung, daß das 'Sich-Entscheiden-Lassen' in sämtlichen Lebenssituationen realisierbar ist, und dies soll aus phänomenologischer Sicht, anhand des Phänomens der Leiblichkeit in Bezug auf die eigene Fragestellung vertiefend dargestellt werden.
Ein Mensch kann sich, ganz unabhängig von Behinderung, nur dann selbst entfalten und verwirklichen, wenn ihm dies von Seiten des Erziehers zugestanden wird. Die generelle Anerkennung seiner Selbstentfaltungsfähigkeit geht dem pädagogischen Grundprinzip 'Entscheidenlassen' voraus. Nur wenn der Erzieher diese menschlichen Grundbedürfnisse und -fähigkeiten achtet, kann er selbst kreativ und effektiv in der Schaffung von Entscheidungsfreiräumen im schulischen Erziehungsfeld sein. Welche entscheidende Rolle die elementare Beziehung zwischen schwerstbehindertem Schüler und Lehrer hierbei spielen kann, will ich im weiteren Verlauf meiner Arbeit erörtern.

[141] ebd. 1983, 140
[142] ebd. 1983, 141

2.2.8 Zusammenfassende Bemerkungen

Das vorstehend im Aufriß beschriebene breite Spektrum möglicher Sicht- und Verständnisweisen von Menschen mit schwerer geistiger Behinderung läßt eine Entwicklung, weg von den defektorientierten Sichtweisen[143] der ersten Jahre hin zu eher interaktional, d.h. die soziale Umwelt mit einbeziehenden, stark anthropologisch betonten Zugangsweisen, erkennen.
Nicht explizit hingewiesen wurde auf das jeweilige Menschen- oder Weltbild der Autoren, weil es von ihnen nicht als solches hervorgehoben bzw. thematisiert wird und erst indirekt, in der Auseinandersetzung mit dem erkenntnistheoretischen Hintergrund zum Vorschein kommt. Aber "*(j)ede Wissenschaft (bzw. jeder wissenschaftliche Ansatz)*", so sagt DREHER, "*gründet sich auf einem* ***Menschen- und Weltbild!*** *Wichtig ist, daß bei der Berufung auf die Grundlage einer Wissenschaft oder bei den persönlichen Aussagen, Stellungnahmen des eigenen Denkens, dieses Menschen- und Weltbild mit zur Sprache kommen sollte. Der 'Sollens' Charakter der Forschung kommt daher, daß ein solches Menschen- und Weltbild nicht immer dem Menschen bewußt ist, wohl aber als Forderung des Bewußtwerdens, des immer mehr Durchsichtigwerdens formuliert werden muß.*"[144]
Dieses Axiom DREHERs, das die Forderung nach einer ganzheitlichen Sichtweise des Menschen impliziert, möchte ich mit WOHLFARTH ergänzen, der die in den vorausgehend angeführten Förderansätzen - z.B. Entwicklungsförderung (FRÖHLICH), Abbau isolierender Bedingungen (FEUSER), Schaffung von Entscheidnungsfreiräumen (HAHN), Gestaltung gemeinsamer Lebenssituationen (BREITINGER/FISCHER) - zum Ausdruck kommende Reziprozität von Menschenbild und Erziehung folgendermaßen formuliert: "*Die Auffassung von Menschen hat wesentlichen Einfluß auf die Art und Weise der Erziehung, anthropologische Vorstellungen und pädagogisches Konzept hängen eng miteinander zusammen. So bestimmt auch das Bild, das sich der Erzieher vom geistig behinderten Menschen macht, weitgehend was er ihm zu lernen anbietet und wie er ihm Lernen ermöglicht.*"[145]
Im dritten Teil der Arbeit werde ich auf diese Entwicklung unter primär didaktisch-methodischen Gesichtspunkten noch zurückkommen.
Jetzt drängt sich aber die Frage nach dem Verständnis von schwerer geistiger Behinderung bzw. dem Menschenbild, das dieser Arbeit zugrunde liegt und wie es sich von den dargestellten abgrenzt, in den Vordergrund. Da ich das Phänomen, wie bereits zu Beginn des Kapitels begründet, als ein in besonderer Weise **individuelles** verstehe, und es unmöglich scheint, es in seiner Vieldimensionalität per definitionem zu erfassen, halte ich es für sinnvoll, in einer

---

143 Anm.d.Verf.: bei denen der Schwerstbehinderte als extremes Mangelwesen dargestellt wurde

144 DREHER, W.: *Überlegungen zum 'Phänomen 'Selbstverwirklichung' im Rahmen der Diskussion um die Zielsetzung des Forschungsprojektes*, unveröffentlichtes Manuskript zum Modellversuch, Köln 1983, 4

145 WOHLFARTH, R.: *Das Bild von geistig behinderten Menschen in seiner Rolle für die Erziehung*, in: Heilpädagogische Forschung, 2/1985, 189

weiterführenden anthropologischen Diskussion auf offene Fragen zum Menschsein des Schwerstbehinderten hinzuweisen. In der sich anschließenden phänomenologischen Auseinandersetzung will ich einen Zugang zum Phänomen des Schwerstbehindertseins versuchen und allererste Antworten auf die aufgeworfenen Fragen geben. Das von DREHER geforderte 'Durchsichtigwerden' des eigenen Menschen- und Weltbildes ist integriert in die theoretischen Erörterungen zum Phänomen der elementaren Beziehung, weil ich in diesem eine besondere Möglichkeit sehe, dem Verhältnis zwischen schwerstbehindertem Kind und Welt näherzukommen, und sich so festumgrenzte und damit einseitig verkürzende Definitionen hier erübrigen.

3 Anthropologische Fragmente eines umfassenderen Verständnisses von Menschen mit schwerer geistiger Behinderung

"*Mensch und Welt sind und bleiben eine offene Frage.*"[1] Diese dem Wunsch nach einem umfassenden Verständnis des Menschen (hier) mit schwerer geistiger Behinderung diametrale Feststellung DREHERs unterstreicht den fragmentarischen Charakter nachstehender Ausführungen. Sie ist aber nicht Ausdruck von Resignation, sondern ermutigt zur Auseinandersetzung auf verschiedenen Ebenen, wobei die Diskussion immer unter dem Aspekt der Ganzheit oder Einheit erfolgen muß, denn "*(w)enn es überhaupt eine letzte Wirklichkeit gibt, so ist sie Einheit*"[2].
Ganzheit beinhaltet Interaktion: Die im folgenden zu berücksichtigenden interdependenten Aspekte der Einheit von Mensch und Welt sowie von Leib-Seele-Geist können und sollen deshalb nicht additiv-summativ als Einzelkomponenten diskutiert werden, sondern ich will versuchen, sie unter Einbeziehung einer dritten Ebene, die sich auf wissenschaftsmethodische Gesichtspunkte der Erfassung von Wirklichkeiten unter besonderer Berücksichtigung der Erlebensdimension richtet, für die eigene Fragestellung transparent zu machen.

Führt man sich jetzt noch einmal die exemplarisch vorgestellten Sicht- und Verständnisweisen von schwerer geistiger Behinderung vor Augen, wird deutlich, daß jede Position, je nach erkenntnistheoretischem Interesse, einen oder einzelne Aspekte der menschlichen Wirklichkeit extrahiert und in der wissenschaftlichen Auseinandersetzung von ihm aus Rückschlüsse auf den Menschen zieht. Als Gesichtspunkte der Analyse wurden genannt: Organische Schädigungen und Intelligenzminderleistungen (diagnostische Sichtweise), Förder- und Beschulbarkeit (administrative Sichtweise), Entwicklung und Wahrnehmung in Relation zur Aneignung von Welt (neurophysiologisch-entwicklungspsychologische Verständnisweise z.B. FRÖHLICH, FEUSER), Gesellschaft und Normalität (gesellschaftskritische Position z.B. FEUSER), Lebenssituation und Interaktion (anthropologische Sichtweise, z.B. BREITINGER/FISCHER und PFEFFER 1982) oder soziale Abhängigkeit und Selbstbestimmung (abhängigkeitsbezogene Verständnisweise, HAHN).
Es sind sicherlich weitere Faktoren bedeutungsvoll, so auch die elementare Beziehung, die im nächsten Kapitel als Zugangsweise zum schwerstbehinderten Menschen erkennbar wird; doch für die derzeitige Diskussion sind sie nicht direkt von Belang. Vielmehr geht es jetzt darum, bewußt zu machen, daß alle Beschreibungs- oder Erklärungsmomente sich letztlich gegenseitig bedingen und eigentlich nur in Reziprozität zueinander stehen, aber auch dann nur fragmentarisch dem behinderten Menschen näherzukommen bzw. ihn auszumachen vermögen.

---

[1] DREHER 1986, 158

[2] WEIZSÄCKER,C.F.v.: *Der Garten des Menschlichen - Beiträge zur geschichtlichen Anthropologie*, München/Wien 1977, 185

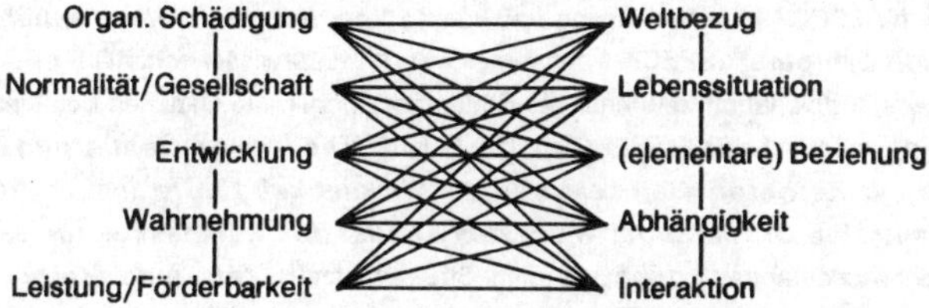

Abb. 1: Das Beziehungsgeflecht der Bedingungsfaktoren

Das Extrahieren oder Gliedern in Einzelfaktoren entspricht nicht der Wirklichkeit, in der sich der Schwerstbehinderte tatsächlich befindet, sondern scheint heute eher eine methodische Notwendigkeit der wissenschaftlichen Erfassung zu sein.
DREHER (1986) und SPECK (1988) stehen der Tendenz wissenschaftlicher Forschung, nach einzelwissenschaftlichen Ergebnissen zu suchen, kritisch gegenüber. "*Das Ausmaß und die Folgen der fortschreitenden Zerstückelung des Menschen*," lege nach Ansicht SPECKs nahe, "*im Sinne einer anthropologischen Orientierung Ganzheiten wieder mehr in das Blickfeld zu rücken.*"[3] Der quantitative wissenschaftliche Zugriff sei vor allem an Teilen interessiert, nicht aber an den großen Zusammenhängen. Eine Tendenz, die auch DREHER kritisiert, wenn er von Verwissenschaftlichung spricht, die große Bereiche unseres Lebens ausspare. Mit Verwissenschaftlichung meint er den Prozeß der Forschung, "*in welchem die Wesensfrage - also die Frage nach dem Wesen des Menschen - vergleichgültigt wird.*"[4] Die Wesensfrage würde, so hält DREHER weiter in Anlehnung an SCHULZ fest, "*aufgehoben in der wissenschaftlichen Einstellung des Als-ob: man fragt zwar immer nach dem Ganzen der Welt, als ob man es erkennen könnte, aber man weiß doch zugleich, daß dies unmöglich ist.*"[5] Mit TEILHARD DE CHARDIN weist SPECK darauf hin, daß die Analyse, dieses "*wunderbare Instrument wissenschaftlicher Forschung, dem wir alle unsere Fortschritte verdanken, Ganzheit um Ganzheit*" auflöse und ließe "*so eine Seele nach der anderen entweichen.*"[6]

Doch der umgekehrte Weg, "*das Zusammensetzen und Zusammensehen*" sei weitaus schwieriger, denn "*die Summe der zahllosen Teile ergibt noch kein Ganzes.*"[7] Die

---

3 SPECK 1988, 69
4 DREHER 1986, 158
5 SCHULZ 1972, 13 nach DREHER 1986, 158
6 TEILHARD DE CHARDIN 1959, 251 nach SPECK 1988, 69
7 SPECK 1988, 69

kaum mehr überschaubare Vielfalt sich unverbunden nebeneinander entwickelnder Teilordnungen erzeugt für SPECK eher Verwirrung und könnte "*letztlich nicht mehr Annäherung an die Wahrheit bringen.*"[8] SPECK fragt weiter, wie im naturwissenschaftlich orientierten Wissenschaftsverständnis, auch innerhalb der Sonderpädagogik, die Ganzheit des Menschen zu sehen ist, und kommt mit HEISENBERG zu dem Schluß: "*Die bloße Orientierung an den individuell objektivierbaren Kleinsektoren der Wirklichkeit führte zum Verlust des Bezugs zur zentralen Ordnung der Welt, zum Verlust des Kompasses für den einzelnen.*"[9] In der Auseinandersetzung mit dem Strukturalismus, "*als eine Methode der Welterklärung und zugleich der Erforschung des Menschen*"[10] und in Anlehnung an den systemisch-kybernetischen Ansatz BATESONs (1985) und an das autopoietische System-Verständnis MATURANA/VARELAs (1987)[11] sucht SPECK nach Orientierungs- und Erklärungsbegriffen der menschlichen Ganzheit und geht dabei von der Grundannahme aus, "*(d)en Menschen als Ganzheit, als physische und zugleich psychische Einheit sehen, bedeutet letztlich auch die Welt als Ganzes sehen.*"[12]
Im Strukturalismus, in dem der Mensch als selbstregulierendes System innerhalb eines größeren Systems aufgefaßt wird, sieht SPECK eine Möglichkeit, der Zergliederung der Wirklichkeit vorzubeugen und zum Miteinander der verschiedenen Wissenschaftsbereiche, wie ich sie bereits im ersten Kapitel aufgewiesen habe, zu gelangen. "*Das Prinzip der Ganzheitlichkeit*" sei "*im Sinn eines Ordnungs- und Orientierungsprinzips ... angesichts der fortschreitenden empirischen Analyse und Zerteilung der Wirklichkeit durch Spezialisierung zu vertreten. Es deckt sich weithin mit dem, was man heute auch Struktur, System oder Organismus nennt. Es geht darum, die immer größer werdende Fülle von Einzeldaten in sinnvolle Ordnungszusammenhänge zu bringen. Das aber ist immer etwas, was über die - je unzulängliche - Menge gefundener Einzeldaten hinausgeht. Der lebendige Mensch als System ist mehr als das, was man an zuverlässigen Daten über ihn ermittelt hat, erst recht, wenn er in sozialen Zusammenhängen steht, die sich überdies nur als Prozesse in der Zeit verstehen lassen.*"[13]

Ich möchte mich jetzt dem anthropo-genetischen Modell des Psychiaters ALFRED PRINZ AUERSPERG zuwenden, der, ausgehend von der anthropologischen Medizin V. v. WEIZSÄCKERs, einen Zugang zu den mensch-weltlichen Struktur- oder Ordnungszusammenhängen, der sich nicht nur im erkenntnistheoretischen, sondern vornehmlich auch im methodolo-

---

8 ebd. 1988, 69
9 HEISENBERG 1976, 251 nach SPECK 1988, 70
10 SPECK 1988, 70
11 vgl. ebd. 1988, 71
12 ebd. 1988, 70
13 ebd. 1988, 78

gischen Bereich von dem zuvor mit SPECK aufgewiesenen unterscheidet und in Bezug auf die Erfassung der Wirklichkeit von Menschen mit schwerer geistiger Behinderung bedeutungsvoll zu sein scheint, wählt.

In der zu einer Monographie zusammengefaßten Aufsatzsammlung mit dem Titel "*Poesie und Forschung - Goethe, Weizsäcker, Teilhard de Chardin*" (1965) versucht AUERSPERG "*vom visionären Denken ausgehend, die metaphysischen Hintergründe unserer wissenschaftlichen Hypothesen als Poesie zu betrachten und deren Bewährung und Bestätigung im wissenschaftlich Feststellbaren aufzusuchen.*"[14] Und "*vergröbert*" drückt DREHER die Intention der Schrift noch einmal anders aus, "*Metaphysik und wissenschaftlich Feststellbares soll in einen Zusammenhang gebracht werden. Am Phänomen der Wahrnehmung versucht Auersperg dies deutlich zu machen.*"[15] Wie bereits erwähnt, fühlt sich AUERSPERG der Schule Viktor von WEIZSÄCKERs verpflichtet, und damit das "*Grundsätzliche*" der "*genetisch orientierten Denkweise*"[16] AUERSPERGs verständlicher wird, halte ich es für nötig, ganz kurz auf die Gestaltkreislehre V.v. WEIZSÄCKERs anhand der Darstellungen DREHERs zum "*pathosophischen Denken Viktor von Weizsäckers*" (1974)[17] einzugehen.
V.v. WEIZSÄCKER ging es in seiner medizinischen Anthropologie um die Verbindung von exaktem medizinisch-naturwissenschaftlichem und philosophisch-anthropologischem Denken, und er begründete mit dieser Synthese, wie KÜTEMEYER sagt, eine "*Umschichtung in den Wissenschaften*"[18]. In seiner Gestaltkreislehre habe v. WEIZSÄCKER eine 'Lebenstheorie' verwirklicht "*und die Anthropologie, die nicht im medizinischen und philosophischen Bereich verblieb, zu einer 'Pathosophie' erweitert.*"[19] Der Gestaltkreis könne als Theorie des Lebens aufgefaßt werden, so sagt DREHER an anderer Stelle, "*die nicht erlaubt, das durch sie Erkannte als dauernden Besitz des Menschen zu betrachten, sondern durch welche die Lebensbewegung aufgegriffen und für den Augenblick festgehalten wird, um sie dann wieder in neuer Weise in den Strom des Lebens einzulassen.*"[20] Wenige Sätze später erläutert DREHER weiter, "*(m)it 'klassischen' Begriffen ausgedrückt könnte man auch nach den Gründen im empirischen und philosophischen Bereich menschlichen Lebens fragen, aus dem die Gestaltkreisidee gewachsen ist.*"[21] Für V.v. WEIZSÄCKER habe immer ein Zusammenhang zwischen Theorie

---

[14] DREHER 1983, 21
[15] ebd. 1983, 21
[16] AUERSPERG, A.: *Poesie und Forschung - Goethe, Weizsäcker, Teilhard de Chardin*, Stuttgart 1965, 3
[17] vgl. DREHER, W.: *Das pathosophische Denken Viktor von Weizsäckers - Ein Beitrag der medizinischen Anthropologie zu einer anthropologisch fundierten Pädagogik -*, Frankfurt/M. 1974
[18] KÜTEMEYER 1956, 243 nach DREHER 1974, 8
[19] DREHER 1974, 8
[20] ebd. 1974, 72
[21] ebd. 1974, 72

"*und praktischem, d.h. lebendigem Lebensvollzug*"[22] bestanden. "*Was er Theorie nennt, ist 'ein dem Gegenstand folgendes Verhalten des Denkens' (WEIZSÄCKER,1955, 259) und nicht etwas dogmatisch vorurteilsvoll Festgestelltes. Sein theoretisches Denken versuchte Arbeitshypothesen zu formulieren, um bisher wissenschaftlich unerreichte Phänomene in den Bereich des wissenschaftlich Feststellbaren zu bringen, die geläufigen Denkformen sollten aus einer vertieften Erfassung heraus korrigiert werden. Theorie und Praxis, Philosophie und Empirie sind nicht voneinander zu trennende Pole und ineinander verschlungen.*"[23] Der Lebensvorgang ließe sich nach v. WEIZSÄCKER nicht erklären, sondern man müsse ihn zu verstehen versuchen. "*Dies kann nur geschehen, wenn wir nicht analytische Lebenserscheinungen zerstückeln, noch sie synthetisch aus Elementen aufbauen, sondern uns am Leben selbst beteiligen. 'Um Lebendes zu erforschen muß man sich am Leben beteiligen.'*"[24]

Und genau diesem Zusammenhang zwischen dem objektiv Feststellbaren, der Empirie oder auch der Theorie und den unmittelbaren Lebenserscheinungen, wie sie sich in der menschlichen Wahrnehmung zeigen, geht AUERSPERG nach und fragt, wie GOETHE, als "*wahrnehmungsgetreuer Empiriker*"[25], und der Paläontologe TEILHARD DE CHARDIN in seiner "*kosmogenetischen Sicht*"[26] sich dieser Einheit nähern. Bezugnehmend auf GOETHE sagt er beispielsweise: "*Die Forschung hat vom Ursprünglichen zum Abgeleiteten, vom Wahrnehmbaren zum Feststellbaren zu führen und nicht umgekehrt. Goethe ist überzeugt, daß sich im ursprünglichen Wahrnehmen die wesentliche Wirklichkeit anzeigt. Grundsätzlich geht seine experimentelle Erforschung des Wahrnehmens von der Anerkennung des mysthischen Grundes eben dieses Wahrheit-Nehmens aus, um experimentell im einengenden Bestimmungsverfahren im Feststellbaren die notwendigen Bedingungen sinnfälligen Wahrnehmens herauszustellen.*"[27]
AUERSPERG sieht hier eine Verbindung zur Gestaltkreistheorie V.v. WEIZSÄCKERs, die sich zu einer genetisch interpretierten Kommunikationslehre entwickelt habe und "*mithin als eine zeitgemäße Renaissance der Goetheschen Wahrnehmungslehre betrachtet werden*"[28] könnte.
Der hier anklingende Zusammenhang, den AUERSPERG zwischen Wahrnehmung und Kommunikation sieht, läßt sich mit DREHER folgendermaßen verdeutlichen: "*Wahrnehmung ist erlebte Begegnung in einer gemeinsamen Welt, in einer gemeinsamen Ordnung; ist ... Information innerhalb eines bestimmten Modus der Kommunikation. Kommu-*

---

22 ebd. 1974, 72
23 ebd. 1974, 73
24 WEIZSÄCKER,V.v. 1968, 5 nach DREHER 1974, 73
25 AUERSPERG 1965, 9
26 ebd. 1965, 1
27 ebd. 1965, 9
28 ebd. 1965, 9

nikation ist Teilhabe an einer gemeinsamen Ordnung."[29] Bezogen auf das Kommunikationsverständnis AUERSPERGs sagt DREHER in einem späteren Aufsatz: "*AUERSPERG geht von der Prämisse aus, daß Leben primär Erleben ist und daß menschliche Welt ursprünglich als kommunikative Ordnung zu verstehen sei, er verweist auf BUBERs Theologie des 'Zwischens', HEIDEGGERs 'Mitdasein in gemeinsamer Mitwelt' und BUYTENDIJKs 'Phänomenologie der Begegnung', in welcher der Mensch 'im erlebten Anderen das unsere Mitwelt zentrierende und strukturiende personale Prinzip' erfährt und erkennt (AUERSPERG 1965, S.23). Die Ordnung, die hier primär präreflexiv erfahren wird, ist animistisch zentriert, physiognomisch definiert, in ihr bedingen sich Person und Mitwelt gegenseitig.*"[30]
Fürs erste scheint sich hier durch die Orientierung an den Phänomenologen BUBER, HEIDEGGER und BUYTENDIJK eine Verbindungslinie zur eigenen phänomenologischen Sichtweise abzuzeichnen, denn die elementare Beziehung, der leibliche und leibgegebene Dialog zwischen zwei Menschen, ist als 'strukturiertes personales Prinzip' zu verstehen, weil, wie im nächsten Kapitel zu zeigen ist, Person und Welt in ihr und durch sie als ein und dieselbe Gegenwart erscheinen. Darüberhinaus ist sie eine Ordnung, die primär präreflexiv erfahren wird und damit im 'absteigenden Abstraktionsmodus' (AUERSPERG), vom unmittelbaren Erleben, von der 'natürlichen Weltsicht' (SCHULZ) aus erkennbar bzw. verstehbar ist. Doch um begreifen zu können, was AUERSPERG unter dem 'absteigenden' im Vergleich zum 'aufsteigenden Abstraktionsmodus' versteht, ist es nötig, genauer auf sein personales Ordnungsprinzip einzugehen.
In der 'genetisch interpretierten Kommunikationslehre' ist für AUERSPERG wesentlich, daß das motivierende Interesse dem intentionalen übergeordnet ist.[31] Das heißt, im reflektierenden Denken des Menschen würde die animistisch zentrierte Wahrnehmung, also die Wahrnehmung, die wir mit den Tieren gemein haben und die man vielleicht als vor-bewußt bezeichnen könnte, "*zur personifizierten Vergegenwärtigung des begegneten Anderen*"[32], oder anders, zur personalen Mitwelt. Da die "*zur hinfließenden Zeit transzendente Gegenwart des Andern*"[33] beim Menschen nicht auf die unmittelbare personale Begegnung beschränkt bleibt, sondern über diese hinaus im Bewußtsein existiere, unterscheide sich der Menschen hierdurch vom animistischen Denken der Tiere und könne somit zu von intentionalem Interesse bestimmten reflektierendem Denken gelangen. Das animistische Denken sei von motivierendem Interesse geprägt, setze aber voraus, daß mir der Andere als meinesgleichen verständlich sei, wobei das Selbstverständnis vom Anderen her entwickelt würde.[34] Im erlebten Anderen sieht AUERSPERG "*das unsere Mitwelt zentrierende und strukturierende*

---

[29] DREHER 1983, 21
[30] DREHER 1986, 163
[31] vgl. AUERSPERG 1965, 5
[32] ebd. 1965, 5
[33] ebd. 1965, 5
[34] vgl. ebd. 1965, 6

personale Prinzip."[35] Im Verständnis des Anderen wird für ihn die animistische Wahrnehmung zur animistischen Kausalität. "*Der Andere wird im Sinne des motivierenden Interesses in seiner einmaligen Personalität zum Repräsentanten der kreativen causa formalis.*"[36] Das Verständnis des Anderen sei Sympathie. "*Die sympathischen Kommunikationsweisen,..., sind Physiognomie, Geste, Ruf, Geruch, Geschmack, die vitalen Appetenzen und ihre Formen der Einverleibung, schließlich all dies umfassend: das Vertraute, das Geliebte im Gegensatz zum Fremden, zum Verhaßten.*"[37]

Übertragen auf die später dargestellte Sichtweise MERLEAU-PONTYs ließen sich diese sympathischen Kommunikationsweisen auch "*als subjektiver Ausdruck der Existenz und des Bewußtseins im Leib*"[38] betrachten und verstehen. Die sich in diesen Kommunikationsweisen ausdrückende animistische Wahrnehmung bzw. Kausalität ginge nach AUERSPERG der von intentionalem Interesse bestimmten mechanischen Kausalität oder dem reflektierenden Denken voraus. "*In eben diesem allumfassenden religiösen (Religio wird im Sinne der existentiellen Rückverbundenheit verstanden) Firmament offenbaren sich Person und Welt als ein und dieselbe Gegenwart.*"[39]

Da im AUERSPERGschen Verständnis das motivationale Interesse dem intentionalen oder anders, das animistische Denken dem reflektierenden vorausgeht, und das erste Moment das zweite bestimmt, hat die Wissenschaft von dieser ursprünglichen Wahrnehmung methodisch auszugehen und sie im '**absteigenden** Abstraktionverfahren' ins Feststellbare zu überführen. Damit zeichnet AUERSPERG einen konträr zur vertrauten empirischen Wissenschaftsauffassung verlaufenden Forschungsweg auf, indem nämlich eben **nicht** die Erkenntnis oder die Reflexion der unmittelbaren Wahrnehmung bzw. dem Erleben übergeordnet ist und dieses erst im rückschauenden Akt - oder im AUERSPERGschen Sinne, im 'aufsteigenden Abstraktionsverfahren' - erfaßt wird. Grundsätzlich sind für DREHER beide, die ab- und die aufsteigende Richtung notwendig.[40] "*Aber, so sagt das Modell, nur in der Rückbindung an die ursprüngliche Wahrnehmung kann das restringierende Verfahren seinen Stellenwert gewinnen (wobei die Ebenen nicht bewertet werden dürfen).*"[41]

Dem in diesem Sinne wahrnehmungsgetreuen Empiriker sei "***Lebenslehre** zunächst **Erlebenslehre***"[42]. Erleben ist für AUERSPERG "*Werden, ein sich im fruchtbaren Augenblick der Begegnung von Neuem auszeugender Prozeß; ein zunächst unbewußtes, dann bewußtes in Antwort stehen, schließlich ein der reflektierenden Ver-*

---

[35] DREHER 1983, 21
[36] AUERSPERG 1965, 6
[37] DREHER 1983, 21
[38] PFEFFER 1986, 66
[39] DREHER 1983, 21
[40] vgl. DREHER 1986, 163
[41] DREHER 1986, 163
[42] AUERSPERG 1965, 18

gegenwärtigung fähiges, unterscheidungsmäßiges, willkürlich entscheidendes und verantwortliches in Antwort stehen."[43] Der wahrnehmungsgetreue Empiriker stelle von vornherein das Leben in den Dienst des Erlebens. "***Wir erleben nicht um zu leben, sondern wir leben um zu erleben.***"[44]

Eine Prämisse, die in besonderer Weise für die eigene Arbeit Gültigkeit zu haben scheint, weil es in ihr ja gerade um dieses unmittelbare Wahrnehmungs-Erleben[45] zwischen Schüler und Lehrer geht. Die Methode, mit der ich nachfolgend das elementare Beziehungserleben in ihrem Wesen verstehend zu erfassen versuche, habe ich im ersten Kapitel[46] als phänomenologisch beschrieben, und damit verwende ich eine Wissenschaftsmethode, die sich explizit mit den verschiedenen lebensweltlichen Organisationsstufen befaßt, ihren Ursprung in der konkret vorwissenschaftlichen Welt nimmt und über die verschiedenen phänomenologischen Reduktionsstufen (Stufen der Epoché) in den transzendentalen Bereich gelangt. Trotz der Verbundenheit mit der konkreten Lebens- bzw. Erlebenswelt in beiden Abstraktionsmethoden scheint ein grundsätzlicher Unterschied zwischen ihnen zu bestehen, der sich in ihren Prämissen 'Zurückgehen auf die Sache selbst'(HUSSERL) und 'Lebenslehre ist Erlebenslehre' (AUERSPERG) andeutet. Dieser Unterschied bezieht sich anscheinend sowohl auf die methodische, als auch auf die intentionale Dimension und setzt zu seiner genauen Bestimmung die vertiefende Auseinandersetzung mit beiden Positionen voraus. Da sie im Rahmen dieser Arbeit nicht mehr geleistet werden kann, will ich nur noch auf ein weiteres Abgrenzungsmerkmal hinweisen, das mir bei der Erarbeitung, bezogen auf die eigene Fragestellung, auffiel. Die Phänomenologie, als geisteswissenschaftliche Methode, bleibt wesentlich auf die Beschreibung und Reflexion von Phänomenen, u.a. auch Erlebens-Phänomenen, beschränkt und ist als solche für die Wesenserfassung der elementaren Beziehung relevant und geeignet, bleibt damit aber im geisteswissenschaftlichen Bereich verhaftet. Demgegenüber richtet sich AUERSPERG mit seinem "*Hinweis auf den Modus einer absteigenden Abstraktionsmethode*"[47] ausdrücklich auf die Naturwissenschaften und initiiert damit eine anthropologische Durchdringung derselben. Er weist hierbei eindeutig über den rein naturwissenschaftlichen Bereich hinaus und kann somit beispielweise auch für pädagogische Fragestellungen bedeutungsvoll sein. DREHER ist der Auffassung, daß das Verständnis AUERSPERGs "*hilfreich werden*" könnte "*für eine veränderte Perspektive menschlicher Entwicklung. Das heißt, daß wir nicht in einem aufsteigenden Entwicklungsweg aus physiologischen Bedingungen seelisch-geistige Potenzen herausfiltrieren müssen, sondern am Anfang jeder Entwicklung menschlichen Wesens steht die erlebte Begegnung in einer gemeinsa-*

---

[43] ebd. 1965, 18

[44] ebd. 1965, 18

[45] Anm.d.Verf.: Ich spreche hier von Wahrnehmungs-Erleben, weil die elementare Beziehung maßgeblich durch die gegenseitige Wahrnehmung leiblich-präverbaler Äußerungen (Elemente der Beziehung) bestimmt wird und darum hier einen Vergleich zuläßt.

[46] Anm.d.Verf.: vgl. Teil I, Unterpunkt 1.5

[47] DREHER 1983, 23

men Welt, in einer gemeinsamen Ordnung."[48] Insofern könnten die Hinweise AUERSPERGs wesentlich zum Miteinander von Natur- und Geisteswissenschaften, die ich eingangs in meinen metatheoretischen Überlegungen[49] mit SPECK gefordert habe, beitragen.

Parellelen zu den Gedanken AUERSPERGs finden sich in der lebensweltlichen Position MERLEAU-PONTYs, der mir durch seine Sichtweise des Phänomens der Leiblichkeit - wie auch die Phänomenologie als Wissenschaftsmethode - Möglichkeiten eröffnet, dem Wesen der elementaren Beziehung näher zu kommen. Wie AUERSPERG geht auch MERLEAU-PONTY von der Mensch-Welt-Einheit, die im Leib-Sein ihren Ausdruck findet und die er als 'Wohnverhältnis' beschreibt, aus. Er sieht den Menschen immer schon in einer 'menschlichen Situation' verankert, die ihm die Voraussetzungen zum Handeln in der Welt schafft. Der Mensch ist für MERLEAU-PONTY nicht nur 'reiner Geist', der sich der Welt ausschließlich in Bewußtseinsakten zuwendet, sondern er ist ursprünglich mit ihr verbunden. Die Urimpression geht darum immer dem Denken voraus. MERLEAU-PONTY wirft, ähnlich wie AUERSPERG, den objektiven Wissenschaften vor, die unmittelbare, vor-bewußte Einheit von Mensch und Welt zu verkennen.
Im Gegensatz zu MERLEAU-PONTY scheint mir AUERSPERG, in Orientierung an BUBER und BUYTENDIJK, die personale Dimension als Ordnungsprinzip zwischen Mensch und Mitwelt stärker zu betonen. Eine vertiefende Abgrenzung der beiden Ansätze von einander drängt sich hier geradezu auf. Ich muß sie aber, wie die zuvor angerissenen methodenbezogenen Fragen, im Rahmen dieser Arbeit schuldig beiben. Die erkenntnistheoretischen und methodischen Erörterungen haben innerhalb der eigenen Fragestellung primär die Funktion, dem Wesen der elementaren Beziehung näher zu kommen oder den Weg zu ihrem Wesen aufzuzeigen, sind also eher Mittel zum Zweck und nicht Intention der Darstellung selbst. Die vertiefende Auseinandersetzung kann hier zwar nicht mehr geleistet werden, sollte aber gerade in Bezug auf die Erziehung geistig und schwer geistig behinderter Menschen nicht aus dem Auge verloren werden, weil der Behinderte im einzelwissenschaftlichen Interesse oft als Objekt betrachtet wird, und sich die Einheit von Mensch und Welt zunehmend aufzulösen droht.

Bevor ich mich im nächsten Kapitel der Erlebensdimension des Schwerstbehinderten zuwende, möchte ich im Zusammenhang mit dem vorstehend Gesagten darauf hinweisen, daß ich sie direkt und losgelöst von physiologischen Ordnungen unter dem Beziehungsaspekt zu thematisieren versuchen werde.
Ich stimme hier mit DREHER überein, der die "*Verschiedenheit zwischen den Ordnungen, in denen wir physikalische und physiologische Vorgänge begreifen, und jene(r) Ordnung, in der wir das Erleben verstehen und verstehen müssen*"[50], wie

---

[48] ebd. 1983, 23
[49] Anm.d.Verf.: vgl. Teil I, Kpt. 1
[50] ebd. 1983, 18

ERWIN STRAUS sie in seinem Werk *'Vom Sinn der Sinne'* (1956) gegenüber gestellt hat, betont und weiter anführt, daß "*... auf der Seite physikalischer Ordnungen der Vorgang* (Hervorhebung d. Verf.) *der Ordnung des Erlebens als Erleben*"[51] gegenübersteht. Physikalischer Vorgang und Erregung des Organs, Erregung und Erkennen des physikalischen Vorgangs stehen in ihrer strengen Kausalität der eigenständigen Dimension des sinnlichen Erlebens, die ohne sie nicht zu denken, aber kein bloßes Epiphänomen leiblicher Vorgänge ist, gegenüber.

Die Ordnung sinnlichen Erlebens ist also nicht konsekutiv aus der physikalisch-physiologischen Ordnungsfolge ableitbar, könne, wie DREHER sagt, an dieser nicht partizipieren: "*Die Verschiedenheit der beiden Ordnungen müssen wir erkennen und anerkennen. Das bedeutet das Recht, das Empfinden und das Sich-Bewegen in ihrem eigenen Gehalt unabhängig von den Ergebnissen der Physiologie zu erforschen.*"[52]

Welt konstituiert sich im Erleben, wie eingangs schon betont, anders als durch Ordnungen des Physiologischen.[53]

Nichtsdestominder besteht selbstverständlich die Notwendigkeit der Verknüpfung anthropologischer und naturwissenschaftlicher Erkenntnisse, um so zu einer Neuorientierung in der Erziehung schwerstbehinderter Menschen zu gelangen, zu deren Fundierung die Gedanken dieser Arbeit, die ja nur als Fragmente offenen und vorläufigen Charakters eines umfassenderen Verständnisses vom Menschen anzusehen sind, beitragen sollen.

---

[51] ebd. 1983, 18
[52] ebd. 1983, 19
[53] vgl. ebd. 1983, 20

…ug des schwerstbehinderten Kindes in seiner Relevanz für die …mentare Beziehung
- Phänomenlogische Fragmente zum Entwurf einer Theorie der elementaren Beziehung -

In den vorausgegangenen wissenschaftstheoretischen, -methodischen und terminologischen Erörterungen habe ich bereits, allerdings noch recht unsystematisch und im wesentlichen durch die Betonung der drei Dimensionen: Erleben, Wahrnehmen sowie Verstehen in und durch den elementaren Dialog, auf einzelne Funktionen der elementaren Beziehung hingewiesen. Diese drei Momente, die sich im elementaren Vollzug zwischen schwerstbehindertem Kind und Lehrer in Reziprozität zueinander entfalten und darum in einem einzigartigen Wechselwirkungsverhältnis stehen, machen u.a. die enorme Komplexität des Beziehungsgeschehens aus, das in seinem Wesen nur in der mehrdimensionalen Betrachtung erschlossen werden kann, wenn man versucht, es aus einem größeren Zusammenhang, aus der Einheit von Kind und Welt heraus zu begreifen. Diese Einheit, die durch die schwere geistige Behinderung in besonderer Weise charakterisiert zu sein scheint, wird durch die Frage nach dem Weltbezug des behinderten Kindes verständlich, der in der elementaren Beziehung, einer Weise, in der der Schwerstbehinderte der Welt (dem Lehrer/der schulischen Lern-Welt) begegnet, sich mit ihr auseinandersetzt, zum Ausdruck kommt.
Einleiten möchte ich meine Erörterungen zu einer Theorie der elementaren Beziehung mit einem schulpraktischen Beispiel, das im weiteren Verlauf unter verschiedenen Gesichtspunkten reflektiert wird und insofern den vorwissenschaftlich-lebensweltlichen Bezugsrahmen der Auseinandersetzung bildet.

> Ein halbes Jahr nach der Einschulung fällt es Helmut immer noch schwer, sich in die neue Umgebung einzufügen. Er ist zufrieden, solange er Musik hört oder auf dem Schoß des Lehrers sitzt. Häufig beginnt er aber auch dort, scheinbar unmotiviert, heftig und langanhaltend zu weinen. Dabei läßt er sich weder durch körperliche Zuwendung noch durch strenge Ansprache beruhigen. Das Schreien strengt ihn so an, daß er binnen kürzester Zeit schweißüberströmt ist und seinen Körper spastisch völlig überstreckt. Er beruhigt sich meist erst, wenn er ganz erschöpft ist.
> Helmuts Verhalten bestimmt den Ablauf des Unterrichtes und belastet die Mitschüler in besonderem Maße, die sich durch den Lärm nicht mehr auf den Lerninhalt konzentrieren können und verängstigt zu weinen beginnen.
> Trotz meines Bemühens mittels intensiver Zuwendung (Schaukeln, Wiegen) und lustbetontem Lernangebot (gemeinsames Musikhören, Singen oder Fingerspiele) ist es mit bisher nicht gelungen, eine Beziehung zu ihm aufzubauen. Während er manchmal unser Tun mit freudigem Lachen begleitet, verschließt er sich im nächsten Augenblick durch sein heftiges Schreien. Ich fühle mich im Umgang mit ihm völlig verunsi-

chert, weil mein mir unverändert erscheinendes Verhalten bei ihm auf so divergente Reaktionen stößt.

Gleich zu Unterrichtsbeginn setze ich mich mit ihm auf die Schaumstoffmatte. Vor uns steht ein Bass-Klangstab, dessen großer Resonanzkörper die Schwingung des Tons spürbar wiedergibt. Ich habe diesmal den Wunsch, für Helmut und mich eine wirklich lernfördernde, d.h. störungsfreie Atmosphäre zu schaffen, und versuche deshalb, meine Angst vor eventuellem Schreien so weit als möglich zu unterdrücken. Da er mich entspannt, gleichzeitig aber auch erwartungsvoll anschaut, schwinden meine Vorbehalte schnell.
Ich demonstriere und erkläre ihm zunächst, daß wir gemeinsam den Klangstab anschlagen und den Ton nachhallen lassen wollen. Als der erste Ton erklingt, lacht er freudig, läßt sich entspannt den Arm führen und umschließt den Schlegel. Ich werde durch sein Verhalten noch ruhiger und freue mich über sein Lachen.
Er wendet den Kopf in meine Richtung, atmet ruhig. Als ihm der Schlegel entgleitet, wartet er ab, bis ich ihn wieder in seine Hand lege und ihm den Arm zum Schlagen anhebe.
Plötzlich legt er seinen Kopf an meine Wange und atmet zufrieden. Diese ungewohnte Geste rührt mich zutiefst an, und ich lehne zur Antwort meinen Kopf sanft an seine Stirn. Mein Druck wird für ihn zum Anruf, den er in derselben Weise erwidert. Ich fühle mich von seiner Antwort berührt und angerührt. In diesem Augenblick gilt meine uneingeschränkte Aufmerksamkeit nur dem Dialog mit ihm, und ich antworte wieder mit sanftem Gegendruck. An seinem tiefen Einatmen spüre ich, daß mein Anruf ihn erreicht hat, und er reibt erneut seine Stirn an meiner Wange. Spannungsvoll atme ich als Erwiderung seines Anrufes aus, dabei tastet mein Blick an Helmuts Körper entlang. Voller Erstaunen sehe ich, daß seine sonst durch die Spastizität stets angewinkelten Beine völlig entspannt nebeneinander auf der Matte ruhen. Helmut wiederholt seinen Stirn-Wangen-Druck, doch ich bin von dieser neuen, intensiven Situation so 'fassungslos', daß ich nicht mehr antworten kann.
Wir sitzen eine Weile still da und scheinen dem Erlebten nachzuspüren, dabei lehnt seine Stirn immer noch an meiner Wange. Langsam richtet sich Helmut wieder auf. Arme und Beine bleiben weiterhin entspannt.
Das Instrument rückt wieder in mein Blickfeld und damit in mein Bewußtsein. Ich umschließe seine Hand, um sie erneut zum Holz zu führen. Jetzt ist sein Festhalten aktiver, seine Freude über jeden erzeugten Klang größer.
Meine Angst und Unsicherheit ihm gegenüber ist aufeinmal verschwunden. Helmut ist mir näher gekommen. Den Rest des Tages weint er nicht mehr.

Diese Beschreibung verdeutlicht wie die vorherigen Praxisbeispiele, daß schwerstbehinderte Kinder auf sehr vielfältige, aber individuelle Weise mit ihrer Umwelt in Beziehung treten. Lachen, Schreien, Körperkontakt oder Provokation epileptiformer Anfälle sind Helmuts Beziehungsformen, die auf den Lehrer z.T. fremd und unverständlich wirken.
Ausdrucks- und Beziehungsformen dieser Art scheinen eher im Erleben und Empfinden, als im Bewußtsein des schwerstbehinderten Kindes begründet und der Welt-Bezug zunächst vorbewußter oder präreflexiver Art zu sein. Hier ist eine Ebene angesprochen, die ich im vorausgegangenen Kapitel mit DREHER in ihrer pädagogischen Relevanz aufzuzeigen versucht habe. Doch diese Spur will ich jetzt nicht weiter verfolgen, sondern mich stattdessen der Phänomenologie, genauer, dem Phänomen der 'Leiblichkeit' zuwenden. Der phänomenologische Zugang ermöglicht es, den schwerstbehinderten Menschen in seinem Welt-Bezug und Welt-Sein, ihn aber auch in seinen individuellen zwischenmenschlichen Beziehungen zu verstehen.

4.1 Das Phänomen der 'Leiblichkeit' - Zugangsfindung zum Schwerstbehindert - Sein

In seinen "*Überlegungen im Vorfeld einer sonderpädagogischen Theoriebildung der Erziehung schwergeistigbehinderter Menschen*" machte DREHER vor nunmehr zehn Jahren darauf aufmerksam, daß sich in der Begegnung mit Schwerstbehinderten die "*Leibhaftigkeit mit besonderer Mächtigkeit in den Vordergrund*"[1] dränge. Er ist deshalb der Meinung, "*daß sich aus einer erweiterten und vertieften Auseinandersetzung mit dem Problem der Leiblichkeit auch entscheidende Folgerungen für eine sonderpädagogische Theorie der Erziehung schwer Geistigbehinderter ergeben wird.*"[2]
Ausgehend von NITSCHKE, PLÜGGE und BUYTENDIJK eröffnet DREHER das Phänomen der Leiblichkeit als "*bisher kaum beachteten Zugang zum Verständnis der schwer geistigbehinderten Menschen.*"[3] Ihn als "*leibliches Wesen*" aufzufassen, schließe "*sowohl die Dimension des 'Körperlichen' als auch die des 'Existentiellen'*"[4] ein.
In Anlehnung an das strukturelle Leib-Modell BUYTENDIJKs, der "*das Problem des Leibes in seiner Doppeldeutigkeit immer zugleich als Organismus und in seiner Menschlichkeit*"[5] verstanden hat, fordert DREHER: "*Für uns ließen sich von hier aus neue Verständnishorizonte in der Begegnung mit schwer geistigbehinderten Menschen entdecken, wenn es möglich würde, Phänomene wie die Physiogenese, die Sinne*

1 DREHER 1979, 207
2 ebd. 1979, 205
3 ebd. 1979, 199
4 ebd. 1979, 199
5 ebd. 1979, 204

und ihre Funktion und die Motorik einzelwissenschaftlich zu betrachten und sie ***zugleich*** *in einem Gesamtzusammenhang menschlicher Seinsweise sehen zu können, der über den Ansatz der Psychophysik und Psychosomatik hinausweist. Dann würde es für den Sonderpädagogen unabläßlich, sich dem Pluralismus der Aspekte zu stellen und zugleich eine Integration der einzelwissenschaftlichen Ansätze - vor dem Hintergrund des In-der-Welt-Seins und des In-die-Welt-Hineingehens - zu erstreben."*[6]
Auf der phänomenologisch - leiborientierten Verständnisgrundlage muß die in der Sonderpädagogik in Orientierung an der Medizin allzugern betriebene Aufspaltung des Menschen in 'Geistiges' und 'Körperliches', d.h. Sensorik, Motorik, Organik, fragwürdig erscheinen.[7] DREHER sagt, daß das 'Geistige' "*in dem Beziehungsgefüge von Mensch zu Mensch und Mensch zu Welt*" nicht "*als etwas Vorgegebenes, Eingeborenes und irgendwo zu Entdeckendes*" zu verstehen sei, sondern daß sich der 'Geist' erst "*mittels des Leiblichen*" bilde, umgekehrt "*das Leibliche erst seine pluripotentiellen Möglichkeiten durch das sich bildende 'Geistige'* "[8] entdecke. "*Die 'physiologische' Seinsweise*'", so sagt er weiter," - *als einen Aspekt des Leiblichseins - des menschlichen Lebens ist vom ersten Moment mit der personhaften, wesenshaften Erweckung in nicht zu trennender Einheit verbunden.*"[9]
Bei schwerstbehinderten Menschen verstellen geistige oder körperliche Gegebenheiten in ihren scheinbaren Normabweichungen vorschnell unseren Blick auf die Einheit, und der behinderte Mensch wird für uns in seinem "*In-der-Welt-Sein und In-die-Welt-Hineingehen*"[10] so überaus schwer erfaßbar. Doch nur durch die Betrachtung der Reziprozität und Interdependenz von Körperlichem, Geistigem oder eben Leiblichem wird es möglich, das bisherige Denken in Richtung auf einen größeren Seins-Bezug, also um die Dimension des Existentiellen, zu erweitern und auf dieser Grundlage einen Zugang zum Schwerstbehindert-Sein zu finden. "*Es müßte immer wieder deutlich gemacht werden,*" meint DREHER in diesem Zusammenhang, "*wie die 'körperliche' Leistung mit dem situativen Gerichtetsein des Menschen in einem Gestaltkreis(v. Weizsäcker, 1950)* ***verknüpft*** *ist. Ebenso, daß alles Körperliche eine geistige Struktur hat und daß alles Leibliche von einer Materialität durchdrungen ist. Wenn dies geschieht, dann kann ein schwer geistigbehinderter Mensch nicht als 'Stein' oder als 'massa carnis' bezeichnet werden, der in seiner Körperlichkeit auf den Zustand eines leblosen Objektes reduziert wäre. Vielleicht würden sich* ***uns*** *die Augen dafür öffnen, daß der schwerstbehinderte*

---

6 ebd. 1979, 205

7 Anm.d.Verf.: Diesem Gedanken ist DREHER in den Folgejahren verstärkt nachgegangen, was anhand der im vorausgegangen Kapitel verwendeten Schriften deutlich wird. Ich will diese ältere Linie hier weiterverfolgen, weil sie explizit in die phänomenologische Richtung weist, und sie damit zur Begründung der eigenen Vorgehensweise dienlich ist.

8 ebd. 1979, 205

9 ebd. 1979, 205

10 ebd. 1979, 205

Mensch so wie jeder Mensch 'transparent' werden möchte (Dürckheim, 1967), daß er draußen sein möchte bei den Anderen, bei den Dingen (Rilke, in A. Nitschke, 1967, 142) und damit ringt, seinen 'Körper' in die 'Medialität des Leiblichen' zu verwandeln und zugleich dieser Medialität durch seinen Körper 'Halt' zu geben. Vielleicht ist ihm dies in den sogenannten 'Stereotypien' oder in dem von uns als 'dranghaftes Hantieren' interpretierten Verhalten gelungen."[11]
Divergente, verunsichernde Verhaltensweisen, wie ich sie bei Helmut beschrieben habe, müssen als **leibhafter Ausdruck** und als Apell oder Anruf an die Umgebung, als Wunsch 'bei den Anderen und den Dingen' (RILKE, nach DREHER) zu sein, verstanden werden. Auf dieser Grundlage ist mit DREHER eine Revision sonderpädagogischen defektbetonten Denkens zu fordern: "*Wir müssen die gegenseitige Abhängigkeit und Erläuterung historiologischer (biographischer), physiogenetischer (sensomotorischer) und morphologischer Phänomene wirklich ernst nehmen, dann wird es nicht zu den einschränkenden Definitionen oder Umschreibungen von 'Erziehung' kommen können. Noch scheint die Pädagogik - und auch die Sonderpädagogik - nicht genügend wahrgenommen zu haben, daß sie es immer mit einem 'leibhaftigen' Menschen zu tun hat.*"[12]

Wie das Beispiel Helmuts deutlich macht, wird ein Zugang zum schwerstbehinderten Menschen im Erziehungsprozeß erst möglich, wenn sich der Lehrer auf den leibhaften Dialog mit dem Kind einläßt und von seinen pädagogischen Interventionen vorübergehend absehen kann. Der leibhafte Dialog, die elementare Beziehung bringt die Partner einander näher und ermöglicht das augenblickliche gegenseitige Verstehen. Damit bewahrheitet sich DREHERs Annahme, "*(d)er schwer Geistigbehinderte ist von Grund auf als das Verhältnismoment einer Begegnung zu verstehen, er kann sich nur vom Anderen her, im Um-gang erschließen.*"[13]
DREHER hat hier einen Weg aufgezeigt, der in den Folgejahren zunehmend an Interesse gewonnen hat. Zu denken ist hier beispielsweise an die Arbeiten THALHAMMERs (1986), PFEFFERs (1982, 1986,1987) oder neuerdings auch FISCHERs (1988), der die Schule für Geistigbehinderte als Ort 'leiblicher Kultur' versteht und in der 'Drei-Welten-Theorie' POPPERs[14] einen interessanten Zugang zum Phänomen der Leiblichkeit wählt; eine Gedankenspur, die ich hier nicht mehr weiterverfolgen kann.

Das überaus facettenreiche Phänomen der 'Leiblichkeit' läßt sich, selbst unter dem begrenzten Schwerstbehindertenaspekt, noch aus zahlreichen Perspektiven betrachten, von denen ich einige wenige charakteristische Grundzüge herausarbeiten werde, die mir für das Verständnis

---

[11] ebd. 1979, 210/ 211
[12] ebd. 1979, 207
[13] ebd. 1979, 211
[14] vgl.: FISCHER, D.: *Neue Impulse für die Schule für Geistigbehinderte - Die Schule für geistig Behinderte Ort 'leiblicher Kultur'*-, in: Zt. Geistige Behinderung, 27.Jg., 4/1988, 230-250

des Mensch-Welt-Verhältnisses, der zwischenmenschlichen Beziehung und noch genauer, der elementaren Beziehung wichtig erscheinen. Aufgrund der Komplexität elementarer Beziehungsprozesse ist zur Wesenserfassung eine umfängliche phänomenologische Reflexion nötig, die sich auf die existentielle, pädagogische und didaktischen Dimension zu beziehen hat.
In diesem vierten Kapitel geht es mir darum, die erste, die existentielle Notwendigkeit und den Sinn elementarer Beziehungen für den schwerstbehinderten Menschen als Voraussetzung seiner Erziehung schrittweise zu begründen, und dies soll neben der phänomenologisch-leibbezogenen Reflexion, bei der ich mich stark an den Ausführungen PFEFFERs orientiere, auch durch die Auseinandersetzung mit dem Verständnis von Beziehung BODENHEIMERs geschehen.

Ausgehend von der "*erzählten Erziehung*"[15], d.h. von pädagogischen Ereignissen mit schwerstbehinderten Menschen "*erlebt, vergegenwärtigt, besprochen und erzählt*"[16] von professionellen und nichtprofessionellen Erziehern, nimmt W. PFEFFER in seiner Habilitationsschrift eine umfängliche Reflexion der Erscheinungsweisen von Schwerstbehinderten-Erziehung vor, um diese im Anschluß in Analogie zu ihren Erscheinungsformen auf verschiedenen wissenschaftlichen Ebenen neu zu konstituieren.
Als Methodologie für seinen "*Problemkreis 'Erziehung bei schwerer geistiger Behinderung'*" angemessen erscheint ihm die Phänomenologie, "*wie sie von EDMUND HUSSERL begründet, dem französischen Philosophen MAURICE MERLEAU-PONTY weitergeführt, von ALFRED SCHÜTZ für die Sozialwissenschaften und von MARTINIUS LANGEVELD und anderen Pädagogen bzw. Erziehungswissenschaftlern für die Pädagogik rezipiert worden ist.*"[17]
Für meine spezifische Aufgabenstellung sind zunächst die ersten Kapitel im PFEFFERschen Werk von besonderem Interesse, weil er sich hier mit den Fragen, "*wie Menschen mit schwerer geistiger Behinderung sich ihrer Welt zuwenden*" und "*welche Bedeutung hierbei das Leib-sein hat*"[18], beschäftigt und zu Erkenntnissen gelangt, die Antworten auf die eigene leibbezogene Fragestellung implizieren.

---

[15] PFEFFER 1986, 5
[16] ebd. 1986, 6
[17] ebd. 1986, 9
[18] ebd. 1986, 9

4.2 Sinn - stiftung und Weltbezug

Im vorausgegangenen Abschnitt habe ich das Phänomen der Leiblichkeit perspektivisch als 'In-der-Welt-Sein' und 'In-die-Welt-Hineingehen' (DREHER) beschrieben. Elementare Beziehungserlebnisse, wie beispielweise das dargestellte von Helmut und mir, veranschaulichen fürs erste, daß im intensiven Aufeinanderbezogensein jeder Partner zur Welt für den anderen wird, und gleichzeitig beide gemeinsam Welt bilden. Eine These, die es zu belegen gilt und die ein Verstehen dessen, was sich in der elementaren Beziehung zwischen Schüler und Lehrer abspielt, voraussetzt. Zunächst ist zu fragen, wie sich Welt für den Menschen, den schwerstbehinderten Menschen, konstituiert oder anders gesagt, wie dieser in und durch seine Lebensäußerungen der Welt - seiner Welt - **Sinn** gibt, warum Welt zur 'Welt-für-ihn' wird. Eine Fragestellung, die gerade in der Schwerstbehindertenerziehung von Bedeutung ist, weil wir dazu neigen, diesen Menschen vorschnell aus Unkenntnis phänomenologischer Zusammenhänge und wegen der vermeintlichen Unterschiede zur eigenen Sinn-stiftung, die Sinn-haftigkeit ihres Erlebens und Handelns abzusprechen. Dadurch machen wir sowohl den Dialog als auch den Entwurf und die Durchführung einer angemessenen Erziehung unmöglich.

Für PFEFFER ist menschliches Leben "***Zuwendung** zur Welt der Menschen und Dinge.*"[19] Mit HUSSERL konstatiert er, daß der Mensch in der Zuwendung zur Welt durch "*sinngebende Leistungen die Gegenständlichkeit konstituiert.*"[20] Die "*Welt-an-sich*" würde demzufolge im intentionalen Leben zur "*Welt-für-mich*"[21]. "*Die Intentionalität begründet also die Einheit der Welt und unseres Lebens (MERLEAU-PONTY, 1966, S.15), das allen gemeinsame Mensch-Welt-Verhältnis.*"[22]
In Übertragung des MERLEAU-PONTYschen Grundsatzes stellt PFEFFER fest, daß all das, was der schwerstbehinderte Mensch tue, Sinn-gebung sei. Dieser konstituiere in seinem und durch sein Verhalten die Welt 'an-sich' zur 'Welt-für-mich', lege sich selbst aus und bezeuge sich hierbei in seinem Mensch-Welt-Verhältnis.[23] Annas autoaggressives Halsdrücken hinter dem Rücken des Lehrers oder Helmuts unaufhörliches heftiges Schreien sind folglich als spezifische ureigene Selbst-Bezeugungen ihres intentionalen Lebens aufzufassen.
In seiner Sinn-gebung, so führt PFEFFER weiter aus, begegne nun der Schwerstbehinderte dem Erzieher, der sich vor Rätsel gestellt sehe und spontan handelnd auf die ihm fremd wirkenden Verhaltensweisen reagiere. Um das Geschehene verstehen und die Erziehungssituation besser gestalten zu können, reflektiere dieser schließlich das Erlebte. Der mit der Fragestellung beschäftigte Wissenschaftler versuche seinerseits den Erzieher und dessen Reflexion

---

19 PFEFFER 1986, 10
20 ebd. 1986, 10
21 ebd. 1986, 10
22 ebd. 1986, 10
23 vgl. ebd. 1986, 10

zu verstehen und wende sich beiden sinn-gebend zu. Mit folgendem Praxisbeispiel PFEFFERs lassen sich die angedeuteten sinn-gebenden Kreisprozesse veranschaulichen:
"*Oliver* (gemeint ist ein behinderter Mitbewohner von Kai, Anm.d.Verf.) *sagt: 'Kai, du bist ein Teufel!', dem Erzieher erscheint Kai als ein Kind, dem er nie, nie gewachsen sein wird, der Erziehungswissenschaftler mag von 'Verhaltenstörung', 'Autismus'... sprechen, alle geben Sinn, konstituieren je die gelebte Welt als 'Welt-für-sich'.*"[24]
Diese Aneinanderreihung dokumentiert, daß sich Sinn-gebung der Welt auf sehr unterschiedlichen Ebenen vollziehen kann, sich ja gerade in unserem Problemfeld auch fortwährend vollzieht und den Umgang aller Beteiligten miteinander so extrem erschwert. Um trotz der Unterschiede im intentionalen Leben angemessen auf den **anderen**, genauer den **schwerstbehinderten Menschen** reagieren zu können[25], ist es für den Pädagogen m.E. unerläßlich, sich der verschiedenen Sinnstiftungs-Ebenen und vor allem der speziellen Ebene des Schwerstbehinderten bewußt zu werden, indem er sich mit den Grundlagen menschlicher Sinn-stiftung auseinandersetzt. Hier sei auf die Parabel des polnischen Pädagogen JANUS KORCZAK (Anhang S. 1-2) verwiesen.
PFEFFER geht in Abgrenzung zur sozial-phänomenologischen Position SCHÜTZ' davon aus, daß es **keine** Erlebnisdimension gibt, die ohne Sinn ist, "*der erst Sinn gegeben wird in Abschattung rückschauender Akte*"[26]. Er hält es für fragwürdig, erst da von Sinn zu sprechen, "*wo sich das Ich in gleicher Art rückschauend dem eigenen Erleben zuwendet*"[27]. "*Die Urimpression selbst muß Sinn haben, soll die reflexive **Sinn**-gebung nicht beliebig sein, hat sie doch die Urimpression zum Fundament.*"[28] Mit PFEFFER ist jede Lebensäußerung Sinn-gebung und in der Leiblichkeit des Menschen begründet. In seinem Leib reagiere er nicht nur auf die Welt, sondern zeige sich gleichzeitig "*vorgängig als das an, dem zu begegenen er sich in seinem Verhalten*"[29] anschicke.
LIPPITZ stellt das Verhältnis von Mensch und Welt als wechselseitiges Nehmen und Geben, als Dialog dar. Wahrnehmender Leib und sinnliche Welt träten in einen zirkulären Austausch: "*(D)as Sinnliche leitet das leibliche Eingehen auf das Sinnliche; der Leib als Vermögen der Sinn-gebung stützt sich auf den Sinnkern des Wahrgenommenen.*"[30/31]
Weiterführend folgert LIPPITZ in Anlehnung an MERLEAU-PONTY, daß der Leib nie bloß auf Erregungen reagiere, sondern, wie auch PFEFFER und zuvor DREHER betonten, diesem entgegenkommt. Dazu MERLEAU-PONTY selbst: "*In Wahrheit sind freilich selbst Reflexe*

24 ebd. 1986, 11
25 Anm.d.Verf.: In der elementaren Beziehung wird das Reagieren aufeinander möglich, da sich die Sinngebungs-Ebenen der beiden Partner annähern.
26 ebd. 1986, 13
27 ebd. 1986, 13
28 ebd. 1986, 13
29 ebd. 1986, 13
30 LIPPITZ 1980, 38
31 Anm.d.Verf.: Auf die Bedeutung der 'Sinne' für die Sinn-gebung von Welt im erzieherischen Verhältnis werde ich später im Bezug auf die 'Elemente der Beziehung' (BODENHEIMER) genauer eingehen.

niemals bloß blinde Prozesse: sie entsprechen dem 'Sinn' einer Situation und sind nicht weniger Ausdruck unserer Orientierung im 'Milieu des Verhaltens' als der Wirkung, welche die 'geographische Umwelt' auf uns ausübt. Diese Gesamtgegenwart der Situation gibt den einzelnen Reizen erst ihren Sinn und läßt sie für den Organismus erst zählen, gelten und existieren."[32]

Diese gegenseitige Bedingtheit von Leib, sinngebender und Sinn zu gebender (aber auch sinnlicher) Welt belegt die mit PFEFFER zuvor formulierte Grundannahme, daß es keine **sinnleeren** Erlebnisdimensionen des Menschen gibt und ist damit für unseren Problemkreis von besonderem Interesse. Aufgrund vorschneller Adaptionen der Geistigbehindertenpädagogik an neurophysiologische Erkenntnisse wird das Verhalten extrem schwerbehinderter Menschen häufig als primär reflektorisch, als bloßes, d.h. 'sinn-loses' Reagieren auf Sinnes-stimulationen und -manipulationen beschrieben. Diese Auffassung ist der Frage nach der Sinn - haftigkeit eines solchen, dem Betrachter maximal eingeschränkt und daher un-sinnig erscheinenden Lebens immanent. Unberücksichtigt bleibt der "*Leib als Vermögen der Sinngebung*"[33], der die 'Sinn - losigkeit' bloßen Reagierens aufhebt. Im Reflex und gerade in ihm drückt sich das Zur-Welt-Sein eines sehr schwer behinderten Menschen aus. "*Der Reflex*", so sagt MERLEAU-PONTY an anderer Stelle, "*insofern er dem Sinn einer Situation sich öffnet, die Wahrnehmung, insofern sie jeder erkenntnismäßigen Gegenstandssetzung zuvor eine Intention unseres ganzen Seins verkörpert, sind Weisen der* ***präobjektiven*** *Sicht, die wir als das Zur-Welt-Sein bezeichnen.*"[34]

Nicht nur Reflexe und Wahrnehmung, sondern auch die mimischen und gestischen Ausdrucksmöglichkeiten des Leibes faßt PFEFFER[35] als Beispiele des präreflexiven oder präobjektiven (MERLEAU-PONTY) Zur-Welt-Seins auf. Nach LIPPITZ bildet der Leib selbst "*vorbewußte symbolische Gestalten in den mimischen und gestischen Ausdrucksmöglichkeiten aus, die seine organische Materie transzendieren.*"[36] So sei die Körpersprache stets eine über sich hinaus bedeutende Gegebenheit. "*Ist bis in die Spitze hinein das wache Bewußtsein - metaphorisch gesprochen - 'verleiblicht', so ist der Leib bis in seine organischen Prozesse 'vergeistigt'.*"[37]

Beim Versuch des Transfers dieser Erkenntnis auf meinen Praxisbereich wird deutlich, daß beispielsweise Utes spannungslose Gesichtsmuskulatur und der starke Speichelfluß zwar ihren 'organischen', cerebralbedingten Bezugsrahmen haben, aber beide gleichzeitig als präreflexiver Ausdruck der Befindlichkeit, als Utes Selbstbezeugung in der Welt aufzufassen sind. Die Entwicklung einer differenzierten Mimik trotz Spastik und das völlige Sistieren des

---

32 MERLEAU-PONTY, M.: *Phänomenologie der Wahrnehmung*, Berlin 1966, 104
33 LIPPITZ 1980, 38
34 MERLEAU-PONTY 1966, 104
35 vgl. PFEFFER 1986, 14
36 LIPPITZ 1980, 40
37 ebd. 1980, 40

Speichelflusses durch den beziehungsorientierten Unterricht belegen LIPPITZ' Behauptung, daß der Leib 'vorbewußt symbolische Gestalten' ausbildet, das 'wache Bewußtsein verleiblicht und organische Prozesse vergeistigt'[38] sein können.

Wenn die Sinnstiftung schwerstbehinderter Menschen bisher als vorbewußt, präreflexiv oder leiblich bezeichnet wurde, ist damit nicht gemeint, daß sie "*punktuell - gegenwärtiger Art*"[39] ist. Sie geht vielmehr wie die reflexive Sinnstiftung von Retentionen, von einem Früher aus und weist auf Protentionen, auf ein Später hin. Zur Veranschaulichung ein praktisches Beispiel von PFEFFER: "*Wenn die gehörlose Anne auf eine Handtrommel schlägt, welche die Erzieherin in die Nähe ihres Kopfes hält, so wohl in Erinnerung (Retention) an früheres Erleben mit der Trommel und in Erwartung (Protention) an zukünftiges Erleben, der ein 'Um-zu-Motiv' zugrunde liegen muß, das jedoch präreflexiver Art ist.*"[40]
In spontanen Aktivitäten, im Jetzt wird die erste, präreflexive Synthese geknüpft, "*Synthesis von Jetzt, Früher und Später, von Jetzt, Retention und Protention*"[41]. Und an anderer Stelle führt PFEFFER dazu aus: "*...sind doch im Jetzt der Sinnstiftung Erinnerungen als lebensgeschichtlich bedingte leiblich-sinnliche Sinnsedimente wirksam, die ihrerseits wieder Erwartungen implizieren.*"[42]
Präreflexive Synthesen bilden die Basis für die Sinnstiftung auf reflexiver Ebene. Sinnstiftung ist auf allen Ebenen "*in eins Deutung der Welt und Selbstauslegung: Deutung seiner selbst in Bezug zur Welt und Deutung der Welt in Bezug zum Selbst*"[43]. Aktuelle Bedürfnisse, z.B. "*Wohlbehagen - Unbehagen, zweckdienlich - nicht zweckdienlich*", wie sie "*lebensgeschichtlich bedingt entwickelt worden sind*"[44], bilden die Grundlage für Deutungsschemata präreflexiver Art. Aber gerade diese affektiven Deutungsschemata des schwerstbehinderten Menschen seien nach PFEFFER für den Erzieher fremd, unerklärbar und erschwerten den adäquaten Förderprozeß. Im Zusammenhang mit der Wirkung elementarer Beziehungen auf den schwerstbehinderten Schüler werde ich später noch einmal erläuternd auf die Bedeutung präreflexiver, subjektiver Sinnstiftung und Deutung zurückkommen.
Um zu besserem Verstehen und zu einer angemessenen Erziehung Schwerstbehinderter zu gelangen, ist es notwendig, und dazu kann die phänomenologische Erkenntnisgrundlage als mögliche Zugangsweise nicht eindringlich genug unterstrichen werden, jegliche Lebensäußerung des Behinderten als seine **subjektive Sinnstiftung** bzw. **Deutung der Welt** erkennend

---
38 vgl. 1980, 40
39 PFEFFER 1986, 14
40 ebd. 1986, 14/15
41 ebd. 1986, 15
42 ebd. 1986, 18
43 ebd. 1986, 18
44 ebd. 1986, 15

und anerkennend in die Erziehungsintention zu integrieren. "*Erziehung ist*" für MEYER-DRAWE "*nicht einfachhin Tradierung von Sinn seitens des Erziehers. Die zu Erziehenden und die Lernenden im Unterricht sind 'Mit-Konstituierende im Erziehungs- und Unterrichtsgeschehen'.*"[45]

Es drängt sich jetzt die Frage auf, wie für den Lehrer die subjektive Sinngebung des schwerstbehinderten Schülers erkenn-und verstehbar wird, damit er zur Relativierung seiner eigenen Sinnstiftung als Bedingungsvariable seines Unterrichtes gelangt. Zum Austausch subjektiver Sinnstiftung zwischen Schüler und Lehrer als wesentlichem Moment des erzieherischen Verhältnisses sagt PFEFFER, "*daß Erzieher und der zu Erziehende*" nicht "*'zuerst' Sinn stiften, den sie dann austauschen, sondern daß die Sinnstiftung selbst in der erzieherischen Begegnung erfolgt, wenngleich Sinnsedimente der erinnerten Lebens- und Erziehungsgeschichte im Jetzt wirksam sind.*"[46]

Indem sich der Lehrer, sein primär reflexives Bewußtseinsniveau überwindend, auf den leibhaften Dialog mit dem Schüler einläßt, sich beide also 'elementar' aufeinander beziehen und gemeinsam Welt konstituieren, wird das schwerstbehinderte Kind für ihn, wenn auch nur begrenzt, so doch intensiv, nämlich 'leib-hafter' erfahrbar. Durch die Reflexion der elementaren Beziehungssituation können sich für den Lehrer Interpretationsperspektiven des kindlichen Verhaltens, das ihm bisher unverständlich schien, auftuen.

An dieser Stelle bleibt mir wieder nur der Hinweis auf die voraussetzende Bedeutung elementarer Beziehung für die Erziehung Schwerstbehinderter, da für die umfassende Diskussion nötige Erkenntnisse zum Phänomen der Leiblichkeit noch nicht erarbeitet sind.

---

45 MEYER-DRAWE 1984, 72 nach PFEFFER 1986, 14

46 PFEFFER 1986, 17

4.3 Leib - Sein und Weltbezug

Ich will nun die phänomenologische Erkenntnis PFEFFERs, daß jede Lebensäußerung des Schwerstbehinderten **Sinnstiftung**, genauer Sinnstiftung auf präreflexiver Ebene sei, weiter verfolgen und nach ihrem Begründetsein im Leib sowie nach ihrer Entfaltung mittels des Leibes fragen; konkret: Was heißt beim Menschen mit schwerer geistiger Behinderung Leib-sein auf vorbewußter Ebene? Welches Verhältnis besteht zwischen Leib-sein und Welt-Bezug? Welche Konsequenzen ergeben sich aus dieser Relation für seinen personellen Welt-Bezug, insbesondere für das erzieherische Verhältnis als grundlegende Voraussetzung jeden Unterrichtes für und mit Schwerstbehinderten?

Für PFEFFER stellt das erzieherische Verhältnis "*eine Besonderung des Mensch-Welt-Bezugs dar*"[47], das gleichzeitig dessen Entwicklung impliziere. Vergegenwärtigen wir uns dazu noch einmal das 'erzieherische Verhältnis' im eingangs dargestellten Beziehungsbeispiel zwischen Helmut und mir. Aus einer Helmut bekannten, aber wegen seines häufigen Entziehens noch nicht vertrauten Lernsituation entstand unerwartet ein enges Beziehen der beiden Partner aufeinander, ein Dialog, der sich zusammenfassend durch gemeinsames, dialogisches oder noch anders ausgedrückt, reziprokes Atmen, Fühlen und Anfühlen charakterisieren läßt. Die Begegnung zwischen Helmut und mir war leiblich-präreflexiver Art. PFEFFER beschreibt das Verhalten Schwerstbehinderter im erzieherischen Verhältnis wie folgt: "*Weder schauen sie reflektierend zurück auf Sedimente ihres Erlebens, noch artikulieren sie ihre Erlebnisse in konventionalisierten Symbolen (wie z.B. Sprache), noch entwerfen sie reflektierend ihre Aktivitäten in und an der Welt (in Form von geplanten Handlungen z.B.), noch reflektieren sie sich selbst. Ihre Welt ist die unmittelbar und gegenwärtig gegebene, wobei der Bezug zu ihr nicht ohne Retention und Protention ist.*"[48]

PFEFFERs Charakterisierung mag auf unser Beispiel, mag auf Helmut zutreffen; doch seine Behauptung, daß Schwerstbehinderte zur Reflexion ihres Erlebens, ihrer Aktivitäten und ihres Selbst nicht fähig sind, halte ich für zu pauschal und deshalb überdenkenswert. Ein Mensch, der sich nicht in einer uns irgendwie erfahrbaren Weise zu artikulieren vermag, kann dennoch reflektierende Fähigkeiten besitzen. Uns fehlen möglicherweise lediglich die Mittel, seine individuellen Fähigkeiten zu erkenne.

Ute, ich habe sie zuvor erwähnt, verschloß sich völlig in sich selbst und zeigte kaum Reaktionen auf die Umwelt. Durch ihre fehlende Körpersprache und ihr Verhalten gewann ich den Eindruck, ihre starke geistige Behinderung ließe nur ein stimulierendes Lernangebot zu, sprach ihr reflektierende Fähigkeiten ab. Doch nachdem elementare Beziehungen zwischen uns entstanden waren, mußte ich erkennen, daß sie sehr wohl reflektierende Bewußtseinseigenschaften besitzt, und wir diese für ihr Lernen nutzbar machen konnten. So hat sie z.B., nachdem ich

---

47 PFEFFER 1986, 19

48 ebd. 1986, 19

zunächst ihre 'leibhafte Sprache' (Veränderung der Tränensekretion und Atemfrequenz sowie minimaler mimischer Ausdruck) verstehen konnte, binnen kürzester Zeit einfache Bildfolgen zu decodieren, die vier Grundfarben zu unterscheiden und ihre Bedürfnisse auch anderen Personen gegenüber zu artikulieren und durchzusetzen gelernt.
Dies mag vielleicht als Einzelfall erscheinen. Doch wegen der überaus großen Schwierigkeiten im Erkennen des Welt-Bezugs des schwerstbehinderten Anderen halte ich es für wichtig, die eigene Auffassung über dessen Fähigkeiten im Erleben, Handeln und Selbstreflektieren stets zu relativieren und ggf. zu revidieren. Es scheint mir für den Lehrer sinnvoll, beide Fähigkeiten, die präreflexive **und** die reflexive, auch wenn sie für ihn noch nicht erkennbar sind, beim schwerstbehinderten Kind anzunehmen, nicht aber vorauszusetzen, und sich selbst bereit zu machen für den leibhaften, präreflexiven Dialog mit ihm.
Diese ersten, intensiv erlebten Beziehungen zwischen Schüler und Lehrer, die elementaren Beziehungen, können nun im Sinne des PFEFFERschen leiblich-präreflexiven erzieherischen Verhältnisses verstanden werden. Aufgrund ihrer Unmittelbarkeit, d.h. Leibgebundenheit, werden elementare Beziehungen von den Partnern intensiver und nachhaltiger erlebt. Mit BODENHEIMER geht Beziehung, genauer Anruf von Seele aus und ist auf Seele gerichtet. Die elementare Beziehung tut dies in besonderer, nämlich leib-hafter, präreflexiver Weise. Sie unterscheidet sich durch diese Eigenschaft von allgemeinen, generellen, über "*konventionalisierte Symbole*"[49] ablaufenden Beziehungen und ist damit eine Besonderheit des erzieherischen Verhältnisses. Der Unterschied zwischen 'elementarer' und 'genereller' Beziehung wird nach der ausführlichen Reflexion der elementaren Beziehungsweisen in Abgrenzung zu BODENHEIMER deutlich werden.
Da elementare Beziehung also leibhafter, sich demgemäß auf der leiblich-präreflexiven Ebene vollziehender Dialog ist, was nicht, wie das Beispiel von Ute zeigt, die reflexiven Fähigkeiten des schwerstbehinderten Menschen grundsätzlich ausschließt, werde ich u.a., wieder unter Rückgriff auf PFEFFER, der Leiblichkeit als grundlegender Weise des Zur-Welt-Seins nachgehen. Ursprung und Sinn elementarer Beziehung, noch nicht ihre Vollzugsweisen, werden dabei erkennbar. Um Antworten auf meine zuvor formulierten Fragestellungen zu finden, greife ich schwerpunktmäßig nur einige, mir wichtig erscheinende Aussagen PFEFFERs heraus, um sie im Beziehungskontext zu betrachten.

MERLEAU-PONTY sieht den Menschen, wie MAIER sagt, immer schon verankert in einer "*'menschlichen Situation', in der er handeln kann, weil sie ihm irgendwie schon vertraut ist und in der er schließlich handelt, um einen festen Halt in ihr zu gewinnen.*"[50] Der Mensch sei kein bloß die Welt konstruierendes und über ihr schwebendes Bewußtsein, nicht reiner Geist, der in die Welt der Dinge gefallen sei oder gar in sie geworfen würde, "*um sich in ihr sittlich zu bewähren*", sondern er sei "*aus dem 'nackten Sein'*

---

[49] ebd. 1986, 19
[50] MAIER 1963, 43

der Welt oder, wie Merleau-Ponty sagt, der Natur hervorgegangen"[51] und ein Teil von ihr geblieben. Der ursprüngliche Bezug des Menschen zum Sein sei deshalb nicht *"derjenige des Für-sich-seins zum In-sich-sein"*[52]. *"Diese 'Existenz'"*, führt MAIER weiter aus, *"die also weder reines 'Für-sich-sein' noch reines 'In-sich-sein' ist, sondern eben das, was auf die Welt gekommen ist und ihr auch weiterhin angehört, ist für MERLEAU-PONTY zunächst nichts anderes als mein eigener Leib."*[53]
MAIER betont ausdrücklich, daß **dieser Leib** nicht mit dem Leib verwechselt werden dürfte, der zu einem *"ausgezeichneten Forschungsgegenstand der objektiven Wissenschaften geworden"*[54] sei. Vor allem die Physiologie und die Psychologie glaubten, wie ja schon in anderem Zusammenhang dargestellt[55], mit naturwissenschaftlicher Methodik dessen Funktionsweisen erklären zu können. Gemeint ist vielmehr **der Leib**, *"de(n) gerade die objektiven Wissenschaften - und das ist das Ergebnis von Merleau-Pontys kritischer Auseinandersetzung mit ihnen in seinem Hauptwerk 'La Structure du Compotement'- dadurch erst wieder für die Wissenschaften und die Philosophie neu ins Blickfeld gerückt haben, weil an ihm alle Erklärungsversuche mit der deduktiven Methode Mills und mit dem kausalen Denken überhaupt scheiterten, und der sich schließlich in dem Maße, in dem er sich dem Zugriff der objektiven Wissenschaften entzog, als etwas zeigte, das sich von den Wissenschaften deshalb nicht als ein 'positiv Seiendes' bestimmen läßt, weil er es ist, der alle Wissenschaft erst ermöglicht."*[56]
Dieser menschliche Leib, der immer nur **mein Leib** ist, durch den ich in der Welt verankert bin, und den MERLEAU-PONTY als 'corps phénoménal' bezeichnet, ist nach seiner Auffassung dann vorhanden, und damit komme ich zu seiner Definition des Leibes, *"wenn sich zwischen dem Sehen und dem Gesehenen, zwischen dem Berühren und dem Berührten, zwischen dem einen und dem anderen, zwischen der einen und der anderen Hand eine Art von sich wiederholendem Überkreuzen vollzieht, wenn sich der Funke des als Wahrnehmbares sich Wahrnehmenden entzündet, wenn dieses Feuer auflodert, das nicht aufhören wird zu brennen, bis daß irgendein Unfall (accident) des Leibes das zerstört, wozu kein Unfall (accident) ausgereicht hätte, es hervorzubringen."*[57]
MERLEAU-PONTY beschreibt den Leib hier als *"eigenartiges Austauschsystem (cet étrange système d'échange)"*[58], das nicht mehr als Produkt isolierbarer Faktoren gedacht werden darf. Der Leib kann weder als Objekt noch als Subjekt verstanden werden, da es Sub-

51 ebd. 1963, 43
52 ebd. 1963, 43
53 ebd. 1963, 44
54 ebd. 1963, 44
55 Anm.d.Verf.: vgl. Kapitel 3
56 MAIER 1963, 44
57 MERLEAU-PONTY 1961, 198 nach MAIER 1963, 44
58 MAIER 1963, 53

jekt und Objekt zugleich ist, und das macht es eigentlich unmöglich, ihn zu erfassen. "*Das Rätsel besteht*" für MERLEAU-PONTY darin, "*daß mein Leib sichtbar und sehend zugleich ist.*"[59]
In Anlehnung an MERLEAU-PONTY sagt PFEFFER, daß der Leib ebensowenig Gegenstand der eigenen Wahrnehmung und des Denkens, also des eigenen Bewußtseins sein könne, weil das Bewußtwerden des eigenen Leibes bereits die Tätigkeit des Leibes selbst sei[60]. Man könne zwar den eigenen Leib als "*Ding-für-sich*" setzen, doch dabei verliere er die Sicht als "*Für-sich-sein*"[61].
Der Mensch sehe sich gedrängt, sich seines Leibes bewußt zu werden und versuche, dies auf dem Weg der Vergegenständlichung zu erreichen. Da es ihm jedoch beim eigenen Leib nicht gelinge, versuche er es mit dem Leib des Anderen und begreife ihn z.B. "*als Regelkreis*", fundiere ihn "*durch die Annahme von Gesetzmäßigkeiten*" und konstituiere ihn "*physikalisch als 'Maschine', 'Mechanismus' sowie biologisch-psychologisch als 'Organismus'*"[62]. Doch dabei gewinne er den Leib "*nie und nirgends als Subjekt und Für-sich*"[63].
Um die sogegebenen Schwierigkeiten im Bewußtwerden des Leibes-für-sich zu überwinden, gibt MERLEAU-PONTY selbst folgenden Lösungsimpuls, der für meine eigenen Erarbeitungen richtungsweisend ist, und den er aus der Perspektive des Bedingungsgefüges von Leib und Welt, hier repräsentiert durch die wahrnehmbaren und damit leibbildenen Gegenstände, entwirft. "*Wir müssen die Alternative, nichts vom Subjekt, oder aber nichts vom Objekt verstehen zu können, zu durchbrechen versuchen. Wir müssen den Ursprungsort des Gegenstandes im Innersten unserer Erfahrung selbst aufsuchen, das Erscheinen des Seins zu beschreiben und das Paradox zu verstehen suchen, wie für uns etwas an sich zu sein vermag.*"[64]
Aus der Synthese dieser Aussage mit seiner zuvor zitierten Beschreibung des Leibes wird erkennbar, daß MERLEAU-PONTY an der Wahrnehmungstätigkeit des Menschen ein vorobjektives und vorsubjektives Wirklichkeitsverständnis entwickelt, das LIPPITZ wie folgt beschreibt: "*Das wahrnehmende Bewußtsein ist nicht primär ein Bewußtsein, das den Dingen wie ein wissenschaftlicher Beobachter im Vollbesitz seiner methodischen Möglichkeiten distanziert gegenübertritt, sondern es ist vielmehr ein im Umgang mit den Dingen erfahrenes und engagiertes Bewußtsein des 'Ich kann', ein produktives, aber auch ein ästhetisch genießendes, unthematisches Bewußtsein, ein 'unreflektiertes Bewußtsein', das immer schon bei den Dingen ist, ein 'natürliches Subjekt'.*"[65]

---

59 MERLEAU-PONTY 1961, 179 nach MAIER 1963, 45
60 vgl. PFEFFER 1986, 19
61 ebd. 1986, 20
62 ebd. 1986, 21
63 ebd. 1986, 21
64 MERLEAU-PONTY 1966, 96
65 LIPPITZ 1980, 35

Eine diesbezügliche Sinnentsprechung vollzieht PFEFFER, wenn er, von der Schwierigkeit der objektiven Erfassung des Leibes als Für-sich ausgehend, sagt: "*Der erkennende Zugang zum Leib als Für-sich ist demnach im präobjektiven und präreflexiven Erleben von Welt zu suchen. So gesehen enthüllt sich der Leib im intentionalen Leben.*"[66] Desweiteren versteht PFEFFER, in Analogie zu MERLEAU-PONTY, Leib-sein als die Weise des Zur-Welt-Seins des Menschen. Der Leib sei das Mittel, eine Welt zu haben und in ihr verankert zu sein.[67] Mit MERLEAU-PONTYs Worten: "*Der Leib ist das Vehikel des Zur-Welt-Seins, und einen Leib haben heißt für den Lebenden, sich einem bestimmten Milieu zugesellen, sich mit bestimmten Vorhaben zu identifizieren und darin beständig sich engagieren.*"[68]

Wohlwissend wie groß die Gefahr der Vergegenständlichung in der reflektierenden Betrachtung des Leibes ist, denn die Versprachlichung ist bereits eine "*Art Objektivation*", unternimmt PFEFFER den "*schier aussichtslosen Versuch*", "*Selbstgebung meines Daseins als solche zur Sprache zu bringen*"[69]. Für ihn ergibt sich die Notwendigkeit der Auseinandersetzung aus "*der Frage nach dem Selbst- und Subjektsein von Menschen mit schwerer geistiger Behinderung und der Gefahr, ihre Aktivitäten rein auf von der Umwelt determinierte Mechanismen zu reduzieren und sie als Spielball innerer 'biologischer' und äußerer 'sozialer' Determinismen zu verstehen, aus denen 'pädagogische' Folgerungen abgeleitet werden, die die Personalität bedrohen*"[70]. Wenn es gelänge, in einer deskriptiven Explikation des eigenen Leibes-an-sich das Selbst- und Subjektsein der eigenen Existenz zu erfahren, dann gäbe es für PFEFFER keinen Grund mehr, dies anderen Menschen abzusprechen. Vielmehr wäre es ein "*guter Grund, ihnen als Subjekten ihres Lebens (pädagogisch) zu begegnen, ganz gleich, in welcher Seinsweise sie erscheinen.*"[71] Lebensäußerungen schwerstbehinderter Menschen, die uns unsinnig erscheinen, würden dann "*als persönlicher 'Weg' in subjektiv aussichtslosen Situationen*"[72] erkennbar.

Wie können wir nun der <u>vorbewußten Intentionaliät des Leibes</u> (des Menschen mit schwerer geistiger Behinderung) näher kommen?

"*Bereits vor jeder bewußten Intention ist der Mensch*", wie PFEFFER meint, "*in seinem Leib zur Welt hin und auf die Welt hin gestimmt.*"[73]

---

66 PFEFFER 1986, 21
67 vgl. ebd. 1986, 22
68 MERLEAU-PONTY 1966, 106
69 PFEFFER 1986, 21
70 ebd. 1986, 21
71 ebd. 1986, 21/22
72 ebd. 1986, 22
73 ebd. 1986, 22

Für BUYTENDIJK stiftet unser Leib "*schon einen qualitativen, geformten, bedeutungsvollen und sinnreichen Zusammenhang mit den räumlichen und zeitlichen Dimensionen, mit den Dingen und situationalen Strukturen, ohne daß wir persönlich davon wüßten.*"[74] Mittels des Leibes bestände demzufolge eine "*unteilbare Einheit der menschlichen Existenz und der menschlichen Welt, in der das Dasein sich selbst sinnentdeckend und sinn-gebend entfaltet.*"[75] Jede bewußte Intention stützt sich auf unbewußte Intention, ist unlösbar mit diesen verknüpft und kann sich letztlich nur durch diese entfalten.

MERLEAU-PONTY bezeichne die vorbewußte Intentionalität als 'präobjektive Sicht' der Welt, getragen von einem intentionalen Spannungsbogen, der den Menschen auf die Welt hin vorbewußt ausspanne.[76] MERLEAU-PONTY zieht es daher vor zu sagen, "*das Bewußtseinsleben - als erkennendes, begehrendes oder wahrnehmendes Leben - sei getragen von einem 'intentionalen Bogen', der um uns her unsere Vergangenheit, unsere Zukunft, unsere menschliche Welt, unsere physische Situation, unsere weltanschauliche Situation entwirft, oder vielmehr es bewirkt, daß wir in all diesen Beziehungen situiert sind. Dieser intentionale Bogen ist es, der die Einheit der Sinne, die Einheit der Intelligenz und die Einheit von Sinnlichkeit und Motorik ausmacht.*"[77]

Das präobjektive Verhältnis zwischen Mensch und Welt ist also "*kein kausales, sondern ein dialektisches: das Subjekt nimmt der Welt gegenüber im Leibe eine Position ein, die durch die Bedeutung der Dinge hervorgelockt wird.*"[78] Aus der dialektischen Relation zwischen Mensch und Welt, die durch die Intentionalität des Leibes gegeben ist, erhalten die Lebensäußerungen, der Weltbezug des Schwerstbehinderten eine weitere, für seine Erziehung bedeutungsvolle Fundierung, die PFEFFER folgendermaßen beschreibt: "*Demnach begegnen Menschen mit schwerer geistiger Behinderung eo ipso in einem durch den individuellen Leib gegebenen Weltbezug. Sie sind in der Welt, haben ihre Welt und suchen eine ihnen gemäße Welt.*"[79]

Mittels des Leibes, in dem die 'Welt-an-sich' zur 'Welt-für-mich' wird, stiftet der Mensch Welt. Es gibt nicht hier das Für-sich-sein und dort eine Welt. PLÜGGE sagt: "*Im Leib findet sich die Entstehung aller Dinge.*"[80] Menschen mit schwerer geistiger Behinderung stiften Welt "*nach Maßgabe ihrer Leiblichkeit*"[81]. Dies erklärt m.E., weshalb schwerstbehinderte Schüler so häufig unerwartet oder gar nicht auf Lernangebote reagieren, die wir doch, nach reiflicher Bedingungsanalyse, ihrem vermeintlichen 'Entwicklungsalter' angepaßt haben. Wir

---

74 BUYTENDIJK 1967, 29 nach PFEFFER 1986, 22
75 BUYTENDIJK 1967, 49 nach PFEFFER 1986, 22
76 vgl. PFEFFER 1986, 22/23
77 MERLEAU-PONTY 1966, 164/165
78 PFEFFER 1986, 23
79 ebd. 1986, 23
80 PLÜGGE 1967, 36 nach PFEFFER 1986, 24
81 PFEFFER 1986, 24

wählen den Lehrinhalt unserem Welt-Bezug entsprechend, nach Maßgabe unserer Leiblichkeit (die ja unser Bewußtsein einschließt) aus, berücksichtigen dabei nicht, daß das schwerstbehinderte Kind bereits 'seine' Welt hat. Es kann sich nur den Dingen, Situationen oder eben Lernangeboten zuwenden, die seiner, durch den individuellen Leib gegebenen Welt gemäß sind. Weder auf Schüler- noch auf Lehrerseite kommt es zur Deckung der Erwartungen, der Unterricht bleibt in Bezug auf das angestrebte Ziel wirkungslos. Für PFEFFER beanspruchen Schwerstbehinderte "*(a)ls Glied des Menschengeschlechts ... qua Leib von ihrer menschlichen Welt die Wahrnehmung ihrer Bedeutungsstiftung* ***und*** *die individuell angemessene Teilhabe an den menschlichen Bedeutungsstiftungen.*"[82]
Wollen wir der Bedeutungsstiftung des Schwerstbehinderten nach Maßgabe seiner Leiblichkeit pädagogisch begegnen, müssen wir uns zuvor klar werden, wie sich über präreflexive Prozesse der Bedeutungsstiftung bewußte und reflektierende Intentionalitäten ausbilden. Welche Beziehung besteht zwischen Bewußtsein und Leib im intentionalen Leben? PFEFFER sagt, daß "*(d)as vor jeder bewußten und reflektierenden Intentionalität gegebene vorbewußte Zur-Welt-Sein des Menschen im Leib, das er einfach lebt und erlebt, ... die Einheit von Bewußtsein und Leib*"[83] impliziere.
Erinnern wir uns zur Veranschaulichung noch einmal an das Beziehungsbeispiel von Helmut und mir, genauer an seinen ersten Anruf: "Plötzlich legt er seinen Kopf an meine Wange und atmet zufrieden. Diese ungewohnte Geste rührt mich zutiefst und...". Helmuts Verhalten scheint dem Augenblick zu entspringen, d.h. es wirkt nicht bewußt geplant, er greift nicht reflektierend auf ein Früher zurück, sondern verhält sich unmittelbar, präreflexiv-leiblich.
Für PFEFFER erwecken Menschen mit schwerer geistiger Behinderung nicht den Eindruck, und mein Beispiel unterstützt dies, "*als hätten sie bei ihren Aktivitäten 'zuerst' Vorstellungen in ihrem Bewußtsein, die sie dann 'mittels' des Leibes (als Werkzeug) realisieren.*"[84] Aufgrund der Einheit von Bewußtsein und Leib sei, meint PFEFFER weiter, beim reflektierenden Menschen die Unterscheidung von reflektierendem Bewußtsein und 'Leib-Instrument' bereits als solche fraglich, doch für die präreflexive Aktivität des Schwerstbehinderten sei sie "*mit Sicherheit ohne Sinn*"[85]. Um die Unsinnigkeit der Trennung von Bewußtsein und Leib zu unterstreichen, greift PFEFFER auf folgendes Zitat MERLEAU-PONTYs zurück, in dem er die Einheit beider an der Bewegung der Hand verdeutlicht: "*Die Geste der Hand, die sich auf einen Gegenstand zubewegt, impliziert einen Verweis auf den Gegenstand nicht als solchen der Vorstellung, sondern als dieses bestimmte Ding, auf das hin wir uns entwerfen, bei dem wir vor-greifend schon sind und das wir gleichsam umgeistern. Bewußtsein ist das Sein beim Ding durch das Mittel des Leibes. Erlernt ist eine Bewegung, wenn der Leib sie verstanden hat, d.h. wenn er sie seiner 'Welt' einverleibt hat, und seinen Leib bewegen heißt*

[82] ebd. 1986, 24
[83] ebd. 1986, 27
[84] ebd. 1986, 28
[85] ebd. 1986, 28

immer, durch ihn hindurch auf die Dinge abzielen, ihn einer Aufforderung entsprechen lassen, die an ihn ohne Umweg über irgendeine Vorstellung ergeht. Die Motorik steht also nicht solcherart im Dienst des Bewußtseins, als transportierte sie den Leib an einem Raumpunkt, den wir zuvor vorgestellt hätten. Sollen wir unseren Leib auf einen Gegenstand zubewegen können, so muß zunächst einmal der Gegenstand für ihn selbst existieren, kann also unser Leib nicht der Region des Ansich zugehören."[86]
Daraus läßt sich mit MERLEAU-PONTY schließen, daß der Leib seine Welt hat oder sie begreift, "*ohne erst den Durchgang durch 'Vorstellung' nehmen oder sie einer 'objektivierenden' oder 'Symbol-Funktion' unterordnen zu müssen.*"[87] In der Existenz vollzieht sich die Einheit von Bewußtsein und Leib, was nach PFEFFER in Konsequenz für die Schwerstbehindertenproblematik bedeute: "*Die Einheit von Leib und Bewußtsein in der Intentionalität ist demnach gegen alle Versuche festzuhalten, schwer geistig Behinderten spezifisch menschliches Bewußtsein abzusprechen oder das hinter oder irgendwie über dem Leib stehende Bewußtsein zum eigentlichen Subjekt zu machen, dessen Werkzeug der Leib ist. Die leibliche Existenz des Menschen ist die grundlegende Weise der Bewußtwerdung der Welt, die jeder Reflexion und der sogenannten rein geistigen (abstrakten) Tätigkeit, diese fundierend, vorausgeht und sie begleitet.*"[88]

Im zweiten Teil meiner Arbeit werde ich die Entwicklung zweier Schüler im und durch den beziehungsorientierten Unterricht ausführlich darstellen, wobei deutlich werden wird, daß in der elementaren Beziehung, die sich ja auch als leibhafter Dialog verstehen läßt, das schwerstbehinderte Kind eine Bestätigung seiner leiblichen Existenz, als "*grundlegende Weise der Bewußtwerdung der Welt*"[89], seiner Welt erfährt. Diese ist gleichsam Selbstfindung und -bestätigung und bildet damit die Voraussetzung zur Äußerung erster bewußter Intentionen. So haben z.B. beide Kinder u.a. die Fähigkeit entfaltet, sich mittels genereller Beziehungen, also über allgemein verständliche Symbole, zu artikulieren. Sie waren dazu fähig, nachdem ihr Leib die elementare Beziehung zum Lehrer verstanden, d.h. nachdem "*er sie seiner 'Welt' einverleibt hat*"[90].
Objektives und reflektierendes Bewußtsein mag zwar aus präreflexivem hervorgehen, doch diese Aussage darf nicht zu der Annahme führen, daß letzteres vom ersten abgelöst würde. Beide bleiben im Leib mit einander verbunden und vollziehen sich in der menschlichen Existenz. Die Ansprüche unserer abendländischen Kulturwelt haben zur Hervorhebung des rein objektiv-reflektierenden Bewußtseins geführt, das jedoch durch die existentielle Gebundenheit im Leib gar nicht ohne das präobjektive zu denken ist. Wir sind uns dieser Einheit nur nicht ge-

86 MERLEAU-PONTY 1966, 167 nach PFEFFER 1986, 28/29
87 MERLEAU-PONTY 1966, 170
88 PFEFFER 1986, 29
89 ebd. 1986, 29
90 MERLEAU-PONTY 1966, 167

nügend bewußt, obwohl sie es gerade ist, die es dem Lehrer, seine präreflexiven Fähigkeiten betonend, ermöglicht, sich unmittelbar auf den 'leib-haften Dialog' mit dem schwerstbehinderten Schüler einzulassen, gemeinsam mit ihm Welt zu konstituieren. Nach BODENHEIMER bestätigen sich beide Partner in der Beziehung durch Abgrenzung von einander in ihrem Selbst und in ihrem Sein. In der elementaren Beziehung geschieht die Selbstbestätigung, wie noch zu zeigen ist, in besonderer, eben leib-hafter Weise.

4.4 Ausdruck, Handeln und Wahrnehmung als Aspekte des Zur-Welt-Seins des Leibes

Zur Erhellung einer weiteren Dimension des elementar-leibhaften Dialogs ist es sinnvoll, erneut an das Beziehungsbeispiel mit Helmut anzuknüpfen[91]. Zur Erinnerung noch einmal die wichtigste Passage:

> Plötzlich legt er seinen Kopf an meine Wange und atmet zufrieden. Diese ungewohnte Geste rührt mich zutiefst an, und ich lehne zur Antwort meinen Kopf sanft an seine Stirn. Mein Druck wird für ihn zum Anruf, den er in derselben Weise erwidert. Ich fühle mich von seiner Antwort berührt und angerührt. In diesem Augenblick gilt meine uneingeschränkte Aufmerksamkeit nur dem Dialog mit ihm, und ich antworte wieder mit sanftem Gegendruck. An seinem tiefen Einatmen spüre ich, daß mein Anruf ihn erreicht hat, und er reibt erneut seine Stirn gegen meine Wange. Spannungsvoll atme ich als Erwiderung seines Anrufes aus, ...

Zuvor habe ich den Prozeß unter dem Aspekt der subjektiven, präreflexiven Sinn- und Bedeutungsstiftung betrachtet, habe phänomenologisch zu begründen versucht, weshalb sich im elementaren, im leibhaften Dialog die beiden Partner auf dem präobjektiven Bewußtseinsniveau mit- und aufeinander beziehen. Doch beide Momente belegen noch nicht ausreichend, weshalb sich Schüler und Lehrer aufeinander beziehen, wie sich der Leib in der Beziehung ausdrückt und der Andere dessen Ausdruck wahrzunehmen vermag, damit gleichzeitig beide gemeinsam Welt konstituieren. Mit dieser Fragestellung sind aber noch nicht die Vollzugsweisen der elementaren Beziehung an sich, das 'Wie' (z.B. direkt oder medial) des Prozesses gemeint. Es geht immer noch um ihre Begründungs-Voraussetzungen.
Die Beziehung in unserem Beispiel wird gestaltet, indem der eine Partner sich leiblich ausdrückt und mittels dieses Ausdruckes, z.B. Stirn an die Wange des Lehrers legen, Druck, Ge-

---

[91] Anm.d.Verf.: Durch die mehrdimensionale Betrachtung ein und derselben Situation wird das Wesen der elementaren Beziehung in ihrer Pluripotentionalität deutlicher. Im zweiten Teil werde ich weitere Beziehungsbeispiele aufführen, die die repräsentative Aussage des hier verwendeten bestätigen.

gendruck oder tiefes zufriedenes Atmen, den anderen anruft. Dieser nimmt den Anruf wahr und gestaltet (handelt) seinerseits, d.h., er antwortet, indem er sich ebenso leiblich ausdrückt und damit den ersten wieder anruft.
Ausdruck, Wahrnehmung und Handeln scheinen in enger Relation zu einander zu stehen, Bezüge, die aufzuzeigen sind. Es geht also darum, Ausdruck, Handeln und Wahrnehmung als Kategorien des Leibes, als Weisen seines Zur-Welt-Seins zu begreifen, ohne die das besondere erzieherische Verhältnis, die elementare Beziehung, nicht denkbar ist. Die drei Aspekte sind in ihrer Gebundenheit an, zugleich aber auch in ihrer Entfaltung im und durch den Leib zu betrachten.

4.4.1 Die Einheit von Ausdruck, Handeln und Wahrnehmung im Leib

Der Leib ist für PFEFFER "*Ausdruck, er gestaltet die Welt und er nimmt sie wahr. Indem der Ausdruck des Leibes immer Ausdruck seines Verhältnisses zur Welt ist, impliziert dies bereits Handeln und Wahrnehmung. Im Handeln selbst drückt der Mensch sich leiblich aus und nimmt die Welt, an der er handelt, wahr. Die Wahrnehmung der Welt ist ihrerseits bereits Ausdruck des Leibes und ist als Sinnstiftung (Bedeutungsstiftung) Gestalten der Welt. Wenn hier also drei Weisen des Zur-Welt-Seins unterschieden werden, so ist ihr Zusammenhang immer mitzusehen.*"[92]
PFEFFERs Ausführungen machen deutlich, daß Ausdruck, Handeln und Wahrnehmung als drei Weisen des Zur-Welt-Seins des Leibes, aber nicht getrennt von einander zu denken sind und gemeinsam das Mensch-Welt-Verhältnis bezeugen. MERLEAU-PONTY bezeichnet das Verhältnis des Menschen zu seiner Welt als das des **Wohnens**. "*Als Leib verbindet ihn mit der Welt das Wohnen in ihr.*"[93] Mit MAIER läßt sich dieses Wohn-Verhältnis folgendermaßen veranschaulichen: "*So wie leere Räume erst dann zu einer Wohnung werden, wenn ich mich in ihnen häuslich eingerichtet habe und beginne, mich in ihnen daheim und geborgen zu fühlen, wenn ich also diese Räume nicht beliebig und zu irgendwelchen, vielleicht zu beruflichen Zwecken benutze, sondern wenn ich sie bewohne und sie überall durch ihre Ausstattung und durch ihr Vertrautsein ein Teil von mir geworden sind,*"[94] so bewohnte der Leib die Dinge, so bewohnte er seine Welt.
Ein Körper, "*ein physisches Ding*", führt MAIER weiter aus, wird "*nur zu einem Leib, wenn es von 'Geist' nicht nur benutzt wird in der Weise, wie ein Handwerker sein Werkzeug benutzt, sondern weil der 'Geist' es bewohnt und es dadurch in seiner inne-*

[92] PFEFFER 1986, 62
[93] ebd. 1986, 62
[94] MAIER 1963, 56

ren Struktur verwandelt."[95] Für MERLEAU-PONTY benutze der Geist den Körper nicht, sondern er entfalte sich durch ihn hindurch, indem er ihn gleichzeitig aus dem physikalischen Bereich in einen anderen überführe.[96]
Einen nicht reagierenden schwerstbehinderten Menschen als 'rein' physisches Wesen, als 'geistloses Ding' oder 'physische Hülle' zu bezeichnen, ist auf dieser Grundlage höchst vermessen. Der Schwerstbehinderte bewohnt seine Welt, gibt ihr mittels seines Leibes Sinn, weil der Körper, durch den 'Geist', mit MAIER könnte man auch sagen durch die 'Seele', bewohnt wird, die ihn aus dem 'physikalischen Bereich'[97] herausführt. Gibt es einen Grund, dem Schwerstbehinderten den Besitz eines 'Geistes', einer 'Seele', abzusprechen, nur weil er nicht in vertrauter oder erwarteter Weise reagiert?[98] Stereotypien oder Autoaggressionen, doch auch der scheinbar völlige Rückzug von der Welt, sind als Ausdruck des Leibes und als Beleg der Geist- oder Seele-Existenz aufzufassen. Der Mensch lebte nicht, bewohnte er nicht qua Leib die Welt.
Auf die Einheit der drei zuvor dargestellten Aspekte 'Ausdruck, Handeln und Wahrnehmung' übertragen, stellt PFEFFER fest: "*So wie der Geist den Leib bewohnt und den physischen Körper somit seiner inneren Struktur nach verwandelt, so bewohnt der Leib wahrnehmend und an ihr handelnd die Welt.*"[99] Geist und Leib stehen demzufolge in einem Wechselwirkungsverhältnis zueinander, das nicht linear, sondern, wie MAIER sagt, als "*zirkelhafte Kausalität*"[100] gedacht werden muß. Der Komplexität, MAIER spricht in diesem Zusammenhang von 'Mächtigkeit', des zirkulären Verhältnisses zwischen Leib und Geist, aber auch zwischen Leib und Welt und damit ebenso Geist und Welt, bei dem nie ein Moment ohne das andere existiert oder isoliert gesehen werden kann, trägt MERLEAU-PONTY in seinem Verständnis vom 'Wohnen' in besonderer Weise Rechnung. Auf dem Hintergrund des zirkulären Austausches zwischen Leib, Geist und Welt muß auch seine Definition des Leibes, auf die ich zuvor schon eingegangen bin, gesehen werden. Für MAIER macht diese sichtbar, daß der Leib erst in dem Augenblick vorhanden sei, wenn zwischen dem berührenden und dem berührten, dem sehenden und dem sichtbaren Leib ein zirkulärer Austausch begönne.[101]
Er bemerkt weiter, "*daß nach Merleau-Ponty durch diesen Austausch, der plötzlich und auf unerklärliche Weise zustande kommt, sowohl das, was sieht, als auch das, was gesehen wird, sich in seinem Wesen verwandelt. Aber schließlich erfüllt sich nach Merleau-Ponty diese 'Bewegung des Seins' nicht schon in der Erscheinung eines menschlichen Leibes, sondern diese Bewegung drängt über den menschlichen Leib hinaus auch hin zu einer Verwandlung der den menschlichen Leib um-*

---

95 ebd. 1963, 56
96 vgl. ebd. 1963, 56
97 ebd. 1963, 56
98 Anm.d.Verf.: Hier wird die Fragwürdigkeit der Begriffe 'geistige Behinderung' bzw. 'Geistigbehinderte' besonders deutlich.
99 PFEFFER 1986, 62
100 MAIER 1963, 57
101 ebd. 1963, 62

gebenden Welt. Und der menschliche Leib, als entstanden durch die Metamorphose eines Sehenden und eines Sichtbaren, wird somit zu etwas, was die Vermittlung über weitere Metamorphosen übernimmt. Ja, es scheint nach Merleau-Ponty so zu sein, daß das, was sich im zirkelhaften Austausch von einer Macht, die sieht, berührt und wahrnimmt, mit einem 'Ding', das gesehen, berührt und wahrgenommen werden kann, entzündet hat, und das, solange eben dieser Austausch andauert, als Leib existiert, nur zu seiner eigentlichen Erfüllung kommt, wenn es seinerseits einen zirkelhaften Austausch mit den anderen Dingen aufnimmt und dadurch auch diese in ihrem Sein verwandelt."[102]

Auf dieser Grundlage ist für PFEFFER der Leib ein sich äußernder, der in "*'ursprünglich hinweisender Gebärde' (geste orienté) über sich hinausweist und im 'nackten Sein' (etre brut) Sinn stiftet, sodaß Verstehen möglich wird.*"[103] Indem der Mensch qua Leib die Welt bewohne, werde sie zur vertrauten Welt. "*Ich vertraue der Welt. Wahrnehmen, das heißt: mit einem Schlage eine ganze Zukunft von Erfahrungen in einer Gegenwart engagieren, welche uns jener nie bindend versichert, es heißt: glauben an eine Welt.*"[104] Erst durch das Vertrauen zur Welt kann der Mensch diese wahrnehmen und sich in ihr bewegen. MAIER sagt, daß dem Menschen keine einzige Bewegung in der Welt möglich wäre, wenn er dieses ursprüngliche Vertrauen nicht besäße, "*wenn er sich nicht auf einen festen und tragenden Grund verlassen könnte.*"[105] Daß der Mensch dieses ursprüngliche Vertrauen zur ihn umgebenden Welt haben kann, ist nach MERLEAU-PONTY letztlich wieder in seiner Leiblichkeit begründet. "*'Mein Leib gehört zu den Dingen, er ist eines von ihnen, er ist dem Gewebe der Welt verhaftet', doch umgekehrt ist auch 'die Welt aus demselben Stoff gemacht wie mein Leib'.*"[106]

Das ursprüngliche Vertrauen gründet sich also u.a. darin, daß Leib und Welt aus 'demselben Stoff' sind. "*Nur weil ich leiblich existierendes Wesen selbst ein Teil und damit vom gleichen Stoff bin wie das mich von allen Seiten umhüllende Ganze der Welt, kann ich auch absolut Vertrauen haben zur Welt.*"[107] PFEFFER wirft MAIER hier eine optimistische Deutung vor, "*die sich lebensweltlich allgemein und bezogen auf die Existenzweise von Menschen mit schwerer geistiger Behinderung nicht in dieser Eindringlichkeit ratifizieren*"[108] ließe. Die Welt sei nicht nur vertraut bewohnte, sondern auch angstmachende Welt, in der sich der Mensch isoliert, verloren und heimatlos erlebte[109]. Die Kritik PFEFFERs scheint berechtigt. Schwerstbehinderte Menschen, wie Anna oder Ute, brauchten sich nicht unter Verzicht auf allgemeinverständliche Interaktionsformen von der

---

[102] ebd. 1963, 62
[103] PFEFFER 1986, 62
[104] MERLEAU-PONTY 1966, 345 nach PFEFFER 1986, 63
[105] MAIER 1963, 64
[106] MERLEAU-PONTY 1961, 197 nach MAIER 1963, 65
[107] MAIER 1963, 65
[108] PFEFFER 1986, 63
[109] vgl. ebd. 1986, 63

Welt zurückziehen, wenn sie diese nicht zuvor als bedrohlich oder angstmachend, wie PFEFFER sagt, erlebt hätten. Doch diese negativen Erlebnisse schließen nicht aus, und damit möchte ich seinen Einwand relativieren, daß das schwerstbehinderte Kind dieses ursprüngliche Vertrauen an die Welt nicht doch in der und durch die elementare Beziehung entwickeln oder zurück gewinnen kann, und zwar, indem im präreflexiven Beziehungsprozeß die beiden Partner zur Welt für einander werden, sie eins werden, insofern Leib und Geist aus dem gleichen Stoff sind und dennoch nie ganz eins sein können. Es entsteht 'absolutes Vertrauen' (MAIER) zum anderen, zur Welt. Das ursprüngliche Vertrauen wird zum 'festen und tragenden Grund' (MAIER), auf dem Schüler und Lehrer durch die Fähigkeit (des Leibes) zur Retention und Retention/Reflexion ein Vertrauen zueinander aufbauen, das die Veraussetzung für weitere elementare und später auch generelle Beziehungen bildet.
Nicht zuletzt kann sich auf diesem ursprünglichen Welt-Vertrauen auch das Vertrauen des schwerstbehinderten Kindes zu sich selbst entfalten. Im elementaren Beziehungsprozeß erfährt es seine Wirkung auf den anderen. Es erlebt, dem Lehrer gleichzeitig Partner und in eins Welt für ihn zu sein. Indem es diesem eine Antwort auf seinen Anruf gibt, grenzt es sich aber gleichzeitig, wie später noch genauer aufzuzeigen ist, wieder von ihm ab, erlebt sich eins und dennoch nicht eins mit ihm und erfährt sich dadurch in seinem Sein bestätigt.
In der elementaren Beziehung, in der sich der Lehrer ja völlig auf das Kind einläßt, erlebt es auf diese Weise die Welt als ihm angemessen, was negatives Erleben überwinden helfen und zu Selbst-Vertrauen führen kann, der grundlegenden Voraussetzung, um seine Fähigkeiten im Wahrnehmen, Handeln und Denken zu artikulieren.
Die bisher angeführten Beziehungsbeispiele mögen auf den ersten Blick wie Momentaufnahmen erscheinen, die sich ausschließlich durch ihren Erlebenscharakter von üblichen Beziehungen, die in der Mehrzahl die objektive, reflektierende Bewußtseinsebene des Menschen beanspruchen, unterscheiden, während sich die elementaren ja auf der präobjektiv-präreflexiven Ebene vollziehen und damit von den Beziehungspartnern **unmittelbarer** erlebt werden. Momenthaften Charakter haben die elementaren Beziehungen nur durch ihr relativ seltenes Zustandekommen in einer Um- und Alltagswelt, die eine permanente objektive und reflektierende Auseinandersetzung mit ihr verlangt. Doch durch ihre Vertrauen - stiftende und Selbst - erlebende Wirkung reichen elementare Beziehungen weit über den Augenblick hinaus, sind also nachhal(l)tig wirkungsvoll.
Nach diesen mir wichtigen Erläuterungen zum Verständnis elementarer Beziehungen soll aber nochmals darauf hingewiesen sein, daß jede Beziehung, wie intensiv oder weniger intensiv sie auch empfunden werden mag, ob sie sich auf der reflexiven oder präreflexiven Ebene vollzieht, sie doch nur durch und im Zusammenwirken von Ausdruck, Handeln und Wahrnehmung, drei Weisen des Zur-Welt-Seins des Leibes, entstehen kann.

4.4.2 Die Erschlossenheit der Welt im Beziehungsprozeß

Ausgangspunkt der weiteren Auseinandersetzung bildet noch einmal das 'Vertrauen an die Welt', von dem aus das Gerichtetsein des Menschen auf die Welt und damit auch das Konstituieren von Welt im Ausdrücken, Handeln und Wahrnehmen betrachte werden soll. Nach MERLEAU-PONTY ist mir die Welt "*genau in dem Maße, in dem ich an die Welt glaube und Vertrauen zu ihr habe, diese Welt auch gleichzeitig erschlossen*"[110], und "*nur weil wir als leibliche Wesen existieren und dadurch schon vor allem Wissen an die uns umgebende Welt glauben, können wir uns in ihr bewegen und handeln.*"[111]
Mensch und Welt seien, wie MAIER in diesem Zusammenhang weiter ausführt, von vornherein als zwei gleichberechtigte Wirklichkeiten zu betrachten. Der wechselseitige Prozeß zwischen Mensch und Welt sei wiederum nur durch die Leiblichkeit des Menschen gegeben; ein Austausch, der für MERLEAU-PONTY dort begönne, "*wo wir uns in einer 'geste orienté' auf die Welt hin richten, und wo wir damit auch in einer ursprünglichen Begegnung (rencontre primordiale) mit dem nackten Sein erst eigentlich anfangen, Mensch zu werden, in dem gleichen Maße wie sich außerhalb von uns das nackte Sein mit Sinn bekleidet.*"[112]
Der Mensch ist demzufolge auf die Welt hin **erschlossen**, er verfügt nicht qua Leib autonom über die Welt, sondern sie ist, wie PFEFFER betont, ihrerseits sich **erschließende** Welt. Diese Erschlossenheit der Welt sei es gerade, die erst Wahrnehmen und Handeln erlaube und das ursprüngliche Vertrauen bedinge.[113] Doch der Austausch zwischen zu erschließender und sich erschließender Welt ist wieder in der Leiblichkeit begründet. Da der Mensch die Welt nie direkt, sondern immer durch seinen Leib **hindurch** wahrnimmt, ist sie immer schon einbezogen in dieses einzigartige und das menschliche Sein begründende Austauschsystem. MAIER sagt dazu: "*Wenn aber nach Merleau-Ponty allein durch den menschlichen Leib der Bereich des Sinns durch ein Wunder in dieser Welt erschlossen ist und wenn dieser Leib gar nicht anders gedacht werden kann als ein von Geburt bis zum Tod ohne Unterbrechung andauernder Austausch von einer Macht, die wahrnimmt, mit einem 'Ding', das wahrnehmbar ist und das als wahrnehmbarer Leib auch das Wahrnehmen der Welt möglich macht, so ist nun auch die Welt gerade dadurch, daß wir sie nicht direkt, sondern immer nur durch unseren Leib hindurch (à travers le corps) wahrnehmen, auch schon von Anfang an einbezogen in dies alles menschliche Sein begründete Austauschsystem.*"[114]
Vor jeder bewußten Setzung sei der Mensch im Leib auf die Welt hin bezogen. Seine Sinngebung entstünde durch den leibvermittelten Austausch und sei "*immer noch ein dem Sinn*

[110] MAIER 1963, 66
[111] ebd. 1963, 66
[112] ebd. 1963, 66
[113] vgl. PFEFFER 1986, 63
[114] ebd. 1963, 67

der Welt innewohnender Sinn"[115]. Für MERLEAU-PONTY gibt es "*den autochtonen Sinn der Welt, der sich im Umgang unseres inkarnierten Seins mit ihr konstituiert und für jegliche Sinngebung vom Charakter einer Entscheidnung erst den Boden hergibt.*"[116]

Gleich von welcher Perspektive aus man das Verhältnis von Mensch und Welt betrachtet, man wird, wie MAIER glaubt, jedesmal "*auf einen nicht mehr in Einzelfaktoren zerlegbaren Gesamtzusammenhang von Mensch und Welt verwiesen*"[117]. Der Mensch sei als leibliches Wesen immer schon unaufhebbar im nackten Sein der Welt verankert. Diesem unzerlegbaren Gesamtzusammenhang von Mensch und Welt verleiht MERLEAU-PONTY in seinen Formulierungen 'das phänomenale Feld' und 'die bewohnte Welt' Ausdruck. Was er konkret darunter versteht, will ich der Prägnanz wegen wieder mit MAIER verdeutlichen. "*So wie für Merleau-Ponty ein menschlicher Leib in dieser Welt nur existiert, insofern eine nach Erforschung drängende Macht ein physisches Ding zu bewohnen beginnt und in diesem alles menschliche Leben begründenden und von selbst sich vollziehenden Wechselwirkungsverhältnis als paradoxe Identität von Subjekt und Objekt bis zum Tod fortdauert, so existiert für ihn auch das 'phänomenale Feld' nur allein dadurch, daß der Mensch, der ja als leibliches Wesen immer schon auf die Welt bezogen ist, dieser begegnet und im Austausch mit ihr die Einheit verwirklicht, die den Menschen und die Welt erst erschließen läßt. Daß der Mensch und die Welt nur auf der abstrakten Ebene voneinander trennbar sind und isoliert voneinander gedacht werden können, in Wirklichkeit aber in ähnlicher Weise aufeinander bezogen sind und sich gegenseitig bedingen wie der 'Leib' und die 'Seele', das will Merleau-Ponty damit ausdrücken, wenn er von einem 'phänomenalen Feld', von einer 'erlebten Welt' oder von einer 'bewohnten Welt' redet. Welt ist für den Menschen immer nur vorhanden, insofern er sie bewohnt, wie umgekehrt der Mensch immer nur existieren kann, insofern er die Welt bewohnt.*"[118]

Aufgrund des spezifischen 'Wohn-Verhältnisses' besteht also zwischen Mensch und Welt eine Einheit, insofern als beide nie völlig losgelöst von einander betrachtet werden können. Wenn wir uns diesem Verständnis MERLEAU-PONTYs anschließen, kann es, auf unseren Problemkreis 'Schwerstbehinderung' übertragen, gar keinen Rückzug von der Welt im ursprünglichen Sinne geben, der aber gerade für den schweren Autismus postuliert wird. Dieser für uns scheinbar völlige Rückzug von unserer, der objektivierten Welt des Nichtbehinderten ist aber, in Anschluß an die Philosophie MERLEAU-PONTYs, als zirkulärer Austausch des Kindes mit

---

[115] ebd. 1963, 67
[116] MERLEAU-PONTY 1966, 501 nach PFEFFER 1986, 64
[117] MAIER 1963, 67
[118] ebd. 1963, 67

seiner Welt aufzufassen. In seinem Rückzug oder in seinen, auf uns z.T. skurril oder zwanghaft erscheinenden, Verhaltensweisen drückt sich der Autist aus, nimmt seine Welt wahr und gestaltet sie, erschließt sich auf diese Weise seine Welt, die gleichzeitig für ihn erschlossene Welt ist.

Es wäre jetzt falsch zu glauben, daß aufgrund der bestehenden gegenseitigen Bedingtheit von Leib und Welt keine erlebbare Differenz zwischen dem Leib sowie der wahrgenommenen und gestalteten Welt bestünde, was MERLEAU-PONTY in seinem Begriff des Wohnens gerade **nicht** ausdrückt. Aber diese erfahrbare Trennung zwischen Leib und Welt ist nötig, damit sich menschliche Intentionalität entfalten kann. "*Voraussetzung für die Entwicklung der menschlichen Intentionalität ist*" für PFEFFER "*die Unterscheidung zwischen dem eigenen Leib und der Welt im Erleben, Erfahren und Erkennen*".[119]
MAIER verdeutlicht die Notwendigkeit der Unterscheidung an folgendem Beispiel: Ein Kind sehe zunächst die Dinge, auf die sein Blick falle, deshalb noch nicht als wirkliche Dinge, weil es zu ihm noch gar keinen Abstand habe. "*Erst in dem Maße kann sich das Kind von ihnen unterscheiden, indem es zu sich selbst in eine Beziehung tritt und sich selbst als etwas erfährt, was wie die Dinge auch seinerseits gesehen werden kann.*"[120]
Diese Aussage MAIERs scheint der obigen Übertragung auf den Schwerstbehindertenbereich, hier dem Leib-Welt-Verhältnis des Autisten, zu widersprechen, denn gerade beim schwer autistischen Kind haben wir den Eindruck, daß es die Trennung zwischen sich und den Dingen auf der Basis der Selbsterfahrung nicht vollziehen kann. "*Gelingt es dem Kind nicht, diese Differenz zwischen dem eigenen Leib als Weise seines subjekthaften Zur-Welt-Seins und dem Wahrgenommenen und Gestalten der Welt zu erleben, verbleibt es in einer symbiotischen Beziehung zu den Dingen und vermag deren Eigencharakter nicht zu erleben, was letztlich eine Beeinträchtigung der Selbstwerdung und Personalisation impliziert.*"[121] Beschreibt PFEFFER hier nicht genau das, was wir als ausgesprochen schwerstbehindertenspezifisches Verhalten auffassen und das wir zur Entlastung unserer wenig erfolgreichen pädagogischen Interventionen allzu häufig anführen?
Die 'symbiotische Beziehung zu den Dingen' (PFEFFER) und das Nichterlebenkönnen ihres Eigencharakters sind ja gerade **die** Charakteristika, an denen wir das Phänomen der Schwerstbehinderung festzumachen pflegen.
Aus unserem Blickwinkel bereits erfahrener und noch möglicher Welt-Bezüge mag der Eindruck zutreffen, daß Menschen mit schwerer geistiger Behinderung, vor allem Autisten, in einer 'symbiotischen Beziehung zu den Dingen' verbleiben. Doch subjektiv betrachtet, ist ihr spezifischer Umgang mit Personen und Dingen, ihr Verhalten als Sinngebung der Welt nach Maßgabe ihrer Leiblichkeit aufzufassen. Auch wenn nicht ausgeschlossen werden kann, daß es dieses symbiotische Verhaftetsein mit den Dingen beim schwerstbehinderten Menschen nicht

---

[119] PFEFFER 1986, 64
[120] MAIER 1963, 87
[121] PFEFFER 1986, 64

doch gibt, können wir ihr Verhalten dennoch als sinn-vollen Bezug zur einer Welt verstehen, die dem Behinderten subjektiv keinen anderen Ausweg zu bieten scheint.
Das erwartete flexible (im Gegensatz zum stereotyp wirkenden) Handeln in und mit der Welt setzt voraus, daß das Kind seine Handlungen bereits in gewissem Maße zu reflektieren vermag; eine Fähigkeit, die es vielleicht noch gar nicht besitzt, zu der es erst durch Erziehung geführt werden muß. Der leibhafte Bezug zur Welt ist ihm also eventuell nur in ein und derselben, auf uns steretoyp wirkenden Weise möglich. Der Lehrer kann und darf eigentlich erst dann eine Beurteilung und Kategorisierung des kindlichen Verhaltens vornehmen, nachdem er sich eine Verstehensgrundlage erworben, d.h., wenn er sich bemüht hat, einen Bezug zum Kind herzustellen. Gelingt ihm das nicht, wie es gerade bei Autisten häufig der Fall ist, muß jede Aussage über ihn Hypothese bleiben.

Ich will noch einmal auf die Trennung zwischen eigenem Leib und den Dingen zurückkommen, weil die Frage noch im Raum steht, ob die Welt erst zur erschlossenen oder zur bewohnten Welt wird, wenn der Mensch im rückschauenden Akt, also durch Reflexion, eine Unterscheidung zwischen dem eigenen Leib, dem Ich, und den anderen Menschen bzw. Dingen vollziehen kann, zur Erschließung der Welt demzufolge reflektierende Fähigkeiten vorauszusetzen wären, die die meisten schwerstbehinderten Kinder erst durch entsprechende Förderung erlernen müßten.
Diese Fragestellung ist auch für die elementare Beziehungsproblematik von Bedeutung. Wären zur Erschließung der Welt, und Welt ist ja in der elementaren Beziehungssituation für den Schwerstbehinderten die Person des Lehrers, ausschließlich reflektierende Eigenschaften erforderlich, könnte sich das Kind nicht vom Lehrer abgehoben, abgegrenzt erfahren, die Dynamik von Anruf und Antwort käme erst gar nicht zustande.
In diesem Zusammenhang ist BODENHEIMERs Auffassung von Beziehung als Seins- und Selbstbestätigung interessant. In Anlehnung an die Philosophie HEIDEGGERs versteht er den Menschen "*als An-Wesen, als Da-Sein*"[122] und sieht ihn stets dazu genötigt, sich in "*seinem Sein und auch in seinem Selbst, seinem Wesen und seinen Grenzen nachzufragen*"[123]. Eine Antwort auf seine existentiellen Fragen erhielte der Mensch nicht aus sich selbst heraus, sondern nur durch Beziehung, und dazu sagt BODENHEIMER selbst: "*Wichtig ist fürs erste die Feststellung, daß* ***ein jeder von uns sich immerwährend veranlaßt sieht zu fragen, ob er ist.*** *Aus dieser Frage erwächst der Drang nach Antwort. Keiner aber kann diese Antwort sich selber geben. Die Antwort impliziert, ja sie* ***ist*** *dem, der sie erwartet,* ***Seins****- und* ***Selbst****bestätigung zugleich. Auf sie sind wir ständig angewiesen. Bin ich? Bin ich ich selbst? - so lautet die Frage, wie verschieden jeweilen auch ihre Formulierung sein mag.*"[124]

---

[122] BODENHEIMER 1967, 44
[123] ebd. 1967, 44
[124] ebd. 1967, 45

An der Situation des Echos, das BODENHEIMER "*als Paradigma der Selbstbestätigung*"[125] versteht, veranschaulicht er, wie es dem Menschen mittels des Echos, das dessen ursprünglichen Aus-Ruf immer nur modifiziert widergibt, gelingt, sich von diesem abzugrenzen und sich dabei selbst zu finden. "*'Wie man in den Wald hinein ruft, so tönt es hinaus', heißt es vom Echo.* ***Das Heraustönen in einer bestimmten, recht genau umschriebbaren Skala von zu erwartenden Modifikationen des Hineingerufenen ist die Selbstbestätigung*** *- es dient ihr nicht nur , es ist sie.*"[126] Und Beziehung läßt sich fürs erste als eben eine solche Echo-Situation verstehen, die später zu konkretisieren ist.
Obwohl BODENHEIMER einen anderen Zugang wählt, seine Theorie der Beziehung auf der Basis existential- bzw. seinsphilosophischer Erkenntnisse HEIDEGGERs u.a. entwirft, finden sich hier gerade in Bezug zur Selbstbestätigung des Menschen durch **Abgrenzung von der Welt** Parallelen zur bisher vorgestellten phänomenologischen Position MERLEAU-PONTYs. Im Verlauf des Kapitels werde ich auf weitere Analogien, aber auch Polaritäten zwischen beiden Auffassungen hinweisen.
BODENHEIMER beschäftigt sich in seinem Werk "*Elemente der Beziehung*" (1967) mit allgemeinen, 'generellen' menschlichen Beziehungen. Eine Trennung in reflexive und präreflexive Beziehungen ist bei ihm nicht zu finden. Wir müssen aber besonders unter dem Schwerstbehindertenaspekt menschliche Beziehungen differenzierter zu begründen versuchen, und die beschriebenen Beziehungs-Erlebnisse lenken unseren Blick geradezu auf die vorbewußten, präreflexiven Ebenen, denen auf die Spur zu kommen, mir die Erweiterung der BODENHEIMERschen Theorie um die phänomenologische Dimension MERLEAU-PONTYs (und in Ergänzung PFEFFERs) sinnvoll und notwendig erscheint.

Kehren wir jetzt zu der zuvor gestellten Frage zurück, ob angenommen werden darf, daß es dem schwerstbehinderten Menschen möglich ist, sich auf der präreflexiven Ebene von der Welt abzugrenzen. Da, wie bereits erwähnt, jede objektive und jede reflexive Äußerung des Menschen nicht ohne seine Gebundenheit an präobjektive und präreflexive Bewußtseinsebenen gedacht werden kann, zeichnet sich auch für den jetzigen Gedankengang eine Lösung ab, die sich mit PFEFFER folgendermaßen skizzieren läßt: "*Hierbei kommt es nicht zuerst auf die reflektierte Erkenntnis der Eigenständigkeit der Objektwelt und der anderen Menschen an, sondern auf eine präreflexive Unterscheidung zwischen Ich und Welt, denn die reflektierte Erkenntnis kann auch nach unserer Annahme nur aufgrund der Fundierung in der präreflexiven erfolgen.*"[127]
Das Beziehungsbeispiel von Helmut und mir belegt PFEFFERs Feststellung. Helmut könnte nicht unmittelbar auf den Anruf des Lehrers handelnd antworten, wenn er sich nicht zuvor abgehoben von diesem erlebt hätte. Obwohl dieses Erleben in der elementaren Beziehung nicht

[125] ebd. 1967, 45
[126] ebd. 1967. 46
[127] PFEFFER 1986, 64/65

bewußt, sondern vorbewußter Art ist, wird die nötige Distanz zwischen dem Selbst und dem anderen erfahrbar, und insofern trägt der leibhafte Dialog mit dem Lehrer zur Selbstfindung und -werdung, also zur Personalisation, des schwerstbehinderten Schülers bei.
Damit der Prozeß der Selbstfindung des schwerstbehinderten Kindes mittels elementarer Beziehung breiter fundiert und somit auch plastischer wird, ist es jetzt zweckmäßig, sich näher mit den präreflexiven Ausdrucksweisen des Leibes auseinanderzusetzen.

4.4.3 Das Emotionalisiert - Sein als Ausdruck des Leibes

"*Die meisten Menschen mit schwerer geistiger Behinderung*", hält PFEFFER grundsätzlich fest, "*vermögen ihre Befindlichkeit, ihr Erleben und ihr Handeln an der Welt nicht zu verbalisieren. Präreflexiv und präverbal drücken sie sich in und durch ihre leibliche Erscheinung aus, die es zu verstehen gilt.*"[128] Um dieses leibliche Ausdrucksvermögen soll es im weiteren, vor allem bezogen auf das erzieherische Verhältnis zwischen behindertem Schüler und Lehrer, gehen.
Erziehung Schwerstbehinderter kann nur kindgemäß und lerneffektiv sein, wenn der Lehrer die präreflexiven und präverbalen Äußerungen seines Schülers erkennt, sich diesem aber ebenso auf derselben Ebene zu erkennen gibt. Verhaltensweisen und Anforderungen des Lehrers, die permanent unverständlich für das behinderte Kind bleiben, kann es nur mit Verweigerung oder Nichtreagieren beantworten. Das Bemühen, den präverbalen Ausdruck des anderen zu verstehen, also ein gegenseitiges Anliegen, muß am Anfang jeder Förderung stehen und kann über die elementare Beziehung erreicht werden.

Für MERLEAU-PONTY ist der Leib "jederzeit Ausdruck der Modaliät der Existenz"[129]. Der Leib "*vermag die Existenz zu symbolisieren, weil er selbst sie erst realisiert und selbst ihre aktuelle Wirklichkeit ist.*"[130] PFEFFER überträgt diese Feststellung auf Schwerstbehinderte und fragt, welche Modalität ihrer Existenz sich in ihrem Leib ausdrücke; "*(d)ie Haltung, die Bewegung, die vegetativen Regulationen wie Kreislauf, Atmung, Temperatur, Weisen der Nahrungsaufnahme, die Entleerung (Ausscheidung), Krankheiten sowie die vielfältigen sogenannten Verhaltensstörungen (Apathie, Hyperaktivität, Aggressivität, Autoaggressivität, Stereotypien...) sind demnach als subjektiver Ausdruck der Existenz und des Bewußtseins im Leib zu betrachten und zu verstehen.*"[131] Neben den mit PFEFFER beschriebenen Verhaltensweisen zeigen Schwerstbe-

[128] PFEFFER 1986, 65
[129] MERLEAU-PONTY 1966, 193 nach PFEFFER 1986, 66
[130] MERLEAU-PONTY 1966, 197 nach PFEFFER 1986, 66
[131] PFEFFER 1986, 66

hinderte emotionale Stimmungen wie Wohl- bzw. Unbehagen, Zu- bzw. Abwendung, Unmut aber auch Freude. In neuen, beängstigenden Situationen beißt sich z.B. Georg in die Hand, während Hanne zwanghaft zu lachen beginnt. Solche Verhaltensweisen faßt PFEFFER als "*Weisen des Emotionalisiertseins*" und als "*Ausdruck im Leib*"[132] auf. Die Weisen des Emotionalisiertseins, wie beispielsweise Ergriffen-, Bestürzt-, Gerührt-, Bewegt-, Getroffen-, Erschreckt- oder Überwältigt-Sein[133], seien eher eruptiv und im Unterschied zu den Stimmungen nicht dauernd. Mit BUYTENDIJK, in Anlehnung an MERLEAU-PONTY, kennzeichnet PFEFFER das Emotionalisiert-Sein wie folgt: Es "*hat in allen seinen Formen gemeinsam das Kennzeichen eines in solchem Maße Schockiert- und Bewegt-Sein, daß das angepaßte (und also vernünftige) Verhalten zur Situation durch eine als* ***spontan gelebte und erfahrene*** *Äußerung ersetzt wird, die für die Person selbst und für ihre Mitmenschen eine 'variation de notre etre au monde' vertritt.*"[134]
Wichtig ist für unseren Zusammenhang, daß dieses Emotionalisiert-Sein von "*ausgeprägten vegetativen Erscheinungen begleitet ist: veränderte Atmung, intensivierter Kreislauf, Einnässen oder auch Einkoten, Erblassen oder Erröten usw.*"[135] Ich habe schon berichtet, daß Felix sein Unwohlsein zunächst, bevor beziehungsorientierter Unterricht mit ihm möglich wurde, durch starken unangenehmen Körpergeruch ausdrückte. Dieses Beispiel unterstreicht PFEFFERs Annahme, emotionalisierte Leib-Äußerungen seien von "*ausgeprägten vegetativen Erscheinungen*"[136] begleitet. Der Lehrer hat im Vorfeld von Unterricht gerade auf diese emotionalisierten Leib-Äußerungen seines Schülers zu achten, damit er sie in der konkreten Unterrichtsgestaltung angemessen berücksichtigt. Viele Schwerstbehinderte, die scheinbar nicht auf die Umwelt reagieren, äußern sich vordringlich auf dieses Weise.
Das Emotionalisiert-Sein "*mit all seinen Elementen von Unwillkürlichkeit*" sei nichts anders "*als der leibliche Ausdruck situativen Zur-Welt-Seins*"[137] und dürfe nicht linear-kausal erklärt werden. Ein Kind sei nicht wütend, weil es aggressiv zuschlage, sondern es erlebe sich in Bezug zu seiner Welt so, "*daß Aggressivität als gleichsam autonome Weise der Intentionalität konstituiert wird. Die Aggressivität ist in der Situation die Weise des Zur-Welt-Seins, für den Außenstehenden oft unverständlich und befremdlich.*"[138]
Dem Emotionalisiert-Sein käme beim Menschen demzufolge ein existentieller Sinn zu. In ihm erlebt er die Reaktionen seines Leibes, wie PFEFFER sagt, als "*ungewollte, überwältigende, aber doch* ***eigene*** *Äußerungen*"[139].

---

132 ebd. 1986, 68
133 vgl. BUYTENDIJK 1967, 163 nach PFEFFER 1986, 68/69
134 BUYTENDIJK 1967, 167 nach PFEFFER 1986, 69
135 PFEFFER 1986, 69
136 ebd. 1986, 69
137 ebd. 1986, 69
138 ebd. 1986, 69
139 ebd. 1986, 70

Diesen existentiellen Aspekt halte ich in Bezug auf das Phänomen der Schwerstbehinderung für besonders bedeutungsvoll. Das schwerstbehinderte Kind wird vielfach abwertend als reines Emotions-Wesen, als zum 'Denken' nicht fähiger Mensch beschrieben, dessen Interesse im Unterricht sich ausschließlich auf Erlebens-Inhalte (Körperkontakt, Gewiegt- oder Getragenwerden, Musikhören etc.) beschränke. Hinter dieser Auffassung verbirgt sich, in Verkennung des existentiellen Sinns des Emotionalisiert-Seins, die unhaltbare Trennung von Geist (Bewußtsein) und Leib, deren Einheit aber eben auch im Erleben ihren Ausdruck findet. Phänomenologisch-anthropologische Erkenntnisse der Verbundenheit von Leib und Welt belegen darüberhinaus, wie wichtig es ist, jede Äußerung des Menschen, von der Sprache über Gesten und das Emotionalisiert-Sein bis hin zu den vegetativen Erscheinungen als **existentiell bedeutungsvoll** anzuerkennen. Aufgrund der unlösbaren Synthese von Erleben, Wahrnehmen, Denken und Handeln im Leib kann die Betonung einzelner Faktoren immer nur eine durch kulturelle Einflüsse gedachte, nicht eine existentiell relevante sein.

> "Die geistige Verfassung eines Menschen erscheint in jedem Augenblick in seiner Weise, da zu sein, in all seinen Gebärden und in seinem gesamten Verhalten.
> Der Mensch als Person, als Einheit von Leib und Seele, entwickelt und verwirklicht sich selbst in jeder seiner Gebärden."
> (KARLFRIED GRAF DÜRCKHEIM[140])

4.4.4 Gesten und Gebärden als Ausdruck des Leibes - Das 'ursprüngliche Verstehen' in der elementaren Beziehung -

Nachdem ich auf den unbewußten Ausdruck des Menschen hingewiesen und das Emotionalisiert-Sein näher erläutert habe, komme ich jetzt zu weiteren, mir in unserem Beziehungskontext besonders wichtig erscheinenden, Ausdrucksformen des menschlichen Leibes, den Gesten und Gebärden. Die bisherigen Praxisbeispiele haben gezeigt, daß elementare Beziehung nicht über Sprache, sondern über Gesten und Mimik zustande kommt, z.B. Stirn an die Wange des Lehrers legen, Innehalten im Atmen, zufriedenes Lächeln und vieles andere mehr. Und im elementaren Beziehungsaustausch scheinen die Partner die Gesten des anderen unmittelbar zu verstehen. Ich will diesem Phänomen nachgehen, um mit seiner Hilfe zu erläutern, wie es trotz der unterschiedlichen Lebenswirklichkeiten von Schüler und Lehrer zu einem gegenseitigen Verstehen kommen und wie die elementare Beziehung auf dieser Verstehens-Grundlage ihre Wirkung entfalten kann.

140 GRAF DÜRCKHEIM nach KELEMAN, S.: *Leibhaftes Leben*, München 1982, 21

Gebärden werden allgemein als "*Ausdrucksbewegungen*" bezeichnet, also Bewegungen, die einen "*inneren Zustand*"[141] ausdrücken. Der Begriff der 'Ausdrucksbewegung' läßt zwangsläufig an ein Gestimmtsein, an eine emotionale Regung unmittelbar **vor** der eigentlichen Bewegung denken oder anders, die Bewegung des Körpers kann sich nur aufgrund des 'inneren Zustandes' vollziehen, dem durch die Gebärden Ausdruck verliehen wird. Doch diese Annahme ist aus phänomenologischer Sicht nicht haltbar.

Warum Gesten und Gebärden, wie PFEFFER sagt, nicht den Anlaß geben, "*an etwas dahinterstehendes Psychisches zu denken*", und warum sie "*Ausdruck und Ausgedrücktes in eins*"[142] sind, will ich mit den Worten MERLEAU-PONTYs am Beispiel des Zorns verdeutlichen:

"*Um etwa eine zornige oder drohende Gebärde zu verstehen, muß ich mir nicht erst die Gefühle in die Erinnerung rufen, die ich selbst einmal hatte, als ich dieselbe Gebärde machte. Auch kenn ich doch die Mimik des Zorns nur schlecht von innen, für Ähnlichkeitsassoziationen, Analogieschlüsse oder dgl. fehlt also das entscheidende Element; und übrigens fasse ich Zorn oder Drohung nicht als hinter den Gesten verborgene psychische Fakten, ich setze vielmehr den Zorn der Gebärde an: sie läßt nicht* ***denken*** *an Zorn, sie* ***ist*** *der Zorn. Freilich, ich nehme den Sinn der Gebärde nicht wahr wie die Farbe des Teppichs. Wäre er mir gegeben gleichwie ein Ding, so bliebe unverständlich, warum mein Verstehen von Gesten im ganzen sich auf menschliche Gebärden beschränkt.*"[143]

PFEFFER sagt in Anlehnung an MERLEAU-PONTY, daß das Kind z.B. den "*fröhlichen Sinn des Lächelns*" oder "*den Sinn eines drohenden oder traurigen Mienenspiels*"[144] verstünde, ohne es an sich bereits erfahren und ausgeübt zu haben. Dies mag erklären, warum es der schwerstbehinderten Hanne möglich ist, meine traurige Stimmung zu erfassen und mir tröstend über die Wange zu streichen.

Es ist aber falsch zu glauben, daß der Sinn der Gebärde dem Menschen einfach gegeben ist. Er muß vielmehr verstanden, d.h. **aktiv** erfaßt werden. Dieser Verstehens-Akt dürfe nach MERLEAU-PONTY aber nicht mit einer "*Erkenntnisleistung*" verwechselt werden, sondern er sei "*in seinem Eigenen zu begreifen*"[145]. Die Eigenheit des Verstehens von Gebärden kennzeichnet MERLEAU-PONTY folgendermaßen: "*Die Kommunikation, das Verstehen von Gesten, gründet sich auf die wechselseitige Entsprechung meiner Intentionen und der Gebärde des Anderen, meiner Gebärden und der im Verhalten des Anderen sich bekundenden Intentionen. Dann ist es, als wohnten seine Intentionen*

[141] dtv - Konversationslexikon, Bd.7, München 1967, 130
[142] PFEFFER 1986, 70
[143] MERLEAU-PONTY 1966, 218/219
[144] PFEFFER 1986, 70
[145] MERLEAU-PONTY 1966, 219

meinem Leibe inne und die meinigen seinem Leibe. Die Gebärde, deren Zeuge ich bin, zeichnet umrißhaft einen intentionalen Gegenstand vor. Dieser gelangt zur Aktualität und zu vollem Verständnis, wenn die Vermöglichkeit meines Leibes sich ihm anmißt und mit ihm sich deckt. Die Gebärde tritt mir entgegen gleichwie eine Frage, mich verweisend auf bestimmte sinnliche Punkte der Welt und mich auffordernd, ihr dahin nachzugehen. Die Kommunikation kommt zustande, wenn mein Verhalten in der also angezeigten Richtung seinen eigenen Weg findet. So bestätige ich in eins den Anderen und bestätigt der Andere mich."[146]
Wir verstehen die Gebärden des Anderen nicht im rückschauenden Akt, also "*aufgrund intellektueller Interpretationen*"[147], sondern unmittelbar durch unseren Leib. Das "*ursprüngliche Verstehen des Anderen 'durch meinen Leib' geht*" für MERLEAU-PONTY "*jeder Definition und intellektuellen Entfaltung des Sinnes voraus*"[148]. Mittels des Leibes drückt sich der Mensch präverbal und für den Anderen ursprünglich - also im Leib - verstehbar aus.
Darum kann Hanne, die sich weder verbal mitzuteilen vermag noch aktiv an Umwelthandlungen teilnimmt, meine traurige Gestik verstehen und mich trösten; ein Trost, den man wohl kaum intensiver erleben kann.

Da sich elementare Beziehung unmittelbar über einfache Gesten vollzieht, und diese von den Partnern ursprünglich, also leibhaft, und nicht im Sinne eines Erkenntnisaktes verstanden werden, ist elementare Beziehung nichts anderes als leibhafter Dialog. Im Verlauf dieses Kapitels werde ich zeigen, daß elementare Beziehung trotz ihres 'unmittelbaren'(=leibhaften) Charakters nicht unvermittelt, d.h. ganz ohne Voraussetzungen entsteht. Der direkte Austausch der Beziehenden miteinander kann zwar ebenso unvermittelt wieder abbrechen, z.B., weil sich ein Partner nicht mehr angesprochen fühlt; die Beziehung ist aber dennoch nicht völlig abgeschlossen, denn sie hallt in jedem Teilhabenden nach und entfaltet ihre Wirkung in ihm.
Aufgrund dieser noch näher zu bezeichnenden Dynamik muß die elementare Beziehung als phasiges Geschehen aufgefaßt werden. Es ist hier vereinfacht als zunehmende Annäherung, als Eins-Sein im gegenseitigen Verstehen und schließlich als langsames Distanzieren der Beziehenden von einander beschreibbar. Der wichtigste Moment im Gesamtprozeß ist die **Phase des 'ursprünglichen Verstehens'**, deren Bedeutung sich anhand der erarbeiteten Erkenntnisgrundlage nun erschließen läßt und damit zum Entwurf einer Theorie der elementaren Beziehung beiträgt.

[146] ebd. 1966, 219
[147] ebd. 1966, 220
[148] MERLEAU-PONTY 1966, 220 nach PFEFFER 1986, 71

Ich will dazu wieder auf das Beziehungsbeispiel von Helmut und mir und genauer, auf die zentrale Phase des 'ursprünglichen Verstehens' zwischen uns beiden zurückgreifen, um von der konkreten Situation zu generellen Begründungen elementarer Beziehungsprozesse zu gelangen.

> Plötzlich legt er seinen Kopf an meine Wange und atmet zufrieden. Diese ungewohnte Geste rührt mich zutiefst an, und ich lehne zur Antwort meinen Kopf sanft an seine Stirn. Mein Druck wird für ihn zum Anruf, den er in derselben Weise erwidert. Ich fühle mich von seiner Antwort berührt und angerührt. In diesem Augenblick gilt meine uneingeschränkte Aufmerksamkeit nur dem Dialog mit ihm, und ich antworte wieder mit sanftem Gegendruck. An seinem tiefen Einatmen spüre ich, daß mein Anruf ihn erreicht hat, und er reibt erneut seine Stirn gegen meine Wange. Spannungsvoll atme ich als Erwiderung seines Anrufes aus ....

In dieser Beziehungsphase teilen sich sowohl Helmut als auch ich mich präverbal über verschiedene leibliche Gesten dem anderen mit. Dabei versteht jeder den Anruf des anderen als "*ursprüngliche Intention*" (MERLEAU-PONTY), die der seinigen entspricht und die er ebenfalls durch Gesten des Leibes, präverbal, beantwortet.
'Mein Druck wird Helmut zum Anruf, den er in derselben Weise erwidert.' Mein Ruf, **Anruf**, trifft Helmut, weil es seiner Intention im Leib entspricht, und seine Erwiderung kann mir wiederum zum Anruf werden, da sie ihrerseits meiner Intention im Leib gemäß ist. Mit MERLEAU-PONTYs Worten: "*(D)as Verstehen von Gesten, gründet sich auf die wechselseitige Entsprechung meiner Intention und der Gebärde des Anderen, meine Gebärde und der im Verhalten des Anderen sich bekundenden Intention. Dann ist es, als wohnten seine Intentionen meinem Leibe inne und die meinigen seinem Leibe.*"[149]
In jeder Anruf-Antwort-Situation dieser Phase des 'ursprünglichen Verstehens' vollzieht sich das Eins-sein der Partner im Leib, wobei der Modus des Anrufes selbst, also die Geste, über die der eine den anderen anruft, unerheblich ist. **Das Charakteristikum elementarer Beziehung ist das Einssein der Partner im Leib.**

Der Begriff des 'Anrufes', den ich schon des öfteren verwendet habe, entstammt der Beziehungstheorie BODENHEIMERs. An dieser Stelle ist es sinnvoll, ihn näher zu erläutern und dabei das 'ursprüngliche Verstehen', wie ich es hier darstellte, mit BODENHEIMERs Verständnis von Seele als Anruf in Zusammenhang zu bringen.
Zuvor habe ich BODENHEIMERs Auffassung vom Echo als Paradigma der Selbstbestätigung beschrieben, und insofern ist es für das Verstehen von Beziehung von Belang. Doch zur Verdeutlichung des Wesens von Beziehungen ist es unzureichend, da ihm, vereinfacht ausgedrückt, eine ganz wesentliche Funktion, nämlich sich auf den Rufenden einzustellen, fehlt. Die Modifikation des Ausrufes, wie sie das Echo zurückgibt, ermöglicht noch keine Beziehung.

---

[149] MERLEAU-PONTY 1966, 219

"*Das Echo verändert und modifiziert zwar den Ausruf*", sagt BODENHEIMER, "*sein 'Charakter' und die 'Methode', nach der es modifiziert, bleiben jedoch immer die gleichen. Es zeigt mir demgemäß mein Sein nach der stets selben Weise und hält mir mein Selbst am gleichbleibenden Kontrast vor Ohren. Deshalb wird der 'Reiz', den das Echo bietet, binnen kurzem 'durchschaut', und so zeigt es sich bald schal und ermüdend.*"[150]

BODENHEIMER macht hier deutlich, daß zum Zustandekommen von Beziehung der Ausruf und die Modifikation des Ausrufes im Echo nicht ausreichen. Erst wenn der **Aus**ruf zum **An**ruf wird, kann Beziehung entstehen. "*Verschiedenheiten in Hinsicht auf die Stellung und Bedeutung jenes Gegenüberstehenden kündigen sich*" für BODENHEIMER "*erst in jenem Moment an, da der Ausruf noch zu etwas anderem geworden ist, das auch anders als Echo erwartet. Dieser Moment ist gegeben mit jener Konstellation, die den Ausruf zum Anruf macht: mit eben der Situation also, in welcher die Antwort des Echos zu einer Antwort wird, die ihrerseits wiederum Antwort erwartet; mit jener Gegebenheit somit, in welcher die Beziehung reziprok geworden ist; mit der Faktizität, welche aus der Stellung des Rufenden zu seinem Echo einen Beziehungskreis gestaltet hat.*"[151]

Um die Reziprozität als Charakteristikum der Beziehung in ihrer Tragweite verstehen zu können, ist es nötig, eine deutliche inhaltliche Trennung zwischen dem Aus- und An-ruf vorzunehmen, und dies soll wieder weitgehend mit den Worten BODENHEIMERs geschehen: "*Bis dahin haben wir erkannt, daß dem Echo und welche Bedeutung ihm während eines perennierenden, lebenslang laufenden Vollzuges, des Findens und Bestätigens von Sein und Selbst, zugehört. Entsprechend dem Ausruf, der das Echo veranlaßt, zeigt sich die Antwort als Rückruf. Diese Art von Antwort verändert zwar den Ausruf und stellt auf diese Weise Beziehung her. Und indem der Ausrufende sich bezieht ..., bezieht er sich auf jenen Ort, von dem herkommend er das Echo erlebt.*"[152]

Durch die Antwort, die das Echo auf den Ausruf gibt, entsteht zwar Beziehung, doch diese kann sich nicht weiter entfalten, da das Echo zur Modifikation seines Ausrufes nicht fähig ist, es immer in derselben Weise dem Rufer antwortet, und es sich seinerseits nicht auf diesen bezieht. Das Echo impliziert keinen Rück-Ruf, so daß keine Reziprozität zwischen Ausruf und Rückruf entstehen kann. "*Das Echo dagegen*", führt BODENHEIMER weiter aus, "*'stellt sich nicht ein' auf Antwort; es 'rechnet nicht damit', daß es seinerseits wiederum etwas zu hören bekommt, nachdem es aus dem Wald zurückgerufen hat.*"[153] Damit ein reziproker Beziehungskreis zwischen Rufendem und Antwortendem entstehen kann, muß aus dem Aus-Ruf ein An-Ruf werden. "*Der An-Ruf schließt wesensgemäß einen Rück-*

---

[150] BODENHEIMER 1967, 51

[151] ebd. 1967, 53

[152] ebd. 1967, 55

[153] ebd. 1967, 61

Ruf in sich, der seinerseits Anruf wird und folglich von dem ursprünglich Anrufenden wiederum eine Antwort erwartet. ***Reziprozität macht also das Wesen des Anrufes aus.***"[154]

Wenn ich in den bisherigen elementaren Beziehungen von 'Anruf' sprach, dann geschah das nur in solchen Situationen, in denen einer der Partner eine Antwort auf seinen Aus-Ruf, also einen Rück-Ruf, erwartete. Überträgt man BODENHEIMERs Position auf die Schwerstbehindertenproblematik, muß für ihre spezifische Beziehung gelten: **Reziprozität macht das Wesen des Anrufs in der elementaren Beziehung aus.**

BODENHEIMER fragt weiter, "*was das ist, das an-gerufen bzw. an-gesprochen wird*", und antwortet selbst: "*Ist es etwas, das in diesen Gegen-Ständen* (gemeint sind Objekte, auf die man sich bezieht, Anm.d.Verf.) *'drinnen', ist, etwas von dem Anrufenden projiziert wird oder verhält es sich einfach so, daß ich da, bei jenen Gegenüberstehenden, bin? Oder ließe sich diese Situation vielleicht auch noch anders verstehen? Für das, was sich in dieser Weise des Sich-Beziehens und des Anrufens zuträgt, erwiesen sich alle diese Möglichkeiten des Verstehens als gleicherweise angemessen und zutreffend.*"[155]

Hier zeichnet sich ein erster assoziativer Anknüpfungspunkt an das Ausdrucksvermögen des Leibes bzw. das 'ursprüngliche Verstehen' im und durch den Leib ab. Denn der Ruf des einen kann für den anderen Partner nur zum Anruf werden, wenn er dessen, wie auch immer gearteten, Ausdruck versteht und zwar versteht aufgrund der Intentionalität seines Leibes. Doch bevor ich die beiden Erkenntnisweisen, die Philosophie MERLEAU-PONTYs und die Beziehungstheorie BODENHEIMERs, in Relation zueinander setze, muß BODENHEIMERs Verständnis von 'Anruf als Seele' erklärt werden.

Reziproke Beziehung kann, seiner Meinung nach, nur zustandekommen, sobald der Anrufende im Anderen die Fähigkeit zum Rück-Ruf, zur Antwort, annimmt, ihm Anrufbarkeit zuspricht und sie ihm im Bezug gleichzeitig auch verleiht. "*Anrufen* ***läßt*** *sich*" seiner Meinung nach, "*nur, was angerufen* ***wird****, also das, dem ich, der Anrufende, Anrufbarkeit zuerkenne. Was aber angerufen wird, nimmt implicite den Anruf entgegen. Dieses Entgegennehmen von Anruf zeigt sich nun darin, daß* ***die Echo-Antwort zu einer reziprok erlebten wird****. Dies will besagen, daß der Anrufende in der Antwort, die ihm vom Ort des Rückrufes kommt, seinerseits einen Ausruf zu vernehmen bereit ist, der somit seine Antwort erheischt. Solche Bereitschaft des Ausrufenden ist es, die dem Gegenüberstehenden die Befähigung vermittelt, seinerseits in die Situation*

---

[154] ebd. 1967, 61

[155] ebd. 1967, 61

des Ausrufenden zu gelangen."[156] Aber, so führt BODENHEIMER weiter aus,*"die* ***Anrufbarkeit*** *des Gegenüberstehenden liegt dennoch niemals als 'Eigenschaft' in dem, das oder der gegenüber steht, sondern* ***in dem Anrufenden selbst****."*[157]
Auf der bisher entwickelten phänomenologischen Grundlage MERLEAU-PONTYs muß die Feststellung BODENHEIMERs, daß die Anrufbarkeit nicht dem Menschen innewohnt, sondern erst durch den Beziehungspartner verliehen wird, in Frage gestellt bzw. genauer hinterfragt werden. BODENHEIMER nimmt in seiner Theorie eine deutliche Trennung zwischen den Beziehungen von Mensch zu Mensch und von Mensch zu leblosem Gegenstand vor. Bei unbelebten Objekten fällt es schwer, sich einen reziproken Austausch mit ihnen, eine Rück-Ruf, der über die Qualität des Echos hinausgeht, vorzustellen. Ich will hier auf ein Beispiel BODENHEIMERs zurückgreifen, das zum einen belegt, daß der Mensch sehr wohl Beziehungen im Sinne einer Anruf-Antwort-Situation zu Gegenständen aufzunehmen fähig ist, und das andererseits veranschaulicht, wie er dem Beziehungs-Gegenstand Anrufbarkeit zuspricht.
Ein hochbegabter Geiger berichtete von seiner Beziehung zu seinem Instrument, und BODENHEIMER reflektiert: *"Diese Beziehung geht so weit, daß er an der Violine Stimmungen und Verstimmungen wahrnimmt. In Parenthese notieren wir, daß hier, nach Auffassung der Psychologie, eine Projektion auf das Instrument vorliegen dürfte, wobei die Stimmung und Verstimmung nach außen geworfen (projiziert) werden. Wir können auch sagen: Der Musiker spricht sein Instrument an, und das Instrument spricht ihn an - diese Verbindung aus Holz und Saiten, aus der die meisten anderen (bestenfalls) Töne machen."*[158] Ähnliche Beispiele von Beziehungen zu leblosen Dingen[159] lassen sich für viele Menschen finden, ohne daß wir in diesen Beziehungen bereits krankhafte Projektionen entdecken können. Der Mensch tritt zu diesem leblosen Gegenstand in einen reziproken Austausch, ruft an und fühlt sich angerufen. Beides ist möglich, weil der Mensch dem Ding Anrufbarkeit zuspricht.
Doch wie ist es beim Menschen als Beziehungspartner? Hier muß man differenzierter denken. Ich meine, die Beziehung zwischen zwei Menschen entsteht nicht nur, weil der eine Partner Anrufbarkeit im anderen annimmt, sondern weil dieser **Anrufbarkeit mittels seines Leibes hat**, und damit ist die Beziehung zu Menschen grundlegend von denen zu Dingen verschieden. In meinen phänomenologisch-anthropologischen Erörterungen habe ich zuvor herausgestellt, daß Welt für den Menschen nie Welt-an-sich ist; sie ist ihrerseits immer sich erschließende Welt. Im Beziehungsprozeß wird jeder Teilhabende zur Welt, zur erschließenden Welt, für den anderen. Das heißt aber nichts anderes, als daß jeder Partner durch die Beziehung zum anderen zwar Anrufbarkeit zugesprochen bekommt, Beziehung sich aber nur entfaltet, weil beide von vornherein, als sich erschließende Welt, Anrufbarkeit besitzen. Und noch einmal anders ausgedrückt: Indem der Anrufende in der reziproken Beziehung zur Welt für den Anrufenden

[156] ebd. 1967, 64
[157] ebd. 1967, 64
[158] ebd. 1967, 61
[159] Anm.d.Verf.: neuerdings zu erkennen etwa in der Tendenz zur Personifizierung des Computers

wird, ist er auch gleichzeitig erschlossene Welt für diesen; damit ist ihm die Eigenschaft, anrufbar zu sein, immanent. Aufgrund dieser Erkenntnis ist die Anrufbarkeit, als Weise des Zur-Welt-Seins des Leibes aufzufassen, und nur durch die Existenz beider Eigenschaften wird das 'ursprüngliche Verstehen' im Beziehungsprozeß möglich.
Warum ist diese Unterscheidung wichtig? Für die Reflexion allgemein menschlicher, also nicht schwerstbehindertenspezifischer Bezüge mit der personellen oder materiellen Umwelt mag folgende Feststellung BODENHEIMERs zutreffen: "*Nicht darum geht es also, ob das, was mir gegenüber steht, anrufbar ist, sondern darum, ob ich mich fähig zeige und willens äußere, dieses Gegenüberstehende in seiner Anrufbarkeit anzuerkennen.*"[160] Doch gerade bei Menschen mit schwerer geistiger Behinderung, die sich nicht in der vertrauten Weise auszudrücken, geschweige denn anzurufen vermögen, ist es schwierig, Anrufbarkeit anzunehmen. Zum Enststehen von Beziehungen, vor allem elementaren Beziehungen, reicht m.E. darum nicht allein die Anerkennung der Anrufbarkeit aus. Maßgeblich für ihre Entwicklung ist das Vermögen des Leibes, Anrufbarkeit zu haben, und diese existiert unabhängig von Behinderung. Die Anerkennung der Anrufbarkeit des anderen kann sich erst auf dieser Grundlage entwickeln.
Es wäre jetzt falsch zu glauben, daß die Bedeutung der Zuschreibung von Anrufbarkeit für den Beziehungsprozeß durch diese existentielle Erkenntnis geschmälert würde. Ganz im Gegenteil: Ihre Relevanz muß gerade für die Verwirklichung elementarer Beziehungen mit Schwerstbehinderten in aller Eindringlichkeit unterstrichen werden. Wenn der Lehrer die leibgegebene Anrufbarkeit beim Kind, unabhängig seiner schweren Beeinträchtigungen, nicht annimmt, sie als existentielle Eigenschaft nicht anerkennt, wird sich niemals elementare Beziehung entfalten können. Jetzt wird deutlich, warum die leibhafte Beziehung, dieses phasige Geschehen, trotz seines unmittelbaren Vollzugs nicht voraussetzungslos entsteht. Die Respektierung der Existenz des anderen in all ihren Dimensionen bildet die unabdingbare Beziehungs-Grundlage, auf die ich noch erläuternd zurückkommen werde.
Die 'Anrufbarkeit des Menschen' ist als die tragende Säule der BODENHEIMERschen Beziehungstheorie aufzufassen und muß aus dem phänomenologisch-philosophischen Zusammenhang bzw. aufgrund des spezifisch elementaren Beziehnungs-Verständnisses um den aufgezeigten Aspekt des Existentiellen erweitert werden. Ließe ich es jetzt bei diesem ersten Aufriß, würde ich BODENHEIMERs Lehre einseitig verkürzen. Verfolgt man seine Gedanken zur Anrufbarkeit weiter, eröffnet sich ein zweiter Anknüpfungspunkt an das 'ursprüngliche Verstehen' (im Sinne MERLEAU-PONTYs), und es wird möglich, weitere Wesensmerkmale der elementaren Beziehung darzulegen.

Im Akt des 'ursprünglichen Verstehens' vollzieht sich, wie zuvor mit den Worten MERLEAU-PONTYs belegt, nicht nur das gegenseitige Verstehen des Sinns der Gebärde aufgrund der Entsprechung der Intentionalität des Leibes, sondern das 'ursprüngliche Verstehen' führt zu mehr, auch zur Selbstbestätigung. Dazu noch einmal MERLEAU-PONTY selbst: "*Die Kom-*

160 BODENHEIMER 1967, 64

munikation kommt zustande, wenn mein Verhalten in der angezeigten Richtung seinen Weg findet. So bestätige ich in eins den Anderen und der Andere bestätigt mich."[161]

Welcher Bezug besteht zwischen der Anrufbarkeit des Menschen und seinem Bedürfnis nach Selbst- und Seinsbestätigung, und welche Konsequenzen ergeben sich hieraus für das 'ursprüngliche Verstehen' im elementaren Beziehungsprozeß?

"*'Respondes, ergo sum.' Du antwortest mir, das reicht zu, mir zu bestätigen, daß ich bin*"[162], läßt sich zunächst einmal mit BODENHEIMER antworten. Jeder Anruf diene dieser Seinsbestätigung. Doch damit Beziehung entstehen kann, reicht der Rück-Ruf auf unseren Aus-Ruf nicht aus, sondern wir fühlen uns gedrängt, wiederum zu entgegnen. Da das Echo aber, wie bereits dargestellt, zur Modifikation unseres Rück-Rufes nicht fähig ist, kommt es nicht zur Beziehung, bleibt die Seinsbestätigung aus, und der Mensch befindet sich in der Situation der 'Verblüffung' (BODENHEIMER)[163]. "*Sie läßt aber den Menschen einsam zurück. Um diese Einsamkeit zu beheben, muß er auf den Ort, von dem das Echo kommt, nicht nur zurufen, er muß diesen Ort auch anrufen. Vermittels Anrufes wird jenes an dem Ort des Rufes Stehende anrufbar.*"[164]

Anruf und reziproke Antwort, die ihrerseits wieder zum Anruf für den Rufenden wird, machen die Beziehung aus. Der Anruf ist als Charakteristikum der Beziehung aufzufassen, und wird von BODENHEIMER auch als '**Seele**' bezeichnet. Sie ist durch meine Bereitschaft anzurufen gegeben und hebt sich durch dieses Verständnis von gängigen Definitionen der Seele ab. Er sagt selbst dazu: "*Wenn bei der Nennung dieser - zweifellos höchst anrüchigen und aufs schwerste belasteten - Kurzfassung sogleich das Bedenken wieder erwacht, das Bedenken wieder evoziert wird, daß man doch nicht genau wisse, was 'Seele' besagt, daß man nicht sagen kann, wo Seele ist und wo nicht bzw. wer 'Seele hat' und wer nicht, wo 'Seele anfängt' und wo sie 'aufhört', so mag diesen wie den unzähligen anderen Bedenken entgegnet sein, daß eben sie - diese Bedenken - in dem hier entwickelten Seelen-Begriff impliziert sind, ja daß sie sein Wesen bedeuten: **Seele ist nur in meiner Bereitschaft anzurufen**. Nochmals, klar gefaßt: Die Seele des mir gegenüber Stehenden ist in meiner Bereitschaft, dieses gegenüber Stehende anzurufen - und nur in ihr. Wo ich aber anrufe, dort ist Seele; was ich anrufe, hat - **vermittelts dessen, daß ich es angerufen habe** - Seele.*"[165]

BODENHEIMER macht auf die Schwierigkeit der eindeutigen Erfassung und Begriffsbestimmung der Seele, die jahrhundertelang den unterschiedlichsten Interpretationen ausgesetzt war, aufmerksam. In seinem Verständnis von 'Seele als Anruf' grenzt sich BODENHEIMER wesentlich von dem in der Philosophie oder Psychologie ab. Während die Philosophie die Seele

---

161 MERLEAU-PONTY 1966, 219
162 BODENHEIMER 1967, 65
163 Anm.d.Verf.: Dem Phänomen der 'Verblüffung' werde ich am Ende des Kapitels gesondert nachgehen.
164 BODENHEIMER 1967, 65
165 ebd. 1967, 65/66

als "*die Lebendigkeit und Aktualität unserer leiblichen Präsenz*"[166] auffaßt und die Einheit von Leiblichkeit und Seelischem betont[167], begreift die an den Naturwissenschaften orientierte Psychologie Seele als Unterscheidungsmerkmal zum Leib hin, sieht in ihm quasi einen Gegenpol zum Körperlichen[168]. Demgegenüber findet man beispielsweise in der Psychotherapie MASSAs eine dreiteilige Interpretation des "*Wortfeldes psyché*": "*In seiner ersten Bedeutung beinhaltet es Hauch, Atem, Lebenskraft, Leben; in seiner zweiten Bedeutung: die Seele des Abgeschiedenen und erst in seiner dritten Bedeutung:*
1. Seele als vernünftiger Teil im Sinne von Denkvermögen, Geist, Herz und Gemüt, bzw. Mut und
2. Seele als unvernünftiger Teil im Sinn von Begehren, Lust, Leidenschaft, Neigung."[169]

BODENHEIMER, selbst u.a. Psychotherapeut bei Gehörlosen, geht es in seiner Auffassung von Seele als Anruf nicht um psychische Eigenschaften des Menschen, wie sie hier mit der Definition MASSAs angedeutet sind. Er befaßt sich auch nicht mit der Leib-Seele-Einheit, sondern wählt einen völlig anderen Zugang: "*Es könnte sein, daß die Auffassung DESCARTES, wonach die 'Seele' an der Zirbeldrüse, also dem Relikt des Scheitelauges, 'ihren Ort' habe, nicht so absurd ist, wie es heute dargestellt wird. Man darf nur nicht in den Fehler verfallen, den 'Ort der Seele' mit dem 'Sitz der Seele' zu verwechseln. Sprechen wir von 'Sitz' so meinen wir den Platz, den jemand oder etwas innehat. Die 'Seele'... kann nicht 'sitzen'. Sie ist nicht jemand und nicht etwas, und es ist ihr deswegen auch kein 'Platz' gegeben. Dagegen kann sie sehr wohl ihren Ort haben: Der Ort nämlich ist das Wohin, an das ich mich wende, das ich fixiere, anrede, anrufe; folglich ist 'Ort' auch das Woher, von dem ich Rück-Ruf, Antwort, Bestätigung erwarte.*"[170]

Die Tatsache, daß man selbst noch zur Zeit der Aufklärung dem gehörlosen Menschen, der scheinbar nicht ansprechbar war, weil er nicht angesprochen wurde, die Existenz seiner Seele absprach - ein Schicksal, das Schwerstbehinderten heute noch widerfährt - mag BODENHEIMER dazu bewogen haben, Anruf und Seele in untrennbarer Reziprozität zueinander zu sehen und Seele schließlich als Anruf zu definieren. "***Was ich nicht anrufe, hat auch keine Seele.*** *Diese Feststellung ist wahr für alles, was gegenübersteht. Und so vermag Ausbleiben des Anrufes allein - nichts als dies - allem, selbst einem Menschen,* ***die Seele zu nehmen.*** *Statt 'nehmen' zu sagen ist es freilich besser, wenn man 'vorenthalten' sagt.*"[171] Und der schwerstbehinderte Mensch in seiner extremen Abhängigkeit von Bezugspersonen ist besonders der Gefahr ausgesetzt, durch mangelnde oder inadäquate

---

166 USLAR D.v.: *Die Wirklichkeit des Psychischen - Seele als Wirklichkeit des Leibes*, Pfullingen 1969, 67
167 vgl. ebd. 1969, 67
168 vgl. ARNOLD/EYSENCK/MEILI: Lexikon der Psychologie, Bd. 3, Freiburg 1974, 291
169 MASSA, W.: *Die Hilfe des Herzens*, Butzen und Berker 1981, 96
170 BODENHEIMER 1967, 38
171 ebd. 1967, 66

Ansprache Seele 'vorenthalten' zu bekommen. "*Nur wo Anruf wirkt*", sagt BODENHEIMER, "*wird Seele gefunden und Seele als Seele anerkannt.*"[172] Wenn nicht mehr auf Seele Bezug genommen würde, käme es zur 'Ent-Seelung'[173], und in Übertragung, der Schwerstbehinderte würde insofern zu einem 'ent-seelten' Menschen gemacht.
Die Einheit von Anruf und Seele beschreibt BODENHEIMER folgendermaßen: "*Seele heißt Anruf. Anruf ist reziproker Zuruf. Reziproker Zuruf ist dasselbe wie Auseinandersetzung. Wo ich also von Seele her auf Seele hin anrufe, ist das Sich-Auseinandersetzen ineins auch ein Sich-Auseinandersetzen* ***mit*** *dem Anderen. Seele impliziert Auseinandersetzung. Darin unterscheidet sich der Anruf vom Ausruf. Der oder das gegenüber Stehende wird nicht mehr nur als Ort des Echos wahr-, sondern als Seele angenommen.*"[174]
Vorwegnehmend ist jetzt festzuhalten, daß sich nach BODENHEIMER der Anruf über die 'Elemente der Beziehung', vereinfacht ausgedrückt, über Mimik, Gestik, Sprache und Handlungen des Menschen verwirklicht. Zur Verdeutlichung, wie sich sein Seele-Verständnis in meine Auffassung von elementarer Beziehung als leibhaftem Dialog integrieren läßt, ist es sinnvoll, noch einmal auf die eingangs angeführte Sichtweise MERLEAU-PONTYs zum 'ursprünglichen Verstehen' vergleichend zurückzukommen.

"*Die Kommunikation, das Verstehen von Gesten, gründet sich auf die wechselseitige* (Hervorhebung d.Verf.) *Entsprechung meiner Intentionen und Gebärden des Anderen, meiner Gebärden und der im Verhalten des Anderen sich bekundenden Intentionen. Dann ist es, als wohnten seine Intentionen meinem Leibe inne und die meinigen seinem Leibe.*"[175]
Dem gegenüber BODENHEIMER: "*Anruf ist reziproker Zuruf. Reziproker Zuruf* (Hervorhebung d.Verf.) *ist dasselbe wie Auseinandersetzung. Wo ich also von Seele her auf Seele hin anrufe, ist das Sich-Auseinandersetzen ineins* (Hervorhebung d.Verf.) *auch eine Sich-Auseinandersetzen mit dem Anderen.*"[176]
In der elementaren Beziehung äußern sich die beiden Partner mittels der Gesten ihres Leibes. Es kommt zum wechselseitigen/reziproken Verstehen der Gesten, weil jeweils die Geste des Anrufenden der Intention im Leibe des Angerufenen entspricht. Wo ich also von Leib **aus** auf den Leib **hin** anrufe, ist das Sich-Auseinandersetzen ineins auch ein Sich-Auseinandersetzen mit dem Anderen. Mittels des Leibes wird das einander ursprüngliche Verstehen in der Auseinandersetzng (= elementare Beziehung) möglich. Zum Verstehen elementarer Beziehungen ist es also sinnvoll, BODENHEIMERs Auffassung von Seele mit der Position MERLEAU-PONTYs zu verbinden, sie um die Dimension der Intentionalität des Leibes zu erweitern.

---

172 ebd. 1967, 67/68
173 vgl. ebd. 1967, 70
174 ebd. 1967, 68
175 MERLEAU-PONTY 1966, 219
176 BODENHEIMER 1967, 68

Die elementare Beziehung erlaubt neben dem 'ursprünglichen Verstehen' ein zweites, nämlich, mit BODENHEIMER gesagt, die Anerkennung der Anrufbarkeit und damit der Seele des Anderen; vor meinem theoretischen Hintergrund und Erkenntnisstand müßte es wohl besser lauten: **Die Anerkennung der Leiblichkeit des Anderen** und damit die Anerkennung seiner Existenz. Diese gegenseitige Anerkennung wird jedem Partner gleichsam zur Selbst- und Seinsbestätigung. Das 'ursprüngliche Verstehen' der Gesten bezeugt jeden Beziehenden in seiner Leiblichkeit, ermöglicht ihm nicht nur, indem er sich im Auseinandersetzungsprozeß vom anderen abgrenzt, den anderen, sondern auch sich selbst, in seinem Sein zu bestätigen. Durch das Einssein im Leibe kommt es in der Abgrenzung von einander nicht, wie vielleicht vorschnell vermutet, zur Entgrenzung des einzelnen, sondern stattdessen zur Selbstfindung und Seinsbestätigung und noch einmal mit MERLEAU-PONTY: "*So bestätige ich ineins den Anderen und bestätigt der Andere mich.*"[177]

Das 'ursprüngliche Verstehen' und die damit verbundene Selbstfindung verursacht die nachhal(l)tige Wirkung der elementaren Beziehung. Auch wenn der eigentliche Beziehungsprozeß, die direkte Auseinandersetzung der beiden Partner miteinander, beendet ist, entfaltet sich in jedem das Erlebte, was zu einem nachhaltigen gegenseitigen Verstehen führen kann. Ein Verstehen, das sich im Dialog mit dem Schwerstbehinderten zunächst noch auf der unmittelbaren, der präobjektiv-präverbalen Ebene zuträgt, später, nach erfolgreicher Integration der elementaren Beziehung in den Unterricht, durchaus zu einem Verstehen im objektiven Sinne, d.h. durch Austausch allgemeinverständlicher Symbole (z.B. Sprache oder Zeichen), werden kann.

Durch die Anerkennung seiner Leiblichkeit löst sich das schwerstbehinderte Kind aus seiner scheinbaren Selbstbezogenheit, was meint, daß es offen für neue Umweltbegegnungen wird, und sich erste individuelle Entwicklungsveränderungen (-fortschritte) abzeichnen. Indem sich der Lehrer vom Kind angesprochen, angerufen und verstanden fühlt, erfährt aber auch er Selbstbestätigung, die ihn neben Einstellungsveränderungen gegenüber den Eigenschaften und Fähigkeiten des Kindes ebenso zur Intensivierung seiner pädagogischen Interventionen motiviert.

Am Beispiel von Helmut lassen sich, den Abschnitt abrundend, erste mögliche Einstellungs- und Entwicklungsveränderungen auf beiden Seiten des Beziehungsgeschehens, auf die ich im zweiten Teil der Arbeit genauer eingehe, perspektivisch aufzeigen:

> Wir sitzen eine Weile still da, und scheinen beide dem Erlebten nachzuspüren; dabei lehnt seine Stirn immer noch an meiner Wange. Langsam richtet sich Helmut wieder auf. Arme und Beine bleiben weiterhin entspannt.
> Das Instrument rückt wieder in mein Blickfeld und damit in mein Bewußtsein. Ich umschließe seine Hand, um sie erneut

[177] MERLEAU-PONTY 1966, 219

> zum Holz zu führen. Jetzt ist sein Festhalten aktiver, seine Freude über jeden erzeugten Klang größer.
> Meine Angst und Unsicherheit ihm gegenüber ist aufeinmal verschwunden. Helmut ist mir näher gekommen. Den Rest des Tages weint er nicht mehr.

4.4.5 Handeln und Wahrnehmen als Ausdruck des Leibes

Zuvor habe ich beschrieben und am konkreten Beispiel zu verdeutlichen versucht, wie sich Schüler und Lehrer in der elementaren Beziehung durch ihr Emotionalisiert-Sein oder durch Gesten und Gebärden ihres Leibes auszudrücken vermögen. Die beiden Partner verstehen einander 'ursprünglich', aufgrund der Intentionalität ihres Leibes, d.h. ohne der vorherigen Verbalisierung ihres Erlebens und Empfindens zu bedürfen. Da viele schwerstbehinderte Kinder, wie Helmut, zur aktiven Sprache, im Sinne und als Ausdruck reflexiven Denkens, nicht fähig sind, artikulieren sie sich unmittelbar, also präreflexiv, über die Bekundungen ihres Leibes. PFEFFER sagt in diesem Zusammenhang: "*Indem der Leib Ausdruck seines Zur-Welt-Seins ist, erweist er sich als Möglichkeit für die präverbale und präreflexive Kommunikation von Menschen mit schwerer geistiger Behinderung. Voraussetzung für die Fähigkeit, Ausdruck seiner Intentionalität zu sein, ist jene, von der Welt beeindruckbar zu sein und die 'Welt' zu symbolisieren. Leiblicher Ein-druck ist leiblicher Aus-druck sind zwei Seiten derselben Medaille. Im Leib drückt sich die Existenz unmittelbar aus, sei es das Unbewußte, sei es die situationsbezogene Befindlichkeit im Emotionalisiert-Sein.*"[178]
Der Ausdruck des Leibes, der die elementare Beziehung zwischen dem Schwerstbehinderten und dem Lehrer ermöglicht, läßt sich mit PFEFFER als "*spontane Sprache*"[179] auffassen, und insofern wird Beziehung zur präverbalen Kommunikation. Diesen unmittelbaren, diesen leibbedingten Kommunikations-Akt begründet PFEFFER folgendermaßen: "*Die Grundlage für das spontane Sprechen und Verstehen ist das unmittelbare Verstehen im leiblichen Kontakt und die darin begründete Intentionalität auf eine* ***gemeinsame Welt****, die im Leib ihren Eindruck hinterläßt und gleichzeitig als Ausdruck erscheint, so daß ein Austausch von Bedeutungen möglich wird. In dem die Bedeutungen verleiblicht sind, sind sie kommunizierbar.*"[180]
Mit PFEFFERs Auffassung präverbaler und präreflexiver Kommunikation wird das zuvor in Anlehnung an MERLEAU-PONTY dargestellte 'ursprüngliche Verstehen' als zentrales Moment im Beziehungsgeschehen unterstrichen und elementare Beziehung als leib-hafter Kommunikati-

---

178 PFEFFER 1986, 76
179 ebd. 1986, 76
180 ebd. 1986, 77

ons-Akt in seiner **existentiellen** Bedeutung erkennbar. Das gegenseitige 'ursprüngliche Verstehen' ist in diesem einzigartigen Beziehungsprozeß durch die Intentionalität des Leibes gegeben und kann sich letztlich nur durch das Zusammenwirken von Ausdruck, Handeln und Wahrnehmen des Leibes entfalten. Diese drei Aspekte stehen nicht nur in Relation zueinander, sondern bilden, wie bereits erläutert, eine Einheit, die MERLEAU-PONTY als 'Wohnverhältnis' bezeichnet.

Am Praxisbeispiel mit Helmut wird die Einheit, das 'Wohnverhältnis', dieser drei Weisen des Zur-Welt-Seins des Leibes deutlich. Wir, Helmut und ich, drücken uns durch verschiedene Gesten unseres Leibes aus. Den Kopf an die Wange des Lehrers legen, Druck-Gegendruck, Veränderung der Atmung, entspannte Körperhaltung oder glücklicher Gesichtsausdruck sind zum einen Ausdrucksformen, gleichzeitig sind sie aber auch Handlungen des Leibes. Sie sind als solche wahrnehmbar und werden vom Anderen verstehend wahrgenommen. Durch das Handeln des Leibes und das Wahrnehmen des in der Handlung Ausgedrückten entsteht die Dynamik der elementaren Beziehung, wird An-Ruf und Rück-Ruf erst möglich, können die Partner zur Welt für einander werden.

Ich will jetzt der Frage nach der Verankerung des Handelns und Wahrnehmens in Welt und Leib nachgehen, um auf dieser Grundlage, die 'Elemente der Beziehung', wie sie BODENHEIMER als Eckpfeiler seiner Theorie entworfen hat, in Relevanz für die elementare, leib-bezogene Beziehungstheorie zu erschließen.

I. Das Zur-Welt-Sein des Leibes im Handeln

"*Dem, der nicht handelt, steht das Glück nicht bei.*" (SOPHOKLES)[181]

Freie Assoziationen zum Begriff 'Handeln' vermitteln auf sehr einfache aber anschauliche Weise dessen Tragweite und lassen dabei erste berücksichtigungswürdige Perspektiven der Erörterung erscheinen.

---

[181] SOPHOKLES o.A. nach Lexikon: *Der Neue Herder*, Bd. 1, Freiburg 1951[4], 1562

	tätig sein
handeln	agieren
	auseinandersetzen
	berühren
	anfassen
	ergreifen
	zugreifen
	streicheln
	schlagen
	umgehen
	geben
	nehmen
	bewegen
	unterstützen
	beschützen etc.
hand - eln	mit der Hand tun

Definiert wird die Hand *"als Greif-, Tast- und Arbeitsorgan des Menschen. Beweglichkeit und Selbständigkeit aller ihrer Einzelteile machen die Hand zum Werkzeug des Geistes in Schrift, Musik, bildender Kunst und Technik und zu einem Ausdrucksmittel der Seele."*[182]

Die Psychologie kennzeichnet die Hand als Universalwerkzeug, *"ein wichtiges Sinnes-, Ausdrucks-, Kommunikations- und Kontaktorgan des Menschen. Der Aufstieg des Menschen zum Kulturwesen ist ohne Hand nicht denkbar, weshalb man seine Natur auch mit der Formel vom 'homo faber' (der Mensch als Handwerker) auszudrücken versucht."*[183]

Bleibt der Schwerstbehinderte 'glücklos' (SOPHOKLES), **weil er durch sein unzureichendes Handeln nicht zum 'Kulturwesen'**(ARNOLD et.al.) **aufsteigen kann?**

Die Hand und das damit unlösbar verbundene Handeln ausschließlich unter dem Werkzeug- oder Produktivitätsaspekt zu sehen, wäre, obwohl dies die erste, naheliegendste Verknüpfung ist, zu einseitig. Handeln bedeutet zwar im weitesten Sinn tätige Auseinandersetzung, aber ist immer gleichzeitig auch individuelle Begegnung des Menschen mit der Umwelt und darum einmalig, so einmalig, wie die Lineatur der menschlichen Hand oder die Einzigartigkeit seiner Handschrift.

---

182 ebd. 1951, 1562
183 ARNOLD/EYSENCK/MEILI: *Lexikon der Psychologie*, Bd.2, Freiburg 1971, 50

Zu fragen bleibt: Wie ist der Mensch, der schwerstbehinderte Mensch durch sein Handeln in die Welt eingebunden? Oder anders: Wie gestaltet der Mensch durch sein Handeln die Welt, und wie macht er sie damit zur Welt-für-sich?

Mit PFEFFER ist als erstes festzuhalten: "*Handeln impliziert die Einwirkung auf die Welt im Sinne einer Umgestaltung.*"[184]
TAYLOR geht auf den Spuren MERLEAU-PONTYs der Frage nach eben dieser Umgestaltung der Welt durch das Handeln des Menschen nach und faßt den Menschen als ein leiblich-handelndes Subjekt auf. "*Das menschliche Subjekt ist ein Handelnder, eingelassen in eine Welt, die seine Welt ist. Es ist ein leibliches Subjekt.*"[185] Wenn er hier von Subjekt spricht, nimmt er damit nicht eine Trennung von Subjekt und Objekt des Leibes vor, sondern betont sehr eindringlich das Verbundensein von Leib und Welt, die ohne einander nicht zu denken sind. So kommt er, bezugnehmend auf MERLEAU-PONTY und in Abgrenzung zu HEIDEGGER, zu der Ansicht: "*Die Tatsache des unaufhebbaren In-der-Welt-seins besagt denn auch, daß wir das Subjekt ohne Bezugnahme auf die Umwelt und die Bedeutung derselben gar nicht beschreiben können.*"[186]
Aus dieser unlösbaren Verbundenheit von Leib und Welt betrachtet TAYLOR das In-der-Welt-Sein des Menschen unter dem Gesichtspunkt des leiblichen Handelns. Er geht davon aus, daß sich das "*Subjekt in dieser Welt (= Feld der Bedeutungen) jeweils als ein handelndes*"[187] befände. TAYLOR versteht darunter "*nicht bloß, daß Subjekte in der Tat einen Körper haben oder daß sie kausal von bestimmten körperlichen Zuständen abhängen.*" *Vielmehr meint er,* "*daß die Seinsweise der Subjekte in wesentlichen Aspekten die von leiblich Handelnden ist.*"[188]
Um dem Aspekt des 'leiblichen Handelns' näher zu kommen, setzt sich TAYLOR mit MERLEAU-PONTYs Sichtweise der Wahrnehmung auseinander. Die Wahrnehmung sei für das Subjekt wesentlich, sei die Voraussetzung, damit der Mensch aus der eigenen Perspektive sich der Welt bewußt werden könne. Zwei Momente sind in diesem Zusammenhang von Bedeutung: "*Zum einen ist die Welt immer da, ich bin stets für die Welt offen. ... Zum anderen ist die Wahrnehmung insofern grundlegend, als sie allen anderen Weisen, sich der Welt bewußt zu werden, vorausliegt.*"[189]
Die erste Öffnung zur Welt und der unaufhebbare Hintergrund aller anderen Tätigkeiten sei die Wahrnehmung[190]. Da sie ihre Verankerung im Leib habe, kommt TAYLOR zu der Auffassung,

---

184 PFEFFER 1986, 107
185 TAYLOR, Ch.: *Leibliches Handeln*, in: METREAUX,A./WALDENFELS,B.(Hrsg.): Leibliche Vernunft - Spuren von Merleau-Pontys Denken, München 1986, 194
186 ebd. 1986, 195
187 ebd. 1986, 196
188 ebd. 1986, 196
189 ebd. 1986, 197
190 vgl. ebd. 1986, 197

daß unsere Wahrnehmung der Welt nun aber wesentlich die eines leiblich Handelnden sei, der sich mit ihr auseinandersetze. "*Zudem wirke ich als Handelnder nicht nur auf die Dinge ein, sondern diese wirken auch auf mich ein.*"[191]

Zusammenfassend läßt sich das Verhältnis von Wahrnehmung und leiblich Handelndem mit TAYLOR wie folgt darstellen: "*Kurzum: Unser primordialer Zugang zur Welt geht über die Wahrnehmung, und die Wahrnehmung ist essentiell die eines leiblich Handelnden - wie wir früher sagten: eines Handelnden, der sich mit der Welt auseinandersetzt und in ihr selbst betätigt. Das ist der Kern des Begriffs 'zur-Welt-Sein'(etre au monde) bei MERLEAU-PONTY. Aussagen zu treffen über das 'Zur-Welt-Sein' oder über unsere Auseinandersetzung mit der Welt heißt, etwas über die Art und Weise aussagen, in der wir unaufhebbar Subjekt sind.*"[192]

Ich will nun mit PFEFFER vertiefend, d.h. auf die eigene Problemstellung überleitend, an TAYLORs Zitat anknüpfen. Das Handeln ist für PFEFFER "*einerseits* ***Ausdruck*** *des Zur-Welt-Seins. Es ist nicht etwa Ausdruck einer Vorstellung vom Zur-Welt-Sein oder von der Welt, also eines hinter dem Leib anzunehmenden Bewußtseins, dessen Werkzeug der Leib wäre. Der Leib ist bereits das Ende aller Werkzeugverweisung. Der Leib ist in seinem Zur-Welt-Sein Ursprung und Erscheinung von Handlungen und ihrer Bedeutung.*"[193] PFEFFER wie auch TAYLOR folgen MERLEAU-PONTY darin, daß die Handlungen das Wesen des Leibes zum Ausdruck bringen. Als dialektische Handlungen zwischen Subjekt und Umwelt repräsentierten sie das Weltverhältnis des Leibes[194].

Im Handeln drückt sich nicht nur das Zur-Welt-Sein des Leibes aus, in ihm "***schafft sich auch der Mensch seine Umwelt****, indem er die Welt nach der inneren Norm seiner Tätigkeiten verändert.*"[195] Dazu bedarf er, wie mit TAYLOR angedeutet und im nächsten Abschnitt ausführlich darzustellen ist, der Wahrnehmung; sie vermittelt die 'inneren Normen seiner Tätigkeit' (PFEFFER) und trägt somit dazu bei, das dialektische Mensch-Welt-Verhältnis zu unterhalten.

PFEFFER weist darauf hin, daß die Handlungen des Leibes nicht ausschließlich als Bewußtseinsakte gedacht werden dürften, sondern betont, daß sich der Mensch auch präreflexiv handelnd auszudrücken vermag, was sich insbesondere in seinen Gewohnheiten zeige. "*Gewohnheit ist weder eine Kenntnis noch ein Automatismus, sondern 'ein Wissen, das in den Händen ist, das allein der leiblichen Betätigung zur Verfügung steht, ohne sich in objektive Bezeichnungen übertragen zu lassen.*"[196]

---

[191] ebd. 1986, 199

[192] ebd. 1986, 201

[193] PFEFFER 1986, 107

[194] vgl. ebd. 1986, 107

[195] ebd. 1986, 107

[196] MERLEAU-PONTY 1966, 174 nach PFEFFER 1986, 108/109

Es sind aber gerade die präreflexiven Handlungen, mit denen der Schwerstbehinderte spontan seine Umwelt gestaltet. In seinen Automatismen, von Bewegungs- über sensorielle Stereotypien bis hin zur Selbstverletzung, drückt sich das Zur-Welt-Sein des schwerstbehinderten Kindes im Leibe aus. Mit seinen präreflexiven Handlungen wirkt es auf die Umwelt ein, verleiht ihr subjektiven Sinn und macht sie sich dadurch zueigen.
Doch meist empfindet der Lehrer - aus seiner reflektierenden Lebenswelt heraus - diese präreflexiven Auseinandersetzungen als unangemessen, als lernhindernd und versucht, durch wiederholtes Üben, durch Training (Konditionierung) dem kindlichen Verhalten gegenzusteuern, 'pädagogisch' ausgedrückt, "*ihren Tätigkeitsdrang in sachgerechtes Handeln umzusetzen*"(Richtlinien für die Förderung Schwerstbehinderter)[197]. Wenn ich hier polemisiere, weil ich die in der Praxis so beliebten Trainingsprogramme mit Schwerstbehinderten für wenig sinnvoll erachte, heißt das natürlich nicht, daß wir ausschließlich bei der Anerkennung der präreflexiven stereotypen Umweltgestaltungen des Kindes stehen bleiben sollen. Doch wir müssen sie als solche erst einmal verstehen, sie akzeptieren, damit sich das Kind selbst akzeptiert fühlt und über die personale Beziehung zum Lehrer für weitere mögliche reflexive Auseinandersetzungen mit der Umwelt flexibel wird. Dann wird auch der Schwerstbehinderte nicht länger 'glücklos' (SOPHOKLES) bleiben müssen.
Bei PFEFFER finde ich meine Erfahrung, daß Schwerstbehinderte zunächst ein beziehungs- oder partnerorientiertes Handeln zur Selbstentfaltung und zum Lernen benötigen, bestätigt, wenn er sagt: "*Schwer geistig Behinderte gestalten ihre Umwelt im kommunikativen Bereich, zeigen die Fähigkeit für partnerorientiertes Handeln, sofern sie zunächst die Erfahrung machen dürfen, daß ihr Handeln vom Partner verstanden und akzeptiert wird. Sie entwickeln weiterhin die Fähigkeit, dingliche Welt zu gestalten, und zwar innerhalb eines qualifizierten kommunikativen Bezugs.*"[198]
Unser Beziehungsbeispiel läßt erkennen, daß durch die elementare Beziehung, in der Helmut seine unmittelbaren präreflexiven Handlungen vom Lehrer als verstanden und akzeptiert erfährt, er sich selbst bestätigt fühlt und anschließend mit dem Lehrer das Anschlagen des Klangholzes, also die Lernsituation, aktiver gestalten kann.
Da sich die elementare Beziehung über präreflexive Handlungen des Leibes <u>beider</u> Partner vollzieht, sich die Handlung auf den Anderen richtet, dieser also zur gestalteten Welt wird und die präreflexive Auseinandersetzung mit ihr ermöglicht, kann es zum 'ursprünglichen Verstehen' der beiden kommen, das seinerseits die Selbstfindung und -stärkung des Einzelnen bewirkt.

---

[197] KULTUSMINISTER NRW 1985, 33
[198] PFEFFER 1986, 109

II. Das Zur-Welt-Sein des Leibes im Wahrnehmen

"Diese Kinder (schwerstbehinderte,Anm.d.Verf.) sind nicht in der Lage, elementare Funktionen zu erwerben, wie einfache Fortbewegung, Greiffähigkeit der Hände, Kontrolle über die Kopfhaltung, Sprechen; ja häufig scheinen sie nicht einmal ihre Umwelt durch die Sinnesorgane zu registrieren....Ihre Wahrnehmung bezieht sich auf die unmittelbare Körpersphäre, die weitere personale und materiale Umwelt bleibt unerschlossen." (FRÖHLICH)[199]

"Kinder und Jugendliche mit schwerer geistiger Behinderung nehmen Menschen und Dinge wahr, was sich darin zeigt, daß sie auf ihre Gegenwart reagieren, indem sie sich nähern oder etwas unbeachtet lassen oder sich (ängstlich) abwenden und meiden. Würden sie überhaupt nicht wahrnehmen, wären sie nicht lebensfähig." (PFEFFER)[200]

Dem Aspekt der Wahrnehmung kommt in der Schwerstbehindertenpädagogik besondere Bedeutung zu. Man bedient sich seiner nicht nur zur Beschreibung des Phänomens der Schwerstbehinderung, wie hier an den polaren Verständnisweisen FRÖHLICHs und PFEFFERs verdeutlicht, sondern vor allem, um Schwerstbehinderung als schwere Wahrnehmungsstörung mit folgenden Attributen, entnommen den Richtlinien zur Förderung schwerstbehinderter Schüler, zu definieren:

"- *Organische oder psychische Ausfälle im Bereich der Wahrnehmung;*
- *geringe Fähigkeit der Aufnahme und Verarbeitung von Sinneseindrücken;*
- *geringe Koordinationsfähigkeit zwischen Sinneseindrücken und Bewegungsformen sowie Verhaltensweisen;*
- *Überempfindlichkeit oder herabgesetzte Empfindlichkeit für Sinnesreize.*"[201]

Aus dieser Beschreibung ist leicht abzuleiten, daß die schwere Wahrnehmungsstörung nicht ausschließlich auf die Schädigung der Sinnesorgane zurückzuführen ist, sondern sich vielmehr durch die additiv hinzukommenden Beeinträchtigungen in der Aufnahme und Verarbeitung von Sinnesreizen, also durch eine unzureichende Aufarbeitung von Umweltimpulsen, auszuzeichen

---

199 FRÖHLICH, A.: *Probleme der Förderung von Schwerst- und Mehrfachbehinderten*, in: HARTMANN, N.: *Beiträge zur Pädagogik der Schwerstbehinderten*, Heidelberg 1983, 63

200 PFEFFER 1986, 77

201 KULTUSMINISTER NRW 1985, 7

scheint, "*so daß die schwere Behinderung als Isolation von der Aneignung von Welt erscheint*"[202].

Die o.a. "*Entwicklungsabweichungen im sensorischen Bereich*"[203] werden in den Richtlinien als Merkmale des schwerstbehindertenspezifischen Lernverhaltens aufgefaßt, das "*durch Beeinträchtigung der Aufnahme, Verarbeitungs- und Speicherungsprozesse sowie des Ausdrucksvermögens*"[204] gekennzeichnet sei. DREHER sieht in den Richtlinien der Schule für Geistigbehinderte - und die Schwerstbehinderten-Richtlinien sind ja eine Fortführung dieser - ein Beispiel für verkürztes Ursache-Wirkungs-Denken in der Geistigbehindertenpädagogik und kritisiert, dort sei "*geistige Behinderung als durch eine Schädigung des zentralen Nervensystems **verursacht** bezeichnet und sofort mit dem Gedanken verknüpft worden, daß diese so verursachte Behinderung sich auf bestimmte Verhaltensbereiche **auswirkt***"[205]. Hier scheint für DREHER "*ganz unbemerkt und nicht problematisiert ein Problem verborgen, nämlich das von Ursache und Wirkungszusammenhang. Man scheint hier ablesen zu können, daß eine causa, eine Ursache, nämlich eine Schädigung des zentralen Nervensystems, zu einer ganz bestimmmten Wirkung in Beziehung zu bringen ist.*"[206] Worin DREHER ein Problem sieht, ist die so selbstverständliche Verknüpfung von Ursache und Organ, Wirkung und Verhalten und schließlich von Seele und Geist[207] "*in einer an physikalischen Grundbedingungen orientierten Welt naturwissenschaftlicher Provenienz*"[208].

Innerhalb der speziellen Geistigbehindertenpädagogik verfolgt DREHER diese Problematik am Ansatz FEUSERs, der sich, wie JANTZEN, der neurophysiologisch-entwicklungspsychologischen Forschung verpflichtet fühlt. FEUSER, der, wie bereits im zweiten Kapitel dargestellt, die "*Organisation der Grundfunktionen des zentralen Nervensystems*" im Sinne PIAGETs betrachtet, beschreibe "*das Rezeptor/ Effektor- bzw. Afferenz/ Efferenz- und Reafferenzprinzip als eine zentralnervöses, innerorganismisches Äquivalent der Wahrnehmungstätigkeit im besonderen und dem Verhalten im allgemeinen*"[209]. Er betone weiterhin, daß das was wir wissen, empfinden und erleben, ein reproduktives Abbild der uns umgebenden objektiven Realität mittels der beschriebenen neurophysiologischen Prozesse sei[210]. DREHER kritisiert, FEUSERs "*fast unbekümmert*(e)" Verknüpfung neuraler Prozesse mit dem, "*was hier psychologische Bereiche genannt wird*" und fragt nach der Berechtigung, "*auf der einen Seite von einem Organismus und seiner Tätigkeit zu spre-*

---

202 PFEFFER 1986, 77
203 KULTUSMINISTER NRW 1985, 7
204 ebd. 1985, 6
205 DREHER 1983, 16
206 ebd. 1983 , 16
207 vgl. ebd. 1983, 16
208 ebd. 1983, 17
209 ebd. 1983, 17
210 vgl. ebd. 1983, 17

chen, und - ohne darin ein Problem zu sehen - dann die Reaktionsnorm des zentralen Nervensystems in Kognition und Emotion umgesetzt zu sehen"[211].
Auf die Verschiedenheit der Ordnungen von physikalisch-physiologischen Vorgängen einerseits, und den Ordnungen des Erlebens andererseits habe ich mit DREHER in Anlehnung an E. STRAUS im dritten Kapitel hingewiesen. Jetzt gilt es, bezogen auf die Wahrnehmungstätigkeit des Menschen, anhand der Phänomenologie MERLEAU-PONTYs zu zeigen, daß, in Abgrenzung zu objektivistischem Denken etwa FEUSERs, die individuell-subjektive Erfahrung nicht bloß "*Hintergrundaktivität auf dem Wege psycho-motorischer Akte*"[212] ist, die auf die Wahrnehmungstätigkeit und die Art der Auseinandersetzung mit der Welt zurückwirke[213].
Die Notwendigkeit dieser ergänzenden Sichtweise will ich zunächst von der vorwissenschaftlichen Ebene aus mit einem schulpraktischen Beispiel verdeutlichen.

> Der blinde, schwer spastisch gelähmte Felix, auf den ich im zweiten Teil noch ausführlich eingehe, zeigte zunächst keinerlei Reaktionen auf taktile Reize. Er schien seine Umwelt ausschließlich über sein Gehör wahrzunehmen. Unsere Bemühungen, ihm durch Berührungen (Streicheln, Baden, Massieren) und Stimulationen mit den unterschiedlichsten Materialien auch nur die geringsten Äußerungen zu entlocken, blieben so lange erfolglos, bis er mittels elementarer Beziehungen Vertrauen zum Lehrer aufgebaut hatte. Er reagierte anschließend auf den leichtesten Lufthauch oder das Antippen mit der Fingerkuppe und begann, sich handelnd mit Gegenständen zu beschäftigen.

Wie läßt sich Felix' anfängliches Nichtreagieren erklären? Zunächst wurde sein Verhalten als pathophysiologische Reizleitungs- oder Verarbeitungsstörung aufgefaßt. Neben einer geistig-seelischen Unterentwicklung aufgrund der Microcephalie wurden deprivierend wirkende Umweltfaktoren unterstützend herangezogen; Begründungen, die ein Beleg für das zuvor mit DREHER kritisierte verkürzte Ursache-Wirkungs-Denken sind.
Die Erfahrungen mit Felix, und ich könnte sie mit Beispielen anderer Schüler unterstreichen, legen die Vermutung nahe, daß das Nichtäußern von Wahrnehmungsempfindungen, also das Nichtreagieren auf einen Stimulus, die Wahrnehmungsfähigkeit an sich, also Reizaufnahme und -verarbeitung, nicht grundsätzlich ausschließt, diese aber möglicherweise, und für uns nicht so ohne weiteres feststellbar, durch die organischen Beeinträchtigungen des Kindes verändert sind. Außerdem scheinen Wahrnehmung und Reaktion auf eine Empfindung zwar eng miteinander verbunden, aber dennoch zwei Seiten zu sein, weil sie maßgeblich vom subjektiven Erleben des Wahrnehmenden selbst abhängig sind, und das Beispiel von Felix belegt diese Annahme. Ob allerdings die Qualität bzw. Quantität des Wahrgenommenen vor dem elementaren Beziehungsgeschehen gleich war, bleibt offen. Jedenfalls hat Felix, so läßt sich

---

[211] ebd. 1983, 17/18
[212] PFEFFER 1982, 128
[213] vgl. ebd. 1982, 128

auf der bisher skizzierten phänomenologischen Erkenntnisgrundlage festhalten, vermutlich anfangs nicht reagiert, weil die Reaktion für ihn subjektiv nicht notwendig war.
Bei den weiteren Überlegungen sind also grundsätzlich zwei Ebenen zu unterscheiden, die objektive, d.h. die der physiologisch-neurologisch beleg- bzw. meßbaren Wahrnehmungsgegebenheiten, und die subjektive, die Ebene des individuellen Erlebens und Erfahrens von Wahrnehmungseindrücken. Beide sind erforderlich, damit der Mensch dem Wahrgenommenen Bedeutung geben kann, oder anders, damit er sich wahrnehmend mit der Welt auseinandersetzen und in ihr orientieren kann. In der Wirklichkeit sind beide Dimensionen miteinander vereint, doch als Einheit können sie derzeit noch nicht gedacht bzw. von uns wissenschaftlich erschlossen werden.
Wie die kurze Beschreibung von Felix zeigt, kommen wir der Wahrnehmung des schwerstbehinderten Menschen nur näher, wenn wir ihn über die Erlebensebene anzusprechen und ihm zu begegnen versuchen. MERLEAU-PONTY kritisiert, daß "*(d)as objektive Denken das Subjekt der Wahrnehmung*"[214] ignoriert. Das bedeutet für die eigene Fragestellung nichts anderes, als das Subjekt der Wahrnehmung, also den Wahrnehmenden selbst mit seinem Erleben und Erfahren von Wahrnehmung, also so, wie Wahrnehmung "*dem Wahrnehmenden für sich im Wahrnehmen erscheint*"[215], in den Mittelpunkt der weiteren Überlegungen zu stellen. Konkret soll gefragt werden: Wie trägt die Wahrnehmung dazu bei, das Leib-Welt-Verhältnis des schwerstbehinderten Kindes zu unterhalten, und wie wird der Andere in der elementaren Beziehung verstehend wahrgenommen. Mit MERLEAU-PONTY läßt sich das Ziel meiner weiteren Reflexion folgendermaßen verdeutlichen: "*(D)ie unreflektierte Welterfahrung wiederzuentdecken, dorthin zu gehen, wo noch keine Wissenschaft die individuelle Perspektive nivelliert und ihrer Reduktion unterworfen hat.*"[216]

Wir werden also wieder auf den **Leib** verwiesen; diesmal in seinem Vermögen, unreflektiert die Welt wahrzunehmen und zu gestalten. "*Der Leib ist in der Welt*", sagt MERLEAU-PONTY, "*wie das Herz im Organismus: er ist es, der alles sichtbare Schauspiel unaufhörlich am Leben erhält, es innerlich ernährt und beseelt, mit ihm ein einziges System bildend.*"[217] Wie der Leib "*innerlich ernährt und beseelt*" wird, habe ich zuvor anhand seiner Eigenschaft, präreflexiv handeln und sich ausdrücken zu können, gezeigt. Jetzt begründe ich sein Verhältnis zur Welt aus der Perspektive der unreflektierten Wahrnehmungserfahrung.
Die Welt darf nicht als ein "*fertig Gegebenes*"[218] aufgefaßt werden, da sie sich in jedem Augenblick durch und in der Wahrnehmung des Subjektes neu konstituiert. Die Wahrnehmung kann nur aus dieser subjektiven Gebundenheit heraus beschrieben werden. In ihrer Tatsächlichkeit, also Wahrnehmung an-sich, ist sie nicht erfaßbar. Für MERLEAU-PONTY ist Wahr-

---

[214] MERLEAU-PONTY 1966, 244
[215] PFEFFER 1986, 78
[216] MERLEAU-PONTY 1966, 282 und 298 nach PFEFFER 1986, 78
[217] MERLEAU-PONTY 1966, 239
[218] ebd. 1966, 245

nehmung selbst "*nicht zu beschreiben als eines unter den Fakten, die in der Welt vorkommen, da wir im Bilde der Welt nie jene leere Stelle zu unterdrücken vermögen, die wir selbst sind, und in der sie erst dazu gelangt, für jemand dazusein, da die Wahrnehmung der 'Fehler' in diesem 'großen Edelstein' ist.*"[219] Die Unmöglichkeit, die Wahrnehmung an-sich zu begreifen, ist für ihn durch "*das transzendentale Ich*"[220] bedingt. Als Transzendenz faßt er jene Bewegung auf, "*in der die Existenz eine faktische Situation sich zu eigen macht und verwandelt.*"[221] Indem das Ich über sich hinaus auf seinen existentialen Bezug weise, erscheine es als 'transzendentales Ich' und gehe als solches über das 'empirische Ich'[222] hinaus. Es stelle die empirische Erfassung der Wahrnehmung in Frage und bewirke, daß der Zustand eines Bewußtseins zum Bewußtsein eines Zustandes werde, "*Passivität zur Setzung der Passivität, die Welt wird zum Korrelat einer Weltvorstellung und existiert nur mehr für einen sie Konstituierenden*"[223].

Aufgrund ihrer Verankerung in der Existenz des Wahrnehmenden selbst, kann die Wahrnehmung nur über diesen, also über das Subjekt der Wahrnehmung verstanden werden, welches seinerseits erst dann zugänglich wird, wenn "*wir uns nicht den Alternativen von **naturatum** und **naturans**, von Empfindung als Zustand des Bewußtseins und als Bewußtsein eines Zustandes, von Existenz an sich und Existenz für sich befreien.*"[224] Dies kann nur geschehen, wenn wir auf die Empfindung zurückgreifen, um zu prüfen, "*was sie über den lebendigen Bezug des Wahrnehmenden zu seinem Leib und zu seiner Welt uns zu lehren vermag*"[225].[226]

Ich will MERLEAU-PONTYs Gedanken zur 'Empfindung' nur insofern nachgehen, als sie uns zur Beantwortung der Frage, wie sich der schwerstbehinderte Mensch qua Leib auf die Welt richtet, dienlich sind, wobei ich seiner Transzendentalphilosophie selbst hier nicht gerecht werden kann.

Die Wahrnehmung verbinden wir stets mit Empfindungen; so nehmen wir nicht nur die Wärme, die Kälte, das Blau des Himmels oder den Klang der Musik wahr, sondern wir empfinden sie auch. Wahrnehmung ist ineins auch Impression. MERLEAU-PONTY bezeichnet die Impression oder die "*reine Empfindung*" als "*einen undifferenziert, punktuell-augenblicklichen 'Anstoß'*"[227], der aber schon in sich einen Sinn besäße. Durch diese Eigenschaft definiere die Impression das Wahrnehmungsphänomen als solches, "*sie bestimmt die notwendige Bedingung, unter der überhaupt ein Phänomen als Wahrnehmung angesprochen zu*

---

219 ebd. 1966, 244
220 ebd. 1966, 145
221 ebd. 1966, 202
222 vgl. ebd. 1966, 245
223 ebd. 1966, 245
224 ebd. 1966, 245
225 ebd. 1966, 245
226 Anm.d.Verf.: Hier deutet sich eine Parallele zu der im dritten Kapitel dargestellte Auffassung AUERSPERGs an.
227 MERLEAU-PONTY 1966, 21

werden vermag."[228] Doch was ich zuvor für die Bestimmung der Wahrnehmung an sich feststellte, muß auch in gleichem Maße für die Impression gelten. "*Was Wahrnehmung ist*", so führt MERLEAU-PONTY weiter aus, "*kann einzig und allein die Struktur des wirklichen Wahrnehmens lehren. Die reine Impression ist sonach nicht allein unauffindbar, sie ist unwahrnehmbar, und folglich undenkbar als Moment der Wahrnehmung. Sie ist nur zu denken, sofern man über den wahrgenommenen Gegenstand die Erfahrung der Wahrnehmung selbst aus dem Blick verliert.*"[229]

Aber nur über den Versuch, die Impression darzustellen, kann die unreflexive Wahrnehmung in ihrer existentiellen Relevanz für den Schwerstbehinderten und seine Fähigkeit, den Lehrer in der elementaren Beziehung eben unreflektiert 'empfindend' wahrzunehmen, verstanden werden.

Zunächst einmal ist, wie PFEFFER sagt, die Empfindung die "*erste Berührung zwischen Wahrnehmenden und Welt.*"[230] Das Verhältnis von "*Empfindendem und sinnlich Empfundenem*"[231] vergleicht MERLEAU-PONTY mit der Beziehung des Schläfers zum Schlaf. Der Schlaf käme, wenn eine bestimmte willentlich eingenommene Haltung plötzlich von außen eine Bestätigung erführe, die sie erwartete. "*Ich atme langsam und tief, um den Schlaf herbeizurufen, und plötzlich ist es, als kommuniziere mein Mund mit einer riesigen äußeren Lunge, die meinen Atem anzieht und zurückdrängt, der soeben noch von mir gewollte Rhythmus meines Atmens wird mein Sein selbst, der Schlaf, zuvor als Bedeutung vermeint, verwandelt sich jäh in Situation.*"[232]

Wenn die Berührung zwischen Wahrnehmendem und Welt, wenn die Empfindung mit dem Hinübergleiten in den Schlaf verglichen werden kann, dann müssen wir auch das Empfinden aus seiner existentiellen Gebundenheit heraus zu verstehen versuchen. "*In der gleichen Weise lausche oder blicke ich in der Erwartung einer Empfindung und plötzlich ergreift das Sinnliche mein Ohr oder meinen Blick und ich liefere einen Teil meines Leibes oder gar meinen ganzen Leib jener Weise der Schwingung und Raumerfüllung aus, in der das Blau oder Rot entsteht.*"[233]

Das Sinnliche ist demzufolge nicht allein "*motorische und lebensmäßige Bedeutung*", sondern es **ist** "*nichts anderes als eine je bestimmte Weise des Zur-Welt-seins, die sich von einem Punkte des Raumes her sich uns anbietet und die unser Leib annimmt und übernimmt, wenn er dessen fähig ist: Empfindung ist*" für MERLEAU-PONTY "*buchstäblich eine Kommunion*"[234], insofern, als sie dem Subjekt ermögliche, sich auf die Welt zu richten, sie gleichzeitig subjektiv zu gestalten und damit den Menschen in seinem Zur-Welt-Sein zu bezeugen.

---

[228] ebd. 1966, 22
[229] ebd. 1966, 22
[230] PFEFFER 1986, 80
[231] MERLEAU-PONTY 1966, 249
[232] ebd. 1966, 249
[233] ebd. 1966, 249
[234] ebd. 1966, 249

Indem die beiden Partner sich in der elementaren Beziehung wahrnehmend-gestaltend aufeinander richten, wird der Andere zur empfundenen Welt und somit präreflexiv, leib-haft verstehbar. Aus phänomenologischer Sicht bedarf das gängige Verständnis von schwerer Wahrnehmungsstörung, wie ich es eingangs skizziert habe, unbedingt einer Revision. Denn auch im scheinbaren Nichtbeachten oder -reagieren drückt sich der Schwerstbehinderte aus. Seine für den Nichtbehinderten vielleicht uneinsichtig bleibenden Impressionen sind als seine Weise des Zur-Welt-Seins und so als subjektiv bedeutungsvoll aufzufassen. In der "*mangelnden Intentionalität auf eine ihnen unangemessene Umwelt hin*"[235] sieht PFEFFER das Problem der Wahrnehmungsförderung Schwerstbehinderter begründet. "*Ihre anfängliche Indifferenz und Ablehnung in Bezügen zu anderen Menschen und zur dinglichen Welt ist Ausdruck mangelnder Intentionalität aufgrund vorausgehender, lebensgeschichtlich bedingter Erfahrungen.*"[236] Darum sei pädagogisch in "*die Dialektik zwischen intentionalem Subjekt und Welt*"[237] einzugreifen, die Intentionalität des Schwerstbehinderten sei zu intensivieren. Doch PFEFFER beläßt es bei dieser Forderung. Wie die pädagogische Einwirkung konkret zu denken ist, bleibt offen.
Wenn sich bereits in der Impression die Intentionalität des schwerstbehinderten Kindes ausdrückt, dann müssen wir pädagogische Situationen schaffen, in denen sich die Intentionalität von Schüler und Lehrer wahrnehmend aufeinander richtet, damit Aussagen über seine Wahrnehmungsfähigkeit, als subjektiver Ausdruck seiner Weltimpression und -gestaltung, möglich werden, und sie nicht länger am 'reflektierten Wahrnehmungs-Maß' des Nichtbehinderten gemessen werden. Die elementare Beziehung bietet auch hier wieder die Möglichkeit, den Behinderten in seinen präreflexiven Wahrnehmungsakten kennenzulernen. Doch wir müssen bedenken, und deshalb habe ich die Subjektgebundenheit der Wahrnehmung mit MERLEAU-PONTY so betont, daß wir niemals ein völliges Verständnis der Wahrnehmung des Anderen erwarten dürfen. Sie bleibt stets im 'transzendentalen Ich' (MERLEAU-PONTY) gebunden und weist uns in die Grenzen des Fremdverstehens. Doch das Besondere der elementaren Beziehung ist die Tatsache, daß sich die beiden Partner **wahrnehmend aufeinander beziehen**, die Wahrnehmung sich nicht auf ein außerhalb stehendes Drittes richtet, sondern unmittelbar, also leib-haft, auf den Anderen, wobei das einander An-Rufen und Antworten erst durch die Wahrnehmung möglich wird.
Bevor ich den Transfer auf BODENHEIMERs Beziehungstheorie versuche, muß nun gefragt werden, warum und wie die Wahrnehmung den elementaren Dialog unterhält, wie das Gegenüberstehende (Person oder Gegenstand) in der Wahrnehmung für das Subjekt Bedeutung erlangt. Es geht nunmehr um die Relation zwischen Wahrnehmung und Bedeutungsstiftung.

Mit der Bezeichnung der Empfindung als Koexistenz oder Kommunion bestimmt MERLEAU-PONTY sie gleichsam in ihrer Intentionalität. "*Sie ist gewiß intentional, d.h. sie ruht nicht*

235 PFEFFER 1986, 80/81
236 ebd. 1986, 81
237 ebd. 1986, 81

in sich wie ein Ding, sie vermeint und deutet etwas über sich hinaus."[238] Intentional sei die Empfindung, weil uns "*im Sinnlichen der Vorschlag zu einem gewissen Rhythmus der Existenz*" begegne, und wir, "*diesem Vorschlag Folge leistend, in die also uns nahegelegte Weise des Existierens gleiten und auf ein äußeres Sein uns beziehen, sei es uns ihm erschließend, sei es uns ihm verschließend.*"[239]

Demzufolge drückt sich auch im Verschließen vor der Welt, im Ablehnen oder Nichtreagieren auf die angebotenen Reize, der 'Rhythmus der Existenz' (MERLEAU-PONTY) des Schwerstbehinderten, sein Zur-Welt-Sein aus.

Um den Empfindenden durch und in der Wahrnehmungstätigkeit in seiner Existenz bezeugen zu können, kann das Empfundene nicht einfach als Gegenüberstehendes, wie ich es oben im Fragen eingeführt habe, gedacht werden. "*Empfindender und empfundenes Sinnliches sind*", wie MERLEAU-PONTY sagt, "*nicht zwei äußerlich einander gegenüber stehende Terme, und die Empfindung nicht die Invasion des Sinnlichen in den Empfindenden.*"[240]

Die Dialektik der menschlichen Intentionalität bedingt, daß das Wahrzunehmende, das Ding oder die Person, zum **einen** Korrelat meines Leibes ist. Mit MERLEAU-PONTY sagt PFEFFER: "*So ist denn das Ding Korrelat meines Leibes und meiner Existenz überhaupt, deren stabilisierte Struktur der Leib nur ist; es konstituiert sich erst im Zugang meines Leibes zu ihm.*"[241] Weiter führt PFEFFER aus, daß das Ding **andererseits** im Wahrnehmen es selbst sein solle: "*(D)er Leib erscheint in der Wahrnehmung gleichsam am Rande unseres Bewußtseins als das, was die Dinge anzeigen, und dennoch sei das Ding Korrelat meines Leibes in der Wahrnehmung.*"[242]

Indem das Ding im Wahrnehmungsprozeß zum Ergänzungsglied meines Leibes wird, und der Andere (Partner) in der elementaren Beziehung das 'Ding' meiner Wahrnehmung ist, wird der Andere Korrelat meiner selbst und insofern zur Welt-für-mich. Als Ergänzung meines Leibes, bleibt dieser in seinem Selbst empfindbar existent. Wie ist das möglich? "*Gerade weil die Dinge selbst es sind, die den Leib als Gesamtbeziehungszentrum anzeigen, bleiben sie sie selbst und sind nicht wie das Imaginäre Produkt bloßer Intention.*" [243]

Das Ding sei für unsere Existenz "*weit mehr als ein Abstoßungs- und Anziehungspol*", sagt MERLEAU-PONTY[244]. In ihm würden wir uns selbst erkennen, und das mache das Ding zum Ding.

Hier drängt sich BODENHEIMERs These von der Selbstfindung mittels Abgrenzung, wie ich sie zuvor darstellte, assoziativ auf. In der phänomenologischen Betrachtung erscheint der Aspekt der 'Abgrenzung' in seinem leib-bezogenen und damit transzendentalen Zusammenhang, der

---

[238] MERLEAU-PONTY 1966, 251
[239] ebd. 1966, 251
[240] ebd. 1966, 251
[241] PFEFFER 1986, 81
[242] ebd. 1986, 81
[243] ebd. 1986, 82
[244] MERLEAU-PONTY 1966, 374

meine Erörterungen zum 'ursprünglichen Verstehen' der beiden aufeinander Bezogenen unterstreicht. Verfolgt man PFEFFERs Gedankengang weiter, werden diese Zusammenhänge deutlicher.

Er fragt, und das ist für meine Beziehungsproblematik besonders interessant, wie es möglich sei, daß das Ding einerseits Korrelat meine Leibes ist, diesen aber gleichzeitig verleugne: "*Wie kann das Subjekt sich das Ding aneignen und zugleich es selbst sein lassen?*"[245]

Als erstes stellt PFEFFER in Abgrenzung zum Realismus und zur idealistischen Syntheselehre unter Zuhilfenahme MERLEAU-PONTYs fest, daß ein Ding erleben heißt, "*weder mit ihm koinzidieren noch es denkend gänzlich durchdringen.*"[246] Die Leiblichkeit gäbe "*jenen dialektischen Raum*" ab, "*in dem die Dinge gleichzeitig subjektiv wahrnehmend angeeignet werden und doch eben darin* ***selbst*** *erfahrbar sind.*"[247] Mit den Worten MERLEAU-PONTYs läßt sich dieses Problem des Subjektes noch einmal anders beschreiben: "*Wahrnehmend muß das Subjekt, ohne seinen Ort und seinen Gesichtspunkt zu verlassen, sich in der Verschlossenheit des Empfindens Dingen zuwenden, zu denen es nicht im voraus den Schlüssel besitzt, deren Entwurf es aber gleichwohl in sich trägt; es muß also einem absolut Anderen sich öffnen, für welches es doch in seinem tiefsten Inneren bereit ist.*"[248]

Schwerstbehinderte Schüler und Lehrer erscheinen einander als ein 'absoluter Anderer', doch in ihrem 'tiefsten Inneren' (MERLEAU-PONTY) sind beide bereit, sich dem Anderen erschließend zu öffnen. Den 'Schlüssel' (MERLEAU-PONTY) dazu finden wir in der Intentionalität unseres Leibes. Wie ist dies möglich und vorstellbar?

MERLEAU-PONTY ist der Auffassung, daß wir mittels unseres Leibes "*die Typik sämtlicher perzeptiver Entfaltungen und sämtlicher intersensorischer Entsprechungen*"[249] in uns trügen. Deshalb sei ein Ding in der Wahrnehmung "*nicht wirklich* ***gegeben****, sondern von uns innerlich übernommen, rekonstituiert und erlebt, insofern es einer Welt zugehört, deren Grundstrukturen wir in uns selbst tragen und von der es nur eine der möglichen Konkretionen darstellt. Von uns erlebt, ist es gleichwohl ein unser Leben Transzendierendes, da der menschliche Leib selbst mit seinen ihm eine menschliche Umwelt umschreibenden Habitus von einer Bewegung auf die Welt selbst hin durchzogen ist.*"[250]

Weil der Mensch Leib hat und Leib ist, trägt er die sinnlichen Strukturen der Welt in sich. Die Intentionalität seines Leibes ermöglicht es ihm, die Dinge abgehoben zu erfassen. "*Weil der Leib gewissermaßen ein Stück Welt ist*", sagt PFEFFER weiter, "*sind wir im Leib unmittelbar bei den Dingen, ohne daß sie dabei ihr eigenes Sein verlieren, erweist er*

---

[245] PFEFFER 1986, 82
[246] MERLEAU-PONTY 1966, 376 nach PFEFFER 1986, 83
[247] PFEFFER 1986, 83
[248] MERLEAU-PONTY 1966, 376
[249] ebd. 1966, 377
[250] ebd. 1966, 377

sich doch immer auch der als von den Dingen angezeigte und unterschiedene, als 'mein' Leib."[251]

Um elementare Beziehung als leibhaften Dialog begründen zu können, ist es jetzt notwendig zu fragen, warum die beiden Beziehungspartner mittels der Wahrnehmungstätigkeit ihres Leibes und trotz seiner Eigenschaft, das Wahrgenommene zurückzuweisen, einander verstehen. In der elementaren Beziehung kann es zum gegenseitigen Verstehen im ursprünglich-leiblichen Sinne kommen, weil im Richten auf den Anderen, dieser nicht nur an-sich, vereinfacht ausgedrückt, einverleibt und abgestoßen wahrgenommen wird, sondern weil es daneben auch zum Austausch von Bedeutungen und damit zur Gestaltung der Welt kommt. Beide Partner bezeugen sich im Beziehungsakt ihre gegenseitige Akzeptanz, ihr Sich-angenommen oder -wohlfühlen und manchmal auch ihr Glücklichsein.

> Der stark spastisch gelähmte Ludwig entspannte im elementaren Austausch seine sonst starre Gesichtsmuskulatur, lächelte zufrieden; der ungewöhnliche Glanz der Augen zeigte mir, daß er sich angenommen und glücklich fühlte.

Doch wie müssen wir uns das Wahrnehmen und Verstehen solcher subjektiver Bedeutungsinhalte denken?

"*Bedeutungen kommen nicht dadurch zustande*", meint PFEFFER, "*daß der Verstand von der Wahrnehmung präsentierten Sinnesdaten Bedeutung* ***gibt****. Soweit der reflektierende Mensch Erlebtem, Wahrgenommenem Bedeutung und Sinn gibt, erfolgt dies* ***aufgrund zunächst erlebter*** *und* ***bereits wahrgenommener Bedeutungen****."*[252]

Ich habe die elementare Beziehung zuvor als unmittelbaren, **präreflexiv** ablaufenden Wahrnehmungs-Akt gekennzeichnet. Wir können also nicht davon ausgehen, daß die Partner ihm nur Bedeutung entnehmen, weil sie sich, wie zu Beginn des Kapitels im Rahmen der präreflexiven Sinn-stiftung dargestellt, rückbesinnend auf bereits Wahrgenommenes beziehen. Setzte elementare Beziehung reflektierendes Wahrnehmungserleben voraus, könnte sie erst gar nicht spontan entstehen. Für MERLEAU-PONTY ist die Wahrnehmung "'*Dialog des Subjekts mit dem Objekt, in dem das Subjekt den im Objekt ausgebreiteten Sinn übernimmt und das Objekt die Intention des Subjekts', so umgebe der Dialog 'das Subjekt mit einer Welt, die von sich aus zu ihm spricht, und verlegt seine eigenen Gedanken in die Welt selbst.'"*[253] Die unmittelbare Sinnerschließung ist, wie bereits bekannt, in der Leiblichkeit des Menschen begründet, "*in jenem Zur-Welt-Sein des Menschen qua Leib, das keiner Vermittlung über Vorstellungen oder Empfindungen bedarf, in dem der*

---

[251] PFEFFER 1986, 83
[252] ebd. 1986, 86
[253] MERLEAU-PONTY 1966, 160 nach PFEFFER 1986, 87

Wahrnehmende unmittelbar bei den Dingen ist, denen der Sinn innewohnt wie die Seele dem Leib."[254]

Deshalb sagt MERLEAU-PONTY, daß uns das Ding in der Wahrnehmung selbst gegeben oder leibhaft gegeben sei und es verwirkliche " *das Wunder des Ausdrucks: im Äußeren ein Inneres zu offenbaren, eine Bedeutung, die in die Welt herabsteigt und in ihr zu existieren beginnt, und die wir nicht voll verstehen können, ohne sie mit dem Blick an ihrem Orte aufzusuchen. So ist denn das Ding Korrelat meines Leibes und meiner Existenz überhaupt, deren stabilisierte Struktur der Leib nur ist; es konstituiert sich erst im Zugang meines Leibes zu ihm, ist nicht zuerst bedeutungsmäßig nur für den Verstand vorhanden, sondern unmittelbar eine der leiblichen Prüfung zugängliche Struktur; und suchen wir das Reale zu beschreiben, so wie es uns in der Wahrnehmungserfahrung erscheint, so finden wir es immer schon mit anthropologischen Prädikaten versehen.*"[255]

Da die Dinge der Vermittlung unseres Leibes bedürfen, "*bietet sich die Natur als ganze als Inszenierung unsers eigenen Lebens dar, oder gleichsam als unser Partner in einem Gespräch.*"[256] Dinge sind insofern für uns nicht nur wahrnehmbar, sondern auch denkbar.

Es drängt sich jetzt, da wir mit MERLEAU-PONTY bzw. PFEFFER über die Wahrnehmung, in deren einzigartiger Verankerung im Leib, auf ein existentielles Ganzes blicken, für mich die Frage auf, ob wir mit seiner Hilfe dem 'Zentrum der Beziehung' (BODENHEIMER) nicht doch näher kommen können. BODENHEIMER, der Beziehung des Menschen mit seiner Umwelt als geschlossenes Kreismodell und damit primär die verschiedenen Modi von Beziehungen vorstellt, läßt das Zentrum, also den geistigen, den zu denkenden Mittelpunkt, um den sich die Beziehenden, bildlich gesprochen, kreisförmig bewegen, offen. Es stünde seiner Untersuchung nicht zu, sagt BODENHEIMER, "*abzuhandeln oder gar zu entscheiden, mit welchem Namen sowohl das Zentrum selbst als auch das, was im Zentrum steht, zu bedenken und wie es vorzustellen sei. Dafür gibt es viele Namen, aber wir haben keine Instanz, welche die Richtigkeit oder das Gerechtfertigtsein eines dieser Namen zu entscheiden vermöchte. Der eine sieht in dem Zentrum ein dem Numinosen Zugehöriges, ein anderer erlebt darin das 'Sein' oder das 'Dasein'; dem Dritten wird 'die Liebe' zum Zentrum des Beziehungskreises.*"[257]

BODENHEIMER hat unbedingt recht, wenn er sagt, daß es keine Instanz gibt, die über die Richtigkeit des irgendwie angenommenen oder begründeten Zentrums entscheidet.

Doch mir scheint sich in der phänomenologischen Betrachtungsweise, genauer in der Transzendenz des Leibes, die ja gerade in der elementaren Beziehung ihren Ausdruck findet, und

---

[254] PFEFFER 1986, 89

[255] MERLEAU-PONTY 1966, 370

[256] ebd. 1966, 370

[257] BODENHEIMER 1967, 131

hierbei für die sich auf einander Beziehenden ein größerer gemeinsamer Seinszusammenhang erfahrbar wird, eine erste Antwort abzuzeichnen. Zur Vertiefung dieser Annahme ist eine existentialphilosophische Auseinandersetzung erforderlich, die aber im Rahmen dieser Arbeit nicht mehr geleistet werden kann, weil sie zu weit vom eigentlich pädagogischen Anliegen wegführen würde. Deshalb belasse ich es bei dieser ersten Gedankenspur und will stattdessen, den Abschnitt abrundend, noch einmal die wichtigsten erarbeiteten Wahrnehmungs-Aspekte zusammenfassen, und auf das gegenseitige Verstehen der Partner in der elementaren Beziehung zu übertragen versuchen.

In der elementaren Beziehung trifft der Wahrnehmende im Anderen auf einen Menschen, der, wie er selbst, die sinnlichen Grundstrukturen der Welt in sich trägt. In ihrer primordialen Zuordnung zur Welt sind beide gleich und in der Transzendenz ihres Leibes miteinander verbunden. Dieses Faktum ermöglicht es beiden, sich in der elementaren Beziehung intentional aufeinander zu richten, den Anderen 'aufnehmend' und 'abstoßend' zugleich im Wahrnehmen zu verstehen. Ein Verstehen, das ich zuvor als 'ursprüngliches', leib-bezogenes und leib-gegebenes gekennzeichnet habe, und das auf der jetztigen Diskussionsebene eine weitere Fundierung erfährt.
Wir haben gesehen, daß das 'ursprüngliche Verstehen' als Charakteristikum der elementaren Beziehung uns den verstehenden Zugang zum Menschen mit schwerer geistiger Behinderung erschließt. Doch zu glauben, den Anderen völlig begreifen zu können, ist falsch. Wie müssen wir uns dieses begrenzte Fremdverstehen denken?
Im Rahmen der Eörterungen zur Wahrnehmung habe ich gezeigt, daß das 'Ding' im Wahrnehmungsakt zwar Korrelat meines Leibes wird, gleichzeitig aber als es selbst wahrnehmbar bestehen bleibt. Der Leib als 'Gesamtbeziehungszentrum' (PFEFFER) ermöglicht, daß beide Momente koinzidieren und dennoch getrennt von einander, durch 'Anziehen' und 'Abstoßen' vereinfacht ausgedrückt, empfindbar werden. Dieses Phänomen ist nun begründend auf das elementare Beziehungsgeschehen zu übertragen, da dieses schließlich nur durch das Wahrnehmungvermögen des Leibes entstehen kann.
Im dynamischen Geschehen von Anrufen und Antworten wird also jeder Beziehende qua Leib zur erschlossenen Welt für den Anderen, bleibt aber dennoch als er selbst existent und verliert sich nicht im Sein des Partners. Trotz dieses gemeinsamen Welt-Werdens und Welt-Seins für den Anderen, was ja überhaupt erst das 'absolute Öffnen zum Anderen hin'[258] ermöglicht, kann es aber nur zu einem begrenzten Verstehen im elementaren Beziehen aufeinander kommen. Indem ich mich intentional auf den Anderen richte, dieser zur Welt für mich wird, ver-leibe ich ihn mir wahrnehmend ein, er wird Korrelat meine Leibes und bleibt doch als wahrnehmbar

---

[258] vgl. MERLEAU-PONTY 1966, 376

Gegenüberstehendes existent. Anziehen und Abstoßen kooperieren miteinander und schaffen damit den 'dialektischen Raum' (PFEFFER), in dem der Beziehungspartner subjektiv wahrnehmbar wird und gleichzeitig er selbst bleibt.
Da mein Gegenüber sich in der elementaren Beziehung aber seinerseits intentional auf mich richtet, ich also zur wahrnehmbaren Welt für ihn werde, erfahre ich mich als Korrelat seines Leibes und gleichwohl in meinem Nicht-er-sein, d.h. ich bleibe ich selbst. Derart wird es möglich, mich gleichzeitig vom Partner verstanden (akzeptiert) zu fühlen und dennoch mich ihm nicht angehörend zu erfahren, mich also von ihm abgrenzen zu können. Im Aufnehmen und Abstoßen mittels des Leibes ist die Voraussetzung gegeben, daß sich die Partner abgehoben voneinander erleben und im rückschauenden Akt vielleicht auch erkennen.
Jetzt wird deutlich, warum elementare Beziehung einerseits zum Verstehen eben in diesem ursprünglich leib-bedingten präreflexiven Sinne beiträgt, andererseits aber auch die Abgrenzung der Beziehenden von einander ermöglicht. Gemeinsam bilden beide Momente die Voraussetzung, damit Schüler und Lehrer Vertrauen zu einander aufbauen, sich auf diesem tragenden Grund selbst finden und bestätigt fühlen können.
Wenn wir uns des begrenzten Verstehenkönnens des schwerstbehinderten Anderen bewußt sind, es aber in seiner existentiellen Relevanz begreifen, werden wir mit dem möglichen Verstehen verantwortungsvoll umzugehen lernen, um auf dieser Basis Lernangebote zu entwikkeln, die dem Kind tatsächlich angemessen sind.

4.5 Von der Einheit der Sinne zu den 'Elementen der Beziehung' BODENHEIMERs

Ausgehend von der zuvor dargestellten Einheit von Ausdruck, Handeln und Wahrnehmen, den drei Weisen des Zur-Welt-Seins im Leibe, möchte ich nun, an den Wahrnehmungsaspekt anknüpfend, auf die Einheit der Sinne in ihrer Bedeutung für die menschlichen Beziehungen und in Abgrenzung zu BODENHEIMERs Elementen-Lehre hinweisen.
Vergegenwärtigen wir uns in diesem Zusammenhang noch einmal das Beziehungsbeispiel mit Helmut, wird rasch deutlich, daß uns die Wahrnehmung des Ausdrucks des Anderen nur durch das Zusammenwirken unserer verschiedenen Sinnesempfindungen gelingt, konkret: Helmuts tiefes, zufriedenes Atmen ist für mich hörbar; gleichzeitig sehe ich das Heben und Senken seiner Brust und spüre seinen Atem meine Hand berühren.
So verschieden die Empfindungen der einzelnen Sinne auch sind, denn "*(e)in jeder Sinn trägt eine nie völlig übertragbare Seinsstruktur mit sich*"[259], so erscheint trotzdem das Wahrgenommene, z.B. Helmuts zufriedenes Atmen, als Einheit. "*Jeder Sinn hat seine Welt*"[260], sagt MERLEAU-PONTY, und dennoch erleben wir die Welt als Ganzes. "*Der Wahr-*

[259] MERLEAU-PONTY 1966, 236 nach PFEFFER 1986, 90
[260] MERLEAU-PONTY 1966, 260

nehmende weiß", nach PFEFFER "*also gleichzeitig darum, daß die Sinne aufeinander bezogen sind in dem ihrer Unterschiedlichkeit vorausgehenden grundlegenden Bezug zwischen dem einen Leib und der Welt.*"[261]
MERLEAU-PONTY sieht die Einheit der Sinne in der Einheit des Leibes fundiert, "*der seiner Zerstreuung sich entreißt, sich sammelt und mit allen Mitteln auf ein einziges Ziel seine Bewegung verlegt, indem in ihm in Gestalt des Phänomens der Synergie eine einzige Intention sich durchsetzt.*"[262] PFEFFER sagt, MERLEAU-PONTYs Darstellung erweiternd, daß der phänomenale Leib in oder aufgrund seines Zur-Welt-Seins, die Einheit der Sinne und die Einheit des Gegenstandes bei unterschiedlichen Sinnesmodalitäten ermögliche. "*Deshalb übersetzen sich die Sinne ineinander, ohne dazu eines Dolmetschs zu bedürfen, sie begreifen einander, ohne dazu des Durchgangs durch eine Idee zu bedürfen. Der Singularität der Sinne geht die Ganzheit des intentionalen Leibes voraus*"[263].

Da die Einheit der Sinne ihren Ursprung im Leib des Wahrnehmenden hat, ist auch hier in Übertragung auf die Schwerstbehindertenproblematik festzuhalten, daß die Wahrnehmung, speziell die Wahrnehmungsfähigkeit einzelner Sinne, nur aus ihrer leiblichen Verankerung heraus und in Relation zu den anderen Sinnen betrachtet werden kann. "*Eine physiologisch orientierte Wahrnehmungsförderung, die mit 'starken Reizen' arbeitet*", hält PFEFFER für "*verfehlt, weil die Wahrnehmungstätigkeit nicht von der physikalischen Größe der Reizstärke abhängig ist, sondern von der Bedeutung der wahrgenommenen Dinge für das wahrnehmende Subjekt.*"[264] Die in der Schwerstbehindertenförderung häufig verwendeten Übungsprogramme zur Stimulierung und Aktivierung isolierter Sinnesmodalitäten, werden vor diesem phänomenologischen Hintergrund fragwürdig. PFEFFER fordert deshalb: "*Die pädagogische Aufgabe hinsichtlich der Förderung der Wahrnehmung ist es demnach, einen kommunikativen Bezug zu schaffen, in dem die Intentionen der schwer behinderten Kinder und Jugendlichen eine qualifizierte Antwort finden, all ihren Wahrnehmungen und Aktivitäten Bedeutung zuerkannt bleibt und die dingliche Welt im Vertrauen schaffenden 'Kontext' qualifizierten menschlichen Bezugs präsentiert wird.*"[265]
Die elementare Beziehung kommt dieser Forderung in besonderer Weise nach, als in ihr durch das 'wahrnehmende Verstehen' des Lehrers der Schwerstbehinderte auf seine Impressionen aufmerksam wird, er Vertrauen zu sich und zur Welt entwickeln kann, und es ihm auf dieser Grundlage möglich wird, sich wahrnehmend der Lernwelt unabhängig vom elementaren Bezug

---

[261] PFEFFER 1986, 91
[262] MERLEAU-PONTY 1966, 272 nach PFEFFER 1986, 91
[263] PFEFFER 1986, 91
[264] ebd. 1986, 90
[265] ebd. 1986, 89

zum Lehrer zuzuwenden. Bei allen Schülern war nach einer Reihe elementarer Beziehungen eine deutliche Öffnung zur Welt im Sinne genereller, personeller und materieller Bezüge zu beobachten.
Die Bedeutung der Wahrnehmung, genauer, der Einheit der Sinne, werde ich jetzt, die vorausgehenden Ausführungen ergänzend, aus der Theorie BODENHEIMERs heraus zu betrachten versuchen und dabei weitere Übereinstimmungen, aber auch Abgrenzungen, zu seiner Position aufzeigen, um schließlich zur Darstellung der Relation zwischen den 'Elementen der Beziehung' (BODENHEIMER) und der 'elementaren Beziehung' zu gelangen.

In einer Fußnote macht BODENHEIMER darauf aufmerksam, daß er nach Fertigstellung seines Werkes im Austausch mit PLESSNER von analogen Auffassungen und Erkenntnissen KUNZ', SARTREs und MERLEAU-PONTYs erfuhr, die er aber nicht mehr begründend in seine Schrift hätte integrieren können[266]. Er hält es aber für erstaunlich, wie man "*von welch verschiedenen Ausgangspunkten, mit was für divergenten Absichten und Zielen ... bisweilen Vergleichbares finden kann.*"[267] Er sei darum auch nicht erschüttert, sondern eher erfreut, "*in den Passagen der genannten Autoren Belege dafür zu haben, daß das hier Dargestellte, im Anhören der Kranken und in dem Versuch, diesen Kranken zu helfen, Entwickelte bisweilen zu ähnlichen Ergebnissen geführt hat wie die konsequente Durchführung eines Grundgedankens durch den philosophischen Anthropologen.*"[268] Auf Parallelen zum Verständnis MERLEAU-PONTYs werde ich im Verlauf der weiteren Auseinandersetzung hinweisen.
Für BODENHEIMER ist es unmöglich, Beziehung in ihrer Ganzheit zu erkennen. Deshalb unternimmt er den "*Versuch, Elemente der Beziehung verstehend zu erfassen, mit dem Ziel, an die Voraussetzungen zu einem Verständnis der elementaren Störung der Beziehung* (Hervorhebung d.Verf.) *heranzukommen.*"[269] Die Beziehungsstörung bildet für BODENHEIMER den Ausgangspunkt seiner Überlegungen, weil er in der Behebung dieser elementaren Störung für den Arzt (Psychiater) eine Möglichkeit sieht, dem Patienten zu helfen. Daß die elementaren Beziehungsstörungen in der schwerstbehindertenpädagogischen Praxis von ähnlicher Bedeutung sind, werde ich im nächsten Abschnitt zu zeigen versuchen.
Wie kommt BODENHEIMER nun dazu, von elementaren Störungen der Beziehung zu sprechen bzw. die Beziehung auf ihre Elemente zurückzuführen? Jedes Ganze bilde "*ein Gesamt von Elementen*", und es sei nur insofern ein Ganzes, "*als es sich aus Elementen zusammengesetzt darbietet*"[270]. Erfaßbar sei das Ganze demnach nur durch seine Elemente. "*Insoweit ich die Teile in ihrem Spannungsverhältnis zum Ganzen erfasse, sind sie Elemente.*"[271]

---

[266] vgl. BODENHEIMER 1967, 19
[267] ebd. 1967, 19
[268] ebd. 1967, 19
[269] ebd. 1967, 23
[270] ebd. 1967, 27
[271] ebd. 1967, 27

Es wäre nun falsch zu glauben, daß sich das Ganze aus der additiven Verbindung seiner Einzelteile ergäbe, sondern die Spannung, die zwischen den Elementen und dem Ganzen besteht, *"macht den elementaren Charakter der Elemente aus."*[272] Mit einem Beispiel von BODENHEIMER soll dieser Spannungsbogen plastisch werden.

"Wird von einer Marmorstatue eine Gliedmaße abgetrennt, so ist diese Statue, nunmehr ein Torso, kein Ganzes mehr. Die Spannung, die von der Anschauung eines Torsos ausgeht, liegt ja in der Nötigung an den Betrachter zur Anfügung des Hinweggenommenen. Ein Marmorblock hingegen, dem ein Stück abgeschlagen worden ist, läßt gegenüber dem Beschauer keinerlei Spannung aufkommen. Der Block ist, um diese Scherbe verkleinert, ebenso wenig ein 'Ganzes', wie es vorher war."[273] Aus dieser Veranschaulichung läßt sich mit BODENHEIMER ableiten, *"daß es nicht möglich ist, dem Wesen und der Stellung der einzelnen Elemente näher zu kommen, indem man mittels Elimination aus der Erscheinung und dem Verhalten des Restierenden auf Bedeutung, Natur oder 'Aufgabe' des weggenommenen Elementes schließt."*[274]

Auf der phänomenologischen Erkenntnisgrundlage könnte man die Schwierigkeit der Darstellung der Elemente der Beziehung aufgrund ihres bestehenden Spannungsverhältnisses in der Einheit der Elemente im Leib sehen. Nur durch das Vermögen des Leibes kann diese besondere Einheit entstehen, unterhalten und zum Ausdruck gebracht werden. Mittels dieser Einheit im Leib ist Beziehung zur Welt überhaupt erst möglich.

Die Elemente der Beziehung werden für BODENHEIMER nur erfaßbar, wenn man sich anschickt, *"den Menschen als einen sich Beziehenden zu untersuchen und ihn darauf hin zu verstehen, wie, wozu und worauf er sich bezieht."*[275] Doch hierbei ergäben sich methodische Schwierigkeiten, die BODENHEIMER folgendermaßen skizziert, und die an die zuvor beschriebenen Probleme bei der Erfassung des Leibes an-sich denken lassen: *"Das, was untersucht, das, womit untersucht wird, das worauf hin untersucht werden soll, und das, was zu untersuchen ist, ist dasselbe. Im Grunde bildet also eine durchaus 'unmögliche Situation' Ausgangs- wie Endpunkt unseres Unternehmens."*[276] Trotz dieser Schwierigkeit hält er es für erforderlich, die einzelnen Elemente pragmatisierend aus dem Gesamtbeziehungsgefüge herauszulösen, um mit ihrer Hilfe letztendlich zum Verstehen der elementaren Beziehungsstörung zu gelangen.

Als Elemente der Beziehung faßt BODENHEIMER *"fürs erste einmal die* ***Sinne*** *bzw., wie man - bereits in gedanklicher Antezipation der möglichen Unterteilung - sagen kann: die einzelnen Sinnesgebiete oder -bereiche"*[277] auf.

---

[272] ebd. 1967, 27
[273] ebd. 1967, 27
[274] ebd. 1967, 28
[275] ebd. 1967, 33
[276] ebd. 1967, 33
[277] ebd. 1967, 37

Diese Feststellung relativiert er gleich wieder, weil in ihr die Sinne lediglich als **Ort**, auf den sich die Beziehenden beziehen, erscheinen, die Beziehung an sich damit aber unvollständig beschrieben wäre, und so führt er weiter aus: "*Da Beziehung ein umfassender, nicht nur ein reziproker Akt ist - ein Akt, der sich auch nur in diesem Umfassendsein verstehen läßt -, gehört zu den Elementen der Beziehung gleichwertig wie die Sinne auch das, was 'diesen Sinnen zugänglich ist'. All das, was 'sich den Sinnen mitteilt', das 'besorgt deren Unterhalt', und nur indem es da ist, gibt es den Sinnen ihre 'Rechtfertigung'.*"[278]
In diesen Ausführungen BODENHEIMERs deuten sich, trotz der unterschiedlichen Zugangsweise, bezogen auf das Wahrnehmende und Wahrzunehmende Übereinstimmungen zu der vorher dargestellten Auffassung MERLEAU-PONTYs an. Doch BODENHEIMER fragt nicht nach dem Grund oder Ursprung der Verbindung der 'Sinne' und dem, was 'diesen Sinnen zugänglich ist'; eine Frage, die m.E. für die Wesenserfassung der elementaren Beziehung von Bedeutung ist. Auch hier bietet sich mit der Phänomenologie MERLEAU-PONTYs im **Leib** geradezu wieder eine Antwort an. Aufgrund seines Vermögens, Mensch und Welt in ein einzigartiges Austauschsystem (= Wohnverhältnis bei MERLEAU-PONTY) einzubinden, können wir den Leib als Vermittler der 'Sinne' und dessen, was 'diesen Sinnen zugänglich ist' annehmen. Die Beziehung ist aufgrund dieser leibgegebenen Eigenschaft[279] in der Existenz der sich Beziehenden verankert und kann sich nur aus ihr heraus entfalten.

Zu den Elementen der Beziehung gehört für BODENHEIMER alles das, was sich in einem Ort, in der Seele[280] vereint. "*Alles, was sich gemeinsam verbindend vereinigt - was also einen sogenannten Beziehungskreis bildet - formt zusammen ein Beziehungselement.*"[281] Die Sinne dürfen dabei "*lediglich als Vermittlungsorgane der Beziehung, nicht aber als ihre Elemente aufgefaßt werden.*"[282] Die beiden Aspekte der Beziehung, das Sinnesorgan selbst und das, was ihm im Beziehungsakt zugetragen wird, stehen in einem reziproken Verhältnis zueinander und werden von BODENHEIMER als 'Radikale der Beziehung' bezeichnet. "*Diese reziprok wirkenden Orte, die zusammen in die Beziehungskreise eingespannt sind, nennen wir die Radikale der Beziehung. Die einzelnen Elemente setzen sich also jeweilen aus Radikalen zusammen. Die Radikale stehen 'gleichsinnig' und gleichwertig zueinander.*"[283]

---

278 ebd. 1967, 37
279 Anm.d.Verf.: Ich habe die Beziehung auf der phänomenologischen Grundlage zuvor ja auch als Zur-Welt-Sein des Leibes beschrieben.
280 Anm.d.Verf.: Die Seele wurde bereits mit BODENHEIMER als Ort definiert, auf den sich der Anruf richtet, von dem eine Antwort und damit Bestätigung zu erwarten ist.
281 BODENHEIMER 1967, 38
282 ebd. 1967, 38
283 ebd. 1967, 38

Wollen wir die Sinne in ihrer beziehungsstiftenden Wirkung begreifen, ist es wichtig zu fragen, wie die Gleichwertigkeit der Radikale zustande kommt. BODENHEIMER geht dieser Frage explizit nicht nach, so daß eine Antwort phänomenologischer Art versucht werden soll.
Im vergangenen Abschnitt habe ich mit MERLEAU-PONTY gezeigt, daß der "*Empfindende und das empfundene Sinnliche nicht als einander gegenüberstehende Terme*"[284] gedacht werden dürfen, sondern daß das Wahrzunehmende Korrelat meines Leibes ist und dennoch seine Struktur behält. In Übertragung auf das elementare Beziehungsgeschehen müssen nun das Empfundene - in der Sprache BODENHEIMERs 'das, was sich den Sinnen mitteilt' (= 2. Radikal) - und das, was das zu Empfindende wahrzunehmen vermag, - mit BODENHEIMER 'die Sinne als Vermittlungsorgan' (= 1. Radikal) -, ihre Verbindung in der Intentionalität des Leibes finden. Indem ich auf den intentionalen Zusammenhang der beiden Radikale weise, gehe ich notwendigerweise über die Darstellung BODENHEIMERs hinaus, damit elementare Beziehung in ihrer existentiellen Relevanz für den Schwerstbehinderten erkennbar wird.
Zuvor haben wir gesehen, daß sich in der Beziehung das Zur-Welt-Sein des Menschen ausdrückt. Jetzt können wir einen Schritt weiterdenken; da der Mensch ohne Beziehung zur Welt nicht existieren könnte, ist Beziehung nichts anderes als Zur-Welt-Sein des Menschen. Eine Feststellung, die unabhängig von Behinderung Gültigkeit hat. Die Behinderung ist lediglich für die Verwirklichung, den Modus der Beziehung, z.B. direkt, medial, vorbewußt oder bewußt, maßgeblich.
Obwohl BODENHEIMER seine Theorie aus der Existenzphilosophie heraus begründet, wie dies beispielsweise in seiner Darstellung des Anrufes oder der Seele deutlich wurde, ist sie in praxi immer wieder der Gefahr ausgesetzt, formal mißbraucht, auf ihre wahrnehmungsbezogenen Gesetzmäßigkeiten reduziert zu werden. Um dem vorzubeugen, halte ich es für erforderlich, jede menschliche Beziehung, nicht nur die elementare, als leib-bedingt, also aus ihrer intentionalen Gebundenheit heraus zu begründen. Beide haben ihren Ursprung in der Intentionalität des Leibes und sind insoweit gleich. Doch im unmittelbaren Gerichtetsein der beiden Beziehenden aufeinander und in ihrer präreflexiven Realisation unterscheidet sich vom Beziehungsverständnis BODENHEIMERs.

Kehren wir jetzt wieder zu den Elementen der Beziehung zurück, genauer zu den Radikalen der Elemente, damit die Bedeutung für BODENHEIMERs Verständnis von 'elementarer Beziehungsstörung' in seiner Übertragbarkeit auf unsere Problemstellung deutlich werden kann.
BODENHEIMER leitet die "*Benennung der einzelnen Elemente*"[285] nicht von ihrer sensoriellen, sondern von ihrer beziehenden Funktion ab. Aus diesem Grunde spricht er nicht vom optischen, sondern vom visuellen, nicht vom akustischen, sondern vom auditiven Element. Die einzelnen Elemente erscheinen in ihrer beziehenden Funktion, wenn man sich ihren Radikalen zuwendet:

---

284 vgl. MERLEAU-PONTY 1966, 251
285 BODENHEIMER 1967, 39

1. Das **visuelle** Element setzt sich aus den Radikalen 'Sehen' und 'Erscheinen', man könnte auch 'Aus-Sehen' sagen, zusammen.
Auf BODENHEIMERs umfangreiche Darstellung der Charakteristika des visuellen, auditiven oder, anders ausgedrückt, elemente-haften Beziehungsvollzugs werde ich hier nicht ausführlich eingehen, da sie zu meinem derzeitigen Vorhaben, die 'elementare Beziehung' von den 'Elementen der Beziehung' abzugrenzen, nichts grundlegend Neues beitragen könnte. Ich will aber nicht versäumen, einen Eindruck von BODENHEIMERs Verständnis der einzelnen Elemente zu geben, und dies soll wesentlich mit seinen eigenen Worten geschehen. Entsprechend ausgewähltes Bildmaterial bzw. Praxisbeispiele werden den ersten Eindruck aus der konkret-lebensweltlichen oder vorwissenschaftlichen Ebene heraus zu unterstreichen versuchen.
Eine erste Spezifität des visuellen Elementes liegt für BODENHEIMER darin, "*daß der Ort, von dem her einer der Partner sucht, identisch ist mit dem Ort, auf den hin sich das Suchen beim anderen Partner richtet:*

Das Auge des Einen sucht das Auge des Andern; der Eine sucht ***mit dem*** *Auge den Andern* ***beim*** *Auge.*
So lange, als dieses reziproke oculo-oculäre Suchen nicht vollzogen ist, haben sich die Partner nicht gefunden. Haben sie einander aber gefunden, so ist weiteres Suchen nicht nur obsolet, es ist auch bereits coupiert."[286]

2. Das **auditive** Element baut sich aus den Radikalen 'Hören' und 'Tönen' bzw. 'Sich-Anhören' auf[287].
BODENHEIMER weist auf die besonderen Eigenarten dieses Elementes hin, "*die allein ihm gehören und die es von den anderen Elementen abheben.*"[288] Vergliche man es mit der Visualität, dann würde seine Besonderheit deutlich. Die Visualität setze sich, wie gerade gezeigt, aus den Radikalen 'Sehen' und 'Aussehen' zusammen. "*Von 'Aus-Hören' dagegen ist nie in vergleichbarem Sinne die Rede.*"[289] BODENHEIMER meint damit zweierlei: Während das Auge immer eines Gegenübers zur Beziehung bedarf - ohne Mittler (Medium) kann der Mensch sich selbst nicht sehen (ins Auge blicken) - so kann er sich aber sehr wohl selbst hören, zu sich selbst in Beziehung treten. Desweiteren sei das Hören im Gegensatz zum Sehen einer gewissen Willkür ausgesetzt, die er folgendermaßen beschreibt: "*Dem Ohr ist an sich die Fähigkeit benommen, sich zu verschließen, etwa derart sich von den auf es zukommenden Einwirkungen fernzuhalten, wie das Auge es vermag. Somit*

[286] ebd. 1967, 170
[287] vgl. ebd. 1967, 39
[288] ebd. 1967, 217
[289] ebd. 1967, 218

scheint der Mensch lediglich ausgeliefert."[290] Dieses Ausgeliefertsein an das Hören präzisiert BODENHEIMER, wenn er sagt: "*Das Hören ist dem Menschen aufgedrängt. Nur das Wie des Hörens und das Was des zu Hörenden halten sich im Rahmen der Wahl und Willkür. Der Akt des Hörens aber bleibt kontinuierlich im Spiel. Mit anderen Worten: Zugänglichkeit für die Willkür und Ausgeliefertsein steht im Bereich der Auditio nicht alternativ zueinander.*"[291] Deshalb stünde der Mensch zu seinem auditiven Element in einem "*merkwürdigen Verhältnis*"[292] "*Hören, Sich-selbst-Hören und Sich-Anhören, also Sich-vernehmen-Lassen, alle drei zeigen sie besondere Eigenarten, die ihrerseits zueinander in seltsamer Interdependenz stehen.*"[293]
Dieser 'seltsamen Interdependenz' wendet sich BODENHEIMER unter dem Aspekt der Gehörlosigkeit zu. Zum Verständnis seiner diesbezüglichen Erörterungen ist es notwendig, zunächst zwischenmenschliche Beziehungen auf ihre spezifischen Gesetzmäßigkeiten hin, die BODENHEIMER in seinem zirkulären Modell zum Ausdruck bringt, zu betrachten. Dies soll erst im nächsten Kapitel geschehen, weshalb ich es hier bei diesem ersten Aufriß belasse und mich dem nächsten Element zuwende.

3. Das Charakteristikum des **osmatischen** Elementes, zwei gleichklingende Radikale, 'Riechen' und 'Riechen', zu vereinen, möchte ich mit einem elementaren Beziehungsbeispiel, das ich 1981 stichpunktartig festhielt, veranschaulichen:

> Als ich die zwölfjährige, blinde und tetraspastisch gelähmte Angela kennenlernte, war sie stark unterernährt; ihr Haar fiel stumpf und fettig über ihr Gesicht. Sie fehlte häufig aus unklaren Gründen. Aufgrund der unzureichenden häuslichen Pflege bildeten sich immer wieder Ekzeme unterschiedlicher Art. Ihr starker Urin- und Schmutzgeruch bewirkten bei mir Übelkeit und Ekel, so daß ich trotz ihres liebenswürdigen Wesens zunächst keine Beziehung zu ihr aufzubauen vermochte. Ich konnte sie buchstäblich 'nicht riechen'.
> Meine Kollegin, eine Kinderkrankenschwester, bereitete es hingegen überhaupt keine Schwierigkeiten, mit Angela umzugehen. Sie badete, frisierte, cremte sie ein und freute sich mit ihr, wenn sie hinterher zufrieden und glücklich lachte.
> Nach einem solchen Bad nahm ich Angela einmal auf den Arm und setzte mich mit ihr an einen Tisch, wo ich Arbeitsmaterial vorbereitet hatte. Da sie sich beim Tragen fest an mich schmiegte, und ich ihren jetzt angenehmen Geruch wahrneh-

---
[290] ebd. 1967, 219
[291] ebd. 1967, 220
[292] ebd. 1967, 218
[293] ebd. 1967, 218

> men konnte, erzählte ich ihr, wie gut sie rieche. Meine Äußerung wurde für sie zum Anruf, aus dem sich ein präreflexiver Dialog entwickelte:
> Sie hob ihren Kopf, um an meiner Wange zu riechen. Ich nahm diese Geste auf, indem ich an ihrer Wange roch. Auf diesen Anruf ließ sie ihren Kopf fallen, damit sie an meinen Händen riechen konnte, hob ihn dann wieder und lächelte mich an. Ich fühlte mich hierdurch angerufen und antwortete mittels Riechen an ihrem Haar. Sie erwiderte meinen Anruf, indem sie ihre Nase riechend an meine Wange legte.
> Wir vollzogen diesen elementaren Austausch noch eine Weile, einander riechend, fort. Er bewirkte, daß ich meine Vorbehalte gegenüber Angela überwand, und ich auch dann mit ihr umgehen konnte, wenn sie ungepflegt war.

Die Eigenart des osmatischen Elementes, daß nämlich beide Beziehungsradikale namentlich gleich sind, beide 'Riechen' heißen, wird an diesem Beispiel deutlich. Der eine Partner richtet sich 'riechend' auf den anderen, der, da er 'riechend' ist, dem ersten mittels seines Geruchs eine Antwort auf seinen Anruf zu geben vermag. Dieses Charakteristikum beschreibt BODENHEIMER folgendermaßen: "*In ihm gehört zu 'Riechen'- wesenstreffender- und bezeichnenderweise - das 'Riechen'. Zum einen wird also nochmals dasselbe hinzugerechnet, gemäß dem Umstand, daß Beziehung nicht auf 'Emission' oder 'Rezeption', sondern auf ihre Orte hin gerichtet ist. Diesen Umstand tragen die Namen der Beziehungselemente Rechnung, wiewohl es doch recht verschiedene 'Sachverhalte' zu inzidieren scheint, ob man ein und dasselbe Wort 'Riechen' etwa als Bezeichnung dafür gebraucht, daß 'wahrgenommen' oder aber 'ausgegeben' wird. Er 'riecht schlecht' kann sowohl meinen: einer vermag Gerüche schlecht wahrzunehmen, wie es besagen kann: er stinkt.*"[294]

4. Das nächste, das **haptisch-taktile** Element weist eine andere terminologische und damit beziehungsspezifische Besonderheit auf. Es läßt sich nämlich nicht nur, wie man vorschnell annehmen könnte, in die Radikale 'Haptik' und 'Taktilität', also Berühren und Betasten unterteilen - diese stellen beide vielmehr ein und dasselbe Radikal - sondern setzt sich aus den Radikalen 'Fühlen' und 'Anfühlen' zusammen.[295]
Wie fürs erste die haptisch-taktile Beziehung des Menschen zu denken ist, will ich mit BODENHEIMER aufzeigen: "*indem er fühlt, berührt; betastet; erfaßt; anfaßt; ergreift; hält; behält (all dies zusammen ergibt das eine Radikal). Oder*

---

[294] ebd. 1967, 39
[295] vgl. ebd. 1967, 39

aber: indem er sich anrühren und betasten läßt, indem er 'sich anfaßt' (gemeint ist 'sein Touché'), indem er ergriffen wird oder ist und indem er behalten bleibt oder erhalten bleibt (damit ist das andere Radikal benannt)."[296]

5. Das fünfte und letzte Element, das **gustatorische**, läßt sich nicht so eindeutig in Radikale gliedern. Vielmehr liegt seine Signifikanz darin, "*daß es keine einzelnen Radikale kennt, da die gustatorische Beziehung vorwiegend über ein Medium - das Essen - geht.*"[297]
Da es für die beiden Beziehungspartner nicht möglich ist, sich direkt, d.h. einander schmeckend, aufeinander zu beziehen, denn das wäre schließlich nur durch ein Einverleiben (Auffressen oder Kanibalismus[298]) des Anderen möglich, faßt BODENHEIMER das gustatorische Element als Paradigma der medialen Beziehung auf. "*Das gemeinsame Mahl verbindet. Die Partner beziehen* ***sich sowohl auf die Speise als auch aufeinander*** *über die Speise bzw.* ***vermittels der Speise****. Diese Art von Beziehung ist zugleich sehr vital und dennoch medial.*"[299]
Gerade im Schwerstbehindertenbereich ist es wichtig, die beziehungsschaffende Potenz des miteinander Essens zu erkennen. Es ermöglicht dem Lehrer, wenn er Essen nicht als 'Ab-füttern' auffaßt oder es ausschließlich unter eßtherapeutischen Gesichtspunkten gestaltet, einen Zugang zum Kind zu finden. Auf diesen wichtigen Aspekt werde ich in der didaktischen Darstellung noch einmal zurückkommen.
Die Bedeutung der Beziehung mittels des gustatorischen Elementes möchte ich wieder anhand eines Praxisbeispiels verdeutlichen:

> Von Eveline habe ich schon mehrfach berichtet und sie als überaus introvertierten Menschen beschrieben. Als ich sie 1983 kennenlernte, benötigte sie aufgrund ihrer starken Spastik, wie wir damals annahmen, zum Essen einer halben Schnitte Brotes weit mehr als eine Stunde. Eßtherapeutische Handgriffe schienen ihr das Schlucken nicht zu erleichtern; die Brotstückchen fielen ihr immer wieder aus dem Mund oder verklebten in der Backentasche. So wurde jede Mahlzeit nicht nur für Eveline, sondern auch für den Fütternden zur Nervenprobe.
> Doch nachdem mir die beziehende Bedeutung des gemeinsamen Essens bewußt geworden war, und ich mit ihr, d.h. parallel zum Füttern, mein eigenes Brot aß, wir uns miteinander unterhielten (ich fragte etwas, sie antwortete durch ihre Augen-

---

296 ebd. 1967, 285
297 ebd. 1967, 39
298 vgl. ebd. 1967, 309
299 ebd. 1967, 310

> Sprache), verschwand ihre Abwehr zunehmend, die Zeit reduzierte sich um die Hälfte und das wichtigste, das gemeinsame Essen machte uns jetzt beiden Spaß. Schließlich ließ sich Eveline auch problemlos von anderen füttern.

Bevor ich zum Verhältnis zwischen den 'Elementen der Beziehung' (BODENHEIMER) und der 'elementaren Beziehung' überleite, müssen wir uns noch einmal auf die eingangs beschriebene Einheit der Elemente besinnen. Es wäre nämlich aufgrund der Herauslösung der einzelnen Elemente falsch zu glauben, Beziehung vollziehe sich isoliert, also im Rahmen eines der fünf Elemente. Beziehung kann sich nur als Ganzes, aus dem Spannungsbogen zwischen den Elementen heraus, verwirklichen. Mit PFEFFER ist auch hier festzuhalten: " *Der Singularität der Sinne* (der Elemente, Anm.d.Verf.) *geht die Ganzheit des intentionalen Leibes voraus.*"[300] Die vorgenommene künstliche Trennung dient lediglich der Bewußtmachung der Eigenarten eines jeden Elementes. Zusammenfassend ist mit BODENHEIMER noch ein weiteres zu bedenken. "*Wenn von Elementen gesprochen wird, so ist die Rede nicht von Möglichkeiten, nicht von Auffassungsweisen, sondern von faktisch Gegebenem, das sich bezieht, auf das und über das bezogen wird; von darauf zu Beziehendem, das ist, indem auf es bezogen wird und insofern und so lange, auf es bezogen wird. An ihm nimmt der Mensch wahr, an ihm nimmt er sich wahr, indem er sich bezieht und indem er es wahrnimmt.*"[301]
Durch die Unterteilung in die zueinander reziproken Radikale stellt BODENHEIMER die Elemente in ihrer beziehungsstiftenden Bedeutung für den Menschen dar, der dabei in seinem 'Einbezogensein' in die Welt erscheine[302]. Daß dem Menschen das 'Einbezogensein' erst mittels seines Leibes möglich wird, wäre aus phänomenologischer Sicht hinzuzufügen.

Da mir die Frage nach dem 'Ursprung' jeglicher Beziehung, also nach ihrer existentiellen Gegeben- und Gebundenheit, im BODENHEIMERschen Ansatz fehlt, habe ich eine entsprechende Ergänzung mit Hilfe der Phänomenologie MERLEAU-PONTYs versucht, dessen Verständnis vom 'Wohnen', wie ich es in Abgrenzung zu BODENHEIMER im Abschnit 4.4.2 dargestellt habe, sich ja in besonderer Weise anbietet, den reziproken Austausch von Mensch und Welt zu verdeutlichen.
Nachdem ich anfangs[303] mein Verständnis von elementarer Beziehung allein aus BODENHEIMERs Elementen-Lehre bezog, weil es mir wichtig erschien, die Sinne in ihrer beziehungsstiftenden Funktion für die Schwerstbehindertenpädagogik zu erschließen, verstehe ich sie heute, nach der Auseinandersetzung mit der Philosophie MERLEAU-PONTYs, als Zur-Welt-Sein des Menschen qua Leib. Doch auch in diese Auffassung fließen die Überlegungen BODENHEIMERs zum unlösbaren Spannungsbogen, den die Elemente zu einander und zum

---

[300] PFEFFER 1968, 91
[301] BODENHEIMER 1967, 164
[302] vgl. ebd. 1967, 165
[303] Anm.d.Verf.: vgl. Darstellung in der Einführung zur Arbeit

Ganzen der Beziehung ausspannen, mit ein, ebenso auch die Besonderheiten jeden Elementes, die BODENHEIMER, für meine Begriffe in exzellenter und überaus anschaulicher Weise, zusammengetragen hat. Trotz der Erweiterung um die existentielle Dimension habe ich den Begriff der 'elementaren Beziehung' beibehalten, belege ihn aber heute mit zusätzlichen Eigenschaften. Neben BODENHEIMERs fünf Elementen gehören für mich auch solche 'Teile' wesensgemäß zum Beziehungs-Ganzen, die ich zuvor als Aspekte des Zur-Welt-Seins des Leibes skizzierte, denn nur durch ihr Zusammenwirken kann sich elementare Beziehung verwirklichen. Die Beziehungsbeispiele machen deutlich, daß dem Emotionalisiert-Sein, das sich durch Gesten und Gebärden des Leibes für den Partner wahrnehmbar ausdrückt und dem mittels des Leibes präreflexiv Sinn gegeben wird, eine besondere Bedeutung im elementaren Beziehungsgeschehen zukommt. Für die Wirkung von elementarer Beziehung ist es nicht wichtig, **was** die Partner aneinander wahrnehmen, sondern **wie** sie dem Wahrgenommenen subjektiv Sinn verleihen; nur dann kann es zum gegenseitigen Verstehen im 'ursprünglichen Sinne' kommen und elementare Beziehung als wirkungsvoll erlebt werden.

Exemplarisch und anhand des Emotionalisiert-Seins läßt sich die Verschiedenheit der beiden Positionen verdeutlichen. Obwohl BODENHEIMER ebenfalls betont, daß sich Beziehung nicht als bewußter Akt vollzieht - ich könne mich nicht beziehen und gleichzeitig denken: 'Ich beziehe mich'[304] - verleiht er dem Emotionalisiert-Sein, er spricht von Empfindung oder Regung, in der Beziehung einen anderen Stellenwert. Er sagt nämlich ausdrücklich, daß Empfindungen oder Regungen nicht zu den Elementen der Beziehung gerechnet werden dürften und gibt dafür folgende Begründung an: "*Weder Hunger noch Schmerz, weder Angst noch Freude noch Kälte oder eine andere 'Empfindung' ist ein Element der Beziehung. An keiner dieser 'Empfindungen' oder 'Wahrnehmungen' zeigt sich Beziehung spezifisch, und keine schafft Beziehung 'elementar'.*"[305] An anderer Stelle sagt er: "*Desgleichen können Sympathie und Antipathie, Liebe oder Haß nicht als Elemente der Beziehung angesprochen werden. Alle diese Regungen gegenüber dem Anderen bauen sich aus Elementen auf, deren freies Wirken und Zusammenspiel sie voraussetzen.*"[306]

BODENHEIMER hat recht, wenn er davon ausgeht, daß betimmte Regungen dem Anderen gegenüber erst durch das Kooperieren der verschiedenen Elemente zustande kommen. Und da sich Empfindungen und Regungen nicht in der aufgezeigten Weise in Beziehungs-Radikale gliedern lassen, sind sie von den fünf Elementen verschieden. Insofern ist BODENHEIMER zu folgen, doch, daß sie keine Beziehung 'schaffen'[307], besser wäre 'unterhalten', kann ich vor allem unter dem Schwerstbehindertenaspekt so nicht stehen lassen. Hier müssen wir differenzierter zu denken versuchen.

---

[304] BODENHEIMER 1967, 154
[305] ebd. 1967, 40
[306] ebd. 1967. 41
[307] vgl. ebd. 1967, 40

Nun stoßen wir an die Grenzen der Übertragbarkeit und Vergleichbarkeit der beiden Verständnisebenen, der psychoanalytisch-psychiatrischen Position und der elementaren Beziehung als leib-haftem Dialog. Während ich in meiner bisherigen phänomenologischen Darstellung eher auf den 'allgemeinen', d.h. nicht ausschließlich zwischenmenschlichen, Austausch des Menschen mit der Welt hingewiesen habe und die dabei gewonnenen Erkenntnisse zur Fundierung des leib-haften Bezugs zwischen schwerstbehindertem Kind und dem Lehrer verwendete, geht es BODENHEIMER in seinen Untersuchungen vordringlich um zwischenmenschliche Beziehungen in ihrer Relevanz für die psychiatrische Praxis. Schmerz, Freude, Angst oder andere Empfindungen scheint er eher als psychische Ausdrucksformen des Menschen aufzufassen, welche dieser meist nicht beziehend auf einen anderen richtet. Teilt er jedoch einem Partner Freude verbal oder z.B. im Umarmen mit, wird schnell deutlich, daß es sich hier um eine Beziehung handelt, die sich nur über das Zusammenwirken verschiedener Beziehungselemente (entsprechend seinen fünf dargestellten) verwirklichen kann. Auf BODENHEIMERs Erkenntnisgrundlage darf demzufolge das Emotionalisiert-Sein des Menschen gar nicht anders als **nicht** zu den Elementen der Beziehung zugehörend gedacht werden.
Die philosophisch-phänomenologische Denkweise läßt hier andere Schlüsse zu. Ich habe gezeigt, daß sich in jeder Äußerung des Menschen sein Zur-Welt-Sein ausdrückt. Demgemäß bezeugt er auch im Emotionalisiert-Sein seinen Bezug zur Welt. In der elementaren Beziehung ist der Bezug zur Welt ein besonderer, da Kind und Lehrer zur Welt für einander werden, und sie sich ja gerade durch ihr Emotionalisiert-Sein auf einander richten. Die beiden Partner vermögen sich aufgrund der Intentionalität ihres Leibes einander zuzuwenden, sich anzurufen, sich aber auch berührt, angerufen und akzeptiert zu fühlen. Durch die Eigenschaft des Leibes, sich auf so vielfältige Weise der Welt mitzuteilen (sich auszudrücken) und gleichzeitig die Welt nach seiner Maßgabe zu gestalten, kann zwischenmenschliche Beziehung entstehen. Die Gänze der Beziehung ist damit durch den Leib gegeben. Jedes nur denkbare Phänomen, durch das sich der Leib in seinem Zur-Welt-Sein bezeugt, muß als Element des Beziehungs-Ganzen aufgefaßt werden. Elementare Beziehung, die sich als personelle, also zwischenmenschliche Beziehung versteht, geht auf das Vermögen des Leibes zurück, den präreflexiven Austausch der beiden Partner zu stiften, zu unterhalten und zu gestalten. Alle Wesensmerkmale des Dialogs, alle gedachten und noch zu denkenden Phänomene, eben alle Elemente sind im Leib miteinander verbunden. Die fünf Elemente der Beziehung von BODENHEIMER gehören im Grunde genauso dazu, wie jede Empfindung oder Regung. Sie in einem hierarchischen Bezug zueinander zu sehen ist wenig sinnvoll, da sie nur gemeinsam, also miteinander zur Verwirklichung des Beziehungs-Ganzen beitragen.

Ein zweites Unterscheidungsmerkmal zu BODENHEIMERs Verständnis ist hier noch hervorzuheben. Elementare Beziehung deutet zum einen auf die Einheit aller leibbedingten Wesensmerkmale (Elemente) der Beziehung, zum anderen gibt sie den Dialog zwischen den beiden Partnern in seiner Unmittelbarkeit und Leibbezogenheit zu erkennen. In ihrer Intentionalität sind die Beziehenden unmittelbar aufeinander gerichtet, die Beziehung vollzieht sich präreflе-

xiv. Ich habe zuvor das 'Eins-Sein' der Partner im Leib als Charakteristikum der elementaren Beziehung beschrieben und damit auf ihre existentielle Gegebenheit und Relevanz hingewiesen.
Wenn ich von elementarer Beziehung spreche, gehe ich nicht von einer statischen Basis im Austausch zwischen Kind und Lehrer aus, was Formulierungen wie 'basale Beziehung' oder 'basale Kommunikation' (FRÖHLICH) implizieren. Ich will vielmehr auf den existentiellen Spannungsbogen, in den die aufeinander Bezogenen eingebunden sind und der aufgrund der Transzendenz des Leibes über den eigentlichen Beziehungsprozeß nachhal(l)tig zu wirken vermag, aufmerksam machen, damit uns bewußt wird, daß wir im Umgang mit schwerstbehinderten Menschen nicht von einer statischen, festen und unflexiblen Erkenntnisbasis ausgehen dürfen. Wollen wir uns auf den leib-haften Bezug zum Kind einlassen, um darin mit ihm zum 'ursprünglichen Verstehen' zu gelangen, müssen wir unser lineares Denken zugunsten eines zirkulären oder mehrdimensionalen zu überwinden versuchen, um so, in der Leiblichkeit jedes Menschen vielfältige Möglichkeiten zur Begegnung und Gestaltung der Welt zu erkennen. Die geforderte Offenheit verlangt vom Lehrer, verantwortungsvoll mit dem Vertrauen, das das Kind ihm in und durch die Beziehung entgegenbringt, umzugehen und sein eigenes Denken und Handeln stets selbstkritisch zu betrachten.

Abschließend muß nun noch einem möglichen Mißverständnis vorgebeugt werden. Sollte aufgrund meiner theoretischen Erörterungen der Eindruck entstanden sein, daß alle Beziehungen zwischen Schwerstbehindertem und Lehrer 'elementare' seien, so trifft das nicht zu. Wenn ich eingangs, und im didaktisch-methodischen Teil der Arbeit wird dies in aller Deutlichkeit geschehen, einen beziehungsorientierten Unterricht mit Schwerstbehinderten forderte, so wird auch in ihm die elementare Beziehung immer etwas Besonderes bleiben. Sie ist die 'glückliche Ausnahme'. Aber eine Ausnahme, die von so großer existentieller Bedeutung ist, daß sie die intensive Auseinandersetzung mit ihr geradezu verlangt.
Tagtäglich treten Schüler und Lehrer auf vielfältige Weise und in unterschiedlichsten Unterrichtssituationen (Förder-, Pflege-, Essens-, Spiel- oder Ruhesituationen) miteinander in Beziehung. Doch diese laufen ab, ohne daß die Beteiligten sich besonders erlebten, geschweige denn sich ihrer bewußt würden. Häufig haben diese Beziehungen eher den Charakter des Aneinander-vorbei-Handelns und nichts mit den elementaren gemein. In der Einführung habe ich solche 'Pseudobeziehungen' beschrieben, die ich im nächsten Abschnitt mit dem Begriff der Beziehungsstörung zu konkretisieren versuche.
Was macht ihnen gegenüber nun das Besondere der elementaren Beziehung aus? In letzterer sind die beiden Partner intentional, unmittelbar ***aufeinander*** und nicht auf ein außerhalb stehendes Drittes (z.B. den Lerngegenstand, die Situation des Windelwechselns oder des Essens) gerichtet. Das uneingeschränkte Interesse gilt dem leib-haften Dialog mit dem Anderen. In den Praxisbeispielen wird diese Unmittelbarkeit u.a. daran deutlich, daß die Beziehenden die Umgebung um sich herum zu vergessen scheinen. Da die elementare Beziehung von Leib

ausgeht, auf Leib gerichtet ist, und die beiden Partner einander im 'ursprünglichen' Sinne verstehen, ist sie nachhal(l)tig wirkungsvoll und wird so von den Beziehenden intensiv erlebt.
Im zweiten Teil der Arbeit werde ich anhand konkret biographischer Beispiele zeigen, daß elementare Beziehung die Voraussetzung bildet, damit das schwerstbehinderte Kind zu 'generellen' Beziehungen gelangen kann, d.h. zu Beziehungen, die es über allgemeinverständliche Symbole, also im reflektierten Sinne, vollziehen kann. Mir ist die Unterteilung in 'elementare' und 'generelle' Beziehungen wichtig, weil sowohl die zwischenmenschlichen Interaktionen in der Umwelt des Schwerstbehinderten (Elternhaus, Schule, Heim, Werkstatt, außerinstitutionelle Umwelt), als auch schulisches Lernen 'generelle', d.h. bewußte Beziehungen fordern. Erfahrungsgemäß können viele schwerstbehinderte Kinder ihre diesbezüglichen Beziehungsfähigkeiten aber erst dann aktiv einsetzen, wenn sie in der elementaren Beziehung zum Lehrer Vertrauen zu ihm, aber vor allem zu sich selbst entwickeln konnten.

4.6 Zum Verständnis der 'elementaren Beziehungsstörung' - Von der Beziehungsstörung zur Selbstverwirklichung des Schwerstbehinderten -

Im Rahmen meiner terminologischen Erörterungen habe ich die Schwerstbehinderung mit BODENHEIMERs Begriff der 'Beziehungsstörung' in Verbindung gebracht und versucht, die besonders schwierige Situation zwischen Schüler und Lehrer mit seinem Terminus der 'Verblüffung' zu charakterisieren. Nachdem nun BODENHEIMERs Verständnis von Beziehung und meine eigene Auffassung von elementarer Beziehung begründend vorgestellt wurden, können die beiden Termini unter dem gewählten elementaren Beziehungsaspekt noch einmal genauer beleuchtet werden. Dabei schließt sich der Kreis der theoretischen Fundierung insofern, als jetzt die Gesamtfragestellung wieder ins Blickfeld rückt, d.h., der elementar-leibhafte Dialog erscheint nicht nur in seiner voraussetzenden **Notwendigkeit für die Selbstverwirklichung**, sondern ebenso als **Möglichkeit der Selbstverwirklichung** des schwerstbehinderten Kindes im Unterricht.

Die "*elementare Störung der Beziehung*"[308] steht für BODENHEIMER, wie die Formulierung bereits vermuten läßt, in engem Zusammenhang mit seiner Elementen-Lehre. Diesen Kontext beschreibt er selbst folgendermaßen: "*Reden wir von* ***elementarer Störung der Beziehung****, so meinen wir sinnentsprechend eine Behelligung, welche den Menschen an diesen Elementen trifft. Die zweifache Bedeutung des Wortes besagt ineins, daß die Störung elementar - also mit Gewalt - auf die Beziehung und auf die sich Beziehenden wirkt.*"[309]

---

[308] BODENHEIMER 1967, 9
[309] ebd. 1967, 9

Und es ist gerade sein "*ärztlich intentioniertes Zusammensein mit Beziehungsgeschädigten*"[310], das BODENHEIMER dazu bewogen hat, sich mit der "*Situation der elementaren Beziehungsstörung und von dorther dann dem Verständnis der Elemente, die Beziehung schaffen oder stören*"[311], zu beschäftigen. Er untersucht die fünf Elemente sehr gründlich auf ihre beziehungsfördernden aber auch störenden Wirkungen bzw. Eigenschaften und belegt sie mit zahlreichen Beispielen aus seiner psychiatrischen Praxis. Ich will hier exemplarisch nur eines herausgreifen, um daran sein Verständnis zu verdeutlichen.

Zur Darstellung des auditiven Elementes erläutert er ausführlich die Möglichkeiten unserer Sprache, Beziehung mit anderen zu unterhalten, sie aber auch zu verhindern. "*Das Besessenwerden von der Sprache vermag Beziehung zu erübrigen.*"[312] Diese Aussage konkretisiert er, wenn er sagt, daß besonders Schriftsteller der Gefahr ausgesetzt seien, von der Sprache besessen zu werden. Häufig bliebe es ihren Kennern unverständlich, "*weshalb die großen Dichter, die so hohe Gedanken haben und diese so differenziert zum Ausdruck bringen, in der Bahnung und Erhaltung von Beziehung derart schwach sind.*"[313] Der Mensch könne entweder nur bei den Menschen oder in der Sprache wohnen[314]. Die Beziehung zu Personen ihrer Umgebung käme nicht zustande, weil diese sich in der Sprache zurückzögen, "*in ihr ein Haus, ein Schneckenhaus, gefunden haben, worin sie nicht nur Wohnung, sondern auch Schutz vor der Beziehung zu finden hoffen.*"[315]
Da der Dichter nicht spricht, also die Sprache in dem Sinne bewohnt, daß er sich ihrer bedient, um anzurufen, d.h. einen Rückruf erwartend auf einen Anderen richtet, kann Beziehung erst gar nicht entstehen. Er spricht nicht, damit man ihm in der Auseinandersetzung mit seinem Wort antworte, sondern um der Sprache selbst willen.
Eindrucksvoller würde dieser Sachverhalt im Zusammenhang mit gehörlosen Menschen. "*Diese Geborgenheit beim Sprechen*", sagt BODENHEIMER, "*das sie selbst nicht hören, im Zusammensein mit Gehörlosen zu erleben, der Wollust des Benennens, der Befriedigung über das Benannthaben beizuwohnen - mit zu verfolgen, wie der Gehörlose sich von der Sprache führen läßt, wie er sich in ihr birgt - das ist etwas vom nachhaltigst Eindrücklichen, was einem das Leben mit Gehörlosen gibt - das aber zugleich auch wieder die Grenzen erschreckend aufzeigt, welche der Beziehungsnahme mit Gehörlosen gesetzt sind.*"[316]

---

310 ebd. 1967, 13
311 ebd. 1967, 14
312 ebd. 1967, 244
313 ebd. 1967, 244
314 vgl. ebd. 1967, 244
315 ebd. 1967, 245
316 ebd. 1967, 245

BODENHEIMER beschreibt hier ein Phänomen, das wir bei autistischen Kindern wiederfinden, die eine Vorliebe für Echolalien haben, sich aber nicht in den aktiven Dialog einbinden lassen. Ob wir nun vom auf die Sprache zurückgezogenen Dichter oder vom Gehörlosen bzw. Autisten, der sich der Sprache im funktionalen und nicht im kommunikativen Sinne bedient, ausgehen ist gleich, denn der Grund, weshalb die Sprache nicht zur Beziehung beiträgt, ist letztlich derselbe: die Reziprozität von 'Hören' und 'Sich-Anhören', von Anrufen und Antworten kann sich nicht entfalten, das auditive Element ist gestört, und insofern kann sich auch das Beziehungs-Ganze nicht verwirklichen.

Die Beziehungsstörung kann also nur aus ihrer elementaren Gebundenheit heraus verstanden werden, und wenn ich im vorausgegangenen Abschnitt aufgrund der spezifischen Schwerstbehindertenproblematik den Elemente-Begriff BODENHEIMERs um die Leib-Dimension erweiterte, dann können die Störungen in eben diesen leibbezogenen Elementen als Ursache der Verhinderung von Beziehung angenommen werden.

Die Beziehungsstörung hat demnach mit der 'schlechten Beziehung', wie man vielleicht anhand des Ausdruckes selbst vorschnell annehmen könnte, nichts gemein und darf nicht mit ihr verwechselt werden. Beide Beziehungsweisen, die 'gestörte' und die 'schlechte' schließen sich nach BODENHEIMER sogar gegenseitig aus, denn letztere könne ich nur haben, "*wenn es mir möglich ist, anzusprechen*", und "*wenn ich die Antwort, die ich auf meinen Ausruf bekommen habe, als sinnvoll entgegennehme und mich so nicht in Seins- und Selbstbestätigung gefährdet finde.*"[317]
In der 'gestörten Beziehung' aber komme es "*durch Ausbleiben oder durch unerwartete Gestaltung der Antwort*" nicht zur erwarteten Seins- und Selbstbestätigung; sie bewirke stattdessen "*Verblüffung*"[318], zu der BODENHEIMER ausführt: "*Die Situation, welche durch das ausbleibende oder das unerwartbar veränderte Echo verblüfft (und ängstigt), verstehen wir als gestörte Beziehung.*"[319]
In Verblüffung gerät der Mensch, wenn sein Anruf keine adäquate Entsprechung findet, oder wenn gar die Antwort ganz ausbleibt. Metaphorisch spricht BODENHEIMER von Verblüffung, "*wenn der feine Keil auf einen groben Klotz trifft*" oder "*wenn der 'grobe Keil' sich auf einem 'feinen Klotz' entdeckt.*"[320] Beide Metaphrasen sind auf die Situation des schwerstbehinderten Kindes im Unterricht zu übertragen:
1. Die präreflexiven Äußerungen des Kindes, mit denen es sich auf die Umwelt richtet und die für es, wie zuvor phänomenologisch begründet, subjektiv sinnvoll sind, werden vom Lehrer

---

[317] ebd. 1967, 52
[318] ebd. 1967, 52
[319] ebd. 1967, 52
[320] ebd. 1967, 56

nicht verstanden und inadäquat, nämlich nach Maßgabe seiner Leiblichkeit, beantwortet. Das Kind ist verblüfft, verunsichert und von möglicher Selbstfindung und -bestätigung abgeschnitten.
2. Häufig ist die Antwort aber nicht nur unangemessen, sondern bleibt sogar ganz aus, weil der Lehrer die kindlichen Äußerungen erst gar nicht wahrnimmt.

Diese 'Stille' wirke nach BODENHEIMER "*noch ausgeprägter verblüffend und also beängstigender*", so daß er die "*Stille als Antwort*" als "*Paradigma der Verblüffung*"[321] auffaßt, das er wie folgt näher belegt. "*Es ist nicht das Schweigen schlechthin, das verblüfft, sondern das Schweigen als 'Antwort' auf Zuruf, das Schweigen als ausbleibende Antwort also.*"[322]
Wenn Stille **Angst** bewirkt, drängen sich mir jetzt, bezogen auf den Schwerstbehinderten, einige grundsätzliche bzw. existentielle Fragen auf, die dem Leser als Anregung zum Weiterdenken dienen und erst im weiteren Verlauf der Arbeit beantwortet werden können:
Stille als Antwort erzeugt Angst. Angst wovor? Angst vor dem Nichts? Angst, sich zu verlieren? Was bewirkt diese Angst ihrerseits wieder? Welche Konsequenzen erwachsen hieraus für das pädagogische Handeln des Lehrers?

Vergegenwärtigen wir uns noch einmal, daß sich das schwerstbehinderte Kind eben im Emotionalisiert-Sein oder durch die vegetativen Erscheinungen seines Leibes präreflexiv auszudrücken und anzurufen vermag, und wie häufig gerade diese elementaren Beziehungsimpulse vom Lehrer verkannt oder als nicht erwiderungswürdig erachtet werden, dann wird deutlich, wie sehr diese Kinder dem 'Schweigen' und der 'Stille', also der 'Verblüffung' ausgeliefert sind, und wie gravierend die Beziehung zwischen Schüler und Lehrer gestört ist.

Doch es wäre zu einseitig, zeichnete ich das Bild nur aus der Sicht des Schwerstbehinderten. Beziehung ist ein reziproker Prozeß, dessen Störung eben von beiden 'Polen', Kind und Lehrer, aus gesehen werden muß, denn auch der Lehrer empfindet im Umgang mit dem schwerstbehinderten Kind seine Erwartungen nicht erfüllt. Seine meist bildungsbezogenen Impulse, seine, ihm für das Kind angemessen erscheinende, Ansprache, wird vom Schwerstbehinderten nicht verstanden oder so beantwortet, daß sich der Lehrer nicht angesprochen fühlt und 'verblüfft' ist.
Diese Situation führt beim Lehrer langfristig dazu, daß er sich, wie man im Anschluß an HAHN[323] sagen könnte, 'ausgebrannt' fühlt und schließlich in eine Identifikationskrise gerät, ähnlich wie ich sie anhand eigener Erfahrungen in der Einleitung zu beschreiben versucht habe. Mit BODENHEIMER läßt sich die Identifikationsproblematik am Beispiel des Gehörlo-

---

321 ebd. 1967, 56
322 ebd. 1967, 57
323 vgl. HAHN, M.: *Zum Ausbrennen (Burn-out-Syndrom) im Zusammenleben mit schwerbehinderten Menschen*, in: Zt. VHN, 54.Jg. 2/1985, 142-159

senlehrers folgendermaßen verdeutlichen: "*Wenn der Dialog nicht mehr garantiert ist, wenn also Anrede und Antwort nicht mehr eindeutig aufeinander passen, so heißt das doch: Worte nennen keinen genauen Namen mehr; Worte verbergen mehr, als sie enthüllen. Und folglich sind diejenigen, welche die Worte im Gebrauch haben, ihrer Gemeinsamkeit nicht mehr gewiß. Ihrer Gemeinsamkeit nicht mehr, weil nicht mehr ihrer Position und ihres Auftrages. Weil Autorität ihrer Position nicht mehr durch die Macht ihres lehrenden Beispiels wirkt, sondern ersetzt ist durch Formalität.*"[324]
Da dem schwerstbehinderten Kind aufgrund seiner multiplen Beeinträchtigungen 'das Wort des Lehrers', um im Bild BODENHEIMERs zu bleiben, verhüllt bleibt, und es scheinbar keine gemeinsame Verständigungsgrundlage gibt, neigt der Lehrer dazu, sich auf seine 'Position' zurückzuziehen. Er handelt **am** Kind, nicht ***mit*** ihm. Seine Förderung trifft das Kind unzureichend und wird dadurch an sich fraglich.

In diesem Zusammenhang ist ein weiterer Aspekt zu bedenken. Die Beziehungsstörung in ihrer Gesamtproblematik würde verkürzt, versäumte ich, die Behinderung / Schwerstbehinderung in ihrer Auswirkung auf die Beziehungs-Elemente zu betrachten. Das zuvor angeführte Beispiel BODENHEIMERs von funktionaler, nicht beziehungsintendierter Sprache des Gehörlosen macht deutlich, daß die Behinderung direkte Folgen auf das Beziehungsgeschehen hat. Sinnesschädigungen oder -beeinträchtigungen verhindern zweifelsohne das Zustandekommen von Beziehung: ein tauber Mensch wird nie Beziehung 'Hören' und 'Sich-Anhören' oder ein Blinder durch 'Sehen' und 'Aus-Sehen' erleben. Ist der Mensch in einem Sinnesorgan oder -bereich behindert, wird die Verbindung der beiden notwendigen Beziehungsradikale nicht geknüpft, die Reziprozität zwischen Anruf und Rück-Ruf kann sich nicht vollziehen, und insofern kann Beziehung nicht entstehen. Doch diese Tatsache schließt den Behinderten / Schwerstbehinderten nicht generell von Beziehung aus. Ausgeschlossen bleibt er von solchen Beziehungen, bei denen der Partner auf der Durchsetzung seiner Beziehungsmodalitäten besteht, oder anders, in denen dieser sich zur Beziehungsaufnahme solcher Radikale 'bedient', die den Behinderten nicht berühren, die ihm nicht zum Anruf werden und die er deshalb nicht beantworten kann. Beispielsweise fühlt sich ein blinder Mensch allein durch das Angeblicktwerden, ohne daß sich sein Gegenüber sonst zu erkennen gibt, nicht angesprochen.

Die Phänomenologie belegt, daß dem Menschen mittels seines Leibes vielfältige Möglichkeiten gegeben sind, den Bezug zur Welt zu unterhalten. Ich habe zu zeigen versucht, daß dies also ebenso für den schwerstbehinderten Menschen zutreffend ist. Die beeinträchtigenden Wirkungen von Sinnesschädigungen, motorischen und cerebralen Behinderungen auf die Umweltbegegnung des Schwerstbehinderten sollen nicht verharmlost werden, doch ihre einseitige, an

---

[324] BODENHEIMER, A.R.: *Identität, Identitätsproblematik, Identitätskrise im Beruf des Gehörlosenlehrers*, in: EUROPÄISCHER FÖRDERKREIS VON TAUBSTUMMENVERBÄNDEN: *Kommunikationsstörungen*, Fribourg/Schweiz 1981, 9/10

der Medizin orientierte Betonung in unserem pädagogischen Denken und Handeln ist m.E. nicht länger haltbar, wenn man eine angemessene Erziehung des Schwerstbehinderten anstrebt.[325]
Sein Eingebettetsein in und sein Bezug zur Welt ist geprägt von seinen Behinderungen. Sie sind Aspekt seines Zur-Welt-Seins qua Leib. Deshalb ist sein Welt-Bezug für den Schwerstbehinderten selbst stets ein subjektiv sinnvoller. Ausschlaggebend für die Beziehungsstörung ist m.E. weniger die Behinderung als vielmehr die ungleichen Erwartungen der Partner, die nicht zur Passung kommen können. Ihre Angleichung kann nur erreicht, d.h. die Beziehungsstörung überwunden werden, wenn beide Partner fähig werden, den Weltbezug des Anderen zu verstehen. Dies gelingt - trotz der vermeintlichen Unterschiede beider - in der elementaren Beziehung, indem die Beziehenden zur Welt für einander werden.
Die anfängliche Feststellung, daß sich das Beziehungs-Ganze nur durch das Zusammenwirken aller Elemente vollziehen kann, bedarf unter dem Behindertenaspekt also einer Relativierung. Beziehungen sind dem Menschen aufgrund seiner leiblichen Fähigkeiten möglich und nötig, sonst könnte er nicht existieren. Um einen beziehenden Zugang zum schwerstbehinderten Kind zu finden, müssen wir aufhören, die Behinderung in ihrer physiologischen Bedingtheit in den Mittelpunkt unserer pädagogischen Überlegungen zu stellen. Unser Anliegen sollte dagegen sein, die Behinderung aus dem Blickwinkel der vorhandenen und noch zu entfaltenden Weltbezüge heraus zu betrachten. Nur wenn wir uns dieser Notwendigkeit bewußt werden und uns auf die Suche nach dem Weltbezug des Kindes begeben, können wir aufhören, ihm eine Lern-Welt anzubieten, die gemessen ist an der Welt des Nichtbehinderten und die dem kindlichen Welt-Bezug nicht entspricht. Anknüpfungspunkt jeder Erziehung muß zunächst die Welt des Kindes sein, damit es sich aus dieser Sicherheit heraus auf neue Begenungen mit der Welt einlassen und ihm langfristig, sich selbst verwirklichend, die Eingliederung in die 'Welt der Nichtbehinderten' gelingen kann. Wie dies möglich wird, will ich im zweiten und dritten Teil der Arbeit darstellen.

Schon jetzt wird deutlich, daß elementare Beziehung eine notwendige Voraussetzung für eine kindgemäße Erziehung ist. Doch ich will sie aus einer weiteren Perspektive heraus zu unterstreichen versuchen und fragen: Was geschieht mit den Menschen, deren Beziehung zueinander in so elementarer Weise gestört ist, die sich beide in der Situation der Verblüffung befinden?
BODENHEIMER bietet hier bezüglich der auditiven Beziehung wieder eine Antwort an. "*Wenn der Drang, sich selbst anzuhören, nicht mehr wirkt, überläßt der Mensch sich dem Hören seiner selbst, dem Spiel des Brandungsgeräusches in seinen Ohren. Damit hat er sich gänzlich verloren.*"[326]

---

325 Anm.d.Verf.: Durch das Leib-Sein des Menschen ist jeder Welt-Bezug, jede Auseinandersetzung mit der Lern-Umwelt eine subjektive. Alle Aussagen zur Weltwahrnehmung und -gestaltung, die von sich aus den Anspruch haben, Allgemeingültigkeit zu besitzen, bedürfen aufgrund dieser Erkenntnis einer Überprüfung.

326 BODENHEIMER 1967, 225

Wenn der Mensch nicht mehr anzuhören vermag, wenn er sich also, z.B. durch auditive Beziehung, nicht mehr selbst finden und bestätigen kann, zieht er sich auf sich selbst zurück, er lauscht seinen "*subjektiven Ohrgeräuschen*"[327] Das Beispiel BODENHEIMERs läßt sich wieder auf die gestörte Beziehungsstituation zwischen dem behinderten Schüler und dem Lehrer übertragen, und ich beginne diesmal mit der 'Lehrerseite'.
Der Lehrer, der sich vom Schüler in seinem Bestreben nicht bestätigt fühlt, resigniert. Die möglichen Beziehungen ersticken in Routinehandlungen der täglichen Versorgung. Es fehlt die Motivation und Kreativität, neue Lernmöglichkeiten oder Interaktionsformen zu versuchen. Dies ist vermutlich der Hauptgrund, weshalb die Lehrer in Schwerstbehinderten-Klassen so häufig wechseln oder, salopp ausgedrückt, warum es dort wenige 'lange aushalten'. Das Erlebnis einer Studentin, das sie in einer Semesterarbeit festhielt und mir repräsentativ für eine solche gestörte und in Routine erstarrte Beziehungssituation zu sein scheint, soll diese Negativentwicklung veranschaulichen.

> "N. ist sehr hübsch, sie ist zwölf Jahre alt, aber sehr klein und zart. Sie ist auf den Rollstuhl angewiesen und kann nicht sprechen.
> An diesem Tag sollte ich ganz für N. da sein. Ich holte sie vom Bus ab und versorgte sie. Ich weiß, daß Behinderte eine gewisse Routine besonders brauchen. Ich hatte jedoch den Eindruck, daß N. die Art, wie sie gefüttert wurde, nie gefiel. Daher versuchte ich an diesem Tag etwas Neues, das mehr von ihr verlangte. Statt ihr mundgerechte Brotstückchen in den Mund zu schieben, schnitt ich schmale Streifen und ließ sie davon abbeißen. Es klappte und sie lachte mich an. Sie aß ihr ganzes 'Doppelbrot' und nahm ihre Tabletten, obwohl wir uns Zeit ließen, innerhalb von 45 Minuten. Normalerweise ist das Frühstück für N. ein richtiges Drama, das nach einer Stunde beendet wird, indem man den Rest des Brotes wegwirft und die weinende, mit Essensresten beschmutzte N. säubert. Die Lehrerin war immer unglücklich, wenn sie dieses Drama sah, machte ständig Vorschläge zur Verbesserung der Situation. Sie hat jedoch nur eine halbe Stelle und ist daher immer nur für einige Stunden in der Klasse. Der Zivildienstleistende ignoriert ihre Vorschläge und macht weiter, wie er es für richtig hält.
> Auch als wir ihm am nächsten Tag stolz berichteten, daß N. vom Brot abbeißen könne, handelte er wie gewohnt und schnitt das Brot in Stücke.
> Für N. tat mir das sehr leid. Ihre Position in der Klasse ist allgemein sehr unglücklich. Sie wird vom Bus abgeholt, Jacke ausziehen, Frühstücken, Toilette (15 Min.), Krankengymnastik, Liegen und Schlafen, Mittagessen, Toilette, Liegen, Toilette. Eventuell bleibt dann eine Stunde, in der man noch etwas Schönes mit ihr machen kann, vielleicht sogar einen Spaziergang. In der Regel fehlte dafür allerdings die Zeit oder es fehlten die Leute. Dann fährt der Bus die Schüler und mit ihnen N.

---

[327] ebd. 1967, 225

> wieder nach Hause. Die Pflegearbeit übernimmt der Zivildienstleistende. Beide Lehrerinnen haben so gut wie keinen Kontakt zu N. ..."[328]

Fragen wir nun nach dem Kind; was geschieht mit ihm, wenn es seine Beziehungsimpulse nicht beantwortet findet?
Schwerstbehinderte Menschen, so wie N. in diesem Beispiel, bleibt nur der Rückzug in sich selbst, resignierend verwiesen auf die erlernten und gewohnten Beziehungsformen. Reichen die bestehenden Interaktionen dem Kind zur Selbstbestätigung nicht aus, und das ist erfahrungsgemäß bei schwerstbehinderten Schülern so, zieht es sich zumindest phasenweise in sich selbst zurück, was sich nicht nur in Apathie, wie man vielleicht zunächst annehmen könnte, sondern vor allem in Handlungen äußert, die das Kind auf sich selbst richtet, also in Selbststimulation oder gar in Autoaggression. Diese Feststellung will ich an zwei Praxisbeispielen konkretisieren.

> Der blinde Felix drückte in Momenten, in denen er sich nicht angesprochen fühlte, mit dem Daumen so stark gegen das Augenlid, daß der Finger fast nicht mehr zu sehen war. Er tat dies vermutlich, um sich visuelle Sinneseindrücke zu verschaffen.

Für Felix ist die Selbststimulation eine sinnvolle Handlung in einer Welt, die ihm augenblicklich keinen anderen subjektiven Bezug bietet. Schwierig wird es für uns, die Sinnhaftigkeit des kindlichen Verhaltens zu akzeptieren, wenn uns dieses, wie im nächsten Beispiel, autoaggressiv und selbstzerstörerisch erscheint.

> Als Silke nach langem Psychiatrieaufenthalt wieder in die Schule kam, versuchte sie durch Zerkratzen meines Gesichtes und meiner Hände, Kontakt zu mir aufzunehmen. Nach jedem schmerzhaften 'Angriff', denn ich verstand ihr Verhalten zunächst nicht als Beziehungsimpuls, sondern als unerklärliche Aggression, war ich so irritiert, daß ich mich verärgert von ihr abwandte. Sie stand jedesmal erwartungsvoll vor mir und beobachtete mich still. Doch sobald ich wegging und nicht, wie sie erwartete, mit Streicheln antwortete, schlug sie heftig mit ihrem Kopf gegen die Steinwand oder zerkratzte sich selbst.

Da Silkes Verhalten für mich nicht zum Anruf wurde, meine Antwort darum für sie unangemessen war, und sie sich nicht bestätigt fühlen konnte, blieb ihr nur der Rückzug auf sich selbst. Im Selbstschlagen oder -kratzen sah sie die einzige Möglichkeit, die unerträgliche Stille zu überwinden.

---

[328] PORTZ, H.: *Bericht schulpraktischer Studien*, unveröff. Semesterarbeit, Köln 1987

Nachdem wir in der elementaren Beziehung einander näher gekommen waren, hat sie gelernt, durch Anstoßen oder durch Laute auf sich aufmerksam zu machen; die Autoaggressionen reduzierten sich erheblich.
Diese beiden Beispiele weisen auf das breite Spektrum der subjektiven Welt-Bezüge und -Gestaltungen des schwerstbehinderten Menschen und lassen die Selbststimulation und Autoaggression als Ausdruck der gestörten Beziehung erscheinen. Beiden sollten wir nicht nur verhaltenstherapeutisch, sondern verstehend begegnen.
Mir sind diese Feststellungen wichtig, weil in der Sonderpädagogik beide Phänomene vielfach an dem mangelnden Vermögen des Schwerstbehinderten, mit seiner vor allem materiellen Umwelt zu interagieren, festgemacht und dabei zwei wichtige Voraussetzungen übersehen werden. Zum einen ist dem Schwerstbehinderten die 'sinnvolle' (im reflektierten Sinne des Lehrers) Auseinandersetzung mit Materialien, oder allgemeiner, mit der schulischen Sachwelt erst möglich, wenn er sich in der personellen Beziehung selbst bestätigt finden konnte. Zum anderen ist Beziehung immer ein reziproker Prozeß, in der das Unvermögen der Umwelt, angemessen auf das schwerstbehinderte Kind zu reagieren, tunlichst hintangestellt wird.
In den Biographien schwerstbehinderter Menschen erscheint die fortwährende Beziehungsstörung zu den wichtigsten Bezugspersonen (Eltern, Familie, Erzieher, Lehrer) als Charakteristikum ihrer Lebenswelt. Von Geburt an entspricht das Kind nicht den Erwartungen der Umwelt und die Umwelt nicht den seinen. Die Reziprozität im Austausch zwischen Kind und Welt kann nicht oder nur unzureichend entstehen, und das Kind bleibt über lange Phasen des Tages auf den Dialog mit sich selbst verwiesen. Eine Situation, in der es schließlich gefangen zu sein scheint.

Indem ich die Mehrdimensionalität der elementaren Beziehungsstörung aufzuzeigen versuche, stellt sich die Situation zwischen dem schwerstbehinderten Schüler und dem Lehrer selbst als Circulus vitiosus dar. Doch aussichtslos bleibt diese Situation für beide nur so lange, bis der Lehrer die Beziehungsstörung selbst zum Ziel seiner Erziehung macht, d.h., bis er Beziehung / elementare Beziehung zu seinem Schüler als Voraussetzung seiner bisherigen Förderintentionen begreift und sich durch Bewußtmachung eben dieser Störung um deren Überwindung bemüht.
Dies ist möglich, wenn er dem Kind eine Welt anbietet, der es subjektiven Sinn entnehmen kann. Die erforderliche Welt ist zunächst der Lehrer selbst, indem er sich unmittelbar auf das Kind richtet, sich auf den elementaren Bezug mit ihm einläßt und insofern zur Lebenswelt für es wird. Durch Bestätigung seines Anrufes erfährt es sich ebenso als Welt für den Lehrer, fühlt sich dabei angenommen und bestätigt. In und durch die elementare Beziehung weicht die 'Stille' dem Vertrauen zueinander, aber auch zu sich selbst und schafft hierdurch den Mut, Neues zu beginnen.[329]

[329] Anm.d.Verf.: Die Beziehungsaufnahme zum schwerstbehinderten Kind ist natürlich nicht so leicht zu erreichen, wie es hier erscheinen mag. Die Schwierigkeiten, die diesen Prozeß bestimmen, sind immer individuell von den beiden sich Beziehenden abhängig und darum nur am Einzelbeispiel darstellbar.

Elementare Beziehung ist ineins Voraussetzung und Selbstverwirklichung des Schwerstbehinderten. Eine Feststellung, die es jetzt näher zu begründen gilt.
Ich will darauf verzichten, die Schwierigkeiten der eindeutigen Begriffsbestimmung von 'Selbstverwirklichung' und in Nachfolge von 'Selbstverwirklichung in sozialer Integration' darzustellen. Daß in den Richtlinien lediglich die Forderung nach Ermöglichung von Selbstverwirklichung für den schwerstbehinderten Schüler erhoben, die Leitidee selbst aber nicht inhaltlich belegt wird, habe ich schon zuvor angesprochen. Um den Gedankenfluß nicht unnötig zu unterbrechen, leite ich gleich zur Darstellung der eigenen Auffassung von Selbstverwirklichung des Menschen / schwerstbehinderten Menschen über und vertiefe mich nicht in die Diskussion möglicher anderer, z.B. idealistischer, ethischer, psychologischer oder sonderpädagogischer Verständnisweisen. Exemplarisch und zur Anregung für den Leser sind im Anhang S. 3 und 4 einige Definitionen aufgeführt.

Der besonderen Eigenschaft der elementaren Beziehung, zugleich Voraussetzung und Selbstverwirklichung des schwerstbehinderten Kindes zu sein, kommt man näher, wenn zwei Phänomene berücksichtigt werden, die bereits in den Wortteilen 'Selbst-' und '-verwirklichung' anklingen und sich auf der entwickelten phänomenologischen Erkenntnisgrundlage in folgenden zwei Fragen konkretisieren lassen:

1. Wie erlangt der schwerstbehinderte Mensch im Bezug zur Welt ein Bewußtsein von sich selbst?
2. Wie ist es ihm möglich, seine Individualität und Identität in der Welt zu verwirklichen?

Aufgrund des einzigartigen, leibgegebenen Verhältnisses zwischen Mensch und Welt, also aufgrund ihrer unlösbaren Reziprozität, stehen beide Fragen bzw. Phänomene in einer engen Beziehung zu einander, bilden eine Einheit und können auch nur als solche beantwortet werden. Das Bewußtwerden seiner selbst, seines eigenen Zur-Welt-Seins, ist dem Menschen durch seinen Leib gegeben. Leib und Bewußtsein bzw. Bewußtwerden des Leibes können nicht isoliert von einander betrachtet werden. PFEFFER sagt in Anlehnung an MERLEAU-PONTY: "*Leib und Bewußtsein-vom-Leib sind als unlösbare Einheit zu betrachten, weil das Bewußtsein-vom-Leib im Zur-Welt-Sein und nicht lösgelöst davon ist.*"[330]
Das Bewußtsein sei das leibliche Bewußtsein vom Zur-Welt-Sein. PFEFFER sagt, daß sich der Leib als Gabe enthülle. Er enthülle mir, "*daß ich nicht der Grund meines Seins bin.*"[331]
Vor allen vorbewußten und bewußten Intentionen erführe ich, daß ich mir selbst gegeben bin, und mit MERLEAU-PONTY führt er weiter aus: "***Ich bin mir gegeben*** *- das besagt, je schon finde ich mich situiert und engagiert in eine physische und soziale Welt.*"[332]

Dies soll im zweiten Teil ausführlich geschehen, wobei die Möglichkeiten, aber auch die Grenzen der elementaren Beziehung zwischen Schwerstbehindertem und Lehrer deutlich werden.

330 PFEFFER 1986, 33

331 ebd. 1986, 33

332 MERLEAU-PONTY 1966, 412 nach PFEFFER 1986, 33

Die Welt spricht mir also mein Sein physisch und psychisch "*im Zugleich meiner mir als Leib gegebenen Intentionalität*"[333] zu. Mit HALDER stellt PFEFFER abschließend fest: "*Der Leib ist der menschliche Modus der unendlichen Weltoffenheit (Transzendenz) und des Beisichseins, der menschliche Modus des Geistes, den dieser immer wieder transzendiert.*"[334]
Der transzendentale Leib kann nicht "*segmentiert*", sondern nur als "*intensive Einheit*"[335] erfahren werden und trägt als solcher zur Verwirklichung in der Welt bei.
Metaphorisch ausgedrückt: Der Mensch trägt durch sein Leib-Sein immer schon ein Bild von sich selbst in sich und setzt es im Bezug zur Welt durch. Doch er kann dieses Bild von sich selbst stets nur vor dem Hintergrund der Welt betrachten. Die Welt ist nicht ausschließlich Passepartout des Bildes, sondern beide bilden eine Einheit.
Vordringlich an der geistigen Entfaltung des Menschen orientierte Auffassungen, wie z.B. der Idealismus, scheinen mit dieser phänomenologischen Erkenntnis nichts gemein zu haben. Indem sie dem Menschen die ihm gegebene Selbstverwirklichung nicht voraussetzungslos zuschreiben, sprechen sie gleichzeitig dem Kleinkind und vor allem dem schwerstbehinderten Menschen die Fähigkeit zur Selbstverwirklichung ab.
Aus der Schwerstbehindertenperspektive stoßen wir hier an Grenzen unseres bisherigen kulturell überlieferten Denkens, wie es für unser pädagogisches Handeln prägend war und auch immer noch ist. Ich halte es deshalb für sinnvoll, den phänomenologischen Gedankengang weiterzuverfolgen, weil sich durch ihn neue Sichtweisen vom Menschen mit schwerer geistiger Behinderung und neue Beziehungsmöglichkeiten mit ihm erschließen lassen. Dies soll wieder auf den Spuren MERLEAU-PONTYs, aber diesmal mit der Abhandlung O'NEILLs zum Spiegelleib, geschehen.

In seinen Betrachtungen zur frühkindlichen Selbst-Erfahrung, die auf einer Gegenüberstellung der phänomenologischen Sicht MERLEAU-PONTYs und der psychoanalytischen Position LACANs basiert, stellt O'NEILL fest, daß das Kleinkind in einer "*Zwischenwelt (interworld)*" lebe, "*in der es weder seine eigene ego-logische Perspektive noch eine sozio-logische Orientierung auf Andere als solche herausgebildet hat.*"[336] Ein Stadium, in dem in der Regel auch das schwerstbehinderte Kind angesiedelt wird, da es scheinbar noch nicht in der Lage ist, bewußt, d.h. ego-logisch und sozio-logisch, auf die Umwelt einzugehen.
In Anlehnung an MERLEAU-PONTY sagt O'NEILL, daß jede Individualität, also sowohl die des bewußt handelnden, des 'denkenden' Menschen, als auch die des Kleinkindes (in Ergänzung: des schwerstbehinderten Kindes) eine "*anonyme Intersubjektivität*" voraussetze, die "*das Fundament unserer gestalthaften Beziehungen zu den Dingen und Personen in un-*

---

333 PFEFFER 1986, 33
334 HALDER 1960, Sp. 611 nach PFEFFER 1986, 34
335 PFEFFER 1986, 34
336 O'NEILL, J.: *Der Spiegelleib. Merleau-Ponty und Lacan zum frühkindlichen Verhältnis von Selbst und Anderem*, in: MÉTRAUX,A:/WALDENFELS,B.: *Leibhafte Vernunft - Spuren von Merleau-Pontys Denken*, München 1986. 240

serer und als unsere Welt bildet."[337] Die Lebenswelt sei uns durch unseren fungierenden Leib gegeben und sei in unserem Wahrnehmungsglauben vor jeder begrifflichen Artikulation.[338] Zum Zeitpunkt, in dem sich das Kind in der 'Zwischenwelt' befände, bilde "*die anonyme Intersubjektivität das Fundament - weder schon Ego, noch schon Alter- , auf dem es die Gattung eines leiblichen und personalen Selbst in einer ähnlich einverleibten Welt erfahren kann.*"[339] Gleichzeitig fundiere diese primordiale Intersubjektivität alles spätere Wahrnehmen, Begehren, die spätere Indentität und Andersheit im Vertrauen darauf, daß das Individuelle durch einen Anderen für es aufgewertet werden könnte, wobei der Andere eine ähnliche Erwartung im Hinblick auf gegenseitige Anerkennung hege.[340]
Aufgrund der anonymen oder primordialen Intersubjektivität, die alle späteren, d.h. in unserem Kontext, bewußten, auf schulisches Lernen bezogenen Aktivitäten des schwerstbehinderten Kindes fundiert, kann die elementare Beziehung in ihrer voraussetzenden Funktion für die Selbstverwirklichung erscheinen. Sie belegt gleichzeitig auch, daß elementare Beziehung Selbstverwirklichung ist. Zuvor habe ich gezeigt, daß das schwerstbehinderte Kind in der Beziehung qua Leib eins wird mit dem Lehrer, aber dennoch nie eins sein kann. In dieser zentralen Phase des Beziehungsgeschehens, die ich als 'ursprüngliches Verstehen' bezeichnete, erfährt sich das Kind durch gleichzeitiges Einssein und Abgestoßenwerden in seinem Sein und Selbst, man könnte auch sagen, in seiner Identität bestätigt.
Die Identität des Menschen begründet MERLEAU-PONTY wieder aus der Intersubjektivität heraus. Der Prägnanz wegen will ich sein Verständnis mit den Worten O'NEILLs vorstellen. "*Die Struktur der Identität ist nach Merleau-Ponty eine psychophysische Haltung (posture), die sich im Feld der Intersubjektivität herausbildet, d.h. in einem familiären Milieu, das das Kleinkind für sein Selbstbewußtsein und für sein soziales Verstehen disponiert. Die Struktur, die Identität und Sozialität hervorbringt, ist kein Feld bloßer Triebe und Instinkte. Sie repräsentiert vielmehr eine Weise des Erfahrens bio-psychischer Verflechtungen, reich an indivduierender und familiarisierender Bedeutung, d.h. reich an situationsspezifischen Wünschen, an Liebe, an Haß und Furcht, die das Kind in den sozialen Leib projiziert. In diesem Sinne sind der frühkindliche Leib und die frühkindliche Psyche reziproke Modi der Existenz und auf gar keinen Fall bloß instrumentelle Funktionen, deren Integration oder Hierarchisierung einer weiteren Funktion bedürfe. In der anonymen Intersubjektivität ist alles als anonymes Sein gegeben, als ein Leben, das man hat, bevor man es als Denkender oder Fühlender mit wohlunterschiedenen Anderen lebt.*"[341]

---

[337] ebd. 1986, 240
[338] vgl. ebd. 1986, 240
[339] ebd. 1986, 240
[340] vgl. ebd. 1986, 240/241
[341] ebd. 1986, 241

In der anonymen Intersubjektivität ist die Voraussetzung gegeben, daß sich der Mensch unabhängig von physischer und psychischer Reife - die ja bislang geradezu als Paradigma der Selbstverwirklichung erschienen - von Geburt an, und wahrscheinlich auch schon davor[342], in seiner Identität verwirklichen kann.

Der Grund, weshalb ich den Schwerstbehinderten trotzdem in seiner Selbstverwirklichung behindert sehe, ist weniger auf seine Behinderung, als vielmehr auf die gravierenden Beziehungsstörungen zu seiner personalen Umwelt zurückzuführen. Sowohl in der psychoanalytischen (z.B. WINNICOTT, SULLIVAN, MITSCHERLICH, BETTELHEIM), als auch in der entwicklungspsychologischen Forschung (OERTER, SPITZ u.a.) ist die Bedeutung der Mutter/Eltern-Kind-Bindung für die Gesamtentwicklung des Kindes hinreichend belegt, und O'NEILL unterstreicht dies in seinen Ausführungen. Doch beim schwerstbehinderten Kind sind diese wichtigsten, ja lebensprägenden Bindungen an die ersten Bezugspersonen von Anfang an beeinträchtigt, sein postnatales Leben beginnt quasi mit 'Verblüffung' (BODENHEIMER). Fortwährende Beziehungsstörungen behelligen es in der Entfaltung von Begegnungen mit der sozialen und materialen Umwelt.
Beginnen wir causal und versuchen die Beziehungsstörung mit der elementaren Beziehung zu überwinden, damit sich das Kind seiner Umwelt gestaltend und lernend widmen kann.

342 vgl. ebd. 1986, 253

5. Die Struktur der elementaren Beziehung

Während ich im vierten Kapitel zu klären versuchte, was elementare Beziehung ist und warum sie erforderlich ist, steht jetzt das **Wie** im Mittelpunkt meiner Betrachtungen, genauer, es geht darum, elementare Beziehung aus dem phänomenologischen Verständnis heraus auf ihre Gesetzmäßigkeiten hin zu betrachten.

Die Auseinandersetzung mit ihrer Struktur halte ich für wichtig, weil das Wissen um sie den Lehrer sensibler für die vielfältigen Beziehungs-Impulse seiner schwerstbehinderten Schüler werden läßt, es ihm den nötigen Hintergrund sowie den Freiraum gibt aufzuhorchen, sich anrufen zu lassen und die elementare Beziehung sinnvoll in seinen Unterricht zu integrieren, den leibhaften Dialog als notwendige und sinn-erschließende Voraussetzung für das Lernen und Lehren zu begreifen und sie allen möglichen Vorbehalten der Kollegen-Umwelt zum Trotz durchzusetzen.

Für das Erkennen der elementaren Beziehungs-Struktur gilt dasselbe wie für das Verstehen ihres Sinnes; beide sind im unmittelbaren Vollzug nicht begreifbar. Mit BODENHEIMER habe ich zuvor festgestellt, daß Beziehung nicht entsteht, wenn ich denke: 'Ich beziehe mich'. Beide sind nur in und durch die Reflexion des konkreten Geschehens, durch die Wesenserkenntnis (LIPPITZ), erfaßbar. Der eigene Bewußtwerdungsprozeß sei hier zum besseren Verständnis der nachfolgenden Darstellung noch einmal kurz angeführt.
In der Reflexion meiner ersten Beziehungserlebnisse mit verschiedenen Schülern, die ich anhand von Tagebuchaufzeichnungen einander vergleichend gegenüberstellte, erkannte ich gewisse strukturelle Gemeinsamkeiten, die ich aber anfänglich noch nicht genau fassen, geschweige denn benennen konnte. Bei der Auseinandersetzung mit der BODENHEIMERschen Beziehungs-Lehre wurde ich auf Gesetzmäßigkeiten aufmerksam, die meinen Erfahrungen entsprachen und die auch für die präreflexive Beziehung zum schwerstbehinderten Kind zuzutreffen schienen.
Doch je intensiver ich mich mit der elementaren Beziehung befaßte und sie schließlich als leibgegeben erkannte, desto notwendiger wurde es, ein eigenständiges Strukturenmodell für diese vorbewußte, leib-hafte Beziehung zu entwickeln. So waren es vor allem ihr dynamischer Vollzug, gekennzeichnet durch Annäherung der beiden Partner an- bzw. durch Distanzierung voneinander, sowie ihre nachhal(l)tige Wirkung, die mich bewogen, die Struktur der elementaren Beziehung auf phänomenologischer Verständnisgrundlage in einem helicalen Modell veranschaulichend zu fixieren.
Der Entwurf des elementaren Beziehungs-Modells ist neben der phänomenologischen Wesensschau eine weitere Form der Reflexion, in der die konkreten Beziehungserlebnisse auf ihre strukturellen Gesetzmäßigkeiten hin befragt und insofern einer erneuten Abstraktion unterworfen werden. In Anlehnung an LIPPITZ, der sagt, daß die phänomenologische Wesenser-

kenntnis nicht **die** Wahrheit präsentiere, sondern Deutungsvorschläge für Erfahrungen seien[1], kann auch das Beziehungs-Modell lediglich als gedankliches Konstrukt zur Bewußtmachung der Mehrdimensionalität und Dynamik von Beziehungsvollzügen aufgefaßt werden. Es ist aber insofern sinnvoll und notwendig, weil es neben der weiteren Transparenz auch die nötige Basis für die Entwicklung pädagogisch-didaktischer Konsequenzen schafft.
Ich will nun zunächst kurz BODENHEIMERs Verständnis von den Beziehungsweisen und -kreisen vorstellen, damit die Gedanken, die zum Entwurf eigenständiger elementarer Beziehungsstrukturen führten, nachvollziehbar werden.

5.1 Die Gesetzmäßigkeiten der Beziehung nach BODENHEIMER

I. Die Weisen der Beziehung

Zusammenfassend ist BODENHEIMERs Verständnis von Beziehung durch ein komplexes Zusammenspiel verschiedener Beziehungsweisen gekennzeichnet, wobei diese sich durch die jeweiligen Verhältnisse der Beziehungsradikale zueinander (autolog, homolog, heterolog)[2], ihre Abhängigkeit vom Beziehungspartner (offen, geschlossen)[3] oder durch ihre Intensität[4] unterscheiden, der Beziehung aber auch ihre Dimension vermitteln; strukturelle Beziehungsmerkmale, die es nachfolgend zu konkretisieren gilt.
BODENHEIMER versucht, das Beziehungsganze zu bestimmen, indem er sich ihm von verschiedenen strukturbezogenen Ebenen her nähert. Dabei steht für ihn folgende Frage im Vordergrund: "***Wie also** - lautet die programmatische Frage - **geht Beziehung vor sich**? Wie trägt sie sich zu?*"[5]
Er sucht nach dem Gemeinsamen sämtlicher Elemente und bemüht sich um die Darstellung allgemeingültiger Strukturen. Wie schon zuvor anklang geht er davon aus, daß der Mensch gar nicht anders könne, als sich lebenslang zu beziehen[6]; wandeln würden sich lediglich die Sphären seiner Beziehung. "*Und ebenfalls **wandeln sich die verschiedenen Weisen, nach denen der Mensch sich bezieht**. Diese Weisen der Beziehung können wir zudem gleichzeitig miteinander wirkend vorfinden.*"[7]

---

1 LIPPITZ 1987, 117
2 vgl. BODENHEIMER 1967, 120
3 vgl. ebd. 1967, 125
4 vgl. ebd. 1967, 138
5 ebd. 1967, 75
6 vgl. ebd. 1967, 76
7 ebd. 1967, 76

Eine Feststellung, die auch, wie im zweiten Teil der Arbeit noch deutlich werden wird, für die Beziehung schwerstbehinderter Menschen zutrifft. Wenn BODENHEIMER hier von 'Weisen der Beziehung' spricht, meint er damit nicht etwa präreflexive und reflexive Beziehungen, eine Unterteilung, die ich für die elementare Beziehung als verbindlich erklärte. Die Weisen der Beziehung haben für ihn nichts mit dem Bewußtseinsgrad der Beziehung gemein, sondern an den Weisen des "*Sich-Beziehens*" beobachtet er "*die der Beziehung zukommende Potenz (und Valenz), Grenzen einerseits zu überschreiten, auszuweiten, oder aber andererseits zu setzen*"[8], genauer: "*Beziehung 'setzt' sich nicht von selbst, nicht 'notwendiger Weise', wenngleich ihre Tendenz darauf geht, sich 'zu setzen', so wie eben dem Suchen die Tendenz des Findens implicite zugehört.*"[9]
Kreisförmig dehne sich dementsprechend, im Bild BODENHEIMERs, die Beziehung aus; hinter jedem in der Beziehung gefundenen verberge sich "*Weiteres, Unbekanntes, Neues*"[10], das zu suchen ist. Der Beziehung käme eine 'raumschaffende Potenz'[11] zu.
Es sei dies ein Suchprozeß, in dem sich die in die Beziehung Eingebundenen anschickten, sich selbst durch Abgrenzung vom Anderen zu finden. Dies könne sich durch das "*Wechselspiel von Anziehen und Abstoßen*"[12] vollziehen. Reziprozität zwischen den beiden Suchenden, die sich durch das Sich-Vergleichen am Anderen[13] vollziehe und damit für jeden zur Selbst-Bestätigung und -Findung werde, mache Beziehung aus. Sie bewirke, daß Beziehung zur Auseinandersetzung werde. "*Somit gehört Auseinandersetzung wesenhaft der Beziehung zu.*"[14]
Eine Feststellung, die ich im vorausgegangenen Kapitel für die elementare Beziehung aus der Phänomenologie MERLEAU-PONTYs heraus zu begründen versuchte. Ich habe erläutert, weshalb und wie sich im leib-haften Dialog Schüler und Lehrer intentional aufeinander richten. Für uns ist es jetzt unerheblich, ob wir die **direkte** Auseinandersetzung der beiden Partner miteinander existenzphilosophisch (BODENHEIMER) oder phänomenologisch (nach MERLEAU-PONTY) begründen. Notwendig ist die Hervorhebung im strukturbezogenen Diskussionsrahmen, als sie von einer weiteren Beziehungsweise zu unterscheiden ist, von einer Weise des Sich-Beziehens, die eines Vermittlers bedarf und deshalb von BODENHEIMER als **mediale** Beziehung bezeichnet wird.
Beide Beziehungsweisen, die direkte und die mediale, sind auch für den 'elementaren' Vollzug charakteristisch und werden im nächsten Abschnitt anhand ihres wendelförmigen Verlaufes vertiefend zu strukturieren versucht. Die mediale Beziehung läßt sich mit BODENHEIMER vorab folgendermaßen beschreiben: "*Das Wesen dieser Art von Beziehung liegt darin, daß die beiden sich Beziehenden nun nicht mehr **einander** gegenüber Stehende*

---

8 ebd, 1967, 76 (Anm.d.Verf.: Im Original kursiv gedruckt.)
9 ebd. 1967, 76
10 ebd. 1967, 76
11 vgl. ebd. 1967, 77
12 ebd. 1967, 78
13 vgl. ebd. 1967, 79
14 ebd. 1967, 81

sind, sondern daß die zwei Partner zusammen einem Dritten gegenüber stehen, daß sie folglich sich beide ***miteinander auf ein Drittes*** *(oder - aber nicht notwendiger Weise - auf einen Dritten)* ***beziehen und daß sie sich über dieses Dritte*** *(bzw. über den Dritten)* ***aufeinander beziehen.***"[15]
Dabei sieht BODENHEIMER die beiden Weisen der Beziehung als gleichbedeutend für den Menschen und damit als gleichwertig an. Zu der gesunden Beziehung gehörten "*eben beide Weisen, die direkte und die mediale Beziehung.*"[16]
Doch in der Intensität, in der sie vom Menschen erlebt würden, wären sie zu unterscheiden. Die direkte, "*um vieles intensiver, spannungsreicher als die mediale Beziehung*"[17], bliebe aber der Gegenwart verhaftet. "*Sie macht insofern keine Lebensgeschichte, als von ihr nichts zurückbleibt, das später erinnert werden könnte. Sie eignet ganz und gar dem Augenblick. Was sich in ihr an Beziehung zugetragen hat, das ist, wenn vorüber, auch entschwunden.* ***Wie die Menschen einander erlebt haben, dem gehört keine Dauer, und das läßt sich auch nicht wieder dem Erleben zugänglich machen; nur was sie miteinander erlebt haben, das wird in die Lebensgeschichte eingefügt.***"[18] In die Lebensgeschichte eingebunden würde also nur das, was die Beziehenden in der medialen Beziehung miteinander erlebt hätten, "*'was wir* ***miteinander*** *gesehen, gehört, gegessen haben', nicht jedoch: 'wie wir* ***einander*** *gesehen haben'.*"[19]

Dieser Auffassung BODENHEIMERs kann ich mich bezüglich der elementaren Beziehung nicht anschließen. Unklar bleibt in der Darstellung, weshalb die so intensiv erlebte direkte Beziehung, wie beispielsweise gerade die erste Mutter-Kind-Beziehung, die sich ja in direkter Weise vollzieht, nicht für lebensprägend erachtet wird. Eine derartige Unterteilung halte ich auf phänomenologischer Grundlage für wenig sinnvoll, da jede leibgegebene Beziehung, ob direkt oder medial sich vollziehend, für den Menschen existentiell bedeutungsvoll ist. Anhand der bisherigen praktischen Beispiele habe ich belegt, daß sich elementare Beziehung zwar unmittelbar zuträgt, aber indem sie nicht dem Augenblick verhaftet bleibt, nachhal(l)tig wirkungsvoll ist und damit in die 'Lebensgeschichte' (BODENHEIMER) des Menschen eingebunden wird. Dies ist für mich ein Grund, Beziehung, und vor allem elementare Beziehung, in ihrer dynamischen Struktur differenzierter, genauer, als phasigen Verlauf aufzufassen und darzustellen. Trotz der größeren Offenheit ist die Struktur begrenzt und in sich geschlossen.
Da die reziproke Beziehung, gleich ob sie direkter oder medialer Art ist, sich als geschlossenes System zwischen zwei Partnern darstellt, hat BODENHEIMER diesen Sachverhalt in seiner Vorstellung vom Beziehungskreis festzuhalten versucht, den ich nachfolgend kurz skizzieren

[15] ebd. 1967, 82
[16] ebd. 1967, 84
[17] ebd. 1967, 83
[18] ebd. 1967, 83
[19] ebd. 1967, 84

und charakterisieren werde, um damit die Notwendigkeit der Entwicklung eigenständiger Strukturen der elementaren Beziehung noch deutlicher werden zu lassen.

II. Zum Verständnis des Beziehungskreises

Um die strukturellen Gesetzmäßigkeiten in ihrer Umfänglichkeit verstehen zu können, reiche nach BODENHEIMER das Wissen um ihre Beziehungs-Weisen, direkt und medial, nicht aus. Beziehung vollziehe "*sich nämlich in gewissen **Kreisen**, die voneinander sehr verschieden sind und nur mit ihrem ganzen intakten Gefüge ein ungestörtes Sich-Beziehen gewährleisten.*"[20] Neben den Beziehungsweisen machen die Beziehungskreise, die durch das besondere zirkuläre Verhältnis der Beziehungsradikale gebildet werden, das strukturelle Wesen der Beziehung aus, können, wie BODENHEIMER sagt, "***die sämtlichen Möglichkeiten, nach denen der Mensch sich zu beziehen vermag**, der Vorstellung erschlossen werden.*"[21]
Da das Beziehungs-Ganze sich nur, wie ja bereits angedeutet, durch das komplexe Zusammenwirken der verschiedenen Beziehungselemente bzw. -radikale miteinander vollziehen kann, sieht sich BODENHEIMER "*genötigt, am nämlichen Ort verschiedene Weisen des Zugleich-Daseins voneinander abzuheben. Um dieser Gegebenheit willen kennen wir nicht nur einen **Beziehungskreis**, sondern mehrere Beziehungskreise - an dem gleichen Ort, an dem nämlich Beziehung sich 'abspielt' - , welche, verschieden weit und verschieden geartet, einander bedingen, einander ergänzen und in ihrer Gesamtheit der Beziehung erst ihre **Dimension** vermitteln.*"[22]
Es geht BODENHEIMER also darum, vom Verhältnis der Radikale zueinander auf die Struktur des Beziehungs-Ganzen blicken zu können; dabei stellt die isolierte Betrachtung einzelner Beziehungskreise wieder eine methodische Notwendigkeit dar.

Ausgehend von der geometrischen Form des Kreises, diesem "*zweidimensionalen, also planen Gebilde*"[23], das in sich geschlossen sei, und dem die Gestaltpsychologie Bewegung zuerteile, definiert er den Beziehungkreis folgendermaßen:
"***Der Beziehungskreis ist das in sich geschlossene, als Verlauf vorstellbare Gebilde**, das von den beiden sich Beziehenden geschaffen und erhalten wird. Die Mittel, welche bereit sind, um die verschiedenen Kreise zu bahnen, werden gestellt von den Radikalen der einzelnen Beziehungselemente. Zu jedem Element gehört seine eigene, spezifische Weise, nach der die Radikale aufeinander wir-*

[20] ebd. 1967, 103
[21] ebd. 1967, 139
[22] ebd. 1967, 105
[23] ebd. 1967, 106

ken. Dieses Faktum bedingt, daß wir eine sehr große Anzahl verschieden gearteter Beziehungskreise voneinander zu unterscheiden haben."[24]

Aufgrund der Charakteristika der einzelnen Elemente, wie ich sie im vorausgegangenen Kapitel skizzierte, gibt es eine Vielzahl von Beziehungskreisen, die in wesentlichen Merkmalen übereinstimmen, sich aber in einmaliger, element-gegebener Weise voneinander unterscheiden. Zum Wesen aller Beziehungskreise gehöre, daß sie durch "*Ruf und Rückruf, Suchen und Finden einander zirkulär* ***unterhalten***"[25]. Doch in der Größe, "*bestimmt durch das Ausmaß an Entfernung, welches der Kreis von dem Aus- bzw. vom Anrufenden zurücklegen muß, um zu dem Rufenden, Suchenden zurück zu finden,*"[26] seien die Beziehungskreise verschieden. "*Die* ***Weite des Beziehungskreises*** *... mißt sich an der Entsprechung der einzelnen Beziehungsradikale.*"[27]

Dem Verhältnis der Radikale entsprechend unterscheidet BODENHEIMER nun drei Beziehungskreise, den autologen, den homologen und den heterologen, wobei der autologe der engste und der heterologe der weiteste ist.

Vom **autologen** Beziehungskreis spricht er, "*wenn der Beziehung Aufnehmende identisch mit demjenigen ist, auf den hin Beziehung erfolgt.*"[28] Damit sei die Situation gekennzeichnet, "*in der ein Mensch sich* ***mittels seiner selbst auf sich selbst bezieht***."[29] "*Wer aber den autologen Beziehungskreis bahnt*", so sagt BODENHEIMER an anderer Stelle, "*der tut es, um nicht gestört zu sein, um - anders ausgedrückt - bei sich allein zu sein, ohne doch sich in der Leere und Einsamkeit zu verlieren. Alleinsein, das bedeutet: Richten und Bewahren des autologen Beziehungskreises.*"[30]

Selbststimulation und Autoaggression infolge mangelnder oder gestörter Beziehungen zur personellen Umwelt könnten als autologe Beziehungen aufgefaßt werden.

Von ihr heben sich der homolge und der heterologe Beziehungskreis deutlich ab, indem nämlich beide eines Partners bedürfen und insofern 'reziproke Zuwendungen' sind. Sie unterscheiden sich jedoch voneinander, in der Weise wie sie den Partner beanspruchen. Während der **homologe** Beziehungskreis von BODENHEIMER als "*obligat gleichgerichtet und gleichsinnig*" bezeichnet wird, kennzeichnet er den **heterologen** mit den Attributen "*potentiell und fakultativ anders-sinnig*"[31]. In einen 'anders-sinnigen', heterologen Beziehungskreis eingebunden sind beispielweise ein sprechender und ein hörender Beziehungspartner. Der heterologe Kreis sei für den osmatischen Bereich charakteristisch, wo seine Besonderheit deutlich werde: "*(D)er Ort, der beim einen Partner sucht*", entspräche "*nicht dem Ort*

---

[24] ebd. 1967, 107
[25] ebd. 1967, 107
[26] ebd. 1967, 108
[27] ebd. 1967, 109
[28] ebd. 1967, 110
[29] ebd. 1967, 111
[30] ebd. 1967, 119
[31] ebd. 1967, 120

des Suchens am anderen Partner"[32] . Demgegenüber fänden im homologen Beziehungskreis beide Orte ihre Entsprechung. Eine solche homologe Beziehung entsteht z.B. zwischen zwei Partnern, die in einem oculo-oculären Beziehungskreis eingebunden sind oder im haptisch-taktilen, "*wenn beide Hände, je beide Hände fassen.*"[33]

Desweiteren unterscheidet BODENHEIMER den **geschlossenen** vom **offenen** Beziehungskreis, d.h., er fragt inwieweit die Beziehungskreise zu ihrem Schluß eines Partners bedürfen. Der oro-auriculäre Beziehungskreis sei in sich geschlossen, weil der Mensch nicht der Anwesenheit eines Gegenübers bedarf, um sich auditiv zu bestätigen. "*Er vermag **sich selbst zu hören**, sei es direkt, indem er - wie er es gewohnt ist - seine Stimme unvermittelt zu hören bekommt, sei es indirekt, mit Hilfe eine Mediums.*"[34]
Demgegenüber sei der visuelle Beziehungskreis wesenhaft offen. "*Zum Wesen des offenen Beziehungskreises gehört obligat die Einbeziehung einer Partnerperson.*"[35] Da der Mensch sich selbst nicht sehen könne, bedürfe er eines Partners, der den visuellen Kreis schließe. "*Der visuelle Beziehungskreis ist übrigens nicht der einzige offene Kreis, den wir kennen. Auch den osmatischen Kreis eignet Offenheit: Der Mensch riecht sich gemeinhin nicht selbst, und er kennt üblicherweise die Nötigung sich zu riechen nicht.*"[36]
Wenn BODENHEIMER die Beziehung nach ihren Weisen, nach ihrem Verhältnis der Beziehungsradikale zueinander und ihrer Abhängigkeit vom Beziehungspartner befragt, bedeutet dies nicht, daß die Beziehungsweisen und -kreise isoliert voneinander existieren. "*Selbstverständlich **läuft Beziehung in ihrer Ganzheit vermittels des meist simultanen Spiels aller Kreise miteinander.***"[37]
Abschließend stellt er fest: "*In der Isolation und pragmatischen Darstellung einzelner Kreise und verschiedener Weisen, in denen Beziehung verläuft, können **die sämtlichen Möglichkeiten, nach denen der Mensch sich zu beziehen vermag, der Vorstellung erschlossen werden**. Beziehungskreise, wie Beziehungsweisen, sind mit Beziehungsmöglichkeiten identisch.*
*Andere Möglichkeiten der Beziehungsnahme gibt es nicht. Zwar findet der Mensch nicht nur mit den Radikalen der einzelnen Beziehungselemente die entsprechenden gesuchten Radikale derselben Elemente, sondern er findet mit den Radikalen an den entsprechenden Radikalen den Anderen. Aber: er findet ihn lediglich mit und an den Radikalen. **Andere Voraussetzungen, zu suchen und finden zu lassen, sind nicht gegeben** (Hervorhebungen durch Verf. geändert).*"[38]

[32] ebd. 1967, 122 ; Anm.d.Verf.: Im Original kursiv gedruckt.
[33] ebd. 1967, 123
[34] ebd. 1967, 125
[35] ebd. 1967, 126; Anm.d.Verf.: Im Original kursiv gedruckt.
[36] ebd. 1967, 127
[37] ebd. 1967, 139
[38] ebd. 1967, 139

An dieser Stelle breche ich die Darstellung des BODENHEIMERschen Beziehungsverständnisses ab, um zu fragen, inwieweit es auch für den elementaren Beziehungsvollzug zutrifft.

In seinem Werk geht es BODENHEIMER in erster Linie darum, die menschlichen Beziehungen, die ja immer als Ganzheit erlebt werden, auf ihre 'Bestandteile', d.h. auf die Elemente bzw. Radikale, zurückzuführen, damit auf diese Weise die Bedeutung des Beziehungsganzen wieder erscheine. Indem er die einzelnen Elemente auf ihre beziehungsschaffenden und -störenden Eigenschaften hin untersucht und diese miteinander vergleicht, werden strukturelle Gesichtspunkte des Ganzen erkennbar, die Beziehung scheint sich kreisförmig zwischen den sich Beziehenden auszuspannen. Wichtig ist hier festzuhalten, daß BODENHEIMER weniger das Beziehungsganze in seiner Struktur, als vielmehr ihre Einzelaspekte in den Mittelpunkt seiner Betrachtung stellt; für seine letztendlich psychiatrische Intention (Behebung von Beziehungsstörungen psychisch Kranker) eine sinnvolle Vorgehensweise.
Mir ging es aber von Anfang an darum, die Gesamtstruktur der elementaren Beziehung, also das Einbezogensein der beiden Partner in den Prozeß, zu erkennen. Der Versuch, daß sich das Ganze durch die Elemente, in ihrem besonderen Verhältnis zueinander und zum Ganzen, zusammenfüge, reichte nicht aus, um ein Bild von der Dynamik des Gesamtvollzugs, genauer, von der Reziprozität zwischen Anrufen und Antworten mittels der verschiedenen Elemente zu gewinnen.
BODENHEIMERs Überzeugung, daß mit der Darstellung der einzelnen Beziehungskreise und -weisen sämtliche Möglichkeiten des Sich-Beziehens erfaßt seien, folgend, versuchte ich damals zunächst, seinen Struktur-Entwurf auf die Beziehungserlebnisse mit meinen Schülern zu übertragen. Da sich die elementare Beziehung nicht, mittels nur eines Elementes, quasi element-immanent, vollzieht, glaubte ich, durch die Synthese verschiedener Beziehungskreise die elementare Struktur als Ganzes entstehen lassen zu können. So sehr ich die Kreise, metaphorisch gesprochen, auch an- und übereinander legte oder sie sich überkreuzen ließ, es entstand dabei nie ein Bild, das dem tatsächlichen Erleben mit den Schülern nur annähernd entsprach. Die Dynamik des Beziehungsganzen blieb verborgen.
Nachdem mir in der phänomenologischen Auseinandersetzung bewußt wurde, daß elementare Beziehung von Leib ausgeht und auf Leib gerichtet ist, und die fünf Beziehungselemente BODENHEIMERs unter dem Schwerstbehindertenaspekt einer Erweiterung bedürfen, verstand ich, wie aussichtslos der Versuch war, die Beziehung von seinen, nie völlig erfaßbaren Elementen her modellhaft erschließen zu wollen. Außerdem erschien es mir für den nachfolgenden pädagogisch-didaktischen Transfer sinnvoller, weniger nach der Wechselwirkung der Beziehungselemente, als vielmehr nach der Struktur zu fragen, die sich zwischen den beiden Beziehungspartnern im elementaren Vollzug ausspannt.
Es geht mir also nachfolgend darum, **das elementare Beziehungsganze von der Ebene des Aufeinandergerichtetseins der beiden Partner** zu betrachten. Vergegenwärtigen wir uns die bisherigen Praxisbeispiele, wird deutlich, daß sich die Partner zunehmend einander zuwenden, bis der Ruf des Einen für den Anderen zum Anruf wird, sie so intentional aufeinan-

der bezogen sind, daß es zum 'ursprünglichen Verstehen' kommen kann. Wird das Rufen nicht mehr zum Anrufen, besinnen sich die Partner wieder auf sich selbst, sie ziehen sich quasi wieder voneinander zurück. Dabei bleibt das Beziehungserleben aber nicht wirkungslos, sondern entfaltet sich im Leib eines jeden Beziehenden.
Ein Modell, das einerseits der besonderen Dynamik, andererseits der nachhal(l)tigen Wirkung elementarer Beziehungen gerecht werden will, kann sich nicht länger am Bild des Kreises orientieren. Diese Anforderung erfüllt nur die zu ihrem Ursprung zurückkehrende, also in sich geschlossene Doppelwendel.
Nachfolgend will ich die Entwicklung der Doppelhelix zum Symbol des elementaren Beziehungsvollzugs darstellen, weil sich bereits auf dem 'Weg' grundlegende Erkenntnisse zur Struktur des leib-haften Dialogs einstellen.

"Du kannst an keiner Stelle
mit eins beginnen."
(KÜKELHAUS)[39]

5.2 Das Strukturmodell der elementaren Beziehung

Im vorausgegangenen Abschnitt habe ich zu begründen versucht, weshalb unter dem elementaren Beziehungsaspekt eine Abgrenzung von BODENHEIMERs Verständnis des Beziehungskreises notwendig ist und ich den leibhaften Dialog in einem helicalen Strukturmodell angemessener veranschaulicht sehe. Vor der nachfolgenden Darstellung des elementaren Beziehungsmodells will ich kurz auf den Modellbegriff selbst eingehen, damit seine Stellenwert innerhalb dieser Arbeit deutlich werden kann.

Das Denken in Analogien sei, so meint JAMMER, so alt wie das menschliche Denken überhaupt[40] und ist die Voraussetzung für die Entwicklung der Begriffe, für die Theoriebildung schlechthin. Das Beziehungsmodell bildet auch in unserem Zusammenhang die Grundlage, um in Analogien denken zu können, d.h., an Erscheinungen, wie man sie in der Natur findet, oder wie sie beispielsweise im plastischen Werk von HUGO KÜKELHAUS, den Stationen in seinem 'Erfahrungsfeld zu Entfaltung des Sinne', veranschaulicht wurden, will ich analoge Strukturmerkmale gedanklich so fassen, daß sie anschaulich und nachvollziehbar werden, und das Phänomen der elementaren Beziehung in seiner strukturellen Komplexität erscheint. Das

---

[39] KÜKELHAUS o.A. nach HARTMANN, H./ MISLIN, H.: *Die Spirale im menschlichen Leben und in der Natur - Eine interdisziplinäre Schau*, Basel 1985, 9

[40] vgl. JAMMER 1965, 169 nach MARCUSCHI, L.A.: *Die Methode des Beispiels - Untersuchungen über die methodische Funktion des Beispiels in der Philosophie, insbesondere bei Ludwig Wittgenstein*, Erlangen 1976, 65

Strukturmodell vereint in spezifischer Weise eine ganze Reihe solcher Merkmale - Vollzugs-Merkmale des leibgegebenen Prozesses an sich - die gemeinsam die strukturelle Dimension des Wesens der elementaren Beziehung ausmachen.
Der Begriff des 'Modells' wird im umgangsprachlichen wie im wissenschaftlichen Bereich sehr uneinheitlich und vielfältig interpretiert, so daß ich mich hier dem Modellverständnis BERTALANFFYs anschließe, weil es sich auf Naturerscheinungen bezieht und insofern auf das menschliche Phänomen der elementaren Beziehung übertragbar ist. Für ihn ist ein theoretisches Modell "*eine gedankliche Konstruktion, die in bewußter Vereinfachung Aspekte eines Naturphänomens wiedergibt und deduktive Ableitungen und Voraussagen ermöglicht, die in der Erfahrung nachgeprüft werden können. In einem weiteren Sinn kann jede wissenschaftliche Theorie als gedankliches Modell aufgefaßt werden. In engerem Sinn ist ein Modell eine Hilfsvorstellung die gewisse Beziehung veranschaulicht und uns hilft, leichter mit ihnen zu arbeiten.*"[41]
Das Modell dient demzufolge im wesentlichen als Hilfsmittel zur Konkretisierung einer Theorie, und in diesem Sinne ist auch das nachfolgend dargestellte Beziehungs-Modell zu verstehen. Es kommt den drei Grundaspekten des Modellbegriffs BERTALANNFFYs nahe, weil es zum einen 'Als-ob-Charakter' besitzt und hilft, "*bei der Schwierigkeit aus dem Original 'abzulesen'*"[42], andererseits darauf verzichtet, alles abbilden zu wollen.
Es mag vielleicht ungewöhnlich erscheinen, ein Modell in einer phänomenologischen Arbeit, die ja ansonsten auf die oben im Zitat erwähnten deduktiven Verfahren verzichtet, zu verwenden; doch mir reicht die reine Deskription zur Darstellung des Phänomens der elementaren Beziehung nicht aus, weil zu ihrer Wesenserfassung maßgeblich auch ihre strukturellen Gesetzmäßigkeiten gehören, und diese geeigneterweise mit Hilfe eines Modells in ihrer Komplexität zu erschließen sind.

In Abgrenzung zu BODENHEIMER geht es mir darum, die Binnenstruktur der elementaren Beziehung modellhaft unter den Aspekten des **intentionalen Gerichtetseins** und der **Beziehungsentfaltung** darzustellen. Hierzu ist zunächst eine geeignete Gestalt zu suchen, die beide Funktionen zu symbolisieren vermag, damit an ihr allgemeingültige Gesetzmäßigkeiten erkennbar werden. Wir benötigen ein Symbol. das, indem es über die Begrenztheit des Kreises hinausgeht, die Dynamik der Beziehung zwischen den beiden Partnern widerspiegeln kann.
Als erstes drängt sich hier das Bild der Spirale auf, einer Linie, die sich in einer Ebene um einen Mittelpunkt windet und sich aber immer weiter von diesem entfernt.
"*Die Spirale - ein Phänomen, Beginn und Ende, die Gestalt, des Lebens schlechthin?*"[43]

---
[41] BERTALANFFY 1965, 291 nach MARCUSCHI 1976, 69
[42] MARCUSCHI 1976, 69/70
[43] HARTMANN 1985, 9

Abb. 2: KÜKELHAUS: *Rotierende Spirale*[44]

Die Spirale übt als vielfältige Naturerscheinung seit je her auf den Menschen Faszination aus. "*Was ist es nun, das uns an der Spiralform so sehr fesselt?*" fragt STRIEBEL und glaubt, daß es ihre speziellen Symmetrieeigenheiten und ihre Endlosigkeit sind. "*Wie rechte und linke Hand besitzt jede Spirale ein Spiegelbild, das sich mit dem Original durch Verschiebung oder Drehung niemals zur Deckung bringen läßt... Die zweite Eigenschaft ist die Endlosigkeit: Spiralen, die sich, einseitig einem Punkt entspringend und mit jedem Umgang stärker dehnend, im Unendlichen verlieren, lassen unsere Sehnsucht nach Weite erwachsen und regen unsere Phantasie an.*"[45]
Als formales Gestaltungsprinzip der Natur begegnet uns die Spirale auf vielfältige Weise, z.B. in der spiraligen Anordnung von Blüten- und Laubblättern zahlreicher Pflanzen, im spiraligen Verlauf des Spinnfadens im Spinnennetz, in der versteinerten Spiralform des Kalksteingehäuses jahrmillionen alter Ammoniten oder in Gebilden aus Millionen Sonnen, in denen sich die kosmische Materie spiralig ordnet.
Obwohl die Spirale so vielen Lebensphänomenen Gestalt gibt und über die begrenzte Form des Kreises hinausweist, bleibt sie doch, genau wie dieser, in der Zweidimensionalität verhaftet. Sie ist dadurch ungeeignet, die Lebendigkeit des Aufeinandergerichtetsein der Beziehenden als phasiges Geschehen zu verdeutlichen. Außerdem ist die Spirale, wie zuvor mit STRIEBEL angedeutet, offen: sie hat zwar einen Anfang, aber das Ende führt nicht zu diesem, die

---

44 KÜKELHAUS, H.: *Fassen, Fühlen, Bilden*, Köln 1986[4], 63
45 SRIEBEL, H.R.: *Zum Geleit*, in: HARTMANN/MISLIN, 1985, 7

Form schließend, zurück. In ihrer Endlosigkeit ist die Spirale ungeeignet, das in sich geschlossene System der elementaren Beziehung zu kennzeichnen.

Im Gegensatz zur zweidimensionalen Spirale führt die Schraubenspirale (Helix) in wendeligen Bahnen in die Höhe und gewinnt damit an Raum. Die terminologische Differenzierung ist schwierig, weil auch die schraubenförmige Helix im allgemeinen Sprachgebrauch fälschlicherweise als 'Spirale' bezeichnet wird.

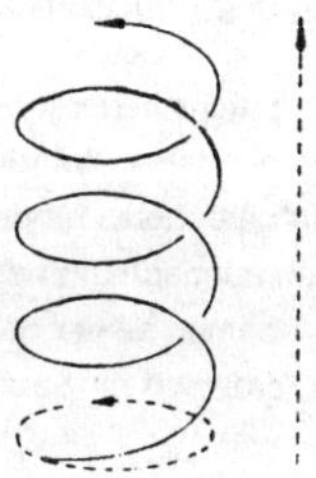

Abb. 3: FREDERIC VESTER: *Die Helix als Symbol für modern kybernetisches Denken (Synthese aus kreisförmiger und linearer Bewegung)*[46]

"*Wie so oft bei idealisierten Gebilden gibt es*", so meint STRIEBEL, " *auch beim Begriffe 'Spirale' zwei Definitionen, eine mathematische und eine volkstümliche. Nach der ersteren, mathematisch strengen, versteht man unter Spiralen nur ebene Kurven, die in unendlich vielen, immer weiter werdenen Windungen einen festen Punkt umlaufen. In der Alltagssprache ... versteht man unter Spiralen dagegen auch die dreidimensional räumliche Schraubenlinie, welche in Windungen mit konstanten schneckenförmig gewundenen Kurven*"[47] läuft.
Ebenso wie die Spirale ist die schraubenförmige Helix oder Wendel in der Natur vielerorts, beispielsweise im wendeligen Bau des Hauses der Schnirkelschnecke, in der windenden Wachstumsbewegung der Bohne oder in der Anatomie unserer Gehörschnecke zu finden.[48]

---

[46] VESTER, F.: *Bemerkungen zur Spiegelbildasymmetrie*, in: HARTMANN/ MISLIN 1985, 37

[47] STRIEBEL 1985, 7

[48] Anm.d.Verf.: Die Helix findet als Modell in vielen Bereichen Anwendung, z.B. Astronomie (Spiralsystem des Universums), Meteorologie (spiralförmige Wolkenbilder), Hydrologie (Urbewegung des Wassers), Mathematik (archimedische und logarithmische Spirale), Technik (Spiralgehäuse im Turbinen- und Pumpenbau), Zoologie (Hörner, beispielsweise vom Hausschaf oder der Schraubenziege), Botanik (Spiralen an Früchten und Samen), Paläontologie (spiralige Schalen bei Foraminiferen), Biologie (Spiralsysteme in der molekularen und zellulären Biologie), Bildende Kunst (die Spirale im bildnerischen Denken von Paul Klee), Architektur (Guggenheim Museum, New York oder Minarett der großen Moschee, Samarra), Etnologie (Objekte mit Spiralen aus Ozeanien, Indien usw.), Kunsthandwerk

Der wendelige Aufbau der Helix eignet sich besonders gut, die phasige Struktur oder anders, das wendelig hochschraubende Beziehungsgeschehen - von der Annäherung bis zur Distanzierung - zu verdeutlichen. Da im elementaren Vollzug beide Partner ihre Beziehung und damit jede Phase des Prozesses in sich, aber nicht ohne den Anderen entfalten, ist es naheliegend, von zwei Wendeln, also von einer Doppelhelix auszugehen. Der Begriff der Doppelhelix mag zunächst an das biochemische DNS-Modell von WATSON und CRICK (1953) denken lassen. Dieser Struktur will ich aber nicht erläuternd nachgehen[49], weil sie als aufstrebender, wendelförmiger Doppelstrang (vgl. Abb. im Anhang S.) nicht berufen ist, die elementare Beziehung als sich entfaltenden und zu seinem Ursprung zurückkehrenden Akt darzustellen.

Unserem besonderen Bedürfnis kann nur eine Doppelhelix gerecht werden, die sich durch die gegenläufige Bewegung zweier miteinander verbundener Wendeln auszeichnet. Die Natur bietet hier im Wasser- und Luftstrudel wieder ein geeignetes Modell an, dessen physikalische Gegebenheiten HUGO KÜKELHAUS mit Wahrnehmungsphänomenen unseres Leibes in interessanter Weise in Verbindung gebracht hat. Im Rahmen seiner Studien und Projekte zur Entfaltung der Sinne macht er darauf aufmerksam, daß sich im Strudel gleichzeitig "*Fall - und sich aufrichtende Kräfte*"[50] wirkungsvoll vereinen.
Die Doppelhelix besteht aus einer größeren Wendel, die sich, wenn wir sie als plastisches Gebilde vor uns haben[51], sinkend um eine kleinere, steigende Wendel bewegt. Die größere äußere Wendel kann in unserem Bild (Modell) den unmittelbaren Beziehungsvollzug, die kleinere innere seine individuelle nachhal(l)tige Wirkung bzw. Entfaltung symbolisieren.

(Schmuckgegenstände, Musikinstrumente, Perücken mit Spirallocken), Monetarbereich (Preis-Kosten-Spirale), Alltag (Wendeltreppe, Nudelform, Nabelschnur); vgl. HARTMANN/MISLIN 1985, 126/127

49 Anm.d.Verf.: obwohl ich sie anfangs kurz als mögliches Modell in Erwägung zog

50 KÜKELHAUS, H./ZUR LIPPE, R.: *Entfaltung der Sinne*, Frankfurt/M. 1987, 89

51 Anm.d.Verf.: Die Abbildung kann die gegenläufige Bewegung der Doppelhelix nur versinnbildlichen.

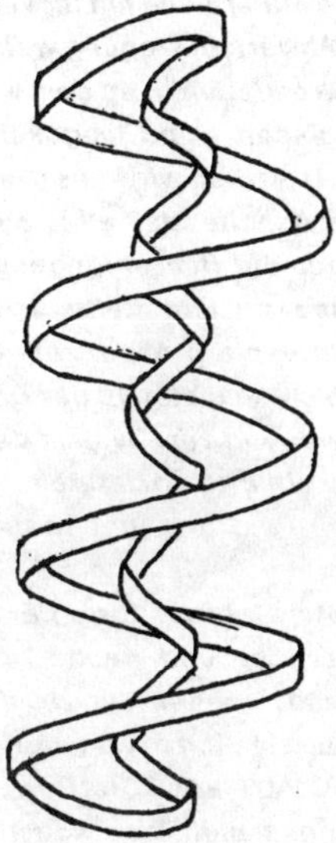

Abb. 4: Doppelhelix

Das Wechselspiel der Bewegungen zwischen innerer und äußerer Wendel beschreibt KÜKELHAUS folgendermaßen: "*Jeder Punkt des Spiralpaares ... bewegt sich während dessen Drehung kreisend in einer Ebene, die sich nicht entlang der Achse auf und ab bewegt. Dennoch: in der Wahrnehmung schraubt sich die Spirale von oben nach unten und zwar dadurch nach oben, daß sie sich mit einem Teil nach oben windet. Daß dieses Gegenläufige der Teile aber zugleich geschieht, bedeutet: die 'Teile' sind nicht Teile, sondern verschiedene Weisen des ganzen Gebildes.*"[52]
Die Doppelspirale belegt für KÜKELHAUS die Einheit verschiedener Gegensätzlichkeiten, der von Innen und Außen sowie der von Steigen und Fallen. "*Innen und Außen bilden eine Wechselseitigkeit dadurch, daß beide der gleichen Gesetzlichkeit unterworfen sind.*"[53] Bezogen auf die Einheit der Gegensätze von Steigen und Fallen sagt KÜKELHAUS, daß das Steigen das Fallen bewirke und uns damit auf ein Prinzip verweise, das wir in unserem

---
52 KÜKELHAUS, H.: *Gedanken zur Doppelspirale*, in: HARTMANN/MISLIN 1985, 82
53 ebd. 1985, 83

Leib selbst in vielfältiger Form erführen; Zur Veranschaulichung er selbst: "*Wenn die Doppelhelix in Drehung versetzt wird, bewegen sich die äußere und mit ihr verbundene innere Spirale so, daß wir eine Aufwärts- und eine Abwärtsbewegung wahrnehmen, die Augen folgen der Aufwärtsdrehung bis an den Wendepunkt, an dem wir den anschließenden Abwärtsbewegungen zu folgen beginnen - und umgekehrt. Dabei bewegt sich nicht das Material auf- oder abwärts. Trotzdem wird uns die sich drehende Doppelhelix zur Anschauung für die Grundtatsache, daß alles auch gegen die Erdanziehung aufrichtende Wachstum sich auf die ihm entgegengerichtete Erdanziehung ebenso stützt, wie es sie zu überwinden sucht. Selbst in der Statik der toten Körper, die wir als Kinder mit Bauklotztürmen erproben, können wir nur in die Höhe bauen aufgrund der Schwere, die nach unten lastet. In der Doppelhelix verbinden sich beide Wirkungen als sichtbare Bewegung zum System der Spirale. Unsere Augen folgen dieser Erscheinung, weil sie ein Prinzip darstellt, das wir in unserem Leib selber in vielfältiger Form erfahren, und die Augenwahrnehmung nicht nur optische Informationen aufnimmt:*
Sehwahrnehmungen verbinden sich im Auge und im Gehirn mit den Erfahrungen des ganzen Leibes, hier besonders mit Gleichgewicht- und Wachstumserscheinungen. Zwei Gegenbewegungen (zweidimensional) können nur (in der dritten Dimension) als gemeinsame Spirale bzw. Doppelspirale sich miteinander zu einem Wechselspiel vereinigen."[54] Und weiter führt KÜKELHAUS aus: "*Die Bewegung der Doppelhelix veranschaulicht im dynamischen Schauspiel, was sonst allenfalls eine Bodenrolle zu erfahren erlaubt, daß aus dem Schwung des Hinfallens die Energie für das Wiederaufstehen kommen kann.*"[55]

Die Plastizität der KÜKELHAUSschen Ausführungen sind für das Verständnis des Strukturmodells der Beziehung sehr hilfreich. Dynamisch ist die elementare Beziehung nämlich in zweifacher Weise, im Auf und Ab des phasigen Verlaufs und im Hin und Her zwischen den Partnern. Mit KÜKELHAUS' Darstellung vom Zusammenwirken der 'Fall- und sich aufrichtenden Kräfte' kann die vertikale Komponente der Beziehungsdynamik beschrieben werden.

Qua Leib tritt der Beziehende in den sich, metaphorisch gesprochen, phasig hochschraubenden Dialog mit einem Partner; am Ende des Beziehungsvollzugs hat die Helix ihren Wendepunkt erreicht und sinkt zurück, das Beziehungserleben entfaltet sich im Leib.

Zwei Bewegungsabläufe sind in der elementaren Beziehung wirkungsvoll:

1. **Das Steigen bewirkt das Fallen**: Das Beziehungsgeschehen ermöglicht, indem es zum ursprünglichen Verstehen zwischen den Sich-Beziehenden kommt (aufsteigende Wendel), daß sich Selbstfindung und -bestätigung im Leib entfalten kann (absteigende, innere Wendel)[56].

---

[54] KÜKELHAUS in KÜKELHAUS/ZUR LIPPE 1987, 91

[55] ebd. 1987, 91

[56] Anm.d.Verf.: Der besseren Überschaubarkeit wegen, und weil es mir nicht um die reale Bewegung der beiden Wendeln geht, sondern sie lediglich Sinnbild für unmittelbares und nachhal(l)tiges Beziehungserleben sind, welche ich in meinem Struktur-Modell von KÜKELHAUS' bewegungsbezogenen

2. Doch **das Fallen bewirkt auch das Steigen**: Die erlebte Selbstbestätigung bildet die Voraussetzung für weitere Beziehungen, läßt die Beziehungswendel erneut aufsteigen.

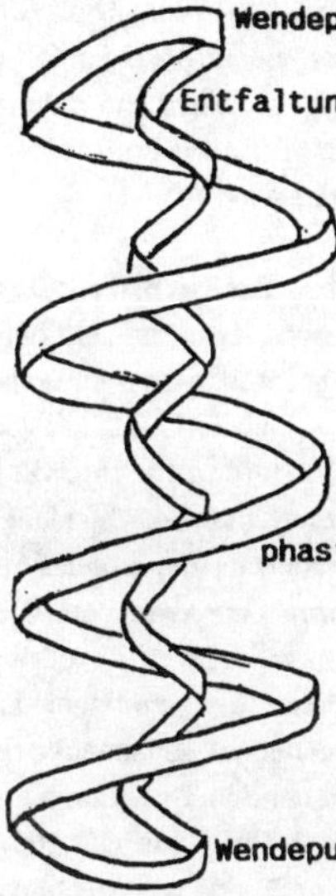

Abb. 5 : Die Doppelhelix als Symbol der elementaren Beziehung

Neben dieser charakteristischen Auf- und Abbewegung existieren in der elementaren Beziehung horizontal wirkende Bewegungen oder dynamische Kräfte, vergleichbar zwei einander gegenüber sitzenden Partnern auf der KÜKELHAUSschen Doppelschaukel (vgl. Abbildung Anhang S.5-6)[57]. Auch in der pendelförmigen Schaukelbewegung vereinigen sich polare Kräfte wirkungsvoll, die sich mit KÜKELHAUS an der Bewegung des Pendels verdeutlichen lassen: "*Das Pendel steigt und fällt. Während es steigt, entwickelt sich die Kraft, die es, nachdem die Steige-Tendenz sich in einem bestimmten Höhepunkt erschöpft, nach unten zwingt. Die Steige-Tendenz gibt im Steigen ihre Kraft an die entgegengesetzte Kraft, die Fall-Tendenz, ab. Je höher die Schwingung steigt, desto mehr Fall-Tendenz entwickelt sie. Es ist ein Je-Desto-Verhältnis, indem die beiden Kräfte miteinander zu tun haben.*"[58] "*Die Steige- und die Fall-Tendenz*", so sagt KÜKELHAUS weiter, "*bilden ihr Miteinander als Gegen-, und ihr Gegen- als ein Mitein-*

Modellvorstellungen ab und gehe von einer äußeren, hochsteigenden und einer inneren, sinkenden Wendel aus. In der weiteren Darstellung wird die Notwendigkeit dieser Sichtweise erkennbar.

57 *HUGO KÜKELHAUS*, Sonderdruck des Arbeitskreises 'Organismus und Technik', Essen 1987, 41

58 KÜKELHAUS 1986, 27

ander."[59] In der Partner-Schaukel verwirklichen sich die sogegebenen Pendelbewegungen als gekoppelte Schwingung. Erst durch das Auf und Ab sowie das Vor und Zurück des ersten Partners kann die Schaukelbewegung des zweiten entstehen. "*Zwei einfache gleich große Ein-Pendelschaukeln sind durch Aufhängung an zwei parallelen Seilen miteinander verbunden. Der Schwung der Schaukel 1 überträgt sich auf die ruhende, nicht in Schwingung versetzte Schaukel 2. Danach wiederholt sich von selbst der Vorgang in ungekehrter Richtung: Partner 2 verhält sich passiv.*"[60]

In den einzelnen Beziehungsphasen besteht, wie im KÜKELHAUSschen Bild der Doppelschaukel, 'eine schwingende Pendelbewegung' zwischen anrufen, still verharrend auf den Anruf des Anderen wartend und antworten, zwischen Eins-Sein und Nicht-Eins-Sein im ursprünglichen Verstehen sowie zwischen Annäherung und Distanzierung. All diese Polaritäten verwirklichen ihr "*Miteinander als Gegen- und ihr Gegen- als ein Miteinander*" (KÜKELHAUS); so kann die Antwort des Einen zum Anruf für den Anderen werden, das Eins-Sein läßt das Nicht-Eins-Sein erfahren und die Distanzierung wir zur Voraussetzung für die erneute Annäherung. Insofern wird für die beiden Sich-Beziehenden die "*ungewohnte Wirksamkeit erfahrbar*"[61]. Obwohl in jeder Beziehungsphase polare horizontale Kräfte wirksam sind, vollzieht sich die Schwingung zwischen den Partnern doch mit unterschiedlicher Erlebens-Intensität. Während die beiden zu Beginn der Beziehung sich erst langsam intentional aufeinander richten, verdichtet sich in der dritten, der zentralen, 'ursprünglich verstehenden' Beziehungsphase die Intensität des Erlebens. Die horizontale Dynamik ist hier am größten und läßt zum Ende des Austausches wieder nach. Die Verdichtung in der horizontalen Ebene ermöglicht erst den Aufbau der vertikalen Struktur, indem sie durch die Intensität des Aufeinandergerichtetseins das Niveau der Beziehungsphasen bestimmt. Das Beziehungsganze kann sich also erst durch das einzigartige Zusammenwirken von vertikaler und horizontaler Dynamik verwirklichen, die ich im nächsten Abschnitt anhand von Beispielen weiter zu konkretisieren versuche.
Durch den Einbezug der horizontalen Dynamik wird deutlich, daß die Doppelhelix zwar der Struktur der elementaren Beziehung schon sehr nahe kommt, ihr aber, da sie nur das Beziehungserleben eines Partners widerspiegeln kann, das des zweiten nicht berücksichtigt.
Der Beziehungsprozeß als Ganzes, also zwischen zwei Teilhabenden, bedarf demzufolge **zweier Doppelwendeln**, die sich aufgrund des intentionalen Gerichtetseins in drei der fünf Beziehungsphasen oder -ebenen berührend umeinander bewegen.

---

59 ebd. 1986, 27
60 KÜKELHAUS, H.: *Hören und Sehen in Tätigkeit*, Zug 1986a, 118
61 KÜKELHAUS, 1987, 105

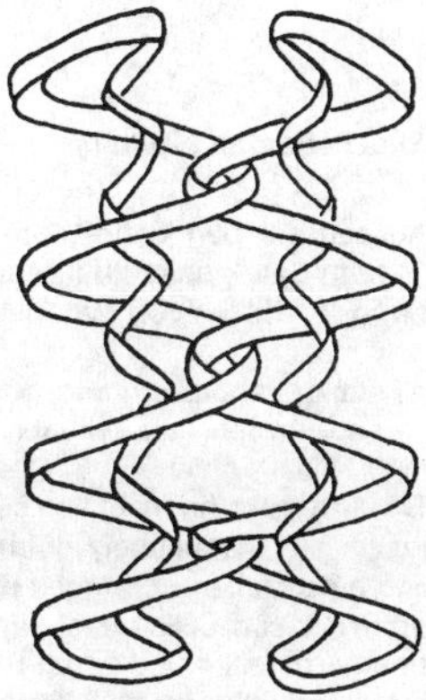

Abb. 6: Die beiden Doppelwendeln als Modell der elementaren Beziehung

Dabei kommt es aber nur zur Berührung der aufsteigenden äußeren Wendeln, die absteigenden inneren begegnen sich nicht, da sich das Beziehungserleben ja nur **individuell** in jedem Partner nachhal(l)tig entfalten kann[62].
Auf diese Weise entsteht ein komplexes Gebilde aus zwei miteinander verbundenen Doppelwendeln, das uns die Möglichkeit gibt, allen gestellten Anforderungen an ein elementares Strukturmodell (Repräsentation des phasigen Verlaufs, Intensität des Erlebens, Einheit von Steigen und Fallen, gemeinsame und dennoch individuelle Entfaltung des Beziehungserlebens) gerecht zu werden.

Dieses helicale Modell soll nun nachfolgend dazu dienen, der phasigen Binnenstruktur im direkten und medialen Gerichtetsein aufeinander näher zu kommen. Ähnlich wie im vorausgegangenen Kapitel wird dies unter Zuhilfenahme konkreter Beziehungsbeispiele geschehen, weshalb ich den nächsten Abschnitt mit der Darstellung eines elementaren Beziehungserlebnisses mit Nils, den ich bereits in der Einführung beschrieb, beginnen werde.

---

62 Anm.d.Verf.: Jetzt wird deutlich, weshalb es unter dem besonderen Beziehungsaspekt sinnvoll ist, vom Spiralverständnis KÜKELHAUS' abzuweichen.

5.2.1 Die charakteristischen Phasen des helicalen Modells

> Ich nehme Nils vom Luftkissen auf den Schoß, um ihm die Hände über ein Brett mit feinem Sandpapier zu führen, weil er zum selbständigen Betasten oder -fühlen von Materialien noch nicht fähig ist.
> Er versucht, sich nach mir umzudrehen, um wie gewöhnlich meine Augenpartie zu fixieren, und ich habe wieder den Eindruck, daß er mich nicht wirklich betrachtet.
> Auch mein beruhigender Gesang lenkt ihn nicht von seiner Stereotypie ab oder motiviert ihn zur Materialbegegnung. Da er sich diesmal nicht von seinem Bestreben abbringen läßt, gebe ich, eher unbewußt, seinem Druck schließlich nach. Er läßt seinen Kopf rückwärts in meinen Arm fallen und 'strahlt' mich an. Zum ersten Mal fühle ich mich erblickt, an-geschaut; angerufen und berührt lege ich das Brett zur Seite und meinen Zeigefinger unter seine Hand. Diese Antwort wird ihm zum Anruf, den er mit festem Umschließen meines Fingers beantwortet (Nils hat zuvor noch nie etwas ergriffen). Diese ungewöhnliche Reaktion berührt mich zutiefst, und ich bewege als Rückruf meinen Finger in seiner Hand, worauf er deren Druck erhöht. Ich antworte, indem ich meine andere Hand auf sein Bein lege. Er ergreift mit seiner freien Hand die Außenseite der meinen und hält sie lange, mich tief ansehend, fest.
> Wieder beenden äußere Einflüsse den intensiven Dialog. Ich lege Nils auf das Kissen zurück, und er schläft wenig später ein.
> Nach scheinbar aussichtslosem Suchen haben wir endlich eine gemeinsame 'Sprache' gefunden, und ich fühle mich glücklich über unser erstes Zwiegespräch.
> Da Nils wenige Tage später, in einer ähnlichen Situation, erneut meine Hand griff, gewann ich den Eindruck, daß unsere Beziehung auch für ihn eine nachhaltige Wirkung hatte.

Dieses Beziehungsbeispiel mit Nils habe ich knappe ein Jahr nach Übernahme der Klasse festgehalten. Es war der Beginn eines aussichtsreicheren Förderprozesses. Ähnlich dem im vorausgegangenen Kapitel beschriebenen Beziehungserlebnis mit Helmut ist auch dieses, trotz aller Individualität, repräsentativ für den strukturellen Aufbau, **direkter** elementarer Beziehungen zwischen schwerstbehindertem Schüler und Lehrer.
Damit an ihm die Binnenstruktur derartiger direkter Beziehungsvollzüge erkennbar wird, ist es nötig, das Gesamterleben phasig, nach der Intensität des Aufeinandergerichtetseins zu glie-

dern und sich auf die phänomenologischen Ausführungen im vorigen Kapitel zu besinnen, d.h. die einzelnen Phasen mit diesen in Verbindung zu bringen.
Die elementare Beziehung ist dem Menschen durch die Intentionalität seines Leibes gegeben, entsteht aber dennoch nicht voraussetzungslos. Für das Zustandekommen des leibhaften Dialogs ist die gegenseitige Anerkennung der Beziehungsfähigkeit oder der Anrufbarkeit **Voraussetzung**. Aber gerade sie wird dem Schwerstbehinderten vorenthalten, weil sein Vermögen, sich mittels seines Leibes auf die Welt zu richten und sie zu gestalten, verkannt wird; die vielfältigen Beziehungsstörungen zwischen ihm und seinen wichtigsten Bezugspersonen sind Belege hierfür. Da der Lehrer mit seinen Erwartungen und seiner weitgehend 'reflektierenden' Welt-Sicht dem Schwerstbehinderten begegnet, verschließt er sich selbst den vielfältigen präobjektiv-präverbalen Beziehungsimpulsen seiner Schüler und macht den leibgegebenen Austausch mit ihnen von vornherein unmöglich.
Hätte ich nicht zuvor die Wirkung elementarer Beziehungen mit anderen Kindern erfahren, und wäre ich bei meinem 'Vorurteil', daß Nils' Anblicken ausschließlich stereotypes Fixieren sei, geblieben, wären wir uns nie im und durch den leibhaften Dialog näher gekommen.
In jedem elementaren Beziehungsvollzug müssen wir demzufolge von einer **vorbereitenden Phase** vor dem eigentlichen reziproken Austausch der beiden Partner ausgehen. Sie ist durch eine grundlegende Haltung bzw. Offenheit dem Anderen gegenüber, durch grundsätzliche **Anerkennung seiner Leiblichkeit** und der damit gegebenen **Anrufbarkeit** gekennzeichnet.
Im helicalen Bild wird dies durch die beiden Doppelwendeln verdeutlicht, die sich zwar noch nicht berühren, da ja kein eigentlicher Austausch zwischen den Partnern stattfindet, sich aber einander zuwenden und damit den leiblichen Dialog grundsätzlich zulassen.

Abb. 7: Phase der Vorbereitung

Er wird dann entstehen, wenn Schüler und Lehrer ihr Interesse aufeinander richten, wenn sie also das Bedürfnis zur Auseinandersetzung miteinander verspüren und sich einander annähern.
Im Beziehungsbeispiel wird diese **Annäherung** daran deutlich, daß sich Nils nicht durch meinen Gesang beruhigen und zur Materialbegegnung motivieren läßt. Ich nähere mich ihm an,

indem ich nicht auf meinem Lernvorhaben bestehe, sondern seinem Wunsch, mich anzublikken, erwartungsvoll nachgebe.
Während die erste Beziehungsphase eine grundsätzliche Haltung dem Anderen gegenüber symbolisiert, kommt es in der zweiten bereits zur ersten Berührung der beiden Wendeln. Die Intensität, die horizontale Dynamik, des Aufeinandergerichtetsein nimmt langsam zu, was durch die Färbung der Helices verdeutlicht wird.

Abb. 8: Phase der Annäherung

Doch im Gegensatz zur nachfolgend dritten Phase ist diese zweite noch relativ offen, da die beiden, sich der Beziehung miteinander Anschickenden, noch nicht anrufend und antwortend begegnen. Sie sind also noch nicht reziprok aufeinander gerichtet.
Die Intensität des Austausches wächst in dem Augenblick, in dem sich der eine durch den Ruf des Anderen angerufen fühlt, in dem sie zu wirklichen Partnern füreinander werden.
Im Beziehungsbeispiel wird aus dem interessierten Aufeinandergerichtetsein ein intensiv erlebter, reziproker Austausch in dem Moment, als Nils seinen Kopf rückwärts in meinen Arm fallen läßt und mich so 'anstrahlt', daß sein Blick für mich zum Anruf wird, den ich nicht nur durch Zurück-Blicken, sondern auch taktil, durch das Schieben meines Fingers unter seine Hand, beantworte. Jetzt ist die dritte Phase des elementaren Beziehungsgeschehens und damit die größte Intensität im einander Erleben, erreicht.
Diese Phase ist dadurch gekennzeichnet, daß die beiden Partner zur Welt für einander werden. Kind und Lehrer teilen sich einander präverbal über die verschiedenen Gesten ihres Leibes mit. Im Beispiel mit Nils geschieht dies über das Blicken und Angeblicktwerden sowie über das Berühren und Berührtwerden. In dieser Beziehungphase versteht jeder Partner den Anruf des Anderen als 'ursprüngliche Intention' (MERLEAU-PONTY), die der seinigen entspricht und die er ebenfalls durch Gebärden des Leibes präverbal beantwortet. Aus diesem Grunde ist dritte Phase als die des 'ursprünglichen Verstehens' aufzufassen.

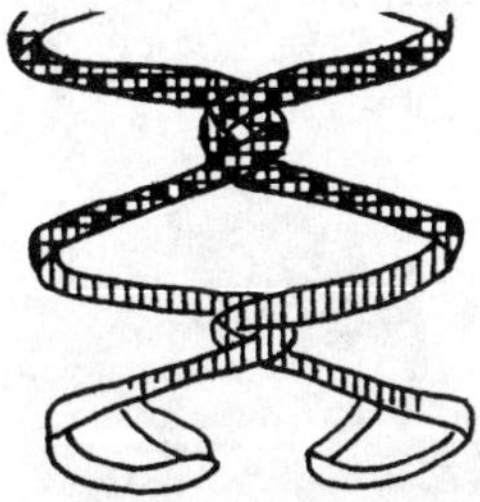

Abb. 9: Phase des ursprünglichen Verstehens

In ihr ist aber, wie auch das Beispiel mit Nils zeigt, nicht nur ein elementgegebener Beziehungskreis (im Sinne BODENHEIMERs) ausgespannt, sondern am Zustandekommen der Reziprozität von Anrufen und Antworten sind gleichzeitg mehrere Beziehungselemente beteiligt. Indem Nils mich anblickend anruft, er-blicke ich auch ihn, und indem ich meinen Blick nicht von ihm abwende, lasse ich mich ebenso 'er-blicken'. Ich antworte aber in zweifacher Hinsicht: Da ich neben dem Zurück-Blicken noch meinen Zeigefinger unter seine Hand lege, also über das haptisch-taktile Element zu ihm Beziehung unterhalte, werde ich für Nils im Anrufen auch 'fühlbar'. Als er seine Hand fest um meinen Finger schließt, und ich ihn derart fühle, wird seine Antwort mir neben dem weiteren Angeblicktwerden zum Anruf. Das Bewegen meines Fingers in seiner Hand und die Verstärkung seines Druckes sind wieder Austauschmodi im Rahmen des haptisch-taktilen Elementes. Eine neue, haptisch-taktile, aber immer noch genauso unmittelbar und intensiv erlebte Beziehungssituation entsteht, als ich meine freie Hand anrufend auf sein Bein lege, und er diese ergreift. Gleichzeitig beziehen wir uns weiterhin durch Ansehen mittels des visuellen Elementes.
Jetzt wird deutlich, daß am Unterhalt dieser dritten, der intensivsten Phase des Beziehungsgeschehens gleichzeitig immer mehrere Elemente beteiligt sind. In ihr vollzieht sich das 'Eins-Sein' der Partner im Leib und das zur Selbstfindung führende Erleben des dennoch 'Nicht-Eins-Seins' mit diesem. Wobei der Modus des Anrufens bzw. des Antwortens, also die Gesten des Leibes oder noch anders, die Beziehungselemente für die Intensität des Erlebens unerheblich sind. Doch durch die von den beiden sich Beziehenden getroffene Wahl der jeweiligen Modi (der verwendeten Beziehungselemente) wird jede elementare Beziehung zur individuellen; vergleichbar sind sie lediglich in ihrem strukturellen Aufbau.

Sobald der Ruf des einen nicht mehr zum Anruf für den anderen wird, z.B. durch Störung von außen - Nils und ich wurden durch das Hinzutreten eines Kollegen gestört -, ist die Reziprozität unterbrochen. Nils läßt meinen Finger los, ich wende meinen Blick von ihm ab, wir **ziehen uns voneinander zurück** und besinnen uns wieder auf uns selbst.

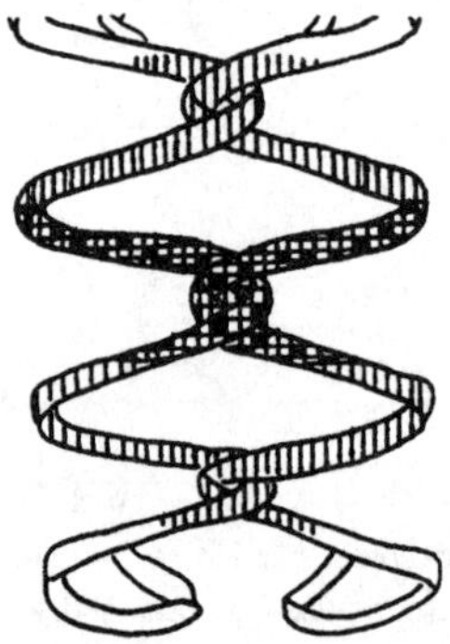

Abb. 10: Phase des Rückzugs

Obwohl die Intensität des Erlebens nachläßt, ist die Beziehung aber nicht augenblicklich vorbei, sondern hal(l)t in jedem nach. In den Beziehungsbeispielen habe ich meine Gefühle mit 'Glücklichsein' zu umschreiben versucht, ein Zustand, der über den Augenblick hinauszureichen vermag. Da sich Nils sonst meist unruhig und mit Unmutäußerungen in Form lauten Stöhnens auf dem Luftkissen hin und her bewegt, nach dem leibhaften Dialog mit mir aber ruhig und zufrieden einschlief, werden auch bei ihm positive, vielleicht 'glückliche' Gefühle nachgehal(l)t haben.
Wie in der ersten, der Vorbereitungsphase, kommt es auch in der fünften, der des **Nachhalls**[63], nicht mehr zur Überschneidung der beiden Wendeln; sie sind einander lediglich zugewandt und bilden die Voraussetzung bzw. den Wendepunkt für die rückläufige, innere Helix, für **die Entfaltung der Beziehung**.

[63] Anm.d.Verf.: Die besondere Schreibweise von nachhal(l)tig bezieht sich auf eben diese fünfte Phase und soll auf sie hinweisen.

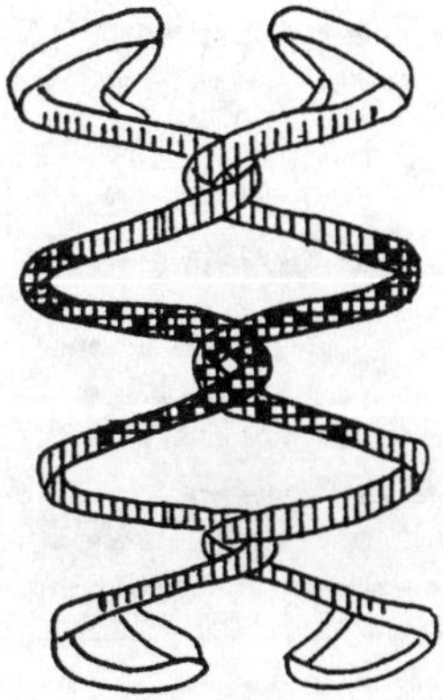

Abb. 11: Phase des Nachhalls

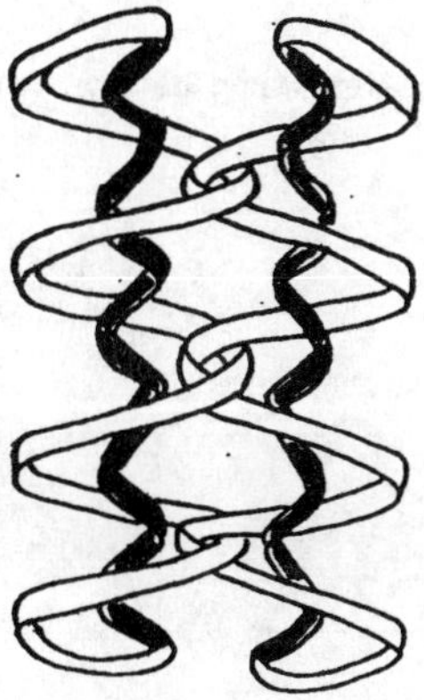

Abb. 12: Entfaltung der Beziehung

Bei mir entfaltete sich die elementare Beziehung zu Nils derart, daß mein Interesse an ihm stieg, d.h., nun war ich motivierter mögliche Lerninhalte für ihn zu suchen und die Unterrichtssequenzen so offen zu gestalten, daß sich Beziehung zwischen uns entwickeln konnte. Indem auch Nils mich immer häufiger anzurufen versuchte und zunehmend unbekannte Fähigkeiten zeigte, hat sich das gemeinsame Erleben ebenso nachhal(l)tig in ihm verwirklicht.

Die Entfaltung wirkt also in zweifacher Weise. Zum einen ist sie, indem elementare Beziehung das Vertrauen zueinander schafft, Voraussetzung für weitere Beziehungen, zum anderen ermöglicht sie auch die Aktivierung anderer lernbezogener Fähigkeiten. Ihnen will ich mich, nachdem ich die Binnenstruktur der medialen Beziehung dargestellt habe, noch genauer zuwenden.

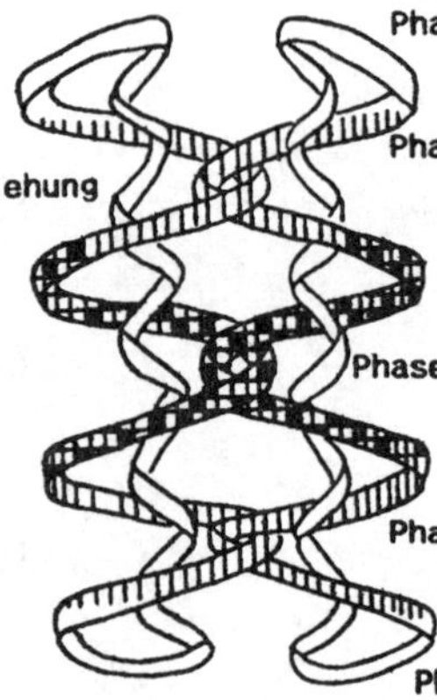

Abb. 13: Die Struktur des Beziehungsgeschehens im Überblick

Im nächsten Abschnitt ist zunächst zu fragen, ob das hier vorgestellte fünfphasige helicale Modell auch dann zutrifft, wenn die beiden Partner sich über einen Vermittler, ein Medium, aufeinander richten. Die mediale Beziehungsweise will ich wieder kurz mit BODENHEIMER darstellen und anhand von Praxisbeispielen auf die elementare mediale Beziehung zu übertragen versuchen.

5.2.2 Strukturelle Gesetzmäßigkeiten der medialen Beziehung

Mit BODENHEIMER habe ich schon darauf hingewiesen, daß zur störungsfreien menschlichen Beziehung zwei Vollzugsweisen gehören, d.h., "*neben der direkten Form des Sich-Beziehens, an der nur zwei 'Akteure' beteiligt sind*", gibt es "*noch eine indirekte, besser ist zu sagen: eine mediale Weise der Beziehung*"[64]. In ihr wird erst durch das Hinzutreten eines gemeinsamen gegenüberstehenden Dritten die Beziehung der beiden Partner

[64] BODENHEIMER 1967, 82

zueinander möglich. Weshalb sie einer Vermittlung bedürfen, und wie wir uns demgemäß die mediale Beziehungsweise zu denken haben, erläutert BODENHEIMER folgendermaßen: "*Diese Weise des gemeinsamen Sich-Beziehens auf und über das Dritte hat ihre Besonderheit darin, daß dieses Dritte grundsätzlich das einzige, die Partner verbindende Medium sein kann. Wir haben also nicht mit einem 'Dreieck' zu tun, jedenfalls nicht obligater Weise. Vielmehr ist es vorstellbar, daß zwischen den beiden Partnern eine völlige, durchgehend wirkende Isolation hergestellt ist, die ihnen jede direkte Beziehung verunmöglicht und nur noch den Zugang auf das Medium gestattet. Bildlich würde sich diese Situation derart darstellen, daß zwischen den beiden in Frage stehenden Partnern eine Wand aufgerichtet ist, die eine direkte Beziehung ... durchwegs und beständig verunmöglicht. Dennoch herrscht Beziehung, nämlich über das Medium und auf das Medium hin oder, anders ausgedrückt: **vermittels des Mittels**.*"[65]
Von medialer Beziehung kann also dann gesprochen werden, wenn die beiden Partner sich in einer Situation befinden, in der sie sich nicht direkt aufeinander beziehen können, doch "*indem sie sich auf das Dritte beziehen, vermögen die Partner sich in ihrem gemeinsamen Suchen über dieses Dritte zu vereinigen.*"[66] Diese Feststellung reicht aber noch nicht aus, um die mediale Beziehung ganz zu erschließen; hierzu sei außerdem zu berücksichtigen, "*daß sich im selben Begebnis (der medialen Beziehung) zweierlei abspielen kann.*"[67] Die beiden Partner können sich nach BODENHEIMER "*entweder gegenüber dem Dritten wiederum **aufeinander** beziehen, ihre Stellung zu dem Gegenüberstehenden voneinander abheben und sich solcherart (mittelbar) ihr Selbst vergegenwärtigen; oder die Partner **beziehen sich gemeinsam auf das Dritte**.*"[68] Indem sich beide gemeinsam auf das Dritte beziehen, erlebten sie dasselbe und so werde dasselbe zum Vermittler solcher Beziehungen[69]. "*Damit eine echte mediale Beziehung wirken kann, muß sie sich **in beiderlei Weise vollziehen**. Das Medium muß mithin so geartet sein, daß erstens die Partner sich über es, d.h. vermittels seiner aufeinander beziehen und daß zweitens die Partner sich gemeinsam auf das Medium beziehen können.*"[70]
Wesentliches Kennzeichen der medialen Beziehung ist für BODENHEIMER, daß die Beziehung "*auch dann statt hat, wenn keine direkte Beziehung vorausgegangen* (Hervorhebung d.Verf.) *ist*"[71], ein Charakteristikum, das auch für die leibhafte, sich unmittelbar, präreflexiv-präverbal vollziehende, elementare mediale Beziehung zutrifft. Darum eignet sich diese Beziehungsweise besonders gut, Beziehung zu autistischen Menschen aufzunehmen. Die meisten

---

[65] ebd. 1967, 82
[66] ebd. 1967, 84
[67] ebd. 1967, 85
[68] ebd. 1967, 85
[69] vgl. ebd. 1967, 85
[70] ebd. 1967, 85
[71] ebd. 1967, 101

schwerstbehinderten Kinder bevorzugen zunächst die direkte elementare Beziehung zum Lehrer und im Laufe der Zeit, nachdem sie durch diese Vertrauen zueinander aufgebaut haben, und das Kind selbstsicherer geworden ist, wird es erst fähig, sich medial beziehend mit einem anderen auseinanderzusetzen. Eine Ausnahme bilden häufig autistische Kinder. Sie versuchen meist den direkten Dialog mit dem Lehrer zu vermeiden und lernen gerade durch den elementaren medialen Austausch, sich auf den Anderen einzulassen und mit ihm umzugehen. Zwei meiner vier autistischen Schüler entwickelten auf diesem Wege direkte Beziehungsfähigkeit.
Mit einem in diesem Sinn spezifisch autistischen Beziehungsbeispiel will ich nun die Struktur des elementaren medialen Vollzugs veranschaulichen.

> Axel, der als stark autistisch galt, und zu dem ich zunächst keinerlei Beziehung aufbauen konnte, hörte einmal eher zufällig meinem Xylophonspiel zu, ergriff einen Schlegel und begann, disharmonisch einzelne Töne anzuschlagen, während ich in meinem Spiel fortfuhr. Plötzlich trafen sich unsere beiden Schlegel auf demselben Klangstab, worauf Axel kurz innehielt, um dann meiner Klangvorgabe imitierend zu folgen. Im Laufe des Spiels ließ er die Nachahmung seiner Tonfolge zu, und stimmte schließlich einem gegenseitigen Wechselspiel von Klangangebot und -imitation zu.
> Das Xylophon-Spiel war für uns, zur direkten Beziehung nicht fähigen Partner, ein Mittler, über den ein erster Austausch miteinander möglich wurde.

Dieser leibhafte mediale Dialog scheint im Vergleich zum direkten wesentlich komplexer zu sein, weil wir, Axel und ich, uns in ihm nicht nur aufeinander, sondern gleichzeitig auch auf ein Drittes, auf das Xylophon richteten. Dieses gegenüberstehende Dritte, das Medium, verändert sich, wie BODENHEIMER es für die mediale Beziehungsweise festlegt, dabei selbst nicht. Es bleibt quasi als 'feste Größe' in unserem einander imitierenden Anruf-Antwort-Dialog erhalten und ermöglicht uns dadurch überhaupt erst das intentionale Aufeinanderrichten.

Betrachten wir nun das Beispiel genauer, damit einerseits die beiden BODENHEIMERschen Charakteristika der medialen Beziehung, das gemeinsame aufeinander Beziehen der Partner und deren gemeinsames Beziehen auf das Medium, und andererseits die phasige Gesamtstruktur der elementaren medialen Beziehung erkennbar wird. Zunächst sind wir beide nur am Xylophon, am gegenüberstehenden Dritten, interessiert, haben unsere vordringliche Aufmerksamkeit auf es gerichtet und setzen uns individuell mit ihm auseinander: Axel schlägt disharmonisch einzelne Töne an, während ich versuche, eine Melodie zu spielen. Dabei nehmen wir uns zwar gegenseitig wahr und akzeptieren die Anwesenheit des Anderen, doch ohne uns schon auf diesen zu richten.
Auch die mediale Beziehung kann nur entstehen, wenn wir dem Anderen gegenüber eine seine leibgegebene Anrufbarkeit achtende Haltung einnehmen (= **Phase der Vorbereitung**). Ist sie

nicht gegeben, kann sich das Aufeinanderrichten nicht intensivieren, und es bleibt bei der individuellen Auseinandersetzung jedes Teilhabenden mit dem Gegenstand, der seinerseits dadurch nicht die Funktion des, tautologisch gesprochen, vermittelnden Mediums erlangen kann. Beide Momente, die individuelle Auseinandersetzung mit dem Gegenstand und die grundlegende Haltung dem Anderen gegenüber, sind nun, zur Veranschaulichung der strukturellen Eigenarten, im helicalen Beziehungsmodell zu verbinden: Die einander zugewandten Helices (= Phase der Vorbereitung) sind in die individuelle Begegnung mit dem Material, symbolisiert durch die andersfarbige Unterlegung, eingebettet. Sie sind auch in dieser existent und ermöglichen somit, daß sich im Verlauf des Tuns am gemeinsamen Gegenstand das Richten der Partner aufeinander intensivieren kann.

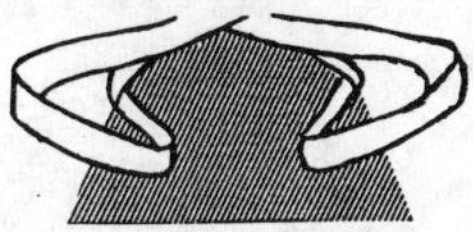

Abb. 14: Phase der Vorbereitung in der medialen Beziehung

In dem Augenblick, in dem Axels und mein Schlegel sich auf demselben Klangholz begegnen, rückt neben dem Xylophon auf einmal der Andere ins Blickfeld, wir beide nähern uns einander an (= **Phase der Annäherung**). Im gleichen Maße wie die Intensität des Aufeinandergerichtetsein der Partner zunimmt, verringert sich das Erleben des Gegenstandes, die farbige Unterlegung in der Illustration verjüngt sich.

Abb. 15: Phase der Annäherung

Es wäre jetzt falsch zu glauben, daß der Gegenstand mit dem Wachsen des einander Zugewandtseins der Partner allmählich ganz verschwände. Er tritt nur in ihrem Erleben in den Hintergrund, weil die Sich-Beziehenden dem Anruf des anderen lauschen. Doch in dieser Beziehungsweise käme es erst gar nicht zum Anrufen und Antworten, würde der Gegenstand nicht zum Vermittler, also zum Medium.
Als wir uns auf einem Holz begegneten, mein Klangangebot für Axel zum Anruf wurde, und er es durch Imitation beantwortete, war die Reziprozität zwischen Anrufen und Antworten erreicht. Es konnte zum 'ursprünglichen Verstehen' zwischen uns kommen (= **Phase des 'ursprünglichen Verstehens'**).

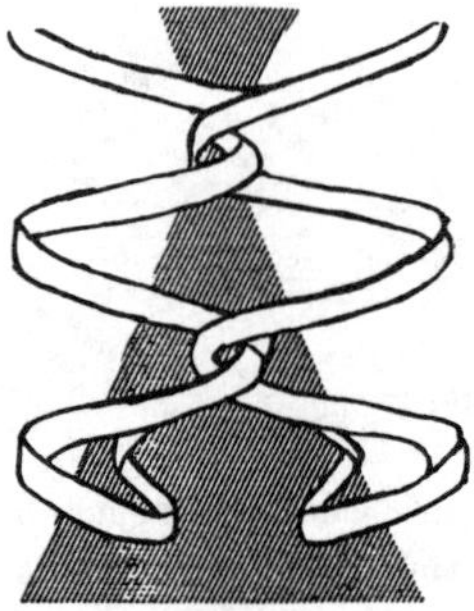

Abb. 16: Phase des 'ursprünglichen Verstehens'

Das Xylophon ist insofern für diesen elementaren leibhaften Austausch zwischen uns beiden von Bedeutung, weil es ihn, vergleichbar einem Katalysator, erst ermöglicht. Als solcher verändert sich das Medium selbst während des intentionalen Dialogs nicht. Die ganze Intensität ist auf das Erleben mit dem Partner und nicht auf das Erleben des Mediums gerichtet. Dieses gewinnt erst wieder an Beachtung und Bedeutung, wenn die Reziprozität zwischen Anruf und Antwort abbricht, als Axel meine Klangvorgabe nicht mehr imitierend beantwortet, wir uns folglich voneinander zurückziehen, und jeder sich wieder auf sein Xylophonspiel besinnt (= **Phase des Rückzugs**).

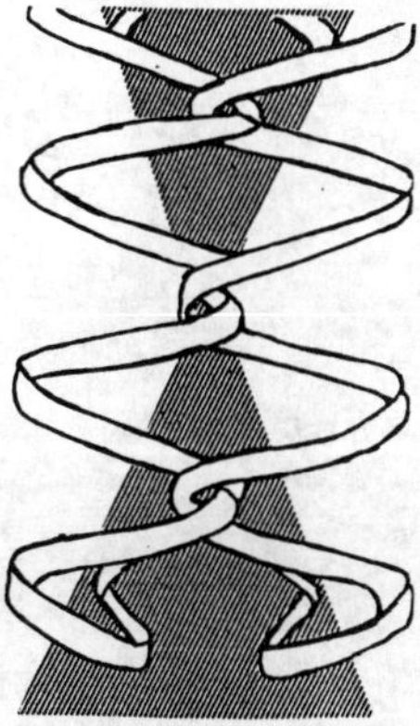

Abb. 17: Phase des Rückzugs

In diesem Moment verliert das Medium seine katalytische Funktion und wird erneut zum Objekt der individuellen Auseinandersetzung. Es hört auf, Medium zu sein, im Erleben der beiden Partner nimmt es wieder an Bedeutung zu, was durch das Anwachsen der farbigen Unterlegung in der bildlichen Darstellung verdeutlicht wird.
Trotz der zunehmenden Rückbesinnung auf den Gegenstand, hal(l)t die Wirkung des intentionalen Austausches, des 'ursprünglichen Verstehens', nach und entfaltet sich in jedem Partner (= **Phase des Nachhalls und der Entfaltung**).

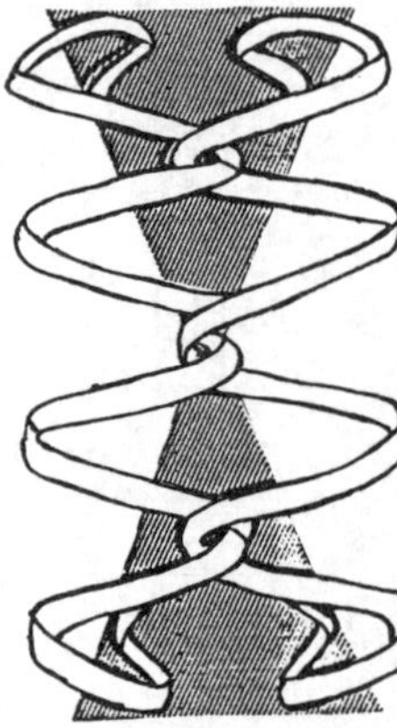

Abb. 18: Phase des Nachhalls

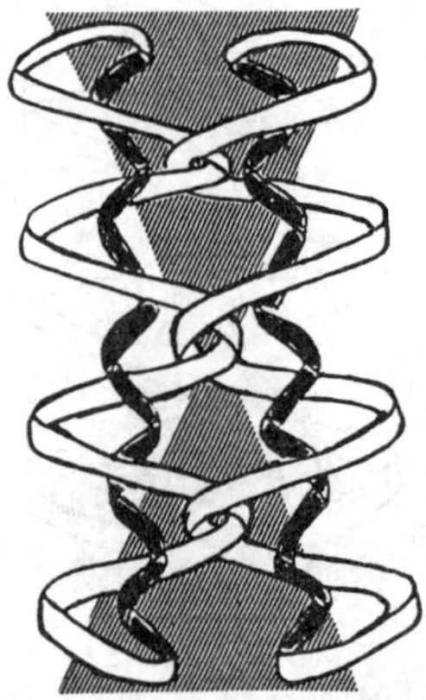

Abb. 19: Entfaltung der Beziehung

Durch diese Eigenschaft, verdeutlicht an der rückläufigen inneren Wendel, trägt die mediale Beziehung zur Beziehungsentfaltung und demzufolge zur Selbstverwirklichung des schwerstbehinderten Kindes bei.

Die fünf zuvor für die direkte Beziehung entworfenen Beziehungsphasen haben also auch für den medialen Vollzug Gültigkeit. Aber dieser ist insofern komplexer, als dem elementaren Dialog der Partner die Auseinandersetzung mit dem gleichen Gegenstand vorausgeht bzw. folgt, und die leibhafte Beziehung eines Übermittlers bedarf. Die mediale Beziehung wird dadurch noch dynamischer als die direkte.
Da schwerstbehinderte Kinder Schwierigkeiten haben, beide Beziehungsfunktionen des medialen Dialogs - sich neben der Auseinandersetzung mit dem Gegenstand gleichzeitig intentional auf den Partner zu richten - zu erfüllen, bevorzugen sie zunächst die direkte Beziehungsweise. Erschwerend kommt hinzu, daß viele Kinder durch die umfänglichen Beziehungsstörungen zu den wichtigsten Bezugspersonen noch nicht zur Interaktion mit der materiellen Welt fähig sind. Die entwicklungspsychologische und psychoanalytische Forschung hat gezeigt, und ich habe schon darauf hingewiesen, daß das Kind zur Auseinandersetzung mit der

Sachumwelt der ungestörten frühkindlichen Bezüge bedarf. Aber gerade diese sind beim Schwerstbehinderten auf vielfältige Weise gestört und können damit neben der organischen Beeinträchtigung als Ursache für seine Schwierigkeiten der medialen Beziehungsaufnahme angenommen werden.
Hier bietet die direkte Beziehung mit ihrer Selbst-Vertrauen schaffenden Wirkung eine Möglichkeit, dem Kind langfristig auch die mediale Beziehungsweise zu erschließen. Indem es im Verlauf des beziehungsorientierten Unterrichtes lernt, in ganz verschiedenen Situationen, also nicht nur in inhalts- und gestaltungsgleichen Lernsequenzen, direkte Beziehung zum Lehrer zu initiieren, bereitet es sich auf die komplexere mediale und schließlich auf die generell-reflexive Beziehung vor.

Im zweiten Teil der Arbeit werde ich diese Entwicklungsverläufe, durch die Beschreibung und die vergleichende Gegenüberstellung verschiedener Schülerbiographien zu belegen versuchen. Diesen ersten, theoretischen Teil möchte ich aber nicht abschließen, ohne perspektivisch auf die Wirkung des elementaren Beziehungsgeschehens für den schwerstbehinderten Schüler und seine Erziehung zu weisen.

5.3 Zur Wirkung elementarer Beziehungen

Elementare Beziehungen sind nicht nur bedeutungsvoll, weil sie Schüler und Lehrer einander näher bringen und durch Abgrenzung vom Andern Selbsterleben bzw. Selbstfindung ermöglichen, sondern weil sie über den eigentlichen Vollzug hinaus wirkungsvoll sind und insofern gleichzeitig in mehrfacher Weise zur Selbstverwirklichung des schwerstbehinderten Kindes beitragen können.
Daß elementare Beziehung ineins Selbstverwirklichung des Schwerstbehinderten ist und ihm zur Selbstverwirklichung verhilft, habe ich im vierten Kapitel bereits begründet. Deshalb komme ich jetzt auf den Aspekt nur noch einmal insoweit zurück, als mit Hilfe der subjektiven Entfaltung des elementaren Beziehungsgeschehens selbst konkrete Möglichkeiten der Selbstverwirklichung des Kindes aufgezeigt werden können, wobei jedoch zunächst folgendes zu bedenken ist:

Obschon sich Schüler und Lehrer in der zentralen dritten Phase des Beziehungsprozesses zur Welt füreinander werden, und sie einander im ursprünglichen Sinne verstehen, bleibt dem Lehrer **die unmittelbare Wirkung der Beziehung des Kindes**, die sich ja immer individuell entfaltet, dennoch verborgen. Dies ist der Grund, weshalb ich in den verschiedenen Beziehungsbeispielen primär von der eigenen erfahrenen Wirkung und weniger von denen der be-

teiligten Schüler berichtet habe. Die kindliche Beziehungsentfaltung ist für den Lehrer nur **indirekt** erkennbar, d.h., indem sich das Verhalten des Behinderten im Anschluß an das gemeinsame Erlebnis deutlich (wahrnehmbar) ändert.
Helmut war beispielsweise nach dem leibhaften Dialog zur Auseinandersetzung mit dem Lernmaterial bereit und weinte den Rest des Tages nicht mehr. Felix gab für längere Zeit sein selbststimulierendes Augendrücken auf, und Ellen verfolgte aufmerksam das Geschehen um sie herum, ohne sich wieder in ihr stereotypes Schaukeln zurückzuziehen.
Trotz der Schwierigkeit im Erkennen der individuellen Beziehungsverwirklichung beim Kind, können aber durch den intra- und interindividuellen Vergleich der zusammengetragenen Beziehungsprotokolle erste allgemeingültige Aussagen über die Entfaltung des Beziehungserlebens versucht und im zweiten Teil anhand der Darstellung zweier Schüler belegt werden.
In der reflektierenden Betrachtung des Praxismaterials, auf das ich später noch genauer eingehe, wurden zwei charakteristische Wirkweisen der elementaren Beziehung deutlich. Durch den leib-haften Dialog zwischen Schüler und Lehrer entfaltet sich die **elementare Beziehungsfähigkeit** des Kindes selbst, d.h., das elementare Beziehungsvermögen des Kindes entwickelt sich weiter, was aber wiederum nicht ohne Einfluß auf die **Gesamtentwicklung des Kindes** bleibt. Entfaltung der Beziehungsfähigkeit und Gesamtentwicklung des Kindes stehen in einem reziproken Verhältnis zu einander und sollen nachfolgend erläutert werden.

5.3.1 Von der elementaren zur generellen Beziehung

Im Verlauf der vorausgegangenen Darstellung der medialen Beziehungsstruktur habe ich erwähnt, daß die meisten schwerstbehinderten Schüler zunächst die direkte Beziehungsweise zum Lehrer bevorzugen, durch diese aber zur medialen und später zur generellen Beziehung geführt werden können.
Eine derartige Entwicklung ist nur aufgrund der überaus großen Dynamik der elementaren Beziehung möglich. In ihr wirken einander entgegengesetzte Kräfte gleichzeitig in mehrfacher Hinsicht sie belebend. Zum einen, und das habe ich zuvor durch die strukturbezogene Wesenserfassung gezeigt, ist jeder einzelne leib-hafte Dialog zwischen Kind und Lehrer, sowohl im horizontalen, als auch im vertikalen Vollzug dynamisch. Zugleich ist die elementare Beziehung als Gesamtheit aller präreflexiv-präverbaler, leibgegebener Bezüge zwischen den beiden Partnern durch die Wahl ihrer Beziehungsweisen und ihrer 'element-aren' Beziehungsmodi (also über die verschiedenen Elemente oder Gesten des Leibes), so dynamisch, daß das schwerstbehinderte Kind in ihr seine elementare Beziehung-Fähigkeit erweitern und stabilisieren kann.

Wie die Entfaltung der Beziehungsfähigkeit konkret zu denken ist, will ich am Beispiel von Helmut verdeutlichen.
Während er zunächst, nachdem wir die Beziehungsstörung zueinander überwunden hatten[72], in immer derselben Lernsituation (Anschlagen des Klangholzes) und stets über die gleichen Gesten des Leibes (Kopf an die Wange des Lehrers legen, Änderung der Atemfrequenz), man könnte auch sagen mittels derselben Elemente den unmittelbaren Dialog zu mir unterhielt, rief er mich schließlich auch in anderen Lernsituationen an und wählte dabei andere 'element-are' Anrufmodi. Anfangs benötigte er vor der Auseinandersetzung mit einem Lernmaterial der Selbstbestätigung in und durch die direkte Beziehung zu mir. Später entstand direkte Beziehung auch im Anschluß an seine eigenaktive Materialbegegnung, die wiederum der elementaren Beziehungsweise, also durch Vermittlung eines gemeinsamen Lerngegenstandes (Medium), vorausging. Diese machten es ihrerseits Helmut möglich, sich schließlich über allgemeinverständliche Gesten und Laute, also im Sinne genereller Beziehungen, auch den anderen Mitarbeitern der Klasse mitzuteilen.
Diese kurze Entwicklungsskizze belegt die Annahme, daß mediale und direkte Beziehungen in einer gewissen hierarchischen Ordnung zueinander stehen und somit zur Entwicklung der elementaren Beziehungsfähigkeit beitragen bzw. sie aufgrund dieser Tatsache überhaupt erst ermöglichen.
Jeder Entwicklungsverlauf ist natürlich immer von den subjektiven, durch Behinderung und Beziehungserfahrung geprägten Fähigkeiten und Gegebenheiten des Menschen abhängig. Trotzdem läßt sich ein Weg der elementaren Beziehungsentfaltung, von der Beziehungsstörung bis zur generellen Beziehung, den alle Schüler mehr oder weniger intensiv und lange beschritten haben, anhand charakteristischer Meilensteine bzw. Entwicklungsniveaus zusammenfassend und perspektivisch, im Hinblick auf die Darstellung der exemplarischen Entwicklungsverläufe im nächsten Teil, aufzeigen. Sie weisen gleichzeitig auf die vielfältigen Möglichkeiten der Selbstverwirklichung des behinderten Kindes in der und durch die elementare Beziehung hin.

---

72 Anm.d.Verf.: s. aufgeführtes Beziehungsbeispiel

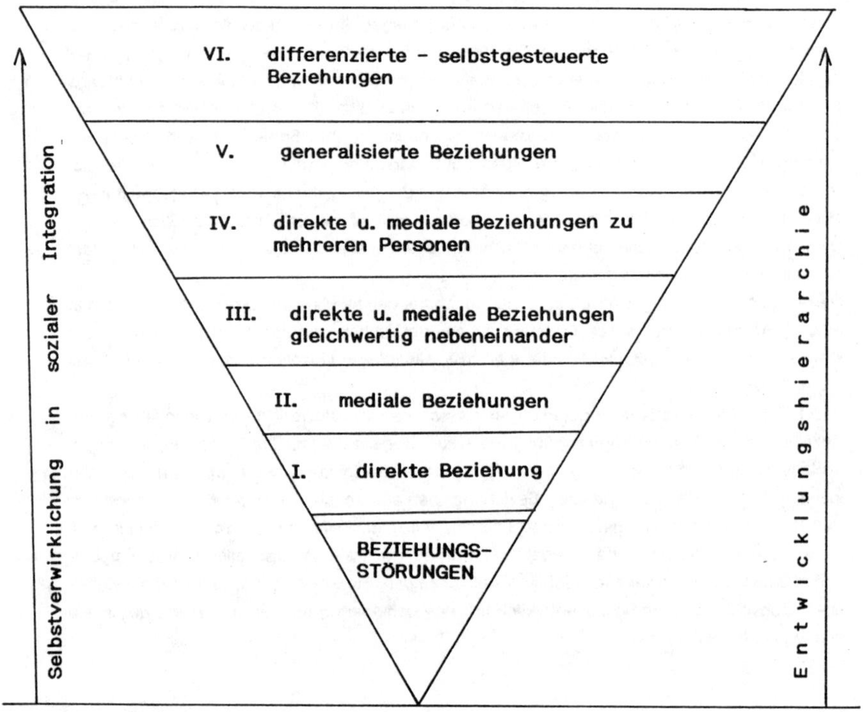

Abb. 20: Niveaustufen der Entfaltung elementarer Beziehungsfähigkeit

Die Gesamtschau der Entwicklungsniveaus innerhalb der elementaren Beziehung entstand nach intensivem Vergleich des vielfältigen Praxismaterials (Beziehungsprotokolle, Schülerbeobachtungen, Unterrichtsmitschriften, Gesprächsprotokolle, Video- und Tonbandaufzeichnungen u.a.) einzelner Schüler aufgrund übereinstimmender Entwicklungsmerkmale und sind insofern als Ergebnis einer umfänglichen Reflexion bzw. Wesenerfassung[73] zu ver-

[73] Anm.d.Verf.: vgl. Teil II, Kapitel 1.1

stehen. Die nachfolgende Darstellung soll einen allgemeinen Eindruck von Wirkung und Entwicklungsmöglichkeiten elementarer Beziehungen vermitteln, vor deren Hintergrund die Erörterungen im pädagogisch-biographischen und didaktisch-methodischen Teil gesehen werden müssen.

Die pädagogische Sitution bzw. das erzieherische Verhältnis zwischen schwerstbehindertem Schüler und Lehrer ist zunächst geprägt durch die schwere **Beziehungsstörung** zueinander, die ihrerseits die angemessene Förderung extrem beeinträchtigt.
Meist sind es elementare **direkte** Beziehungen, so wie im ersten angeführten Beispiel mit Eva, die Kind und Lehrer die leibgegebene Anrufbarkeit des Anderen erfahren lassen und somit neben der ersten Überwindung der Beziehungsstörung dem Schwerstbehinderten auch die Entfaltung seiner elementaren Beziehungsfähigkeit ermöglicht.

<u>zu Stufe I. Direkte Beziehung:</u>
Jede elementare Beziehung läuft unweigerlich über mehrere Beziehungselemente ab; dies ist ja gleichsam ein Charakteristikum dieser nachhal(l)tig empfundenen Beziehungen. Doch die Praxis hat gezeigt, daß für das Initiieren des Beziehungsprozesses, für den ersten Anruf, von schwerstbehinderten Kindern zunächst ein Element oder ein Elementekomplex in den Vordergrund gestellt wird, z.B. bei blinden Schülern das auditive Element oder das auditive und das haptisch-taktile gemeinsam (= Elementekomplex). Beziehungsangebote des Lehrers werden in diesen bevorzugten Bereichen vom Kind auch eher als Anruf empfunden, aufgenommen und beantwortet. Mit zunehmender Entwicklung vollzieht sich eine Erweiterung auf andere Elemente, d.h., das Kind kann nun andere leibliche Gesten verstehen und zum Anrufen des Lehrers verwenden. Innerhalb der direkten Beziehungsweise ist folgender allgemeiner Entwicklungsverlauf festzuhalten:
- direkte Beziehung zu einer bevorzugten Bezugsperson und mittels eines bevorzugten Elementes bzw. Elementekomplexes
- direkte Beziehung zu einer bevorzugten Bezugsperson mittels eines weiteren Elementes/ Elementekomplexes; verschiedene Elemente gewinnen an Bedeutung
- direkte Beziehung mittels mehrerer Elemente wird möglich; größere Flexibilität, d.h., das Kind initiiert jetzt selbst durch Anrufen über verschiedene Gesten und Gebärden (Elemente) direkte Beziehung zu Bezugspersonen

<u>zu II. Mediale Beziehung:</u>
Nachdem das Kind sicherer in der direkten Beziehungsweise geworden ist, schließt sich meist recht schnell die mediale an. Es gibt aber auch Schüler, wie am Beispiel von Axel zuvor verdeutlicht, die den Kontakt zu einer Bezugsperson erst durch ein Medium ertragen und für

die direkte Beziehung erst der zweite Schritt ist. Im Rahmen der medialen Beziehung hat sich folgender Entwicklungsverlauf als charakteristisch herausgestellt:

- mediale Beziehung zu einer bevorzugten Person über ein bestimmtes Medium und mittels eines bevorzugten Elementes/Elementekomplexes
- mediale Beziehung zu einer Bezugsperson über ein bestimmtes Medium, aber mittels eines weiteren Elementes/Elementekomplexes
- mediale Beziehung zu einer Bezugsperson über ein bestimmtes Medium, aber mittels verschiedener Elemente/Elementekomplexe
- mediale Beziehung zu einer Bezugsperson über verschiedene Medien und mittels verschiedener Elemente

<u>zu III. Direkte und mediale Beziehung gleichwertig nebeneinander</u>

Direkte und mediale Beziehung werden zunehmend gleichbedeutend für die Kinder, d.h., die Betonung der direkten Beziehung tritt allmählich in den Hintergrund. Das Streben des Kindes nach dem vertrauten, intensiven Austausch mit dem Lehrer wird geringer, und der Lerninhalt rückt mehr in den Vordergrund. Kennzeichnend für die mediale Beziehung ist jetzt, daß das Medium für das Kind seine katalytische Funktion - als Beziehungsvermittler - nach dem leiblichen Dialog mit dem Lehrer immer häufiger verliert und zum intensiven Erkundungs- oder Lernobjekt wird, d.h., das Kind kann sich jetzt mit dem Material ohne erneute Motivation des Lehrers auseinandersetzen. Merkmale dieser Beziehungsebene sind:

- allererste Ablösung von der primären Bezugsperson
- Lerninhalt und -gegenstand gewinnen an Bedeutung für das Kind

<u>zu IV. Direkte und mediale Beziehung zu mehreren Bezugspersonen</u>

Das schwerstbehinderte Kind kann diese Entwicklungsphase nur ausgestalten, wenn es auf Lehrer trifft, die bereit sind, sich auf es einzulassen, die seine Anrufbarkeit anerkennen und ihm zu antworten fähig sind. Eine Ausdifferenzierung vollzieht sich dann analog zu den ersten beiden, d.h., Beziehung wird zunehmend mittels mehrerer Elemente möglich:

- direkte Beziehung zu einer weiteren/mehreren Bezugspersonen wird möglich
- die direkte Beziehungsweise differenziert sich weiter aus; mehrere Elemente gewinnen an Bedeutung
- mediale Beziehung zu einer weiteren/ mehreren Bezugspersonen wird möglich
- zunehmende Ausdifferenzierung des Beziehungsmodus

<u>zu V. Generalisierte Beziehungen</u>

Das Kind ist nun in der Lage, Beziehungen zu Personen und Materialbegegnungen zu ertragen, die nicht mehr den intensiven Erlebenscharakter der direkten oder medialen Beziehung enthalten. Es ist auch zur reflexiven Umwelt-Auseinandersetzung fähig und benötigt nicht mehr den engen personellen Bezug zum vertrauten Lehrer. Es hat eine größere Toleranz entwickelt, die Lernmotivation steigt und damit auch die Interaktionen mit der Umwelt:

- erste personelle Beziehungen, die der präreflexiven Erlebensdimension enthoben sind, vom Kind also bewußt eingesetzt werden
- zunehmende Ablösung von der ursprünglichen, der bevorzugten Bezugsperson

zu VI. Differenzierte - selbstgesteuerte Beziehungen

Die Beziehungsnahmen differenzieren sich zunehmend aus, d.h. das Kind richtet sich in flexibler Weise auf die Welt und versucht, sie zu beeinflussen. So ist die gewachsene Eigeninitiative des Kindes Charakteristikum dieses Entwicklungsniveaus. Es drückt Wünsche und Bedürfnisse aus, nimmt von sich aus Kontakt zur Umgebung auf, kann sich auf Veränderungen der Umgebung einstellen, zeigt Interesse an neuen Lerninhalten und wirkt insgesamt zufriedener und aufgeschlossener. In dem Maße wie der Schwerstbehinderte **sich selbst verwirklicht**, öffnet sich die Umwelt ihm gegenüber, läßt seine '**soziale Integration**' zu.

Anhand dieses allgemeinen Überblicks wird deutlich, daß mit der stufenweisen Entfaltung der Beziehungsfähigkeit die Entwicklung der Gesamtpersönlichkeit des Kindes einhergeht, beide bedingen sich gegenseitig. Der leib-hafte Dialog zwischen Schüler und Lehrer trägt demzufolge nicht nur zur Erweiterung der kindlichen Beziehungsfähigkeit an sich bei, sondern ebenso zur Entfaltung seiner Fähigkeiten in den verschiedenen Entwicklungsbereichen.
Welcher Zusammenhang besteht nun zwischen Beziehungs- und Gesamtentwicklung des schwerstbehinderten Kindes?

5.3.2 Elementare Beziehung und Entwicklung des Kindes

Diese Frage will ich vorab, denn sie soll im nächsten Teil an zwei Schülerbiographien konkretisiert werden, mit einer Graphik, die sich an das BACHsche Schlüsselmodell[74] anlehnt, zusammenfassend veranschaulichen.

---

[74] BACH, H.: *Früherziehungsprogramme für geistigbehinderte und entwicklungsverzögerte Säuglinge und Kleinkinder*, Berlin 1974, 14

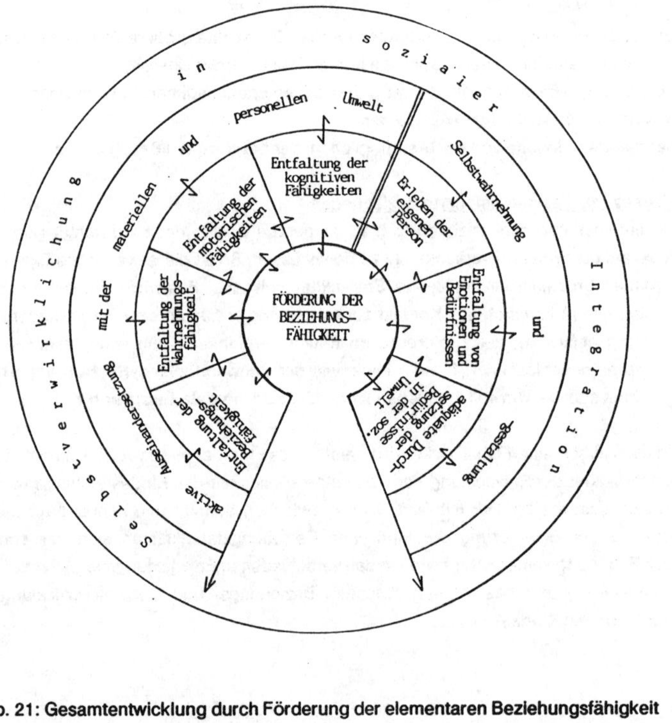

Abb. 21: Gesamtentwicklung durch Förderung der elementaren Beziehungsfähigkeit

Für die Auswirkungen des elementaren Beziehungserlebens auf die Gesamtentwicklung des Kindes gilt dasselbe wie für die Entfaltung seiner Beziehungsfähigkeit; auch sie ist immer eine individuelle und zwar insofern, als das Ausmaß der Fortentwicklung in den einzelnen Bereichen (Sensorik, Motorik, Kognition, emotional-soziale Kompetenz) immer vom Kind selbst, von seinen 'offen gebliebenen Möglichkeiten' (BACH) und deren unterrichtlicher Entsprechung abhängt.

Trotz der Einmaligkeit jeden subjektiven Entwicklungsverlaufes konnte infolge des beziehungsorientierten Unterrichtes bei allen beteiligten Schülern festgestellt werden, daß sie die Autostimulation zugunsten größerer Weltoffenheit reduzierten, also Interesse an Materialien und Personen gewannen, und zur eigenaktiven Auseinandersetzung mit der Lernumwelt bereit wurden sowie zunehmend ihre Bedürfnisse und Wünsche artikulierend durchzusetzen vermochten.

Gelingt es also, die Beziehungsstörung zwischen schwerstbehindertem Kind und Lehrer zu überwinden, seine elementare Beziehungsfähigkeit erkennend in den Unterricht zu integrieren, wird sich der Schüler selbst als Person bestätigt und gestärkt fühlen. Auf dieser emotionalen Vertrauens-Basis zu sich selbst, zum Lehrer und zu dessen Lernangebot kann das Kind schließlich seine, wie auch immer gearteten Fähigkeiten entfalten und sich anders, d.h. lernend seiner Umwelt zuwenden. Mein Verständnis von Lernen werde ich im pädagogisch-biographischen Teil auf der leibbetonten Grundlage darzustellen versuchen.

Jetzt wird deutlich, daß elementare Beziehung an sich zwar Selbstverwirklichung der beiden Partner ist; doch erst wenn die leibgegebene Beziehung vom Lehrer ebenso als methodisches Mittel seines Unterrichtes verstanden wird, kann sie ihre vielfältigen Möglichkeiten zur 'Selbstverwirklichung in sozialer Integration' entfalten. Elementare Beziehung und Erziehung stehen demzufolge in einem engen Wechselwirkungsverhältnis zueinander.

5.3.3 Elementare Beziehung und Erziehung

Nachdem die elementare Beziehung in ihrer existentiellen Relevanz, in ihrem dynamischen Vollzug und in ihren mehrdimensionalen Möglichkeiten der Selbstverwirklichung des schwerstbehinderten Kindes dargestellt wurde, bleibt noch zu fragen, welchen Stellenwert sie in der Erziehung Schwerstbehinderter einzunehmen vermag.
Die schwerstbehindertenspezifische Erziehungssituation ist zu Anfang meist durch kindliches Desinteresse am, manchmal sogar Abwehr gegen das Lernangebot des Lehrers, durch geringes oder gar kein Reagieren auf seine Ansprache und durch Verharren in Stereotypien, Autostimulationen oder -aggressionen gekennzeichnet; Verhaltensweisen, die beim Lehrer zu sehr ambivalenten Gefühlen von Fremdheit, Abwehr, Enttäuschung, Rückzug, Trauer, aber auch von Sympathie und Hoffnung führen können, und die ihm das Planen und Gestalten von angemessenen Lerninhalten und Unterrichtsverläufen überaus schwierig machen.
Zuvor habe ich das anfängliche Verhältnis zwischen Schwerstbehindertem und Lehrer als umfängliche Beziehungsstörung zu charakterisieren versucht. Alle Lerninhalte bleiben für das Kind so lange uninteressant bzw. der Unterricht wenig ansprechend, bis nicht die Beziehungsstörung zueinander überwunden ist. Im Vordergrund der Förderung sollte daher zunächst das erzieherische Verhältnis selbst stehen. Da elementare Beziehung in exponierter Weise dazu geeignet ist, das besondere Verhältnis zwischen dem Zuerziehenden und dem Erzieher zu entfalten, kann und muß sie am Anfang des Förderprozesses stehen, sie selbst zum Ziel der Erziehung werden.
Die elementare Beziehung, die immer unmittelbar entsteht und insofern nicht direkt planbar ist, kann dieser Forderung nur gerecht werden, wenn es dem Lehrer gelingt, sein Kontakt- oder Beziehungsangebot den möglichen anfänglichen Zurückweisungen des Schülers zum Trotz

durchzuhalten. Gleichzeitig muß er aufmerksam werden auf die leiblich-präverbalen Äußerungen seiner Schüler, um sich durch sie anrufen zu lassen und schließlich dem Kind in erwarteter, eben elementarer Weise antworten zu können. Indem nun beide in ursprünglicher Intentionalität aufeinader gerichtet sind, kann es zum allerersten Verstehen in und durch den leibhaften Dialog kommmen, wobei die Vertrauensbasis zu sich selbst und zum Anderen gelegt wird, die das Einlassen auf weitere elementare Beziehungsangebote erleichtert. Die zunehmende Entfaltung der Beziehungsfähigkeit (von der elementaren zur generellen) trägt zur Öffnung des Kindes der Umwelt gegenüber bei, ermöglicht ihm, sich unbekannten Lerninhalten, -situationen und -materialien zuzuwenden.
Der elementaren Beziehung kommt im Förderprozeß demzufolge eine weitere Funktion zu. Sie ist nicht nur vordringliches Ziel, sondern sie ermöglicht durch ihre Selbstvertrauen, -bewußtsein und -verwirklichung ermöglichenden Eigenschaften, dem Kind die Auseinandersetzung mit beziehungsunabhängigen Lerninhalten. Damit besitzt sie gleichzeitig die Fähigkeit, methodisches Mittel zur Realisation weiterer Förderungintentionen im konkreten Unterricht zu sein.

Wenn ich zuvor von einem beziehungsorientierten Unterricht sprach und einen solchen für Schwerstbehinderte forderte, dann geschah dies immer unter Berücksichtigung dieser beiden erziehungsrelevanten Eigenschaften elementarer Beziehungen. Und gerade sie sind es, die letztendlich die Wirkung des unterrichtlichen Bemühens ausmachen, d.h., indem der Lehrer sein Augenmerk über den leibhaften Dialog mit dem Schüler zunehmend auf dessen Begegnung mit weiteren Lerninhalten und -materialien lenkt, kann das Kind die zur eigenaktiven Umweltauseinandersetzung notwendige Distanzierung vom Erzieher erreichen; ein Aspekt, der besonderer Beachtung bedarf. Würde elementare Beziehung ausschließlich als Ziel des beziehungsorientierten Unterrichtes verstanden und das pädagogische Bemühen einseitig nur auf die Entfaltung des erzieherischen Verhältnisses gerichtet, könnte dies, durch die dabei entstehende enge Bindung an den Lehrer, zu gravierenden Folgen für das schwerstbehinderte Kind führen, langfristig sein 'Mehr an sozialer Abhängigkeit' (HAHN) nicht mindern, sondern noch erhöhen.
Das Einlassen auf die beziehungsorientierte Erziehung verlangt vom Lehrer, sich einerseits auf den leibhaften Dialog mit dem Schüler einzulassen, gleichzeitig bedeutet dies aber auch, **sich zum rechten Zeitpunkt wieder vom diesem so zu distanzieren**, daß das Kind nicht erneut in 'Verblüffung' (BODENHEIMER) gerät, es wieder zur lernhemmenden Beziehungsstörung zwischen beiden kommt. Durch den sensiblen Umgang mit der elementaren Beziehung muß der Lehrer den Schwerstbehinderten behutsam und konsequent dazu befähigen, sich unabhängig von ihm mit der Personen- und Sachumwelt auseinanderzusetzen also im generellen Sinne mit ihr in Beziehung zu treten, was dem Schüler gelingt, weil er sich - über die emotionale und räumliche Distanz zum Lehrer hinweg - dessen zuvor elementar erfahrenen Vertrauens und Zutrauens gewiß ist. In dem Maße, in dem das Kind lernt, sich selbst lehrerunabhängig auf die Welt zu richten, erlebt es in der konkreten Begegnung mit ihr Selbstbestätigung und -stärkung, die wiederum der Lösung vom Lehrer dienlich ist.

Elementare Beziehung kann aufgrund ihrer vielfältigen Eigenschaften dem schwerstbehinderten Kind die schulische Lernwelt erschließen, darf aber nicht durch unreflektierten, einseitigen Umgang mit ihr zur symbiotischen Bindung an den Lehrer führen und somit zur 'Beziehungs-Falle' für den Behinderten werden.
Ein Mittel, dieser Fehlentwicklung vorzubeugen, liegt für den Lehrer in der konsequenten Reflexion des Erlebten, d.h., wenn er im Anschluß an den unmittelbar-leibhaften Dialog mit dem Kind sich diesen noch einmal vergegenwärtigt und die sich in ihm ausdrückende Beziehungsentfaltung mit den individuellen Lernmöglichkeiten und -erfordernissen des Schülers in Relation setzt. Planvolle Erziehungs- und Unterrichtsgestaltung und spontanes intentionales Aufeinanderrichten schließen, wie ich im dritten Teil noch genauer zeigen werde, einander nicht aus, sondern stehen in Reziprozität zueinander und ergänzen sich darum.
Eine dem Schwerstbehinderten angemessene Erziehung verlangt vom Lehrer demzufolge nicht nur Fachkompetenz. Neben der eingangs betonten anthropologischen Auseinandersetzung muß sich der Lehrer vor allem seiner persönlichen leibgegebenen Fähigkeiten bewußt werden und bereit sein, sie dem Schwerstbehinderten 'ursprünglich' zu verstehen zu geben. Erziehung wird schließlich nicht nur dann wirksam, wenn der Lehrer den schwerstbehinderten Schüler versteht; wesensgemäß gehört zu einer angemessenen Förderung auch, daß das Kind den Erzieher versteht.
Die persönliche Haltung des Lehrers seinen Schülern gegenüber ist demzufolge ein ganz wichtiger Aspekt im beziehungsorientierten Unterricht. Wenn ich im didaktisch-methodischen Teil Gesichtspunkte dieses Unterrichtes aufzuzeigen versuche, dann können diese nicht im Sinne eines Förderungs-'Rezeptes' aufgefaßt werden. Vielmehr geht es mir darum, bestehende Erziehungsintentionen und -methoden im Schwerstbehindertenbereich anhand der elementaren Beziehung um die existentielle Dimension zu erweitern und insofern einen ersten, allen weiteren curricularen und didaktischen Überlegungen vorausgehenden Weg zu einer umfassenden leiborientierten Schwerstbehindertenpädagogik aufzuzeigen.

II. BIOGRAPHISCH - PÄDAGOGISCHER TEIL

"Über dem Vermitteln von Wissen vergessen wir jenes Lehren, das für die menschliche Entwicklung am wichtigsten ist: jenes Lehren, das nur durch die einfache Gegenwart eines reifen und liebenden Menschen gegeben werden kann."
ERICH FROMM 1979[1]

[1] FROMM o.A. nach GUDJONS,H./TESKE,R./WINKEL,R. (Hrsg.): *Didaktische Theorien*, Hamburg 1986, 5

1 Aufgabenstellung im biographisch - pädagogischen Teil

Im ersten Teil der Erörterung ging es mir darum, einen lebensweltlichen Zugang zum Phänomen der Schwerstbehinderung und des Schwerstbehindertseins vorzustellen, wie er in der elementaren Beziehung zwischen Kind und Lehrer zum Ausdruck kommt. Dabei versuchte ich, in Abgrenzung zu BODENHEIMER und auf der Grundlage phänomenologisch-hermeneutischer Reflexion, eine Theorie der elementaren Beziehung zu entwerfen, die die Leitidee 'Selbstverwirklichung in sozialer Integration' in einem neuen Licht erscheinen ließ, d.h. in einer auf die leibliche oder intentionale Dimension des Menschen zurückgehenden Weise.
Erziehung Schwerstbehinderter **ist Beziehung**, habe ich zu Anfang festgestellt und durch das Aufzeigen charakteristischer, den Sinn und die Struktur der elementaren Beziehung betreffender Wesensmerkmale belegt. Doch in der pädagogisch-phänomenologischen Wesensschau ließen sich noch keine didaktisch-pädagogischen Konsequenzen ableiten, wodurch die in der Phänomenologie geforderte Rückführung der gewonnenen Erkenntnisse in die Erziehungswirklichkeit erreicht würde. Trotz der ersten aufgezeigten praktisch-pädagogischen Perspektiven bleibt weiterhin offen, wie sich diese unmittelbar entstehende und daher nicht planbare Beziehung zwischen Schüler und Lehrer im konkreten Unterricht verwirklicht. Oder als Frage formuliert: In welchem Verhältnis zueinander stehen elementare Beziehung und kindliche Beziehungsentfaltung, aber auch Entfaltung der Gesamtpersönlichkeit auf der Grundlage eines an Beziehung orientierten Unterrichtes?

Meine Intention in diesem zweiten Teil ist also, aus der Ebene des einzelnen schwerstbehinderten Kindes und seines individuellen Beziehungs- und Erziehungsbedürfnisses auf das Phänomen der elementaren Beziehung zu blicken, wogegen meine bisherigen theoretischen Erörterungen zwar auf der ursprünglichen Beziehungserfahrung mit meinen Schülern aufbauten, mit wenigen Ausnahmen aber doch auf einem verallgemeinernden Schwerstbehinderten-Niveau angesiedelt waren.
Nach Darlegung der Grundstrukturen der elementaren Beziehung, steht nun also das einzelne schwerstbehinderte Kind in seinem Angewiesensein und mit seinem Vermögen, sich elementar auf den Lehrer zu beziehen, mit seiner auf diesem Beziehungserleben basierenden Entwicklung und dem Anspruch auf eine ihm angemessene schulische Erziehung im Mittelpunkt der weiteren Auseinandersetzung, wobei sein Verhalten wegen fehlender verbaler Artikulationsmöglichkeiten wichtigstes Charakteristikum seines Beziehungserlebens, seiner Erfahrung und seiner Entwicklung ist. Didaktische Aussagen werden sich dann in einem dritten Schritt anschließen, weil sie die individuell entwicklungsbezogene Reflexion der Beziehungserfahrungen voraussetzen und diese aus der Perspektive der Erziehungs- und Unterrichtsorganisation ergänzend betrachten müssen.

Den beruflich bedingten und induzierten Teil meines persönlichen Entwicklungsprozesses habe ich bereits beschrieben, die Entwicklung meiner Beziehungspartner dagegen aber nur an einzelnen Beispielen und eher perspektivisch aufgezeigt. Insgesamt waren es aber sechzehn Schüler, die im Laufe der Zeit ihren Beitrag zum Entstehen dieser Arbeit beisteuerten und zwar in der Art, daß sie mit mir in Beziehung traten, ihre Beziehungsfähigkeit dabei erweiterten, um sich schließlich ablösend anderen Personen und Lerngegenständen beziehend zuzuwenden. Durch dieses gemeinsame, vieldimensionale Erleben wurde mein Reflektieren über die Bedeutung und das Wesen menschlicher Beziehungen nachhal(l)tig beeinflußt und geprägt. Im praktischen Tun einerseits und in der theoretischen Auseinandersetzung andererseits entwickelte sich langsam, mosaikartig ein zunehmend differenzierter, beziehungsorientierter Unterricht mit spezifischen didaktischen Strukturen, der seinerseits rückwirkend auf die Schüler zur Entfaltung ihrer Beziehungsfähigkeit und zu Lernfortschritten in den verschiedenen Entwicklungsbereichen führte.

Es ist naheliegend, daß bei einer so langen, intensiven Auseinandersetzung und bei der relativ großen Schülerzahl eine umfangreiche Materialsammlung entsteht, deren reflektierende Auswertung aber immer nur ganz individuell erfolgen kann, d.h., getrennt für jeden Schüler unter Berücksichtigung seiner persönlichen Beeinträchtigungen, Erfahrungen und Entwicklungsmöglichkeiten. Erst der interindividuelle Vergleich dieser subjektiv gewonnenen Erkenntnisse läßt schließlich allgemeine Aussagen über die Bedeutung und Weisen des Beziehungsverhaltens schwerstbehinderter Kinder zu und macht den didaktischen Transfer möglich. Doch die gesamte Bearbeitung des umfangreichen Materials[2] hier darzustellen, würde über das Maß des Lesbaren weit hinausgehen. Deshalb beschränke ich mich hier stellvertretend auf zwei Schüler, wobei ergänzende Informationen über die anderen in die Überlegungen mit einfließen.
Die Auswahl der beiden Kinder erfolgte unter dem Gesichtspunkt der Repräsentativität hinsichtlich des Spektrums der Behindertengrade und -kombinationen in dieser Klasse und sollte gleichzeitig die verschiedenen Ebenen innerhalb der elementaren Beziehungsentfaltung[3] widerspiegeln.

Felix, als völlig introvertiertes, blindes, schwerst körperlich- und geistigbehindertes Kind, dessen Umweltauseinandersetzung auf das schwerste beeinträchtigt ist, gehört zur schwächsten Lerngruppe der Klasse.

Ellen ist zwar auch schwer körper- und geistigbehindert, doch es sind vor allem die autistischen, z.T. autoaggressiven Verhaltensweisen, die sowohl die Umweltbegegnungen, als auch die Förderung erschweren.

Bei jedem schwerstbehinderten Kind sind es andere Persönlichkeitsmerkmale, die sein Lernen bzw. seine Lernschwierigkeiten bestimmen. Sie sind gleichzeitig Charakteristika ihrer Bezie-

---

[2] Anm.d.Verf.: das der Universität zu Köln im vollen Umfang zur Einsicht vorlag

[3] Anm.d.Verf.:Von der direkten über die mediale bis hin zu Beziehungen im generalisierten Sinne.

hungsstörungen zur Umwelt, die es zu erfassen und im Unterricht zu beheben gilt. Bevor ich mich diesen exemplarisch an Felix und Ellen zuwende, werde ich kurz die Struktur der Materialsammlung und die methodische Vorgehensweise im zweiten Teil vorstellen.

1.1 Methodische Aspekte der Reflexion - Skizzierung der Materialsammlung -

Intention im pädagogischen Teil ist es, die Möglichkeiten der Selbstgebung elementarer Beziehung beim schwerstbehinderten Kind auf der Grundlage einer umfangreichen, mehrere Dimensionen der Erziehungswirklichkeit berücksichtigenden Beschreibung darzustellen.
Selbstgebung elementarer Beziehungen konstituiert sich auf verschiedenen lebensweltlichen Ebenen, doch in ihrem ursprünglichen Vollzug ist sie, wie bereits methodologisch begründet, nicht wiederzugeben. Denn auch die subjektive Beschreibung ist ja schon *"objektiviert"*[4] durch den Schreiber selbst. Aufgrund dieser Tatsache kann die methodische Frage jetzt nur lauten: Wie ist zur Reflexion die Selbstgebung der elementaren Beziehung beim Kind in der Erziehungswirklichkeit auszumachen und zu fixieren? Ich habe mich dazu verschiedener, nachfolgend dargestellter Möglichkeiten bedient.

1. Die Wirkung des elementaren Beziehungserlebens mit dem Lehrer zeigt sich im kindlichen Verhalten, das wahrzunehmen, zu verstehen und zu beschreiben ist. Die erste Fixierung des Wahrgenommenen erfolgte in Form von Tagebuchaufzeichnungen. Sie enthielten also neben dem eigenen Erleben immer gleichzeitig auch das, was ich mittels der Beziehung zum Kind an seinem Verhalten wahrnehmen konnte. Eine Selbstverständlichkeit angesichts der unabdingbaren Reziprozität im Beziehungsprozeß.

2. Elementare Beziehungen vollziehen sich ja nur umittelbar und sind nicht planbar; ihre Wiedergabe in Tonband- und Videodokumenten entstand deshalb immer zufällig. Die mediale Mitschau wurde nicht der elementaren Beziehung wegen durchgeführt, sondern diente, im bereits erwähnten Forschungsprojekt, als Grundlage zur Analyse der kommunikativen Unterrichtsstrukturen. Doch Medien wie Film, Foto oder Tonband vermögen das Beziehungsgeschehen nur visuell oder auditiv in Ausschnitten festzuhalten; sie beschränken sich quasi auf die 'äußere Situation' des Geschehens. Sie können zwar das konzentrierte einander Zugewandtsein der beiden Partner, den Modus von Anruf und

[4] vgl. PFEFFER 1986, S. 207

Rückruf widerspiegeln, doch die Intensität des Erlebens selbst, die ja das Wesen der elementaren Beziehung ausmacht, bleibt ihnen verborgen.[5]

3. Eine besondere Bedeutung hatte der Austausch mit den Kollegen. Obschon er sich immer auf praktisch-pädagogisches Erleben bezog, war er doch nie völlig theoriefrei, weil, wie PFEFFER sagt, "*das Wissenschaftliche selbst Lebensweltliches ist und mehr oder weniger in das Bewußtsein der in der Erziehung tätigen Menschen Eingang gefunden hat.*"[6]
Anlaß für den Autausch bildete meistens das veränderte Verhalten einzelner Schüler im Anschluß an das elementare Beziehungsgeschehen, das den Mitarbeitern auffiel und das sie zu kommentieren versuchten, indem sie über ähnliche Situationen oder Erlebnisse berichteten. Diese subjektiven Erfahrungsberichte, die ich anschließend fixierte und in Bezug zu meinem eigenen Erleben mit den einzelnen Schülern setzte, bereicherten so das eigene Reflexionsmaterial.

4. Die teilnehmende Beobachtung, primär von wissenschaftlichen Mitarbeitern des Forschungsprojektes durchgeführt,[7] bot eine gute Möglichkeit, sich über das Miterlebte im Sinne einer ersten Wesenserfassung auszutauschen, d.h., es wurde gemeinsam theoretisch zu hinterfragen und erste Interpretationswege aufzuzeigen versucht. Während das Denken der Projektmitarbeiter eher in kommunikationstheoretische Richtung (WATZLAWICK u.a.) ging, intensivierte ich meine Reflexion auf der phänomenologisch-philosophischen Beziehungsebene. Die Protokolle der Beobachtungen wurden in die eigene Datensammlung integriert.
Auffallend war, daß weder Kollegen noch Projektmitarbeiter, und deshalb möchte ich nicht versäumen es hier zu erwähnen, beim Miterleben elementarer Beziehungen nie völlig unbeteiligt blieben; denn das Angerührtsein von Kind und Lehrer schien sich auf die unbeteiligten Beobachter zu übertragen, wodurch sie aufmerksamer dem Kind gegenüber wurden, ohne daß dem eine Erklärung vorausgegangen wäre.

Auf diese Weise entstand während meiner siebenjährigen Tätigkeit eine Vielzahl von Dokumentationen: Erzählungen, Tagebuchaufzeichnungen, Protokollen, Beschreibungen, Tonband- und Videoaufzeichnungen sowie Fotos und Dias, die sich in ihrem Aussagegehalt sowie in ihrer Bedeutung für einzelne Fragestellungen z.T. sehr unterschieden, so daß sie zuerst in eine systematische Ordnung in Form einer gesonderten Datensammlung für jeden Schüler, in der ich alle biographischen Ereignisse, Beziehungsprotokolle, Entwicklungsberichte, Zeugnisse u.a.m. zusammentrug, gebracht werden mußten. Zur besseren Vergleichbarkeit und um

---

5 Anm.d.Verf.: exemplarisch sei hier auf das Protokoll einer Tonbandaufzeichnung im Anhang verwiesen, S. 6 - 8

6 PFEFFER 1986, S. 214

7 Anm.d.Verf.: nicht um die elementare Beziehung zwischen den Schüler und Lehrer, sondern um primär eine bestimmte Lernsituation festzuhalten

gewisse allgemeinverbindliche Aussagen bezüglich Sinn, Struktur und Wirkung elementarer Beziehungen treffen zu können, entwickelte ich unter bestimmten intentionalen Gesichtspunkten Vorlagen, die ich noch mehrfach, bis sie den Erfordernissen der ursprünglichen Erfahrungsberichte und der Wesenserfassung entsprachen, veränderte, und in die ich die erste Dokumentation zu übertragen versuchte, was wegen der Fülle des Materials eineinhalb Jahre beanspruchte. Dieser Prozeß des Übertragens, Abwägens, Vergleichens und erneuten Veränderns war das zentrale Moment meiner Reflexion, denn hierbei wurden mir die vielen Ebenen und strukturellen Möglichkeiten bewußt, unter denen sich elementares Beziehungserleben reflektieren läßt. Am bedeutendsten in diesem Veränderungs- oder Angleichungsprozeß war die Arbeit mit dem Schema zur Erfassung der tagebuchartigen Beziehungsprotokolle[8], das das elementare Beziehungsgeschehen in seinem phasigen Verlauf widergeben sollte. Es bildete die Grundlage für alle weiteren Reflexionen. Im anschließenden Vergleich der verschiedenen Beziehungsprotokolle und Unterrichtsmitschriften eines Schülers war die Entwicklung seiner Beziehungsfähigkeit erkennbar. Diese Entwicklung versuchte ich, der Überschaubarkeit wegen, in einer Art 'subjektiven', d.h. nicht an standardisierten Kriterien orientierten, Diagramm zu erfassen[9]. Alle verfügbaren Informationen eines Schulhalbjahres zu seinem Beziehungsverhalten, von der völligen Selbstbezogenheit, über direktes und mediales bis zum generalisierten Beziehungen wurden gesammelt und geordnet[10]. Ähnlich wurde mit den ursprünglichen entwicklungsbezogenen Daten unter den Stichworten Beziehungsfähigkeit, Mitteilungsfähigkeit, Selbstverwirklichung, Sozialverhalten, Wahrnehmungsfähigkeit, Selbstversorgung, motorische Fähigkeiten, Denkvermögen, Lernverhalten und leibliche Veränderungen verfahren[11]. Um schließlich das Verhältnis zwischen kindlicher Beziehungsentfaltung und Unterrichtsstruktur aufzeigen zu können, untersuchte ich meine individuelle Unterrichtsplanungen[12] und -protokolle (terial- bzw. halbjährlich) auf ihre unterrichtsimmanenten Beziehungsaspekte. Das hierzu entworfene Raster[13] orientierte sich zum einen an den im Entwicklungsprotokoll aufgeführten zehn Entwicklungsbereichen und gliederte jeden in Teilbereiche, Unterrichtsziele, nach Anteil und Ausmaß der möglichen Beziehung für den Schüler, nach methodischen und medialen Gesichtspunkten und fragte schließlich nach dem Erfolg des durchgeführten Unterrichtes.

Bei der Bearbeitung der Information über jeden Schüler fielen erste Parallelen zu anderen auf, die dann durch den interindividuellen Vergleich bestätigt und erweitert wurden. Auf diese

---

8 Anm.d.Verf.: vgl. beispielhafte Übertragung einer Tagebuchaufzeichnung in eine schematische Vorlage im Anhang S.9 - 11

9 Anm.d.Verf.: vgl. exemplarische 'Entwicklungsdiagramm' von Felix im Anhamg S. 12 - 13

10 Anm.d.Verf.: vgl. exemplarisches 'Entwicklungsprofil elementarer Beziehungsfähigkeit' von Felix im Anhang S. 14 - 17

11 Anm.d.Verf.: vgl. 'Protokoll zur Entwicklung (von Felix) in verschiedenen Bereichen' im Anhang S. 18 - 21

12 Anm.d.Verf.: vgl. exemplarische Halbjahresplanung für den Unterricht mit Felix und Ellen im Anhang S. 22 - 27

13 Anm.d.Verf.: vgl. Raster zur 'Lehrplanaufarbeitung unter dem besonderen Beziehungsaspekt' am Beispiel einer Planung für Ellen im Anhang S. 28 - 40

Weise kristallisierte sich allmählich heraus, daß sich elementare Beziehung auf verschiedenen Ebenen zu konstituieren vermag und nur durch eine dreigliedrig aufgebaute Arbeit adäquat wiedergegeben werden kann, wobei in jedem Teil die erarbeitete Dokumentationsgrundlage unter anderen Gesichtspunkten zu reflektieren ist. Im bisher dargestellten ersten Teil erfolgte dies unter folgenden Aspekten:

- persönliche Veränderung durch das Erleben elementarer Beziehungen zueinander;
- Veränderung im erzieherischen Umgang mit Schwerstbehinderten aufgrund dieser neuen gegenseitigen Verstehensdimension;
- Veränderung im Verständnis von Erziehung und Förderung Schwerstbehinderter;
- Bedeutung und Sinn elementarer Beziehungen für schwerstbehinderte Menschen;
- Strukturelle Gesetzmäßigkeiten elementarer Beziehungen;

Im ersten Teil habe ich das dazu gehörende Erfahrungsmaterial nicht in seiner Umfänglichkeit, sondern exemplarisch beschrieben und genauso wird es auch weiterhin geschehen. Mit PFEFFER soll noch einmal die Bedeutung der Deskription im phänomenologischen Sinn in Erinnerung gerufen werden.
Sie "*ist kein einfaches Aufschreiben, kein schriftlicher Nachvollzug des Geschehens abbildhafter Art, auch nicht Konstitution von Sinn. Sie ist reflektierendes Eindringen in die 'Rationalität des Faktischen', also Selbstgebung von Erziehung* (in unserem Zusammenhang: Beziehung) *in existentiellen Erkenntnisvollzügen des Beschreibenden, um diese Rationalität freizulegen, bewußt zu machen, ihr in der Sprache Ausdruck zu verleihen und sie somit der (wissenschaftlichen) Verständigung zugängig zu machen.*"[14]
Die Beschreibung entsteht aus der Distanz zum ursprünglichen Erleben und macht so die Reflexion überhaupt erst möglich; sie ist "*Reflexion auf Unreflektiertes*"[15]. Im Rahmen meiner methodologischen Erörterungen habe ich darauf hingewiesen, daß die Deskription in der Phänomenologie eine exemplarische ist, und wenn es mir nachfolgend darum geht, die Beziehungsmöglichkeiten und -entwicklungen zweier Schüler darzustellen, dann kann dieses auch wieder nur exemplarisch geschehen, d.h., die Materialsammlung jeden Kindes wird nicht in ihrer Umfänglichkeit aufgeführt, sondern nur beispielhaft zur Verdeutlichung des Besonderen.
"*Das Beispiel- Verstehen ist die 'Logik' phänomenologischen Beschreibens*"[16] und "*indem die Beispiele beim Hörer einen Nachvollzug des pädagogischen Geschehens auf Distanz postulieren, sind sie Möglichkeiten reflektierender Verständigung.*"[17]
In der beispielhaften Beschreibung der gewählten Schüler soll also das Wesen ihrer elementaren Beziehungen und der sich dadurch einstellenden Verhaltens- und Entwicklungsverände-

---

[14] PFEFFER 1986, S. 208
[15] ebd. 1986, S. 208/209
[16] LIPPITZ 1980, S.71 nach PFEFFER 1986, S. 209/210
[17] PFEFFER 1986, S. 210

rungen in einem Unterricht, der ihren individuellen Beziehungsbedürfnissen entspricht, seinen Ausdruck finden.

"In der Wesensschau wird im Besonderen das Allgemeine erfaßt, weil davon ausgegangen wird, daß das Allgemeine nur deutlich wird im Durchgang durch die Besonderheit der Möglichkeiten der Abwandlungen des Allgemeinen."[18]

Das heißt in diesem zweiten Teil, daß die Wesensschau gleichzeitig zweierlei intendiert: Zum einen geht es um die reflektierende Erfassung individueller Beziehungverläufe und -strukturen (= die Besonderheit) und andererseits um das Erkennen wesensgemäßer Strukturen oder Charakteristika elementarer Beziehungen schwerstbehinderter Menschen schlechthin (= das Allgemeine), was durch den interindividuellen Vergleich der Materialsammlung verschiedener Schüler miteinander erreicht werden soll.

Hierzu sind nun konkret folgende methodische Schritte vorgesehen:

1. Zunächst werden die beiden Schüler kurz biographisch vorgestellt, damit sich der Leser ein Bild von ihnen machen kann, und die weiteren Aussagen für ihn anschaulicher werden.

2. Anschließend werde ich die Situation der Beziehungsstörung zwischen Schüler und Lehrer, wie sie sich zu Beginn der Förderung bei beiden Kindern individuell zeigte und den Unterricht bestimmte, beschreiben, um dann

3. anhand exemplarischer elementarer Beziehungserlebnisse die Entwicklung der individuellen Beziehungsfähigkeit deskriptiv darzustellen.

4. Die elementaren Beziehungen vollziehen sich in einem auf die individuellen Beziehungsbedürfnisse des Kindes abgestimmten Unterricht, der anhand der beziehungsorientierten Lehrplangestaltung für jeden der beiden Schüler vorgestellt wird.

Bevor ich mit der Reflexion des Beziehungserlebens mit Felix beginne, möchte ich einige Anmerkungen zur Erstellung von Biographien Schwerstbehinderter vorausschicken, da sie mir für das Verständnis der weiteren Darstellungen wichtig erscheinen.

---

[18] LIPPITZ 1980, S. 73 nach PFEFFER 1986, S. 210

1.2 Anmerkungen zur biographischen Darstellung

Um die Entwicklung der beiden Schüler im Laufe der spezifischen Förderung verstehen und nachvollziehen zu können, ist es wichtig, die beiden so zu charakterisieren, wie sie sich mir zu Beginn des Prozesses darstellten.
Aber wie und wer ist ein schwerstbehinderter Mensch, welche Kriterien ermöglichen die objektivste, die ihm am gerechtesten werdende Beschreibung?
Die anthropologischen Fragen des ersten Teils dieser Arbeit müssen jetzt noch einmal aufgegriffen und auf ihre praxisbezogene Umsetzbarkeit hin befragt werden. Wie schon ganz zu Anfang in der Diskussion zur Definition des Personenkreises deutlich wurde, ist es überaus schwierig, ein Bild des schwerstbehinderten Menschen zu zeichnen, vor allem dann, wenn der Mensch nicht selbst zu seiner Biographie, seinem Erleben und seinen Fähigkeiten befragt werden kann, sondern stattdessen auf verschiedenste ihn beurteilende, subjektiv bewertende, schulische und außerschulische Quellen zurückgegriffen werden muß. Sie sehen den Schwerstbehinderten aus der je eigenen Lebenswelt und vergleichen ihn mit den eigenen vertrauten Lebens-Normen und -Erwartungen:

1. **Personalakten** enthalten ärztliche, psychologische, logopädische, krankengymnastische oder sonderpädagogische Diagnosen, die das schwerstbehinderte Kind i.d.R. von der Geburt an als Defektwesen beschreiben. Sie beschäftigen sich ausschließlich mit seinen Fehlentwicklungen / Anomalien und ihren eigenen meist wenig erfolgreichen therapeutischen Bemühungen.

2. Bei genauer Analyse erweisen sich **Zeugnisse** wohl eher als Beleg sonderpädagogischen Handelns und Erreichens minimaler Lernfortschritte. Oft erörtern sie lediglich einzelne als förderungswürdig erachtete, isolierte Funktionsbereiche - i.d.R. Motorik und Sensorik - und berücksichtigen dabei nicht die Ganzheit des Menschen, d.h. hier genauer, die Ganzheit im Lernen und Entwickeln auf der Basis der Erfahrung und des Erlebens in der sozialen Interaktion.

3. **Erzieher und Lehrer** kennzeichnen das schwerstbehinderte Kind ausgehend von den subjektiven Schwierigkeiten und Problemen im Umgang mit ihm und aus der permanenten Nichterfüllung pädagogischer Erwartungen. Das Kind erscheint hierbei als soziales und interaktionales Mängelwesen.
   Doch auch eine andere Sichtweise, die den Schwerstbehinderten aus persönlicher Betroffenheit, Mitleid oder aus "*affektiver Bedürfnisspannung*"[19] heraus als primär pflege- und vor allem zuneigungsbedürftiges Kleinstkind darstellen, ist weit verbreitet. Das tatsächliche Alter, die möglichen Fähigkeiten und die altersentsprechenden Lebenser-

[19] Anm.d.Verf.: wie KOBI die persönlichen psychischen Probleme des Betreuers/Lehrers mit Kindern in menschlichen Grenzsituationen beschreibt. vgl. KOBI 1986, 92

fahrungen werden in diesen Argumentationen übersehen. Beim schwerstbehinderten Kind führen die altersentsprechenden Lebenserfahrungen aufgrund der gravierenden Beeinträchtigungen zwar nicht zwangsläufig zu altersentsprechenden Fähigkeiten. Doch es ist fatal, sie deshalb generell zu mißachten.
Nichterfüllen von Erwartungen, Fustrationen, Trauer, Ratlosigkeit sind Merkmale ihrer Biographie, die die Psyche des Kindes und sein Selbstbild maßgeblich prägen. Sie sind sicherlich Ursachen für die depressiven Verstimmungen, die nach BODENHEIMER[20] bei behinderten Kindern häufig auftreten und meist keine Berücksichtigung finden, weil man ihnen das differenzierte Erleben nicht zutraut.

4. Befragt man **Eltern** über die ersten Lebensjahre und die Entwicklung ihres Kindes, beschreiben sie es vorwiegend in Relation zu ihrem eigenen Aktionismus, d.h. das verzweifelte Suchen nach Hilfe bei zahllosen Ärzten und Therapeuten, das aber immer nur partiell Abhilfe bringt. Darum schwingt in noch so rational klingenden Erläuterungen gleichzeitig Enttäuschung, Verzweiflung, Hoffnung, aber auch Verdrängung und Überforderung, eine Spannung zwischen Liebe und Haß mit. Auch die Eltern, und gerade sie, können nur aus dem Blickwinkel ihrer frustrierenden Erlebnisse ihr Kind und seine Lebensgeschichte widerspiegeln. Der Schwerstbehinderte erweist sich dabei nicht als Stolz, wie normalerweise jedes Kind, sondern als Belastung für Eltern und Familie.

Doch mit all diesen Negativ-Sichtweisen und dem daraus resultierenden Umgang mit ihm muß das schwerstbehinderte Kind leben. Sie sind charakteristische Bestandteile seiner Lebensgeschichte. FISCHER versteht in diesem Zusammenhang den Lebenslauf des Menschen als "*Geschichte des einzelnen*"[21] und sieht ihn gleichzeitig als die "*Geschichte der Bildung von Erlebnisinhalten im sozialen Spiel zwischenmenschlicher Beziehungen*"[22]. "*Die Persönlichkeit des einzelnen ist dabei die Instanz, die ordnet, integriert und korrigiert, gleichzeitig auch jene Instanz, die erlebt und erleidet. Sie wird geprägt, strukturiert und auch verändert.*"[23]
Wenn nun im folgenden die Biographien zweier Schüler entwickelt werden sollen, müssen dabei neben den anamnestisch gebräuchlichen Persönlichkeitsmerkmalen[24] gerade diese interaktionalen, lebensprägenden Momente Berücksichtigung finden, denn sie sind entscheidend für das Entstehen von Beziehungsstörungen des schwerstbehinderten Kindes mit der Welt.

---

20 vgl. KRAUSE, H.: unveröff. Protokoll des Seminars mit BODENHEIMER/FORNEFELD zum Thema "*Vom Um-gang mit Geistigbehinderten - Das Phänomen der Melancholie*; Seminar für Geistigbehindertenpädagogik der Universität zu Köln, 28./29.5.1986

21 LORENZ/GÖRICH nach FISCHER 1984, 92

22 LORENZ/GÖRICH nach FISCHER 1984, 92

23 FISCHER 1984, 92

24 Anm.d.Verf.:wie Alter, Erscheinungbild, Behinderung, Fähigkeiten und Fertigkeiten

Obwohl dies geschieht, bleibt die Darstellung unbefriedigend, entspricht dem Kind in Passagen möglicherweise nicht wirklich, denn das Kind äußert sich nicht direkt zu sich selbst, zu seinem Erleben und Erfahren gerade dieser gestörten Beziehungen. Es scheint damit ein neues subjektives 'Vor-Urteil' vorgezeichnet zu sein.
Ausgehend von der dargestellten Auffassung, daß der Mensch, in und durch die Beziehung zu ihm, immer nur ausschnitthaft in seiner Lebenswelt erfaßt werden kann, muß jede Beschreibung des anderen stets nur den Charakter des Vorläufigen, des Überarbeitungswürdigen haben. Urteilen über einen Menschen bedeutet m.E. nicht unbedingt eine Kritik oder gar Abqualifikation. Der Begriff des 'Urteilens' versteht sich hier vielmehr als das Bemühen um eine möglichst objektive, aber nie völlig objektiv sein könnende Sichtweise vom anderen. 'Vor-Urteil' meint dann in unserem Kontext, daß jede Aussage über den anderen aus der Beziehung zu ihm erwächst, aber 'vor' einer anschließenden steht und bildlich gesprochen, ein Pinselstrich im Gesamtgemälde vom Menschen ist. Und im Verlauf des Praxisteils wird deutlich werden, wie sich dieses Bild durch die elementaren Beziehungen zum Schüler sinnerschließend verändert.

2 Das elementare Beziehungsvermögen einzelner Schüler

Da mir zur Erstellung der einzelnen Schülerbiographien die erforderlichen Informationen nicht in gleicher Weise zugänglich waren, unterscheiden sie sich in Umfang und Genauigkeit.

2.1 FELIX - Biographischer Überblick -

Felix wurde 1975 geboren. Er hat einen sieben Jahre älteren Bruder und lebt mit seiner Familie in einem Dorf in der Nähe einer Großstadt. Kurz vor seinem siebten Geburtstag lernten wir uns bei seiner Einschulung kennen.
Gleich nach der Geburt, die spontan verlief, wurde bei Felix ein schwerer Cerebralschaden mit Micro- und Porencephalie sowie eine psychomotorische Retardierung aufgrund einer linksbetonten Tetraspastik diagnostiziert. Der linke Daumen bleibt stets von der Faust fest umschlossen, während er die rechte Hand öffnen kann, aber noch nichts damit greift.
Die starke Spastik führte mittlerweile zu Kontrakturen im Becken- und Ellenbogenbereich. Eine Achillessehnenverkürzung verursachte die Deformierung seiner Füße (sog.Spitzfüße). Felix hat Schwierigkeiten, den Kopf aufrecht zu halten. Meist ruht er auf der rechten Schulter, wobei ihm Speichel aus dem halb geöffneten Mund fließt. Er kann sich von der Bauch- in die Rückenlage rollen. Aufgrund seiner Körperbehinderung benötigte Felix zunächst lange den Kinderwagen, später einen angepaßten Rollstuhl.
Seit dem dritten Lebensmonat erhält er krankengymnastische Behandlungen, die, wegen der geringen Erfolge und der damit verbundenen großen Belastung für Kind und Eltern, mehrfach von Methode BOBATH auf VOJTA umgestellt wurde.
Die Spastik betrifft aber auch den Blasen- und Darmbereich, so daß er unsauber und chronisch obstipiert ist. Der Darm muß entweder medikamentös oder manuell entleert werden, eine sehr langwierige, schmerzhafte Prozedur, die spätestens alle drei Tage wiederholt werden muß, damit Felix nicht erbricht und fiebert. Die Mobilität von Mutter und Kind sind hierdurch stark eingeengt.
Zum Zeitpunkt der Einschulung hatte Felix Eß- und Trinkprobleme. Er kann nur passierte Kost schlucken, Flüssigkeiten werden ihm mit dem Löffel gereicht. Für jede Mahlzeit - er ließ sich nur von der Mutter füttern - benötigte er mehr als eine Stunde.

Felix' Sehfähigkeit blieb lange ungeklärt. Neben der Diagnose "*Microcornea beiderseits*" besteht der "*Verdacht auf Opticusatrophie*"[1]. Aufgrund dieser Diagnose, seiner asynchronen Augenbewegungen und seiner fehlenden Reaktion auch auf starke Lichteinwirkungen ist anzunehmen, daß Felix blind ist.

---

[1] Anm.d.Verf.: beide Angaben sind dem amtsärztlichen Gutachten zum SAV entnommen

Im elften Lebensmonat traten BNS-Krämpfe auf, die neben häufigen Krankenhausaufenthalten bis heute zu einer Dauertherapie mit verschiedenen Antikonvulsiva führten. Ein schlechter Allgemeinzustand, beispielsweise bei Bronchitiden oder längerer Obstipation, provoziert epileptische Anfälle, die aber auch witterungsbedingt sein oder bei Vollmond auftreten können.
Bei seiner Einschulung wirkte Felix wegen seines zarten Körperbaues eher wie ein Kleinkind. Von Geburt an ist er sehr anfällig für Infekte der oberen Luftwege, so daß er immer wieder intensive ärztliche Behandlung benötigt. Dabei vermeidet es die Mutter, so weit als möglich, ihn ins Krankenhaus zu geben, weil sich sein Zustand bei Trennung vom Elternhaus noch verschlechtere. Er hat bereits mehrere lebensbedrohliche Pneumonien und statusartige Krampfanfälle hinter sich. Diese Erfahrungen waren für seine Eltern sehr beängstigend und haben sie überaus vorsichtig werden lassen.

Die Familie ist durch Felix' extreme Hilfsbedürftigkeit, die Tagesablauf und -organisation maßgeblich bestimmt, sehr belastet. Erschwerend kommt hinzu, daß die Eltern bei Felix' Geburt seitens ihrer Verwandtschaft verletzende Ablehnung und Kritik anstelle von Unterstützung erfuhren. Dies stärkte zwar, nach ihren eigenen Angaben, die Liebe zu ihrem behinderten Kind sowie ihren innerfamiliären Zusammenhalt, doch birgt diese Erfahrung auch immer die Gefahr der Isolation oder gar der Homöostase in sich.

Aufgrund seines labilen Gesundheitszustandes besuchte Felix erst mit sechs Jahren, ein halbes Jahr vor Erreichen der Schulpflicht, den Sonderkindergarten eines Frühförderzentrums. Neben der mehr oder weniger regelmäßig durchgeführten Krankengymnastik erhielt er vorher keine außerfamiliäre Betreuung oder Förderung. Die Umstellung fiel ihm anfänglich deshalb sehr schwer. Er fieberte häufig und mußte dem Kindergarten eine über die andere Woche fern bleiben. Aufgrund seiner geringen Anwesenheit konnte die Kindergärtnerin kaum Beziehung zu Felix aufbauen und zum Zeitpunkt der Einschulung wenige Angaben zu seinen Fähigkeiten machen.
Da die Eltern nach Besichtigung einer großen Blindeneinrichtung, knapp 200 Km vom Wohnort entfernt, der Meinung waren, daß Felix die Internatsunterbringung psychisch nicht verkraften würde, stellten sie ihn, auf Anraten der Schulbehörde, der zuständigen Schule für Geistigbehinderte vor, die auch das Sonderschulaufnahmeverfahren durchführte.
Das sonderpädagogische Gutachten setzt sich aber vornehmlich mit der als unnatürlich, symbiotisch aufgefaßten Mutter-Kind-Bindung auseinander und macht, weil ein standardisierter Schuleignungstest (etwa die TBGB) nicht durchführbar war, nur wenige, sehr oberflächliche und fragwürdige Aussagen über Felix' Lernvermögen und -verhalten. So wird beispielsweise festgestellt, daß keine Übereinstimmung zwischen körperlichem Bild, den Ausdruckserscheinungen, den Denkabläufen und dem sozialen Verhalten bestünde, was immer das auch heißen mag; es zeugt jedenfalls nicht von einer gründlichen Beobachtung des Kindes und Aussagen wie diese sind deshalb pädagogisch wenig hilfreich. Als Ursache für die Entwicklungsverzögerungen und die Störungen in der Kommunikationsfähigkeit - Felix kann

nämlich nicht sprechen - werden vom Gutachter neben der Schwere der Behinderung, vor allem in einem gestörten, reizarmen Milieu gesehen.
Die Eltern waren angesichts dieser Negativeinstellung, ihnen und ihrem Kind gegenüber, nicht bereit, Felix in die entsprechende Schule zu geben. Nach einer längeren Auseinandersetzung mit Behörden und verschiedenen Schulen wurde Felix verspätet zum Schuljahr 1982/83 in meine Klasse eingeschult. Ich hatte die Mutter, auf der Suche nach einem geeigneten Lernort, anläßlich eines Besuchs meines Unterrichtes kennengelernt. Obwohl sich unser erstes Gespräch weniger auf Felix bezog, sondern eher die Schilderung eines von Geburt an hoffnungslosen Kampfes der Eltern gegen Institutionen und Behörden war, erklärte ich mich in Absprache mit meinen Kolleginnen und der Schulleitung bereit, ihn als zusätzlichen Schüler in unsere Klasse aufzunehmen.
Das geringe Wissen über Felix, denn wir hatten keine Gelegenheit miteinander bekannt zu werden, seine negative Begutachtung im sonderpädagogischen und amtsärztlichen Gutachten und die vorausgegangenen Auseinandersetzungen machten uns zunächst eher skeptisch. Da sich die Eltern uns und unseren anfänglichen Problemen mit Felix gegenüber sehr offen und kooperativ zeigten, stellten sich unsere Vorbehalte aber schnell als unbegründet heraus.

Felix' erste Lebensjahre waren geprägt von seiner Behinderung und seinen häufigen Erkrankungen, verbunden mit 'schmerzlichen' Erfahrungen während unzähliger Arztbesuche und Krankenhausaufenthalte, die sich auch nachhaltig auf die Eltern-Kind-Bindung auswirkten. Seine sozialen Kontakte beschränkten sich auf die Familie, auf medizinisch-therapeutisches Personal. Erfahrungen mit Gleichaltrigen konnte er auch im Kindergarten kaum machen. Seine Umwelt war in dieser Hinsicht also außergewöhnlich anregungsarm, so daß die Aufnahme in Kindergarten und Schule eine schwer zu verkraftende Veränderung für ihn darstellen mußte, auf die er vielleicht nicht anders als durch Krankwerden und damit Zurückziehen in die vertraute häusliche Umgebung reagieren konnte. Das erschwerte uns wiederum den Zugang zu ihm, und so wurde die Unterrichtsituation im ersten Schuljahr von der umfänglichen, weil alle Mitarbeiter betreffenden Beziehungsstörung bestimmt.

2.1.1 Beschreibung der anfänglichen Beziehungsstörungen zu Felix

Die ersten Monate in der Schule ist Felix sehr introvertiert, reagiert kaum auf Körperkontakt oder Ansprache, mit Ausnahme auf die drei vertrauten, eher schon ritualisierten Zwei-Wort-Fragen "Joghurt essen?", "Hose naß?" und "Nach Hause fahren?", Fragen, die er von zu Hause kennt. Bei der letzten lacht er besonders heftig.

Andere Lern- und Kontaktangebote, wie gemeinsames Singen und Musikhören, Stimulation der Hände und Füße mit weichen Materialien oder verschieden temperiertem Wasser, Schaukeln, Wiegen und dergleichen mehr, beantwortet er entweder durch Herabziehen der Mundwinkel und Vorwölben der Unterlippe oder protestiert laut weinend, was Lehrer und Mitschüler in gleicher Weise irritiert. Denn gerade das Singen und Musikhören, das als methodisches Mittel zur Verdeutlichung der verschiedenen Situationen im Tagesablauf (z.B. Begrüßung, vor und nach den Mahlzeiten oder zur Verabschiedung der Schüler) und zur Entspannung zwischen einzelnen Lernphasen eingesetzt wird, ist für die anderen eine willkommene Unterbrechung zwischen den verschiedenen Lernphasen. Da Musik, aus welchen Gründen auch immer, für Felix unerträglich zu sein scheint, müssen wir sie auf ein Mindestmaß reduzieren oder mit ihm den Raum verlassen.

Er weint aber ebenso bei vielen unvermeidlichen, mit Geräuschen verbundenen Handlungssituationen, beispielsweise sobald der Wasserhahn geöffnet, der Haarfön nach dem Schwimmen oder das Küchengerät zum Passieren der Speisen angestellt wird. Er beruhigt sich auch im Nebenraum erst dann, wenn die Geräusche verstummt sind. Wir vermuten zunächst, daß er durch seine Blindheit die auditive Umwelt besonders intensiv wahrnimmt. Zu Hause zeigt er dieses Verhalten, wenn Besuch da ist oder die Mutter beim Kochen ist, so daß sie es als Eifersucht und Auf-sich-aufmerksam-machen auffaßt. Inwieweit das auch in der Schule zutrifft, können wir derzeit noch nicht beurteilen.

Uns bleibt außerdem unverständlich, da wir es von den beiden anderen blinden und gehörempfindlichen Mitschülerinnen nicht so kennen, warum er auf leise und angenehme Klänge oder auf Summen überhaupt nicht reagiert, ebensowenig wie auf taktile Stimuli jeglicher Art; was auch immer die Kollegin, die zunächst mit großer Motivation seine Einzelförderungen übernimmt, ihm auch anbietet, sie erhält keine für sie erkenn- oder interpretierbare Antwort von Felix. Für sie besteht ein Widerspruch in seiner auditiven Teilnahme an den Ereignissen der Umwelt einerseits, wie er sie im 'weinenden' Protest ausdrückt, und im Nichtreagieren und fortwährenden Selbststimulieren andererseits.

Trotz aller Bemühungen gibt er es nur gelegentlich beim Füttern oder Wickeln auf, sich selbst zu stimulieren, indem er, vermutlich der visuellen Reize wegen, den rechten Daumen so stark gegen die Augenlider drückt, daß er nicht mehr zu sehen ist, und sich die Augen häufig eitrig entzünden. Über die heraushängende Zunge läuft ihm dabei Speichel in langen Fäden aus dem Mund. Er wird im Verlauf des Morgens mehrmals umgezogen, damit seine empfindliche Haut nicht wund wird. Trotz des häufigen Wäschewechselns und der guten Pflege hat Felix einen sehr unangenehmen, sauren Körpergeruch und stets vom Speichel feuchte Hände und

Haare, was bei uns Ekel hervorruft. Als besonders unangenehm empfinden wir, wenn er sich unmittelbar vor dem Heimweg erbricht, und dies an manchen Tagen bis zu viermal hintereinander. Zu Hause tut er dies, um die Mutter angeblich zu ärgern. Obwohl wir auch annehmen, daß es psychische Gründe gibt, weshalb er sich so verhält, können wir doch nicht begreifen, was er damit ausdücken möchte.
All diese für uns unverständlichen Verhaltensweisen tragen dazu bei, daß es uns im ersten halben Jahr nicht gelingt, eine Beziehung zu ihm aufzubauen. Er bleibt uns fremd und unzugänglich. Der Unterricht für und mit Felix ist also anfangs von einer umfänglichen Beziehungsstörung geprägt: er verharrt scheinbar in seiner Welt, von der wir ausgeschlossen bleiben, und uns gelingt es nicht, ihm ein so interessantes Lernangebot zu machen, das ihn motivieren könnte, wenigstens für Augenblicke die Autostimulation zu unterbrechen. So wird er nur gepflegt und behandelt, wo Förderung angezeigt wäre.
Die Kollegin empfindet die Situation schließlich zu belastend für sich, so daß wir Felix in meine Lerngruppe integrieren.[2]

Bevor ich irgend etwas in Unterrichtsstruktur und -organisation mit Felix verändern kann, will ich zuerst einmal feststellen, ob die Aussagen über seine fehlende Reizaufnahme und -verarbeitungsfähigkeit, die auch schon im sonderpädagogischen Gutachten aufgeführt waren, zutreffen, denn ich kann mir einfach nicht vorstellen, daß Felix Berührungen und andere Stimulationen wirklich nicht empfindet. Vielleicht hat er bisher nur noch nicht gelernt darauf zu reagieren.
Zur Verdeutlichung meiner ersten Erfahrungen die nachfolgende Tagebuchaufzeichnungen[3]:

> Da die Mitschüler und Kollegen beim Schwimmen sind, und Felix wegen seiner Anfälligkeit nicht ins Wasser soll, habe ich einmal genug Zeit, mich mit ihm ungestört zu beschäftigen und möglicherweise eine erste Antwort auf die vielen offenen Fragen zu finden.
> Der Morgen hat sehr hektisch und mit sehr viel unerfreulichem Organisations-Stress begonnen, so daß mir die innere Ruhe fehlt, mich gleich auf Felix und den Lerninhalt einzustellen. Ich will ihm zunächst die Windel wechseln, um dabei ruhiger zu werden und mich besser auf ihn einstellen und konzentrieren zu können. Außerdem haben wir festgestellt, daß er sich leichter aus der Selbstbezogenheit löst, wenn seine Windel trocken ist.
> Auf meine Frage, ob seine Hose naß sei, lacht er freudig und unterbricht für einen Moment sein stereotypes Augendrücken. Er hat das Wickeln gern, wohl weil er dann den andern ganz für sich allein hat.

1 Anm.d.Verf.: Aufgrund der reduzierten Stundenzahl übernahm die Kollegin an drei Tagen der Woche vier der acht Schüler zur Einzelförderung, während ich die anderen vier unterrichtete.

3 Anm.d.Verf.: vom Februar 1983

Wie gewöhnlich zähle ich beim Ausziehen die vielen Hosen, die seine Mutter ihm anzieht: "Jetzt kommt die erste Hose, dann die zweite und noch eine dritte usw.". Je weiter ich beim Zählen der Hosen komme (insgesamt sechs), desto freudiger und heftiger wird sein Lachen, und sogar sein kleiner schmaler Körper scheint vor Freude mitzulachen.
Seine ungewöhnliche Freude läßt mich die Unruhe des Vormittags vergessen, und ich kann mich nun in Ruhe völlig auf ihn konzentrieren. Auch Felix scheint ganz auf die Situation und meine Stimme konzentriert zu sein; sein Daumen ruht am Auge, ohne es zu drücken.
Ich spreche ihm nun ein 'ah' vor. Dies habe ich zuvor des öfteren probiert, doch nie eine Antwort darauf erhalten. Ich wähle das 'ah', weil es ein Laut ist, den die Mitschüler als ersten produzierten, und weil Felix beim Weinen einen ähnlich klingenden Laut verwendet.
Er rollt die Augen, hält im Atmen inne. Die zuvor freudigen Körperbewegungen erstarren plötzlich spannungsvoll. Mein Laut scheint für ihn zum Anruf geworden zu sein. Er hat ihn zutiefst getroffen.
Sein Getroffen-Sein berührt mich wiederum zutiefst. Seine Körperreaktionen werden mir zum Anruf und ich antworte mit einem erneuten 'ah'. Er wendet den Kopf in meine Richtung, öffnete den Mund zur Lautbildung, bringt aber vor Ergriffensein keinen 'Ton' hervor.
Ich erwidere seinen Ruf voll glücklicher Erwartung mit einem 'ah'. Ich fühle mich zum ersten Mal von ihm verstanden. Er hat den Kopf immer noch in meine Richtung geneigt und haucht kaum hörbar ein 'ah', sein Atemstrom berührt meine Hand.
Ich antworte erneut mit demselben Laut. Worauf Felix mich überaus glücklich anstrahlt. Mit einem kräftigen 'ah' erwidert er nun meinen Anruf. Ich glaube, in diesem Augenblick des einander Verstehens fühlen wir beide uns im gleichen Maße glücklich und vom andern angenommen.
Überwältigt von den eigenen Gefühlen, der Neuheit und Intensität der Situation schweige ich jetzt und streichele ihm stattdessen über den Kopf.
Er lächelt noch in dieser zuvor mir unbekannten Weise, antwortet aber ebenfalls nicht mehr. Seine Hand, die gewöhnlich das Auge drückt, ruht immer noch entspannt neben seinem Körper.

Diese erste elementare Beziehung scheint für uns beide erst einmal genug zu sein. Eindrücke und Erfahrungen des gegenseitigen Verstehens und Annehmens, die uns beiden ganz neu sind und uns zutiefst bewegen, müssen sich nun erst einmal in jedem wirkend entfalten.
Wärend ich Felix zu Ende wickele und anziehe, habe ich den Eindruck, daß ich ihm ein Stückchen näher gekommen bin. Meine Handlungen sind konzentrierter und gleichzeitig behutsamer. Felix lächelt aufmerksam, bleibt noch die ganze

Wickelphase über umweltzugewandt, unterläßt das Augendrücken, um danach wieder in seiner Selbststimulation zu versinken, die er jetzt zur Entspannung sicherlich braucht.

Dieser allerersten elementaren Beziehungssituation folgen weitere, die unsere Sympathie für einander festigen und den Umgang mit einander erleichtern. Wenige Tage später kann ich feststellen, daß Felix sehr sensibel und differenziert auf taktile Stimuli reagiert. Doch er zeigt sein Können nur, wenn er sich in der Lernsituation vom Lehrer angenommen und getragen fühlt.
Das erste Beziehungserlebnis machte mir deutlich, daß ich bei meiner weiteren Unterrichtsplanung Felix' elementares Beziehungsvermögen zu berücksichtigen hatte, d.h. ich mußte mich in zukünftigen Lernsituationen mit ihm so offen für einen möglichen leibhaften Dialog halten, daß er, wenn auch Felix das Bedürfnis zur elementaren Auseinandersetzung hatte, jederzeit entstehen konnte. Hiermit war der Anfang einer angemesseneren Förderung geschaffen, die ich nachfolgend zunächst in Bezug auf Felix' elementare Beziehungsentfaltung darstellen werde.

Nach jedem Abschnitt werde ich einen kurzen zusammengefaßten Überblick über die wichtigsten beziehungsschaffenden Unterrichtsaspekte sowie über Veränderungen im Beziehungsvermögen und in der Gesamtentwicklung des Kindes geben. Hierdurch soll ein schnelleres Vergleichen der Entwicklungsverläufe miteinander möglich und der Rückbezug im abschließenden Interpretationsversuch erleichtert werden.

<u>Zusammenfassender Überblick nach dem ersten Schulhalbjahr</u>

<u>Unterrichtsaspekte</u>	<u>Beziehungsvermögen</u>	<u>Entwicklungsstand</u>
- Anregungen in verschiedenen sensoriellen Bereichen - Übungen zur Anbahnung des Greifens - Zusammensein mit den Mitschülern; Eingewöhnen in die neue Umgebung - Anbahnung des Essens fester Nahrung	- umfängliche **Beziehungsstörung** charakterisiert durch unverständliches und abwehrendes Verhalten von Felix und eine unangemessene Unterrichtsgestal-tung bzw. Nichtverstehen-können auf Seiten der Lehrer	- keine eindeutigen Reaktionen auf sensorielle Anregungen - unspezifische Abwehrreaktionen - passive Aufnahme von Lernangeboten; läßt Versorgungshandlungen an sich geschehen - starke Autostimulation

2.1.2 Felix' Entwicklung im beziehungsorientierten Unterricht

Vordringlich sollte den Schülern dieser Klasse zunächst ein Bewußtsein von sich selbst und ihren eigenen Fähigkeiten vermittelt, sie durch Anbahnen fein- und grobmotorischer Fertigkeiten zur eigenaktiven Umweltauseinandersetzung befähigt und ihr Interesse an der Personen- und Sachwelt geweckt werden. So nahm bei allen die sensorielle Aktivierung[4] einen besonders großen Raum ein, wobei die Kinder aufgrund ihrer schweren Beeinträchtigungen sehr lange zum Verstehen und Beherrschen von Lerninhalten benötigten. Eva verweilte beispielsweise drei Jahre auf demselben Lernniveau, bis es leicht angehoben werden konnte.
Um lernhemmendes, trainings- oder routineartiges Üben zu vermeiden, wurde der Unterricht halbjahres- oder schuljahresweise unter ein anderes Thema gestellt[5], wodurch die Unterrichtsschwerpunkte, in ihrer Differenzierung für die einzelnen Schüler, stets eine andere Gewichtung erfuhren. Ebenso war es zur Aufrechterhaltung der Motivation nötig, den Schülern in gewissen Abständen immer wieder neue Materialien, beispielsweise zum Greifenlernen, anzubieten und zwar solche, die von ihrer Beschaffenheit her neu waren, aber vom Kind zunächst noch die gleichen feinmotorischen Fähigkeiten verlangten. Auf diese Weise konnte das Erfahrungsrepertoire der Schüler langsam aber stetig erweitert werden.
Alle durchgeführten methodischen oder inhaltlichen Einzelaspekte für jeden Schüler nachfolgend darzustellen, würde zu weit führen und ist aus phänomenologisch-methodologischer Sicht zum Verständnis auch nicht erforderlich[6]. Stattdessen werde ich hier, in Anbetracht der Gesamtfragestellung, nur die Unterrichtsmerkmale beschreiben, die entsprechend dem jeweiligen Entwicklungsstand und Beziehungsbedürfnis der beiden Schüler unmittelbar zur Entfaltung ihrer Beziehungsfähigkeit beitrugen.

I. <u>Die zweite Hälfte des ersten Schuljahres</u>

Das erste elementare Beziehungserlebnis mit Felix hal(l)te lange in mir nach und in der Reflexion wurde mir zunehmend klarer, wie vielfältig sein leibliches Ausdrucksvermögen doch ist, und wie wenig wir zuvor darauf geachtet hatten. So war mir neben dem Lachen und 'Schmollen' sein abwartend-spannungsvolles und entspanntes Mienenspiel noch nicht aufgefallen, ebenso wenig sein Mitteilungsvermögen in Form geänderter Atemfrequenz oder stimmlich mittels des leise gehauchten 'ah-Lautes'.

---

[4] Anm.d.Verf.:visueller, auditiver, haptisch-taktiler, vestibulär-kinästhetischer oder osmatisch-gustatorischer Art, auf die ich im dritten Teil noch näher eingehen werde

[5] Anm.d.Verf.: Solche Themen waren beispielsweise: Einander kennenlernen, Sich dem anderen mitteilen können, Der Tages- und Wochenablauf, Kennen und Gestalten der Essenssituationen, Kennen und Gestalten der Klasse, Sich außerhalb der eigenen Klasse zurechtfinden usw.

[6] Anm.d.Verf.: Sie lagen der Universität zur Einsicht vor.

Außerdem war festzuhalten, daß, wenn er sich tatsächlich angesprochen und nicht nur behandelt fühlte, er durchaus bereit war, sich aus seiner Selbstbezogenheit zu lösen oder die Autostimulation zu unterbrechen. Und mehr noch, er ließ sich anrufen und vermochte anzurufen. Die soziale Umwelt war demzufolge, entgegen unserer bisherigen Vermutungen, doch bedeutungsvoll für ihn. Ob aber Beziehung zu ihr entstehen konnte, hing maßgeblich von der Sensibilität des Beziehungspartners ab, Felix' präverbales Ausdrucksvermögen zu verstehen.
Aufgrund dieser ersten Erfahrungen, die ja noch sehr wenig Auskunft über seine sonstigen Fähigkeiten gaben, war mein vordringliches Ziel, mehr über Felix' Wahrnehmungsvermögen zu erfahren, damit ich ihn über eine angemessenere sensorielle Förderung zu größerer eigenaktiver Umweltbegegnung motivieren konnte. Voraussetzung dazu war aber, daß ich mich stärker auf seine präreflexiven Mitteilungen konzentrierte und bereit war, mich gegebenenfalls wieder auf den leibhaften Dialog mit ihm einzulassen. Gerade in der direkten elementaren Beziehung zu ihm sah ich eine gute Möglichkeit, ihm die nötige Sicherheit zur Artikulation seiner Empfindungen, aber auch seiner Fähigkeiten zu vermitteln.
Elementare Beziehungen sind, wie ich schon mehrfach betonte, nicht planbar. Sie entstehen unmittelbar, wenn beide Beziehungspartner die Bereitschaft und das Bedürfnis verspüren, sich intentional auf einander zu richten. Diese Voraussetzungen benötigen zu ihrer Entfaltung wiederum eine völlig störungsfreie und unbelastete Atmosphäre. Das Kind muß offen für die Situation sein, muß sich wohl fühlen und sich nicht von anderen Ereignissen in der Klasse ablenken lassen. Auf Lehrerseite bedeutet dies beispielsweise, sich ganz und gar auf dieses eine Kind und seine unmittelbaren Mitteilungen einzustellen, was nicht immer gelingt, da man verschiedenen Menschen naturgemäß unterschiedlich viel Sympathie entgegenbringt. So gelang es mir nicht, mich elementar mit Maria zu beziehen. Das berufliche Interesse allein reicht für die Entfaltung elementarer Beziehungen nicht aus; sich auf dieses Interesse zu beschränken halte ich für durchaus legitim. Beabsichtigt der Lehrer aber, in den leibhaften Dialog mit dem schwerstbehinderten Kind zu treten, dann bedarf es der Ergänzung durch eine anthropologische Teilnahme.
Die Bereitschaft, sich auf das Kind einzulassen, muß intuitiv und nicht bewußt oder verstandesmäßig erfolgen, sonst bleibt sie aufgesetzt. Sie geht nicht von Leib aus, kann sich darum nicht auf Leib richten und trägt insofern nicht zur Entfaltung elementarer Beziehungen bei. Wenn man diese besonderen Voraussetzungen bedenkt, wird deutlich, daß die elementare Beziehungssituation immer die Besonderheit im Unterricht mit Schwerstbehinderten bleibt. Den intentionalen Rahmen bilden die in den Richtlinien aufgeführten Ziele, z.B.die Wahrnehmungs- oder Kommunikationsförderung. Elementare Beziehung ist nicht direkt planbar, d. h., sie entsteht nicht, wenn ich wünsche, daß sie entsteht, sondern sie kommt innerhalb einer beispielsweise sensoriell-stimulierend intendierten Fördersequenz zustande, wenn ihre unabdingbaren persönlichen Voraussetzungen bei beiden Partnern erfüllt sind. Sie verwirklicht sich also immer nur als ***implizites Erziehungsziel***. Sie ist aber gleichzeitig, und das ist auch ihre besondere Fähigkeit, ein **methodisches Mittel** zur Erreichung der verschiedenen, individuell-ent-

wicklungbezogen Ziele der Unterrichtsplanung. Beide Aspekte werde ich im dritten, dem didaktisch-methodischen Teil vertiefend darstellen.
Im beziehungsorientierten Unterricht wird also versucht, das individuelle Entwicklungs- und Beziehungsvermögen des schwerstbehinderten Kindes in die Unterrichtsplanung und -durchführung unter diesen interaktionalen Gesichtspunkten zu integrieren.

In der indischen Baby-Massage nach LEBOYER[7] sah ich eine gute Möglichkeit sensorielle Anregung und, genauer, haptisch-taktile Stimulation, Erkennen seiner Wahrnehmungsreaktionen mit meinem Beziehungsangebot in Verbindung zu bringen.Ich begann mit der Bauch-Massage, legte Felix mir zugewandt auf meine Beine und konnte auf diese Weise seine minimalsten Äußerungen beobachten und gleichzeitig spüren. Indem ich meine Hände zum Unterrichtsmedium machte, gelang es mir, mich schneller und intensiver auf Felix zu konzentrieren, ihm meine Beziehung über sie unmittelbar anzubieten.
Anfangs war es aufgrund seiner angespannt angewinkelten Arme und Beine, seines aufgeregten Atmens und des heftigen Augendrückens schwierig, gleichmäßig beruhigende Streichbewegungen auf seiner Brust auszuführen. Ich versuchte betont ruhig zu atmen und ließ zwischendurch immer wieder meine Hände flach auf seiner Brust ruhen, worauf sein Atmen spürbar ruhiger wurde und er schließlich seine Augenstimulation unterbrach. Entgegen aller bisherigen Vermutung vermochte Felix doch, haptisch-taktile Anregungen wahrzunehmen und darauf zu reagieren. Vorausgegangenen Tests hatte er möglicherweise keinen Sinn für sich entnehmen können und deshalb nicht darauf reagiert.
In der zweiten Woche[8] entspannte er sich bereits früher; die Beine waren nahezu getreckt und er nahm schnell die Hand vom Auge, woraus ich schloß, daß er sich möglicherweise an die erste Massage erinnerte. Erfreut über diese Reaktion rief ich ihn spontan mit einem 'ah'-Laut an, auf den er zunächst erschreckt inne hielt, die Augen bewegte und schließlich angerührt mit einem 'ah' antwortete. Es entwickelte sich hieraus die zweite elementare Beziehung zueinander, die mich in meiner Handlung mit Felix sicherer werden ließ. Ich gewann den Eindruck, daß auch er offener mir gegenüber wurde. Er drehte nun nämlich häufiger den Kopf in meine Richtung, wenn er meine, nicht unbedingt auf ihn gerichtete Stimme hörte. In den nachfolgenden Wochen ereigneten sich während der Massagen immer wieder elementare Beziehungen zwischen uns, doch der Initiator blieb ich zunächst, d.h. nicht er gab den ersten Anruf, sondern er wartete spannungsvoll den meinen ab, um dann sofort durch den 'ah'-Laut, Lachen, Schnaufen, Beine anziehen und wieder ausstrecken zu antworten. Versuchte ich, ihn in anderen Lernsituationen in gleicher Weise anzurufen, berührte es ihn nicht. Er benötigte dazu den unmittelbaren Körperkontakt zu mir, schien meinen Anruf also nicht nur auditiv, sondern auch über meine Körperwärme und -spannung aufzunehmen. Das haptisch-taktile Element im BODENHEIMERschen Sinne war neben dem auditiven, dem Hören und Anhören ein Charakteristikum

---

7 vgl. LEBOYER,F.: *Sanfte Hände - Die traditionelle Kunst der indischen Baby-Massage*, München 1979

8 Anm.d.Verf.: die Rahmenbedingungen ließen nur einmal pro Woche die Massage mit Felix zu

unseres elementaren Beziehungsvollzugs. Obwohl der Modus oder der strukturelle Ablauf unseres elementaren Geschehens gleich war, verlief das Erleben doch in jeder Situation einmalig anders und so auch das einander 'ursprüngliche Verstehen'.

Wenn Felix aber nur im ganz engen Körperkontakt mit dem Lehrer sich aus seiner Selbstbezogenheit lösen konnte, mußte ich ihm in anderen Lernphasen und bei anderen -inhalten, den Kontakt zu mir ermöglichen. So nahm ich ihn beispielsweise beim Baden der Arme und Beine in verschieden temperiertem Wasser oder beim Bewegen der Hände in unterschiedlichem Material auf meinen Schoß, wiegte und schaukelte ihn zur vestibulären Anregung in meinen Armen. Dies ermöglichte mir, die geringsten Veränderungen seiner Körper- und Gesichtsspannung oder seiner Atmung wahrzunehmen und sowohl mein Verhalten wie den Lerninhalt seinen Reaktionen anzupassen. Er unterbrach nun zunehmend seine Autostimulation, um sich, wenn auch nur für Augenblicke (1 bis 2 Minuten) dem Lerngegenstand zuzuwenden.

Nachdem Felix sich in den ersten Monaten nur von **mir** anrufen ließ, ereignete sich etwa zur Mitte des Schuljahres folgende, der Besonderheit wegen hier aufgeführte elementare Beziehungs-begebenheit mit Hanne.

> Während die anderen Schüler nach dem Frühstücken und Wickeln zur Entspannung auf dem Luftkissen ruhen, wartet Hanne am Tisch sitzend, bis ich mit Felix nach dem Wickeln aus dem Gruppenraum komme. Sie lächelt uns zufrieden an. Ihre heftigen Eifersuchtsreaktionen den Mitschülern gegenüber haben zu diesem Zeitpunkt schon deutlich abgenommen.
> Ich setze mich neben sie so auf den Stuhl, daß Felix auf meinem Schoß ihr zugewandt ist. Sie beugt sich langsam vor und greift sehr behutsam seine Hand, eine Handlung, die mir neu ist. Sie schaut ihn dabei interessiert und zärtlich an. Felix hält kurz den Atem an und scheint die Situation noch nicht erfassen zu können. Hanne läßt kurz los, greift wieder ebenso vorsichtig nach seiner Hand. Er hält inne und entspannt den Arm: ein Zeichen, daß Hannes Ruf ihm zum Anruf wurde, den sie mit einem erneuten Loslassen beantwortet. Sie nähert sich gleichzeitig langsam mit einer Fingerspitze seinem Gesicht und streichelt mit ungewöhnlicher Zärtlichkeit an seinen Augenbrauen entlang. Sie tut dies mit einer großen Konzentration, alles andere um sie herum scheint vergessen. Felix atmet nun unruhiger und erweckt den Eindruck, als könne er das, was mit ihm passiert, nicht verstehen. Doch plötzlich spüre ich, wie er seinen Körper so anspannt, daß er frei und ohne meinen Halt auf meinem Schoß sitzt. Er scheint nun ganz bei Hanne zu sein, ergriffen von der Intensität der Beziehung zu ihr. Hannes Gesicht wirkt überaus zärtlich, die Augen gerührt, ein Ausdruck, den ich zuvor bei ihr noch nicht kennengelernt habe. Beide scheinen mir überaus glücklich miteinander zu sein. Im gleichen Augenblick kommt die Krankenschwester laut erzählend aus der Nebenklasse und achtet nicht auf die beiden. Hanne

zieht sofort die Hand zurück, lacht laut und abwehrend. Felix läßt sich wieder in sich zusammensinkend zurückfallen. Doch den Rest des Vormittags wirkt er irgendwie verändert. Vielleicht spürt er dem Erlebten nach. Er stimuliert sich nicht.
In den folgenden Monaten nimmt Hanne jedesmal Felix' Hand, sobald sie ihn nur irgendwie erreichen kann. Sie erweitern schließlich ihren Dialog von Fühlen und Anfühlen, indem sie sich auch lautlich aufeinander beziehen.

Gegen Ende des ersten Schuljahres wurden die elementaren Beziehungen zwischen uns häufiger, ereigneten sich in verschiedenen, aber immer noch körpernahen Situationen. Obwohl der Modus unseres Dialogs immer noch gleich blieb, und ich den ersten Laut-Anruf initiierte, war ich mir nicht sicher, ob diesem nicht einer von Felix in Form spannungsvoller Erwartung vorausgegangen war.
Weil er sich nun besser füttern und wickeln ließ, weniger gegen unseren Gesang und das Anziehen protestierte, empfand die Krankenschwester ihn als umgänglicher. Er stimulierte sich weniger und wirkte umweltzugewandter. Sein Speichelfluß reduzierte sich, er mußte jetzt nicht mehr so häufig umgezogen werden, erbrach sich nicht mehr und roch angenehmer.

Eine letzte erfreuliche Wende in seinen sozialen Beziehungen ereignete sich kurz vor den Sommerferien, als es auch Eva gelang, ihn anzurufen. Da dieses Erlebnis für Felix prägend war und uns Beobachter sehr ergriffen hat, möchte ich es exemplarisch für die vielen, die noch folgten, hier beschreiben.

Um sich von den Anforderungen des Vormittags zu entspannen, liegen Eva und Felix gemeinsam auf dem Luftkissen. Wir Erwachsenen sitzen den Kindern gegenüber am Tisch und Hanne, ein Bilderbuch betrachtend, zu meinen Füßen.
Nach einer Weile des stillen Daliegens beginnt Eva zufrieden, Laute zu produzieren. Felix hört ihr aufmerksam zu, bewegt sich aber nicht. Plötzlich ruft Eva laut und eindringlich "ja, ja, jaaa!". Wir erschrecken uns und unterbrechen unser Gespräch. Diese Äußerung scheint für Felix zum Anruf geworden zu sein, da er den Kopf in ihre Richtung dreht und aufgeregt den Daumen ans Auge legt. Er wirkt auf einmal ganz offen.
Eva scheint Felix' Reaktionen, die Bewegung und das tiefe Atmen werden ja vom Luftkissen besonders gut übertragen, als Rück-Ruf verstanden zu haben und wendet ihren Kopf ihm ergriffen zu. Sie schlägt dabei mit der Hand auf die Unterlage; sucht sie ihn? Er nimmt die Hand vom Auge und dreht den Kopf noch weiter in ihre Richtung, worauf Eva ihm wieder verschiedene Laute zuruft. Obwohl Felix nur still daliegt, geht doch so viel erwartungsvolle Spannung von ihm aus, daß Eva sich von ihr bestätigt fühlt und seine Hand berührt. Er zuckt zusammen, hält den Atem an, um schließlich tief ausatmend zu

antworten. Sie verharren einen kurzen Augenblick einander zugewandt und scheinen ganz bei einander zu sein. Sie atmen nun miteinander, berühren sich und liegen wieder still nebeneinander. Beide sehen außergewöhnlich glücklich aus.
Nach einer Weile des Daliegens scheint die Spannung auf Felix' Gesicht verschwunden und er reagiert nicht mehr auf Evas Rufen. Sie versucht es noch mehrmals, aber er bleibt ihr die Antwort schuldig.
Felix wirkt besonnen, so als spüre er dem Erlebten und seinen Gefühlen nach. Eva schnalzt zufrieden mit einem überaus glücklichen Gesichtsausdruck vor sich hin.

Aber auch Hanne ist auf Evas Rufen aufmerksam geworden, hat ihr Buch zur Seite gelegt und ist zum Luftkissen gekrabbelt. Sie legt ihren Arm auf das Kissen und scheint 'miterzählen' zu wollen. Doch die beiden sind so intensiv miteinander beschäftigt, daß sie Hanne nicht bemerken. Sie wendet sich hilfesuchend mit einem fragenden "ba?" an mich. Da ich ihr aber signalisiere, daß ich die beiden nicht stören möchte, ist sie sofort ruhig und beobachtet sie konzentriert.
Die erwartungsvolle Stille zwischen den Kindern hat sich auch auf die Erwachsenen übertragen, die sich ihrer Arbeit erst wieder zuwenden, als ihr Dialog abbricht.

Da Felix sich im folgenden Schuljahr weniger auf Hannes Beziehungsangebot einließ und stattdessen das von Eva und Ludwig zu bevorzugen schien, verlor sie schließlich das Interesse an ihm.

Zusammenfassender Überblick am Ende des ersten Schuljahres

Unterrichtsaspekt	Beziehungsvermögen	Entwicklungsstand
indische Baby-Massage	- erste elementare Beziehungen zum Lehrer - er läßt sich anrufen und antwortet mittels Atmung, Körperspannung, später auch durch 'ah'-Laute, Beugung und Streckung der Beine - elementare Beziehung zunächst nur in Massage-, später auch in anderen Lernsituationen - beantwortet schließlich den Anruf zweier Mitschülerinnen - bevorzugte Beziehungselemente: haptisch-taktil und auditiv	- reagiert auf Stimulation bei Körperkontakt zum Lehrer - Richtungshören zu beobachten - größere Akzeptanz in Bezug auf unbekannte Umweltgeräusche - Unterbrechen der Autostimulation - Reduktion des Speichelflusses und Änderung des Körpergeruchs

II. Das zweite Schuljahr

Nach den Sommerferien wirkte Felix genauso umweltzugewandt wie zuvor und schien sich an Unterrichtsinhalte und Beziehungen erinnern zu können. Gleich am ersten Tag ließ es sich wieder von Eva anrufen und war ebenso bewegt wie beim ersten Mal, das ihm noch gegenwärtig zu sein schien. Wir konnten also da fortfahren, wo wir vor der sechswöchigen Pause aufgehört hatten. Eine Erfahrung, die ich auch bei den anderen Schülern machte: Elementare Beziehungen und die mit ihrer Hilfe entstandenen Fähigkeiten sind für das behinderte Kind so lebensprägend, daß sie auch nach längeren Unterbrechungen nicht vergessen oder aufgegeben werden.

In den verschiedenen Einzelfördersituationen gestalteten sich die direkten elementaren Beziehungen zwischen uns in vertrauter Weise. Felix überließ die Eröffnung des Dialogs weiterhin mir, erweiterte aber sein lautliches Antwortrepertoire um 'cha' und 'na'. Außerdem hatte die elementare Beziehung zwischen uns in Bezug auf den Lerninhalt nun eine andere Bedeutung bekommen: Wie im Vorjahr ließ er zunächst einmal die Handlung passiv an sich geschehen, sich beispielsweise die Hände um die Temperaturstäbchen legen oder im Wasser bewegen, steigerte dann aber, wenn die intentionalen Beziehungsvoraussetzungen gegeben waren, seine abwartende Körperspannung, damit ich vom Lerninhalt abließ und ihn anrief. Wenig später gelang es ihm, mich nicht mehr nur über seine Körperspannung oder Atmung, sondern auch lautlich anzurufen und mich so be- und getroffen zu machen, daß wir beide die Temperaturstäbchen, das Wasser oder anders, Lernanlaß und -medium vergaßen. Erst nach Beendigung unseres elementaren Dialogs kehrten wir zu diesen zurück. Felix war jetzt fähig, beispielsweise die Stäbchen selbst zu halten oder die Hände ohne meine Hilfe im Wasser zu bewegen. In der elementaren Beziehung mit mir schien er die Sicherheit gefunden zu haben, die ihm noch fehlte, sich auf Lernaufgaben einzulassen und an ihnen seine Fähigkeiten zu erproben.

Im vorangegangenen Schuljahr war mir durch die Erlebnisse mit Hanne, Eva und Felix bewußt geworden, wie wichtig für sie die lehrerunabhängigen Interaktionen miteinander waren. Da es ihnen aber aufgrund ihrer geringen Mobilität kaum möglich war, den anderen zu erreichen, entschloß ich mich, den Verlauf des Tages so zu organisieren, daß immer wieder Situationen entstanden, in denen die Kinder die erforderliche räumliche Nähe zueinander fanden. Die so gestalteten Ruhephasen nach dem Frühstück, in der immer zwei Schüler nebeneinander auf dem Luftkissen lagen, nutzten Felix und Eva zur elementaren Beziehungsnahme, wobei Eva weiterhin Initiatorin blieb. Im Spätherbst reagierte Felix bei eben solcher Gelegenheit erstmals auf das elementare Beziehungsangebot Ludwigs, der zu Schuljahresbeginn neu in die Klasse gekommen war und durch sein aufgeschlossenes Wesen schnell Kontakt zu Mitschülern und Lehrern gewonnen hatte. Während Felix anfangs nur still dalag, wenn Eva oder Ludwig ihn anriefen, antwortet er ab Dezember neben Intensivierung seiner Atmung auch mit 'ah', 'na' und 'cha'. Außerdem waren jetzt erste Körperbewegungen zu beobachten: Er drehte sich manchmal so weit in Richtung des anderen, daß beide Körper an Körper lagen und ihren Dialog auch spürten. Felix ließ sich jetzt nicht nur berühren, sondern hielt seinen Körper sogar zum Berühren hin, betastete jedoch Eva und Ludwig nicht selbst. Innerhalb der vertrauten Elemente von Fühlen und Anfühlen, Hören und Anhören hatte Felix nun durch Veränderung seines Ausdrucksvermögens seine Beziehungsfähigkeit erweitert.

In den Sommerferien war unsere selbstgebaute Sandkiste fertig geworden, in der zur sensoriellen Anregung, zum Spüren des eigenen Körpers im Sand gleichzeitig drei Kinder sitzend oder zwei liegend Platz hatten. Diese neue Form der Anregung wurde für alle Schüler zur beliebtesten Unterrichtsstunde der Woche und ihre Freude wuchs, als sie entdeckten, daß sie hier miteinander etwas tun konnten. So entwickelten Eva, Ludwig, Felix und Hanne erstmals in lehrergeleiteter Lernsituation Beziehungen in elementarer wie auch genereller Art zu einander.[9]

Da mir durch die Beziehungserfahrungen mit den verschiedenen Schülern bewußt geworden war, welche Bedeutung die elementare Beziehung als Voraussetzung zur kindlichen Auseinandersetzung mit der Lernumwelt hat, plante ich in diesem Schuljahr für jeden Schüler einmal pro Woche eine Stunde ein, in der er den Inhalt unseres gemeinsamen Tuns selbst bestimmen konnte, eine Sequenz also, in der, wenn auf Schüler- und Lehrerseite der Wunsch nach gemeinsamen elementarem Austausch gegeben war, dieser störungsfreier entstehen konnte. Meine Intention war dabei, den Kindern ihre eigenen Gefühle und Bedürfnisse bewußt zu ma-

[9] Anm.d.Verf.: An diesem Beispiel wird die Bedeutung des 'gespiegelten Begegnungswertes' im leib- oder beziehungsorientierten Unterricht deutlich, auf den ich im dritten Teil in Orientierung an LANGEVELD genauer eingehen werde.

chen und mit ihnen Möglichkeiten zu entwickeln, diese auch zu artikulieren und durchzusetzen. So wünschte sich Konrad selbsterfundene Geschichten, mit Eveline sollte ich von ihr ausgesuchte Bilderbücher betrachten. Die schwächeren Schüler, die eine Erklärung meines Vorhabens nicht verstanden hätten, nahm ich zur Verringerung des Aufforderungscharakters der Situation erst einmal auf meinen Schoß und sang ihnen in ihrer Laut-Sprache eine einfache Melodie vor. Diese Förderung versuchte ich zunächst mit Hanne und Ludwig und ließ Felix zum Kennenlernen daran teilnehmen. Beide fühlten sich angesprochen, sangen zunächst sehr vorsichtig, später freudig mit. Aus diesem Gesang entwickelten wir in der Folge verschiedene einfache Spiele. Im nachhinein hat sich diese Sequenz zur Selbstverwirklichung aller Kinder als überaus wirkungsvoll erwiesen. Zur besseren Vorstellung dieses Geschehens schließe ich eine Erlebnisbeschreibung mit Felix und Ludwig an:

> Als ich Felix aus dem Rollstuhl auf meinen Schoß nehme, weiß er gleich, daß er den weiteren Gang unseres Tuns bestimmen kann. Er lacht freudig, hält plötzlich inne und sagt laut 'ah'. Ich antworte ihm mit demselben Laut und nach einem längeren elementaren Dialog, frage ich ihn, ob wir singen wollen, worauf er zustimmend lacht.
> Wir singen zusammen drei Strophen unseres Laut-Liedes (mit 'ah', 'na' und 'cha') und schließen verschiedene Fingerspiele an. Felix strengt sich an, einige Bewegungen mitzuvollziehen und wirkt sehr glücklich. Es ist eine elementare Beziehungssituation, die wir in ähnlicher Form vorher schon häufiger miteinander erlebt haben.
> Aufeinmal fällt mir Ludwig wieder ein. Er hat die ganze Zeit still neben uns in seinem Rollstuhl gesessen und uns aufmerksam beobachtet. Mit 'seinem' 'ha-ha-ha-'Lied versuche ich ihn einzubeziehen. Er freut sich und singt gleich mit. Felix akzeptiert es diesmal ohne den sonst üblichen weinenden Widerspruch. Er kann es nämlich mittlerweile nicht mehr leiden, wenn jemand unsere Beziehung unterbricht oder stört.
> Wir versuchen ein Rufen-und-Antworten-Spiel, indem wir uns 'ha'-Laute zurufen. Ludwig versteht meine Vorgabe gleich und erwidert sie mit demselben Laut, von dem sich aber Felix angerufen fühlt. Ich spüre sein Angerührtsein und halte meine Antwort für Ludwig zurück. Zwischen den Kindern entsteht nun ein elementarer lautlicher Dialog, der beide sehr bewegt, von deren Erleben und einander Verstehen ich aber ausgeschlossen bleibe. Als er abbricht, weil Ludwig sich vermutlich nicht mehr angesprochen fühlt und deshalb nicht mehr antwortet, will ich Felix wieder in den Rollstuhl setzen. Doch er zieht einen 'Schmollmund' und schaut enttäuscht. Er dokumentiert zum ersten Mal in dieser Weise seine eigenen Willen, sagt mir, daß er zurück auf meinen Schoß möchte. Nachdem wir wieder sitzen, lacht er und freut sich, daß ich ihn verstanden habe. Über die Veränderung nachdenkend bleibe ich still. Er zieht sich näher an mich heran und schmiegt sein Gesicht an meine Wange, auch ein für mich neues Verhalten, das mich glücklich macht.

> Wir bleiben eine Weile still sitzen, atmen gemeinsam und genießen das einander ursprüngliche Verstehen.
> Die Schulglocke erinnert mich an den Frühstücksbeginn. Ich erkläre Felix nun, daß wir mit Ludwig zurück in den Klassenraum gehen müßten, und er läßt sich jetzt ohne Murren in den Rollstuhl setzen.
> In den kommenden Wochen zeigt er, zunehmend auch bei beziehungsunabhängigen Anlässen, auf diese Weise seinen eigenen Willen und wird bald ebenso von der Krankenschwester verstanden. Die elementaren Beziehungen gaben ihm die Möglichkeit, sich selbst und seine Wünsche zu erfahren und den Mut, diese nun nicht mehr nur zu dokumentieren, sondern auch durchzusetzen. Er war sich also seiner selbst bewußter geworden. Die Mutter berichtete, daß er auch zu Hause seinen Willen stärker durchzusetzen versuchte.

Mit dem gestiegenen Selbstbewußtsein ging auch ein größeres Selbstzutrauen einher, das sich durch größere Eigenaktivität in allen Lernbereichen zeigte. Er stieß klingende, über ihm hängende Gegenstände an, trank aus der Tasse und schluckte Weißbrotstückchen. Das stereotype Augendrücken war nur noch in Phasen des Alleinsseins oder bei Unwohlsein zu beobachten. Jetzt hielt er, nachdem er zunächst nur meinen Finger griff, einen eigens für ihn gestalteten runden Holzstab mit Glöckchen fest und bewegte ihn zum Klingen so, wie er sonst die Hand zum Augendrücken hob, hielt dabei erst kurz vor dem Auge inne.

Die erfreuliche Entwicklung wurde gegen Ende des ersten Schulhalbjahres durch eine unerwartete Veränderung der Klassenstruktur unterbrochen. Aufgrund akuten Lehrermangels - ich war ohnehin seit Schuljahresbeginn mit Ausnahme der Pflegephasen allein in der Klasse - wurde zusätzlich noch die Parallelklasse aufgelöst und zwei leistungsstärkere Schüler in meine übernommen. Zur Unterstützung erhielt ich eine Fachlehrerin, die sich aufgrund eigener Behinderung überfordert fühlte. Da Eveline, die neue Schülerin, sehr große Eingewöhnungsschwierigkeiten hatte und mich sehr in Anspruch nahm, bleib mir für die anderen sieben nur noch Zeit für kurze Beschäftigung, Füttern, Pflegen und meine Unterrichtsplanung konnte an keinem Tag befriedigend durchgeführt werden.
In den ersten Tagen versuchten Ludwig, Hanne und Felix immer wieder auf sich aufmerksam zu machen, zogen sich dann aber immer mehr auf sich selbst zurück, da ich nicht in der vertrauten Weise auf sie reagieren konnte. Alle erzielten Fortschritte schienen zu stagnieren oder sich sogar zurückzuentwickeln.
Felix weinte wieder häufiger, die Selbststimulation und sein Erbrechen nahmen deutlich zu. Ich hatte den Eindruck, daß sich meine bedrückte Stimmung angesichts der Ausweglosigkeit der Situation auf die Kinder übertrug.
Im zweiten Schulhalbjahr nahmen eine neue Kinderkrankenschwester und eine Krankengymnastin ihren Dienst auf, wodurch sich die Atmosphäre bald besserte. Da beide sehr motiviert

und einfühlsam auf die Kinder zugingen, sie sich schnell aneinander gewöhnten, konnte ich den gewohnten Unterricht wieder aufnehmen.
Erfreulicherweise stellte sich meine Vermutung über mögliche Rückentwicklungen bei allen Schülern als unbegründet heraus, und wir konnten da fortfahren, wo wir vor der Klassenumbildung aufgehört hatten.
Von der Krankengymnastin lernte ich neue Sitz- und Lagepositionen kennen, die es Felix ermöglichten, seinen Kopf, aber auch Lernmaterialien besser zu halten und zu bewegen. So konnte er am Ende des Schuljahres verschiedene walzenförmige Greiflinge durch Drehen des Handgelenkes zum Erklingen bringen und schaffte es, sich bis zu zehn Minuten auf einen Lerninhalt zu konzentrieren. Den engen Körperkontakt zu mir benötigte er nur noch, wenn er sich nicht wohl fühlte. Indem er die Atmung veränderte oder mit den Augen rollte, zeigte er bei Tastübungen, wie angenehm ihm das Material war. Er konnte nun zunehmend am Unterricht der anderen, z.B. beim Herstellen einfacher Speisen, teilnehmen, wartete hier, auf die anderen lauschend, ab, bis er an der Reihe (zum 'Rühren', 'Schneiden' etc.) war. Da seine Angst und Schreckhaftigkeit nachgelassen hatte, konnten wir den Klassenraum zur Teilnahme an Schulveranstaltungen verlassen.
Sein Mienenspiel hatte sich im Lachen, 'Schmollen' und Augenrollen so differenziert, daß ihn nun auch die Kollegen während des Fütterns oder Pflegens verstehen konnten, ein Verstehen im generellen Sinne.

Zusammenfassender Überblick am Ende des zweiten Schuljahres

Unterrichtsaspekte	Beziehungsvermögen	Entwicklungsstand
-Gestaltung von Interaktionsphasen der Schüler miteinander - Sequenzen, in denen die Schüler Inhalt oder Tun selbst bestimmen können -beziehungsfördernder Lernort: Sandkiste	- Erweiterung des lautlichen Antwortrepertoirs in der direkten Beziehung zum Lehrer - ruft durch Laute Lehrer und Mitschüler an - elementare Beziehung zu weiteren Mitschülern - Körperbewegungen als weitere Ausdrucksform im Beziehungsgeschehen mit Eva und Ludwig - differenzierte Mimik ermöglicht das erste Verstandenwerden im generalisierten Sinne	- erstes Entwicklungsplateau zur Schuljahrsmitte - größere Eigenaktivität in allen Lernbereichen - erster gemeinsamer Unterricht mit den Mitschülern möglich - Konzentrationsvermögen bis zu 10 Minuten - trinkt aus gehaltener Tasse, schluckt Weißbrotstückchen - Reduktion des Selbststimulation

III. Das dritte Schuljahr

Da ich zunächst die inhaltliche und methodische Gestaltung des Unterrichtes beibehielt, stabilisierten sich die am Schuljahrsende von Felix gezeigten Fähigkeiten. Er ließ sich von Ludwig und mir anrufen, initiierte aber auch selbst in der bereits beschriebenen Weise direkte Beziehungen zu uns. Gleichzeitig wurde der Kontakt zu den Kolleginnen enger, so daß ich Teile des sensoriellen Lernangebotes[10] der Krankenschwester und das Füttern phasenweise der Fachlehrerin übertrug. Beide verstanden sein inzwischen differenzierteres mimisches Ausdrucksvermögen zunehmend besser, meine Übersetzungen erübrigte sich bald.
Im Dezember erkrankte ich für fünf Monate, wodurch es zu einer äußerst gespannten Personalsituation in der Klasse kam, an eine konsequente Fortführung des Unterrichtes nicht zu denken war und nur eine möglichst umfassende Versorgung der Schüler erfolgte.
Nach meiner Rückkehr berichtete mir Felix' Mutter, daß er sehr unter dem personellen Engpaß "gelitten" und mich wohl vermißt hätte: Häufig hätte er beim Nachhausekommen geweint, öfter gekrampft und nicht mehr in die Schule gewollt. Sein Gesundheitszustand, der in den letzten eineinhalb Jahren weitgehend stabil war, hätte sich zusehends verschlechtert, bis er schließlich wegen einer Pneumonie für Wochen dem Unterricht fernblieb.
Auch in der Schule wäre er völlig verändert gewesen: Zur Mitarbeit nicht bereit, hätte er viel geweint, sich wieder öfter übergeben und sich ständig selbst stimuliert.
Ich befürchtete schon, daß Felix sich aufgrund dieser Negativerlebnisse wieder völlig in sich selbst zurückgezogen hätte und alle Lernfortschritte verloren gegangen wären bzw. wir wieder von vorne beginnen müßten. Doch als ich ihn am ersten Morgen am Bus begrüßte, stutzte er einen Moment, und als ich meine begrüßenden Worte wiederholte, antwortete er genau wie früher mit einem freundlichen 'ah'. Während des Morgenkreises wirkte er zunächst noch ein wenig abwartend, vor allem, weil Hanne, heftig lautierend, mir ihre Freude über meine Rückkehr mitteilen mußte. Schließlich mischte er sich mit kräftigen Rufen in das Gespräch ein. Meine Befürchtungen schienen unbegründet.

Die Berichte über sein Verhalten während meiner Abwesenheit machten mir aber bewußt, wie sehr seine Reaktionen und sein Lernen noch von mir abhängig waren und welche Möglichkeiten, aber besonders welche Gefahren in einer so engen Bindung lagen. Trotz der erreichten Entwicklungsfortschritte und den bereits bestehenden Kontakten zu den Mitarbeitern genügte sein Ausdrucksvermögen noch nicht, um seine Bedürfnisse und Wünsche allgemein verständlich mitzuteilen, fehlte ihm die Selbstsicherheit, diese auch durchzusetzen. Die Umwelt ihrerseits hatte seinen Rückzug und sein Krankwerden nicht als präreflexiv-präverbales Signal, als Aufforderung verstanden, ihm mehr Aufmerksamkeit zu schenken. So hatte sich wieder zwischen beiden eine umfängliche Beziehungsstörung entwickelt.

[10] Anm.d.Verf.: Die Krankenschwester führte nun nach Vorgabe das systematische Duschen, Baden und Massieren mit verschiedenen Schwämmen und Bürsten mit Felix durch.

Ich konnte Felix nur helfen, wenn es mir langfristig gelang, ihm die erforderliche Selbstsicherheit zu vermitteln und dabei gleichzeitig die Ablösung von mir anstrebte.
Nachdem wir uns durch elementare Beziehungen der unveränderten Sympathie für einander vergewissert hatten, versuchte ich ihm im Rahmen der Einzelförderung zu erklären, daß ich seine unmittelbar leiblichen Reaktionen und präverbalen Mitteilungen nicht verstände und motivierte ihn, sich vermehrt verbal-lautlich und mimisch auszudrücken. Er kam meiner Aufforderung langsam nach - schließlich war für ihn schwierig einzusehen, wieso ich plötzlich seinen Atemausdruck nicht mehr verstand - und hatte im Frühsommer sein Ausdrucksvermögen so differenziert, daß es als bedeutungsvolle Mitteilungen für alle verstehbar war. Er konnte die drei Laute nun stimmlich variieren, sich durch Quieken, Stöhnen, Meckern und die Intensität seines Lachens verständlich machen.
Öffnete sich die Klassentür, so forderte er laut rufend den Besuch auf, sich ihm vorzustellen. Anfänglich mußte ich diesen Wunsch noch 'übersetzten', später verstanden ihn auch Fremde gleich. Aus diesen auffordernden Rufen entwickelte Felix, ein Beweis seines gewonnenen Selbstvertrauens, folgendes Spiel: Waren die Besucher erst einmal auf ihn aufmerksam geworden und standen vor ihm, um ihm die Hand zu geben, fing er urplötzlich an zu weinen. Versuchten sie ihn zu trösten, lachte er sie schelmisch und genauso unvermittelt aus. Zunächst zwar irritiert lachten die meisten mit ihm. Durch dieses Verhalten gewann er bei vielen Kollegen und Schülern der Schule Sympathie, was sich daran zeigte, daß er, mehr als seine Mitschüler außerhalb der Klasse angesprochen oder begrüßt wurde, und er den Gruß im Sinne generalisierter Beziehungen lautlich oder lachend zu entgegnen wußte.
Sein größeres Interesse an der sozialen Umwelt ging mit einer zunehmenden Lösung von mir einher. Er verfolgte lauschend das Geschehen in der Klasse und schien die verschiedenen Stimmungen mitzuerleben. So freute er sich mit den anderen; wurde geschimpft, wirkte er betroffen. Im Rahmen vermehrt durchgeführter sozial-dialogischer Spiele zur Förderung des Selbstbewußtwerdens und der Selbstbehauptung erkannte er die Mitschüler anhand ihrer Lautäußerungen und ihrer Namen, wobei er Hanne und Ludwig als Spielpartner bevorzugte.
Während des Wickelns oder Badens begann er seinen Körper zu ertasten, versuchte also sich selbst kennenzulernen. Er konnte den Kopf nun besser kontrollieren und Graubrotstreifen abbeißen. Auch in der Feinmotorik war er sicherer geworden, führte die klingenden Gegenstände jetzt nicht mehr stereotyp, massenbewegungsartig in Richtung Auge, sondern vor die Brust. Seine Motivations- und Ausdauerphasen erweiterten sich bis zu 20 Minuten, und es machte den Anschein, als könne er erste Zusammenhänge abstrakter Art erkennen. Verschiedene Räume (z.B.Eingangs-, Turn- oder Schwimmhalle, Schulhof, Schulküche, Krankengynastikraum) erkannte er an ihren auditiven Bedingungen und ordnete sie unseren entsprechenden Aktivitäten zu. Er war nicht mehr irritiert, wenn wir den Unterricht an einen anderen Ort verlegten.

Während sich die elementaren Beziehungen zwischen uns reduzierten, blieben sie zu Ludwig unverändert. In Bezug zum Lerngeschehen entstanden sie immer noch im Vorfeld der eigenaktiven Auseinandersetzung mit dem Lerngegenstand, der damals noch nicht zum bezie-

hungsvermittelnden Medium geworden war, d.h. zur medialen Beziehung war Felix noch nicht fähig.
Aufgrund dieser günstigen Weiterentwicklung, vornehmlich der Lösung von mir, ging ich zuversichtlich in das nächste Schuljahr, von dem ich schon wußte, daß es mein letztes in dieser Klasse sein würde.

Zusammenfassender Überblick am Ende des dritten Schuljahres

Unterrichtsaspekte	Beziehungsvermögen	Entwicklungsstand
- Beginn des Ablösungsprozesses - Förderung des lautlichen und mimischen Ausdrucksvermögens -sozial-dialogische Spiele - Reduktion des Körperkontaktes in Lernsituationen	- elementare Beziehung zum Lehrer reduziert sich - elementare Beziehungen zu Mitschülern unverändert - elementare Beziehungen im Vorfeld der eigenaktiven Auseinandersetzung mit dem Lerngegenstand - seine differenzierten präverbalen Äußerungen werden als bedeutungsvolle Mitteilungen von den Kollegen verstanden - Kontaktaufnahme zu Fremden (generalisierte Beziehungen)	- 2. Entwicklungplateau zur Schuljahresmitte - größeres Interesse an der sozialen Umwelt - Stabilisierung der fein- und grobmotorischen Fähigkeiten - Interesse am eigenen Körper - erkennt erste Zusammenhänge - Konzentrationsfähigkeit bis zu max. 20 Minuten - ißt Graubrotstückchen

IV. Das vierte Schuljahr

Das neue Schuljahr begann für Felix nicht so positiv, wie ich erwartet hatte. Wegen einer starken Bronchitis kam er erst vier Wochen später aus den Ferien zurück. Er hatte durch seine Krankheit abgenommen und sah verändert, gealtert aus. Auch während des fünfwöchigen Urlaubs an der Ostsee war er ständig krank gewesen. Außerdem hatte es in der Familie Spannungen wegen des älteren Bruders gegeben.
Er wirkte wieder introvertierter, lachte kaum, schaute mißmutig drein, ließ alles an sich geschehen, ohne selbst aktiv zu werden, stimulierte sich selbst, forderte niemanden zum Dialog auf und antwortete auch nicht mehr auf Ludwigs Anruf.

Neben den familiären Spannungen, die ihn sehr zu belasten schienen, mußte er sich jetzt auch in der Schule an gravierende Veränderungen gewöhnen. Mit Beginn des Schuljahres waren Ellen und Helmut sowie ein neuer Lehrer [11] hinzugekommen. Für die älteren Schüler blieb weniger Zeit, weil Ellen und vor allem Helmut mit seinen erheblichen Integrationsschwierigkeiten mich völlig vereinnahmten, ich darum die Förderung der anderen weitgehend dem neuen Kollegen und der Krankenschwester übertragen mußte. Während die Mitschüler diese Umstellung ohne Probleme akzeptierten, schien Felix unter der veränderten Lernsituation, besonders aber unter Helmuts unaufhörlichem Schreien zu leiden. Er weinte häufig mit und beruhigte sich erst, wenn wir mit Helmut den Raum verließen. Selbst bei der Krankengymnastin, bei der er vor den Ferien motiviert mitgearbeitet und zu der er eine sehr gute Beziehung entwickelt hatte, verhielt er sich weitgehend passiv.

Nach drei Wochen erkrankte Felix an einer lebensbedrohlichen Pneumonie mit starken Krampfanfällen. In einem längeren Gespräch mit der Mutter wurde deutlich, daß die schulischen und familiären Veränderungen - der Vater befand sich zur gleichen Zeit im Krankenhaus - Felix überforderten, und seine Erkrankung somatische Reaktion auf seine psychische Situation war, die er nicht zu verbalisieren und zu verarbeiten vermochte. Wir entschlossen uns deshalb, wenigstens die schulische Atmosphäre für Felix zu verbessern und ihn vorwiegend einzeln zu fördern, damit er auf diese Weise die nötige Zuwendung erfahren und die vermutlich nur stagnierende Entwicklung wie bei den letzten Malen überwinden konnte. Mit Berücksichtigung der bereits begonnenen Lösung und zur Vermeidung einer Wiederaufnahme der starken Beziehung meinerseits, die einen Rückschritt für Felix bedeutet hätte, der in der noch verbleibenden Zeit[12] möglicherweise nicht mehr aufzuholen gewesen wäre, hielt ich es für besser, diese Aufgabe dem neuen Kollegen und der Krankenschwester zu übertragen. Doch wegen Helmuts massiver Verhaltensprobleme, die Schüler und Lehrer außergewöhnlich belasteten, wurde die Realisierung unseres geänderten Unterrichtsplans für Felix immer schwieriger. Die erforderliche ruhige und spannungsfreie Unterrichtsatmosphäre entstand nicht. Es zeigte sich keine Besserung in seiner Stimmung und in seinem Verhalten. Unangenehmer Körpergeruch und starke Selbststimulation waren Ausdruck seiner schlechten Verfassung, die sich diesmal aber in charakteristischer Weise von der Entwicklungsstagnation des Vorjahres unterschied. Während er sich seinerzeit völlig in sich zurückzog, blieb er jetzt offen für die Umwelt, beteiligte sich aber nicht an ihr.

Ich möchte hier eine Praxisbeschreibung einfügen, weil sie einerseits die Gesamtsituation charakterisiert, andererseits zeigt, daß diesmal keine völlige Beziehungsstörung vorlag. Sie ist eine der wenigen elementaren Beziehungssituationen, die in diesem Schuljahr zwischen uns entstanden, da ich ja nur seine Beziehungsangebote erwiderte, ihm selbst aber bewußt keine mehr machte. Sie ist außerdem die erste eindeutig mediale Beziehung zwischen uns. und insofern ein Beleg seiner weiterentwickelten Beziehungsfähigkeit.

---

[11] Anm.d.Verf.: der im kommenden Schuljahr die Klassenführung übernahm

[12] Anm.d.Verf.: Es blieben nur noch wenige Monate bis zu meinem Ausscheiden aus der Klasse

Felix hatte während der Nacht epileptische Anfälle, wenig geschlafen, wirkt darum erschöpft und müde. Da er nicht essen will, legt ihn die Krankenschwester auf den rollbaren Duschwagen und schiebt ihn neben mich an den Frühstückstisch. Zur besseren Entspannung dreht ihn die Krankengymnastin auf die Seite, legt einen Keil zwischen seine Knie und stützt ihn mit Kissen im Rücken[13] ab.
Während ich Ludwig füttere, wende ich mich ihm immer wieder zu, aber er liegt nur still da und scheint dem Geschehen zu lauschen. Auf einmal ruft er laut 'ah?' Eine Äußerung, die wir seit dem vergangenen Schuljahr nicht mehr von ihm gehört haben. Ich antworte ihm, indem ich nach seinem Befinden frage. Er kommentiert meine Frage mit einem lauteren 'ah', ruft noch eindringlicher, als ich Ludwig die Tasse zum Trinken reiche. Jetzt fühle ich mich berüht und verstehe, daß er mir etwas sagen will. Ich frage ihn, ob er auf meinen Schoß möchte, worauf er es vor Freude schafft, sich aus seiner 'Verkeilung' zu lösen und sich auf den Rücken zu drehen. Meine Interpretation, daß er den engen Kontakt sucht, war demnach richtig.
Als ich aufstehe um ihn hochzunehmen, meinen die Kollegen, es würde Felix in der momentanen Verfassung zu sehr belasten und ich könnte dadurch erneut Krampfanfälle provozieren. Mein kurzes Zögern veranlaßt Felix zu einem lauten 'ah', so daß ich mich über die Bedenken hinwegsetze und ihn auf meinen Schoß nehme. Er lacht so herzhaft, daß ich ihn kaum halten kann. Wir unterhalten uns eine Weile im 'ah'-Dialog, wie wir es früher auch getan haben, vergessen die anderen und sind ganz auf uns konzentriert, merken auch nicht, daß sie uns beobachten.
Als wir unsere elementare Beziehung unterbrechen und dem Erlebten einen kurzen Augenblick still nachgespürt haben, erkläre ich Felix, daß ich gerne meinen Kaffee trinken wolle, beuge mich mit ihm vor, um an die Tasse zu gelangen. Als er den Kaffee in den Magen fließen hört, beginnt Felix wieder herzhaft zu lachen. Ich bin etwas verdutzt und trinke noch einen Schluck, worauf er wieder so heftig lacht, daß er mir beinahe vom Schoß rutscht. Da die Kollegen mitlachen und wir uns nun ihrer bewußt werden, bricht unsere elementare Beziehung gänzlich ab. Das weitere Geschehen hat jetzt, wegen der geringeren Intensität des Erlebens und des höheren Bewußtseinsgrades den Charakter der generalisierten Beziehung.
Als meine Tasse leer ist, frage ich Felix, ob er nicht auch etwas trinken wolle, und er stimmt mit einem Lachen zu. Auch hier rät die Krankenschwester zur Vorsicht, weil sie meint, Felix könne sich übergeben. Da ich mir sicher bin, daß sein schlechter Zustand psychische Ursachen hat, und diese Beziehungssituation zum gegenseitigen Verstehen jetzt ganz wichtig ist, ignoriere ich ihren sicher gut gemeinten Rat. Wir trinken nun gemeinsam, erst Felix einen Schluck Milch, dann ich, auf sein 'ah'-Signal hin, meinen Kaffee. Eine Situation, die uns beide

---

13 Anm.d.Verf.: Bei schlechter Verfassung verkrampft er sich nämlich noch mehr als sonst.

> sehr glücklich macht; das Erleben des anderen wird wieder stärker, es entsteht die erste mediale Beziehung zwischen uns. Das gemeinsame Trinken ist dabei das vermittelnde Dritte. Nicht das Trinken selbst ist im Erleben wichtig, sondern der unmittelbar-leibliche Austausch mit dem Partner. Diese Beziehung ist beendet, als das Medium sich erschöpft hat, als die Tassen leer sind.

Diese Situation, die so vertraut begann, zeigte mir, daß Felix nichts vergessen hatte und, falls er sich wieder angenommen fühlen könnte, seine Schwierigkeiten überwinden müßte. Da die Vertrautheit durch meine bewußte Distanzierung und seine Krankheit nicht gelitten hatte, konnte sich jetzt eine andere, die mediale Beziehungsform zwischen uns - vielleicht erst durch sie - entfalten.

Nach den Weihnachtsferien wurde Helmut ruhiger und umgänglicher, so daß sich die Unterrichtsbedingungen für alle Schüler verbesserten, es wieder konsequent gearbeitet werden konnte. Felix' Gesundheitszustand stabilisierte sich, zumal auch zu Hause alles wieder seinen gewohnten Gang ging. Er arbeitete während des Unterrichtes und der Krankengymnastik mit, lachte viel und tolerierte Helmuts Weinen. Wir konnten die Förderung da fortsetzen, wo wir sie vor einem halben Jahr unterbrochen hatten. Bevor der neue Kollege seinen eigenen Lehrplan für Felix gestaltete, zeigten wir ihm die verschiedenen bisher durchgeführten Übungen, wobei Felix jedesmal stolz wirkte, wenn ich ihn aufforderte sein Können zu beweisen. Auch Übungen, bei denen er früher Körperkontakt zu mir benötigte, führte er jetzt im Rollstuhl oder gleich auf dem Schoß von Herrn X. aus. Obwohl Felix etwas verschlossener als seine Mitschüler war, akzeptierte er den neuen Lehrer bald und stellte sich auf den veränderten Unterrichtsstil mit seinen neuartigen Situationen und Eindrücken schnell ein.
Mit der Stabilisierung seines Allgemeinzustandes stieg auch seine Stimmung. Er wirkte zufrieden und fröhlich, intensivierte die direkte elementare Beziehung zu Ludwig und nahm schließlich auch zu Helmut Kontakt auf. Er vermochte jetzt den Dialog über eine gewisse räumliche Distanz aufrecht zu erhalten, brauchte nicht mehr unmittelbar neben dem Partner zu liegen und ihn spüren. Das auditive Element reichte zum Erhalt der Beziehung aus.
Gelegentlich bot er mir aus der Ferne seine Beziehung an und meist ging ich, da elementare Beziehungen ja unmittelbar und nicht aus der vorherigen Reflexion entstehen, auf sein Angebot ein. Die Beziehungen waren meist medialer Art, die er vornehmlich während des Essens nun auch zu den Kollegen aufnahm.

Insgesamt setzte sich Felix aktiver und selbstbewußter mit seiner sozialen und materialen Umwelt auseinander. Wie gut er sich entwickelt hatte, konnten wir während unserer Klassenfahrt am Ende des Schuljahres feststellen. Die erste Trennung von den Eltern seit der Säuglingszeit schien ihm nichts auszumachen.
Er teilte sich mit Ludwig ein Zimmer. Abends oder während der Ruhephasen unterhielten sich die beiden in ihrer Lautsprache, lachten und freuten sich miteinander. Die erwarteten Schlaf-

und Essensprobleme traten nicht ein. Zur Krankenschwester, die seine Betreuung übernommen hatte, entwickelte er eine engere Beziehung, schmiegte sich beim Wickeln an sie und war glücklich, als sie sich schließlich in den Laut-Dialog mit ihm einließ. Gerührt sagte sie mir anschließend, daß sie erstaunt über Felix' großes Ausdrucksvermögen sei. Da beide durch diese Fahrt viel aufmerksamer miteinander umgingen, ist anzunehmen, daß ihre Beziehung zu einander u.a. elementarer Art war. Ich war froh über diese Entwicklung, weil sie Felix im kommenden Schuljahr helfen könnte, sich auf die erneuten Veränderungen einzustellen.
Die Mutter berichtete nach der Klassenfahrt, daß Felix auf sie einen viel selbständigeren Eindruck gemacht habe, stolz ausgesehen und den ganzen Abend habe 'erzählen' wollen. In den ersten Nächten schien er Ludwig zu vermissen. Er habe immer gerufen, war aber nicht zufrieden, wenn die Eltern kamen.
Trotz aller Schwierigkeiten war also eine deutliche Stabilisierung in Felix' Verhalten und eine Weiterentwicklung in seiner eigenaktiven Auseinandersetzung mit der Lernumwelt zu beobachten. Vor allem hatte es an Selbstsicherheit gewonnen, gute Voraussetzungen für seinen weiteren Schulweg.

<u>Zusammenfassender Überblick am Ende des vierten Schuljahres</u>

<u>Unterrichtsaspekte</u>	<u>Beziehungsvermögen</u>	<u>Entwicklungsstand</u>
- Lösung vom Lehrer vollzogen - Einzelförderung mit neuem Kollegen - Verstärkung des Klassenunterrichtes	- initiiert elementare Beziehung zum Lehrer, wird von diesem aber nicht mehr angerufen - elementare Beziehung entsteht über räumliche Distanz hinweg - elementare Beziehung ereignet sich während der eigenaktiven Auseinandersetzung mit dem Lerngegenstand - daneben erste mediale Beziehungen - generalisierte Beziehungen zu Mitschülern, Lehrern und Besuchern - engere Beziehung zur Kinderkrankenschwester und Kontaktanbahnung zum neuen Lehrer	- 3. Entwicklungsplateau; diesmal aber kein völliger Rückzug; bleibt offen für das Geschehen in seiner Umwelt - akzeptiert neue personelle, situative und unterrichtliche Gegebenheiten - zufrieden-fröhliche Grundstimmung - größere Selbstsicherheit und Selb-ständigkeit - eigenaktive Auseinandersetzung mit der Lernumwelt - Orientierung in fremder Umgebung

2.1.3 Reflexion und Interpretation des Entwicklungsverlaufes

Die schweren Beeinträchtigungen im sensoriellen, somatischen und intellektuellen Bereich behindern Felix in seiner Auseinandersetzung mit der sozialen und materialen Umwelt, machen ihn in besonderer Weise von der Fürsorge und vom Verstandenwerden anderer Menschen abhängig. Sie bestimmen sein bisheriges und zukünftiges Leben entscheidend.
Im Vorschulalter beschränkten sich seine außerfamiliären Kontakte auf die häufig erforderlichen medizinisch-therapeutischen Maßnahmen, die zwar lebensprägend, aber für seine Selbstentfaltung bzw. für die Entwicklung größerer Selbständigkeit wenig förderlich waren. Durch das eigene Behindertsein und durch das Behindertwerden seitens der mit ihm überlasteten Familie war Felix außerhalb der Pflegephasen meist auf sich selbst verwiesen, konnte sich nur mit sich selbst befassen und sah in der autoaggressiven Selbststimulation bzw. autologen Beziehung die einzige Möglichkeit, sich zu beschäftigen, sich selbst zu spüren und damit zu bestätigen, wo er sonst keine andere Gelegenheit zur Abgrenzung fand.
Seine Möglichkeiten, auf die Umwelt Einfuß zu nehmen, waren sehr gering, so daß seine somatischen Reaktionen, seine häufigen Erkrankungen nicht nur als Zeichen eines instabilen Gesundheitszustandes, sondern ebenso als präreflexive Ausdrucksformen seines Erlebens, seiner Gestimmtheit zu verstehen sind, mit deren Hilfe er in Überforderungssituationen regulierend in die für ihn sonst gleichförmige und erfahrungsarme Welt seiner Familie einzugreifen versuchte. Dieses Phänomen des Krankheitsgewinns habe ich bei nahezu allen Schülern anfangs beobachten können: So lange das schwerstbehinderte Kind nur wenige Möglichkeiten zur Umweltbegegnung kennt und stark auf sich selbst verwiesen ist, erkrankt es häufiger und erfährt in der Pflege die gewünschte Aufmerksamkeit und Anregung. Eine Anregung, die aber weder fähigkeitsbezogen noch entwicklungsfördernd ist, das Kind sich lediglich in einer anderen Weise erleben läßt und somit dann doch wieder zur zeitweiligen Stabilisierung seines labilen Stimmungsgleichgewichts beiträgt. Mit wachsender Eigenaktivität und größerem Selbstbewußtsein des Kindes verringert sich in der Regel auch die Erkankungsfrequenz.

Felix verfügte bei seiner Einschulung über eine Reihe präreflexiv - präverbaler, leiblicher Ausdrucksformen, die wir derzeit aber noch nicht als solche verstanden. Selbststimulierendes Augendrücken, starke Salivation, unangenehmer Körpergeruch, Erbrechen, undifferenziertes Schreien, Atmung und Köperspannung waren seine Möglichkeiten, sich mit den neuen situativen und interaktionalen Gegebenheiten der schulischen Lernwelt auseinanderzusetzen. Er traf hier auf eine Welt, die von den Fähigkeitserwartungen des Lehrers bestimmt war, die dieser zwar selbst als im höchsten Maße reduziert empfand, von Felix aber nicht erfüllt zu werden vermochten. Aus dem Blickwinkel der eigenen, primär reflexiven Weltgestaltung erschien uns sein Verhalten deshalb in jeder Hinsicht als unangemessen, sein Unvermögen wurde augenfälliger als sein Können.

Dabei war sein Nichtreagieren wohl eher ein Zeichen der Unangemessenheit unseres anfänglichen Lernangebotes. Den Handlungen, die an ihm vollzogen wurden, konnte er keinen Sinn entnehmen, weil er sich von ihnen nicht angesprochen fühlte, sie seiner eigenen Erlebens- und Erfahrungswelt nicht entsprachen, und er für sich keine Möglichkeit sah, in ihnen aktiv zu werden. Aus seiner subjektiven Sicht war sein Rückzug in die vertraute Selbststimulation äußerst sinnvoll. Da wir weder miteinander umgehen, noch einander verstehen konnten, war die Entwicklung einer umfänglichen Beziehungsstörung unausweichlich, deren Überwindung nicht durch eine Änderung des Lehrplanes erreicht werden konnte, sondern zuerst mußte eine gegenseitige Verstehensbasis geschaffen werden, die langfristig zu einer lernfördernden Beziehung zwischen Schüler und Lehrer beitrug.

In der elementaren Beziehung gelang es Felix und mir für kurze Augenblicke eine gemeinsame Welt zu schaffen, die ein solches erstes ursprüngliches Verstehen ermöglichte. In und durch die direkten Beziehungen konnte Felix sich abgegrenzt von mir erleben, erfuhr sich dabei als gleichwertiger Partner, mit der Möglichkeit eigener Einflußnahme. Er bestimmte den Fortgang unseres leiblichen Dialogs im gleichen Maße wie ich; wir waren beide von der Selbstbestätigung des Anderen abhängig. Im ursprünglichen Einander-Verstehen entwickelte sich zwischen uns ein Vertrauensverhältnis, das es Felix ermöglichte, seine Fähigkeiten zu erproben und neue zu entwickeln, und mir die Sicherheit gab, neue Lernwege zu beschreiten, wie etwa die indische Baby-Massage, das lautliche Singen u.a.m., wobei ich gerade mit der Baby-Massage bei den Kollegen, die sie für schulinadäquat und unvereinbar mit der Lehrerrolle hielten, auf Unverständnis stieß. Doch die sich während des Massierens entfaltenden elementaren Beziehungen gaben mir erst die Möglichkeit, Felix und sein vielfältiges Ausdrucksvermögen zu verstehen. Hier schafften wir gemeinsam die Voraussetzung für Lernen und Lehren; erst der Austausch mit mir motivierte ihn, sich mit unbekannten Materialien zu beschäftigen, erlangten sie Bedeutung für ihn und ließen Felix auf diese Weise die nötige Selbstsicherheit entwickeln, sich auf eine Umweltauseinandersetzung letztlich auch ohne vorausgegangenen leiblichen Dialog zu mir einzulassen.
Elementare Beziehungen hatten aber nicht nur voraussetzende Funktion, sondern sie selbst waren auch dergestalt Lernprozeß für Felix, daß er durch sie aufmerksamer auf Beziehungsangebote seiner Umwelt wurde und lernte, die in ihnen erfahrenen elementaren Austauschmodi von Körpersprache, Atmung und Lauten auf das Anrufen und Antworten mit seinen Mitschülern zu übertragen.
Das elementare Verstehen der schwerstbehinderten Kinder untereinander hat für ihre Entwicklung eine besondere Bedeutung, weil sie einander hier einmal losgelöst vom Arrangement des Lehrers, unmittelbar erleben können. Die Erfahrung, Form und Inhalt ihrer Beziehung zueinander selbst bestimmen zu können, ist m.E. durch keine noch so kindgerechte pädagogische Maßnahme zu ersetzen. Wie wichtig dieses Erleben für Felix und Ludwig war, zeigte sich an ihrem Verhalten zu einander während und nach der Klassenfahrt.

Eine weitere Entfaltungsmöglichkeit oder Wirkung elementarer Beziehungen ist hervorzuheben. Auffallend war, daß mit Zunahme des elementaren Beziehungserlebens zwischen Felix und mir seine Selbstsicherheit und seine Umweltzugewandtheit stiegen, seine auf sich selbst bezogenen Verhaltensweisen sich deutlich reduzierten, und seine spezifischen leiblich-somatischen Ausdrucksformen in dem Maße abnahmen, in dem seine elementare Beziehungserfahrung mit den Kindern und mir stieg. Wie sehr er diese verstehende Vertrauensbasis brauchte, zeigt sein langes Verharren auf dem gleichen Beziehungsniveau bzw. die gleichförmige Verwendung bestimmter Beziehungsmodi (direkte Beziehungsform, Bevorzugung des haptisch-taktilen und auditiven Elementes, situative Gleichförmigkeit).

Im Verlauf des Erziehungsprozesses benötigte er die elementare Beziehung, die anfangs die Voraussetzung für das erwartete Lernen überhaupt war, immer mehr im Sinne einer stützenden Sicherheit, die ihm das nötige Selbstvertrauen vermittelte, sich daneben auch auf generelle Beziehungen zu den Kollegen einzulassen.
Durch seine größere Offenheit für das Geschehen um ihn herum und sein differenzierteres Ausdrucksvermögen waren die Mitarbeiter aufmerksamer auf Felix geworden, beachteten ihn nun ebenso wie die Mitschüler, konnten mit ihm 'etwas anfangen' und er mit ihnen. Diese generellen Beziehungen innerhalb der Klasse gaben Felix wiederum die Sicherheit, den Kontakt zu fremden Besuchern oder Kollegen der Schule zu suchen.
Während des vierjährigen Förderprozesses war Felix' vordringliches Interesse immer auf soziale Lerninhalte und weniger auf die materiale Lernwelt gerichtet, das möglicherweise auch ein Grund dafür ist, daß er im Vergleich zu den Mitschülern, sehr lange an der direkten Beziehungsform festhielt und sich auf die mediale erst einließ, als die Ablösung von mir fast vollzogen war.

Wie den anderen Schülern wurde Felix die Entfaltung seiner Möglichkeiten und schulisches Lernen erst durch die elementaren Beziehungen zum Lehrer möglich. Bei meiner Darstellung habe ich bewußt auf Felix' Entwicklungsprozeß zurückgegriffen, weil sich bei ihm in besonders eindringlicher Weise die Gefahren einer allzu engen Bindung zwischen Schüler und Lehrer aufzeigen lassen.
Durch seine schwere Behinderung vermag sich Felix selbst nur sehr begrenzt, d.h. vorwiegend präreflexiv, präverbal auszudrücken, ist dem Verstandenwerden seitens der Umwelt viel stärker ausgeliefert, und ob er diese Abhängigkeit jemals ganz überwinden kann ist fraglich.
Die drei schulischen und familiären Veränderungs- oder Belastungssituationen, in denen seine Entwicklung zunächst rückläufig zu sein schien, sich aber dann jedesmal als 'nur' stagnierend erwies, zeigen wie sensibel Felix die stimmungsmäßigen oder situativen Gegebenheiten seiner Umwelt wahrzunehmen vermag, gleichzeitig aber auch, wie gering seine Möglichkeiten sind, eigene Schwierigkeiten zu erfassen, zu artikulieren oder gar selbst zu bewältigen. Er ist darauf angewiesen, daß jemand seine somatischen Signale nicht nur als Krankheit interpretiert und therapiert, sondern sie in einem situativen Kontext betrachtet und somit das dahinterstehende

Problem erkennt. Diese Verstehensbasis kann, wie mehrfach betont, durch die elementare Beziehung geschaffen werden. Doch mit ihr entfaltet sich auch immer eine enge Bindung zwischen den beiden Beziehungspartnern, die, wenn sie nicht von Seiten des Lehrers rechtzeitig behutsam wieder gelöst wird, zu einer symbiotischen Abhängigkeit des Kindes vom Lehrer führt. In ihr verläßt sich das Kind auf das Verstandenwerden, verzichtet auf die Entwicklung allgemeinverständlicher Ausdrucksformen und wird somit an selbstverwirklichender Integration in die soziale Umgebung gehindert.
Diese Gefahr muß der Lehrer immer vor Augen haben, wenn er sich für die elementare Beziehung entscheidet. Das Wissen um sie sollte zu einem sorgsameren Umgang mit dieser Beziehungsweise und zur kritischen Reflexion des eigenen Handelns beitragen. Ein langfristig angelegter und behutsamer Ablösungsprozeß führt nicht zu einem Beziehungsverlust oder gar zur -störung, sondern zur Modifikation der Beziehungsform in Richtung einer größeren Generalisierung, die dem Kind hilft, auch von anderen verstanden zu werden. Da sich das elementare Beziehungserleben in der Lebensgeschichte jeden Partners prägend entfaltet, bleibt das einmal gemeinsam aufgebaute Vertrauensverhältnis erhalten. Es findet jetzt seine Bestätigung im generellen Umgang miteinander.

Retrospektiv hat sich meine damalige Entscheidung für die elementare Beziehung zu Felix als richtig erwiesen. Sie reichte zwar nicht so weit, daß er Krisensituationen ohne Krankwerden und Rückzug in die familiäre Geborgenheit übersteht, doch er hat bis heute seine meist fröhliche und offene Grundstimmung beibehalten, läßt sich auf neue Lerninhalte ein und hat seine Fähigkeiten weiterentwickelt. Er wird von seinen Lehrern verstanden und weiß, wie er seine Wünsche durchsetzen kann.
Der beziehungsorientierte Unterricht hat Felix einen, wenn auch nur bescheidenen, aber gemessen an seinen umfänglichen Beeinträchtigungen doch nicht zu bescheidenen Weg zu größerer Selbstverwirklichung gewiesen.

2.2. ELLEN - Biographischer Überblick

Ellen wurde 1977 nach normaler Schwangerschaft durch Sectio geboren. Im vierten Lebensmonat traten erste BNS-Krämpfe auf, die während eines dreiwöchigen Klinikaufenthaltes medikamentös behandelt wurden. Zu diesem Zeitpunkt machte man die Eltern auf Ellens Behinderung aufmerksam. Die Diagnose lautete: *"Cerebrales Krampfleiden mit BNS- und atonischen Krämpfen, Wirbelkörperfehlbildung, schwere geistige und körperliche Retardierung unklarer Genese."*[14]
Für die Eltern, insbesondere die Mutter war diese Feststellung ein großer Schock, den sie, wie sie sagt, heute noch nicht überwunden habe und die sich prägend auf die Beziehung zu ihrer Tochter auswirkte.

Vom ersten Lebensjahr bis zu ihrem Eintritt in den Kindergarten wurde Ellen ambulant durch eine Frühfördereinrichtung betreut. In diesen drei Jahren, in denen mit ihr vorwiegend nur gesungen wurde, sei zwischen Ellen und ihrer Betreuerin keine Beziehung entstanden und alle Maßnahmen an sich erfolglos geblieben.[15]
Trotz intensiver Diagnostik und antikonvulsiver Therapie seitens kompetenter Universitätskliniker war und ist Ellen nie völlig krampffrei, was die Eltern als beängstigend und überaus belastend empfinden und darum vermutlich die Medikamentendosis häufig veränderten. Ihre Aussagen über Ellens aktuelle Verfassung und das Ausmaß ihrer Krampfbereitschaft blieben auch in der Schulzeit zum Teil widersprüchlich.
Ellens Allgemeinzustand wurde in den ersten Lebensjahren durch häufige Bronchitiden zusätzlich geschwächt und sie entwickelte sich nur verzögert, weshalb den Eltern nach Abschluß der Frühförderphase geraten wurde, Ellen zur weiteren Betreuung in einen Sonderkindergarten zu geben, was sie jedoch mit dem Argument der besseren, d.h. 'normaleren' Förderung ihrer Tochter im Regelkindergarten ablehnten.
Obwohl Ellen nicht laufen konnte, keine Kontrolle über ihre Ausscheidungen und massive Eßschwierigkeiten hatte, wurde sie in einem Montessori-Kindergarten aufgenommen, den sie gerne besucht hätte, auch wenn in diesen drei Jahren keine individuelle Förderung erfolgt wäre[16] und sie hauptsächlich auf der Matte liegend oder im Kinderwagen sitzend am Geschehen der anderen beobachtend teilgenommen hätte. Sie hätte Freude an den Aktivitäten und dem Lärm der anderen Kinder gezeigt, an Ausflügen teilgenommen und wäre wie die anderen zu Geburtstagen eingeladen worden. Von sich aus wäre sie aber nie auf andere zugegangen oder hätte ein Kontaktangebot erwidert.
Während der gesamten Kindergartenzeit erhielt Ellen viermal wöchentlich krankengymnastische Therapie durch zwei Gymnastinnen, die von einander nichts wußten. Die eine arbeitete

---
[14] Anm.d.Verf.: nach Auskunft der Eltern
[15] Anm.d.Verf.: nach Aussage der Mutter
[16] Anm.d.Verf.: nach Auskunft der Eltern

mit Ellen auf Wunsch der Mutter nach Methode VOJTA und die andere nach BOBATH, damit Ellen dadurch möglicherweise doch Laufen lernen könnte.

Über den behandelnden Kinderarzt lernten die Eltern 1984 einen Studenten einer Fachhochschule für Sozialpädagogik[17] kennen, der ein Jahr lang einmal pro Woche mit Ellen intensiv arbeitete und dem es als erstem gelang, eine Beziehung zu ihr aufzubauen. Nach Aussagen der Eltern nahm sie außer zu ihnen und der Haushälterin zu niemandem Kontakt auf, so daß die Beziehung zu ihm sehr ungewöhnlich gewesen sei. Den Förderprozeß (Greif- und Hörübungen, Sing- und Bewegungsspiele), der durch zunehmende Resignation angesichts der scheinbaren Erfolglosigkeit seines Tuns gekennzeichnet war, hat er in ausführlichen Protokollen festgehalten.[18] Hierin wird auch die belastete Eltern-Kind-Beziehung angedeutet, auf die ich später noch genauer eingehen werde.
Nachdem Ellen ein Jahr vom Schulbesuch zurückgestellt worden war, suchte die Mutter, mit Unterstützung der Kindergartenleiterin und durch Hospitation in verschiedenen Einrichtungen, die adäquate Schule, da die Montessori-Schule Ellen wegen der Schwere ihrer Behinderungen nicht aufnahm, die zuständige Schule für Körperbehinderte ihnen nicht zusagte. Schließlich entschlossen sie sich, um die Aufnahme in die Schule für Geistigbehinderte nachzusuchen.

Ich lernte Ellen im Mai 1985 im Rahmen des Sonderschulaufnahmeverfahrens (SAV) kennen. Um Aussagen über Ellens Lern- und Leistungsvermögen machen zu können, besuchte ich sie dreimal im Elternhaus. Sie saß jedesmal in ihrem Gitterbett, das zum Schutz ringsherum abgepolstert war. Spielmaterialien, die ihr von der vier Jahre jüngeren Schwester ins Bett gelegt wurden, hatten für sie keinen Aufforderungscharakter; stattdessen hörte sie Musikkassetten und stimulierte sich selbst.
Sie war altersentsprechend groß, hatte blaue Augen, kurzgeschnittenes Haar. Ihr Gesicht war leicht asymmetrisch, d.h. sie hielt den Kopf meist schräg nach rechts geneigt, dabei waren die linke Wange und der linke Mundwinkel schräg nach oben gezogen. Die Augen lagen somit nicht in einer Ebene.[19]
Sie konnte bei guter Kopf- und Rumpfkontrolle frei sitzen. Ihre Muskulatur war schlaff. Seit wenigen Monaten konnte sie mit Unterstützung stehen und einige Schreitbewegungen ausführen. Eine Bewegungsform, die ihr scheinbar sehr viel Freude bereitete und die sie durch ihre aufgeregt-erwartungsvolle Atmung dokumentierte. Auf dem Boden liegend erhob sie sich selbst in

---

17 Anm.d.Verf.: mit dem Schwerpunkt Heilpädagogik

18 Anm.d.Verf.: Anhand dieser Protokolle wurde die Arbeit des Studenten vom begleitenden Professor der Fachhochschule kontrolliert und durch gemeinsame Gespräche mit den Eltern unterstützt. Dabei bemühten sie sich, die Eltern von Ellens schwerer geistiger Behinderung zu überzeugen.

19 Anm.d.Verf.: Da dieses Grimassieren erstmals im Herbst 1983 im Zusammenhang mit ihrem Krampfleiden in einem ärztlichen Bericht beschrieben wurde und demzufolge erst im Laufe der Kleinkindentwicklung entstand, ist dieser mimische Ausdruck vermutlich eine physiognomische Manifestation ihrer selbststimulierenden, teilweise autoaggressiven Verhaltensweisen.

den Vierfüßlerstand und bewegte sich durch Anwinkeln und Strecken der Beine vor- und rückwärts, dabei waren die Unterschenkel gekreuzt. Transportiert wurde sie in einem leicht zusammenklappbaren Kinderwagen.

Als die Mutter sie aus dem Bett auf den Schoß nahm, wurde Ellen deutlich unruhiger, erwiderte ihre Zuneigung nicht, ihr Gesicht wirkte starr und abweisend. Während meines Gesprächs mit der Mutter krampfte Ellen mehrmals, d.h. sie hörte auf zu atmen oder hyperventilierte bis sie, ohne sich abzustützen, vornüberfiel. Sie war dann für Augenblicke nicht ansprechbar.

In Phasen der Selbststimulation zeigte sie ein ähnlich epileptiformes Verhalten: Sie verdrehte Arme, Finger und Beine athetotisch und atmete sehr unregelmäßig. Häufig hielt sie den Atem so lange an, bis die Lippen blaß-blau, das Gesicht rot wurde, und sie zu Boden fiel. Narben und Hämatome an Stirn und Wangen zeugten von früheren hierbei entstandenen Verletzungen. Dieses Verhalten, das auch bei unerwarteten Geräuschen, wie dem Klingeln der Türglocke oder des Telefons, auftrat, wurde von der Umgebung meist als epileptischer Anfall interpretiert, was aber nicht immer zutreffend zu sein schien. Bei aller organischen Bedingtheit ihres Krampfleidens wurde eine stark psychische Komponente deutlich, die von der Mutter bestätigt wurde. Sie glaubte nämlich, daß Ellen ihre Krämpfe in Phasen der Eifersucht selbst provozierte, um sie damit zu ärgern.

Da Ellen auf meine Ansprache nicht reagierte, nahm ich sie, nachdem die Mutter gegangen war, zur Intensivierung des Kontaktes auf den Schoß. Durch leise Sing- und Fingerspiele wollte ich ihr eine angenehme Atmosphäre schaffen und den Anforderungscharakter der neuen Situation für sie verringern. Doch diese Nähe schien für sie unangenehm zu sein und rief, was ihrer unregelmäßigen Atmung und dem erhöhten Muskeltonus zu entnehmen war, eher Skepsis und Ablehnung hervor. Auf dem Boden sitzend nahm sie dann gleich Blickkonkakt auf. Berührungskontakte ließ sie im Verlauf des gemeinsamen Tuns zu und anhand ihrer Mimik war Ablehnung, Zustimmung und Freude zu differenzieren[20]. Lautliche Äußerungen konnte ich während der Beobachtungszeit nicht feststellen. Nach Aussage der Mutter könnte sie aber wütend schreien.

Ellen hatte ein gut entwickeltes Gehör und reagierte auf leise und laute Geräusche durch Wenden in Richtung der Geräuschquelle, wobei keine Vorliebe für bestimmte Klänge zu bemerken war. Im Verlauf der Überprüfung lächelte sie beim Rufen ihres Namens und schaute mich an.

Ellen folgte mit den Augen dem Schein einer Taschenlampe, beobachtete das Schweben von Seifenblasen und erfreute sich an ihrem Zerplatzen. Verschiedene Spielgegenstände fixierte sie kurz, ergriff sie aber nicht. Flächige Materialien bekratzte sie mit den Fingerspitzen in ste-

---

20 Anm.d.Verf.: Nach meinem zweiten Besuch habe Ellen, so berichtete mir die Haushälterin, lange in Richtung der Tür, durch die ich weggegangen war, geschaut und geweint. Zuvor habe sie noch nie Trauer gezeigt.

Als ich Ellen am dritten Tag aus dem Bett hob, lachte sie mich erwartungsvoll an. Mir wurde in diesem Augenblick bewußt, daß Ellen entgegen allen bisherigen Prognosen sehr wohl ansprechbar und förderbar war, und daß es zukünftig meine Aufgabe sein müßte, ihr durch eine stützende, vertrauenschaffende Beziehung die Umwelt, von der sie sich zurückgezogen hatte, zu erschließen.

reotyper Weise. Versuchte man ihre Hände, Arme oder Beine, die stets in Bewegungen waren, festzuhalten, entzog sie sich durch drehende Bewegungen dem Haltedruck.
Ellen betrachtete sich gerne im Spiegel. Aber auch diese Tätigkeit hatte einen stereotypen Charakter: Sie verfolgte, seltsam freudlos kichernd ihre stets wiederkehrenden Bewegungsweisen: Schaukeln und dabei den Atem lange anhalten.
Verdeckte ich den Spiegel mit einem Tuch, unterbrach sie nur ihr Kichern nicht aber die gleichförmigen Bewegungen. Zum Wegziehen des Tuches ließ sie sich noch nicht motivieren. Erkannte sie sich wirklich im Spiegel?

Ellen bevorzugte herzhafte Speisen, die ihr in Breiform, auf dem Schoß und fest im Arm der Mutter liegend, gereicht wurden. Sie trank aus einer gehaltenen Tasse. Wegen ihres starken Speichelflusses trug sie stets ein Halstuch, das mehrmals am Tag gewechselt wurde. Beim Waschen und Ankleiden war sie ganz auf Hilfe angewiesen. Sie wurde gewickelt.
Im Vergleich zur Test-Situation zu Hause wirkte Ellen in den ersten Wochen nach ihrer Einschulung verschlossener. Sie ließ zwar die nötigen Aktivierungshilfen beim Füttern und Wickeln zu, verblieb ansonsten aber weitgehend in ihrer vertrauten Stereotypie von Schaukeln und arrhythmischem Atmen.

Da ich mir während des SAVs, anders als bei Felix, selbst ein Bild von Ellen machen konnte und nicht mehr nur auf die subjektiven Berichte anderer angewiesen war, sah ich ihrer zukünftigen Förderung optimistisch entgegen. Ich vermutete, daß Ellen eine ganze Reihe von Fähigkeiten besaß, die sie derzeit noch nicht auszudrücken bzw. einzusetzen vermochte und sich mit ihrer starken Selbststimulation dazu selbst im Wege stand.
Aufgrund ihrer bisherigen negativen Beziehungserfahrungen würde die Hauptschwierigkeit anfangs sein, sie zum Einlassen mit der schulischen Welt zu bewegen. Wie es zu diesen Negativerfahrungen, zu der umfänglichen Beziehungsstörung kam und welche Folgen sie hatte, werde ich nachfolgend darzustellen versuchen.

2.2.1. Beschreibung der anfänglichen Beziehungsstörungen zu Ellen

> "Die Situation, welche durch das ausbleibende oder das unerwartbar veränderte Echo verblüfft (und ängstigt), verstehen wir als die gestörte Beziehung."
> (BODENHEIMER[21])

Diese hat sich bei Ellen und ihren Eltern während der ersten Lebensjahre in besonderer Weise manifestiert, weil es ihnen nicht gelang, einander im anrufenden Dialog zu bestätigen. Das Verhalten des Anderen blieb unerwartet und unverständlich, wirkte verblüffend und störte die Beziehung auf's schwerste.
Heute ist es unmöglich alle Einzelfaktoren, die im Laufe der Zeit zu dieser Störung beitrugen, zu rekonstruieren, anhand der gesammelten biographischen Daten will ich aber versuchen, einige mir charakteristisch erscheinende ursächliche Komponenten näher zu betrachten.

Ellen habe nach Auskunft der Eltern von Anfang an autistisch gewirkt, nicht wie andere Säuglinge auf Zuwendung reagiert, sich nicht angeschmiegt, nicht mit ihnen gelacht und geplappert. Sie blieb trotz aller Bemühungen passiv. Das frühe Zwiegespräch, in dem Eltern und Kind lernen sich aufeinander einzustellen und in dem der Grundstein für all ihre weiteren Beziehungen gelegt wird, kam demzufolge hier erst gar nicht zustande. Da Ellens Eltern die Behinderung als solche nicht erkannten, empfanden sie ihr Desinteresse als schmerzliche Ablehnung, die sich wiederum störend auf die Beziehung zum Kind auswirkte.
Folgt man in diesem Zusammenhang den ethologischen Studien von PAPOUSEK/PAPOUSEK, so war es den Eltern dadurch nicht möglich, Ellen wirklich kennenzulernen; sie blieb ihnen immer fremder als die jüngere Schwester. Und Ellen, ihr waren nicht nur die Eltern fremd, ihr Verhalten unverständlich, sondern im gestörten Zwiegespräch fehlte ihr außerdem eine wichtige Voraussetzung *"für die Entwicklung des kindlichen Bindungsverhaltens zu Personen und Materialien"* [22] schlechthin, was sich in ihrer Unfähigkeit mit Materialien umzugehen heute noch zeigt. Bereits im frühen Säuglingsalter entstand also die Wurzel der späteren komplexen und mehrdimensionalen Beziehungsstörung, die von vornherein das gegenseitige Verstehenkönnen extrem erschwerte.

Zusätzlich wurde der Umgang von Eltern und Kind noch von unbewußten Schuldgefühlen belastet, die auftraten, als die Eltern die schwere körperliche und geistige Behinderung ihrer

---

21 BODENHEIMER 1967, 52

22 PAPOUSEK,M.: *Wurzeln der kindlichen Bindung an Personen und Dinge: Die Rolle der integrativen Prozesse*, in: EGGERS,CH. (Hsg.): *Bindungen und Besitzdenken beim Kleinkind*, München 1984, S. 163

Tochter realisierten, sich mit dieser Diagnose nicht abfinden konnten und nach den Ursachen zu suchen begannen, wobei ihnen alle Befragten aber die Antwort schuldig blieben.[23]
Ebenso erfolglos waren später die zahlreichen therapeutischen und pädagogischen Maßnahmen, die sie mit großem Engagement immer wieder in Anspruch nahmen. Die Behinderungen ließen sich trotzdem nicht kompensieren, wurden stattdessen immer augenfälliger und die epileptischen Anfälle unübersehbarer. Ellen reagierte auf Förderangebote, wenn überhaupt, nicht in erwarteter Weise, und erwartet wurden von ihr ein weitgehend 'normales' und unauffälliges Verhalten. Nicht auf Ellens verbliebene Möglichkeiten war das Augenmerk der Eltern gerichtet, sondern ihre Vergleichsgröße blieb die 'Normalität' und das unaufhörliche Streben, sie trotz der schweren Behinderungen diesen Erwartungen anzupassen. Darum beanspruchten sie, ohne an mögliche Überforderungen zu denken, gleichzeitig zwei unterschiedlich arbeitende Krankengymnastinnen oder akzeptierten nicht die Betreuung im Sonderkindergarten. Ellens unangemessene, ihnen unverständliche Reaktionen interpretierten sie als erneute Zurückweisung, die die Mutter mit dem viel verwendeten Satz *"Sie will wieder nicht"* kommentierte.
Dieses permanente Mißverstehen ist wesentlicher Bestandteil der Beziehungsstörung wie, mehr noch, das Nicht-akzeptieren-können des Andersseins und des Unvermögens, die sich m.E. auch hinter der ständigen Suche nach Hilfen für ihr Kind verbergen.

So ist anzunehmen, daß Ellen mit den vielen Therapien und noch schlimmer, mit dem Nichtverstandenwerden und dem Sich-nicht-angenommen-fühlen-können maßlos überfordert war, dadurch mittlerweile wirklich nicht nur 'nicht konnte', sondern tatsächlich auch 'nicht mehr wollte', wie die Mutter immer behauptete.
Im Laufe der Zeit hatte Ellen gelernt, sich dem Erwartungsdruck ihrer Umwelt sowie den glücklosen Beziehungen mit ihr durch Abkapselung in sich selbst zu entziehen. In der zum Teil autoaggressiven Selbststimulation versuchte sie sich selbst zu hören, zu spüren und zu bestätigen, da ihr die abgrenzende Selbstbestätigung seitens der personalen und materialen Umwelt nicht möglich war. Doch diese verhinderte wiederum die Aufnahme von neuen Kontaktangeboten, trug zur weiteren Manifestation der Beziehungsstörungen bei.
Die Form ihrer Autostimulation muß aus ihrer subjektiven Perspektive heraus noch einmal genauer betrachtet werden, weil jene zum Zeitpunkt der Einschulung der Beziehung zu ihren Lehrern besonders im Wege stand.
Vergleicht man Ellens Selbststimulation (langes Luftanhalten mit Grimassieren und Verdrehen der Extremitäten, im Extremfall bis zur Ohnmacht) mit der von Felix, so lassen sich charakteristische Unterschiede herausarbeiten. War für ihn der Rückzug in die Autostimulation der Ausgleich für eine weitgehend anregungsarme Welt, diente sie Ellen als Schutz vor einem Zuviel an Umweltreizen. Felix gegenüber besaß sie mehr Möglichkeiten, sich mit der Welt aus-

[23] Anm.d.Verf.: An dieser Stelle möchte ich Ellens Eltern für ihre Offenheit danken, mit der sie mir von ihren ganz persönlichen Schwierigkeiten berichteten, und ohne die ich Ellens Situation nie verstanden hätte.

einanderzusetzen, war mobiler, konnte krabbeln und vor allem sehen. Auch wenn sie den Blickkontakt zu Menschen weitgehend mied, beobachtete sie diese doch sehr genau, war interessiert am Geschehen um sie herum, ohne sich aber aktiv daran zu beteiligen. Außerdem wurde ihr seit der Säuglingszeit Förderung zuteil, auf die Felix wegen seiner häufigen Erkrankungen verzichten mußte. Doch diese immer an überhöhte Erwartungen geknüpften Anregungen entsprachen nicht ihrem Aufnahmevermögen, waren für sie unverständlich und gaben ihr nicht die Möglichkeit, sich nach Maßgabe ihrer Leiblichkeit unmittelbar und präreflexiv mit ihnen zu befassen. So wurde die Autostimulation für Ellen zum Schutz gegen die permanente Überforderung. Sie schuf sich selbst eine Welt, die ihr angemessen schien, in der sie aber auch verfangen blieb.

Doch auffallender war, daß sie diese Selbststimulation zu variieren verstand, d.h. an manchen Tagen, z.B. wenn es ihr gesundheitlich schlecht ging oder sie sich in einer psychischen Belastungssituation befand, schien sie ganz in ihrer Welt zu versinken, stimulierte sich so stark, daß sie sich beim ohnmachtsähnlichen Fallen manchmal erheblich verletzte. An anderen Tagen hingegen blieb sie weitgehend offen für ihre Umwelt, stimulierte sich nicht so stark und schien wenn, damit nur aufmerksam auf sich machen zu wollen. In ihrer Selbststimulation hatte sie eine Ausdrucksform entwickelt, die ihren epileptischen Anfällen zum Verwechseln ähnlich war und es ihr möglich machte, regulierend auf ihre Umgebung einzuwirken. Sie mußte irgendwann erfahren haben, daß sie bei Anfällen, die ja, wie zuvor erwähnt, auf die Eltern beängstigend wirkten, besondere Beachtung und Fürsorge erfuhr, sie also in diesen Situationen Einfluß, vornehmlich auf die Mutter, ausüben konnte.

Und da jeder Mensch, wie ich im ersten Teil meiner Arbeit dargestellt habe, der Beziehung bedarf, diese aber zwischen Ellen und ihren Eltern zu jenem Zeitpunkt schon gestört war, bestand in der Autostimulation für sie vermutlich die einzige Möglichkeit, in Beziehung mit ihnen zu treten, nahm sie in Belastungssituationen, in denen sie ihre Aufmerksamkeit besonders benötigte, durch Stimulationssteigerung unbewußt sogar Selbstverletzungen in Kauf.

Die Eltern konnten aufgrund der Eigenwilligkeit ihres Ausdrucksvermögens den Beziehungswunsch nicht erkennen und interpretierten ihr epileptiformes Verhalten zunächst als Anfall. Medizinische Untersuchungen und verstärkte Beobachtungen ließen situative Zusammenhänge erkennen, machten deutlich, daß Ellen das anfallsähnliche Geschehen selbst provozierte. Es trat erstmals verstärkt nach der Geburt der jüngeren Schwester auf, wenn die Eltern mit ihr beschäftigt waren und Ellen nicht beachteten. Obwohl die Mutter, die dieses Verhalten als Affront gegen sich auffaßte, mit ihr schimpfte, schien Ellen diese Art der Aufmerksamkeit, der Beziehungsnahme immer wieder anzustreben, denn so erhielt sie wenigstens die Beachtung, die ihr sonst nicht zuteil wurde, oder anders, etwas provokativer: die schlechte Beziehung erschien ihr wünschenswerter, als die gestörte Beziehung, besser als die Beziehungslosigkeit. Wollte die Mutter keine neuen Verletzungen riskieren blieb nur auf Ellens Provokation zu reagieren. Beide waren in einem aussichtslosen Circulus vitiosus verfangen. Wie sehr Ellen aber an einer guten Beziehung zu ihrer Mutter gelegen war, haben wir erst später erfahren, als

sich die Mutter eines Tages in ihrer Anwesenheit über ihr 'ungebürliches' Verhalten beklagte, und Ellen jämmerlich zu weinen begann.
Zusammenfassend ist festzuhalten, daß ein und dieselbe Ausdrucks- oder Verhaltensweise bei Ellen drei Ursachen oder Interpretationen zuläßt:

1. organische Bedingtheit = epileptischer Anfall
2. Selbststimulation als subjektiv sinnvolle Auseinandersetzung mit der Welt
3. Möglichkeit auf sich aufmerksam zu machen, regulierend auf die Umwelt einzugreifen.

Aufgrund der Komplexität dieses Geschehens war es zu Anfang schwierig, ihr Verhalten in der Schule richtig einzuschätzen. Weder ihr Ausdrucksvermögen, noch die Einzelaspekte ihrer Beziehungsstörungen waren mir, als ich mit Ellens Förderung begann, so klar bewußt. Erst durch das gemeinsame Tun mit ihr und vornehmlich durch die elementaren Beziehungen lernten wir einander allmählich besser verstehen, wurde es möglich, ihr erste Wege einer anderen Umweltbegegnung zu zeigen und ihr Hilfen zur Differenzierung ihres Ausdruckvermögens zu vermitteln.

2.2.2. Ellens Entwicklung im beziehungsorientierten Unterricht

I. Das erste Schulhalbjahr

In den ersten Wochen nach der Einschulung wirkte Ellen verschlossener als zu Hause. Sie ließ zwar die nötigen Aktivierungshilfen beim Füttern und während der Pflege zu, verblieb aber sonst meistens in ihrer vertrauten Stereotypie von Schaukeln und arrhythmischem Atmen. Ihre Ansprechbarkeit, d.h. die Bereitschaft, kurzzeitig auf die Autostimulation zu verzichten, war anfangs wesentlich von ihrer Befindlichkeit abhängig. Starke Wetterfühligkeit und Schlafrhythmusstörungen führten dabei zur Verstärkung der Selbstbezogenheit; sie hielt dann häufiger mit dem Atmen inne, fiel um und verletzte sich dabei. Andere situative Zusammenhänge waren für mich damals noch nicht erkennbar.
Bei intensiver Ansprache löste sie sich für zwei bis drei Minuten aus ihrer Selbstbezogenheit, beobachtete dann das Geschehen um sie herum, wurde selbst aber, etwa bei sozialen Spielen oder beim Zusammensein mit anderen Schülern auf der Matte, nicht aktiv. Auf Ludwigs Kontaktangebote in Form von anstupsen oder rufen reagierte sie nicht.

Neben sozial ausgerichteten Unterrichtsinhalten, die Ellen die Eingliederung in die Klassengemeinschaft erleichtern sollten, versuchte ich sie zunächst im Bereich der Körperwahrnehmung und des Eigenerlebens zu fördern. Unter Rückgriff auf eine fünfjährige Erfahrung mit

beziehungsorientiertem Unterricht wählte ich Unterrichtsinhalte aus, die sich bei anderen Schülern mit ähnlichen Schwierigkeiten als beziehungsfördernd erwiesen hatten und paßte sie in methodischer Hinsicht Ellens individuellen Bedürfnissen an.
Bei Anke, zu deren selbststimulierendem Verhalten ja auch das hospitalistische Schaukeln gehörte, hatte ich erfahren, daß es zum besseren gegenseitigen Kennenlernen sehr hilfreich war, gemeinsam mit dem Kind zu schaukeln. Darum setzte ich mich, des geringeren Aufforderungscharakters wegen, hinter Ellen auf eine große Gymnastikrolle und versuchte zunächst einmal, ihre Schaukelbewegungen zu imitieren. Die Rolle und nicht den Boden, auf dem die Selbststimulation üblicherweise stattfand, wählte ich, um zwar einerseits bei Vertrautem zu beginnen, ihr aber gleichzeitig auch einen neuen situativen Anreiz zu geben. Da Ellen sich schnell an meine Gegenwart gewöhnte, konnte ich den Abstand zu ihr bald verringern und schließlich ertrug sie meine Körpernähe, die sie zuvor immer abgelehnt hatte, ließ mich an ihrem Schaukeln teilhaben und stellte sich bald imitierend auf meine Bewegungsvorgabe ein. Am Ende des Schuljahrs saßen wir uns sogar auf der Rolle gegenüber und schaukelten, indem wir uns an den Händen hielten. Auch diese Änderung war insofern ein deutlicher Entwicklungsfortschritt, weil Ellen anfangs die Berührung ihrer Hände nicht ertrug. In der Schaukelsituation hörte ich Ellen das erste Mal mit mir summen und in einem "dah"-Laut sprechen.

Die bei Felix als besonders beziehungsfördernd erfahrene indische Baby-Massage modifizierte ich für Ellen, um sie nicht von vornherein durch zu viel Körpernähe zu überfordern, dergestalt daß ich Brust und Rücken nicht im Liegen, sondern im Sitzen auf dem Boden massierte. Wie beim Schaukeln nahm ich zunächst hinter ihr Platz. Gleich beim ersten Versuch unterbrach sie für einen kurzen Augenblick ihr stereotypes arrhythmisches Atmen und ließ sich entspannt rückwärts gegen meinen Oberkörper fallen. Während des Massierens erlebten wir unsere ersten elementaren Beziehungen miteinander, und eine will ich exemplarisch für die vielen anderen hier vorstellen.

> Als ich Ellen für diese zweite Massagesequenz auskleide und auf die Matte setze, ist sie noch bei sich, mit ihrer Selbststimulation beschäftigt. Ich berühre vorsichtig, mit wenigen erklärenden Worten ihren Rücken, konzentriere mich ganz auf sie und versuche trotz ihres Schaukelns eine fließende Massagebewegung zu erreichen. Sie hört langsam auf zu schaukeln, ihr Atmen wird gleichmäßige, sie scheint offener für mein Tun zu werden, worauf auch ich ruhiger werde und die Geräusche der Umgebung nicht mehr wahrnehme. Meine Handbewegungen werden nun rhythmischer und scheinen Ellen mehr zu berühren. Ihre Körperspannung verändert sich spürbar, die Atmung ist gleichmäßig. Diese Veränderungen rühren mich an, lassen beim Massieren den Druck meiner Hände stärker werden, worauf Ellen kurz innehält, sich dann entspannt gegen meinen Oberkörper fallen läßt und mit mir im gleichen Rhythmus atmet. Ich umfange sie mit meinen Armen und lege meinen Kopf auf den ihren. Durch ein besonders tie-

> fes, entspanntes Ausatmen bestätigt Ellen mir, daß sie mein haptisch-taktiler Anruf getroffen hat. Eine Weile beziehen wir uns so aufeinander wobei die Intensität dieses Erlebens für mich in diesem Augenblick so groß ist, daß ich sie hier verbal nicht wiedergeben kann.
> Aufeinmal verstummt unser Zwiegespräch, unsere Haltung verändert sich zwar noch nicht, aber unsere Atmung verselbständigt sich zunehmend, wir rufen einander nicht mehr an. Ellens Körperspannung nimmt zu, sie richtet sich langsam wieder auf und erst in diesem Augenblick wird mir bewußt, was geschehen ist, wie glücklich und angenommen ich mich fühle. Auch als ich die Massage wieder aufnehme, bleibt Ellens Atmung gleichmäßig und zufrieden, konzentriert sich auf mein Tun und scheint es nun als angenehm zu empfinden. Ich spüre eine außergewöhnliche Ruhe in mir.
> Während des anschließenden Badens ist Ellens Gesicht entspannt, ihre Augen wirken 'strahlender' und sie lacht freudig, so daß der Krankenschwester, die von unserem Beziehungserlebnis nichts weiß, Ellens Stimmungsveränderung auffällt. Beim Frühstück ist sie ruhiger als sonst und ißt besser, worauf mich der Kollege, der Ellen füttert, fragt, warum sie mich immer so seltsam ansehe. Da ich eine Antwort für überflüssig halte und lieber schweige, fügt er hinzu: "*Sie scheint dich schon genau zu kennen.*" Er hatte damit sogar recht, denn in der vorausgegangenen elementaren Beziehung sind wir uns ein winziges Stückchen verstehend näher gekommen. Ellen hatte erfahren, daß sie sich doch auf einen Menschen einlassen, sich angenommen und geborgen fühlen konnte. Ihr vertrauensvolles Zurückfallen in meine Arme, das bei ihrer sonstigen Antipathie gegen Körperberührungen sehr ungewöhnlich war und das ich zuvor mit ihr so intensiv noch nicht erlebt hatte, bestätigten mir nicht nur die Richtigkeit meines Tuns, sondern führten dazu, daß ich mich auch von ihr angenommen fühlte. Diesmal ließ sie mich nicht, wie sonst immer, außen vor. In der unmittelbaren Beziehung wurden wir beide zur Welt für einander.

Wie in den ersten Beziehungen mit Felix waren unsere primären Beziehungselemente das auditive, das einander Hören und Anhören, sowie das haptisch-taktile, das Fühlen und Anfühlen. Das visuelle Element bevorzugte sie erst in der Halbjahresmitte, als sie auf dieser ersten Vertrauensgrundlage vermehrt den Blickkontakt zu mir suchte.
Im Anschluß an die Massage erhielt sie, wie es im Beziehungsbeispiel schon anklang, immer ein warmes Wannenbad. Da warmes Wasser an intrauterine Erfahrungen des Kindes anknüpft, führt es bei Schwerstbehinderten in besonderer, unmittelbarer Weise zu Entspannung und Sich-wohl-fühlen. In einer solchen Atmospäre sollte Ellen die Möglichkeit gegeben werden, sich selbst wahrzunehmen und zu erleben. Doch auf Ellen hatte das Baden anfangs nicht die erwartete Wirkung, sie entspannte sich überhaupt nicht. Die Ursache hierfür waren die Asso-

zationen ihrer Negativerfahrungen, die sie von zu Hause mitbrachte[24]. Indem ich Körperberührungen möglichst vermied und ihr nur zuschaute, gewöhnte sie sich langsam an das Baden, entspannte sich zunehmend und stimulierte sich deutlich weniger. Die im Wasser liegenden Schwimmtiere betrachtete sie aufmerksam, Berührungen waren aber eher zufällig.
Auch das Abgetrocknet- und Angezogenwerden im Liegen ängstigte sie zu Anfang sehr, und sie richtete sich immer wieder auf. Ein Verhalten, das von den Eltern als sehr störend empfunden und zu unterbinden versucht wurde. Ellen legte ihre Abwehr von einem auf den anderen Tag plötzlich ab, als wir uns Ende November in einer ähnlichen Situation nach dem Schwimmunterricht unmittelbar aufeinander bezogen hatten. Ich füge die damalige Tagebuchaufzeichnung ein, weil sie sehr anschaulich die vertrauensschaffende Wirkung elementarer Beziehungen aufzeigt und der erste Beleg eines primär visuell ausgerichteten Dialoges ist.

> Vor dem 'Schwimmen'[25] mit der Krankengymnastin ist Ellen sehr unruhig und stark mit sich beschäftigt. Aber als sie nachher von dieser auf den hydraulischen Duschwagen gesetzt wird, wirkt sie entspannt.
> Während ich ihr langsam den Badeanzug ausziehe, schaut sie mich fortwährend an. Es ist ein Anblicken, das mir neu ist, mich bewegt und worauf ich durch Rück-Blicken reagieren muß. Es entwickelt sich ein intensives An- und Rückblicken, indem wir einander anrufen und ganz auf uns konzentriert sind. Ich fühle mich gedrängt, den Arm um ihre Schulter zu legen und ihr somit mein Berührtsein zu zeigen. Ich spüre aufeinmal keinen Widerstand, sondern Ellen lehnt sich sogar vertrauensvoll an, wobei wir uns weiter anschauen.
> Als die Krankenschwester sich nähert, um mir beim Haarewaschen zu helfen, unterbreche ich den visuellen Dialog mit Ellen, die inzwischen ganz still auf meinem Arm liegt und mich immer noch glücklich anschaut. Da die Kollegin sich freut, daß Ellen im Duschwagen <u>liegt</u> und sie dafür lobt, wird mir die Besonderheit der Situation erst bewußt.
> Anfangs lasse ich meinen Arm beim anschließenden Haarewaschen noch unter ihrem Kopf und als sie auch nach einer Weile immer noch entspannt daliegt, ziehe ich ihn langsam weg. Selbst beim Ankleiden versucht sie noch nicht sich aufzurichten. Unser elementares Beziehungserlebnis muß ihr so viel Vertrauen gegeben haben, daß sie ihre Angst überwinden konnte. Fortan weinte und wehrte sie sich nicht mehr in diesen und ähnlichen Situationen.
> Nach ein paar Wochen berichtete die Mutter, daß sie sich nun auch zu Hause problemlos baden ließe.

---

[24] Anm.d.Verf.: Nach Aussagen der Mutter ließ Ellen sich zu Hause von ihr nur baden bzw. waschen, wenn der Vater sie energisch festhielt. Auch beim Füttern konnte sie nur mit Zwang auf dem Schoß gehalten werden.

[25] Anm.d.Verf.: Eigentlich ist es mehr ein Bewegtwerden im Wasser.

Im Rahmen der Sauberkeitserziehung, bei der wir uns mit der Mutter absprachen, stellten sich ebenfalls erste Erfolge ein. Während sie zu Hause, durch sehr regelmäßige Toilettenbesuche, tagsüber trocken war, näßte sie in der Schule gelegentlich ein, denn wir konnten erst in der zweiten Schuljahrshälfte ihren Wunsch, zur Toilette gebracht zu werden, erkennen.
Bereits nach den ersten vier Wochen hatte Ellen, die zuvor nur breiförmige Nahrung kannte, gelernt, kleine zwischen die Backenzähne geschobene Brotstückchen zu schlucken. Während des Essens saß sie nicht wie zu Hause auf dem Schoß, sondern auf einem Stuhl.
Am Ende des ersten Halbjahres berichtete die Mutter sehr glücklich, daß Ellen das erste Mal mit dem Vater geschmust habe. Sie würde aufeinmal viel fröhlicher wirken, lachte mehr und habe, so wie sie es in der Schule seit einigen Wochen tat, Laute produziert. Außerdem würde sie jetzt viel energischer weinen, wenn sie etwas haben oder wenn sie nicht in ihren Kinderwagen wolle. Dieses differenzierte Ausdrucksvermögen interpretierte die Mutter m.E. richtig als Bewußtwerdung des eigenen Willens. Die Form, wie Ellen jetzt ihre Wünsche artikulierte, war für die Eltern verständlicherweise leichter zu akzeptieren als das frühere, provokative Verhalten mit Ohnmachtsanfällen.

Nach dem ersten Halbjahr konnte man feststellen, daß Ellen durch den beziehungsorientierten Unterricht aufmerksamer auf sich selbst und auf ihre Umwelt geworden war. Wenn sie auch immer noch keine Gegenstände anfaßte, beobachtete sie jetzt doch über längere Phasen des Vormittags das Geschehen in der Klasse. Die direkten elementaren Beziehungen zwischen Ellen und mir - zu anderen nahm sie zu diesem Zeitpunkt noch keine auf - hatten ihr die Möglichkeit gegeben, sich abgehoben von mir zu bestätigen, sich dabei selbst zu finden und so viel Vertrauen in sich und die Umwelt zu entwickeln, daß sie die schützende Selbststimulation wenigstens phasenweise überwinden konnte. In der elementaren, ursprünglichen Begegnung lernte ich ihr präreflexives Mitteilungsvermögen, wie sie es in ihrer Autostimulation differenziert ausdrückte, zu verstehen. Außerdem wurde ich auf ihre Augensprache, vornehmlich in Variation der Menge ihrer Tränenflüssigkeit aufmerksam und konnte minimale mimische Veränderungen wahrnehmen. Sie verstand es also auch, sich im generalisierten Sinne mitzuteilen, doch diese Äußerungen waren für die Kollegen, denen der elementare Erfahrungshintergrund fehlte, noch unverständlich. Darum mußte ich ihnen Ellens Wünsche anfangs übersetzen.

Zusammenfassender Überblick nach dem ersten Halbjahr:

Unterrichtsaspekte	Beziehungsvermögen	Entwicklungsstand
- gemeinsames Schaukeln auf der Gymnastikrolle - Bauch- und Rückenmassage - Baden	- direkte Beziehung zu mir zunächst mittels des auditiven und hap.-taktilen Elementes, später auch über das visuelle - durch Differenzierung des Ausdrucksvermögens erste generelle Beziehungen vornehmlich zu mir	- Reduktion der Selbststimulation - größere Umweltzugewandtheit - schluckte erste feste Nahrung - akzeptiert Aktivierungshilfen besser; erste Mithilfe beim Anziehen - erkennt die Toilette als Ort der Blasenentleerung

II. Das zweite Schulhalbjahr

Die Unterrichtsschwerpunkte[26] des ersten Halbjahres blieben der nötigen Vertiefung wegen auch im zweiten noch relevant, konnten aber teilweise erweitert werden. So reduzierte ich die Brust- und Bauchmassage zugunsten einer systematisch - massierenden Stimulation der Hände, mit dem Ziel, Ellen Berührungskontakte erträglicher zu machen und sie langfristig zum handelnden Umgang mit Materialien zu befähigen; denn außer eigenwilligem Verdrehen der Finger und Hände während der Selbststimulation sowie stereotypem Bekratzen flächiger Unterlagen vollzog sie noch keine anderen Handbewegungen.
Anfangs zog sie energisch, manchmal sogar mit abwehrendem Brummen ihre Hände zurück, so daß ein Massieren erst gar nicht möglich war. Doch nachdem wir uns im Anblicken elementar aufeinander bezogen hatten und ihre Hand dabei ruhig auf der meinen lag, entwickelte sie genug Vertrauen, sich auf die neue Situation einzulassen. Sie öffnete die sonst meist zur Faust geschlossenen Hände, ließ sie zunehmend länger in meinen liegen und beobachtete aufmerksam das Geschehen, schloß nun gelegentlich bewußt, also nicht mehr nur reflektorisch, ihre Hand um meinen Finger, und gegen Ende des Schuljahres hielt sie kurzzeitig längliche Gegenstände fest. Außerdem wurde es möglich, sie in einfache Fingerspiele einzubeziehen, die ihr Freude zu machen schienen.
Gerade während der Handmassagen ereigneten sich häufiger von uns beiden in gleichem Maße initiierte elementare Beziehungen zwischen uns, aber auch in anderen Lernsituationen, etwa beim Schaukeln auf der Rolle forderte Ellen mich durch ihre besondere Art zu blicken zum elementaren Zwiegespräch auf. Jedesmal füllten sich dann ihre Augen mit Tränenflüssig-

---

26 Anm.d.Verf.: vgl. auch Unterrichtsplanung bzw. deren Aufarbeitung im Anhang

keit und begannen zu 'glänzen'. Ellen blickte in einer Weise, die mich tief berührte, meinen Augenausdruck wohl auch veränderte, so daß wir uns im Sehen und Ansehen verstanden und uns ein winziges Stückchen näher kamen.

Gegen Ende des Schuljahres berichteten die Krankenschwester und der Kollege, daß Ellen sie gerade im abgeschirmten Raum der Toilette häufig so "*intensiv*" ansähe. Ihre Blicke berührten sie ganz "*seltsam*" und machten sie "*irgendwie glücklich*". Ellen hatte sie mittels des visuellen Elementes anzurufen versucht, und beide hatten ihr auf individuelle Weise darauf geantwortet. Nach einem solchen Erlebnis kam sie beispielsweise, fröhlich auf dem Arm des Kollegen sitzend - normalerweise wurde sie in ihrem Wagen gefahren - zurück in die Klasse, oder 'schmuste' mit der Krankenschwester. Ellen hatte nun auch in der besonders körpernahen und vertraulichen Situation der Sauberkeitserziehung den Mut, sich anderen zu öffnen. Beide Kollegen reagierten durch diese Erlebnisse noch aufmerksamer auf Ellen, brachten ihr sehr viel Sympathie entgegen und verstanden ihre präverbalen Mitteilungen zunehmend besser. Generalisierte Beziehungen konnten sich somit auch zwischen ihnen entfalten.

Zur Forcierung des begonnenen Beziehungsprozesses übertrug ich den beiden deshalb zunehmend mein Lernangebot, da Ellen bis zum nächsten Schuljahr, in dem mein Kollege die Klassenleitung übernehmen sollte, die nötige Distanz zu mir entwickeln mußte.

Etwa zwei Monate früher als die beiden anderen Mitarbeiter hatte die Krankengymnastin nach der Therapie immer häufiger berichtet, daß Ellens Verhalten, vor allem ihr "*Strahlen* " sie ergriffen machte, ihr nun die Arbeit mit Ellen sehr viel Freude bereitete. Aber auch Ellen zeigte die Wirkung dieser elementaren Beziehungen sehr deutlich, indem sie nach einem solchen Erlebnis die Gymnastin sehr aufmerksam beobachtete und Aktivierungshilfen von ihr mit einem fröhlichen Lachen begleitete.

Ellen hatte ihre Beziehungfähigkeit also in zweifacher Hinsicht erweitern können: Zum einen nahm sie nun zu allen Mitarbeitern Beziehungen auf, andererseits bediente sie sich jetzt zum Anrufen ihrer Partner eines weiteren Beziehungselementes, hatte den Modus ihrer Beziehungsvermögens erweiternd verändert. Während wir uns anfangs im Atem-Dialog primär auditiv und haptisch-taktil aufeinander bezogen, bevorzugte sie zum Anrufen jetzt deutlich das visuelle Element. Ein Aspekt, der auch in den ersten medialen Beziehungen zwischen uns eine besondere Rolle spielte. Sie entstanden, wie ich nachfolgend anhand eine Gedächtnisprotokolls beschreiben werde, vornehmlich in Fördersituationen vor einem großen Standspiegel.

Da ich beobachtet hatte, daß Ellen sich gerne vor dem Spiegel selbst stimulierte, mir aber nicht sicher war, ob sie sich selbst tatsächlich erkannte oder er nicht eher eine besondere Komponente ihrer Stimulation war, bezog ich ihn in den Unterricht ein. Saß ich nur einfach neben ihr vor dem Spiegel, veränderte sie ihr Verhalten nicht, hing ich aber ein Tuch über ihn, unterbrach sie kurz die Autostimulation, um sie gleich wieder, aber mit geringerer Intensität fortzuführen. Zum Wegziehen des Tuches ließ sie sich nicht motivieren. Sprühte ich hingegen Seifenschaum auf den Spiegel, kratzte sie mit einer Hand so lange daran herum, bis sie sich wenigstens ein kleines Stückchen sehen konnte. Und genau in diesem Moment begegneten sich oft unsere

Augen im Spiegel, wurde er zum beziehungsvermittelnden Medium. Hier nun das mediale Beziehungsbeispiel:

> Wir sitzen gemeinsam vor dem großen Standspiegel im Nebenraum. Ellen schaukelt, atmet arrhythmisch und kichert seltsam dabei. Sie ist so mit sich beschäftigt, daß sie meine Gegenwart nicht wahrzunehmen scheint.
> Als ich den Spiegel dick mit Seifenschaum besprühe, reduziert sich ihr Schaukeln etwas, und sie hört auf zu kichern. Sie schaut mich kurz an, fährt dann aber mit ihrer Selbststimulation fort. Ich zeige ihr, wie die Male davor auch, daß man mit den Fingerspitzen den Schaum wegschieben kann. Da ich mir nicht sicher bin, ob sie meine Demonstration wahrgenommen hat, wiederhole ich sie mit ihrer Hand, worauf sie sofort ihr bisheriges Tun unterbricht und alleine vorsichtig, in Form ihrer stereotypen Handbewegung weiterkratzt. Als die Spiegelfläche an einer kleinen Stelle wieder erscheint, bücke ich mich so, daß sie mich im Spiegel sehen und die Wirkung ihrer Handlung besser erkennen kann. Sie hält sofort inne, die Tränenflüssigkeit ihrer Augen nimmt zu und ich fühle mich von ihr angerufen. Ich vergrößere daraufhin die Fläche mit der Hand, was Ellen wiederum zum Anruf wird. Mit ihrem Blick berührt sie mich wieder, ich fühle mich von ihr verstanden und wiederhole meine Tätigkeit am Spiegel, worauf sie diesmal nicht nur mit ihrer Art zu blicken, sondern auch mit einem Lächeln antwortet. Auf diese Bestätigung lächele ich zurück.
> Obwohl wir direkt nebeneinander sitzen, betrachten wir uns nur im Spiegel; er übermittelt uns quasi die gegenseitigen Antworten, hilft uns mittelbar einander zu verstehen und zu bestätigen. Jetzt hebt Ellen ihre Hand, berührt den Schaum und ich reagiere wieder mit einem Lächeln. Sie zieht ihre Hand daraufhin zurück, fixiert meine 'Spiegelbild'-Augen und lächelt dabei. Der Blick des einen wandert noch eine Weile anrufend oder rückrufend über das Gesicht des anderen, und wir stimmen in unserem Tun völlig miteinander überein. Der Spiegel ist in unserem Erleben bedeutungslos, wichtig ist nur der Andere, das intentionale Einssein mit ihm, ihn im ursprünglichen Sinne verstehen und sich von ihm verstanden fühlen.
> Der restliche Schaum ist inzwischen zerflossen, und als er in dicken Perlen auf den Boden tropft, werden wir auf ihn aufmerksam und unterbrechen unsere Beziehung. Versonnen, d.h. dem gerade Erlebten nachspürend, schauen wir den Tropfen zu und kehren dabei allmählich zu uns selbst zurück. Ellen nimmt, was mich sehr erstaunt, ihre Selbststimulation diesmal nicht wieder auf. Da es Zeit zum Frühstücken ist, helfe ich ihr beim Aufstehen und Zurückgehen in die Klasse.

Gegen Ende des Schuljahres nahm Ellen auf diese Weise auch zur Krankenschwester und -gymnastin mediale Beziehungen auf. Sie hatte ihre Beziehungsfähigkeit innerhalb kürzester Zeit um den medialen Aspekt erweitert. Außer der medialen Beziehungsvermittlung blieb unser

Tun vor dem Spiegel wenig wirkungsvoll, da Ellen sich dort zwar weniger stark stimulierte, allerdings nicht ganz darauf verzichtete. Aufgrund ihrer insgesamt größeren Weltoffenheit nahm sie aber in anderen Situationen bis zu 20 Minuten Anteil am Geschehen, bevor sie sich wieder in sich selbst zurückzog. Auch in Phasen des Alleinseins oder zur Entspannung nach einer Lernsequenz brauchte sie dies noch immer, vermutlich weil sie bisher zu wenig Handlungsalternativen kannte, ihr die nötige Selbstsicherheit zur Durchsetzung neuer fehlte oder sie das Vertraute benötigte, um sich von den vielen neuen Eindrücken zu erholen, bzw. um diese in ihrer Weise verarbeiten zu können.

Mit der Entfaltung ihres Ausdrucksvermögens im generalisierten, allgemeinverständlichen Sinne hatte das autostimulative Verhalten seinen Mitteilungscharakter weitgehend verloren. Um Aufmerksamkeit zu erlangen, rief sie entweder in ihrer Laut-Sprache oder brummte zunächst leise, dann immer lauter und fixierte dabei den entsprechenden Lehrer unaufhörlich. Reagierte niemand, weil beispielsweise alle mit anderen Schülern beschäftigt waren, versuchte sie gelegentlich durch langes Atemanhalten oder Hyperventilieren ihrem Wunsch mehr Ausdruck zu verleihen. Oft reichte schon ein betontes "Ellen!", zur Unterbrechung dieses Zustandes. Der weitgehende Verzicht auf den Kollaps als Ausdrucksmittel in Verbindung mit ersten Lautproduktionen dokumentierte ihr größeres Selbstbewußtsein und -vertrauen, das sich in anderer Weise ja auch in ihrer differenzierteren Augen-Sprache widerspiegelte, die Freude, Trauer, Interesse, Zuneigung und Ablehnung auszudrücken vermochte. Eine erstaunliche Entwicklung, wenn man bedenkt, daß sie zu Beginn des Schuljahres kaum Blickkontakt ertrug.
Daneben vermochte sie inzwischen aber auch, beispielsweise während des Frühstücks, ihre Wünsche gestisch auszudrücken, indem sie sich vorbeugte und die Nase auf Milch, Brot oder Joghurt richtete. Mit einem gepreßt klingenden Weinen äußerte sie den Wunsch zur Toilette gebracht zu werden, den wir, nachdem die Mutter uns darauf hingewiesen hatte, auch befolgen konnten.
Obwohl Ellen auch ihre Mitschüler genau beobachtete und sie zu kennen schien, war ihr Bedürfnis nach Aufmerksamkeit immer auf die Erwachsenen gerichtet. Die unermüdlichen Kontaktangebote von Ludwig erwiderte sie nicht. Bei den sozialen Spielen verfolgte sie konzentriert das Tun der anderen, ohne selbst aktiv zu werden. Vermutlich mußte sie erst einmal eine gewisse Sicherheit im Umgang mit Erwachsenen erfahren, damit sie sich auf dieser Vertrauensgrundlage den neuen Beziehungserfahrungen mit den Mitschülern zuwenden konnte.
Während Ellen zu Schuljahrsbeginn gar kein Interesse an Materialien zeigte, verfolgte sie nun solche, von denen starke Lichteffekte ausgingen, wie etwa Mobilés aus Glanzpapier. Ebenso motivierend fand sie augenbetonte Pappgesichter. Eine Neigung, die ihrer Fähigkeit, sich vornehmlich durch Betrachten mit der Welt auseinanderzusetzen, entsprach.
Im Rahmen des hauswirtschaftlich ausgerichteten Unterrichtes hatte Ellen gelernt, verschiedene Nahrungsmittel (Milchprodukte und Obst) multisensoriell wahrzunehmen. Sie konnte dabei Geschmacks- und Geruchsunterschiede differenzieren und gab besondere Vorlieben mimisch zu erkennen.

Die Brotstückchen brauchten ihr am Ende des Schuljahrs nicht mehr zwischen die Backenzähne geschoben zu werden, weil sie sie nun frei im Mund bewegen konnte. Die Mutter berichtete, daß Ellen zu Hause beim Füttern nicht mehr auf ihrem Schoß sitzen wollte und die passierte Nahrung "*meckernd*" ausspuckte. Sie hatte nun also genügend Selbstsicherheit, um sich gegen den häuslichen Füttermodus zu wehren und einen ähnlichen wie in der Schule durchzusetzen.
Außerdem hatten sich ihre Schlafstörungen und der starke Speichelfluß deutlich reduziert und sie wirkte ausgeglichener, was die Eltern als Entlastung empfanden.

Auch wenn sich für Ellen die familiäre Beziehungssituation nicht grundlegend änderte, hatte sie doch durch die Beziehung zu anderen Menschen gelernt, sich für Anregungen der Umwelt zu öffnen. Wie aufgeschlossen sie für neue Umgebungen und 'Lebenssituationen' geworden war, konnten wir am Ende des Schuljahres während der Klassenfahrt feststellen. Ihre anfängliche Skepsis wurde schnell von der Freude an gemeinsamen Aktivitäten abgelöst, die Beziehungen zu Mitschülern und Lehren intensivierten sich und blieben, wie ihre fröhliche Stimmung, nach der Freizeit noch erhalten.
Mit einem Beziehungserlebnis dieser Klassenfahrt, das mich noch lange bewegt hat, möchte ich die entwicklungsbezogene Darstellung abrunden.

> Der erste Tag unserer Klassenfahrt verlief sehr harmonisch, und um acht Uhr schlafen die meisten Schüler bereits. Nur Ellen, Hanne und Eveline, die sich ein Zimmer teilen, sind noch wach. Die Lehrer sitzen auf der Terrasse und entspannen sich von den ungewohnten Anstrengungen des Tages. Von Zeit zu Zeit schaue ich nach den dreien, decke sie erneut zu und versuche, sie zum Schlafen zu bewegen.
> Doch als ich gegen elf Uhr noch einmal durch alle Zimmer gehe und sie immer noch nicht schlafen, beginne ich mir Gedanken zu machen, vielleicht haben sie doch Heimweh. Ich setze mich zu jedem ans Bett und spreche beruhigend mit ihnen. Sie wirken aber eher zufrieden auf mich, keine Stimmung von Angst, Trauer oder gar Heimweh. Vermutlich halten Hanne und Eveline sich mit ihren Lauten nur gegenseitig wach.
> Ellen sitzt in ihrem Schlafsack am Fußende des Bettes und sieht sehr müde aus. Ich streichele ihr über den Kopf und lege sie hin, doch sie erhebt sich, wie die Male davor auch, gleich wieder und schaut mich an. Ich versuche noch mehrmals vergeblich sie hinzulegen. Schließlich lege ich mich neben sie, meinen Arm unter ihren Kopf und die andere Hand auf ihre Brust. Noch einmal versucht sie sich zu erheben, gibt meinem sanften Druck aber sofort nach, dreht den Kopf an meine Schulter und atmet tief. Ich bin von ihrer unerwarteten Reaktion[27] tief gerührt und atme ebenfalls ruhig und zufrieden. Wir atmen so eine Weile im gleichen Rhythmus, dabei schaut Ellen

---

[27] Anm.d.Verf.: Die Mutter hatte vermutet, daß Ellen in der fremden Umgebung keine Ruhe fände.

mich von unten her an. Ein glückliches Lächeln liegt auf ihrem Gesicht. Allmählich werden ihre Augen kleiner, ihr Atmen verselbständigt sich und sie schläft ein.
Innerlich sehr glücklich und bewegt, weil Ellen so viel Vertrauen zu mir hat und sich wohl bei mir geborgen fühlt, schaue ich ihr noch eine Zeitlang beim Schlafen zu. Vorsichtig ziehe ich schließlich meinen Arm unter ihrem Kopf hervor und stehe auf. Erst jetzt bemerke ich, daß Hanne nicht mehr liegt, sondern versonnen auf der Bettkante sitzt und Ellen anschaut. Da sie überaus sensibel ist und alle Stimmungsschwankungen wahrnimmt, bin ich mir sicher, daß sie die Besonderheit der Situation miterlebt hat. Aber auch Eveline, die angestrengt den Kopf reckt, hatte nicht wie sonst durch Rufen zu stören versucht.
Ich lege beide hin, erzähle ihnen noch eine beruhigende Geschichte und hoffe, daß auch sie in dieser friedlichen Atmosphäre einschlafen. Aber beide finden erst weit nach Mitternacht in den Schlaf.
An den folgenden Abenden schläft Ellen gleich von alleine ein.

Zusammenfassender Überblick nach dem zweiten Halbjahr:

Unterrichtsaspekte	Beziehungsvermögen	Entwicklungsstand
- gemeinsames Schaukeln - Betrachten vor dem Spiegel -Handmassage - Baden	- erste mediale Beziehungen zunächst zu mir - direkte und mediale Beziehungen zu den Kollegen - elementare und generelle Beziehungen nebeneinander - mit größerem Ausdrucksvermögen bessert sich die Beziehung zu ihren Eltern	- größere Aufnahmebereitschaft und geringere Selbststimulation - erträgt Berührungskontakte und sucht sie gelegentlich selbst - hält erste Gegenstände fest - zeigt Vorliebe für glänzende Materialien - äußert Wünsche und Bedürfnisse mimisch, gestisch und lautlich (weitgehender Verzicht auf den Kollaps als Ausdrucksmittel) - erste Ansätze zum Kauen

2.2.3 Reflexion und Interpretation des Entwicklungsverlaufes

Ellen war es aufgrund ihrer schweren körperlichen und geistigen Behinderung von Geburt an nicht möglich in erwarteter Weise mit der Umwelt zu interagieren. Ihr Verhalten blieb Eltern und Therapeuten fremd und unverständlich, so daß es ihnen nicht gelang für und mit Ellen eine Welt zu gestalten, die ihrem Auffassungsvermögen entsprach. Die Entwicklung umfänglicher Beziehungsstörungen war unausweichlich.
Zuvor habe ich die Ursachen und Folgen der Beziehungsstörung zu ihren Eltern ausführlich beschrieben und greife sie darum hier nicht noch einmal auf. Stattdessen will ich kurz nach ihren außerfamiliären Beziehungserfahrungen fragen, weil sie für die Unterrichtsplanung von grundsätzlichem Interesse waren. Wollte die zukünftige Förderung Ellen aus ihrer Selbstbezogenheit herausführen und sie zu schulischem Lernen befähigen, mußte versucht werden, bisherige Fehler zu vermeiden, d.h. nicht wieder aus dem Blickwinkel der sog. Nichtbehinderten-Welt erwartungsvoll auf Ellen zu schauen, sondern die Erziehung mußte unmittelbar bei ihr selbst, bei ihrer Lebenserfahrung beginnen. Fördererfahrungen hatte Ellen bis zu ihrer Einschulung ja reichhaltig machen können, aber es waren Erfahrungen, die immer mehr oder weniger schnell zum resignativen Rückzug auf beiden Seiten, beim Kind und Therapeuten führten. Zusammenfassend lassen sich zwei Tendenzen unterscheiden: Entweder ließ man es, wie im Kindergarten beispielsweise, beim reinen Dabeisein und half ihr erst gar nicht, das Geschehen um sie herum zu verstehen, oder konfrontierte sie mit einer pädagogischen Sachwelt, der sie, wegen der vorausgesetzten, aber fehlenden personellen Bindungen, keinen Sinn entnehmen konnte. So gelang es Ellen weder sich in die Gruppe der nichtbehinderten Gleichaltrigen zu integrieren, noch sich in der Auseinandersetzung mit Materialien eine Ersatzwelt für die mangelnden personellen Beziehungen zu schaffen. Weil beide Vorgehensweisen nicht Ellens Möglichkeiten entsprachen, sich unmittelbar, vorwiegend präreflexiv auf die Welt zu richten, blieben sie erfolglos und verstärkten zusätzlich ihre Beziehungsprobleme.
Auch im Rahmen der Krankengymnastik, der es primär um die Behandlung pathologischer Bewegungsmuster geht, erfuhr Ellen, besonders während der VOJTA-Therapie[28], wenig Möglichkeiten sich selbstentscheidend in das Bewegungsgeschehen einzubringen. Der erforderliche motorische Impuls wurde von den Therapeuten initiiert, ohne daß die Maßnahme für Ellen einsichtig gemacht worden wäre. Die mehrfach wechselnden Krankengymnasten und Methoden, die zu geringe Rücksichtnahme auf ihre tatsächlichen Bedürfnisse und das Unverständlichbleiben therapeutischer Handlungen können u.a. als Verursachungsfaktoren ihrer Berührungsängste bzw. Abwehr gegen körperliche Zuwendung angesehen werden.
Insgesamt hat Ellen bis zu ihrer Einschulung ein vielfältiges Förder- und Therapieangebot erfahren, das jedoch nicht bei ihren wirklichen Fähigkeiten ansetzte und darum nicht dazu diente, ihr die Welt verständlicher zu machen, damit sie sich in ihr verwirklichen konnte. Mit

---

[28] Anm.d.Verf.: Wobei ich die Sinnhaftigkeit der Therapie grundsätzlich nicht in Frage stelle, sondern lediglich die Art, wie sie von manchen Gymnasten gerade bei schwerstbehinderten Menschen angewendet wird.

kumulierendem Angebot und wachsender Überforderung blieb Ellen nur der Rückzug in die Selbststimulation oder anders, in die autologe Beziehung. In ihr schaffte sie sich eine ihr sinnvoll erscheinende Welt, die ihr wenigstens ein Mindestmaß an Selbstbestätigung und -findung gab. Sie entwickelte Handlungen und Aktivitäten, die ihr den Erhalt dieser subjektiven Welt sicherten, aber auf die Umgebung zwanghaft und stereotyp gleichförmig wirkten und darum als unsinnig abgelehnt wurden. Doch Ellen verschloß sich nicht völlig in ihnen, gab nicht auf, die Selbstbestätigung am Andern zu suchen und nutzte ihre präverbales Ausdrucksvermögen, um sich der Familie mitzuteilen. Weil ihre Mitteilungen als ungebührliche Provokationen erschienen, konnten sie nicht in gewünschter Weise beantwortet werden.

Genau hier, bei Ellens Bedürfnis nach Kontakt zu Menschen, nach Abgrenzung von ihnen und dem Wunsch sich selbst zu finden, hatte die schulische Förderung anzusetzen. Eine derartige, stereotypie-unabhängige Selbstbestätigung konnte sie nur finden, wenn sie mehr von sich selbst kennenlernte, sich ihres Körpers und ihrer Fähigkeiten bewußt wurde und im **verstehenden** Austausch mit anderen ihr Mitteilungsvermögen erweiterte. Um Ellens tatsächliche Bedürfnisse und Fähigkeiten erkennen und pädagogisch entsprechend aufgreifen zu können, war auch meinerseits ein Verstehen notwendig, das nur in einer **gemeinsam** zu gestaltenden Welt gefunden werden konnte, einer Welt, die nicht entstand, wenn ich von vornherein mit Erwartungen oder Zwängen auf sie zuging, sie an ihrer Selbststimulation zu hindern suchte oder sie gleich mit Lernmaterialien konfrontierte. Ihre vertrauten Handlungen mußte ich zum Mittelpunkt und in ihm uns beide zum 'Lerngegenstand' machen. Indem wir uns intentional aufeinander richteten, konstituierten wir gemeinsame eine Welt, die es uns ermöglichte, einander unmittelbar zu verstehen. In einer anforderungsarmen Atmosphäre ließ sie sich buchstäblich 'fallen', suchte von sich aus die schützende körperliche Nähe, die sie vorher immer geängstigt hatte. Unterstützt wurde der Prozeß des Selbsterlebens und -entscheidens durch häufige elementare Beziehungen zwischen uns, die das Vertrauen zum Andern und in die Richtigkeit des eigenen Handelns wachsen ließen. Ellen lernte somit innerhalb weniger Monate, beängstigende Situationen und eben nicht nur das Berührtwerden, sondern auch andere Aktivierungshilfen oder Lagepositionen beim Gepflegt- oder Gefüttertwerden zu ertragen und teilweise sogar zu genießen, wie beispielweise das Baden nach dem Massieren. Wichtig war, daß sie in allen Situationen selbst entscheiden konnte, ob sie den Kontakt wollte oder nicht. Da auch für die Kollegen die Entwicklung der Selbständigkeit und -bestimmung des schwerstbehinderten Kindes das oberste Erziehungsziel war, erfuhr sie im Umgang mit ihnen eine ähnliche Freiheit.

In der Reflexion der ersten elementaren Beziehungen mit ihr wurde mir deutlich, daß Ellen aufgrund ihrer besonderen Lebenserfahrung vor allem erst einmal Menschen als verläßliche Größe kennenlernen mußte. Unter Beibehaltung der stark beziehungsorientierten Unterrichtsinhalte während des gesamten Schuljahres, gab ich ihr die Möglichkeit, personelle Bindungen zu knüpfen, durch die sie ihr Verhältnis zu Menschen und Dingen stabilisieren und die Umwelt für sie sinnvoll werden konnte. Wir waren erstaunt, wie schnell sie nach den ersten Beziehungserlebnissen mit mir sich beziehend auf die Kollegen richtete und vermutlich nur, weil sie in der elementaren Beziehung zu uns genau die Selbstfindung durch Abgrenzung vom Anderen, aber nicht im reflexiven Akt, wie sie ihr immer angeboten wurde, sondern in der unmittelbaren Begegnung und nach Maßgabe ihrer Leiblichkeit fand. Sie erlebte sich als gleichwertigen Partner, konnte Einfluß nehmen und den Fortgang des Beziehungsgeschehens mitbestimmen. Eine Erfahrung, die ihr so viel Selbstvertrauen vermittelte, daß sie andere Möglichkeiten als den provozierten Kollaps als Ausdrucksmittel ihrer Wünsche entwickelte und sich schließlich sogar gegen die häuslichen Mechanismen, z.B. beim Füttern, durchzusetzen vermochte.

Angesichts der Schwere ihrer physischen, kognitiven, aber vor allem psychischen Beeinträchtigungen konnte nicht erwartet werden, daß Ellen ihre Selbststimulation gänzlich aufgeben würde. Sie benötigte sie vorerst, weil es ihr noch nicht möglich war, die vielen Impulse der Umwelt sinnvoll zu integrieren und für sich nutzbar zu machen. Doch die vergleichsweise schnelle Entfaltung ihrer Beziehungsfähigkeit, genauer, ihr flexibler, situationsbezogener Umgang mit den verschiedenen Beziehungselementen und -weisen ließ auf weitere Entwicklungsfortschritte hoffen, deren Voraussetzungen durch die Fähigkeit, sich Menschen mitzuteilen und auch von ihnen verstanden zu werden, geschaffen war. Außerdem trug sie durch ihr verändertes Verhalten wesentlich dazu bei, daß sich das Verhältnis zu ihren Eltern deutlich besserte.

In den folgenden zwei Jahren hat Ellen die Beziehungen zu den Lehren der Klasse intensiviert und erste Kontakte zu Mitschülern und Materialien aufgenommen.

3 Vergleichende Gegenüberstellung der beiden Entwicklungsverläufe - Wesensmerkmale elementaren Beziehungsverhaltens Schwerstbehinderter -

Jedes elementare Beziehungsgeschehen wird durch die Individualität der Beziehungspartner charakterisiert, und die zuvor aufgezeigten ersten Unterschiede in den Beziehungen zu Felix und Ellen belegen dieses Faktum. Vergleicht man die beiden Entwicklungsverläufe jedoch genauer miteinander, werden neben der Einmaligkeit eines jeden Vollzugs gewisse wesentliche Gemeinsamkeiten erkennbar, die Allgemeinaussagen über das elementare Beziehungsverhalten Schwerstbehinderter zulassen. In der Gegenüberstellung der Beziehungserfahrungen mit den beiden Schülern wird es möglich, die in der theoretischen Erörterung vorweggenommenen Sinn- und Strukturmerkmale, ihr Wesen, aus einer weiteren, der praktisch-biographischen Ebene heraus zu betrachten. Dabei wird noch einmal deutlich, wie sich die elementare Beziehung auf den verschiedenen lebensweltlichen Ebenen zu konstituieren vermag.
Im nachfolgenden exemplarischen, interindividuellen Vergleich, in der biographisch-pädagogischen Reflexion, werde ich deshalb nach den Beziehungsstörungen, der Beziehungsentwicklung, ihrer Wirkung, nach dem Verhältnis von Beziehungs- und Entwicklungsentfaltung sowie nach der Relation zwischen elementarer Beziehung und kindlichem Ausdrucksvermögen fragen, um schließlich zu begründen, wie sich der Schwerstbehinderte in und durch die elementare Beziehung selbst verwirklicht. Die primär pädagogische Reflexion wird die Erfordernisse an einen dem Beziehungsbedürfnis Schwerstbehinderter gerecht werdenden Unterricht offen legen und grundsätzliche didaktische Überlegungen zwangsläufig nach sich ziehen.

3.1 Zum Problem der Beziehungsstörung in der Vorschulzeit

Die hier exemplarisch für die Mitschüler stehenden Biographien von Ellen und Felix verdeutlichen, wie sehr schwerstbehinderte Kinder von Geburt an in ihren Interaktionen mit ihrer Umwelt und damit zwangsläufig auch in ihren Beziehungserfahrungen gestört und behindert sind. Ursachen hierfür sind aber nicht nur die physischen und psychischen Behinderungen der Kinder selbst, sondern ihre interaktionalen Möglichkeiten werden darüberhinaus maßgeblich vom Umgang bestimmt, den die Kinder selbst erfahren, d.h., von der Art und Weise wie Eltern, Betreuer oder Therapeuten mit dem Schwerstbehinderten und seinem vermeintlichen Anderssein zurecht kommen. Denn in der Regel wirkt sich die Geburt eines schwerstbehinderten Kindes stark verändernd auf das Leben der Eltern, auf ihre Psyche und die gesamte Familienstruktur aus, was zwangsläufig ihre Einstellung und ihren Umgang mit dem behinderten Kind beeinflußt, ihre Beziehung zueinander nachhaltig prägt.

Wenn ich hier beispielhaft die familiäre vorschulische Beziehungssituation von Ellen und Felix vorgestellt habe, geschah dies, weil sich anhand ihrer Lebensläufe die zwei charakteristischen Verhaltens- bzw. Reaktionsweisen von Eltern schwerstbehinderter Kinder aufzeigen lassen: zum einen die extreme Überbehütung und die weitgehende Isolation von der außerfamiliären Umwelt wie bei Felix, zum anderen der Versuch des Ignorierens der Behinderung und die Anpassung an die Normalität wie bei Ellen. Die Verhaltensweise der anderen, hier nicht beschriebenen Eltern bewegte sich zwischen diesen beiden Polen und hing wesentlich von ihrer Persönlichkeits- und Bildungsstruktur ab. So verschieden die Umgangs- oder Einstellungsweisen von Felix' und Ellens Eltern hier auch scheinen, haben sie doch ihren Ursprung in ein und demselben Problem aller, in der psychischen und später meist auch physischen Überforderung mit der Anerkennung und Erziehung eines schwer behinderten Kindes. Ein Problem, das verstärkt die Mutter trifft und dem bisher im wissenschaftlichen Bereich zu wenig Beachtung geschenkt wurde. Die Entwicklung so umfänglicher Beziehungsstörungen wie etwa bei Ellen könnten vermieden werden, wenn den Eltern rechtzeitig qualifizierte Hilfen zur Bewältigung ihrer psychoemotionalen, psychosomatischen oder sozialen Schwierigkeiten[1] angeboten würden.

Zuvor habe ich die Beziehungsstörungen zwischen den beiden Kindern und ihren Eltern bzw. ihrer Umwelt aus der Perspektive des Kindes heraus betrachtet, mit der Intention, die Auswirkungen der gestörten Eltern-Kind-Beziehung für die schulische Erziehung des Kindes darzustellen. Sollen nun aber allgemeinverbindliche Aussagen über das Beziehungsverhältnis zwischen schwerstbehinderten Kindern und ihren Eltern in ihrer Bedeutung für das spätere schulische Lernen gemacht werden, muß dieses Gefüge noch einmal von der Elternebene her beleuchtet werden, was mittels der sozialwissenschaftlichen Studie FRÖHLICHs[2] geschehen soll, weil sie die eigenen Beobachtungen und Erfahrungen in anderer Weise belegt.

Mitte der 80iger Jahre führte FRÖHLICH eine empirische Untersuchung zur Situation von Müttern schwerstbehinderter Kinder durch, mit dem Ziel, eine bessere "*Zusammenarbeit von Eltern und Schule bzw. Kindergarten und Frühförderung*"[3] zu erreichen. Aus der Vielzahl seiner Einzelergebnisse greife ich die heraus, die zur Erhellung der Mutter-Kind-Beziehung, vornehmlich im Vorschulalter, beitragen.

FRÖHLICH stellte fest, daß diese Mütter von Beginn der Mutterschaft an "*befremdende, ängstigende und subjektiv wie objektiv erschreckende Situationen*"[4] erlebten. Phasen der Angst und der Hoffnung wechselten abrupt. Erfahrungen, die auch Felix' und Ellens Mütter beschrieben haben. Aber als belastender empfänden die Mütter, und um die geht es ausschließlich in dieser Studie, die ausbleibenden oder unangemessenen Reaktionen auf ihre Zuwendung, die von Anfang an die Beziehung zwischen ihnen und ihrem Kind auf's schwerste belasteten. Nach FRÖHLICH entfiele bei den meisten Kindern "*das von der Natur vorgese-*

---

[1] vgl. FRÖHLICH,A.: *Die Mütter schwerstbehinderter Kinder*, Heidelberg 1986, 217

[2] ebd. 1986

[3] ebd. 1986, 14

[4] ebd. 1986, 217

hene feedback für die Mutter"[5], ihre Sensibilität würde bis zum Äußersten gefordert und gleichzeitig frustriert. Auch Felix und Ellen konnten anfangs kaum auf die Zuneigung ihrer Mutter reagieren und sie damit in ihrem Muttersein bestätigen, was diese verwirrte. Die eigene Unsicherheit führe schließlich zu ambivalenten Gefühlen ihrem Kind gegenüber, das als "*Ursache all dieser mißglückten persönlichen Lebenssituationen*"[6] empfunden würde. Aufgrund dieses Empfindens machten sich Schuldgefühle breit und mündeten in einem Konflikt mit der gesellschaftlich erwarteten Mutterrolle, vornehmlich mit der geforderten "*Mutterliebe*"[7]. Die Konsequenzen, die aus einem derartigen Konflikt für die Mutter erwachsen können, beschreibt FRÖHLICH folgendermaßen:

"*Aus der Analyse aktueller, soziologischer und sozialpsychologischer Modelle kann geschlossen werden, daß es Belohnungssysteme für Mutterliebe gibt, die aber alle versagen, wenn das Objekt dieser gesellschaftlich geforderten Mutterliebe ein schwerstbehinderes Kind ist. Durch die Existenz eines solchen Kindes wachsen der Mutter langfristig Aufgaben zu, die sie psychisch, physisch, aber auch gesellschaftlich überfordern. Sie folgt in der vergeblichen Bewältigung ihrer Probleme vorgegebenen Mustern der psychosomatischen Erkrankungen (Richter, 1973; Beckmann, 1977) bis hin zu psychischen Veränderungen im Sinne der Depression, äußerstenfalls bis zum Suizid.*"[8]

Doch in dieser Identitätskrise blieben die meisten Mütter allein. Ratschläge, Empfehlungen und Anweisungen von Seiten der sog. Fachleute machten nach FRÖHLICH "*die Privatheit einer frühen Mutter-Kind-Beziehung*"[9] öffentlich und überdeckten den Schmerz und die Verzweiflung. Die anfängliche verzweifelte Suche nach einer Ursache für Ellens Behinderung und ihr abweisendes Verhalten symbolisiert die persönliche Krise, in der sich nicht nur die Mutter, sondern auch der Vater befanden. Da ihnen aber niemand eine Lösung oder andere Hilfen zur Bewältigung ihrer Enttäuschungen anbieten konnte, verstärkten sich ihre Beziehungsprobleme weiter.

Der meist labile Gesundheitszustand schwerstbehinderter Kinder, verbunden mit den erforderlichen medizinischen und pflegerischen Maßnahmen ist ein weiterer wesentlicher Belastungsfaktor für die Mütter. FRÖHLICH führt in diesem Zusammenhang aus: "*Schockzustände und psychische Trennungen vom Kind bewirken mit dessen auch kommunikativer Beeinträchtigung eine Beziehungsstörung, die sich als folgenschwer für jede erzieherische Zuwendung erweist.*"[10]

---

[5] ebd. 1986, 245
[6] ebd. 1986, 256
[7] vgl. ebd. 1986, 255
[8] ebd. 1986, 255
[9] ebd. 1986, 256
[10] ebd. 1986, 217

Desweiteren stellt FRÖHLICH in seiner Untersuchung fest, daß durch die Häufung der ungünstigen Faktoren die Familienentwicklung hochkompliziert und die Mutter, obschon der Vater auch unter der besonderen Lebensituation leide, *"zum auffälligsten Symptomträger"*[11] würde. Erführe die Familie keine Hilfe zur Bewältigung ihrer psychischen Probleme, so sei *"mit hoher Sicherheit für das System der Familie ein Übergang von zwangloser Kohäsion (Neidhardt, 1975, 167) zu zwanghafter Kohäsion anzunehmen. Das bedeutet, daß sich der wünschenswerte Zusammenhalt des Familiensystems nicht mehr 'durch die erfolgreiche Befriedigung der Interessen und Bedürfnisse seiner Mitglieder' ergibt (Neidhardt, 1975, 167). Vielmehr besteht das System nur noch unter Druck mit hohen sozialen 'Kosten' für alle Mitglieder, speziell für den 'Symptomträger' der Familie."*[12] Diese Negativentwicklung konnte ich bei zwei Dritteln der kennengelernten Familien beobachten.

Der Zusammenhalt eines Familiensystems, in dem die Mitglieder keine eigenen Bedürfnisse mehr verwirklichen können, wird dann häufig nur noch durch das behinderte Kind gewährleistet. Das äußert sich beispielsweise darin, daß die Eltern, wie etwa die von Eva, über nichts anderes miteinander sprechen, als über das Kind, das, selbstverständlich unbewußt, zum Regulator des gesamten Familienlebens wird, in dem langfristig die Mitglieder aneinander erkranken, wenn nicht Hilfe von außen kommt. Mit FRÖHLICH ist im *"personenzentrierten Gespräch"*[13], der humanistischen Familientherapie, eine Möglichkeit zu sehen, über eine Elimination oder Reduktion der intrafamiliären Interaktionsstörungen, dem schwerstbehinderten Kind letztendlich doch die Gelegenheit zu geben, unbelastete, stabile oder verläßliche Beziehungen zu erfahren, die ja Grundvoraussetzungen für kindliches Bindungsverhalten[14] schlechthin sind.

Auch Ellen und Felix fehlten zu Beginn ihrer Schulzeit die erforderlichen Beziehungserfahrungen, um entsprechende personelle und materielle Bindungen knüpfen zu können.

Schenkt man aber den gravierenden Beziehungsstörungen zwischen Eltern und Kind im schulischen Bereich nicht die notwendige Beachtung, konfrontiert man den Schwerstbehinderten ungeachtet seiner bisherigen Beziehungserfahrungen mit einer Lernwelt, der er aufgrund der fehlenden Beziehungsvoraussetzungen gar keinen Sinn entnehmen kann, provoziert man damit die nächsten Beziehungsstörungen, nämlich die zwischen Kind und Lehrer. Gegenseitige Erwartungen können wieder nicht erfüllt werden. Felix' erstes Schuljahr ist ein Beleg für die anfänglichen Fehlentscheidungen des Lehrers.

Ellens relativ schnelle Entwicklung kurz nach ihrer Einschulung macht demgegenüber deutlich, daß die Beziehung selbst zum Ansatzpunkt der Erziehung Schwerstbehinderter werden muß, d.h. Schüler und Lehrer müssen zunächst einander in der Beziehung kennen- und verstehen lernen. Und gerade im ursprünglichen Verstehen, das ja das Charakteristikum der elementaren

---

[11] ebd. 1986, 217

[12] ebd. 1986, 218

[13] vgl. ebd 1986, 221f.

[14] vgl. EGGERS,Ch.(Hrsg.): *Bindungen und Besitzdenken beim Kleinkind*, München 1984

Beziehung ist, erlebt sich, bei völliger gegenseitiger Akzeptanz, das Kind nicht nur selbst, sondern erfährt auch im Lehrer einen verläßlichen Beziehungspartner, fühlt sich in dieser unmittelbaren Begegnung uneingeschränkt in seinem Sein bestätigt und angenommen.
Jetzt darf aber auf keinen Fall hieraus abgeleitet werden, daß elementare Beziehungen die gestörten elterlichen Beziehungen ersetzen könnten, denn jede Beziehung ist einmalig, durch die Individualität der beiden Partner - wie ich eingangs festgestellt habe - bestimmt und damit durch niemanden zu ersetzen, schon gar nicht die Beziehung zwischen Mutter und Kind, die schon von Natur aus immer eine besondere ist. Der leibhafte Dialog zwischen Schüler und Lehrer dient lediglich dem gegenseitigen Verstehen, damit dem Kind im Selbsterleben die Voraussetzungen für schulisches Lernen vermittelt werden, und der Lehrer eine dem Kind angemessene Erziehung verwirklichen kann, in der die Hinführung zu generellen Beziehungen immer oberstes Ziel sein muß.
Die größere Weltoffenheit, die das Kind durch die Bindung an den Lehrer erlangt, bleibt nicht ohne Wirkung auf die familiären Beziehungen. Das Kind, Ellen beispielsweise, unternimmt schließlich selbst den Versuch, den Dialog mit den Eltern und Geschwistern zu verändern. Von den meisten Familien wird diese Veränderung als erste Entlastung empfunden. Doch in Einzelfällen, bei besonders homöostatischen Familiengefügen, wird die Selbstbehauptung des Kindes als Bedrohung der vertrauten, meist sehr statischen Umgangsweisen und für den familiären Zusammenhalt erlebt. Kann das Kind seine neuen Bedürfnisse aufgrund der Veränderungsängste der Eltern zu Hause nicht durchsetzen, entwickelt es, wie etwa Felix, zwei, eine schulische und eine familienbezogene Verhaltensweise, die ihm den befriedigenden Erhalt der jeweiligen Beziehungen sichert.
Schwerstbehinderte Kinder sind, wenn sie genügend Selbstsicherheit in der unbelasteten elementaren Beziehung erfahren haben, durchaus in der Lage, ihre Umwelt differenzierter und situationsbezogener wahrzunehmen. Darum halte ich es für unnötig, die ohnehin schon überlasteten Eltern zu 'Kotherapeuten' der schulischen Erziehung zu machen. Jeder Mensch braucht seine Privatsphäre, in der er sein Leben, seine Beziehungen selbst bestimmen kann. Lehrer haben nicht das Recht, den Privatbereich schwerstbehinderter Kinder und ihrer Familien zur öffentlichen Angelegenheit zu machen und durch Fördervorschläge zu stören, die die Familie letzendlich mehr verunsichern als sie dem Kind helfen. Der Lehrer sollte die Beratung an entsprechend ausgebildete Psychologen oder Familientherapeuten deligieren und sich darauf beschränken, dem schwerstbehinderten Kind durch eine angemessene Erziehung zu größerer Selbstsicherheit und -bewußtsein zu verhelfen, damit es selbst nach Maßgabe seiner Leiblichkeit seine Umwelt mitgestalten und ggf. verändernd beeinflussen kann.

3.2 Elementare Beziehung in ihrer Bedeutung für Lernen und Entwicklung des Kindes

Die Biographien schwerstbehinderter Kinder lassen das Phänomen der Schwerstbehinderung im wesentlichen als extreme Beziehungsstörung zwischen Kind und personeller bzw. gegenständlicher Umwelt erscheinen. Innerhalb des zuvor skizzierten familiären und außerfamiliären Bezugsrahmens hat jede Störung ihre besondere Eigenart und ist darum trotz erkennbarer Gemeinsamkeiten stets als individuelles Problem im Förderprozeß anzugehen. Während bei Felix die Beziehung zu seinen Eltern weniger belastet war als bei Ellen, hatte er kaum Gelegenheit, mit der außerfamiliären Welt in Beziehung zu treten[15]. Durch die enge, auf Versorgung und Behütung ausgerichtete Beziehung der Familie zu ihm, fehlte Felix zu Beginn der Schulzeit die nötige Lebenserfahrung, um mit neuen Personen, Dingen und Situationen zurechtzukommen. Demgegenüber war Ellen in einer weniger behütenden, mehr fordernden Umwelt aufgewachsen[16]. Das umfängliche Frühförderangebot entsprach aber nicht ihren Fähigkeiten und Erwartungen, konnte also ihre Beziehungsprobleme nicht überwinden helfen. In der Schule mußten ihr vor der Vermittlung der dinglichen Welt Hilfen zur Bewältigung ihrer personellen Beziehungsstörungen gegeben werden.

Obwohl bei beiden Kindern andere Umstände zur Manifestation der Beziehungsstörungen beitrugen, sahen beide im Rückzug auf sich selbst, auf die autoaggressive Selbststimulation, die einzige Möglichkeit, sich eine Ersatz-Welt für die unzureichenden Beziehungen zu schaffen. Im ersten Teil der Arbeit habe ich die Autostimulation Schwerstbehinderter, von Bewegungs- über sensorielle Stereotypien bis hin zu Selbstverletztungen als Ausdrucksweisen ihres Zur-Welt-Seins im Leib darzustellen versucht. Mit seinen präreflexiven Handlungen wirkt das Kind auf die Welt ein, verleiht ihr subjektiv Sinn und macht sie sich dadurch zueigen.

"*Auf der Folie der Leiblichkeit*"[17] läßt sich das autoaggressive Verhalten von Ellen und Felix ergänzend mit PFEFFER folgendermaßen auffassen:

"*Leib und Welt sind unabdingbar aufeinander bezogen. Der eigene Leib wird im Weltbezug zwar als der 'ständig Überschrittene' erfahren, zugleich aber von den Dingen angezeigt (vgl. SARTRE 1952, S.417f.). Das bedeutet: Eigenleiberfahrung ist letztlich Welterfahrung, der eigene Leib ist der Repräsentant seiner Welt, auf die hin er gerichtet ist. Demnach ließe sich die Autoaggression als echte Aggression verstehen, eine Aggression gegen eine ihm unangemessene Welt, die im Leiberleben widergespiegelt ist. Was sich hier gegen den eigenen Leib richtet, richtet sich gleichzeitig gegen die Welt, die er repräsentiert.*"[18]

---

[15] Anm.d.Verf.: genauso auch Eva, Nils, Angelika oder Astrid

[16] Anm.d.Verf.: ebenso wie Hanne, Anna oder Eveline

[17] PFEFFER,W.: *Leibhaftes Lernen bei geistig Behinderten*, in: Zt. Geistige Behinderung, 25.Jg., 2/1986 a, 97

[18] ebd. 1986a, 97

Durch die Vertrauen schaffende Bindung an den Lehrer wurde Ellen, z.B., auf die anderen Mitschüler und Lehrer aufmerksam, und Felix begann, sich für Gegenstände zu interessieren.

Beide Eigenschaften der elementaren Beziehung, die Überwindung der Beziehungsstörung und das Knüpfen von entwicklungsfördernden Bindungen, verwirklichen sich in enger Wechselwirkung miteinander. Diese wiederum bedingt, daß der leibhafte Dialog im beziehungsorientierten Unterricht gleichzeitig **Voraussetzung für und Verwirklichung des kindlichen Lernens und Entwickelns ist**, d.h., durch die Überwindung der Beziehungsstörung wird schulisches Lernen überhaupt erst möglich, doch das erste elementare Beziehungserleben stellt bereits einen Lernprozeß dar, in dem sich das Kind entfaltet.
Dem Gedanken des schulischen Lernens ist weiter nachzugehen und, in Anknüpfung an die Ausführungen im theoretischen Teil, nach einer phänomenologischen Begründung zu fragen. Vorher will ich zur Veranschaulichung der weiteren Reflexion stichpunktartig wesentliche Merkmale der Entwicklung von Felix und Ellen vergleichend gegenüberstellen, wobei deutlich wird, daß Lernen und Entwicklung des Kindes in einem zirkulären Verhältnis zueinander stehen.

Felix

- Beziehungsstörungen zu Personen und Materialien
- elementare direkte Beziehung zum Lehrer
- Reaktion auf stimulierendes Lernangebot
- elementare direkte Beziehungen zu Mitschülern
- elementare Beziehungen über weitere Beziehungselemente
- Reduktion: Autostimulation, Speichelfluß, Körpergeruch
- lautliche und mimische Äußerungen als bedeutungsvolle Mitteilungen an Lehrer und Mitschüler
- äußert Wünsche und Bedürfnisse
- erkennt erste Zusammenhänge
- ißt feste Nahrung
- hält Gegenstände fest, bessere Kopfkontrolle
- mediale Beziehungen
- generalisierte Beziehungen über die bekannten Personen hinaus
- Orientierung in fremder Umgebung
- eigenaktive Auseinandersetzung mit der Lernumwelt

Ellen

- Beziehungsstörungen zu Personen und Materialien
- elementare direkte Beziehung zum Lehrer
- Reaktionen auf stimulierendes Lernangebot; größere Umweltzugewandtheit
- elementare Beziehungen über weitere Beziehungselemente
- Reduktion: Selbststimulation, Speichelfluß
- lautliche und mimische Äußerungen als bedeutungsvolle Mitteilungen an die Lehrer der Klasse
- äußert Wünsche und Bedürfnisse
- ißt feste Nahrung; Erfolge bei der Sauberkeitserziehung
- hält Gegenstände fest; mehr Rumpfstabilität
- mediale Beziehungen
- zeigt Vorliebe für bestimmte Materialien

- wird auf Mitschüler aufmerksam

Trotz aller Individualität im Entwicklungsvermögen und -vollzug der Kinder treten gewisse Parallelitäten auf, die zur Wesenserfassung elementarer Beziehungen im Lernprozeß beitragen. Das elementare Beziehungsgeschehen entfaltet sich bei beiden vom direkten Dialog mit einem bevorzugten Lehrer bis zu generellen Beziehungen[20] zu den anderen Lehrern, bei Felix auch zu den Mitschülern. Dabei ist auffallend, daß sich nicht nur die Beziehungspartner ändern, sondern auch die Form des Beziehungsverlaufes selbst, d.h. die Schüler lernen durch die Beziehungserfahrung über verschiedene Elemente den Dialog zu initiieren oder zu unterhalten. Im fünften Kapitel habe ich anhand des helicalen Beziehungsmodells die horizontale und die vertikale Dynamik des elementaren Vollzugs zu verdeutlichen versucht. Führt man sich die verschiedenen Beziehungsbeschreibungen noch einmal vor Augen, wird deutlich, daß die vertikale Dynamik, d.h. das phasige Geschehen - von der Annäherung bis zur Entfaltung - in allen direkten und medialen Beispielen erhalten bleibt. Durch die Erweiterung des Anruf- bzw. Antwortrepertoirs, durch die Hinzunahme weiterer Beziehungselemente vergrößert sich die Dynamik des Geschehens in horizontaler Hinsicht, d.h. zwischen den beiden Partnern. Auf die Entfaltung der elementaren Beziehungsfähigkeit des schwerstbehinderten Kindes in seiner Bedeutung für das 'generelle' Ausdrucksvermögen komme ich später noch einmal zurück, um dabei die strukturellen Wesensmerkmale der elementaren Beziehung besonders zu berücksichtigen.

Auffallend ist in beiden Entwicklungsverläufen, und darum weise ich hier auf diesen Aspekt hin, daß mit größerer Dynamisierung des Beziehungsprozesses auch eine Entfaltung in anderen Entwicklungsbereichen einhergeht, z.B. in der Selbstversorgung (Essen fester Nahrung), in der Fein- und Grobmotorik (Festhalten von Gegenständen, mehr Rumpfstabilität), in der Wahrnehmung (differenziertes Reagieren auf Reize), im Denkvermögen (Erkennen von Zusammenhängen), im Selbsterleben und in der Selbstbehauptung (Artikulieren und Durchsetzen von eigenen Wünschen).[21]
Lernen kann auf der phänomenologischen Grundlage nicht heißen, Adaptation des schwerstbehinderten Kindes an bestehende kulturelle und gesellschaftliche Sinnstrukturen, sondern Entfaltung seines eigenen Vermögens, im fortwährenden zirkulären Austausch zwischen wahrnehmend-handelndem Leib und sinnlicher Welt Sinn zu stiften und sich dabei selbstverwirklichend in die Gemeinschaft zu integrieren. Um Aussagen über das Lernen Schwerstbehinderter machen zu können, muß man zu verstehen versuchen, wie es sich in konkreten Wahrnehmungs- und Handlungssituationen zeigt. Der phänomenologische Zugang unterscheidet sich darin wesentlich von dem der lerntheoretischen oder entwicklungspsychologischen Forschung, die von "*Resultaten, von operationalisierbaren Leistungen*"[22] ausgeht. MEYER-DRAWE bemerkt dazu kritisch: "*Sowohl im alltäglichen wie auch im wissenschaftli-*

---

[20] Anm.d.Verf.: vgl. Kap. 5.3

[21] Anm.d.Verf.: vgl. Kap. 5.3.2.

[22] MEYER-DRAWE,K.: *Lernen als Umlernen*, in: LIPPITZ,W./MEYER-DRAWE,K.: *Lernen und seine Horizonte*, Frankfurt/M. 1986^3, 22

chen Gebrauch des Wortes 'Lernen' dominiert ein teleologisches Verständnis, das das Lernen jeweils nur aus der Sicht des Gelernten oder des zu Lernenden sehen läßt. Das Wie des Lernens, der Prozeß, 'ist im Resultat verschwunden und zu etwas Beiläufigem geworden' (BRUCK 1969, 11)."[23]

In den wissenschaftlichen Theorien des Lernens, so führt MEYER-DRAWE weiter aus, würden "*zumeist die Vorzüge präobjektiven und präpersonalen Wahrnehmens und Handelns im Hinblick auf ihre praktische Relevanz*"[24] übersprungen. Will man aber das Lernen vom Kind aus auffassen, dann sind beim Schwerstbehinderten gerade diese vorbewußten Erlebnis-, Wahrnehmungs- und Handlungsdimensionen, sein Vermögen, mittels seines Leibes Sinn zu stiften, besonders zu berücksichtigen. Ein Aspekt, dem PFEFFER in seinem Aufsatz "*Leibhaftes Lernen bei geistig Behinderten*"[25] Rechnung zu tragen versucht. In dieser Schrift kehren wesentliche phänomenologische Gedanken zum Leib als Zur-Welt-Sein des Menschen, wie ich sie im ersten Teil aufgezeigt habe, wieder und werden mit dem Lernen des behinderten Kindes in Verbindung gebracht. Einige Grundaussagen lasse ich noch einmal Revue passieren, damit sein Verständnis vom 'leibhaften Lernen' in seiner Relevanz für den beziehungsorientierten Unterricht erscheint.

"*Als Leib ist der Mensch zur Welt und in ihr.*"[26] MERLEAU-PONTY sagt, daß der Leib unsere Verankerung in der Welt ist und nur durch ihn könnten wir eine Welt haben[27]. Im Leib habe der Mensch "*'eine präobjektive Sicht' (MERLEAU-PONTY 1966, S.104) ein 'präreflexives Bewußtsein' (SARTRE 1952, S.413) von der Welt, auf die er gerichtet ist.*"[28] Der Mensch kann sich also vorbewußt, vor jedem "*Nachdenken über*"[29] auf die Welt hin orientieren, sich in ihr engagieren. "*Mein Leib hat seine Welt oder begreift die Welt, ohne erst den Durchgang durch 'Vorstellungen' zu nehmen oder sich einer 'objektivierenden' oder 'Symbol-Funktion' unterordnen zu müssen.*"[30]

Im ersten Teil habe ich an MERLEAU-PONTYs Verständnis vom 'Wohnen' darzustellen versucht, daß das vorobjektive Verhältnis zwischen Mensch und Welt ein dialektisches und durch die Intentionalität des Leibes gegeben ist. Mittels des Leibes, in dem die 'Welt-an-sich' zur 'Welt-für-mich' wird, stiftet der Mensch Welt, verleiht ihr Sinn und entwickelt ein Bewußtsein von der Welt. Das Verhältnis von Leib und Geist habe ich darum zuvor als 'zirkuläre Kausalität' bezeichnet. In Anlehnung an SARTRE faßt PFEFFER das Bewußtsein als nicht identisch mit dem Leib auf, "*überschreitet es ihn doch ständig auf die Welt hin, doch dieses Vermögen ist eben die Bewußtseinsstruktur des Leibes.*"[31] Daraus folgert er, daß es kein

---

[23] ebd. 1986, 22
[24] ebd. 1986, 21
[25] PFEFFER 1986a, 94-104
[26] ebd. 1986a, 95
[27] vgl. ebd. 1986a, 95
[28] ebd. 1986a, 95
[29] ebd. 1986a, 95
[30] MERLEAU-PONTY 1966, 170 nach PFEFFER 1986a, 95
[31] ebd. 1986a, 95

weltunabhängiges Eigenleib-Erleben, kein situations- und weltunabhängiges 'Körperschema' gebe. "*Selbst-Bewußtsein, Selbst-Gefühl, Ich-Erleben sind nichts anderes als die individuelle Seite des Welterlebens und des Bezugs zur Welt. Das hat die Pädagogik zu beherzigen.*"[32]

PFEFFER versteht unter **Lernen** die Aneignung von Welt, "*nämlich die Aneignung von menschlicher Welt (Kommunikation), von dinglicher Welt (Erleben, Gestalten) und seiner selbst (Personalisation). Diese Aneignung ist erlebend, insofern sich der Mensch von der Welt beeindrucken läßt und sie aufnimmt, und gestaltend, insofern er die Wirklichkeit sich gestaltend und sie verändernd aneignet.*"[33]

Überträgt man diese Aussagen auf die Entwicklungsverläufe von Felix und Ellen, dann wird deutlich, daß ihre Aneignung der Welt in und durch die elementare Beziehung zunächst eine erlebende war. Beide ließen sich von ihr beeindrucken und nahmen sie auf, um sie schließlich sogar 'bewußt' beeinflussen bzw. gestalten zu können.

PFEFFER unterscheidet vier Möglichkeiten leibhaften Lernens:

1. Lernen im direkten leiblichen Kontakt

Eine Lernform, die der im elementaren Beziehungsvollzug am nächsten kommt. "*Leibhaftes Lernen erweist sich hier als wechselseitige 'Aneignung' des Anderen im zärtlich leiblichen Kontakt (Gehaltenwerden, Hautkontakt, Angesprochenwerden), als 'Aneignung' seiner selbst und als 'Aneignung' dinglicher Welt im unabdingbaren Zusammenhang leibhafter Begegnung mit der Betreuerin.*"[34] Leibhaftes Lernen dieser Art ist für PFEFFER "*Kommunikation und befähigt zur Kommunikation*"[35]. Aufgrund der Uneinheitlichkeit im Kommunikationsverständnis halte ich es für sinnvoller, auf dieser Ebene von 'Beziehung' zu sprechen. Im leiblichen Kontakt' oder in der Beziehung wird dem Kind eine Welt geboten, in der sich, wie LANGEVELD sagt, Sachen und menschliche Beziehungen verbinden und die Begegnung der Vermittler ist. "*Im Bieten verbinden sich Sachen und mitmenschliche Beziehungen - Sachen und Begegnung, Begegnung als Vermittlung. Wer begegnet, der vermittelt, überträgt und ruft denjenigen auf, der erlebt und verarbeitet, bzw. zu verarbeiten versucht. Die im Selbstsein gelebte Welt, meine und deine Welt, enthält sachliche und personale Kenntnisnahme zugleich.*"[36]

Elementare Beziehung, die von Leib ausgeht und auf Leib gerichtet ist, stellt in besonderer Weise einen Vermittler zwischen Kind und Welt dar. Sie gibt dem Kind die Möglichkeit, nach Maßgabe seiner Leiblichkeit in der Welt Sinn zu stiften und sich von ihr 'Wissen' anzueignen.

---

32 ebd. 1986a, 95

33 ebd. 1986a, 96

34 ebd. 1986a, 96/97

35 ebd. 1986a, 97

36 LANGEVELD,M.J.: *Gelebte und gebotene Welt- Eine pädagogische Meditation*, in: LIPPITZ/MEYER-DRAWE 1986, 78

Ein 'Wissen', das zunächst vortheoretischer oder vorobjektiver[37] Art ist. Im theoretischen Teil habe ich darzustellen versucht, daß der "*Leib als Vermögen der Sinngebung*"[38] gleichzeitig auf verschiedenen Ebenen Wissen von der Welt zu erlangen vermag, und sich die Sinnstiftung Schwerstbehinderter zwar zunächst vorbewußt vollzieht aber nicht punktuell gegenwärtiger Art ist. Der Mensch kann in seinem Leib 'Zeit' konstituieren, selbst festsetzen[39]. Weil PFEFFER diese leibgegebene Fähigkeit anschaulich und in Parallelitäten zu den Entwicklungsverläufen der beiden dargestellten Schüler beschrieben hat, lasse ich ihn hier selbst zu Wort kommen:

"*Leib-Sein heißt in Erwartung sein. Die in den leiblichen Erwartungen konstituierte Zukunft gründet in den 'Erinnerungen' des Leibes. Die nicht tilgbaren Erinnerungen an Wärme, Geborgenheit, Bewegung und pulsierendes Leben im Mutterleib zeitigen entsprechende Erwartungen nach zärtlichem Kontakt, in denen ein Zukunftshorizont des Daseins konstituiert wird, die ihm gemäße Welt.*"[40]

Felix und Ellen lebten "*keineswegs in einer zeitlosen Gegenwart, sondern in der existentiellen Spannung von positiven Leiberinnerungen und Leib-erwartungen*"[41] So konnten beispielsweise beide, anknüpfend an die ersten elementaren Beziehungserinnerungen zu mir, sich erwartungsvoll beziehend auf die Kollegen oder Mitschüler richten. Diese Beobachtungen bestätigen nochmals die Feststellungen im ersten Teil, daß elementare Beziehungen von Retentionen, von einem Früher ausgehen und auf Protentionen, auf ein Später weisen. In der elementaren Beziehung, im Jetzt, knüpft das schwerstbehinderte Kind präreflexiv Verbindungen als Synthese "*von Jetzt, Früher und Später, von Jetzt, Retention und Protention*"[42]. Diese präreflexiven Synthesen bilden die Voraussetzungen für Sinnstiftungen auf reflexiver Ebene. Sinnstiftunng ist demnach auf allen Ebenen "*in eins Deutung der Welt und Selbstauslegung: Deutung seiner selbst in Bezug zur Welt und Deutung in Bezug zum Selbst*"[43]. Indem der Lehrer in der elementaren Beziehung zur Welt für das Kind wird, findet es hierin seine "*Erwartungen nach zärtlichem Kontakt*"[44] bestätigt, kann sich in der geborgenen Atmosphäre selbst in Bezug zur Welt bezeugen. Das schwerstbehinderte Kind findet in dieser besonderen, selbstbestätigenden Situation die Voraussetzung, um später "*in der existentiellen Spannung von positiven Leiberinnerungen und Leiberwartungen*"[45] auch auf reflexiver Ebene Sinn zu stiften.

---

37 vgl. MEYER-DRAWE 1986, 33
38 LIPPITZ 1980, 38
39 vgl. PFEFFER, 1986 a, 98
40 ebd. 1986 a, 98
41 ebd. 1986 a, 98
42 PFEFFER 1986, 14
31 ebd. 1986, 18
44 PFEFFER 1986a, 98
45 ebd. 1986a, 98

Die Selbstauslegung und die Deutung der Welt erfolgen in jeder elementaren Beziehungssituation anders, verändern bzw. erweitern den Erfahrungshorizont. Das Kind lernt also. Es verändert dabei nicht nur seine Beziehungserfahrung, sondern das Lernen verändert auch "*die spezifische Weise des Zur-Welt-Seins des Lernenden, wandelt sein Wahrnehmen, Denken und Handeln.*"[46] Lernen ist für MEYER-DRAWE darum immer ein Um-Lernen. Mit BRUCK stellt sie fest: "*Wer umlernt, wird mit sich selbst konfrontiert, er kommt zur Besinnung. Nicht nur gewisse Vorstellungen wandeln sich, sondern der Lernende selbst wandelt sich. Kraft dieser prinzipiellen Negativität ist das Geschehen des Lernens die Geschichte des Lernens selbst.*"[47]

Da Lernen auf jeder, d.h. sowohl auf der präreflexiven wie auf der reflexiven, Ebene immer ein Um-lernen darstellt, ist mit ihm gleichzeitig auch eine Gesamtentwicklung verbunden, zeigten Ellen und Felix in allen Entwicklungbereichen deutliche Fortschritte. Jetzt wird deutlich, warum die elementare Beziehung die Fähigkeit besitzt, gleichzeitig Voraussetzung und leibhaftes Lernen des Kindes zu sein. Diese doppelte Wirkweise macht es dem Kind möglich, sich ganz verschiedenen, auch beziehungsunabhängigen Lernangeboten zu zuwenden.
Drei weitere Formen des leibhaften Lernens, in denen die Gegenstandswelt zunehmend an Bedeutung gewinnt, will ich mit PFEFFER kurz verdeutlichen, weil auch sie im beziehungsorientierten Unterricht, wie ich im nächsten Teil noch ausführlich zeigen werde, wiederzufinden sind.

2. Leibhaftes Lernen als Anregung des Leibes

"*Leibhaftes Lernen besteht hier darin, die Wahrnehmungsfähigkeit des eigenen Leibes in der Begegnung mit verschiedenen Materialien (Bürste, Schwamm, Fell, Wasser, Schaum) zu fördern, und zwar im Rahmen einer warmherzigen menschlichen Begegnung.*"[48]
PFEFFER beschreibt hier eine Lernsituation, die in den eigenen Beziehungsbeispielen mit den Massage- oder Badesequenzen vergleichbar ist. Im Massieren, "*im Gewahrwerden der Umwelt*"[49] wurden sich Ellen und Felix ihres Leibes gewahr, "*der jedoch immer als der 'ständig Überschrittene' mitgegeben ist. Primär gegeben ist die Umwelt*[50], *... in deren Handeln der eigene Leib mit-erlebt wird.*"[51]
Erst durch das "*leib-gemäße Angebot*"[52] eröffneten sich Felix und Ellen das Erleben ihrer selbst, sie begannen sich für ihren eigenen Körper zu interessieren. Ellen schaute sich selbst

---

[46] MEYER-DRAWE 1986, 38
[47] BRUCK 1969, 44 nach MEYER-DRAWE 1986, 38
[48] PFEFFER 1986a, 98
[49] ebd. 1986a, 98
[50] Anm.d.Verf.: im Massagebeispiel die massierende Hand bzw. die Person des Lehres
[51] ebd. 1986a, 99
[52] ebd. 1986a, 99

an, und Felix versuchte beim Wickeln seinen Körper zu ertasten. Ihr "*Horizont der Leibmöglichkeiten im Zur-Welt-Sein*"[53] erweitert sich, das **Körperschema** bildet sich aus. Für PFEFFER ist es "*nicht allein die Erfahrung des eigenen Leibes, sondern 'eine Erfahrung meines Leibes in der Welt' (MERLEAU-PONTY 1966, S.171); die Räumlichkeit des eigenen Leibes ist keine Positionsräumlichkeit, sondern eine Situationsräumlichkeit.*"[54]

Das Körperschema sei darum nur ein anderes Wort für das Zur-Welt-Sein meines Leibes.[55] Die Aneignung des Körpers durch unterschiedliche Materialien führe zu einer Wahrnehmung des eigenen Leibes in seinem Zur-Welt-Sein. "*Darin besteht das Körperschema. Das Körperschema muß als Repräsentation des Leibes in seinem Weltbezug aufgefaßt werden. So sind z.B. bei der Hand die Objekte, die die Hand greift, berührt, fallen läßt, wirft, in das Schema 'Hand' integriert: Die Hand ist in ihrem Weltbezug 'bewußt'.*"[56]

Erst in dem Moment als Felix sein Körperschema erfahren hatte, als ihm beispielsweise die Hand in ihrem Weltbezug bewußt war, konnte er sich handelnd mit klingenden Materialien auseinandersetzen. Bei beiden Schülern war das Ausbilden eines Körperschemas eng an die elementaren Beziehungen geknüpft, denn in den stimulierenden "*Anregungen des Leibes*" (PFEFFER) ereigneten sich diese vordringlich.

3. Leibhaftes Lernen durch leibliche Führung in Alltagssituationen

Hierunter versteht PFEFFER "*die Aneignung von bedeutsamen Handführungen im konkreten Handeln selbst.*"[57] Sie sind mit teilweiser Handführung des Lehrers und seinem handlungsbegleitenden Sprechen verbunden, mit dem Ziel der 'Verinnerlichung' der Handlung durch Vollzug und Sprache[58]. "*Leibhaftes Lernen dieser Art ist Aneignung der Wirklichkeit als gestaltbare und veränderbare und Aneignung der gestalteten Tätigkeit selbst im Sinne des 'Ich kann'.*"[59]

Im ersten Teil habe ich den Ausdruck, die Wahrnehmung und das Handeln als Kategorien des Leibes beschrieben, als Weisen seines Zur-Welt-Seins. Mit SARTRE stellt PFEFFER fest, daß der eigene Leib als "*Handlungszentrum*"[60] erlebt und durch die instrumentellen Handlungen angezeigt würde. In diesen sei er das letzte Glied der Reihe, auf das alle Handlungen verwiesen seien. "*Der Leib ist (im Handeln, Anm. PFEFFER) gelebt, aber nicht erkannt.*"[61]

---

53 ebd. 1986a, 99
54 ebd. 1986a, 99
55 vgl. ebd. 1986a, 99
56 ebd. 1986a, 99
57 ebd. 1986a, 100
58 ebd. 1986a, 100
59 ebd. 1986a, 100
60 vgl. ebd. 1986, 100
61 SARTRE 1952, 423 nach PFEFFER 1986a, 100

Obwohl selbst noch nicht zu selbständigem Handeln mit Materialien fähig, erfuhren Ellen und Felix durch die "*(l)eibliche Führung seitens des Lehres*" (PFEFFER) in verschiedenen Unterrichtssituationen (z.B. beim Zubereiten des Frühstücksbrotes oder einfacher Speisen, beim Malen mit den Händen oder beim Betasten unterschiedlicher Materialien) ihren Leib als 'Handlungszentrum', und erlebten sich dabei "*als Ursprung (Subjekt) von weltgestaltenden Tätigkeiten*"[62]

Leibhaftes Lernen erweise sich weiter "*als Aktivität, in der Wahrnehmung und Bewegung so miteinander verschränkt sind, daß sie gleichsam einander vertreten.*"[63] Im Bewegen erfolge das Wahrnehmen, und in der Wahrnehmung sei die Bewegung implizit. In diesem Zusammenhang ist daran zu erinnern, daß es die Erschlossenheit der Welt ist, die erst Wahrnehmen und Handeln erlaubt, und das schwerstbehinderte Kind erschließt sich die Welt in seiner Weise, Felix z.B. hörend, Ellen primär schauend; dabei ist die Welt gleichzeitig für sie erschlossene Welt. PFEFFER betont, daß die Verinnerlichung von Handlungen zunächst nicht die Widerspiegelung oder Vergegenständlichung der konkreten Handlung in einem irgendwie 'hinter' dem Leib liegenden Bewußtsein sei, sondern das **leibliche** Verstandensein. "*Erlernt ist eine Bewegung, wenn der Leib sie verstanden hat, d.h. wenn er sie seiner 'Welt' einverleibt hat, und seinen Leib bewegen heißt immer, durch ihn hindurch auf die Dinge abzielen, ihm einer Aufforderung entsprechen lassen, die an ihn ohne den Umweg über irgendeine Vorstellung geht.*"[64]

Um Handlungen der Reflexion zugänglich zu machen, benötigen sie zuvor den "*leiblichen Vollzug, zunächst also ein 'leibliches' Verstehen, in dem ein 'leibliches' Bewußtsein erworben wird.*"[65]

Leibhaftes Lernen berücksichtigt daneben die Einheit der Sinne, die, wie ich ja im ersten Teil dargestellt habe, sich "*wechselseitig interpretieren, ohne dazu eines Dolmetschers (Bewußtsein) zu bedürfen*"[66], so daß sich für PFEFFER isolierte Funktionsschulungen einzelner Sinne verbieten.

4. Leibhaftes Lernen durch leibliche Nachgestaltung der Wirklichkeit

Hier beschreibt PFEFFER eine Lernweise, die sich im Unterricht für Ellen und Felix wegen des relativ hohen Abstraktionsgrades erst ansatzweise, vor allem in sozial ausgerichteten Situationen wiederfindet, z.B. im angeleiteten Nachspielen der verschiedenen Tiere zur Musik von SAINT-SAENS (Karneval der Tiere).

Beim Nachstellen von erzählten Geschichten besteht leibhaftes Lernen darin, "*daß menschliche und dingliche Wirklichkeiten und Ereignisse leiblich gestaltet und da-*

---

[62] PFEFFER 1986a, 100

[63] ebd. 1986a, 100

[64] MERLEAU-PONTY 1966, 163 nach PFEFFER 1986a, 101

[65] PFEFFER 1986a, 101

[66] ebd. 1986a, 101

durch intensiv erlebt werden. Voraussetzung ist passives Sprachverständnis und Nachahmungsfähigkeit. In der 'Verkörperung' werden leibliche Vorstellungen gebildet, durch die die Geschichte in einer Art angeeignet wird, wie es bei bloß bildlicher und verbaler Präsentation nicht möglich ist."[67]
Diese Form des leibhaften Lernens setzt beim schwerstbehinderten Kind schon ein gewisses Maß an Reflexionsfähigkeit voraus, ermöglicht ihm aber, "*die Welt, die Wirklichkeit gerade in ihrem Eigensein zu erleben und nachzuerleben.*"[68] Hierin zeige sich in anthropologischer Hinsicht die Integration von Welterleben und Eigenleiberleben[69], die die Grundlage menschlicher Symbolisierung und damit Grundlage für die Sprache ist. "*Der leibliche Ausdruck ist 'Realisierung und Verwirklichung der Bedeutung selbst' (MERLEAU-PONTY 1966, S.217), denn: 'Die Sprache ist Geste, ihre Bedeutung ist eine Welt' (S.218).*"[70]
PFEFFER fordert, "*die verbale Präsentation der Wirklichkeit durch deren Nachgestaltung im Leib zu ergänzen, damit die Schüler die Wirklichkeit intensiver erleben können und zu qualifizierter Ausdrucksfähigkeit angeregt werden.*"[71] Ein Ausdrucksvermögen, zu dem die von mir beschriebenen Schüler noch nicht fähig waren.

Obwohl für sie das 'Lernen durch leibliches Nachgestalten der Wirklichkeit' weniger relevant war, hat der beziehungsorientierte Unterricht vor allem die ersten drei Formen des Leibhaften Lernens PFEFFERs zu berücksichtigen, und wie dies geschehen kann, werde ich unter didaktischen Gesichtspunkten später zu erörtern versuchen. Vorher erscheint es mir aber wichtig, die Entwicklung von der vorbewußten zur bewußten Artikulation von Bedürfnissen und Wünschen von Ellen und Felix vergleichend gegenüberzustellen, damit elementare Beziehung in ihrer doppelten Funktion, einerseits Selbstverwirklichung Schwerstbehinderter und gleichzeitig die Voraussetzung zu dieser zu sein, erscheinen kann. Entsprechend der Leitidee der Schule für Geistigbehinderte bildet die 'Selbstverwirklichung in sozialer Integration' den übergeordneten Bezugsrahmen, an dem sich alle didaktischen Entscheidungen zu orientieren haben.

[67] ebd. 1986a, 102
[68] ebd. 1986a, 102
[69] vgl. ebd. 1986a, 102
[70] ebd. 1986a, 102
[71] ebd. 1986a, 102

3.3 Die elementare Beziehung in ihrer Bedeutung für Ausdrucksvermögen und Selbstverwirklichung des schwerstbehinderten Kindes

Lernen und Entwicklung des schwerstbehinderten Kindes, wie sie sich in der elementaren Beziehung verwirklichen und gleichzeitig durch sie initiiert werden, ließen sich aus verschiedenen Lern- und Entwicklungsbereichen heraus reflektieren und in ihrem individuellen Verlauf beschreiben. Da eine derartige Reflexion aber nicht zur Wesenserfassung der elementaren Beziehung selbst, der eigentlichen Intention der Darstellung, beiträgt, greife ich aus der Gesamtentwicklung nur den Bereich der Beziehungsentfaltung bzw. des Ausdrucksvermögens heraus, um daran zu zeigen, wie elementare Beziehung das schwerstbehinderte Kind zur Selbstartikulation und Selbstverwirklichung befähigt. Dabei werde ich, bezugnehmend auf die Ausführungen im fünften Kapitel des theoretischen Teils, strukturelle Charakteristika elementarer Beziehungen hervorzuheben versuchen. Zur Erleichterung der Rückkoppelung an die biographischen Skizzen von Ellen und Felix füge ich eine zusammengefaßte Gegenüberstellung ihrer Entwicklungsverläufe unter dem Aspekt der Beziehungsfähigkeit und des Ausdrucksvermögens ein.

I. Entwicklung der Beziehungsfähigkeit

Felix

- umfängliche Beziehungsstörung zu Beginn des Förderprozesses
- direkte Beziehungen zu mir Beziehungselemente: auditiv (Atmung) hapt.-taktil (Körperkontakt)
- direkte Beziehungen zu Mitschülern; der Modus ist dabei zunächst gleich
- Erweiterung des Beziehungsrepertoirs: Körperbewegungen, Laute
- direkte Beziehungen in verschiedenen Situationen
- ruft selbst durch Laute an
- erste generelle Beziehungen zu mir (Differenzierung des mimischen Ausdrucksvermögens)
- erste bedeutungsvolle Mitteilungen an Lehrer und Mitschüler im generalisierten Sinne
- initiiert direkte Beziehungen zu mir über räumliche Distanz
- knüpft Bindungen an andere Lehrer der Klasse

Ellen

- umfängliche Beziehungsstörungen zu Beginn des Förderprozesses
- direkte Beziehung zu mir; Beziehungselemente: auditiv (Atmung), hapt.-taktil (Körperkontakt)
- direkte Beziehungen in verschiedenen Situationen, aber vorerst nur zu mir
- Erweiterung des Beziehungsrepertoirs: visuelles Element
- erste generelle Beziehungen (Differenzierung des mimischen Ausdrucksvermögens)
- erste mediale Beziehungen zu mir
- direkte und mediale Beziehungen zu den anderen Lehrern
- generalisierte Beziehungen zu den Erwachsenen innerhalb der Klasse

II. Entfaltung der Beziehungsfähigkeit

a. zu Förderbeginn

- autoaggressives Augendrücken
- Speichelfluß
- Körpergeruch
- Erkranken
- Weinen
- zusammengesunkene Körperhaltung

- arrhythmisches Atmen
- Atemanhalten bis zum Kollaps
- Speichelfluß
- Grimassieren

b. am Ende der Förderung

- differenzierte Mimik: Lächeln, Lachen, Schmollen
- Weinen: Klagen, Schluchzen, wütendes Schreien
- Laute, rufendes Schreien
- differenzierte Gestik: Kopfwenden, Drehen, Berühren, Bewegen und Strecken der Beine

- differenzierte Mimik: Lachen, Lächeln, Weinen
- Weinen: Jammern, z.B. bei Enttäuschung
- Laute
- Fixieren/ Augenkontakt

Um verstehen zu können, wie sehr sich beispielsweise Ellens und Felix' Ausdrucksvermögen bis zu allgemeinverständlichen (generellen) Mienen und Gesten entwickelt hat, muß wieder bei den Beziehungsstörungen bzw. autologen Beziehungen begonnen werden, weil sie das schwerstbehinderte Kind daran hindern, sich im Dialog mit der Umwelt selbst zu erproben und sich der eigenen Ausdrucksfähigkeit bewußt zu werden, um sich so, durch die Artikulation seiner Wünsche und Bedürfnisse selbst verwirklichend, in die Gemeinschaft von Elternhaus, Schule und Heim integrieren zu können.

In der Situation der Beziehungsstörung bleiben die Verhaltens- und Ausdrucksweisen der Partner für einander unverständlich. Sie ritualisieren sich zunehmend, führen zur Ausweitung der Störung und verweisen den Schwerstbehinderten auf sich selbst.

In der autologen Selbstbezeugung, in dieser Bekundung seines Zur-Welt-Seins, und das ist im jetzigen Zusammenhang wichtig, dokumentiert das schwerstbehinderte Kind auch sein präreflexives-präverbales Ausdrucksvermögen, das, wie beispielsweise das kollapsartige Atemanhalten von Ellen zeigt, durchaus dialogischen Charakter haben kann. Für das elementare Beziehungsgeschehen sind gerade diese leiblichen Gesten, wie sie das Kind in der Autostimulation oder -aggression zum Ausdruck bringt, von Bedeutung und werden maßgeblich von den 'vegetativen Erscheinungen' des Leibes mitbestimmt. Speichelfluß, Körpergeruch und -haltung, Grimassieren, Erkranken und anderes mehr sind z.B. bei Ellen und Felix als solche leiblichen Äußerungen aufzufassen, die am Unterhalt des elementar-leibhaften Dialogs beteiligt sind und die es, auf der 'ursprünglichen Verstehensgrundlage', auch in anderen situativen Zusammenhängen zu verstehen gilt, damit das Kind durch eine adäquatere Beantwortung seiner präreflexiven Mitteilungen zu reflexiven bzw. reflektierten Äußerungen gelangen kann.

Im Rahmen der vorausgegangenen phänomenologischen Erörterungen habe ich gezeigt, daß jede Äußerung des Leibes vom Emotionalisiert-Sein über Gesten und Gebärden bis hin zur Sprache für den Menschen existentiell bedeutungsvoll sind, d.h. letztendlich nichts anderes, als das Kind, durch die Anerkennung seines leiblich-präverbalen Ausdrucksvermögens, zu sinnentnehmendem Lernen zu befähigen. Dazu reicht die Anerkennung und das Wissen um diese vorbewußten Ausdrucksformen des Kindes allein nicht aus, sondern sie verlangen einer Begegnung in eben derselben unmittelbar-vorsprachlichen Weise, d.h., die Äußerungen von Schüler **und** Lehrer müssen von Leib ausgehen und auf Leib gerichtet sein.
Da Gesten und Gebärden Ausdruck und Ausgedrücktes ineins sind, kann das Kind im elementaren Beziehungsakt die Gesten des Lehrers bzw. deren Sinn verstehen, ohne sie selbst bereits erfahren zu haben. Ellen verstand beispielsweise das akzeptierend-liebevolle Umfangenwerden oder Felix das Streicheln während der ersten Massage, ohne diese Handlungen selbst zuvor bereits vollzogen zu haben; leibgegebene Fähigkeiten des Kindes, die dem Lehrer das Einlassen auf den unmittelbaren Dialog erleichtern können.
Elementare Beziehung verwirklicht sich aber nur bei gegenseitiger Anerkennung der Beziehungsfähigkeit, und d.h. jetzt, auch Anerkennung der Gesten und Gebärden des Leibes. Auf dieser Basis, dieser grundlegend offenen Haltung dem Partner gegenüber, ist die Annäherung aneinander möglich, kann es zum ursprünglichen Verstehen kommen, wurde aus der Baby-Massage mit Felix eine elementare Beziehungssituation, bei der die Intensität des Erlebens, oder unter strukturellen Gesichtspunkten, die horizontale Dynamik zunimmt.
In allen elementaren Beziehungsbeispielen ist die Struktur von der Annäherung der Partner aneinander über das 'ursprüngliche Verstehen' bis hin zur Distanzierung voneinander gleich. Metaphorisch gesprochen, schraubt sich die Beziehung gleich einer Helix (bzw. zweier Helices) langsam durch den gegenseitigen Austausch leiblicher Gesten (Beziehungselemente) in die Höhe, um nach Abbruch des elementaren Dialogs, in der Rückbesinnung auf sich selbst und durch die nachhal(l)tige Entfaltung des gemeinsam Erlebten, als innere Wendel der Doppelhelix zu ihren Ursprüngen zurückzukehren, von wo sie sich wieder entfalten kann.
Im elementaren Beziehungsgeschehen sind gleichzeitig horizontale und vertikale Kräfte wirkungsam, wobei ich im 5. Kapitel des ersten Teils als **vertikal** die Dynamik von der Annäherung bis zur Entfaltung der Beziehung,als **horizontal** die Reziprozität von Anrufen und Antworten und damit die Intensität des Erlebens im Beziehungsprozeß beschrieben habe. Die letztere verdichtet sich mit zunehmendem gegenseitigem Verstehen und ermöglicht dadurch den Aufbau der vertikalen Struktur. Das Erleben hat seinen Höhepunkt in der dritten Phase, der des 'ursprünglichen Verstehens', erreicht, wenn Kind und Lehrer sich einander präverbal über die verschiedenen Gesten ihres Leibes mitteilen, einander anrufen und bestätigend antworten. Am Unterhalt dieser zentralen dritten Phase sind immer mehrere Beziehungselemente beteiligt, wobei durch ihre Wahl jede Beziehung zur individuellen wird und die Einmaligkeit des Erlebens bestimmt. Gleich sind alle elementaren Beziehungen in ihrem phasigen Aufbau, also in ihrer vertikalen Dynamik. Inwieweit sie auch in Bezug auf die horizontale Dimension - auf die Beziehungselemente und -weisen - verglichen werden können, will ich nun zu klären versuchen.

Auffallend ist, daß sich sowohl bei Ellen als auch bei Felix, und beide stehen hier repräsentativ für die Mitschüler, die ersten elementaren Beziehungen in engem Körperkontakt zu mir vollzogen haben. Im Berühren und Berührtwerden, im Fühlen und Anfühlen kamen wir uns näher und fingen an, einander zu verstehen. Dem haptisch-taktilen Element scheint demzufolge bei Schwerstbehinderten eine besonders beziehungsstiftende Eigenschaft zuzukommen, die bei beiden Kindern durch das auditive Element unterstützt wurde. Über den Atemdialog teilten wir uns hörend und anhörend einander mit. Die gestörten Interaktionen des Kindes mit der Umwelt und die autologen Beziehungen zu sich selbst wurden somit von homologen unterbrochen; Beziehungsweisen, in denen sich An- und Rückrufen über dieselben Elemente vollziehen, also gleichsinnig oder gleichgerichtet sind. Aufgrund seiner vergleichsweise schwereren Beeinträchtigungen, vor allem seiner Blindheit, hielt Felix an dem ersten homologen Beziehungsmodus mittels der haptisch-taktilen und auditiven Elemente länger fest als Ellen, die mich relativ schnell über das Blicken (= visuelle Element) anzurufen vermochte und bereit war, sich auf eine elementare heterologe oder anderssinnige Beziehungsweise einzulassen. So wurde meine Berührung, als Antwort auf ihr Blicken, von ihr als Anruf verstanden. Die homologe Beziehungsweise scheint im elementaren Vollzug der heterologen vorauszugehen, wird aber nicht von dieser abgelöst, sondern beide können sich nebeneinander verwirklichen.
Eine ebenso voraussetzende Funktion scheint der direkten gegenüber der medialen Beziehungsweise zuzukommen. Letztere kann sich nur entfalten, wenn das Kind im unvermittelten direkten Dialog eine gewisse Selbstsicherheit gewonnen hat. Die mediale Beziehung ist insofern komplexer als die direkte, da das phasige Geschehen zwischen den beiden Partnern nur durch die katalytische Funktion des Mediums zustande kommt. Ihr kann die Auseinandersetzung des Kindes mit dem Vermittler selbst vorausgehen oder folgen. Sie wird getragen oder unterstützt vom vertrauensschaffenden und selbstbestätigenden Austausch mit dem Lehrer. Die mediale Beziehung ist darum in besonderer Weise geeignet, dem Kind die Gegenstandswelt zu vermitteln.

Zusammenfassend kann festgehalten werden, daß sich das Beziehungsverhalten schwerstbehinderter Kinder im beziehungsorientierten Unterricht nicht nur durch die Hinzunahme anderer Beziehungspartner (Lehrer und Mitschüler) erweitert, sondern auch durch die Weisen des sich Beziehens. Dabei vergrößert das Kind zunehmend das Repertoir seiner leiblichen Gesten (Beziehungselemente). Die ersten elementaren Beziehungen ermöglichen es ihm, die eigenen präreflexiven Äußerungen als wirkungsvoll auf den Lehrer und als von ihm verstanden zu erleben. Eine Erfahrung, die entscheidend dazu beiträgt, daß sich das Kind seiner leiblichen Ausdrucksmöglichkeiten und ihrer Wirkung bewußt wird. In der vertrauten Atmosphäre des Sich-verstanden- und -angenommen-Fühlens kann es sich öffnen und weitere Mitteilungsformen, Differenzierungen in Mimik, Gestik und schließlich sogar Laute im Dialog erproben. Mit zunehmendem Bewußtwerden der eigenen Ausdrucksmöglichkeiten werden diese auch allgemeinverständlicher und generelle, weniger erlebensintensive Beziehungen über die engvertrauten

Personen hinaus möglich, wobei das Kind zur Selbststärkung zunächst paralleler elementarer Beziehungen bedarf.
Mit der Entfaltung der elementaren Beziehungsfähigkeit geht also die Entwicklung bewußten oder generellen Ausdrucksvermögens einher, genauer, die erste ermöglicht erst die Entfaltung der zweiten. Dies gelingt ihr, weil sie zwischen Lehrer und Schüler Vertrauen schafft und dadurch dem Kind **Vertrauen zu sich (Selbstvertrauen) und in sich selbst (Selbstzutrauen)** vermittelt. Es wird bereit, sich auf neue Situationen einzulassen, hat den Mut, seine Wünsche und Bedürfnisse zum Ausdruck zubringen,lernt mit sozialen oder pädagogischen Grenzen umzugehen und dies nicht nur innerhalb der Schule, sondern auch in der Familie.

Zur Wesenserfassung der elementaren Beziehung gehört, neben der existentiellen und strukturellen Dimension, die nun aus der pädagogisch-biographischen Ebene heraus ergänzt wurde, die Reflexion ihrer Bedeutung im Unterricht. Es wird nach den didaktischen und methodischen Aspekten eines Unterrichtes zu fragen sein, der, auf der Grundlage des kindlichen Beziehungsbedürfnisses und -vermögens, den Schwerstbehinderten zu größerer Selbstverwirklichung im Leben befähigen will.

III. DIDAKTISCH - METHODISCHER TEIL

1 Aufgabenstellung und Methodik im didaktisch - methodischen Teil

"Aus der Würde des Menschen erwächst sein Anspruch auf Entfaltung und Erziehung. Dies gilt uneingeschränkt auch für den schwerstbehinderten Schüler. Pädagogischer Auftrag und Ziel der Schule ist es, ihn zu dem Maße an "Selbstverwirklichung in sozialer Integration" zu verhelfen, das im Rahmen seiner Behinderung möglich ist."[1]

Diese Forderung an schulische Erziehung heißt nichts anderes, als die Abhängigkeit, in der sich das schwerstbehinderte Kind befindet[2], zu mindern, es zur Selbstbestimmung und zur Integration in die Gemeinschaft mit anderen zu befähigen. Zuvor habe ich zu zeigen versucht, daß die Abhängigkeit Schwerstbehinderter existentieller Art ist. Am Paradigma der Beziehungsstörung wurde deutlich, daß das Kind zur Entfaltung seiner Persönlichkeit und seiner Fähigkeiten der Anerkennung bzw. Zusprache seiner Leiblichkeit und der damit verbundenen Beziehungsfähigkeit durch den Lehrer bedarf. Elementare Beziehung, die sich ja immer symmetrisch zwischen schwerstbehindertem Schüler und Lehrer vollzieht, ist hierzu in besonderer Weise geeignet.

In den ersten beiden Teilen habe ich, bezogen auf den pädagogischen Auftrag der Schule gezeigt, daß die elementare Beziehung gleichzeitig vier Funktionen erfüllt:

1. Sie bildet die **Voraussetzung** für die Selbstverwirklichung des schwerstbehinderten Kindes.
2. Sie **ist** Selbstverwirklichung des schwerstbehinderten Kindes.
3. Sie bildet die **Voraussetzung** für Lernen und Entwickeln des schwerstbehinderten Kindes.
4. Sie **ist** Lernen und Entwicklung des schwerstbehinderten Kindes.

Jetzt bleibt noch zu fragen, welche didaktischen und methodischen Strukturen dem schulischen Erziehungsprozeß zugrundeliegen müssen, damit elementare Beziehung im Unterricht wirkungsvoll werden kann.

In der biographischen Beschreibung von Ellen und Felix wurde bereits deutlich, daß ihr auch in diesem Zusammenhang wieder eine Doppelfunktion zuzukommen scheint: Einerseits entsteht

---

[1] KULTUSMINISTER NRW 1985, 9

[2] vgl. auch HAHN Köln 1987

elementare Beziehung zwischen Schüler und Lehrer unmittelbar in einem scheinbar intentional anders, also nicht primär auf Beziehungsentfaltung ausgerichteten Unterricht, wie etwa während der sensoriellen Anregung. Zum anderen vermag elementare Beziehung aber genauso Lerninhalte und -strukturen im Sinne eines methodischen Mittels zu initiieren. Diesen beiden Eigenschaften der elementaren Beziehung werde ich nun nachzugehen versuchen, indem ich den leibhaften Dialog zwischen Kind und Lehrer in Relation zum Inhalts- und Methodenaspekt des Unterrichtes mit Schwerstbehinderten stelle, um daraus Gedanken zu einer leiborientierten Pädagogik ableiten zu können.

Doch diese Gedanken werden noch einen, so wie es der Untertitel der Arbeit "**Vorüberlegungen** zu einer leiborientierten Pädagogik" schon andeutet, eher vorläufigen, nach Vertiefung drängenden Charakter haben. Zum Entwurf einer leiborientierten Pädagogik, der alle Dimensionen der schulischen Wirklichkeit zu berücksichtigen versucht, ist neben der Auseinandersetzung mit dem Phänomen der Leiblichkeit auch ein systematisches pädagogisch-didaktisches Hinterfragen der verschiedenen vorwissenschaftlichen und wissenschaftlichen Ebenen notwendig; eine Aufgabe, die hier nicht mehr in ihrem vollen Umfang geleistet werden kann.

Trotz der notwendigen Einschränkung und der damit verbundenen Unzulänglichkeiten, halte ich die Überlegungen zu einer leiborientierten Pädagogik in unserem Zusammenhang für sinnvoll, weil sich mit ihrer Hilfe über den engen Bereich der Erziehung Schwerstbehinderter hinausblicken und sich dabei fragen läßt, wie die geforderte Selbstverwirklichung und Integration dieser Schülergruppe in die soziale Gemeinschaft außerhalb des Schonraums, der 'Schule für Geistigbehinderte' erreicht werden kann. Das heißt nichts anderes, als aus der Perspektive des Schwerstbehinderten und unter dem Aspekt der Leiblichkeit auf die Allgemeine Pädagogik mit ihren Möglichkeiten der gemeinsamen Erziehung behinderter und nichtbehinderter Kinder zu schauen. Die Integrationspraxis, die sich aus dieser Sichtweise ergeben könnte, beginnt quasi diametral zur augenblicklichen Vorgehensweise, die von den Unterschieden bzw. Abweichungen vom sog. 'Normal'-lernen oder 'Normal'-unterricht ausgehend nach Eingliederungschancen für behinderte Schüler fragt. Zweifelsohne gibt es Unterschiede in den Lernbedürfnissen und -möglichkeiten. Aber nicht sie, und das zeigen uns vor allem die Schwerstbehinderten, sondern die **verbindenden Gemeinsamkeiten** aller Menschen, Gemeinsamkeiten, wie sie eben im Leib-Sein gegeben sind, und die auf gemeinsame oder offene Lern- und Entwicklungsräumen für alle Schüler weisen, erschließen uns die Möglichkeiten zur gemeinsamen Beschulung.

Eine Pädagogik, die von der Leiblichkeit des Menschen ihren Ursprung nimmt, betrifft jedes Kind unabhängig von Behinderung und sollte auf dieser Grundlage zur Entfaltung jeder Schülerpersönlichkeit führen. Exemplarisch und im Hinblick auf unseren besonderen Beziehungsaspekt läßt sich vorab festhalten, daß PFEFFERs Ansicht, "*die Welt wird durch interessante Menschen interessant*"[3] für jeden Schüler Gültigkeit hat. Denn "*nicht die Welt-an-sich, sondern die bereits vom Menschen angeeignete und als solche dem Kind*

[3] PFEFFER 1986, 522

präsentierte Welt ist es, die in der Erziehung erschlossen wird und werden kann"[4].
Jedes Kind bedarf der guten und engagierten Vermittlung durch den Lehrer, damit es der Welt Sinn für sich selbst entnehmen kann. Der Unterschied bei behinderten und nichtbehinderter Kindern besteht lediglich im Maßstab des sinn-stiftenden Umgangs mit der Welt, der schulischen Lernwelt. Den individuellen Maßstab menschlicher Sinnstiftung bildet die Leiblichkeit. Sie weist uns, wie ich dies im ersten Teil meiner Arbeit zu zeigen versucht habe, einerseits auf die leibgebundene Einmaligkeit jeder Mensch-Welt-Begegnung; gleichzeitig verdeutlicht sie uns mit der Tatsache, daß wir qua Leib **alle** die Fähigkeit besitzen, die Welt zu bewohnen und sie zu gestalten, auch eine grundlegende und verbindende Gemeinsamkeit zwischen den Menschen.
Diese müssen wir nun zum Ausgangspunkt für die Konzeption neuer pädagogisch-didaktischer Denk- und Handlungsräume nehmen, in denen sich jedes Kind nach Maßgabe seiner Leiblichkeit selbst in der Welt verwirklichen kann. Und insofern ist die Integrationsfrage immer auch oder vielleicht gerade deshalb eine didaktisch-methodische Frage, auf die ich in unserem Zusammenhang, in dem es ja primär um die Wesenserfassung der elementaren Beziehung im Unterricht mit Schwerstbehinderten geht, nun keine kurze befriedigende Antwort mehr geben kann. Aus dem Blickwinkel einer leiborientierten Geistig- und Schwerstbehindertenpädagogik kann elementare Beziehung nur **ein** Aspekt und zwar der **voraussetzende** für andere sein. Die methodisch-didaktische Auseinandersetzung unter dem besonderen Beziehungs- und Leibaspekt, mit der man 'integrierend' über den Behindertenbereich hinausblicken könnte, verlangt die Einbettung in einen historisch gewachsenen Kontext didaktischer und sonderdidaktischer Theoriebildung, wobei sich aus der Retrospektive Gesichtspunkte einer leiborientierten Pädagogik und Didaktik prospektiv entwickeln ließen. Doch weil die Aussagen im didaktischen und sonderdidaktischen Feld extrem uneinheitlich bzw. vielschichtig sind und der Bezug zwischen den beiden didaktischen Disziplinen sehr uneindeutig ist, kann ich hier nur einen groben Überblick und Einordnungsversuch vorstellen und muß mich, um nicht auszufern, auf meine primäre Beziehungsintention beschränken.

Bezogen auf die eigene, begrenzte Fragestellung bleibt jetzt zu klären, was es methodisch gesehen heißt, elementare Beziehung in Relation zum Inhalts- und Methodenaspekt des Unterrichtes mit Schwerstbehinderten zu stellen, damit hierbei die geforderte Reflexion im theoretischen sowie im praktisch-vollziehenden Umgang mit schwerstbehinderten Schülern nachvollziehbar wird. Die Verbindung zwischen elementarer Beziehung und Unterrichtsinhalt einerseits und Methode der unterrichtlichen Vermittlung andererseits, kann nur deutlich werden, wenn wieder von verschiedenen Reflexionsebenen oder -niveaus aus auf dieses Verhältnis geschaut wird. Doch in diesem dritten Teil weiche ich von der bisherigen phänomenologisch orientierten Erarbeitungsmethode insofern ab, als ich nicht wie bisher die exemplarische Deskription (des Unterrichtserlebens und der -organisation) den Reflexionen voraussetze, also nicht auf der vorwissenschaftlichen Bewußtseinsebene, der des Schulpraktikers, beginne, sondern ihr dies-

---

[4] ebd. 1986, 522

mal eine wissenschaftlich-reflektierende Erörterung des Didaktik- und Methodikverständnisses in der Pädagogik und Geistigbehindertenpädagogik voranstelle. Dies geschieht, damit anschließend die Beschreibung der Erziehungswirklichkeit Schwerstbehinderter vor diesem sonder-didaktischen Hintergrund als intersubjektive Wirklichkeit erscheinen kann, von der sich wiederum didaktisch-methodischen Notwendigkeiten für die konkrete schulische Erziehung ableiten lassen.

Die kritische Auseinandersetzung mit den bestehenden, noch relativ jungen[5] und z.T. sehr uneinheitlichen didaktisch-methodischen Positionen in der Geistig- und Schwerstbehindertenpädagogik muß der Vergleichbarkeit wegen und zum besseren Verständnis eine Klärung der Begriffe 'Didaktik' und 'Methodik' vorausgehen. Zur terminologischen Bestimmung orientiere ich mich an den verschiedenen didaktischen Theorien aus dem allgemeinpädagogischen Bereich, weil er den Bezugsrahmen der augenblicklichen sonder-didaktischen Diskussion bildet und insofern zur späteren Einordnung der verschiedenen Strömungen beitragen kann.

Während ich die Inhaltsfragen zunächst vor dem lebensweltlichen Erfahrungshintergrund, wie ich ihn in den ersten beiden Teilen meiner Arbeit dargestellt habe, zu erörtern versuche, werde ich zur eigentlich methodischen Erarbeitung auf konkrete Unterrichtsplanungen und -protokolle zurückgreifen und sie auf ihre immanenten Beziehungsaspekte hin befragen. Die Inhaltsdimension wird hierbei unter curricularen Gesichtspunkten erneut diskutiert werden.

Um die Fülle der unterrichtsrelevanten, lernziel- und methodenbezogenen Daten besser strukturieren und aufarbeiten zu können, habe ich sie auf ein Formblatt[6] übertragen, das sich an den bereits im vorausgegangenen Teil benutzten zehn Entwicklungs- bzw. Lernbereichen[7] orientiert. Jeder dieser Bereiche soll später nach den Kriterien 'Unterrichtsziel', 'Anteil und Ausmaß der möglichen Beziehung für den Schüler', nach 'methodischen und medialen Gesichtspunkten' sowie nach dem 'Erfolg des durchgeführten Unterrichtes' reflektiert werden, damit auf diese Weise das Verhältnis von elementarer Beziehung und Lern- bzw. Unterrichtsziel einerseits und elementarer Beziehung und Unterrichtsmethode andererseits deutlich werden kann. Wie zuvor ist es auch jetzt nicht möglich, das zusammengetragene Praxis - Material in seinem gesamten Umfang[8] darzustellen. Deshalb bediene ich mich wieder der Methode der exemplarischen Deskription. Da im vorausgegangenen pädagogisch - biographischen Teil schon wesentliche Aspekte der Erziehungs- und Unterrichtsgestaltung für Ellen und Felix dargestellt wurden, will ich mich nachfolgend auf die ausführliche Beschreibung und Reflexion einer Halbjahresplanung für Ellen beschränken. An ihr werde ich beispielhaft zu zeigen versuchen, wie sich elementare Beziehungen und schulische Erziehung in enger Wechselwirkung zu einander verwirklichen, um daraus in einer weiteren Reflexion erste Grundstrukturen und -prin-

---

5 Anm.d.Verf.: vgl. Kpt.1, Teil I

6 Anm.d.Verf.: vgl. Anhang S. 18 - 21

7 Anm.d.Verf.: diese Lernbereiche waren: Beziehungsfähigkeit, Mitteilungsfähigkeit, Selbstverwirklichung, Sozialverhalten, Wahrnehmungsfähigkeit, Selbstversorgung, motorische Fähigkeiten, Denkvermögen, Lernverhalten und körperliche Veränderungen

8 Anm.d.Verf.: Darum verweise ich auf die Beispiele im Anhang.

zipien einer beziehungsorientierten und beziehungsstiftenden Unterrichtsgestaltung für Schwerstbehinderte ableiten zu können.

2 Didaktische Strukturen in der Pädagogik und Geistigbehindertenpädagogik

2.1 Terminologischer Klärungsversuch

In den exemplarischen Beschreibungen der schulischen Erziehung von Ellen und Felix wurden bereits erste Grundzüge eines beziehungsorientierten Unterrichtes deutlich. Beispielsweise zeigte sich die Notwendigkeit der Integration des elementaren Beziehungsbedürfnisses schwerstbehinderter Kinder in Unterrichtsplanung und -gestaltung oder die Bedeutung der Selbstbestimmung des Kindes im Lern- und Lehrprozeß. Da es in der bisherigen Darstellung ja zunächst noch nicht um die didaktisch-methodische Relevanz der elementaren Beziehung ging, blieben diesbezügliche Aussagen auf einem vorwissenschaftlichen Niveau.

Vor der wissenschaftlichen Reflexion, muß festgelegt werden, was unter Didaktik bzw. Methodik zu verstehen ist, und warum ich unter der spezifischen Fragestellung eine Beschränkung auf bestimmte didaktische Konzeptionen vornehme, um von ihnen aus konkrete Handlungsanweisungen für die praktische Durchführung eines beziehungsorientierten Unterrichtes mit Schwerstbehinderten abzuleiten. Die didaktische Erörterung wird also die drei Ebenen der Didaktik - Praxis, Theorie und Metatheorie - zu berücksichtigen haben, wobei ich mit der letzten beginne. Die drei Ebenen bezeichnen nach PETERSSEN folgendes:

"- *didaktische Praxis das Gesamt aller erfahrbaren Erscheinungen und Vorgänge des Lernens und Lehrens;*
- *didaktische Theorie das Gesamt aller unmittelbar auf didaktische Praxis bezogenen Denkens, wobei eine Theorie gleichsam das Ergebnis solchen Denkens ist und systematische Aussagen darüber enthält, wie didaktische Praxis tatsächliche ist bzw. sein kann oder sein sollte;*
- *didaktische Metatheorie das gesamte unmittelbar auf die Bildung didaktischer Theorien (- und bloß mittelbar auf didaktische Praxis, nämlich über Theorien) bezogene Denken, wobei dies zu systematischen Aussagen führt, wozu und wie didaktische Theorien gebildet werden und gestaltet sind bzw. werden können oder sollten.*"[1]

PETERSSEN kritisiert, daß in der didaktischen Diskussion meist nicht sauber zwischen Theorie und Metatheorie unterschieden würde[2]. "*Nun sind die bei uns als didaktische Theorien gehandelten bekannten Systeme und Modelle in der Regel über weite Strecken (wenn nicht gar insgesamt) nicht theoretischer, sondern metatheoretischer Art. Sie sollen gar nicht unmittelbar auf die Praxis von Lehren Einfluß nehmen, sondern die vom Lehrer geforderte Theoriebildung beeinflussen.*"[3]

---

1 PETERSSEN, W.: *Lehrbuch Allgemeiner Didaktik*, München 1983, 23
2 vgl. ebd. 1983, 23
3 ebd. 1983, 23

Was PETERSSEN hier für den allgemein pädagogischen Bereich bemängelt, trifft in anderer Weise auch für die Sonderpädagogik zu. In der speziellen Geistigbehindertenpädagogik fehlen vielfach aber nicht nur die eindeutigen Trennungen zwischen der metatheoretischen und der theoretischen, sondern auch zwischen theoretischer und der praktischer Ebene. Didaktische Erörterungen sind hier, wie ich später noch genauer zeigen werde, stark handlungsorientiert, also primär auf die konkreten Vorgänge des Lehrens und Lernens bezogen. Die Abgrenzungen von bestehenden didaktischen Theorien fehlen häufig ganz, was die Einordnung der Aussagen bzw. die Auseinandersetzung mit ihnen erschwert. Es ist also vorab eine terminologische und konzeptionelle, d.h. metatheoretische Klärung erforderlich.

Mit PETERSSEN läßt sich, bezogen auf das Gegenstandsfeld der wissenschaftlichen Disziplin 'Didaktik' feststellen: "*Gegenstandsfeld der Didaktik ist das Didaktische: ist das komplexe Feld aller als didaktisch begriffenen Erscheinungen, Zusammenhänge, Vorgänge, Probleme usw. Was aber als didaktisch begriffen wird, und mithin zum Gegenstandsfeld und zur Forschungsfrage einer wissenschaftlichen Didaktik gerechnet wird, hängt letzten Endes davon ab, wie Didaktik definiert wird.*"[4]
Eine eindeutige Definition, die über das allgemeine Verständnis von Didaktik als 'Theorie des Lehrens und Lernens'[5] hinausgeht, ist schwierig zu finden, da der Begriff, wie ASCHERSLEBEN sagt, ein "*Beispiel für das terminologische Babylon in der Pädagogik*"[6] ist. Es ist unmöglich von **der** Didaktik zu sprechen, denn als solche gibt es sie nicht, " *ebensowenig wie **die** Erziehungstheorie, **die** Lernpsychologie, **die** Theorie schizophrenen Verhaltens oder **die** Theorie der Friedenssicherung. Es gibt verschiedene Theorien und Modelle unterrichtlichen Lernens und Lehrens.*"[7] Dasselbe gilt auch für die Methodik.
Ich will dem Verständnis von Didaktik im Rahmen verschiedener aktueller Theorien eine kurze ethymologische Klärung des Begriffs selbst vorausschicken. "*Das Wort Didaktik kommt aus dem Griechischen und wurde aus dem Stammverb DIDASKEIN, was so viel bedeutet wie Lehren, Unterrichten, Beweisen, Entfalten u.ä.. Aber auch das griechische Adjektiv DIDAKTOS läßt sich zur Bedeutungserklärung mit heranziehen. Mit ihm ist lehrhaft gemeint. Allerdings war dieses Lehrhafte im ursprünglichen griechischen Wortsinne vorwiegend verknüpft mit einer ganz speziellen Form des Lehrens, wie sie etwa in den Lehrgeschichten des Hesiod in Erscheinung tritt. Das Didaktische war in erster Linie eine lehrhafte Form des griechischen Epos.*"[8] Im gleichen Sinne wurde das Wort auch von den Römern auf szenische Inhalte und lehrhafte Poesie bezogen.[9]

---

4 ebd. 1983, 17
5 vgl. KLAFKI 1970, BLANKERTZ 1975 oder OTTO/SCHULZ 1977 u.a.
6 ASCHERSLEBEN,K.: *Einführung in die Unterrichtsmethodik*, Stuttgart 1984, 13
7 GUDJONS,TESKE,WINKEL (Hsg.): *Didaktische Theorien*, Hamburg 1986, 6
8 RUPRECHT,H.: *Modelle grundlegender didaktischer Theorien*, in RUPRECHT,BECKMANN,v.CUBE,SCHULZ: *Modelle grundlegender didaktischer Theorien*, Hannover 1976, 14
9 vgl. BLANKERTZ,H.: *Theorien und Modelle der Didaktik*, München 1975, 14

Diese Wortbedeutung hat sich über das Mittelalter hinaus bis in die Neuzeit erhalten, und die französische Sprache versteht den Begriff heute noch in dieser Weise.
"*In seinem spezifisch pädagogischen Sinne taucht unser Terminus im 17. Jahrhundert auf und zwar im Zusammenhang von Bestrebungen, die die Geschichte der Pädagogik unter dem Kapitel 'Didaktische Reformbewegung' behandelt. Das berühmteste Werk aus dieser Zeit ist die 'Didacta magna' des Amos Comenius von 1657.*"[10] Seit dieser Zeit sei der Begriff nicht mehr aus der pädagogischen Literatur wegzudenken, "*wenn auch Gewicht und Akzent starken Schwankungen ausgesetzt waren.*"[11] Eine Tendenz, die sich bis heute erhalten hat, und so nimmt die 'Didaktik' gegenwärtig eine zentrale Stellung innerhalb der pädagogischen Diskussion ein.[12] BLANKERTZ kritisiert, daß die heutige Verwendung den Nachteil in sich berge, die eindeutige Bestimmtheit des Begriffes zu verwischen. "*Schon mehren sich die Veröffentlichungen, die beinahe jede pädagogische Maßnahme adjektivisch als 'didaktisch' kennzeichnen.*"[13] Auch in der Geistigbehindertenpädagogik findet er häufig in diesem wenig reflektierten Sinne Verwendung, vornehmlich um die Eigenarten und Gegebenheiten des Unterrichtes mit Behinderten zu charakterisieren und vom herkömmlichen Unterrichtsverständnis abzugrenzen.
Will man nun, da "*unser Begriffswort extensiv verwandelt und dadurch verschlossen wird*"[14], einen Überblick über die didaktische Landschaft gewinnen, muß man sich auf ein Spannungsfeld begeben, das BLANKERTZ folgendermaßen beschreibt: "*Wir behandeln die Didaktik zwischen Bildungstheorie und Kybernetik sowie die der Didaktik zuzuordnende Lehrplantheorie zwischen hermeneutischer Identifikation, d.h. einer weitläufig interpretierenden Auslegung der Aufgaben des Unterrichtes, und einer an strenge Regeln gebundenen, sprachliche Eindeutigkeit anzustrebenden Lernzielorientierungen.*"[15]

In einem ebenso großen 'Spannungsbogen' bewegt sich das Verständnis von Methodik, die sich nur schwer von der Didaktik abgrenzen läßt. Mit MEYER ist grundsätzlich festzuhalten: "*Die weit verbreitete Vorstellung, daß die Didaktik die Frage zu beantworten habe,* ***was*** *der Inhalt des Unterrichtes sein solle, während die Methodik nach dem* ***Wie*** *zu fragen habe, ist viel zu eng und deshalb falsch.*"[16] Das Methodenverständnis muß vor dem jeweiligen erziehungswissenschaftlichen Theoriehintergrund gesehen und von dort aus definiert werden. Die Methodik, als Theorie der Unterrichtsmethoden sei nach MEYER "*ein für sich allein genommen nicht lebensfähiges Teilgebiet der Didaktik*"[17]. Dennoch habe

---

[10] ebd. 1975, 14
[11] ebd. 1975, 14
[12] vgl. ebd. 1975, 15
[13] ebd. 1975, 15
[14] ebd. 1975, 16
[15] ebd. 1975, 16
[16] MEYER, H.: *Unterrichtsmethoden*, Bd.1, Frankfurt/M. 1987, 23
[17] ebd. 1987, 23

sie ihre eigene Geschichte, ihre wissenschaftlichen Standarts und Prämissen[18]. Sie analysiere die schulischen Formen und Verfahren der Aneignung von Lebenswirklichkeit durch Lehrer und Schüler und befrage sie nach Voraussetzungen, Konsequenzen und Verschränkungen mit den übrigen Aspekten des Unterrichtes.[19]
Aus der Tradition der bildungstheoretisch-geisteswissenschaftlichen Pädagogik heraus schlägt MEYER folgende weite Definition vor: "*Unterrichtsmethoden sind die Formen und Verfahren, in und mit denen sich Lehrer und Schüler die sie umgebende natürliche und gesellschaftliche Wirklichkeit unter institutionellen Rahmenbedingungen aneignen.*"[20]
Unterrichtsmethoden 'an sich' gebe es nicht, denn sie bedürfen der Vergegenständlichung durch das methodische Handeln von Schülern und Lehrern. Dieses wiederum bestehe "*aus der zielgerichteten Arbeit, sozialen Interaktionen und sinnstiftenden Verständigungen*"[21]. MEYER schlägt hier ein Methodenverständnis vor, dem ich mich später unter dem Schwerstbehindertenaspekt anschließen werde.
Sowohl bezüglich der didaktischen, wie auch der methodischen Festlegung von schulischer Wirklichkeit ist mit GUDJONS,TESKE und WINKEL festzuhalten, daß

"- *Unterricht ein viel zu komplexer Prozeß ist, um adäquat von* ***einer*** *Theorie erhellt werden zu können; daß*
- *mehrere konkurrierende Entwürfe der wissenschaftlichen Erkenntnis (das heißt der Wahrheitsfindung) dienlicher sind als eine offiziell verordnete oder sich dogmatisch gebärdende 'Theorie'; daß*
- *es durchaus legitim ist, von verschiedenen Ansätzen her jeweils das zu bedenken, was zur Bewältigung der eigenen anstehenden Praxis beitragen kann; und daß viertens schließlich*
- *das Entdecken von Gemeinsamkeiten in verschiedenen Entwürfen (auch Sprachen) nicht nur ein intellektuelles Vergnügen sein kann, sondern vielmehr auf die Relevanz durchgängiger Probleme des Schulalltags hinweist.*"[22]

So wird es auch in unserem Zusammenhang zur Begründung des Verhältnisses von elementarer Beziehung und Inhaltlichkeit bzw. Methodik des Unterrichtes notwendig, sich zwischen verschiedenen didaktischen Theorien zu bewegen. Das 'Zwischen' ist geradezu das Charakteristikum der eigenen didaktisch-methodischen Diskussion, d.h. ich werde kritisch-kommunikative, bildungs- und lerntheoretische Aussagen mit eigenen Unterrichtserfahrungen und Gedanken so miteinander zu verbinden versuchen, daß hieraus erste didaktische und methodische Grundstrukturen eines beziehungsorientierten Unterrichtes erkennbar werden, eines Unterrichtes, der tatsächlich bei der Lebenswelt des schwerstbehinderten Kindes beginnt und

---

[18] vgl. ebd. 1987, 47
[19] vgl. ebd. 1987, 47/48
[20] ebd. 1987, 45
[21] ebd. 1987, 47
[22] GUDJONS/TESKE/WINKEL 1986, 6

zu seiner Entfaltung beiträgt. Meine Erörterungen bewegen sich darum primär auf der theoretischen und der praktischen Ebene von Didaktik und weniger auf der metatheoretischen, die ich jetzt nur kurz zur Darstellung der verschiedenen didaktischen Konzeptionen und unter Berücksichtigung des Methodenaspektes berühre.

2.2 Neuere Didaktikmodelle

Im Rahmen seiner Darstellung aktueller didaktischer Theorien stellt RUPRECHT einleitend fest, daß im "*komplexen Gesamtfelde der Didaktik eine einheitliche und das Ganze umfassende Theorie mindestens zur Zeit noch nicht möglich ist und daß deshalb nur Theorieansätze modellhafter Art, die jeweils einen besonderen Aspekt oder eine wichtige Struktur akzentuieren, entwickelt werden können.*"[23]
Die fünf derzeit bedeutendsten didaktischen Theorien, die bildungstheoretische, die lerntheoretische, die kritisch-kommunikative, die lernzielorientierte und die informationstheoretisch-kybernetische Didaktik, haben insofern alle noch "modellhaften" (RUPRECHT) Charakter.[24] Nach RUPRECHT gewinnt der Modellbegriff in der Erziehungswissenschaft zunehmend an Bedeutung, weil es hier gelte, einen sehr komplexen Bereich transparent zu machen und dies gelinge am besten durch oder mit Hilfe von Modellen. Sie erfüllten folgende Funktion: "*Modelle werden dargestellt als vereinfachende und veranschaulichende Darstellungen von Feldstrukturen und Funktionszusammenhängen, die so kompliziert sind, daß sie nur in vereinfachter Form noch verstanden werden können.*"[25] Modelle seien keine Abbildung von Wirklichkeit, sondern eher grundrißhafte Verdeutlichung. Bei ihnen handele es sich immer um selektive und approxmierende Schemata.[26] Bezogen auf die Didaktik führt RUPRECHT weiter aus: "*Gerade weil Didaktik es zu tun hat mit einem nicht nur komplexen, sondern auch feldartigen Bereich wird sie bestimmt durch eine gewisse Unschärfe der Beziehung, durch Mehrdeutigkeit von Situationen und durch prozeßartige Verläufe.*"[27] Deshalb sei es nicht verwunderlich, daß die verschiedenen didaktischen Schulen "*in zum Teil harter Auseinandersetzung miteinander standen. Glaubte doch jede dieser Schulen, den wesentlichen Zugang zum didaktischen Denken zu besitzen.*"[28] Eine derartige Auseinandersetzung sei aufgrund der jeweiligen Aspektrelevanz

---

23 RUPRECHT 1976, 10

24 Anm.d.Verf.: Der Modellbegriff, den ich im 5.Kpt. des 1. Teils aus naturwissenschaftlicher Sicht auf das helicale Beziehungsmodell bezogen habe, erfährt hier nun eine weitere Interpretation.

25 ebd. 1976, 10

26 vgl. ebd. 1976, 10

27 ebd. 1979, 10

28 ebd. 1976, 11

des einzelnen Modells heute wissenschaftstheoretisch nicht mehr haltbar und ein pluralistisches Denken notwendig.[29] "*In der Didaktik leben wir mit Sicherheit nicht in einer aperspektivischen, sondern in einer pluralistischen Welt. Die einzelnen Perspektiven werden durch die verschiedenen Modelle der Didaktik repräsentiert.*"[30]

Die wesentlichen Unterscheidungsmerkmale zwischen den fünf gebräuchlichen Modelle lassen sich am besten aufzeigen, wenn man sie in Bezug auf ihre historische Entwicklung betrachtet. Der Überschaubarkeit wegen und um in unserem Zusammenhang weniger wichtige wissenschaftstheoretische Erörterungen zu ersparen, habe ich, in Anlehnung an die "*Wissenschaftliche Landkarte*" MEYERs[31], einen graphischen Überblick (s. Anhang S.41) zusammengestellt. Er berücksichtigt drei Ebenen der Theoriebildung[32]:

1. Die Ebene der allgemeindidaktischen Modelle und Positionen
2. Die Ebene erziehungswissenschaftlicher Theorien: empirisch-analytische, geisteswissenschaftlich-hermeneutische und dialektisch-materialistische Ansätze
3. Die Ebene der Wissenschaftstheorien.

Primär zurückverfolgen will ich nur die für die eigene didaktisch-methodische Position relevante geisteswissenschaftlich orientierte Linie bis zu ERICH WENIGER.

Das geisteswissenschaftlich - hermeneutisch pragmatische Theorieverständnis, wie es auch von WENIGER (1893-1961) vertreten wurde, prägte eine Didaktik, die sich von vier Aspekten leiten ließ. "*Als erstes ist der Ausgangspunkt bei der Erziehungswirklichkeit zu nennen, bei der Vorgegebenheiten eines Lehrgefüges und seine Bedingungen, als zweites dann die Begriffsbildung in Fühlung mit der Praxis und ihren Intentionen, als drittes die durchgängige geschichtliche Auffassung von 'Wirklichkeit' und 'Praxis' und als viertes die Voraussetzungen der Komplexität und damit der Verzicht auf Ableitungsversuche aus wenigen obersten Prinzipien, Axiomen oder Grundwahrheiten.*"[33]

Unter Einfluß DILTHEYs, NOHLs aber vor allem WENIGERs vollzog sich eine Abkehr vom stark methodischen Denken der Herbartianer und eine Eingrenzung der Didaktik auf die Frage nach den Bildungsinhalten. Didaktik verstand sich in dieser "*Epoche der geisteswissenschaftlichen, bildungstheoretischen Pädagogik als 'Theorie der Bildungsinhalte und des Lehrplans.*"[34]

Der WENIGER-Schüler KLAFKI hat den Ansatz seines Lehrers zu einer inhaltsbestimmten, bildungstheoretischen Didaktik weiterentwickelt, die er 1964 folgendermaßen charakterisiert:

---

29 vgl. ebd. 1976, 11

30 ebd. 1976, 11

31 Anm.d.Verf.: die MEYER zur Veranschaulichung seiner "*Unterrichtsmethoden*" dient; Frankfurt/M 1987

32 Anm.d.Verf.: und grenzt sich u.a. dadurch von der Darstellung MEYERs ab

33 BLANKERTZ 1969, 31 nach RUPRECHT 1976, 16

34 ASCHERSLEBEN 1984, 14

"Dann meint Didaktik also die Theorie der Bildungsaufgaben und Bildungsinhalte bzw. Bildungskategorien; sie fragt nach ihrem Bildungssinn und den Kriterien für die Auswahl, nach ihrer Struktur und damit auch ihrer Schichtung, schließlich nach ihrer Ordnung."[35]

Höhepunkt im bildungstheoretischen Denken bildet KLAFKIs 'Didaktische Analyse', die vor allem die inhaltliche Seite des Unterrichtes berücksichtigte[36] und die Mitte der 60iger Jahre durch die 'Berliner Schule der Didaktik' von HEIMANN, SCHULZ und OTTO, der lerntheoretischen Didaktik, als zu eng inhaltsorientiert kritisiert wurde.

"Für die didaktische Analyse formuliert Klafki", so stellen HEITS/JOHN fest, *"fünf Grundfragen, die im Verhältnis wechselseitiger Abhängigkeit voneinander stehen und jeweils weiter in Teilfragen gegliedert werden:*

- *Welchen Sinn- und Sachzusammenhang vertritt und erschließt dieser Inhalt?*
- *Welche Bedeutung hat dieser Inhalt bereits im geistigen Leben der Kinder meiner Klasse?*
- *Welchen Zukunftsbezug hat das Thema für die Schüler?*
- *Welches ist die Struktur des durch die ersten drei Fragen in die spezifisch pädagogische Sicht gerückten Inhaltes? (Sachanalyse)*
- *Methoden- und Medienwahl"*[37].

Nicht zuletzt durch den Einfluß der lerntheoretischen Kritiker hat KLAFKI seine 'Didaktische Analyse' in den 70iger und 80iger Jahren zu einer kritisch- konstruktiven Didaktik weiterentwickelt, in der neben dem im Bildungsinhalt innewohnende Zielaspekt auch interaktionale und methodisch-strukturelle Gesichtspunkte des Unterrichtes stärker zum Tragen kommen.[38]

Die lerntheoretische Didaktik von HEIMANN unter Mitarbeit von SCHULZ und OTTO (1965) machte in Abgrenzung zur bildungstheoretischen den Unterricht zum Gegenstand der Didaktik und betonte damit methodische Momente wieder stärker. Dazu HEIMANN selbst: *"Das Inhaltsproblem hat sich in der moderenen Didaktik aus begreiflichen Gründen so in den Vordergrund gedrängt, daß von einigen bildungstheoretischen Schulen der Begriff Didaktik ganz für diesen Problembereich in Anspruch genommen wird. Ohne das Inhaltsproblem unterschätzen zu wollen, möchte ich mich einer solchen Ansicht nicht anschließen, weil sie den Begriff der Didaktik unzweckmäßig verkürzt und das Gesamtphänomen 'Unterricht' z.B. nicht ganz in den Griff bekommen kann."*[39]

---

35 KLAFKI 1964, 84 nach PETERSSEN 1983, 15

36 vgl. ASCHERSLEBEN 1974, 14

37 HEITS, H./JOHN, E.: *Unterrichtsarbeit an der Schule für Geistigbehinderte*, Berlin 1980, 17/18

38 vgl. KLAFKI, W.: *Die bildungstheoretische Didaktik im Rahmen kritisch-konstruktiver Erziehungswissenschaft*, in: GUDJONS,TESKE,WINKEL: *Didaktische Theorien*, Hamburg 1986, 11f.

39 HEIMANN 1962, 418 nach PETERSSEN 1983, 15

Die lerntheoretische Didaktik deduziert ihre didaktischen Entscheidungen nicht aus Theoremen. Sie versucht "*die Ziel-, Inhalts-, Methoden- und Medienfrage des Unterrichts als gleichwertige Bestandteile des unterrichtlichen Handelns des Lehrers zu analysieren.*"[40] Diese Strukturelemente des Unterrichtes, zu denen außerdem die anthropogenen und die sozial-kulturellen Voraussetzungen gehören, werden in einem engen Interdependenzverhältnis zu einander gesehen. MEYER bemerkt, daß diese Interdependenz-These jedoch keine nenneswerte empirische Unterrichtsforschung oder aber eine praktische Orientierung des methodischen Handelns hätte bewirken können.[41] In der praktischen Lehrer- und Sonderschullehrerausbildung kann die lerntheoretische Didaktik trotz dieser Unzulänglichkeiten ihre dominierende Stellung gegenüber anderen auch heute noch behaupten.

Als Ergänzung, Fortführung und Korrektur dieser beiden klassischen didaktischen Richtungen versteht sich die Anfang der 70iger Jahre von SCHALLER und SCHÄFER entwickelte kritisch-kommunikative Didaktik, "*die einen hohen Grad an Gesellschaftsoffenheit erreicht und das didaktische Korrelat einer emanzipierten Erziehung darstellt.*"[42/43]
Im Begriff 'kritisch-kommunikativ' kommen die beiden Grundpositionen dieser Konzeption zum Ausdruck. Da menschliches Leben immer kommunikatives Leben und Unterricht ein kommunikativer Prozeß ist, sind die "*Grundaxiome jedweder Kommunikation*"[44], wie sie z.B. die Kommunikationswissenschaft WATZLAWICKs lehrt, in die didaktische Theorie zu integrieren. "*Kritisch ist diese Didaktik insofern, als sie vorhandene Wirklichkeiten, die Ist-Werte unserer Gesellschaft, eben nicht unkritisch akzeptiert, sondern - soweit dies Schule überhaupt kann - permanent zu verbessern trachtet, in Sollens-Wert zu überführen sucht.*"[45] Die kritisch-kommunikative Didaktik "*ist also eine Theorie (d.h. eine systematische Analyse und Planung) des schulischen Lehrens und Lernens als kommunikativen Prozessen mit dem Ziel, vorhandene Wirklichkeiten kritisch zu reflektieren und sie in anspruchsvollere Möglichkeiten zu transformieren.*"[46] Im Mittelpunkt dieses Ansatzes steht außerdem die angemessene Berücksichtigung des Schülers im Unterricht.

Geringeren Einfluß als die drei genannten Konzeptionen vermochten die neueren Orientierungen, die 'curriculare Didaktik' (MÖLLER) und das 'kybernetisch-informationstheoretische Modell' (v.CUBE/FRANK), auszuüben. Die curriculare oder lernzielorientierte Didaktik plant, wie

---

40 MEYER 1987, 24
41 vgl. ebd. 1987, 24
42 RUPRECHT 1976, 17
43 Anm.d.Verf.: Und insofern kann sie, wie später noch zu zeigen ist, in Bezug auf den pädagogischen Auftrag nach 'Selbstverwirklichung in sozialer Integration' auch in der Geistigbehindertenpädagogik von Bedeutung sein.
44 WINKEL 1986, 79/80
45 ebd. 1986, 79
46 ebd. 1986, 80

ihr Name ja schon andeutet, den Unterricht von den Zielen her. Für CHRISTINE MÖLLER muß das Curriculum "*Aussagen über Lernziele, Lernorganisation und Lernkontrolle beinhalten und dient Lehrern und Schülern zu einer optimalen Realisation des Lernens.*"[47] MÖLLERs curriculare Didaktik "*hat wesentliche Anregungen vor allem aus behavioristisch orientierten Arbeiten gewonnen (SKINNER 1953, TYLER 1973, BLOOM 1973, MAGER 1974).*"[48] Zu denken ist hier ,z.B., an den programmierten Unterricht oder an die Verhaltensmodifikation, die auch in der Geistigbehindertenpädagogik zu finden sind, z.B. in den Lernprogrammen von SCHMITZ 1979 oder KANE/KANE 1976.

Eine ähnliche Betonung technokratischer Ablaufschemata von Unterricht findet sich in der ebenfalls an der empirisch-analytischen Wissenschaft orientierten kybernetisch-informationstheoretischen Didaktik FELIX v. CUBEs. Da der Mensch aufgrund seiner Bedürfnisse, Motive und Zielvorstellungen beeinflußbar oder gezielt steuerbar[49] ist, faßt v. CUBE den Erziehungs- und Ausbildungsprozeß als Regelungssystem auf und stellt ihn in einem kybernetischen Regelkreissystem dar.[50] Er betont, daß es sich bei diesen Regelungsprozessen "*nicht um spezielle (historisch oder gegenwärtige) Prozesse handelt, sondern ganz allgemein um die ständig korrigierte Steuerung von Menschen zu gegebenen Lernzielen.*"[51]

WINKEL wirft diesen beiden kritisch-rationalen Ansätzen vor, sie hätten mit schulischem, emanzipatorischem und kreativem Lernen nur noch wenig zu tun.[52] "*Was behavioristisch ausgesprochen effektiv ist, wird im schulischen Kontext zu pädagogisch unsauberen Methoden der Verhaltenssteuerung und liegt - zumindest nach dem Eingeständnis seines Erfinders - 'Beyond Freedom and Dignity'(B.F.SKINNER, 1971; dt.1973).*"[53] Bezogen auf das didaktische Teilgebiet Methodik hält MEYER ihre "*Engführung der Methodenfrage auf die Analyse zweckrationaler Strategien der Informationsübertragung*"[54] als höchst problematisch. Hinter einem noch so logisch begründeten und technokratisch durchgeführten Lernprogramm verbirgt sich doch immer auch die Gefahr der Fremdbestimmung des Lernenden, und es ist fraglich, ob dieses Problem jemals völlig aus dem Lehrprozeß wegzudenken ist. Fremdbestimmung als Gefahr zu erkennen und damit umgehen zu lernen, ist m.E. ehrlicher und 'zweckdienlicher', als sie durch rationale Begründungen verdrängen oder gar nihilieren zu wollen.

Aus kritisch-kommunikationsdidaktischer Sicht läßt sich der Spannungsbogen zwischen den fünf skizzierten Positionen abschließend folgendermaßen beschreiben:

---

[47] MÖLLER,Ch.: *Die curriculare Didaktik*, in: GUGJONS,TESKE,WINKEL 1986, 63

[48] ebd. 1986, 64

[49] vgl. CUBE v., F.: *Die Kybernetisch-informationstheoretische Didaktik*, in: GUDJONS,TESKE,WINKEL 1986, 48

[50] vgl. ebd. 1986, 49

[51] ebd. 1986, 53

[52] vgl. WINKEL 1986, 82

[53] ebd. 1986, 82

[54] MEYER 1987, 24

"Während die kritisch-kommunikative Didaktik der bildungstheoretischen und lerntheoretischen Didaktik, die gestörte, widersprüchliche und geheime Unterrichtsprozesse weitgehend ausklammern, Schulalltagsferne vorwirft (ohne ihnen das Etikett von 'Feiertagsdidaktiken' anzuhängen), kritisiert sie an der curricularen und kybernetisch-informationstheoretischen Didaktik die bedenkenlose Vernachlässigung kritisch-emanzipatorischer Momente sowie deren offen zu Tage tretenden Manipulationstechniken."[55]

Dieser grobe Aufriß sollte verdeutlichen, in welchem weiten Feld didaktisches Diskutieren möglich ist, bzw. betrieben wird und wie schwierig die Einordnung des bisher (vorwissenschaftlich) dargestellten Unterichtserlebens mit schwerstbehinderten Schülern hier ist. Auch der nachfolgend versuchte Transfer auf die Geistigbehindertenpädagogik, d.h. genauer, das Fragen wie die fünf Theorieansätze in ihr Berücksichtigung finden, werden nur unzureichend zur Klärung beitragen. Eine phänomenologische Didaktik wäre in unserem Zusammenhang sicherlich hilfreich, da sich die Phänomenologie nicht anschickt, bzw. das Instrumentarium zum Entwurf didaktischen und methodischer Strukturen nicht besitzt, wird auch hier eine Ableitung oder Modifikation unter dem Schwerstbehindertenaspekt ohne gründliche Erarbeitungen nicht möglich.

2.3 Die didaktische Diskussion in der Geistigbehindertenpädagogik

Obwohl sich die Geistigbehindertenpädagogik gerade in ihrer Anfangszeit stark am didaktischen Denken des Normalschulbereichs orientierte, ist ein konsequentes Weiterverfolgen der fünf vorgestellten Modelle in die sonderdidaktische Disziplin hinein nicht möglich. Es lassen sich in ihr zwar konzeptionelle Spuren wiederfinden, doch wegen des meist fehlenden wissenschafts- und metatheoretischen Rückbezugs, bzw. der allzu vordergründigen Auseinandersetzung mit dem jeweils zugrundeliegenden Modell, wird die jetzt sinnvoll erscheinende, vergleichende Abgrenzung schwierig. In Bezug auf die **sonder**-didaktische Entwicklung stellt NESTLE, der den erkenntnistheoretischen Zusammenhang zwischen Allgemeiner Didaktik und Sonderpädagogik kritisch hinterfragt, fest, daß *"didaktische Schlüsse und Folgerungen, die aus der Sonderpädagogik gezogen werden"*[56], in der Regel stark reduktiver Art sind. Man nahm anfangs, in der Geistigbehindertenpädagogik z.T. auch noch heute, *"die defizitäre Praxis der Schule zum Ausgang sonderpädagogischer Be-*

---

[55] WINKEL 1986, 82/83

[56] NESTLE, W.: *Didaktik und Sonderpädagogik*, in: Zeitschrift für Heilpädagogik, 3/1976, 168

griffs- und Urteilbildung"[57], um daraus didaktische Schlüsse zu ziehen. Die Folge war, daß die reduktive Didaktik und Praxis ständig reproduziert wurde, und durch Wiederholung des faktisch Gegebenen auf die Entwicklung alternativer Formen didaktischer Theoriebildung und neuer Formen des Lehrens und Lernens unter dem Behindertenaspekt verzichtet wurde.[58] Inzwischen hat sich das Bemühen um alternative Entwicklungen in der Geistigbehindertenpädagogik zwar verstärkt, doch aufgrund ihrer Uneinheitlichkeit ist es schwierig, auch innerhalb der Disziplin selbst einen systematischen Überblick über den Stand der derzeitigen didaktischen Diskussion zu gewinnen.
Während sich, wie ich zuvor mit PETERSSEN festgestellt habe, die didaktische Diskussion im Rahmen der Allgemeinen Pädagogik weitgehend auf der metatheoretischen Ebene bewegt, bleibt sie im Geistigbehindertenbereich primär der theoretischen Ebene verhaftet und reflektiert die eigene Theoriebildung kaum, was das hier wünschenswerte Aufzeigen metatheoretischer Parallelen bzw. Unterschiede, sowie die damit verbundene Einordnung als Ausgangspunkt der eigenen leiborientierten Entwürfe von vorherein verhindert.
Die didaktische Theorie der Geistigbehinderten, die demzufolge eines parallelen Modellcharakters oder -niveaus noch entbehrt, läßt sich in Anlehnung an PETERSSEN als das Gesamte allen unmittelbar auf die sonderdidaktische Praxis bezogenen Denkens verstehen, wobei die Theorie gleichsam das Ergebnis solchen Denkens ist und systematische Aussagen darüber enthält, wie sonderdidaktische Praxis tatsächlich ist bzw. sein kann oder sollte[59].
Doch dieses sonderdidaktische Denken ist infolge der überaus vielfältigen Erziehungs- und Unterrichtsschwierigkeiten bei Geistigbehinderten keineswegs einheitlich. Allgemeingültige, systematische Aussagen über die sonderdidaktische Praxis scheitern durch die extreme Heterogenität der zu unterrichtenden Schülerschaft mit ihrem teilweise divergenten Lernbedürfnis, das wiederum eine stärkere Differenzierung im didaktisch-methodischen Denken verlangt. Mit HORVATH will ich diese besonderen Schwierigkeiten auf der praktischen Ebene perspektivisch andeuten: "*Für eine Klasse von geistigbehinderten Kindern und Jugendlichen gibt es nicht* ***den*** *Lehrplan. Die Heterogenität der Schülerpersönlichkeiten erfordert mehrere Lehr- und Förderpläne. Es ist auch sehr schwierig, Unterricht über einen längeren Zeitraum hin zu planen. Das besondere Lernverhalten Geistigbehinderter und die unterschiedlichsten kognitiven und psychophysischen Entwicklungsmarken erfordern eine differenzierte und geschickte Lernorganistion, die jedem Schüler gerecht werden soll. Weitere Probleme ergeben sich aus der Zielsetzung für jeden einzelnen Schüler. Welche Verantwortung liegt beim Lehrer, wenn er Entscheidungen treffen und Prioritäten setzen soll, welche Inhalte für das gegenwärtige und das zukünftige Leben seiner Schüler 'lebensbedeutsam' sind.*"[60]

---

57 ebd. 1976, 168

58 vgl. ebd. 1976, 168

59 vgl. PETERSSEN 1983, 23

60 HORVATH, J.: *Der schuleigene, standortbezogene Lehrplan der Schule für Geistigbehinderte*, in: Zeitschrift für Heilpädagogik, 3/1978, 177

Zu einer Potenzierung der Schwierigkeiten und zu weiteren Einschränkungen im vertrauten didaktischen Denken und Handeln kommt es in der Erziehung von **schwerst**geistigbehinderten Schülern. "*Der Unterricht mit schwer Geistigbehinderten erfordert*", so stellt DREHER fest, "*von den besonderen Ansprüchen des Personenkreises her auch eine bestimmte Konzeption des Unterrichtes. Unterricht kann hier nicht mit den üblichen didaktisch-methodischen Verfahren durchgeführt werden. Er verlangt zum Teil eine offenere Planung, als das in 'Normal'schulen oder auch in 'besseren' Klassen der Schule für Geistigbehinderte möglich ist.*"[61]
Angesichts der vielfältigen unterrichtlichen Besonderheiten und Erschwernisse kann im Geistigbehindertenbereich nicht von **der** didaktischen Theorie gesprochen oder ausgegangen werden, weil es sie als solche nicht gibt. Es existiert inzwischen eine ganze Reihe von sonderdidaktischen Ansätzen oder Verständnisweisen nebeneinander, wobei sich jede dem Problemfeld Unterricht mit Geistigbehinderten auf ihre Weise zuwendet, und es scheint, als gelte in besonderem Maße in der Geistigbehindertenpädagogik die zuvor mit GUDJONS/TESKE und WINKEL getroffene Feststellung, daß "*Unterricht ein viel zu komplexer Prozeß ist, um adäquat von **einer** Theorie erhellt werden zu können*"[62].
Doch wer jetzt glaubt, daß man die verschiedenen sonderdidaktischen Theorien zur Erfassung der schulischen Wirklichkeit nur additiv zu einem Ganzen zusammenfügen brauche, der irrt; zu unterschiedlich sind die didaktischen Einzelpositionen im Hinblick auf den berücksichtigten Personenkreis (Schweregrad der geistigen Behinderung), die Ziel- oder Inhaltsperspektive von Unterricht, die methodischen Strukturen und auf ihr Reflexionsniveau. Aus diesem Grunde kann hier kein zusammenfassender Aufriß über die derzeitige didaktische Diskussion gegeben werden, sondern ich werde mich auf die Aussagen einzelner Autoren beschränken müssen und zwar auf solche, die mir zur Erhellung der Komplexität von Unterricht mit Geistigbehinderten und zur Begründung einer beziehungs- oder leiborientierten Erziehung dienlich erscheinen.

---

61 DREHER, W.: *Anhang zum Zwischenbericht*, Köln 1984, 21

62 GUDJONS/TESKE/WINKER 1986, 6

"Wir müssen erst geben und dann nehmen,
erst fördern, dann fordern." (FISCHER)[63]

I. Inhaltsaspekte der Bildung Geistigbehinderter

Für SPECK, der von der grundsätzlichen Bildbarkeit **aller** Geistigbehinderten ausgeht[64], zielt Bildung des geistigbehinderten Menschen darauf ab, "*leben zu lernen in der erfahrbaren Umwelt, d.h. innerhalb eines angemessenen Gefüges existentiell bedeutsamer Beziehungen auf der Basis der Förderung aller dazu nötigen und gegebenen Fähigkeiten*"[65]. Die pädagogische Aufgabenstellung sei eine ganzheitliche[66] und gliedere sich in die Teilgebiete:

"- *Aktivierung und Motivierung als Erschließung von* ***Lebenszutrauen***
- *Sensomotorik und Praktik als Ausbildung von* ***Lebensfertigkeiten,***
- *Information und Kommunikation als Vermittlung von* ***Lebensorientierung*** *und*
- *Wertnormierung und Stabilisierung als Bildung von* ***Lebenshaltungen.***"[67]

Bildbarkeit könne nicht "*als rein 'geistige' Dimension verstanden werden, sondern als physisch-psychische Potentionalität, Menschlichkeit zu verwirklichen.*"[68] Bildung als Lernhilfe müsse die individuellen Unterschiede der Bildbarkeit Geistigbehinderter berücksichtigen, "*das Kind in der Ganzheit seiner Existenz zu fassen suchen und auf das Fördern von Gewohnheiten und Einsichten gerichtet sein.*"[69]
Aus diesem Ganzheitsverständnis heraus kritisiert SPECK 1985 die fünf Jahre früher von der Kultusminister-Konferenz verabschiedeten 'Empfehlungen für den Unterricht in der Schule für Geistigbehinderte' als "*ausschließlich auf Lernziele abgestellt*"[70]. Die planmäßige Vermittlung lebensbedeutsamen Wissens und Könnens habe sich über den lernpsychologischen Ansatz der Schule als primär lernzielorientiertes Unternehmen etabliert.[71] Die systematische

---

[63] FISCHER,D.: *Die neuen Empfehlungen für die Schule für Geistigbehinderte - ein neuer Rahmen - eine neue Richtung - oder nur neue Linien?*, in: DITTMANN,W. (Hrsg.): *Neue Richtlinien für den Unterricht in der Schule für Geistigbehinderte*, Stuttgart 1983a, 44

[64] vgl. SPECK,O.: *Aufgaben und Richtziele für die Erziehung geistig behinderter Menschen*, in: WACKER/NEUMANN (Hrsg.): *Geistige Behinderung und soziales Lernen*, Frankfurt/M. 1985a, 221

[65] SPECK, O.: *Bildung, Bildbarkeit und Lernen des geistigbehinderten Menschen*, in: Zt. Vierteljahresschrift für Heilpädagogik und ihre Nachbargebiete, 2/1973, 137

[66] vgl. ebd. 1973, 143

[67] ebd 1973, 137

[68] ebd. 1973, 144

[69] ebd. 1973, 144

[70] SPECK 1985a, 227

[71] vgl. ebd 1985a, 227

Planbarkeit des zu Lehrenden und die Kontrollierbarkeit des zu Lernenden, die sich an den Standards der Entwicklung orientiere[72], würden als Vorteile dieses Ansatzes angesehen und bestimmten maßgeblich die Richtziele in den Unterrichtsempfehlungen. Diese Richtziele, die, wie schon erwähnt, 1985 eine Fortschreibung in den sog. Schwerstbehinderten-Richtlinien erfahren haben und damit auch für ihre Bildung verbindlich sind, lauten folgendermaßen:

1." *Fähigkeit zum Erfahren der eigenen Person und zum Aufbau eines Lebenszutrauens*
2. *Fähigkeit, sich selbst zu versorgen und zur Sicherung der eigenen Existenz beizutragen*
3. *Fähigkeit, sich in der Umwelt zurechtzufinden und sie angemessen zu erleben*
4. *Fähigkeit, sich in der Gemeinschaft zu orientieren, sich einzuordnen, sich zu behaupten und sie mitzugestalten*
5. *Fähigkeit, die Sachumwelt zu erkennen und mitgestalten zu können*"[73]

SPECK wirft dieser Anordnung vor, einseitig auf den Erwerb beobachtbarer 'Fähigkeiten' ausgerichtet zu sein und sieht in diesem "*bloßen Fertigkeitsansatz ... pädagogisch ganzheitlich eine Verengung*"[74]. Fähigkeiten seien jeweils auf zu produzierende Tätigkeiten bezogen. Erziehung vollziehe sich aber "*nicht einfach im Produzierenlassen von Tätigkeiten. Sie umfaßt vielmehr auch das, was man in einem komplexen Sinn 'Erleben' nennt. Erziehung wird -beidseitig- auch als Sein miteinander erfahren.*"[75]
SPECK trifft hier eine Feststellung, die in der Erziehung Schwerstbehinderter von besonderer Bedeutung ist. Die Biographie von Felix, und hier vornehmlich das erste halbe Jahr seiner schulischen Erziehung, macht deutlich, wie gefährlich die ausschließliche Orientierung des Lehrers an reproduzierten Fähigkeiten oder seine Erwartung von genau festgelegten Reaktionen auf seine Stimulation für den schwerstbehinderten Schüler sein kann. Erziehung als 'ein miteinander erfahren' (SPECK) scheint bei diesen Schülern von grundlegender Bedeutung zu sein. Das einseitige Ausgerichtetsein auf kontrollierbare Ziele kann die Lebenswirklichkeit schwerst- und geistigbehinderter Schüler auf gravierende Weise verkürzen, "*die volle Wirklichkeit des Lebens, auf die erzieherisch vorbereitet werden soll*", bleibt "*dabei auf der Strecke.*"[76]

Neben der starken Lernzielorientiertheit bemängelt SPECK desweiteren die Ableitung der Lernziele "*aus dem **Normal**verlauf der kindlichen **Entwicklung**.*"[77] "*Dieses sog.*

---

72 vgl. ebd. 1985a, 227 oder auch ADAM 1981

73 KULTUSMINISTER NRW: *Richtlinien und Lehrpläne für die Schule für Geistigbehinderte*, Düsseldorf 1980, 137f.

74 SPECK 1985a, 228

75 ebd. 1985a, 228

76 ebd. 1985a, 228

77 ebd. 1985a, 229

Entwicklungscurriculum suggeriert eine Gleichschaltbarkeit statistisch durchschnittlicher und retardierter Entwicklungsschritte und -verläufe, deren Unterschiede lediglich in zeitlicher Versetzung (Verlangsamung) zu sehen seien."[78] Übersehen würde dabei, daß je abweichender die Entwicklung eines Kindes verlaufe, desto eigener sei die Wirklichkeit, die sich eine Kind konstituiere.[79] Eine Behauptung, die durch die eigenen Praxisbeispiele aus dem Schwerstbehindertenbereich unterstrichen wird. Die eigenständigen Entwicklungsverläufe Geistig- und Schwerstbehinderter verlangen Erziehungsmaßnahmen, die diese eigene Wirklichkeit des Kindes berücksichtigen, "*und zwar nicht nur in allgemein definierbaren Entwicklungsschritten (= -zielen und -leistungen), sondern auch als soziale Ganzheit in all ihren Dimensionen und Widersprüchen."*[80] Die Ganzheit komme im jeweiligen Bezug auf 'Leben'zum Ausdruck, "*das stets Leben als Individuum mit anderen bedeutet, also gemäß unserer pädagogischen Aufgabenstellung auf personale und soziale Integration hin gerichtet ist."*[81]
Doch dieser pädagogische Auftrag kann mit den Zielvorgaben der Richtlinien allein nicht erreicht werden. Sie genügen nicht, "*um volle Lebenswirklichkeit mit all ihren Unwägbarkeiten zu schaffen. Für sie ist vielmehr unmittelbare und unpräparierte Erfahrung konstitutiv. Und nur sie läßt eigentliche Autonomie zu. Definierte, vorgeplante und technisch vermittelte Kommunikation und Erfahrung ist sicherlich auch nötig, aber sie bedarf der Ergänzung durch offene, nichtorganisierbare Kommunikation und Erfahrung."*[82]
Genau an dieser Stelle, und darum habe ich mit SPECK die Curriculumsebene langsam entwickelt, versucht die beziehungsorientierte Erziehung einzusetzen. Nachfolgend werde ich zeigen, wie sich die "*offene, nichtorganisierbare Kommunikation und Erfahrung*" (SPECK), die man in unserem Sinn ja auch als elementare Beziehung auffassen kann, trotz ihrer Unmittelbarkeit in ihrem Entstehen und Entfalten sinnvoll in den Unterricht mit seinen vielfältigen Zielsetzungen integrieren läßt. Doch zuvor muß noch geklärt werden, was Unterricht bei Geistigbehinderten und vor allem bei Schwerstbehinderten ist.

---

78 ebd. 1985a, 229
79 vgl. ebd. 1985a, 229
80 ebd. 1985a, 229
81 ebd. 1985a, 230
82 ebd. 1985a, 229

II. Unterrichtskonzeptionen bei Geistigbehinderten

Ganz allgemein ist für SPECK, in Anlehnung an die Bildungstheorie, Unterricht eine schulische Veranstaltung des Lehrens, "*welche darauf gerichtet ist, bestimmte Lernprozesse auszulösen und zu unterstützen, die für das Kind und seine Sozialisation real wichtig sind.*"[83] In ihm ginge es darum, dem Kind "*den Aufbau oder die Veränderung von real überdauernden Einstellungen bzw. Haltungen, Fähigkeiten, Erkenntnissen und Kenntnissen zu ermöglichen, und zwar unter Zielvorstellungen, die im Hinblick auf die Adressaten solcher Bemühungen für gültig bzw. für begründbar gehalten werden.*"[84]

Auch KLEIN, der Unterricht als komplexes interaktionales Geschehen charakterisiert, in dem soziale Beziehungen ständig auf- und abgebaut würden und die auf ein zielorientiertes Thema bezogen seien, lehnt sich durch die Betonung der Unterrichtsintentionen stark an das Didaktikverständnis KLAFKIs an und fügt auf der planerischen Ebene lerntheoretische Aspekte hinzu: "*Die Unterrichtsplanung ist als eine auf Erziehung und Unterricht bezogene schöpferische und intuitive Gestaltungsaufgabe zu verstehen (W. Klafki). Dabei sind vier Strukturmomente zu beachten: Intentionalität und Inhaltlichkeit, Methode und Medien. Es handelt sich hier um vier sich wechselseitig bedingende und den Unterricht konstituierende didaktische Entscheidungsfelder (P. Heimann, W. Schulz). Diese vier Entscheidungsfelder können nicht voneinander abgeleitet werden, vielmehr ist das eine jeweils Kriterium für das andere. Primat hat die pädagogische Intentionalität, die zielorientierte Entscheidung über den Inhalt im Hinblick auf den Schüler.*"[85]

Bezogen auf den konzeptionellen Hintergrund dieser inhaltsbetonten Verständnisweisen von Unterricht kann mit HEITS und JOHN kritisch angemerkt werden, daß sich beide didaktischen Modelle (das bildungs- und das lerntheoretische) allein im sonderpädagogischen Bereich als unzureichend erweisen, weil sie die "*abweichenden Bedürfnisse bzw. die speziellen Ansprüche von Sonderschülern sowie die Forderung nach projektorientiertem Lernen*"[86] unberücksichtigt lassen. "*Während der Unterricht in der Sonderschule neben der schulischen Förderung vor allem auch eine Veränderung des Verhaltens innerhalb sozialer Bezüge zum Ziel hat, beziehen sich beide Modelle allein auf Wissenszuwachs bei den Schülern. Für den Unterricht der Sonderschule sollte es deshalb eine didaktische Konzeption geben, die die Person zum Ausgangspunkt hat und einen dementsprechend vielseitigen Unterricht ermöglicht.*"[87]

---

[83] SPECK,O.: *Geistige Behinderung und Erziehung*, München 1980a, 243

[84] KLAFKI 1977, 12 nach SPECK 1980a, 243

[85] KLEIN, F.: *Beurteilungsgesichtspunkte zur Planung und Gestaltung einer Unterrichtsstunde, insbesondere an Schulen für Geistigbehinderte*, in: Ehrenwirth Sonderschulmagazin, 9/1984, 3

[86] HEITS/JOHN 1980, 19

[87] ebd. 1980, 19

die Person zum Ausgangspunkt der did. Konzept. mache

Mit KIRSCH läßt sich in diesem Zusammenhang ein interessanter Versuch vorstellen, der verschiedene Unterrichtskonzeptionen von der Person des Behinderten aus erschließt, genauer, KIRSCH nimmt in Anlehnung an THALHAMMER, SPECK und FISCHER eine Zuordnung von "anthropologischem Sein" des Schülers, vom Schweregrad seiner geistigen Behinderung zu Formen des Lernens und Unterrichtens vor, um damit die Notwendigkeit der äußeren Differenzierung in der Schule für Geistigbehinderte zu begründen[88]. Ich will kurz auf seine Ausführungen eingehen, weil sich mit ihrer Hilfe das Spektrum der gebräuchlichen Unterrichtskonzepte und -methoden in diesem Bereich darstellen läßt.

	Behinderungsgrade	Formen des Lernens
1.	Übergangsformen (SPECK) (Schüler im oberen Grenzbereich)	Lernen im herkömmlichem Unterricht gemäß den Artikulationsstufen nach ROTH [89]
2.	Durchschnittsformen (SPECK) sozial handlungs- und gewöhnungsfähig (THALHAMMER)	Lernen durch Lernvorhaben als Aufgabenfolge mit relativ selbständigen Lernsequenzen
3.	Intensivformen (SPECK) ausdrucks- und eindrucksfähig (THALHAMMER)[90]	Lernen durch passives und aktives Lernangebot

Die Zuordnung des Behinderten zu einer bestimmten Lerngruppe ergibt sich für KIRSCH aus "*seinem anthropologischen Sein, d.h. nach der Intensität der geistigen Behinderung, nach seiner Art und Weise des Lernens und schließlich nach seinen Möglichkeiten, in einem bestimmten, vom Unterricht verursachten Lernfeld erfolgreich zu agieren.*"[91] Behinderung, Lernen und Unterricht werden also von KIRSCH in einem zirkulären Verhältnis zueinander gesehen und er stellt fest, daß sich dem Lehrer das erfolgreiche Lernen seiner Schüler im Unterricht selbst erschließt und sich Unterricht dem Lernen der Schüler

---

[88] vgl. KIRSCH, R: *Aspekte der äußeren Differenzierung in der Schule für Geistigbehinderte*, in: Zt. f. Heilpädagogik, 7/1979, 482

[89] vgl. auch FISCHER 1978

[90] Anm.d.Verf.: Übersicht erstellt in Orientierung an KIRSCH 1979, 482

[91] KIRSCH 1979, 482/483

anzupassen habe.[92] Aufgrund dieses Interdependenzverhältnisses läßt sich nun Unterricht in Relation zur Kategorie des 'anthropologischen Seins'(THALHAMMER) stellen[93].

Behinderungsgrade	**Formen des Unterrichtes**
eindrücksfähiges und ausdrucksfähiges Geistigbehindertsein	behandlungs- und therapieorientierter Unterricht
gewöhnungsfähiges Geistigbehindertsein	übungs- und trainingsorientierter Unterricht
sozial handlungsfähiges Geistigbehindertsein	handlungs- und projektorientierter Unterricht
Übergangsformen (von THALHAMMER nicht besetzt)[94]	lehr- und lernorientierter Unterricht

KIRSCH fragt weiter, was unter den verschiedenen Unterrichtskonzeptionen zu verstehen ist und betont ausdrücklich, daß die Begriffe "*lehr-, lern-, handlungs-, projekt- usw. im Rahmen der didaktischen Überlegungen zum Unterricht mit Nichtbehinderten schon besetzt sind*"[95] und es überaus schwierig ist, neue, nicht besetzte zu finden. Deshalb nimmt er eine Klärung unter dem Gesichtspunkt der Geistigbehinderten vor.

Der lehr- und lernorientierte Unterricht, der sich an Schüler im Grenzbereich zur Lernbehinderung richtet, unterscheide sich nur graduell vom Unterricht im Normalbereich[96]. Gängige und bewährte didaktische Modelle (vom bildungs- über das lern- bis hin zum informationstheoretisch-kybernetischen Modell) könnten "*in prospektiver und retrospektiver Hinsicht als*

---

92 ebd. 1979, 483
93 vgl. ebd. 1979, 483
94 vgl. ebd. 1979, 483
95 ebd. 1979, 484
96 vgl. ebd. 1979, 484

Orientierung dienen."[97] Sonderpädagogische Prinzipien, wie sie BACH (1974) als methodische Grundsätze formulierte, sollten aber zusätzlich Berücksichtigung finden.
Doch diese Behauptung erscheint mir fragwürdig. Auch wenn bei Schülern im oberen Grenzbereich das von ROTH auf der Grundlage empirisch lerntheoretischer Forschung entworfene problemlösende Stufenkonzept von Unterricht[98] anwendbar ist, so reicht es m.E. zur Planung und Durchführung eines kindgemäßen und die Behinderung berücksichtigenden Unterrichtes nicht aus, ihn lediglich mit sonderpädagogischen Prinzipien zu bereichern. Die Gefahr der Fremdbestimmung, der Setzung von außen durch eine zu starke Orientierung am Normalbereich ist groß, da auch diese Schüler nur beschränkt in der Lage sind, ihre eigenen Lernbedürfnisse zu artikulieren und sich selbstverwirklichend in den vom Lehrer gestalteten Lernprozeß einzubeziehen. Die bestehenden didaktischen Modelle sind darum nicht nur in Bezug auf die Behinderung zu hinterfragen, sondern vor allem auch wegen des besonderen Abhängigkeitsverhältnisses des behinderten Schülers von den Lehr- und Lernentscheidungen seines Lehrers. Nicht die Struktur des Unterrichtes oder sein Verlaufsmodus sollte das maßgebliche Kriterium für didaktische Entscheidungen sein, sondern das behinderte Kind selbst, seine Lebenswelt und seine Möglichkeiten, sich aktiv und sinn-stiftend in den Lernprozeß einzubinden. Kritisch-kommunikative Aspekte erscheinen in diesem Zusammenhang bedenkenswert.

Der handlungs- und projektorientierte Unterricht, wie MÜHL ihn für die Durchschnittsformen (SPECK) geistiger Behinderung entworfen hat, und der der Handlungsfähigkeit der Behinderten in besonderer Weise Rechnung trägt, entspricht nur in Ansätzen dem Projektunterricht des Normalschulbereichs. "*Unterrichtliche Prozesse finden weniger in voneinander abgegrenzten Lernbereichen, sondern in ganzheitlichen Lebensvollzügen statt. Angesprochene Sachthemen werden mehrperspektivisch angegangen, der Zusammenhang bleibt gewahrt. Es scheint, als könnte sich diese Art des Unterrichtes an gesamtunterrichtlichen Verfahren anlehnen. Diese Anlehnung gelingt in Wahrheit jedoch nur sporadisch und punktuell, so daß eine Vermeidung dieser aus dem Normalschulbereich herstammenden Begriffe eher eine Hilfe ist als deren Verwendung."*[99]
Projektunterricht, der das nichtbehinderte Kind zum eigenverantwortlichen und selbstgesteuerten Lernen motivieren soll, intendiert bei Geistigbehinderten primär das Erleben und Erkennen von Lebenszusammenhängen. Der Behinderte soll Ganzheiten erfahren, wobei die kognitive Dimension immer durch die pragmatische gewonnen und durch die affektive gestützt sein sollte[100]. Der vollziehende und handelnde Umgang mit Dingen und Personen, die für KIRSCH die besten Medien sind, steht methodisch an erster Stelle.

---

[97] ebd. 1979, 485

[98] Anm.d.Verf.: bestehend aus den sechs Stufen: Motivation, Schwierigkeiten, Lösung, Tun und Ausführen, Behalten und Einüben, Bewältigung im Leben und Integration in die Persönlichkeitstruktur

[99] KIRSCH 1979, 485

[100] vgl. ebd. 1979, 485

Im Gegensatz zu dieser Unterrichtsform findet im **trainings- und übungsorientierten Unterricht** für schwächere Schüler eine thematische Reduktion der Handlungseinheiten auf einzelne zu übende Handlungssequenzen statt, wobei es zu einer Auflösung des situativen Kontextes im Wahrnehmungsbereich kommt[101], d.h., während des Trainings von Einzelfunktionen geht der Lebenszusammenhang für den Schüler verloren. *"Im Rahmen des trainings- und übungsorientierten Unterrichts kann der Lebenszusammenhang, der beim handlungs- und projektorientierten Unterricht unbedingt gewahrt werden sollte, schon wegen der zeitlichen Ausdehnung, die durch das Ausmaß des Funktionstrainings verursacht wird, nicht gehalten werden. Damit aber auch hier die Schüler nicht zu nur inselhaft vorhandenen Fähigkeiten und Fertigkeiten gelangen, ist es die schwierige Aufgabe des Lehrers, die erworbenen Fähigkeiten und Fertigkeiten in einen situativen Kontext sichtbar und anwendbar werden zu lassen."*[102]
Als solche Trainingsprogramme, die verstärkt in den 70er Jahren entwickelt wurden, sind OY/SAGI 1975, LILIROTH/NIMEUS 1973, WALBURG 1972, KANE/KANE 1976, SCHMITZ 1979 oder GÜNZBURG 1981 zu nennen. Sie alle können als technologische Lernsysteme aufgefaßt werden, orientieren sich stark an der Verhaltensmodifikation und sind damit primär lernzielgerichtet. In diesem Zusammenhang möchte ich noch einmal auf SPECKs zuvor dargestellte Kritik an der einseitigen Lernzielorientierung hinweisen. Es bleibt zu fragen, inwieweit schwerer behinderte Schüler diesen trainingsartigen Lernsituationen tatsächlich einen Sinn für sich selbst entnehmen können und inwieweit sinn-entbehrende antrainierte Handlungsweisen tatsächlich in das Fähigkeitsrepertoir des Kindes übergehen. Für den Schüler sinnvolle Handlungen wird er zur Bewältigung seines Lebens einsetzen, sinnleere hingegen vergißt er, sobald die regelmäßige Übung aufhört.

Der behandlungs- und therapieorientierte Unterricht schließlich richtet sich auf die Schwerstbehinderten, die aufgrund ihrer großen Hilfsbedürftigkeit *"keine Lernprozesse im Rahmen der Gruppe"*[103] mehr erlauben, und von denen jeder Schüler eines eigenen gültigen Therapie- und Behandlungsplanes bedarf. *"Ansätze für eine Behandlung sind häufig durch instinktive Verhaltensweisen oder durch Reflexe gegeben. Diese können aufgegriffen werden. Oft bestimmen Formen der Verhaltenstherapie das methodische Vorgehen. Die intentionalen Entscheidungen bewegen sich vorwiegend auf dem Feld der sensomotorischen Förderung und Entwicklung."*[104] Diesen Ausführungen KIRSCHs muß man ihr relatives Alter zugute halten, denn mittlerweile hat sich ja gerade im Schwerstbehindertenbereich eine Umorientierung, weg von den reinen Behandlungsmethoden, hin zu kommunikativ ausgerichteten Förderansätzen, vollzogen; ein Aspekt, dem ich mich später noch einmal gesondert zuwenden werde.

---

[101] vgl. ebd. 1979, 486
[102] ebd. 1979, 486
[103] ebd. 1979. 486
[104] ebd. 1979, 486

Bezogen auf die Ausgangsfrage, was Unterricht mit Geistigbehinderten sei, läßt sich nun festhalten, daß es **den** Unterricht nicht gibt, sondern es existieren verschiedene Unterrichtskonzeptionen nebeneinander. Nach FISCHER ist immer noch nicht eindeutig geklärt, was Unterricht mit Geistigbehinderten ist und er zeigt den Spannungsbogen auf, in dem sich Unterrichtsarbeit derzeit in diesem Schultyp bewegt. "*Auf der einen Seite wird mit Geistigbehinderten immer noch Unterricht versucht, der sich stark an herkömmlichen Unterrichts-Vorstellungen anlehnt (stark verbalisierend, hohes Abstraktions- und Begriffs-Niveau, gegliedert nach Artikulations-Stufen) und dabei Gefahr läuft, mit Geistigbehinderten eine 'Scheinbewältigung' (Heinrich) von Inhalten zu inszenieren.*"[105] Es ließe sich aber auch eine gegensätzliche Tendenzen aufzeigen, "*die Konkretheit anstreben, Nähe zur Lebenswirklichkeit Geistigbehinderter suchen.*"[106] Aber auch diese befriedigten nicht, weil sie das "*gesamte unterrichtliche Geschehen auf ein rein pragmatisches Ertüchtigen, auf ein Eingewöhnen in Umwelt-Verhältnisse*"[107] reduzierten.
FISCHER fordert in diesem Zusammenhang, aber an anderer Stelle, von der Geistigbehinderten-Didaktik eine stärkere Berücksichtigung der augenblicklichen Entwicklung in der allgemeinen Didaktik, weg von der reinen Lernzielorientiertheit hin zu kommunikativen und interaktionalen Elementen[108]. Eine Forderung, die bei SPECK zuvor in ähnlicher Weise anklang. Trotz ihrer Eigenproblematik bzw. -gesetzlichkeit könne die Sonderdidaktik, so sagt FISCHER weiter, an der Entwicklung im Normalschulbereich nicht vorbeigehen. Er nahm diese Entwicklung schließlich zum Anlaß, eine 'methodische Grundlegung' für die schulische Erziehung Geistigbehinderter zu entwerfen bzw. er versuchte, die allg. Entwicklungen in seine primär methodische Konzeption zu integrieren, indem er sich von der informationstheoretisch orientierten Didaktik abgrenzte, kommunikative Strukturen (Ulich, Popp u.a.)[109] in sein didaktisches Grundmodell einbezog und daneben verschiedene offene, handlungsbezogene Unterrichtsmodelle berücksichtigte. ERN charakterisiert FISCHERs gesamtmethodische Intention wie folgt: "*Es geht in dem Band*[110] *in erster Linie darum, einen Strukturgitterentwurf zur Planung von Unterrichtsverläufen für die Geistigbehinderten-Schule aufzuzeigen, der sich von einem Zuviel an Kognition und dem vielleicht überfordernden Problembewußtsein des Rothschen Artikulationsschemas positiv abhebt. Bezüglich*

---

105 FISCHER, D.: *Problem der Vermittlung - ein Beitrag zur effektiveren Unterrichtsgestaltung mit Geistigbehinderten*, in. HOFMANN, Th. (Hrsg.): *Beiträge zur Geistigbehindertenpädagogik*, Rheinstetten 1979, 141

106 ebd. 1979, 141/142

107 ebd. 1979, 142

108 vgl. FISCHER, D.: *Eine methodische Grundlegung*, Würzburg 1978, 5

109 vgl. ebd. 1978, 94

110 Anm.d.Verf.: gemeint ist die 'methodische Grundlegung'

der Auswahl der Inhalte ist die Auswahl der Lernfelder eine originäre Leistung des Buches."[111]
Zusammenfassend geht es FISCHER, so sagt er selbst, "*durch ein so strukturiertes Lernangebot um eine Ausweitung des Wahrnehmungs-, Erlebnis-, Erfahrungs- und Handlungsfeldes und damit um eine Ausdifferenzierung der Wahrnehmungs-, Erlebnis-, Erfahrungs- und Handlungsfähigkeit. Die mehrdimensionale Beanspruchung und Förderung des Schülers als Person ist damit eher erreicht, als durch ein sich vereinzeltes Bemühen um Lernziele, die sich vorwiegend um sog. lebenspraktische Tüchtigkeiten zentrieren.*"[112]
Ich wende mich jetzt FISCHERs 'Strukturgitterentwurf' (ERN) zu, um von ihm aus das besondere Lern- und Unterrichtsbedürfnis Schwerstbehinderter sowie charakteristische methodische Strukturen unter Berücksichtigung der elementaren Beziehungen zwischen schwerstbehindertem Schüler und Lehrer ableiten zu können.

III. Methodenaspekte des Unterrichts mit Geistigbehinderten

Zum besseren Verständnis und zur leichteren Einordnung der verschiedenen methodischen Modelle FISCHERs, die er nach den unterschiedlichen Behinderungsgraden und damit unter Einbeziehung der Schwerstbehinderten differenziert, ist es wieder sinnvoll, mit einer ganz kurzen Abgrenzung von der Allgemeinen Didaktik zu beginnen.
Wie ich bereits im Rahmen der terminologischen Klärung beschrieben habe, gibt es bisher kein einheitliches Methodenverständnis. Es muß immer vor dem jeweiligen didaktischen Theoriehintergrund gesehen werden und läßt darum sehr viele verschiedene Interpretationen zu. Exemplarisch sei hier die Methodik, also die Theorie der Unterrichtsmethoden, mit HAGMÜLLER und aus lerntheoretischer Sicht gekennzeichnet: "*Die Methodik als der eine Teil lernorganisatorischer Maßnahmen 'untersucht und beschreibt, wie im Unterricht gelernt und gelehrt wird, auf welche Weise Unterrichtsinhalte vermittelt bzw. Lernziele erreicht werden können'.*[113] *Damit es gelingt, die Schüler in einem Lehr-Lernprozeß von einem bestimmten Ausgangsniveau ihres Entwicklungsstandes zielgerichtet, planmäßig und effektiv zu einem durch die Ziele des Unterrichts bestimmten höheren Niveau zu führen, ist eine intensive Beschäftigung mit Methodenfragen vonnöten. Diese findet bei der Unterrichtsvorbereitung in der methodi-*

---

111 ERN, M.: *Initiativen zur Geistigbehindertenpädagogik bei Dieter Fischer*, unveröffentlichte Examensarbeit, Köln 1987, 35

112 FISCHER 1979, 61 nach ERN 1987, 35

113 BONZ 1976, 9 nach HAGMÜLLER, P.: *Einführung in die Unterrichtsvorbereitung*, Düsseldorf 1983, 72

schen Analyse des Stundenentwurfs ihren Niederschlag."[114] Die Aufgabe der methodischen Analyse bestünde nach HAGMÜLLER darin, von den Voraussetzungen ausgehend, Inhalte und Zielsetzungen des Unterrichtes, die Schritte und Wege des geplanten Unterrichtsgeschehens aufzuzeigen und dabei folgende Gesichtspunkte zu bedenken: Methodenkonzeptionen, Lernphasen, Lehrverfahren, Sozial- und Interaktionsformen.[115]
MEYER, der sich im Gegensatz zu HAGMÜLLER dem handlungs- und schülerorientierten Unterricht verpflichtet fühlt, geht der Frage nach der Wechselwirkung zwischen diesen Gesichtspunkten unter Berücksichtigung der verschiedenen didaktischen Schulen nach. Die starke Betonung der Inhalts- und Zielebene kritisierend, stellt er zusammenfassend fest, daß Unterrichtsziele, -inhalte und -methoden in einem engen Wechselwirkungsverhältnis zueinander stehen[116]. Dabei leisteten "*Unterrichtsmethoden eine symbolische Vermittlung der Wirklichkeit der Welt*"[117], strukturierten den Lernweg des Schülers[118] und seien in sich zielgerichtet[119].
Der Wechselwirkung aller Bedingungsfaktoren des Unterrichts kommt in der Methodik bei Geistigbehinderten eine besondere Bedeutung zu und weist damit auf ein grundlegendes Unterscheidungsmerkmal zur Methodendiskussion im Normalschulbereich. In der Sonderdidaktik ist nicht die Zielsetzung des Unterrichts entscheidend für die methodische Vorgehensweise, sondern der Schüler mit seinen individuellen Lernmöglichkeiten. Wobei dem zuletzt mit MEYER genannten Faktum, daß Methoden in sich zielgerichtet sind, im Geistigbehinderten- und, wie ich später unter dem Beziehungsaspekt noch genauer zeigen werde, im Schwerstbehindertenbereich ein besonderer Stellenwert zukommt. Insgesamt ist von der Unterrichtsplanung im sonderdidaktischen Feld eine größere Offenheit im Hinblick auf alle Strukturelemente des Unterrichtes verlangt, weil sich dem behinderten Kind die Welt nur in einem individualisierten und strukturierten Unterricht erschließt. Aufgrund der zuvor beschriebenen Heterogenität der geistigbehinderten Schülerschaft kann die schulische Welt nicht anhand eines einzigen methodischen Modells vermittelt werden, sondern es müssen mehrere Lernwege konzipiert und strukturiert werden. Eine Aufgabe, der sich FISCHER in seinen zahlreichen didaktisch-methodischen Schriften, Vorträgen und Veranstaltungen immer wieder und in einer für unseren Fachbereich einmaligen Weise gestellt hat. "*Es geht dem Autor schwerpunktmäßig 'um eine Verbesserung des Lernens für geistigbehinderte Schüler, indem er das, was Unterricht für Geistigbehinderte sein könnte, aufzuzeigen versucht'.*"[120]

---

[114] HAGMÜLLER 1983, 72/73
[115] vgl. ebd. 1983, 73
[116] vgl. MEYER 1987, 92
[117] MEYER 1987, 83
[118] vgl. ebd. 1987, 86
[119] vgl. ebd. 1987, 91
[120] FISCHER 1978, 7 nach ERN 1987, 37

Didaktik und Methodik orientieren sich bei FISCHER eng am Schüler, wobei er der Interaktion zwischen Schüler und Lehrer, die gemeinsam die Unterrichtsziele finden und realisieren[121], besondere Beachtung schenkt. "*Unterricht für geistigbehinderte Kinder soll nach Auffassung Dieter Fischers dem Grundprinzip 'Lernziel Leben', inhaltlich und methodisch verstanden, folgen.*"[122]

Methodische Modelle für den Unterricht mit Geistigbehinderten leitet FISCHER aus seinem 'didaktischen Grundmodell' ab, und insofern sind seine Unterrichtsmodelle als methodische Konkretisierungen dieses Grundmodells zu verstehen. Die didaktische Forschung sei sich noch nicht über die Hauptkriterien eines solchen Modells einig, fordere aber, daß es sich für alle Schüler, alle Lehrer und alle Lernsituationen (jeden Inhalt) gleichermaßen anwenden läßt.[123] Doch diese Idealforderung könne, aufgrund der unterschiedlichen Schüler, der verschiedenartigen Strukturen von Lernstoffen und der vielen Lehrervariablen, die den Unterrichtsvorgang modifizierend beeinflussen, faktisch nicht erreicht werden.[124] Darum sei es notwendig, ein 'didaktisches Grundmodell' zu entwickeln, das breiter "*als ein 'Strukturgitter' oder ein 'Raster'*"[125] gefaßt ist. "*Diesem soll das Phänomen 'Lernen' zugrunde liegen, so wie dieses im Unterricht angestrebt wird bzw. sich ereignet, und erzieherische Momente ebenso mit einschließen.*"[126] Dabei sind folgende Kriterien für seinen Modellentwurf maßgeblich:

"- *die aktive Einbeziehung des geistigbehinderten Schülers in den Lernprozeß*
- *die unterschiedliche Zuwendungsdauer im Lernprozeß*
- *verschiedene Lernniveaustufen bzgl. des Lernergebnisses*
- *Entsprechung der Sachstruktur eines Lernziels oder des Unterrichtsgegenstandes*
- *das Dialoghafte des pädagogischen Bezugs (SPECK)*"[127]

Um diesen Forderungen zu entsprechen, entwickelt er sein 'didaktisches Grundmodell' als 'offenes Handlungsschema', das sich an folgende Modelle anlehnt:

"- *die 'pädagogische Situation' nach PETERSEN*
- *der in Anlehnung dazu stehende 'Schaffungsunterricht' von KÖHLER,*
- *die 'pädagogische Situation' von MIESKES,*
- *das Modell des 'offenen Unterrichts' nach ULSHÖFER,*
- *der Unterricht als 'Lern- und Aufgabenfolge' von TOMASCHEWSKY*"[128]

---

121 vgl. FISCHER 1978, 20f
122 ERN 1987, 38
123 vgl. ebd. 1978, 92
124 vgl. ebd. 1978, 92
125 ebd. 1978, 95
126 ebd. 1978, 95
127 ebd. 1978, 95
128 ebd. 1978, 96

Eine Gemeinsamkeit aller Modelle, auf die FISCHER im einzelnen aber nicht eingeht, bestünde in ihrem Verständnis von Unterricht als sozialem" *Handlungssystem, zu dem ein handelndes Agens, eine Situation und das Ziel als Grundelemente des Unterrichtes gehören.*"[129] Unterricht habe sich nach ERN "*als 'offenes Handlungsfeld' abzuspielen, in dem dem tatsächlichen Lernerfolg weniger Bedeutung zugemessen wird als der Interaktion und kommunikativen Beziehung, woraus Selbstwertgefühl und Identitätsgewinn resultieren.*"[130] Das wesentliche Charakteristikum des Unterrichts als 'offenem Handlungsfeld' ist für FISCHER demzufolge "*im Lernweg bzw. im Unterrichtsverlauf selbst, der auf das Ziel hinführt*"[131], gegeben.

Zusammenfassend ist festzustellen, daß sich das 'didaktische Grundmodell' als 'offenes Handlungsschema' versteht und keiner Lerntheorie ausschließlich verpflichtet ist.[132] In seiner Offenheit eignet es sich zur Planung aller Lerninhalte und geht in gleichem Maße vom Lernziel und -gegenstand aus. Desweiteren ist es schülerzentriert, betrifft alle Schüler, also auch die Schwerstbehinderten, und versucht ihnen allen Sinnerfahrungen zu vermitteln.[133]

"*Das didaktische Grundmodell orientiert sich an den Prinzipien Aktivität, Differenzierung, Individualisierung und Einhalten einer dialogischen Beziehung.*"[134] Es habe sich, so führt FISCHER selbst weiter aus, auf die unterschiedlichen Lernvoraussetzungen geistigbehinderter Schüler einzustellen und dies gelänge durch eine Weiterentwicklung in sog. 'Unterrichtsmodelle', wobei die Intensität der Behinderung die Variation des didaktischen Grundmodells bedinge.[135]

Auf die Zuordnung von Behinderungsgrad und Unterrichtsmodell bin ich zuvor mit KIRSCH schon eingegangen, so daß jetzt nur noch die speziell methodische Weiterführung hervorzuheben ist. Mit SPECK differenziert FISCHER drei Grade von geistiger Behinderung "- *die Intensivform, für die das passive und aktive Lernangebot geeignet seien, die Durchschnittsform, die die anspruchsvollere Aufgabenfolge bewältigen könne, und die Übergangsform, die fast nach traditioneller Normalschulmethodik unterrichtet werden könne.*"[136] Die ersten beiden Unterrichtsmodelle, das aktive und passive Lernangebot, sind in unserem Zusammenhang von besonderem Interesse; darum werde ich auf sie etwas genauer eingehen, während ich die anderen zur Orientierung für den Leser nur kurz erwähne.

"*Das passive Lernangebot zeigt Dieter Fischers besondere Bemühungen um eine Förderung intensivbehinderter Kinder, die nicht lernpsychologisch stringent lernen können; es will Inhalten gerecht werden, die vorwiegend passiv aufgenommen*

---

129 ebd. 1978, 96
130 ERN 1987, 42
131 FISCHER 1978, 99
132 vgl. ebd. 1978, 109
133 vgl. auch ERN 1987, 43
134 ERN 1987, 42
135 vgl. FISCHER 1978, 113
136 ERN 1987, 43

werden und zeigt, daß sich pädagogische Förderung nicht allein in einer Verhaltensveränderung vollzieht."[137]
FISCHER geht davon aus, daß die Pädagogik in gleichem Maße zu geben als auch zu nehmen bzw. zu fordern habe, und es sei verständlich, daß Geben zeitlich vor dem Nehmen stehe, dieses aber wiederum durch ein Geben ergänzt werden müsse.[138] Der schwerstbehinderte Schüler ist eher zum Nehmen, zum passiven Aufnehmen von gebotenen Sinnes- oder Umweltreizen fähig, als zum aktiven Umgang, zum Handeln mit der Lernwelt. Das passive Lernangebot will dazu "*Umweltreize in faßbarer Form nachliefern, Erlebnisse auf der Stufe der Empfindung vermitteln und Entwicklung- und Sinnesreize sitautionsbezogen anbieten.*"[139] Das passive könne darum im Vergleich zum aktiven Lernangebot als inputbetont bezeichnet werden. Das aktive hingegen schaffe dem Kind "*Anlässe und Situationen, anhand oder innerhalb derer es erworbene Verhaltensaktiva anwenden, sich bestätigen, üben und integrieren kann; damit kann es sich selbst als Person in den Lernprozeß mit einbeziehen.*"[140]
Während der schwerstbehinderte Schüler anfangs das Angebot passiv konsumiert, soll später "*individuell mögliches Reagieren erfolgen, bis er schließlich eine bestimmte Weise des Reagierens und Agierens erlernt.*"[141]
Doch gerade hier liegt m.E. die Schwierigkeit der Vermittlung, denn das schwerstbehinderte Kind wird diesen wesentlichen Schritt vom passiven Aufnehmen zum aktiven Mittun nicht vollziehen, wenn es nicht schon in der ersten Anregung einen Sinn für sich selbst entnehmen kann. Dieser Sinn-Frage stellen sich weder FISCHER, noch FRÖHLICH, vielleicht weil ihre neurophysiologische Erkenntnisgrundlage hierfür keine Lösungen bereithält. FISCHER sieht in der 'basalen Stimulation' FRÖHLICHs ein Unterrichtsmodell, das seinem aktiven Lernangebot entspricht. Er betont, daß die beiden Unterrichtsmodelle zur Förderung dieser Schülergruppe nicht ausreichen und schlägt, ähnlich wie FRÖHLICH, eine Ergänzung durch Therapien vor, die aber m.E. zur Klärung des grundsätzlichen Vermittlungsproblems nicht beitragen. Dieses kann nur gelöst werden, wenn man sich einerseits mit der Intention der Anregung beschäftigt, d.h. fragt, aus welchem anthroplogischen Grundverständnis heraus sich der Lehrer auf das Kind richtet und worauf seine Stimulationen oder Aktionen beim Kind abzielen. Zum anderen muß man sich mit der Vermittlung selbst und, genauer, mit der Interaktion zwischen Schüler und Lehrer beschäftigen. Aufgrund der bisherigen Darstellungen, vornehmlich denen im zweiten Teil der Arbeit, wird jetzt schon deutlich, daß der elementaren Beziehung in diesem methodischen Problembereich, zwischen passivem und aktivem Lernangebot, eine zentrale, verbindende Funktion zukommt. Anhand dieser beiden Bearbeitungsaspekte werde ich nachfolgend besondere methodische Vermittlungsmomente eines beziehungs- und leiborientierten Unterrichtes darzustellen versuchen, wobei ich mich im Hinblick auf die Struktur der zu verwenden-

---

137 ebd. 1987, 43
138 vgl. FISCHER 1978, 117
139 ebd. 1978, 118
140 ebd. 1978, 122
141 ebd. 1978, 118

den Unterrichtsmodelle am aktiven und passiven Lernangebot FISCHERs anlehne. Der Vollständigkeit halber werde ich jetzt kurz auf seine anderen Unterrichts- und methodischen Modelle eingehen.

Die Aufgabenfolge, die sich an das passive Lernangebot anschließt, hat die Struktur einer Lernkette. Das Lernvorhaben, z.B. Schließen der Schuhe, soll sich aus einer realen Situation schrittweise entwickeln, wobei der in die Handlung einbezogene Schüler vom Lehrer von Lernsequenz zu Lernsequenz geführt wird. "*Eine Aufgabenfolge kann für sich kaum sinnvoll sein, weil es ihr nicht gelingt, überzeugend für geistigbehinderte Kinder ein Lernziel dauerhaft zu erreichen bzw. zu verwirklichen. Sie muß also durch ähnliche 'Aufgabenfolgen', durch weitere Lernketten in den nächsten Tagen weitergeführt und ergänzt werde.*"[142] Mit der Variation des 'didaktischen Grundmodells' als Aufgabenfolge sei für viele Geistigbehinderte die Höchstform von didaktisch-methodisch gestaltetem Lernen erreicht[143]. Nur wenige Schwerstbehinderte vermögen sich eigenaktiv handelnd in einzelne Lernketten einzubeziehen.

Die drei vorgestellten Unterrichtsmodelle faßt FISCHER "*als bewußt gestaltete Form von Unterricht*"[144] auf und ergänzt sie durch Lernformen oder 'Lernmodelle', "*die vorrangig die Schüler im Auge haben, sich bzgl. der Intensität der Gestaltung des Unterrichts und der Zuwendung des Lehrers von den vorgenannten wesentlich unterscheiden.*"[145]

Keine Gestaltung durch den Lehrer - lediglich intensive Beobachtung, größtes Maß an Freiraum f. d. Schüler	A-B-C-D-F-G-H-I	Höchstes Maß an Gestaltung durch den Lehrer - geringes Maß an Freiraum für den Schüler

A = Freies Aktionsfeld
B = Gebundenes Aktionsfeld
C = Freies Spiel
D = Gestaltetes Spiel

F = Gestalteter Unterricht
G = Didaktisches Spiel
H = Therapie (z.B. Sprachth.)
I = Training (z.B. Verhaltenstraining)

Abb. 22: 'Lernmodelle' nach FISCHER[146]

---

142 ebd. 1978, 132
143 vgl. ebd. 1978, 133
144 ebd. 1978, 134
145 ebd. 1978, 134
146 ebd. 1978, 134

Von der Unterrichtsstrukturebene aus befaßt sich FISCHER desweiteren mit der Frage der Lehr- und Lernorganisation. Er nimmt also eine weitere Konkretisierung vor, wenn er fragt, wie kindgemäßes und sachgemäßes Lernen im Unterricht in Übereinstimmung gebracht werden können.[147] Kindgemäßes Lernen bedeutet für ihn Lernen in kleinen Schritten, durch 'manual guide', durch Imitation, durch Versuch und Irrtum.[148] Und beim schwerstbehinderten Kind könnte man auf der Grundlage der Praxisbeispiele vorwegnehmend ergänzen: Lernen durch Sich-angenommen-fühlen, Lernen durch Sich-angesprochen-fühlen oder noch anders, Lernen durch elementare Beziehung (leibhaften Dialog). Sachgemäßes Lernen ist demgegenüber an sachstrukturelle Bedingungen des Lerninhaltes geknüpft. "*So kann es sein, daß die einem Kind mögliche Lernform mit der von der Sachstruktur her zu fordernden nicht mehr zur Deckung zu bringen ist.*"[149] Dies könnte m.E. der Grund sein, weshalb Schwerstbehinderte so häufig kein Interesse an Lerninhalten und -gegenständen zeigen, weil diese in ihrer planerischen Aufarbeitung durch den Lehrer sowie durch dessen Darbietung den 'Lernformen' dieser Kinder nicht entsprechen. Kindgemäßes und sachgemäßes Lernen kann hier nicht zur Deckung kommen. Dies geschieht meiner Meinung erst dann, wenn der Lehrer begreift, daß das Lernvermögen des Kindes noch eng mit ihm selbst und kaum mit den Lerninhalten und -objekten verbunden ist und es primär auf sein persönliches Engagement, seine Bereitschaft, sich auf die Beziehung mit dem Kind einzulassen, ankommt, ob der Schüler Interesse an der schulischen, d.h. stark materialisierten Welt gewinnt, ihr Sinn für sich selbst entnehmen und sie aktiv mitgestalten kann.

Die Diskrepanz zwischen kind- und sachgemäßem Lernen versucht FISCHER mit Hilfe seiner 'methodischen Modelle' zu überwinden. Sie repräsentieren die verschiedenen Formen der menschlichen Auseinandersetzung mit der Welt bzw. sind von ihr abgeleitet. Arbeiten, Spielen, Handeln, Erleben, Erfahren, Denken, Esssen, Zerstören, Verändern u.v.m.[150] sind als Auseinandersetzungsformen aufzufassen, wobei Geistigbehinderte "*einfacher strukturierte, motorisch und sensorisch bedingte, weniger komplexe, weniger kognitiv bestimmte Formen*"[151] wählen. Und beim Schwerstbehinderten, so läßt sich nun weiterdenkend festhalten, finden wir Auseinandersetzungsformen wie Empfinden, Erleben, Erfahren, Sich-befinden, Bewegen und Sich-bewegen, Berühren, Betasten, Belutschen, Beriechen, also Formen, die stark auf den eigenen Leib bezogen sind und insofern auch eine bestimmte methodische Vorgehensweise verlangen, welche weniger "*sach- (stoff-) und damit auch lernzielorientiert*"[152] ist als die 'methodischen Modelle' des Unterrichts mit Geistigbehinderten. Sie müssen im Schwerstbehindertenbereich stärker leib- und interaktionsbezogen sein, und genau diese Vorgehensweisen werde ich später mit Hilfe der exemplarischen Unterrichtsplanung von Ellen darzustellen und zu begründen versuchen. Es werden dabei methodische Gesichts-

---

147 vgl. ebd. 1978, 147
148 vgl. ebd. 1978, 148
149 ebd. 1978, 148
150 vgl. ebd. 1978, 150
151 ebd. 1978, 150
152 ebd. 1978, 151

punkte erkennbar, die belegen, daß eine Leiborientierung des Unterrichts alle Schüler betrifft und nicht, wie man jetzt durch die Ableitung vielleicht annehmen könnte, ein ausschließliches Charakteristikum der Schwerstbehindertenerziehung ist.
Aufgrund der vielfältigen Begegnungsformen mit der Welt lassen sich auch eine Vielzahl von 'methodischen Modellen' unterscheiden. Jedes Modell beinhaltet alle Unterrichtsabläufe mit gleicher methodischer Struktur, und insofern ist das Modell als Abstraktion der 'Grundform der Auseinandersetzung' aufzufassen. Der Entwicklungsweg eines methodischen Modells läßt sich mit der folgenden Skizze von FISCHER sehr gut verabschaulichen[153]:

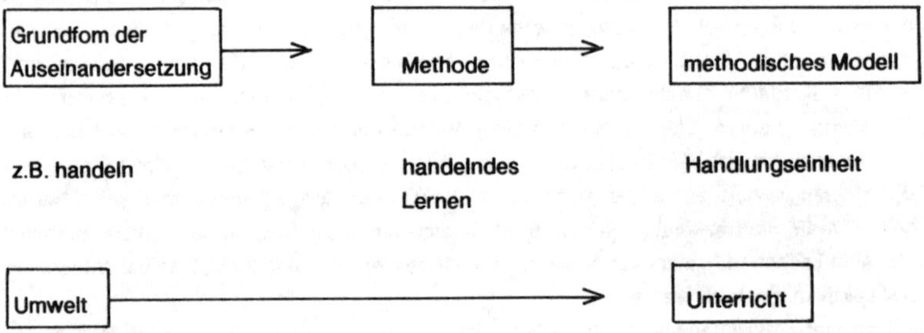

Abb. 23: Der Entwicklungsweg eines methodischen Modells

FISCHER führt nun eine ganze Reihe von methodischen Modellen auf, wie beispielsweise die Erlebniseinheit, die Handlungseinheit, die Darstellungseinheit, die Beobachtungseinheit, das Vorhaben/Projekt, den Unterrichtsgang, die Objekterkundung , die Übungsfolge, die Meditation, das Spiel, das Gespräch u.a.[154], wobei im Schwerstbehindertenbereich wohl der Erlebnis- und Erfahrenseinheit die größte Bedeutung zukommt.

Obwohl FISCHER im weiteren noch zahlreiche interessante Überlegungen zur Qualifizierung von Lernprozessen anstellt[155], will ich die Darstellung seiner methodischen Grundlegung hier abbrechen und mich nun mit DITTMANN et al. dem Unterrichtsaspekt bei Schwerstbehinderten zuwenden, um damit den Kreis der didaktisch-methodischen Fundierungen abzurunden und zur eigenen Sichtweise eines beziehungsorientierten Unterrichtes überzuleiten. Festzuhalten

---

[153] ebd. 1978, 150
[154] vgl. ebd. 1978, 152
[155] vgl. dazu ERN 1987, 45f.

bleibt, daß FISCHER nicht bloß eine Reduktion der Methodik aus dem Normalschulbereich vornimmt, sondern eigenständige Unterrichtserfordernisse Geistigbehinderter methodisch zu entwickeln versteht. Die Schwerstgeistigbehinderten sind zwar in seine Methodenkonzeption integriert, doch es bleiben noch Fragen, von denen ich nur wenige hier aufzeigen konnte, offen, so daß eine weitere Diskussion erforderlich ist.

2.4 Schulische Bildungsarbeit mit Schwerstbehinderten - Aspekte der basalen Förderung -

In der bisherigen, sich spiralig verdichtenden didaktisch-methodischen Darstellung wurde deutlich, daß es **den** Unterricht in der Schule für Geistigbehinderte nicht gibt. Die besondere Inhomogenität ihrer Schülerschaft bedingt das Mit- oder Nebeneinander verschiedener didaktischer und methodischer Modelle, verlangt eine differenzierte theoretische wie praktische Sicht- bzw. Vorgehensweise und führt aufgrund der speziellen Lernvoraussetzungen zu einem revidiert-erweiterten Verständnis von Bildung und Unterricht. Jetzt bleibt noch vertiefend zu fragen, nach welchen Gesichtspunkten ein Unterricht mit schwerstbehinderten Schülern zu konzipieren ist, damit er ihren Lernbedürfnissen gerecht zu werden vermag.

"*Der Unterricht mit schwer Geistigbehinderten erfordert von den besonderen Ansprüchen des Personenkreises her auch eine bestimmte Konzeption des Unterrichtes*"[156], habe ich zu Anfang dieses Kapitels mit DREHER festgestellt, und beiden Aspekten, den Lern- und konzeptionellen Ansprüchen, will ich nun nachgehen. Mit der weiteren Fokussierung auf die besondere, relativ kleine Teil-Gruppe der Geistigbehinderten geht nun aber nicht, wie es wünschenswert wäre, eine größere Eindeutigkeit in der pädagogisch-didaktischen Begrifflichkeit einher. Von vornherein ist wieder einschränkend und bezogen auf die beiden zu untersuchenden Problembereiche festzuhalten, daß es weder **den** Schwerstbehinderten[157], noch **die** "bestimmte Konzeption" (DREHER) in der schulischen Alltagswelt gibt. Die ungleichen Ausprägungsgrade von schwerer geistiger Behinderung, die extreme Heterogenität auch innerhalb dieser Personengruppe, führen bei den Schülern zu teilweise sehr unterschiedlichen Lernvoraussetzungen und -bedürfnissen und verlangen vom Lehrer differenzierte unterrichtsinhaltliche sowie methodische Entscheidungen. Da eine weitere Reduktion der

---

[156] DREHER 1984, 21

[157] Anm.d.Verf.:und die Begründung hierfür habe ich ja bereits im Rahmen der Beschreibung des Personenkreises geliefert

geistigbehindertenspezifischen Bildungsinhalte und -methoden angesichts der schweren Lernbeeinträchtigungen hier nicht ausreichen, sind eigene Förderansätze zu entwerfen.
Die Gesamtheit dieser Konzeptionen läßt sich zusammenfassend mit dem Begriff der 'Basalen Förderung' kennzeichnen, wobei sich die Einzelansätze in ihrer theoretischen Fundierung und in ihrem Reflexionsniveau z.T. stark unterscheiden. Die meisten nehmen ihren Anfang von dem besonderen, vielfach als rudimentär aufgefaßten Lernvermögen Schwerstbehinderter und befassen sich mit der Anbahnung grundlegender basaler Fähigkeiten zum Aufbau schulischen Lernens überhaupt oder anders: mittels der 'Basalen Förderung' sollen beim schwerstbehinderten Kind die Voraussetzungen für Lernen geschaffen werden. Dabei versteht sich die 'Basale Förderung' selbst als voraussetzungslos, d. h. sie setzt beim Schwerstbehinderten "*keinerlei Vorkenntnisse und Erfahrungen*"[158] voraus. Für BREITINGER und FISCHER kennzeichnet der Begriff 'basal' zum einen die grundlegende Bedeutung dieser Förderung im Gesamtverband aller Bemühungen um Erziehung und Bildung Schwerstbehinderter.[159] Zum anderen weise er "*auf die Bezogenheit von Grundfunktionen menschlichen Lebens und Lernens hin- Funktionen der Motorik, der Sensorik, der Kognition usw.*"[160]
Aus dem Gesamtbereich der 'Basalen Förderung' will ich hier exemplarisch mit DITTMANN in Orientierung an FEUSER und FRÖHLICH sowie mit BREITINGER/FISCHER zwei Sichtweisen vorstellen, die die Weite didaktischen Denkens in der Schwerstbehindertenpädagogik charakterisieren. Sie ermöglichen durch ihre Betonung der Körperlichkeit, als Ansatzpunkt der Förderung, die Abgrenzung zur eigenen leibbezogenen Verständnisweise, wie ich sie zuvor am 'Leibhaften Lernen' PFEFFERs[161] dargestellt habe. Auf einige gebräuchliche und sehr praxisnahe Körperansätze werde ich in einem weiteren Kapitel kurz hinweisen, damit später das Verhältnis von Körper- und Leiblichkeit in seiner Relevanz für die Schwerstbehindertenpädagogik erscheint.

Die Notwendigkeit einer 'Basalen Förderung' leitet sich für DITTMANN aus dem abweichenden Lernverhalten Schwerstbehinderter ab. Bei diesen Schülern, so stellt er einleitend fest, "*die vor noch gar nicht allzu langer Zeit als unerziehbar, nicht bildbar bzw. bildungsunfähig angesehen wurden, ... , sind Lernvoraussetzungen wie motorische Lernketten, Imitationslernen usw. nicht angemessen*"[162]; die Schüler könnten darum dem bisherigen Angebot der Schule für Geistigbehinderte nicht folgen und verlangten die Anbahnung basaler Lernprozesse. Schwerstbehinderte ließen ihre Lehrer erfahren, daß ihre "*Art von Lernen an weitere Voraussetzungen gebunden ist, denn die Schüler verblieben größtenteils auf einem Niveau sensomotorischer Handlungen, ohne daß es zu*

158 FRÖHLICH 1977, 95 nach DREHER 1979, 208
159 vgl. BREITINGER/FISCHER: "*Intensivbehinderte lernen leben*", Würzburg 1981, 160
160 ebd. 1981, 160
161 Anm.d.Verf.:vgl. Teil II, Kapt. 3.2.
162 DITTMANN,W.: *Basale Förderung als Bildungsauftrag der Schule für Geistigehinderte*, in: DITTMANN/HAHN/RUOFF/SAUTTER: *Neue Richtlinien für den Unterricht in der Schule für Geistigbehinderte*, Stuttgart 1983, 53

einer weiteren Ausdifferenzierung des Verhaltens in Richtung einer Verinnerlichung von Handlungen (z.B. Darstellung und Symbolisierung durch Bild, Wort, Zeichen) kommt. Ihre Sensibilität beschränkt sich, wie BAUER (1969, 135) formuliert, vorwiegend auf die Nahsinne, die Tast-, Temperatur- und Erschütterungssinne, während die Zuwendung zu äußeren Reizen oft ganz fehlt. Das Kind ist in sich selbst versunken, eingesponnen in die Empfindungen der eigenen Körperlichkeit."[163]

An DITTMANNs Charakterisierung des schwerstbehindertenspezifischen, extrem normabweichenden Lernverhaltens wird erkennbar, daß er sich zum Entwurf 'basaler Lernprozesse' an neurophysiologische und entwicklungspsychologische Grundpositionen anlehnt, wie sie auch in FEUSERs und FRÖHLICHs Theorie zu finden sind. "*Beide theoretischen Ansätze, das entwicklungsgenetische und das neurophysiologische Modell*", so führt er zur theoretischen Fundierung der Basalen Förderung an, "*setzen für die individuelle Entwicklung, für die Ausdifferenzierung des menschlichen Verhaltens und Erlebens Außenreize voraus, die zu neuen Schemata und damit zu Strukturen für Handlungen führen und somit auch eine Variabilität dieser Handlungen unter veränderten Lebensumständen bewirken. Die Vermittlung dieser Außenreize erfolgt dabei ausschließlich über das Wahrnehmungssystem.*"[164]

Auf dieser erkenntnistheoretischen und die Wahrnehmungsfunktionen einseitig betonenden Grundlage werden die anzubahnenden 'basalen Lernprozesse' von DITTMANN als **Reizangebote** definiert, "*die für das Kind 'grund-legend' sind und die das Kind wahrnehmend, d.h. mit seinen Sinnen aufnehmen kann.*"[165] Sie begännen gleichsam "*am Nullpunkt der menschlichen Entwicklung*"[166] und setzten somit zentral an den Lernbedürfnissen schwerstbehinderter Schüler an.[167] Doch werden seine spezifischen Lernbedürfnisse tatsächlich von ihm aus zu erfassen versucht?

Die 'Basale Förderung' verlange eine besondere Unterrichtsarbeit mit dem Ziel, das Kind aus seinem in sich Eingeschlossensein zu befreien und sein Erfahrungszentrum nach außen zu verlagern.[168] "*Basale Förderung ist also überall dort notwendig, wo ein sinnvoller Umgang mit den aus der Umwelt empfangenen Reizen beim Kind noch nicht feststellbar ist. Diesen Kindern muß über den eigenen Körper ein erstes Erlebnis- und Lernfeld eröffnet werden. Sie müssen ihren eigenen Körper erfahren, zu ihm Zutrauen entwickeln, damit der Aufbau eines gesamtem Lebenszutrauens gelingen kann.*"[169] Vergleicht man diese Aussage mit den Ausführungen zum 'Leibhaften Lernen'

---

163 ebd. 1983, 53
164 ebd. 1983, 55
165 ebd. 1983, 53
166 MÜHL 1979, 38 nach DITTMANN 1983, 53
167 vgl. DITMMANN 1983, 53
168 vgl. ebd. 1983, 55
169 ebd. 1983, 55

PFEFFERs[170], wird erkennbar, daß der kindliche Körper hier in einem eher instrumentellen Sinne verstanden und seine Fähigkeiten mit "*mechanischen und maschinellen Verhältnissen*"[171] verglichen werden, zwei Denkweisen, die nicht zusammenzupassen scheinen.
In der 'Basalen Aktivierung', wie BREITINGER und FISCHER ihren Ansatz nennen, bilden der Körper des Kindes bzw. seine Körpererfahrungen ebenfalls den Ansatzpunkt der Förderung. Sie begründen, im Gegensatz zu DITTMANN, ihre Forderungen aus primär anthropologischen Überlegungen heraus, versuchen aber dennoch neurophysiologische und entwicklungspsychologische Zusammenhänge zu berücksichtigen, wobei die Verbindungslinien zwischen den verschiedenen Ebenen, wie ich später noch zeigen werde, teilweise schwer nachvollziehbar sind. Während DITTMANN die neurophysiologische Dimension der kindlichen Interaktion mit der Welt, vor allem der der Lernmaterialien, betont, befassen sich BREITINGER und FISCHER stärker mit der Beziehung zwischen Kind und Welt, fragen also auch, wie die Welt dem Kind anzupassen ist. Trotz des unterschiedlichen theoretischen Hintergrundes sind schließlich auf der Ebene der praktischen Unterrichts- bzw. Zielvorgaben parallele Aussagen zu finden. In beiden Ansätzen bilden Körpererfahrung und Anregungen der Sinnestätigkeit den Anfang der Förderung, mit der Intention, das schwerstbehinderte Kind auf diese Weise zur sinnvollen Auseinandersetzung mit der Umwelt zu befähigen. Wenden wir uns jetzt den Bildungsinhalten zu, damit über sie auch methodische Unterschiede in den Zugehens- bzw. Verständnisweisen deutlich werden.

In Anlehnung an die Empfehlungen der Kultusministerkonferenz (1980) und des Bildungsplanes für Baden-Württemberg (1982) stellt DITTMANN bezüglich der Ziele fest, daß sie aufgrund der Ganzheitlichkeit des Erziehungsansatzes[172] keinem einzelnen Themenbereich oder Lerninhalt zuzuordnen seien. Sie ermöglichten dem schwerstbehinderten Kind die zunächst bescheidene Teilhabe am Leben und trügen zu seiner erlebenden und handelnden Auseinandersetzung mit der Umwelt bei.[173] Eine bedeutungsvolle Zieldimension innerhalb des basalen Bereiches sieht DITTMANN in der Aktivierungshilfe (Berührung, Lageveränderung, Versorgung, Beschäftigung[174]), die dem Kind die Orientierung und Mitgestaltung, 'die Teilhabe am Leben' ermöglichen soll. Dazu führt er begründend an: "*Über diese Aktivierungshilfen soll erreicht werden, daß das Zentralnervensystem (ZNS) die entsprechenden, über die Sinnesorgane und Reizleitung vermittelten Impulse speichert und verarbeitet und nach einer gewissen Zeit eigenaktiv, d.h. ohne Hilfe von außen, imitiert und damit zum aktiven Lernangebot kommt. Die Zielsetzungen haben dabei von den in-*

170 vgl. Teil II, Kapt. 3.2.
171 DREHER 1979, 208
172 Anm.d.Verf.:wobei auf den Begriff der 'Ganzheitlichkeit', vor allem vor dem besonderen erkenntnistheoretischen Hintergrund, nicht näher eingegangen wird
173 vgl. ebd. 1983, 56
174 vgl. ebd. 1983, 57

dividuellen Bedürfnissen, dem Lernbedarf und den bisherigen Erfahrungshintergründen des Schülers auszugehen."[175]

Innerhalb der Lernbereiche Wahrnehmung, Motorik (Bewegung, manuelle Betätigung, Gleichgewicht, Reaktion), Bedürfnisbefriedigung (Emotionalität), Sozialverhalten (Selbsthilfefertigkeiten), Kognition (Intelligenz, Gedächtnis, Denken) und Kommunikation sollen den Schülern über angemessene Methoden geeignete Lerninhalte oder Lernstoffe[176] angeboten werden, *"mit denen Lernen an der Erfahrung zu initiieren möglich ist"*[177].

Das Kind soll auf diese Weise zwischen den Reizen innerhalb seines Körpers und denen außerhalb seiner selbst differenzieren und sie strukturieren lernen. *"Nach einer Ausdifferenzierung in den einzelnen Sinnes- und Funktionsbereichen kann dann etwa der Aufbau von Bewegungsmustern, Sprachschemata sowie die weitere Entwicklung der Wahrnehmungsprozesse erfolgen."*[178] In diesem Zusammenhang halte ich es für wichtig, auf ein Problem aufmerksam zu machen, das DREHER bzgl. der 'Basalen Stimulation' FRÖHLICHs 1979 herausgearbeitet hat und das sich ebenso auf die Ausführungen DITTMANNs übertragen läßt. In Ansätzen dieser Art werden die *"neurophysiologische Bahnung mit allen perzeptiven und motorischen Bereichen"*[179] in Verbindung zu den **pädagogischen** Zielsetzungen Handlungs- und Kommunikationsfähigkeit gesetzt, ohne daß die Angemessenheit dieses dualistischen Denkens hinterfragt würde[180]. *"Es müssen hier Fragen gestellt werden, weil sich sonst zwei Seiten permanent vermischen, so, als seien sie überhaupt nicht problematisch. Auf der einen Seite wird, der analytischen Physiologie folgend, ein Sprachgebrauch verwendet, der anzeigt, daß die Prozesse in den morphologischen Strukturen mit mechanischen und maschinellen Verhältnissen verglichen werden."*[181] Andererseits würde gefordert, den Schwerstbehinderten in einen *"pädagogischen Raum"*[182] zu bringen. Die Frage, ob pädagogischer - und Stimulations-Raum gleichgesetzt werden können, bleibt offen, so auch in den pädagogischen Ableitungen DITTMANNs. Wenn DREHER hier zur Lösung eine anthropologische Begründung fordert, dann geht es ihm weniger um die sog. *"'Menschlichkeit' in einer 'Stimulationspädagogik', als vielmehr um jenes Grundproblem der Menschwerdung eines körperlichen und leiblichen Wesens zugleich."*[183] *" Für ein Programm der 'sensorischen Entwicklungshilfe' ist ein genaues Feststellen und Durchdenken von Entwicklungshierarchien sicher notwendig. Aber für das Problem des schwer behinderten Menschen gilt dasselbe, was für den Menschen allgemein zutrifft, daß wir keinen 'ar-*

---

200 ebd. 1983, 57
176 vgl. ebd. 1983, 58
177 ebd. 1983, 58
178 ebd. 1983, 58
179 FRÖHLICH nach DREHER 1979, 207
180 vgl. DREHER 1979, 207
181 ebd. 1979, 207/208
182 FRÖHLICH 1977, 23 nach DREHER 1979, 208
183 DREHER 1979, 208

chimedischen Punkt' finden, an dem wir voraussetzungslos anfangen können."[184]
Darum halte ich es für wichtig, die Erziehung Schwerstbehinderter nicht von ihrer Körperlichkeit, sondern von ihrem Leib-Sein her zu begreifen; ein Gedanke, dem ich später noch genauer nachgehen werde. Kehren wir nun zur methodischen Struktur eines physiologisch orientierten Unterrichtes zurück.

Um basale Lernprozesse beim Schwerstbehinderten initiieren zu können, erweisen sich für DITTMANN übliche Vermittlungsmethoden als unangemessen, da sie voraussetzten, daß das Kind mindestens Reizsituationen mit konkreten Reaktionen verbinden könne.[185] "*Aber schon die Kopplung von einer Reizsituation mit einer Reaktion setzt z.B. Aufmerksamkeitszuwendung zu Stimuli, Diskrimination divergenter Reize, Habituation (Ausblenden von für das Individuum nicht nützliche Informationen), Interessen (Motivation), verfügbare Reaktionsweisen voraus, die bei Schwerstbehinderten nicht oder noch nicht gegeben sind.*"[186] Es müßten dem Schüler darum Intensivmethoden angeboten werden, und als solche führt DITTMANN die 'Basale Stimulation' FRÖHLICHs sowie das 'Passive und Aktive Lernangebot' FISCHERs an. Er schreibt der 'Basalen Stimulation' eine voraussetzende Funktion für die beiden anderen zu, wobei alle drei durch weitere Variablen, z.B. Bezugspersonen oder gestaltete Umgebung, zu ergänzen seien.[187]
In der 'Basalen Stimulation' soll das Kind von der Bezugsperson angeregt werden, "*indem allen Sinnesrezeptoren gezielte Reize einfachster Art zugeführt werden mit der Absicht, eine Sensibilisierung und eine Reizdifferenzierung innerhalb eines Analysators, d.h. eines sensorischen Systems von der Reizaufnahme in peripheren Bereichen über die Reizleitung bis zur zentralen Verarbeitung im Cortex zu ermöglichen. Bei der Reizvorgabe muß die Reizschwelle, die Reizunterscheidungsfähigkeit, die gesamte physiologische, die bisherige soziale Entwicklung sowie die emotionale Bedürfnislage des Kindes berücksichtigt werden, d.h. es sollte in Erfahrung gebracht werden, welche Bedingungshintergründe zu welchen Vorerfahrungen beim Kind führen.*"[188]
Intention der 'Basalen Stimulation' sei es außerdem, "*dem Kind eindrückliches Erleben und direkte Befriedigung seiner Wahrnehmungsbedürfnisse*"[189] zu verschaffen. Mit Hilfe der drei methodischen Modelle Basale Stimulation, Passives und Aktives Lernangebot seien die Fähigkeiten des Kindes nun von Stufe zu Stufe fortzuentwickeln, um den Schüler trotz seiner "*Einschränkungen und Begrenzungen zu einem Stück Selbstverwirklichung führen zu können.*"[190]

---

184 ebd. 1979, 208
185 vgl. ebd. 1983, 59
186 ebd. 1983, 59
187 vgl. ebd. 1983, 59
188 ebd. 1983, 59/60
189 FRÖHLICH 1979, 376 nach DITTMANN 1983, 60
190 DITTMANN 1983, 62

'Basale Förderung', wie DITTMANN sie hier skizziert hat, versteht sich als schülerorientiert, weil sie an den Lernbedürfnissen der Schwerstbehinderten ansetzt. Doch gerade dieser Punkt erscheint mir vor dem neurophysiologischen Hintergrund fragwürdig. Wenn mit dem Maßstab der Normalentwicklung oder sog. normaler neurologischer Verschaltungen, als Voraussetzungen für menschliches Handeln und Denken, an den Schwerstbehinderten herangegangen und ausschließlich aus diesem Blickwinkel auf seine Lebenswelt geschaut wird, bleibt zu fragen, inwieweit die kindlichen Lernvoraussetzungen und -bedürfnisse tatsächlich erfaßt werden, oder Aussagen hierzu nicht doch weitgehend Setzungen von außen bleiben. Die Lernbedürfnisse werden ja nicht wirklich aus der Ebene des Kindes betrachtet, sondern aus dem reduktiven Vergleich mit einer im Grunde nicht vergleichbaren Gruppe nicht- oder weniger geistigbehinderter Kinder. Die menschliche Entwicklung vollzieht sich zweifelsohne nach gewissen naturgegebenen Gesetzmäßigkeiten; doch sie allein zum ausschlaggebenden Kriterium für erzieherische Entscheidungen zu machen, reicht meiner Meinung nach nicht aus. Da die Entwicklung beim schwerstbehinderten Kind auf so gravierende und nicht eingrenzbare Weise beeinträchtigt ist, müssen wir uns um weitere, ergänzende Entscheidungshilfen bemühen. In der direkten Begegnung mit dem Kind, in der elementaren Beziehung zu ihm, muß der Lehrer dessen Lebenswelt bzw. die Erziehungswirklichkeit, in der sich beide miteinander befinden, zu verstehen versuchen, um vor der Folie menschlicher Entwicklungsgesetzmäßigkeiten den nächsten unterrichtsinhaltlichen oder methodischen Schritt zu entscheiden. Didaktisches Reflektieren in der Schwerstbehindertenpädagogik ist also nicht nur eine Frage der Bildungsinhalte oder Vermittlungsmethoden, sondern auch eine Frage von anthropologischen Begründungen. Und gerade diese betonen BREITINGER und FISCHER in ihrem Konzept der 'Basalen Aktivierung', die ich nun in einzelnen Grundzügen vorstellen will.

"*Die Basale Aktivierung greift die Bedürfnisse dieser Schülergruppe ebenso auf, wie die Lernmöglichkeiten und den Lernbedarf. Sie will die Welt, in die es hineinzuwachsen gilt, vorstellen und erleben lassen und mit den Möglichkeiten des Schülers zu einem lebendigen Bezug verknüpfen.*"[191] Und insofern ist sie "*zugleich ein methodisches und ein didaktisches Konzept zur Förderung Intensivbehinderter*"[192]. Im ersten Teil der Charakterisierung ihres Förderansatzes lassen sich Aussagen von DITTMANN in Bezug auf die Orientierung an den Lernbedürfnissen und -möglichkeiten der schwerstbehinderten Schüler zwar wiedererkennen, doch sie müssen hier in einem völlig anderen erkenntnistheoretischen Zusammenhang gesehen werden. Im Vorfeld didaktischer und methodischer Entwürfe stellen BREITINGER und FISCHER nämlich die Frage nach dem Sinn des Lebens mit schwerer geistiger Behinderung und gelangen dabei zu einer anthropologischen Fundierung bzw. Zielsetzung ihres Ansatzes. "*Nicht das Freisetzen des zu erziehenden Menschen, sondern die Aufnahme von Beziehungen und das Dableiben in diesem Beziehungsgefüge ist Ziel; nicht die Ausstattung mit Normen und deren*

[191] BREITINGER/FISCHER 1981, 159
[192] ebd. 1981, 160

Übergabe ins persönliche Leben, sondern das gemeinsame Leben von Normen gilt als Basis, auf der Leben in so erschwerten Situationen ausgehalten werden kann."[193] Lebenssinn entfalte sich für den schwerstbehinderten Menschen in und durch die personale Beziehung, was von der Pädagogik verlange "*dort, wo vorher keine Beziehung war, Beziehungen zu schaffen, dort wo vorher Leere war, Fülle zu versuchen, dort wo vorher Nicht-Können war, Können anzubahnen, dort, wo vorher Bedürfnisse nicht vermittelt werden, nach solchen zu spüren und solche aufzubauen; dort, wo Welt für ein Kind mit schwerer und schwerster Behinderung nicht mehr entschlüsselbar, nicht mehr verfügbar und nicht mehr erlebbar ist, entschlüsselbar zu machen.*"[194]

Der Begriff der Beziehung wird von den beiden Autoren nicht explizit thematisiert, so daß es schließlich doch schwierig wird, sich den Weg von der 'nicht mehr entschlüsselbaren zur entschlüsselbaren Welt' vorzustellen bzw. ihn nachzuvollziehen. Hier könnten die BODENHEIMERsche Beziehungs-Theorie und die eigenen Gedanken zur elementaren leibgegebenen Beziehung, als Welt-Vermittler zwischen schwerstbehindertem Kind und Lehrer, Hilfen zum Weiterdenken geben. Wie ich zuvor zu zeigen versucht habe, ist die elementare Beziehung ja in besonerer Weise geeignet, die vielfältigen Beziehungsstörungen des behinderten Kindes mit der Welt zu überwinden. Voraussetzung ist allerdings, daß dem Kind von der Umwelt Beziehungsfähigkeit überhaupt zugesprochen wird. BREITINGER und FISCHER kennzeichnen diese anthropologischen Grundbedingungen folgendermaßen: "*Lebenssinn beginnt dann zu weichen, wenn Beziehung verloren geht, wenn Beziehung entzogen wird- Beziehung zu Dingen, zu Situationen, zu Menschen,*"[195] und erinnern damit an das Paradigma der Beziehungsstörungen, wie ich es zuvor mit BODENHEIMER beschrieben habe. Die 'Basale Aktivierung' zielt für die beiden Autoren darauf ab, die Beziehung sowohl in didaktischer, als auch in methodischer Hinsicht im Erziehungsprozeß zu realisieren. Zusammenfassend läßt sich mit ERN die Umsetzung ihrer Intention folgendermaßen beschreiben: "*Aus der Unmöglichkeit heraus, auf schwerstbehinderte Kinder herkömmliche Lernzieldimensionen wie z.B. Kennen, Erkennen, Können oder Werten zu übertragen, stellt das Buch*[196] *Möglichkeiten heraus, verschiedene Qualitäten von Beziehungen zu haben, die sich an das Körperfeld und an das Erlebnisfeld wenden. Beziehungen zu haben bedeutet, Kommunikation einzugehen, Sinn zu erfahren und zu erleben. Das Richtziel 'Leben lernen' lasse sich in unterrichtlichen Situationen kleinarbeiten, wenn Sprache als Atmosphäre stiftendes Medium eingesetzt und Bewegungserfahrungen möglich gemacht wird, wenn Pflegemaßnahmen personalistisch plaziert werden und wenn der Intensivbehinderte teilhaben kann.*"[197] In der 'Basalen Aktivierung' geht es also darum, sowohl den Schüler als auch die Welt zum Dialog zu

---

[193] ebd. 1981, 12
[194] ebd. 1981, 15/16
[195] ebd. 1981, 18
[196] Anm.d.Verf.:gemeint ist hier BREITINGER/FISCHERs Buch 'Intensivbehinderte lernen leben'
[197] ERN 1987, 49/50

befähigen und beide zu Zuwendungsleistungen zu aktivieren.[198] Insofern versteht sie sich als ganzheitliches Konzept[199], das, ähnlich wie in FISCHERs 'Methodischer Grundlegung', bildungstheoretische Aspekte integriert. Um die Zuwendungsleistung zwischen Kind und Welt zu erreichen, entwerfen die Autoren vier Aufgabenfelder für Schule und Unterricht:

1. Aufgabenfeld: **Zur Sicherung existentieller Lebensbedürfnisse beizutragen** beinhaltet die Aspekte Pflege, Versorgung mit Nahrung, Kleidung und Medikamenten, ebenso Körperkontakt, Zuwendung und Beziehungsbildung. Der Pflege widmen BREITINGER und FISCHER in diesem Rahmen besondere Aufmerksamkeit und zeigen, daß *"Pflegenotwendigkeiten nicht länger als unpädagogische Angelegenheiten zu bezeichnen, sondern gerade die Pflegesituationen pädagogisch zu gestalten"*[200] sind. *"Menschen mit intensiver Behinderung leben zu lassen heiße auch, Pflegetätigkeiten wertzuschätzen."*[201]/[202]

2. Aufgabenfeld: **Anstreben funktionaler Tüchtigkeit** umfasse alle lernrelevanten Faktoren und Leistungen, die für einen befriedigenden und erfolgreichen Umweltkontakt Voraussetzung sind, so z.B. der Wahrnehmungs- und Bewegungsfähigkeit des Kindes unter ganzheitlicher Einbindung funktionaler Übungen[203]. Bezogen auf Wahrnehmung und Bewegung sollen dabei basale Grundfunktionen, -aktivitäten und -fertigkeiten aufgebaut und pathologische Verhaltensaktiva abgebaut werden.[204]

3. Aufgabenfeld: Der Bereich der **Objekt-Kontakte, Objekt-Beziehungen und Umwelt-Orientierungen** treffe genau die Vorstellungen, die man sich gemeinhin von schulischer Arbeit mache. Hier würde etwas von der Welt vermittelt und Wesentliches für die Welt gelernt.[205] *"Das Kennenlernen (im Sinne des Erlebens, Erfahrens und Bewußtwerdens) des eigenen Körpers und der eigenen Person als Beitrag zum Ich-Aufbau gehört gleichrangig zum Lernfeld 3 wie das Erfassen elementarer und objekti-*

---

198 vgl. BREITINGER/FISCHER 1981, 160
199 vgl. ebd. 1981, 161
200 ebd. 1981, 121
201 ERN 1987, 51
202 vgl. auch FORNEFELD,B.: *Sauberkeitserziehung bei schwerstmehrfachbehinderten Schülern*, in: Zt. Lernen konkret, 2/1986, 17f
203 vgl. BREITINGER/FISCHER 1981, 122
204 vgl. ebd. 1981, 122/123
205 vgl. ebd. 1981, 134

ver Notwendigkeiten."[206] Im Vordergrund der Vermittlung stehe das "*sinnlich-subjektive Erfassen*" und nicht "*das Herausfiltern von subjektiven Objekteigenschaften*"[207]. Das methodische Vorgehen habe sich am 'Prinzip der kleinen Schritte' zu orientieren.

4. Aufgabenfeld: **Ermittlung von Lebensaufgaben** meint Entdecken und Einüben subjektiv bedeutungsvoller Handlungen und Entscheidungen und sie sind insofern Felder der Selbstverwirklichung[208]. Es seien solche Lebensaufgaben zu finden, die für den behinderten von existentieller Bedeutung sind, ihm das Gefühl vermitteln, im Leben geborgen zu sein[209]. Es seien immer sehr persönliche Dinge, "*die gefärbt sind vom individuellen Leben eines Menschen, von seiner Biographie insgesamt.*"[210] Sie dienten dem betroffenen Menschen, sich von seiner Umwelt, vornehmlich Bezugspersonen, abzugrenzen und würden ihn zum Ich-Erleben und zur Selbstdarstellung verhelfen.[211]

Die vier Aufgabenfelder machen deutlich, daß BREITINGER und FISCHER Intensivbehinderte nicht von ihrem normabweichenden Wahrnehmungs-, Bewegungs-, Denk- oder, allgemeiner, Entwicklungsvermögen her definieren und Lernprozesse als ganzheitliche Interaktionen zwischen Mensch und Umwelt auffassen wollen. Diese Umwelt-Beziehungen ließen sich nicht auf ein lineares Reiz-Reaktion-Schema reduzieren, ohne dabei ihre Sinnhaftigkeit einzubüßen.[212] "*Immer sind es gesamtmenschliche Aktivitäten als Ergebnis einer Bündelung vieler Fähigkeiten und Funktionen, Bedürfnisse und Strebungen.*"[213]
Während es der 'Basalen **Stimulation**' im Sinne BEGEMANNs und FRÖHLICHs darum ginge, "*eigene zielgerichtete Aktivitäten des Kindes herauszufinden und in funktionsfähige Bahnen zu lenken*"[214], sie in ihrem pädagogischen Handeln demzufolge versuche, der sensorischen Deprivation entgegenzuwirken[215], berücksichtige die 'Basale **Aktivierung**' daneben auch die Wirklichkeit, in die der Schüler hineinfinden soll.[216] "*Sie soll die Welt und die jeweiligen Weltausschnitte mit Anregungsqualitäten ausstatten und über ein*

206 ebd. 1981, 134
207 ebd. 1981, 135
208 vgl. ebd. 1981, 148
209 vgl. ERN 1987, 51
210 BREITINGER/FISCHER 1981, 151
211 vgl. ebd. 1981, 151
212 vgl. ebd. 1981, 162
213 ebd. 1981, 162
214 BEGEMANN 1979, 53 nach BREITINGER/FISCHER 1981, 165
215 vgl ebd. 1981, 151
216 vgl. ebd. 1981, 151

didaktisches Befragen und Analysieren hinaus dem Schüler die objektiv notwendige Welt subjektiv bedeutsam machen."[217]
Aufgrund dieser Intention verstehen die beiden Verfasser ihr Modell als Ergänzung zur 'Basalen Stimulation' FRÖHLICHs[218]. Es bleibt nun zu fragen, ob die starke Betonung anthropologischer Prämissen, wie sie auch in den vier Aufgabenfeldern zum Ausdruck kommt, zum Entwurf einer anderen Unterrichtsmethodik führt.

Da BREITINGER und FISCHER die Interaktion des Kindes mit der Welt in ihrem Ansatz akzentuieren, bietet es sich hier an, ihre Aussagen zur methodischen Struktur in engem Zusammenhang zur eigenen Unterrichtspraxis, respektive zum elementaren Beziehungsaspekt zu diskutieren, um auf diese Weise Gemeinsamkeiten, aber auch notwendig werdende Abgrenzungen transparent zu machen.
Die beiden Autoren stellen in Orientierung an FISCHERs 'Methodische Grundlegung' eine enge Verbindung zwischen der methodischen Struktur und der inhaltlichen Seite des Unterrichtes mit Schwerstbehinderten her[219], wobei diese durch die vier Bedingungsfaktoren: Komplexität und Mehrschichtigkeit des Ziels, Wiederholung und Stetigkeit der Lernangebote, Offenheit der Lernwege sowie Vielfalt der Interaktionsmöglichkeiten und den Wechsel in der Dominanz charakterisiert sind. Was verbirgt sich nun hinter diesen methodischen Gesichtspunkten?

1. Komplexität und Mehrschichtigkeit des Ziels:
Wenn 'Basale Aktivierung' den ganzen Menschen ansprechen, also nicht nur isolierte Funktionen trainieren und alle Schüler einer Klasse trotz ihres unterschiedlichen Lernvermögens erreichen will, müssen die gewählten Lernziele eine gewisse Komplexität und Mehrschichtigkeit besitzen. *"Nun umschreiben Lernziele den* ***Lerngewinn*** *des Schülers (WESTPHALEN) und geben so der konkreten pädagogischen und unterrichtlichen Situation Eindeutigkeit und Prägnanz. Komplexität und Mehrschichtigkeit der Ziele können demnach nur so lange als positiv gewertet werden, solange der konkrete und persönliche Lerngewinn jedes Schülers gesichert bleibt. Dies ist dann der Fall, wenn sich primär die unterrichtlich* ***offene*** *Situation prägend und damit fördernd auf den Schüler auswirkt als der vorstrukturierte, streng gegliederte Lernweg."*[220]
An einem eigenen Unterrichtsbeispiel möchte ich diese Grundforderung konkretisieren. Im Rahmen meiner pädagogisch-biographischen Darstellungen habe ich beschrieben, daß das Massieren des Körpers zum Eigenerleben und zum Beziehungsaufbau ein wichtiges Ziel im Unterricht mit Ellen und Felix war. Doch dasselbe Lernziel, "Beim Massiertwerden den eigenen Leib erleben", erforderte bei beiden Schülern völlig verschiedene methodische Vorgehensweisen. Während sich Felix, auf meinen Beinen liegend, die Brust und Arme massieren ließ und

[217] ebd. 1981, 165
[218] vgl. ebd. 1981, 165
[219] vgl. ebd. 1981, 170
[220] ebd. 1981, 171

mich in dieser spannungsfreien Atmosphäre zum elementaren Dialog aufforderte, konnte Ellen diese körperliche Nähe, vor allem das Angesehenwerden anfangs nicht ertragen. Erst als ich eine Zeit lang beim Massieren ihres Rükkens hinter ihr saß, und sie sich in einer elementaren Beziehungssituation vertrauensvoll in meinen Arm fallen ließ, wurden ähnliche inhaltliche und methodische Maßnahmen wie bei Felix möglich.

Lernziele dürfen demzufolge im Unterricht mit Schwerstbehinderten nicht zu eng gefaßt sein. Sie müssen in Bezug auf die Inhalts-, Methoden- **und** Beziehungsebene zwischen Schüler und Lehrer genügend Offenheit haben, damit der Lehrer, entsprechend den individuellen Lernerfordernissen jeden einzelnen Schülers, den Unterricht flexibel genug gestalten kann.

2. Wiederholung und Stetigkeit des Lernangebotes

"*Ein häufig wiederholender, gleichbleibender Lernweg mit einem 'stabilen' Lernangebot ermöglicht dem Schüler den Erwerb 'motorischer' Gewohnheiten, den Aufbau einer Aufmerksamkeits- und Erwartungshaltung (innere Motivation) und das Erleben der Sicherheit im Sinne von Ich-kann-Gefühlen - ohne ihn in ein strenges Training einzubeziehen.*"[221] Die Binnenstruktur des Lernangebotes müsse dazu eine methodische Gleichförmigkeit und ein "*striktes Zuordnen von weitgehend* ***alternativlosen*** *Aktivitäten zu (Lern-) Objekten bzw. (Lern-)Situationen*"[222] aufweisen. Das Angebot alternativer Aktivitäten soll den Schüler vor unerwünschten, dem Lernen im Wege stehenden Handlungen bewahren und stünde somit nicht im Widerspruch zur Offenheit der Lernsituation. Die zuvor von BREITINGER und FISCHER so betonte subjektive Wechselwirkung zwischen Kind und Welt findet in diesen methodischen Ausführungen m.E. nun doch zu wenig Berücksichtigung.

Daß ein Lerninhalt mit einer gewissen Regelmäßigkeit und Konsequenz angeboten werden muß, damit das schwerstbehinderte Kind Zusammenhänge erkennen und Fertigkeiten erwerben kann, halte ich für richtig. Doch der Begründung der beiden Autoren kann ich mich nicht uneingeschränkt anschließen, weil die mehrfache inhaltliche Wiederholung mit stets "*gleichem äußeren Bild (Ort, Sitzordnung, Atmosphäre)*", dem stets "*gleichen Rhythmus/Ablauf*", der stets "*konstanten personalen Hilfe*" und der stets "*gleichbleibenden Reihenfolge*"[223] mich zu stark an Training oder an sog. 'Einschleifen von Fähigkeiten' erinnert und den Schwerstbehinderten von der Lebendigkeit von Welt-Begegnung weitgehend ausschließt. Eine so starr gestaltete Übung muß zwangsläufig motivationstötend auf das Kind wirken. Wiederholung und Stetigkeit des Lernangebotes sollte m.E. heißen, den gleichen oder ähnlichen Lerninhalt durch das Lehrerverhalten zu differenzieren und zwar durch die Art, wie der Lehrer Beziehung zum Kind sowie gemeinsam mit ihm auch zum Lerngegenstand aufbaut bzw. unterhält. Und der skizzierte Weg von der elementaren bis zur generellen Beziehung bie-

---

221 ebd. 1981, 173

222 ebd. 1981, 173

223 ebd. 1981, 173/174

tet hier genügend alternative, flexible Ansatzmöglichkeiten. Die Lernsituation ist dabei methodisch so zu strukturieren, daß das Kind, entsprechend seiner individuellen Bedürfnisse, genügend Zeit zur Auseinandersetzung mit dem Lerninhalt hat, und gleichzeitig seine Lernbereitschaft durch die Lebendigkeit des unterrichtlichen Vollzugs mit dem Lehrer oder Mitschülern erhalten bleibt. Eine als subjektiv sinnvoll erfahrene Auseinandersetzung mit Menschen oder Lern-Objekten wird auch jede wiederholte Lernsituation zu einer einmaligen und damit höchst motivierenden machen. Nur wenn diese Bedingungen gegeben sind, kann das Kind m.E. auch tatsächlich ein "*Ich-kann-Gefühl*" (BREITINGER/FISCHER) entwickeln und kreativ mit neuen Lernsituationen umgehen lernen.

3. Offenheit der Lernwege

Schwerstbehinderten Schülern fehlen, so meinen BREITINGER und FISCHER, die Voraussetzungen zum Nachvollziehen "*streng gegliederter Lernwege, wie etwa dem der 'kleinsten Schritte'*"[224]. Funktionale Grundleistungen seien bei ihnen selten frei verfügbar und könnten kaum in der erforderlichen Flexibilität abgerufen werden. Demgegenüber seien auf bestimmte Objekte gerichtete Lebensäußerungen sensorischer, motorischer und emotionaler Art zu beobachten.[225] "*Um dem Anspruch und den Möglichkeiten einer 'gesamtpersonalen Zuwendung zur Welt' gerecht zu werden, bedarf es offener Lerntätigkeiten und damit auch offener Lernwege. Nur so können gleichzeitig die individuellen Voraussetzungen beim Schüler und die sachgebundenen Gegebenheiten in einer Lernsituation zusammenfinden und zu einer vielfältigen Auseinandersetzung führen.*"[226]

Offenheit der Lernwege heißt für die Autoren, die Lernsituationen so offen zu gestalten, daß jeder Schüler seinen Lernweg und -gewinn in ihr finden und neue Auseinandersetzungsmöglichkeiten mit der Umwelt entwickeln kann.[227] Die Lernwege würden durch die zunehmende funktionale Tüchtigkeit und Orientierungsfähigkeit des Schülers verändert und durch die Interaktionsformen, die er von sich aus in der Unterrichtssituation praktiziert, bestimmt. Dabei dürften Lernwege nicht nur an mögliche Handlungsansätze der Schüler festgemacht werden, sondern "*sollten auch auf vorhandene 'Lebensäußerungen' basaler Art im sensorischen, kognitiven und emotionalen Bereich zurückgehen.*"[228] Hier wird deutlich, daß sich BREITINGER und FISCHER neben den anfänglich betonten anthropologischen Prämissen ebenso physiologischem und entwicklungspsychologischem Denken verpflichtet fühlen. So definieren sie schließlich die Wechselwirkung zwischen Kind und Welt, wie sie sich in den verschiedenen Lernprozessen verwirklicht, mit PIAGET als Wechselspiel von Assimilation und

---

[224] ebd. 1981, 174
[225] vgl. ebd. 1981, 174
[226] ebd. 1981, 174/175
[227] vgl. ebd. 1981, 175
[228] ebd. 1981, 175

Akkomodation.[229] Und insofern zielt ihr Ansatz auf die "*Aktivierung der Schüler auf bestimmte Objekte, Ereignisse und Situationen*"[230] ab. Doch die Verbindung zwischen dieser Auffassung und den anfänglichen anthropologischen Grundforderungen bleibt unklar. So muß hier gefragt werden, was die Verfasser mit den 'vorhandenen Lebensäußerungen basaler Art' meinen, inwieweit sie diese tatsächlich in ihr Modell integrieren, oder ob es nicht doch zu hoch ansetzt, also bei **den** Schülern, die bereits erkennbar aktiv mit der Umwelt umgehen?
Anhand verschiedener praktischer Beispiele habe ich zu zeigen versucht, daß sich das Mensch-Welt-Verhältnis Schwerstbehinderter häufig oder gerade in ihrem Emotionalisiertsein und in den somatischen Erscheinungen ihres Leibes ausdrückt. Aspekte, die im bisherigen naturwissenschaftlich orientierten Verständnis von Somatik, Kognition, Emotinalität nicht berücksichtigt sind, aber die Interaktionen des Schwerstbehinderten mit der Welt maßgeblich bestimmen. Ellen und Felix hätten ihre Autoaggressionen nicht überwunden und sich Personen und Lerngegenständen zugewandt, wären ihre Ausdrucks- und Verhaltensweisen nicht vom Lehrer als sinnvoll für sie erkannt und akzeptiert worden. Dies sind Grundbedingungen einer angemessenen Erziehung, die m.E. in einem sich als anthropologisch verstehenden Ansatz Beachtung hätten finden müssen.
Offenheit des Lernweges sollte darum nicht nur heißen, Schüler mit differenten Lernniveaus gerecht zu werden und verschiedene Interaktionsformen mit der materiellen und situativen Lernumwelt planerisch zu berücksichtigen, sondern bedeutet für mich in erster Linie, bei den unmittelbaren, präreflexiven Begegnungen des schwerstbehinderten Kindes mit der Welt zu beginnen. Offene Lernwege gestalten bedeutet für den Lehrer dann, sich möglicherweise auf unbekannte und nicht im voraus planbare Lernwege mit dem Schüler einzulassen, ohne dabei aber die Zielperspektive der Erziehung aus den Augen zu verlieren.

4. Vielfalt der Interaktionsmöglichkeiten und Wechsel in der Dominanz

Nun komme ich zu dem für die eigene Fragestellung wichtigsten methodischen Aspekt, den verschiedenen Interaktionsmöglichkeiten des schwerstbehinderten Schülers mit der Lernumwelt. Dabei legen BREITINGER/FISCHER diesem Interdependenzverhältnis von Kind und Welt ein Verständnis zugrunde, das sich wesentlich vom eigenen, in Anlehnung an die Phänomenologie MERLEAU-PONTYs und PFEFFERs, unterscheidet.
Ausgehend von FEUSERs physiologisch-psychologischer Position fassen sie zunächst die kindliche Aktivität als "*Reaktion bzw. Aktion auf der Grundlage von Lebensimpulsen und einer 'provozierenden' Umwelt*"[231] auf. Sie seien Ergebnis einer Sortierung und Bündelung von Umweltreizen und damit Teil eines wechselseitigen Austauschprozesses zwischen Individuum und Umwelt.[232] 'Basale Aktivierung' vollziehe sich als motorische, sensorische, ko-

[229] vgl. ebd. 1981, 177
[230] ebd. 1981, 177
[231] ebd. 1981, 182
[232] vgl. ebd. 1981, 182

gnitive, emotionale und soziale Aktivierung, "*aber immer im Kontakt zwischen Schüler und Umwelt*"[233]. In der schulischen Arbeit mit Schwerstbehinderten seien drei "*Kontakt - Partner*"[234] von Bedeutung, "*der Lehrer bzw. Erzieher, der Mitschüler selbst und das Objekt bzw. der Weltausschnitt*"[235]. Um die fruchtbare Auseinandersetzung zu gewährleisten, könne sich der Lehrer nie ganz aus der Lernsituation herauslösen. "*Je nach didaktischem Schwerpunkt bzw. je nach der Zielabsicht entstehen dabei für den Schüler wie für den Lehrer und Erzieher hinsichtlich der Dominanz drei unterschiedlich gewichtete Interaktionsverhältnisse:*

- *Die **Schüler-Lehrer-Interaktion** unter Beteiligung von dinglichen Objekten mit dem Ziel, ein Mehr an Kommunikationsfähigkeit zu entwickeln.*"[236]
- "*Die **Interaktion zwischen Schülern** unter Beteiligung des Lehrers und ausgewählten Objekten mit dem Ziel, eine angemessene Kommunikation unter den Schülern anzubahnen.*"[237]
- "*Die **Schüler-Objekt-Interaktion** unter Beteiligung des Lehrers mit dem Ziel der weiteren Erschließung (neuer) dinglicher Weltausschnitte.*"[238]

Vergegenwärtigt man sich die umfänglichen Beziehungsstörungen von Ellen und Felix, für die Personen kaum und Objekte zunächst gar keine Bedeutung hatten, dann wird deutlich, wie viel bereits die erste, hier vorgestellte Interaktionstufe beim schwerstbehinderten Kind voraussetzt. Ohne die Interaktion namentlich zu kennzeichnen und nach ihren Entfaltungsbedingungen zu fragen, richten die Verfasser ihr vordringliches Interesse auf die Veränderung der Dominanz in den drei Interaktionsverhältnissen, um ein "*Mehr an Interaktionsfähigkeit mit der Umwelt zu erreichen*"[239] und gehen damit bereits in ihrer ersten Interaktionstufe, der zwischen Kind und Lehrer, von einem vorhandenen Interaktions- oder Beziehungsvermögen des Schülers aus. Mit dem 'Mehr an Interaktionsfähigkeit' würde gleichzeitig "*eine ausreichende, notwendige Basis für spätere Lernprozesse geschaffen, wenn es gilt, sensomotorische Schemata, genormte Bewegungsmuster und erste Handlungsansätze zu entwickeln. Auch die so wichtige Selbststeuerung nimmt zu.*"[240]
Da es den Autoren nicht um den Beziehungs- oder Interaktionsaufbau selbst geht, sondern Interaktionen in ihrer Funktion gesehen werden, die die Mittel für weitere, quasi 'normentsprechende' Auseinandersetzungen mit der schulischen Lern- und Objektwelt bereitstellen, ist es verständlich, daß sie die Interaktion wesentlich am Aktivsein des Kindes und an den Formen

[233] ebd. 1981, 182
[234] ebd. 1981, 182
[235] ebd. 1981, 182
[236] ebd. 1981, 182
[237] ebd. 1981, 183
[238] ebd. 1981, 183
[239] ebd. 1981, 184
[240] ebd. 1981, 184

gegenseitiger Beeinflussung festmachen.[241] Dabei sei jeder Beziehungsverlauf durch einen ständigen Wechsel in der Dominanz der beiden Partner gekennzeichnet, die in der Regel zu ungunsten des Behinderten verschoben sei. So würde es kaum zu einem "*ausgeglichenen Dialog*" (SPITZ) kommen. Stattdessen treffe man auf Kinder, "*die in ihren Aktivitäten so sehr bestimmend sind - meist mit einer sehr reduzierten Tätigkeitspalette-, daß das Gegenüber kaum Chancen hat, sie zu erreichen. Wir kennen aber auch Schüler, die selbst kaum Aktivitätsimpulse erzeugen und so von der Umwelt, dem Interaktionspartner, total bestimmt und manipuliert werden. Sie lassen sich von dem zum Reagieren und Agieren anregen, was gerade in ihr Blickfeld kommt, jedoch ohne Dauer und abzeichnender Festigkeit.*"[242]
Bei genauem Hinsehen wird deutlich, daß es in den Lehrer- Schüler- sowie Schüler-Schüler-Interaktionen nicht vordringlich um den Dialog mit dem 'Du' (BUBER) geht, wie in den anfänglichen didaktischen Überlegungen beispielsweise in der folgenden Prämisse anklang: "*Leben aber ist auch, sich in der Bejahung vorfinden, sich in seinem Sosein bestätigt fühlen, ein 'Ich' werden und ein 'Du' finden, ein 'Wir' erleben, zum Wir hinführen.*"[243] Hier erscheint mir eine ungelöste Diskrepanz zwischen anthropologischem Anspruch einerseits und entwicklungspsychologisch ausgerichteter, methodischer Umsetzung andererseits, deren Augenmerk ja primär auf die Vermittlung der materiellen Lernwelt gerichtet ist. Meiner Meinung nach sind Interaktionen zwischen Schüler und Lehrer mehr als das Setzen "*eindeutiger Orientierungssignale*"[244] auf seiten des Lehrers und Zeigen von Spuren einer "*Wahrnehmungstätigkeit und motorischer Out-put-Leistungen*"[245] seitens des Schülers. Unverkennbar bilden auch hier wieder die Interaktionserfahrungen und -formen des Nichtbehinderten den Maßstab der methodischen Auseinandersetzung, die existentielle Dimension, wie ich sie im I. Teil der Arbeit am Zur-Welt-Sein im Leibe darzustellen versucht habe, geht hierbei verloren bzw. findet hier erst gar keine Berücksichtigung.

Auch wenn bzgl. der Interaktion zwischen Schülern gilt: "*Die Lebensäußerungen und Lebenstätigkeiten der Schüler im Unterricht sind nicht nur Material, das der Kanalisierung und Regulierung bedarf, sondern lebendige Ansatzpunkte für 'Interaktionen', für mitmenschliche Begegnungen*"[246], so vermisse ich doch Realisationsvorschläge für die menschliche Begegnung schwerstbehinderter Schüler miteinander, bei Kindern, die sich z.B. wegen ihrer starken Körperbehinderung gar nicht ohne die Hilfe des Lehrers gegenseitig erreichen können, oder die die Mitschüler überhaupt nicht wahrzunehmen scheinen. Es reicht nicht aus, "*stabile Kontaktsituationen*" zu schaffen und einfache "*Kom-*

---

241 vgl. ebd. 1981, 184
242 ebd. 1981, 184
243 ebd. 1981, 22
244 ebd. 1981, 185
245 ebd. 1981, 185
246 ebd. 1981, 187

munikationsformen"[247] einzuüben, denn sie sind erst von Bedeutung, wenn die elementaren Beziehungsstörungen der Schüler zueinander überwunden und es um den Aufbau von Beziehungen und Interaktionen im generellen Sinne geht. Dieser ist dann nicht mehr das eigentlich Schwierige im Unterricht mit Schwerstbehinderten.

Im Rahmen der Interaktionen mit Objekten stellen BREITINGER und FISCHER fest, daß die leblosen Umwelterscheinungen gegenüber den lebendigen Partnern den Vorteil der Eindeutigkeit, der Gestaltbarkeit, der Reduzierbarkeit und der Stabilität besitzen.[248] Für viele Schwerstbehinderte, so wie ja auch für Ellen und Felix, haben hingegen Objekte noch gar keine Bedeutung oder sie richten ihr Interesse nur auf einen ganz bestimmten Gegenstand und lassen selbst ähnliche außer acht, so daß die von den Verfassern vorgenommene Übertragung der normalen Entwicklung von Objektbeziehungen nach SPITZ hier problematisch erscheint. Da zur ungestörten Interaktion mit Materialien oder Gegenständen eine unbeeinträchtigte Wahrnehmungs- und Bewegungsfähigkeit, aber vor allem eine unbelastete frühe Mutter-Kind-Bindung gehören (vgl. PAPOUSEK/PAPOUSEK, SARIMSKI, EGGERS u.a), die, wie ich zuvor an meinen Schülern gezeigt habe, beim schwerstbehinderten Kind nicht gegeben sind, erscheint der Aufbau dieser Interaktionen besonders erschwert. Obwohl BREITINGER/FISCHER Störungen in den Schüler-Objekt-Interaktionen sehen, gehen sie dem Problem der Voraussetzungen nicht nach, sondern beginnen mit der Frage, wie symbiotische Beziehungen zu Personen und Objekten überwunden werden können und "*welche zusätzlichen Möglichkeiten der Begegnung es innerhalb der Stufe*"[249/250] gibt . Dabei entsteht insgesamt der Eindruck, daß auch in diesem Punkt wieder zu hoch, quasi bei den Symptomen und nicht bei den Ursachen, den elementaren Beziehungsstörungen zwischen Kind und Bezugsperson, angesetzt wird.
Im Ganzen seien die personellen und materiellen Interaktionen des Schwerstbehinderten unverzichtbarer Bestandteil des Lernprozesses.[251] "*Daß es solche Begegnungen von sich aus selten sucht, sondern sich auf seine wenigen Aktionsfelder und die damit im Zusammenhang stehenden Gegenstände beschränkt (...), stellt eine der wirklichen Mühen, nicht selten sogar der echten Blockierung in der unterrichtlichen Arbeit mit unseren Schülern dar. Dieser Erschwerung will die Basale Aktivierung im Grundsätzlichen entgegenwirken. Dabei geht es ihr vorwiegend um ein Vermehren von Interaktions- und Begegnungsmöglichkeiten und nicht primär um ein Qualifizieren, also um ein 'Herrichten' oder Normieren solcher Kontaktversuche.*"[252]

247 ebd. 1981, 187
248 vgl. ebd. 1981, 188
249 ebd. 1981, 188
250 Anm.d.Verf.: Die Autoren unterscheiden nach SPITZ drei Stufen der Objekt-Interaktionen: Objektlose Stufe, Vorstufe des Objekts und Objektstufe.
251 vgl. ebd. 1981, 190
252 ebd. 1981, 190

Doch dieses Ziel kann m.E. nur erreicht werden, wenn wir die Interaktionen in ihrer existentiellen Bedeutung für das Kind erkennen, wenn wir das Beziehungsverhalten und -vermögen vom Schwerstbehinderten aus zu erfassen suchen, und beides gelingt nur, wenn wir, im leibhaften Dialog mit ihm, selbst zur Welt für ihn werden und uns dabei ihm zu erkennen geben.

Obwohl meine kritische Auseinandersetzung mit den beiden basalen Fördermodellen einseitig auf den Beziehungsaspekt gerichtet war, läßt sich darüber hinaus doch erkennen, wie schwierig konsequentes didaktisches und methodisches Denken im Schwerstbehindertenbereich derzeit noch ist. Da diese Schüler wegen ihrer multiplen, schwer einzuordnenden Behinderungen (und Zusatzbehinderungen) nur bedingt in ihrer Lebenswelt zu erfassen sind, müssen Aussagen zu ihrer Erziehungswirklichkeit insbesondere zu deren Gestaltung noch relativ offen, z.T. vage, und ihre praktische Umsetzung schwierig bleiben. So kann die Basale Förderung, mit den beiden skizzierten Grundausrichtungen, hier vor allem im Hinblick auf methodische Entscheidungen, noch nicht wirklich überzeugen. Das Bildungsziel, den schwerstbehinderten Menschen zu größerer eigenaktiver Auseinandersetzung mit der Lernwelt zu befähigen, scheint nur erreichbar zu sein, wenn man sich dem Vermittlungsprozeß nicht so stark von der intentionalen, sondern vornehmlich von der praktisch-personalen Beziehungsebene aus zu nähern versucht. Das heißt, durch eine Betonung des erzieherischen Verhältnisses, das vor dem Hintergrund der Leiblichkeit ja schon als 'elementare Beziehung' definiert wurde, soll eine weitere methodische Fundierung der schulischen Erziehung Schwerstbehinderter versucht werden.
Wenn man sich die im II. Teil beschriebene Förderung beider Schüler noch einmal vor Augen führt, wird erkennbar, daß auch der beziehungsorientierte Unterricht, genauso wie es DITTMANN, FEUSER, FRÖHLICH oder BREITINGER/FISCHER vorschlagen, bei der Körpererfahrung des Kindes ansetzt und dennoch bestehen grundlegende Unterschiede zur 'Stimulationspädagogik' (DREHER). Diese werden deutlich, indem wir uns erneut auf das Verhältnis von Körper und Leib, wie ich es im I. Teil dargestellt habe, besinnen und mit LANGEVELD nach der Bedeutung des Körpers für die kindliche Lernerfahrung fragen. Hierbei entwickeln sich anthropologische Vorüberlegungen, die zum Verständnis der nachfolgenden beziehungsorientierten Unterrichtsbeschreibung von Ellen notwendig sind.

2.5 Wege zu einem beziehungsorientierten Unterricht - Von der körper- zur leibbezogenen Förderung Schwerstbehinderter -

> *"Wer geringschätzig urteilt über den Körper, urteilt abschätzig über den Menschen. Nicht weil der Körper der Mensch ist, sondern weil der Mensch ohne seinen Körper nicht existiert und dank seinem Körper er selbst sein kann, wennschon das manchmal zugleich nur trotz seines Körpers gelingt."* (LANGEVELD)[253]

Betrachtet man die erst etwa zehn Jahre alte Entwicklung innerhalb der Schwerstbehindertenpädagogik genauer, dann ist, wie ich in anderem Zusammenhang schon betont habe, eine deutliche Tendenz weg von den eher kompensatorisch ausgerichteten hin zu körperorientierten Konzepten zu beobachten. Doch habe, so stellt FISCHER in Anlehnung an DREHER fest, "*die Pädagogik insgesamt, aber auch die Pädagogen selbst ... ein schwieriges Verhältnis zum menschlichen Körper.*"[254] Man sei zu lange bemüht gewesen, die Humboldtschen Bildungsideale 'nach unten' fortzuschreiben[255] und habe dabei die, "*die 'unten' auf der Leiter der Bildsamkeit stehen*"[256] jedoch nicht in ihrem eigentlichen Sinn erfaßt und angesprochen. Aufgrund der Schwere ihrer Behinderung wiesen diese Schüler auf "*Grenzen, Defizite und Endlichkeiten des Erfolges*"[257] hin, was letztlich dazu führte, "*daß vorschnell Begrenzung und Defekt zum Ausgangspunkt pädagogischen Nachdenkens und Handelns*"[258] wurden. "*Die Gesamtheit menschlicher Existenz wird dabei aufgegeben zugunsten einer monologisierten und meist funktionalen Sicht- und Interpretationsweise menschlichen Daseins. So kam es, daß neben den motorischen Funktionen vorrangig auch die Wahrnehmungsfunktion als ein die schwere geistige Behinderung konstituierendes Moment gesehen und zur Grundlage sonderpädagogischer Arbeit bestimmt wurden.*"[259] Die praktische Erfahrung der letzten Jahre habe gezeigt, daß "*weder die 'Schiene' über die Wahrnehmung noch über*

---

[253] LANGEVELD, M.J.: *Die Bedeutung des eigenen Körpers für das Selbsterlebnis des Kindes*, in: Psychologische Rundschau, Bd.4, 1954

[254] FISCHER, D.: *Körpernahes Lernen - Lernen mit dem Körper als Weg der Erziehung und Bildung von Menschen mit schwerer geistiger Behinderung*, in: OSKAMP,FEUSER,RUMPLER (Hrsg.): *Förderung und Erziehung schwerstbehinderter Kinder und Jugendlicher*", Stuttgart 1983, 103

[255] vgl. ebd. 1983, 103

[256] ebd. 1983, 103

[257] ebd. 1983, 103

[258] ebd. 1983, 103

[259] ebd. 1983, 103

die Motorik"[260] zu Erfolgen führt. *"Menschen mit schwerer geistiger Behinderung werden allein dadurch nicht wacher, nicht stabiler, nicht kräftiger, nicht entwicklungsbereiter."*[261] Hier sei nun, wie DREHER es bereits 1979 gefordert hat und ich es im ersten Teil[262] ausführlich darstellte, ein Umdenken notwendig.

Und in den letzten Jahren hat sich tatsächlich eine Wandlung vollzogen. Sie ging allerdings primär noch nicht in die von DREHER intendierte anthropologisch - leibbezogene Richtung, sondern zielte, über die Rückbesinnung auf den Körper, eher auf eine ganzheitliche Erfassung ab. Den in diesem Umdenkungsprozeß entstandenen körperorientierten Förderansätzen, die aber wegen ihrer begrenzten Selbstreflexion und Praxisnähe eher Methodencharakter haben, liegt nach FIKAR insofern ein ganzheitliches Konzept zugrunde, als sie *"die bisherigen Menschenbilder von zu belehrenden (Erziehung) und von zu behandelnden (Therapie) Menschen aufheben. Der Mensch wird demnach nicht mehr in Körper, Geist und Seele dreigeteilt, sondern als Einheit gesehen. Die Störung eines Bereiches (z.B. des Körpers) wirkt sich auf die Ganzheit seiner Person aus."*[263]
Neben dieser gestaltpsychologischen Dimension[264] seien in den körperorientierten Ansätzen ebenso entwicklungspsychologische Erkenntnisse über die Mutter-Kind-Symbiose, in ihrer voraussetzenden Bedeutung für die kindliche Auseinandersetzung mit der Welt, sowie das 'dialogische Prinzip' BUBERs integriert.
Solche körperorientierten Förderansätze bzw. -methoden sind etwa die 'integrative Körpertherapie' nach BESEMS (1983[265]) oder die 'basale Kommunikation' von MALL (1984[266]), der sich wiederum an BESEMs anlehnt und die 'funktionale Entspannungstherapie' nach FUCHS, das 'Holding' nach TINBERGEN und das 'sensomotorische Wahrnehmungtraining' nach PREKOP und PFLUGER-JAKOB zu integrieren versucht.[267] MALL versteht seinen Ansatz als Möglichkeit zur Kontaktanbahnung. Über die Öffnung verschiedener Kommunikationskanäle (Sprache, Gestik, Mimik, Tonfall, Blickkontakt, Lautäußerung, Berührung, Bewegung, Atemrhythmus) soll die Kommunikationsstörung und das Urvertrauen zwischen Bezugsperson und Kind wieder hergestellt werden. Während MALL mit seiner Förderung stark auf der personalen Interaktionsebene verhaftet bleibt, sollen die körperorientierten Übungen von BESEMS dazu beitragen,

---

260 ebd. 1983, 103

261 ebd. 1983, 103

262 Anm.d.Verf.: vgl. Kpt. 4.1.

263 FIKAR, H.: *Körperorientierte Förderansätze im Unterricht bei Menschen mit schwerer geistiger Behinderung*, in: Zt. Geistige Behinderung, 4/1987 Heftmitte, 1

264 Anm.d.Verf.: vgl. Teil I, Kpt.3

265 vgl. BESEMS/ VAN VUGT: *Integrative Körpertherapie bei behinderten Kindern und Jugendlichen*, in: FÄRBER (Hrsg.): *Integrative Therapie mit geistig und psychisch behinderten Kindern und Jugendlichen*, Dortmund 1983

266 vgl. MALL, W.: *Basale Kommunikation - ein Weg zum anderen*, in: Zt. Geistige Behinderung, 1/1984, Heftmitte

267 vgl. FIKAR 1987, 4

"daß über die 'Öffnung' des Körpers eine Öffnung für die Umwelt, für den Kontakt mit anderen möglich wird."[268]
Zu den körperorientierten Fördermethoden läßt sich auch der 'somatische Dialog' FRÖHLICHs (1982)[269] rechnen. Er ist als eine Weiterentwicklung seiner 'basalen Stimulation' aufzufassen, indem er sich weg von einer rein funktionalen hin zu einer ganzheitlichen Auffassung[270] bewegt. Da FRÖHLICH heute den kommunikativen Aspekt stärker betont, und er den 'somatischen Dialog'mit dem Schwerstbehinderten vornehmlich über Haut- und Körperkontakt zu erreichen versucht[271], rücken jetzt neben der Wahrnehmung - der Aufnahme und Verarbeitung von Sinnesreizen - ganzheitliche Umwelterfahrungen stärker in den Mittelpunkt.
Das Ehepaar FIKAR hat aus der eigenen praktischen Tätigkeit heraus für die körperbezogene Arbeit mit Schwerstbehinderten einen sog. 'methodenintegrierten Ansatz' entwickelt, indem sie den 'basalen Dialog' FRÖHLICHs mit der 'Körpertherapie' BESEMS, der 'basalen Kommunikation' MALLs und geläufigen Entspannungtechniken (JÖRIMANN, LEBOYER) verknüpfen. Dabei verstehen sie ihre methodenintegrierte Körperarbeit *"nicht als isoliertes Training, sondern als pädagogisches Unterrichtsprinzip"*[272], das sich durch die Lernbereiche Basale Förderung (z.B. Körperarbeit, Bewegungsbad, Wahrnehmungtraining), Selbsterfahrung und -versorgung (Nahrungszubereitung, Körperpflege), Umwelterfahrung / Sozialverhalten / Kommunikation sowie Bewegungserziehung und Gestalten mit Material zieht.[273]
Zu den im weitesten Sinne körperorientierten Förder- oder Therapiemethoden läßt sich die neuerliche Veröffentlichung von KLOSTERMANN und KERN (1988) zählen, die ebenfalls einen gestaltpsychologisch ausgerichteten Zugang zum schwerstbehinderten Menschen sucht. *"Der Zugangsweg über den Körper ist"*, so sagen sie selbst, *"in unserer Arbeit mit Mehrfachbehinderten im Laufe der Zeit immer wichtiger geworden. Insbesondere bei sehr schwer Behinderten stellt er häufig den einzigen Ansatzpunkt für therapeutische Arbeit dar."*[274] Für sie bildet der Körper einen Ort, an dem durch ganzheitliche Anregung die kindlichen Austauschprozesse mit der Umwelt zu aktivieren seien. Diese machten *"das dynamische Moment der Persönlichkeit"* aus, weil sie es dem Individuum ermöglichten, *"sich selbst zu formen und zu definieren."*[275] KLOSTERMANN und KERN betrachten diese Prozesse von drei Ebenen aus; *"die energetische Versorgung ('Basis'), die Austauschbeziehungen mit der materiellen und sozialen Unwelt und die Aus-*

---

[268] ebd. 1987, 6
[269] vgl. FRÖHLICH, A.: *Der somatische Dialog*, in: Zt. f. Behinderte, 4/1982, 15 -20
[270] vgl. FRÖHLICH, A.: *Ganzheitliche Schwerstbehindertenpädagogik*, in: Bewegung, Erleben, Lernen, in: Zt. f. Heilpädagogik, 12/1985
[271] vgl. FIKAR 1987, 4
[272] ebd. 1987, 15
[273] vgl. ebd. 1987, 14 -16
[274] KLOSTERMANN, B./ KERN, H.: *Zugangswege zu Menschen - Ein Konzept zur therapeutischen Arbeit mit mehrfachbehinderten Kindern und Erwachsenen*, in: Zt. Geistige Behinderung, 3/1988, 165
[275] ebd. 1988, 161

tauschvorgänge in den Bereichen, die wir 'Transzendenz' nennen."[276] Unter der Transzendenz verstehen sie "*die Auseinandersetzung des Individuums mit Phänomenen wie Kultur, Geschichte, Heimat, individuelle und gesellschaftliche Werte, Normen, Moral, Weltanschauung, Religiosität.*"[277] Behinderte Menschen seien in diese Zusammenhänge eingebunden, auch sie brauchten einen Ort, "*an dem sie verwurzelt sind, auch sie brauchen eine Heimat.*"[278] Doch wie dieser transzendentale Gesichtspunkt schließlich in die Therapie zu integrieren ist, wird nicht deutlich.
Neben den Anregungen im handlungs- und wahrnehmungsbezogenen - sowie im kognitiven und emotionalen Bereich berücksichtigen sie in ihrem Konzept vornehmlich die energetischen Austauschvorgänge des behinderten Kindes. So zeigen sie am Beispiel eines Jungen, wie durch gezielte Atemtherapie und Fußreflexzonenbehandlung[279] eine "*Öffnung seiner Einstellung*" erreicht wurde und "*er mehr Kontakt und Austausch mit seiner Umgebung*"[280] aufnahm. Durch die Stabilisierung auf einem höheren energetischen Niveau sei die Basis für weitergehende Entwicklungen auch in anderen Bereichen geschaffen worden.[281]
Zusammenfassend kann für alle hier aufgewiesenen körperbetonten Ansätze festgestellt werden, daß sie sich zum einen als Therapie oder Förderung verstehen, darüber hinaus beim Kind aber auch die Voraussetzungen für "*weiteren Unterricht*"[282] bzw. weitere fördernde Anregungen schaffen wollen, indem sie zunächst eine Möglichkeit des Zugangs zum Behinderten suchen und dann die Entwicklung der Gesamtpersönlichkeit anstreben[283].

Doch **wie** über das vermittelte Erleben des eigenen Körpers dem Kind die Öffnung zur Welt der Personen und Gegenstände möglich wird, bleibt in diesen gestaltpsychologisch ausgerichteten Konzepten weitgehend unklar. Größere Ansprechbarkeit und Kommunikationsbereitschaft sind mir als Begründung zu wenig, weil genaue Verbindungslinien zwischen der personellen Beziehung zum Therapeuten[284] und den späteren Sachbegegnungen nicht zu erkennen sind. Es bleibt darum zu fragen, inwieweit der Körper, der ja auch im eigenen, beziehungsorientierten Unterricht den Ansatzpunkt der Förderung bildet, geeignet ist, die Welt außerhalb seiner selbst zu vermitteln. Und diese Frage weist wieder in Richtung phänomenologisch-pädagogischen Denkens und, genauer, auf "*die Einheit der Verbundenheit von Körperlichem und Leiblichem*"[285], wie sie von MERLEAU-PONTY und PLÜGGE beispielsweise mit dem Be-

---

276 ebd. 1988, 161
277 ebd. 1988, 163
278 ebd. 1988, 163
279 vgl. ebd. 1988, 168
280 ebd. 1988, 168
281 vgl. ebd. 1988, 168
282 ebd. 1987, 18
283 vgl. ebd. 1987, 17
284 Anm.d.Verf.: Aber gerade sie wird wohl den tatsächlichenErfolg dieser Konzepte ausmachen.
285 DREHER 1979, 202

griff der 'Ambiguité'[286] charakterisiert wurde. Dabei werde ich dieser Einheit nachfolgend ausschließlich unter intentionalen Gesichtspunkten nachgehen.
In den vorausgegangenen Teilen meiner Arbeit habe ich bereits erste Wege zu einer leiborientierten Erziehung Schwerstbehinderter aufzuzeigen versucht, die nun die Grundlage für die weitere didaktische Reflexion bilden. Auf sie will ich hier rückbesinnend nur kurz hinweisen.

Ausgehend von der Lebenswelt des schwerstbehinderten Kindes und der besonderen Möglichkeit, sie durch die elementare Beziehung zu erfassen, habe ich einige zentrale Aspekte seines Zur-Welt-Seins im Leibe herausgearbeitet, um mit ihrer Hilfe Aussagen über die Erziehungswirklichkeit schwerstbehinderter Schüler ableiten zu können. Dies geschah auch, damit die elementare Beziehung, als leibbezogener und leibgegebener Dialog zwischen Schüler und Lehrer, in ihrer existentiellen Relevanz für das schwerstbehinderte Kind erkennbar wurde.
Mit MAIER, in Anlehnung an MERLEAU-PONTY und BOLLNOW, habe ich dargestellt, daß das Phänomen der Leiblichkeit immer auch ein zentral pädagogisches ist, und die Struktur des Leibes notwendigerweise immer schon den Bezug zum anderen Menschen beinhaltet. Womit auch die elementare Beziehung zu einer pädagogischen Notwendigkeit wird, die es als solche zu erkennen gilt. Die Dynamik dieses leibbezogenen, erzieherischen Verhältnisses habe ich mit Hilfe des helicalen Modells zu veranschaulichen versucht.
Diese wesentlichen im ersten Teil beschriebenen Momente des Zur-Welt-Seins Schwerstbehinderter im Leibe wurden im zweiten Part unter dem Aspekt des 'leibhaften Lernens' (PFEFFER) wieder aufgegriffen. Dabei zeigte sich, daß das kindliche Lernen immer vor dem Hintergrund des zirkulären Austausches zwischen Leib und Welt gesehen werden muß. Und so kann jetzt bezogen auf das Körper-Erleben als Voraussetzung der Sachbegegnung noch einmal festgehalten werden, daß es, wie PFEFFER betont, kein weltunabhängiges Eigenleib-Erleben, kein situations- und weltunabhängiges Körperschema gibt. "*Selbst-Bewußtsein, Selbst-Gefühl, Ich-Erleben sind nichts anderes als die individuelle Seite des Welterlebens und des Bezugs zur Welt. Das hat die Pädagogik zu beherzigen.*"[287] Mit seinen vier Kategorien leiblichen Lernens hat PFEFFER auf erste methodische Strukturen leiborientierter Förderung hingewiesen.[288]
Wenn die leiborientierte Erziehung dem Kind gerecht werden will, muß sie ihren Ursprung von der Lebenswelt des Kindes aus nehmen, pädagogische und didaktische Entscheidungen vor

---

[286] Anm.d.Verf.: Zur Begriffsklärung: "*Als 'Ambiguité' bezeichnen wir eine Verknüpfung von lediglich gelebter Leiblichkeit, die von der unlösbaren Verbindung mit allen je möglichen, die Grenzen der eigenen Person überschreitenden Beziehungen zur Welt, Umwelt und Situation bestimmt ist, mit der ständig anwesenden, oft kaum bemerkbaren, aber letzten Endes bestimmenden Körperlichkeit. Das heißt, alles Leibliche hat eine grundsätzliche ständige Beimischung von substantieller Dinglichkeit, von Materialität. Und alles Körperliche hat,..., eine geistige Struktur.*" (PLÜGGE 1970, 56 nach DREHER 1979, 202)

[287] PFEFFER 1986a, 95

[288] Anm.d.Verf.: Weitere leibbezogene Förderaspekte sind in seiner Habilitationsschrift zu finden, auf die ich hier nur noch verweise, sie aber wegen der Komplexität und des Umfanges der Darstellung nun nicht mehr aufgreifen bzw. erschöpfend diskutieren kann.

dem Hintergrund des In-der-Welt-Seins des Leibes treffen, d.h. nichts anderes, als die existentielle Dimension des Mensch-Welt-Verhältnisses als pädagogisch relevant zu erkennen und im Unterricht zu berücksichtigen.
Der **beziehungsorientierte Unterricht** versteht sich in diesem Sinne als **eine** didaktisch-methodische Konkretion leiborientierten pädagogischen Denkens, der den lebensweltlichen Besonderheiten schwerstbehinderter Schüler gerecht zu werden versucht. Die exemplarischen Biographien von Ellen und Felix haben gezeigt, daß das Mensch-Welt-Verhältnis schwerstbehinderter Kinder zunächst von umfänglichen Beziehungsstörungen zur personellen **und** materiellen Welt bestimmt ist. Die Erziehung hat diesem Problem zu begegnen, indem sie sich der sinnkonstituierenden Weltvermittlung, wie sie in der elementaren Beziehung zwischen Schüler und Lehrer gegeben ist, zuwendet und erkennt, daß der Lehrer im leibhaften Dialog erst selbst zur Welt für das Kind werden muß, bevor er es in seiner Lebenswelt begreift und pädagogisch-didaktische Entscheidungen ableiten kann. Postulativ ist mit THALHAMMER, bezogen auf den Lehrer, festzuhalten: "*Das schwerstbehinderte Kind ernst zu nehmen suchen, um die* ***gemeinsame Wirklichkeit*** (meine Hervorhebung) *als Erziehungswirklichkeit durchzuhalten.*"[289]
Nur wenn der Lehrer und der schwerstbehinderter Schüler gemeinsam die schulische Welt oder die erzieherische Wirklichkeit gestalten, können die anfänglichen Beziehungsstörungen überwunden und das Kind zum sinnstiftenden Erleben und Gestalten der dinglichen Welt gelangen. **Die Erziehungswirklichkeit mit Schwerstbehinderten ist darum als intersubjektive Wirklichkeit aufzufassen**[290], die nach THALHAMMER entlastet sei "*von Konstrukten menschlicher Inferiorität*"[291]. Erkenntnisleitendes Interesse und erzieherisches Engagement stünden hier "*im Widerspruch und expliziten Widerstand zu jedwedem elitären Anspruch.*"[292] "*Jede mitmenschliche Beziehung als pädagogische Beziehung impliziert jenen existentiell bedeutsamen und unersetzbaren Sinn, den eine Objektbeziehung nicht erreichen kann.*"[293]
Die pädagogische Wirklichkeit mit Schwerstbehinderten ist für THALHAMMER weiter kommunikative, taktile oder oral-sinnliche Wirklichkeit[294], und als solche habe ich sie zuvor mittels der verschiedenen schulpraktischen Beispiele auch darzustellen versucht. Die erzieherische Wirklichkeit versteht sich als jene 'Wirklichkeit', "*die die* ***kognitive Komponente*** *des Menschen aus der Überbewertung herausnimmt, die intellektuelle Priorität relativiert, um sich auf* ***intersubjektives Erleben*** *als gemeinsames Erleben erneut und immer wieder zu besinnen.*"[295]

---

289 THALHAMMER, M.: *Fragmente zur Erziehungswirklichkeit schwer körperlich- und geistigbehinderter Kinder*, in: Zt. f. H. 8/1980, 555
290 vgl. auch THALHAMMER 1980, PFEFFER 1986
291 THALHAMMER 1980, 549
292 ebd. 1980, 549
293 ebd. 1980, 549
294 vgl. ebd. 1980, 550
295 ebd. 1980, 549

THALHAMMER sieht in der ambivalenten Einstellung zu 'Körper und Leib', auf die ich mit FISCHER zu Beginn des Abschnittes schon hingewiesen habe, "*eine Konsequenz unseres hyperthroph kognitiv ausgerichteten Bildungssystems*"[296] und fordert eine stärkere Berücksichtigung der Leibthematik. Diese "*gilt geradezu durchwegs als* ***mediales Moment*** *in der Beschreibung der Bildungsinhalte für diese Gruppe; diese Dimension erscheint schlichtweg unterbewertet und fehlinterpretiert. Es müßte demgegenüber möglich werden, die verschiedenen Dimensionen der Körper- und Leiblichkeit als spezifischen Ansatz zu bedenken und in pädagogisches Handeln übertragen zu können.*"[297] Und mit LANGEVELDs Aufsatz zur "*Bedeutung des eigenen Körpers für das Selbsterlebnis des Kindes*" (1954) möchte ich vor dem skizzierten existentiellen Hintergrund erste leibbezogene Inhaltsaspekte herauszuarbeiten versuchen, um damit weitere Charakteristika des beziehungsorientierten Unterrichtes vorzustellen.

"*Der eigene Körper ist in der Welt, wie das Herz im Leibe*"[298] stellt LANGEVELD einleitend mit MERLEAU-PONTY fest und meint damit, daß der Körper "*die Grundlage meines Identitätsbewußtseins*"[299] ist. Die Einheit der erlebten Welt beziehe sich auf die Einheit meines Körpers, "*der immer 'als Ich selbst' durch die Räume, um die Gegenstände herum zu den entfernten oder nahen Grenzen meines Gehens, Sehens oder Greifens geht.*"[300] Die Maßverhältnisse des eigenen Körpers dienen dem Menschen dazu die Welt zu messen, um sich damit in ihr zurechtfinden zu können: "*hoch ist, was ich nicht erreichen kann, groß, was ich nicht umfassen kann.*"[301] Der Körper sei dem Menschen darum nie "*Gegenstand in dritter Person*"[302], was aber nicht bedeute, "*daß mein Körper nicht innerhalb der personalen Sphäre - d.h. innerhalb der Sphäre, in der alles 'Ich' bedeutet - eine ganz bestimmte und insofern 'objektive' Bedeutung hat.*"[303] Mit zwei seiner aufgeführten Beispiele läßt sich dieser Sachverhalt verdeutlichen: "*(E)ine Nadel trifft meinen Finger und tut nicht dem Finger, sondern mir weh; eine Stimme trifft nicht mein Ohr, demzufolge 'es' hört, sondern ich höre.*"[304]
Das Kind erlebe sich noch stärker in der Einheit mit seinem Körper als der Erwachsene; die Distanzierung, "*d.h. die innere Abgrenzung des Subjektes der Körpersphäre als solcher gegenüber, ist dem Kind nur erst gelegentlich möglich.*"[305] Die starke Selbstbezogenheit des schwerstbehinderten Kindes scheint zu belegen, daß ihm die innere Abgren-

---

296 ebd. 1980, 550
297 ebd. 1980, 550
298 MERLEAU-PONTY nach LANGEVELD 1954, 206
299 LANGEVELD 1954, 206
300 ebd. 1954, 206
301 ebd. 1954, 206
302 ebd. 1954, 206
303 ebd. 1954, 206
304 ebd. 1954, 206/207
305 ebd. 1954, 207

und sich sein Körper in der affektiven und somatischen Dimensionen des Leibes zum Ausdruck bringt.

Der Körper ist Leib. LANGEVELD führt dazu erläuternd aus, und in ähnlicher Weise habe ich es zuvor mit dem 'Wohn-Verhältnis' MERLEAU-PONTYs zu charakterisieren versucht, daß die Welt immer Inneres ist, das sich im Äußeren antrifft.[306] "*Damit hört der Körper auf, ein 'Körper' zu sein, er wird zum Leib. Er hört auf, Objekt zu sein, er wird eine Erscheinungsform des Ich, womit dieses Ich in der Welt erscheint und zugleich verborgen bleibt: denn obzwar das Ich sich nur im Körper zeigen kann, kann man dem Körper dieses Ich nur in sehr bedingter Weise ablesen. Man kann den Leib nur kennen, indem man ihn lebt, auch der Leib des anderen - des Geliebten, Gehaßten, Bewunderten, Verabscheuten - ist uns lieb, schön, häßlich als gelebter Leib. 'Sache' wird er uns nur als 'Fleisch und Knochen', aber dann ist er uns weder lieb noch verächtlich.*"[307]

Leib-Sein bedeutet für LANGEVELD demzufolge sowohl Ich-Sein, als auch Du-Sein, aber ebenso "*Welt Haben und für andere in der Welt Sein und Leib Sein. Leib-Sein bedeutet aber in der Welt auch ein **mit** der Welt Sein, mit und zu den Dingen Reichen, Sehen und Dienen.*"[308]

Mit der Phänomenologie MERLEAU-PONTYs habe ich das Zur-Welt-Sein qua Leib bereits vertiefend dargestellt, so daß ich mich jetzt LANGEVELDs weiterführenden Gedanken zur Entfaltung der Körperlichkeit des Kindes in ihrer Relevanz für die Erziehung Schwerstbehinderter zuwende.

Für ihn tritt uns die Körperlichkeit des Kindes in dreierlei Weise entgegen:

" *es zeigt sich der Leib - erstens - in seinem Begegnungswert,*
es zeigt sich der Leib - zweitens - als Erlebniswert,
und er zeigt sich uns - drittens - als instrumenteller Wert."[309]

Im Körper begegne uns der Mitmensch, das Kind oder der Schwerstbehinderte selbst; "*so ist er in unserer Welt, so treffen wir ihn da an, so wird ihm begegnet, und so begegnet er von sich aus uns.*"[310] Das schwerstbehinderte Kind tritt uns mit einer vielleicht beeinträchtigten Physiognomie, mit einer verzerrten Mimik oder mit selbstverletzenden Verhaltensweisen entgegen. Im Begegnungswert seines Körpers gibt sich das Kind uns unmittelbar als es selbst zu erkennen. Es "*'mutet uns an' und 'uns wird zumut', und schon 'stellen wir uns ein'. Schon fängt das Rücklesen der unmittelbaren Begegnung in ihrer Ausdrucksbedeutung an.*"[311]

---

306 vgl. ebd. 1954, 211
307 ebd. 1954, 211
308 ebd. 1954, 212
309 ebd. 1954, 212
310 ebd. 1954, 212
311 ebd. 1954, 212

Ein Lehrer, der den Körper nicht als Leib erkennt, wird dem Begegnungswert keine Bedeutung beimessen und durch sein verblüfftes Verhalten[312], angesichts der Andersartigkeit dieses geschädigten Körpers, die Beziehungsstörung zu seinem Schüler mitkonstituieren. Diese entsteht auch, und damit können die zuvor getroffenen Aussagen zur Beziehungsstörung um einen weiteren Aspekt ergänzt werden, weil das schwerstbehinderte Kind vorausgegangene Begegnungen, d.h. das, "*was die anderen, die ihm begegnet sind, von ihm hielten,*"[313] verarbeitet. In der Entwicklung der Persönlichkeit, so führt LANGEVELD erläuternd aus, "*wird der Begegnungswert als solcher überbaut von der auf mich zurückgespiegelten Bedeutung meiner leiblichen Erscheinung für den anderen, insofern diese Bedeutung-für-den-anderen Bedeutung-für-mich wird.*"[314] Diese Sinndimension, die uns hier in der Körperlichkeit entgegentritt und von LANGEVELD als "*Erlebniswert des Leibes*"[315] bezeichnet wird, verwirklicht sich in besonderer Weise in der elementaren Beziehung, weil sich die beiden Partner gerade qua Leib **begegnen** und einander bestätigend 'Sinn' geben.

Der 'Erlebniswert' des Körpers läßt sich mit Hilfe der elementaren Beziehung noch weiter konkretisieren bzw. auf die besondere Lebenswelt des schwerstbehinderten Kindes übertragen. Im leibhaften Dialog zum Lehrer erlebt der Schwerstbehinderte einen für ihn meist neuen, 'gespiegelten Begegnungswert'(LANGEVELD) , d.h. das Kind erfährt sich in seinem Sein und somit auch in **seiner Körperlichkeit akzeptiert und bestätigt**. Der in der Beziehung widergespiegelte Begegnungswert ermöglicht es also jedem Partner, sich, metaphorisch gesprochen, ein 'Bild' von sich selbst in seiner Körperlichkeit zu machen, was wieder dazu beiträgt, daß die Welt erfahrend und erlebend zu sich selbst in Bezug gesetzt werden kann.

Zum Erlebniswert des Leibes gehört für LANGEVELD auch das unmittelbare Selbsterlebnis, sich kräftig oder schwach, hungrig oder gesättigt, schläfrig oder wach zu fühlen.[316] Weil aber die körperlichen Gegebenheiten mit zu verarbeiten seien, könnten sich die gespiegelten Begegnungswerte, wie z.B. 'ich finde dich schön oder unschön', in den Erlebniswert hineinmischen.[317] Eine Erfahrung, die Schwerstbehinderte aufgrund ihrer körperlichen Andersartigkeit sicherlich in der Begegnung mit anderern Menschen häufig im negativen Sinne machen.

Mit den ersten beiden Sinndimensionen der Körperlichkeit ist die dritte, der Instrumentalwert des Leibes, verbunden; "*er schließt einerseits den Gebrauch des Körpers in seiner Hinwendung auf die Welt der Begegnung ein, andererseits schließt er ebenfalls das Verhältnis zur Dingwelt und Werkzeugwelt ein.*"[318] Mit dem Instrumentalwert ist die

---

312 Anm.d.Verf.: Die 'Verblüffung' habe ich im ersten Teil als Paradigma der Beziehungsstörung nach BODENHEIMER charakterisiert.

313 LANGEVELD 1954, 212

314 ebd. 1954, 212

315 vgl. ebd. 1954, 212

316 vgl. ebd. 1954, 213

317 vgl. ebd. 1954, 213

318 ebd. 1954, 213

praktische Körperbeherrschung als "*eine Fundamentalpraxis*"[319] gemeint. Begegnungs-, Erlebnis- und Instrumentalwert sind alle drei als '**Erlebnisweisen des Körpers**'[320] aufzufassen, die sich von einander zusammenfassend wie folgt abgrenzen lassen: "*Der Leib wird in seinem Begegnungswert und diesem Wert entsprechend 'erlebt'; der Leib wird durch seinen gespiegelten Begegnungswert auf eine bestimmte Weise 'erlebt'; er wird durch den Instrumentalwert auf bestimmte Weise 'erlebt'. Es artet in eine reine Tautologie aus zusagen, daß man durch den Erlebniswert des Körpers den Körper 'erlebt'. Die unterschiedenen Werte sind Sinndimensionen der Körperlichkeit und werden als solche alle erlebt, und die spezifisch vital-sensuelle Leiberfahrung ist nur ein Selbsterlebnis bestimmter Art, nicht 'das eigentliche' oder 'das einzige'.*"[321]

In dieser Abgrenzung der drei Sinndimensionen der Körperlichkeit eröffnet sich eine Möglichkeit, den **intentionalen** Unterschied zwischen dem beziehungsorientierten Unterricht und der basalen körperbezogenen Förderung herauszuarbeiten.
Beide nehmen den Körper des Kindes zum Ausgangspunkt der Erziehung, in beiden wird es beispielsweise zunächst gebadet, abgebürstet, massiert oder mit ihm geschaukelt, dennoch vollzieht sich in beiden **nicht dasselbe**. Während Stimulationspädagogik, Basale Aktivierung und körperorientierte Förderung den kindlichen Körper vornehmlich von seinem Instrumentalwert aus betrachten und ihre Angebote ausschließlich auf diesen richten, versucht der beziehungsorientierte Unterricht demgegenüber gerade die ersten beiden Sinndimensionen, die Begegnungs- und Erlebnisweise, anzusprechen. Dies geschieht, indem der Lehrer dem Schüler leiblich begegnet, was aber nicht heißt, daß jede Lernsituation in diesem Unterricht zwangsläufig immer zum leibhaften, elementaren und damit intensiv erlebten, direkten Dialog zwischen Kind und Lehrer wird.
Die intentionale Ebene im beziehungsorientierten Unterricht muß demzufolge weiter differenziert bzw. hinterfragt werden, sowohl in Bezug auf die 'leibliche Begegnung' als auch auf die 'elementare, leibgegebene Beziehung'. Worin besteht nun der Unterschied und warum ist diese Unterteilung notwendig?
Unter 'leiblicher Begegnung' im beziehungsorientierten Unterricht, als maßgeblichem Unterscheidungsmerkmal zur instrumental ausgerichteten basalen Aktivierung, verstehe ich zunächst einmal eine grundsätzliche **pädagogische Haltung des Lehrers** dem Kind gegenüber. Diese Haltung zeichnet sich dadurch aus, daß der Lehrer sich seines eigenen Leibes bewußt ist und sich im Schaukeln, Baden oder im Berieseln des Kindes mit Sand so auf es richtet, daß dieses das gemeinsame Tun als **erwartungslose Begegnung** erfährt. 'Erwartungslos' ist die Begegnung insofern, als der Lehrer keine von vornherein festgelegten Reaktionen vom Kind erwartet, da diese unter dem Gesichtspunkt der Leiblichkeit wieder Setzungen von außen

319 ebd. 1954, 214
320 vgl. ebd. 1954, 214
321 ebd. 1954, 214

entsprächen und ja im Grunde überflüssig sind. Begreift der Lehrer das Kind in den existentiellen Sinndimensionen seiner Körperlichkeit, dann kann er in seinem Erwartungen offen sein, weil er weiß, daß das Kind seinem Lernangebot in der ihm gemäßen Weise und nach Maßgabe seiner Leiblichkeit Sinn zu entnehmen vermag. Diese offene pädagogische Haltung des Lehrers ermöglicht es dem Kind, mehr als in der input/ output-orientierten Förderung, subjektiv sinnvoll mit dem Lernangebot umzugehen, d.h. es sind, beispielsweise auf die Anregungen beim Berieseltwerden mit Sand bezogen, drei grundsätzliche Sinnstiftungsweisen denkbar, die aber durch individuelle Nuancierungen das kindliche Sinngebungsrepertoire um ein Vielfaches erweitern:

1. Mittels des gespiegelten Begegnungswertes, den der Lehrer über die Gesten und Gebärden seines Leibes während dieser Lernsituation zum Ausdruck bringt, erlebt sich das Kind in seiner Körperlichkeit und richtet sich ganz auf dieses Erleben.
2. Lerngegenstand (Sand) und -situation (Berieseltwerden) treten ebenfalls in den Hintergrund, wenn Schüler und Lehrer zur Welt für einander werden, wenn sie ihr Augenmerk ausschließlich aufeinander richten, wenn sie einander anrufen und es damit zum elementaren, leibhaften Dialog zwischen beiden kommen kann, wobei die Gesten und Gebärden zu Beziehungselementen werden.
3. Darüberhinaus ist dem Kind durch die Offenheit der Lernsituation aber auch die Möglichkeit gegeben, sich intentional auf die Welt außerhalb der personalen Begegnung zu richten, z.B. beim Berieseltwerden auf den verwendeten Sand, auf visuelle oder auditive Effekte, die dabei entstehen oder auf Spielmaterialien (Sandformen oder -schaufeln), die zufällig in der Sandkiste liegen.

Bezogen auf die elementare Beziehung läßt sich jetzt festhalten, daß ihr Entstehen wesentlich von der Intentionalität des Kindes abhängt. Doch sie kann auch selbst zum Gegenstand des Unterrichts werden und dies ist notwendig, damit die anfänglichen Beziehungsstörungen überwunden werden. Sie bleibt aber immer Unterrichtsinhalt besonderer Art, weil sie nicht direkt, im Sinne eines Lernziels und schon gar nicht eines operationalisierten Lernziels, zu realisieren ist. Wie ich ja bereits im ersten Teil der Arbeit ausführlich dargestellt habe, entsteht elementare Beziehung immer **unmittelbar**; sie kann darum nur **mittelbar** geplant werden und dies geschieht primär in und durch die offene pädagogische Haltung des Lehrers, der die Begegnungs- und Erlebnisweise des Körpers so in die pädagogische Haltung einzubeziehen weiß, daß elementare Beziehung immer dann entstehen kann, wenn die intentionalen Voraussetzungen bei beiden, beim Schüler und Lehrer gegeben sind. Die pädagogische Haltung des Lehrers muß demzufolge auch die grundsätzliche Anerkennung der leibgegeben Anrufbarkeit des schwerstbehinderten Kindes einschließen.

Der beziehungsorientierte Unterricht betont zwar die ersten beiden Sinndimensionen der Körperlichkeit, doch er bleibt nicht in ihnen verhaftet. Die biographischen Beschreibungen von Ellen und Felix haben gezeigt, daß die elementare **mediale** Beziehung in besonderer Weise geeignet ist, über die Beziehung zum Lehrer das Kind mit der Welt der Gegenstände vertraut zu machen. Das heißt, über die Beziehungsebene wird es dem schwerstbehinderten Kind möglich, seinen Körper zu überschreiten[322]. Jetzt gelingt es ihm, "*das instrumentelle Verhältnis zum eigenen Leib*"[323] zu entwickeln, aus der "*Sphäre des Eigen-Leiblichen*"[324] herauszutreten, was sich z.B. bei Felix daran zeigte, daß er sich nicht mehr über die somatischen Erscheinungen seines Leibes, sondern durch Laute mitzuteilen und sich der Personen- und Sachwelt gegenüber zu öffnen vermochte. Von diesem Moment an kann der beziehungsorientierte Unterricht die instrumentelle Seite der Körperlichkeit stärker ins Blickfeld rücken, was aber nicht zwangsläufig eine Vernachlässigung der ersten beiden Sinnebenen bedeutet. "*Der Leib kann nur Bedeutung schaffen auf dem Substrat der Begegnung. Die höheren Stufen, die neuen Qualitäten des Leiblichen suchen ihren Nährboden tief in der vorhergehenden Genese.*"[325]

Die Integration der drei Erlebniswerte des Leibes in den beziehungsorientierten Unterricht soll anschließend anhand charakteristischer methodischer Strukturen aufgezeigt werden.

---

[322] vgl. ebd. 1954, 215

[323] ebd. 1954, 217

[324] ebd. 1954, 217

[325] ebd. 1954, 219

3 Didaktische Aspekte des beziehungsorientierten Unterrichts

Im zweiten Teil wurden schon wesentliche Merkmale des beziehungsorientierten Unterrichtes exemplarisch beschrieben; weil aber in dieser Betrachtung die elementare Beziehungsentfaltung der beiden Schüler im Mittelpunkt stand, traten die didaktisch-methodischen Strukturen des Unterrichtes selbst in den Hintergrund.
Auch in der anschließenden Auseinandersetzung mit den verschiedenen didaktischen und sonderdidaktischen Konzeptionen ging es zunächst nur indirekt um die methodische Gestaltung eines Unterrichtes, der dem elementaren Beziehungsvermögen schwerstbehinderter Kinder gerecht wird. Die Diskussion diente in erster Linie dazu, die Notwendigkeit einer leiborientierten Sicht- und Vorgehensweise in der Sonderpädagogik zu begründen, den Zusammenhang zwischen leib- und beziehungsorientierter Pädagogik zu verdeutlichen und den beziehungsorientierten Unterricht schließlich als **eine** didaktisch-methodische Konkretion der leiborientierten Pädagogik aufzuzeigen.
Die weitere abgrenzende Darstellung machte deutlich, daß wir die Lerngegebenheiten Schwerstbehinderter sowohl in intentionaler, als auch in methodischer Hinsicht und in besonderer Weise im Unterricht zu berücksichtigen haben, beispielsweise die aufgrund der Heterogenität im Lernvermögen der Schüler erforderliche stärkerer Binnendifferenzierung des Unterrichtes, die durch größere 'Offenheit der Lernwege' (BREITINGER/FISCHER) erreicht werden kann, wenn die verwendeten Unterrichts- und Lernmodelle (FISCHER) den leiblichen Begegnungs-, Erlebens- oder Erfahrensbedürfnissen der schwerstbehinderten Schüler angepaßt sind.

Anthropologisch ausgerichtet, weist die leiborientierte respektive beziehungsorientierte Pädagogik auf die Unzulänglichkeit bestehender Unterrichts- und Methodenmodelle hin und verlangt geradezu eine breite wissenschaftliche Diskussion, die im Rahmen dieser Arbeit aber nicht mehr geleistet werden kann. Dennoch will ich wenigstens einige Spuren weiterverfolgen, anhand derer sich didaktische Gesichtspunkte der umfassenderen leiborientierten Pädagogik sowie allererste Möglichkeiten ihrer Realisation aufzeigen lassen, indem ich die Erziehungswirklichkeit im beziehungsorientierten Unterricht, wie ich sie selbst erlebt und mitgestaltet habe, nachfolgend von zwei Ebenen aus beschreibe. Von einem ersten, allgemeinen Niveau ausgehend, gebe ich zunächst einen Überblick über die Unterrichtsorganisation für alle Schüler der Klasse, um anschließend exemplarisch, aber vertiefend, an der Lehr- und Lernplanung für Ellen eine Einordnung in die skizzierte unterrichtliche Gesamtkonzeption vorzunehmen, wobei wesentliche Grundstrukturen der beziehungsorientierten Erziehung deutlich werden.
Durch die Befragung einer Unterrichtsplanung und -gestaltung bezüglich ihrer vier Strukturelemente: Intentionalität, Inhaltlichkeit, Methode und Medien[1], soll die elementare Beziehung in ihrer dritten und letzten Doppelfunktion, auf die ich im vorausgegangenen Abschnitt schon

---

[1] Anm.d.Verf.: wie ich sie im Rahmen der allgemein-didaktischen Diskussion in Orientierung an die lernbildungstheoretische Didaktik vorgestellt habe

hingewiesen habe, erscheinen. Ich deutete an, daß sie selbst - und in exponierter Weise - zum **Inhalt des Unterrichtes** zu werden vermag. Gleichzeitig kann sie aufgrund ihrer besonderen Welt vermittelnden Eigenschaften als **methodisches Mittel** im beziehungsorientierten Unterricht aufgefaßt werden. Eine Funktion, die ich durch die Unterrichtsbeschreibung und die anschließende Reflexion begründend darzustellen versuche.

Warum ich hierbei exemplarisch auf die Unterrichtsplanung von **Ellen** zurückgreife, hat zwei Gründe. Zuvor habe ich an verschiedenen Stellen erläutert, daß der beziehungsorientierte Unterricht sich langsam im gemeinsamen Tun mit den Schülern entwickelt hat, indem sie mir die Sinnhaftigkeit meiner pädagogischen Entscheidungen und Handlungen bestätigten oder widerlegten und mich damit zur permanenten Reflexion und Revision zwangen. Der beziehungsorientierte Unterricht, wie ich ihn hier vorstelle, steht am vorläufigen Ende dieses intensiven Auseinandersetzungs- und Entwicklungsprozesses. Da Ellen erst im letzten Jahr meiner schulpraktischen Tätigkeit eingeschult wurde, konnten in die Planung und Unterrichtsgestaltung für sie schon wichtige Erfahrungen und gewonnene theoretische Erkenntnisse einfließen, die jetzt unnötig lange Erläuterungen ersparen und schneller zur abschließenden Methodenreflexion führen.
Da zu einer Unterrichtsanalyse notwendigerweise immer auch die Lernvoraussetzungen des Schülers, oder, um mit HEIMANN, OTTO und SCHULZ zu sprechen, seine anthropogenen und soziokulturellen Voraussetzungen gehören und Ellens schon im zweiten Teil gründlich erarbeitet wurden, bietet sich ihre Unterrichtsplanung zur Verdeutlichung des didaktisch-methodischen Anliegens hier geradezu an.
Doch bevor ich sie nun in Relation zu den vier Entscheidungsfeldern des Unterrichtes setze, will ich zunächst einen Überblick über die gesamte Unterrichtsorganisation der Klasse in diesem letzten Schuljahr geben und dabei erste allgemeine Strukturmomente aufzeigen.

3.1 Zur Gestaltung des Unterrichtes für die gesamte Klasse

In diesem Abschnitt wende ich mich der notwendigen und möglichen Binnendifferenzierung im beziehungsorientierten Unterricht zu, weil dieser sich in einem Spektrum teilweise sehr unterschiedlicher Ansprüche zu bewegen und zu bewähren hat. Anforderungen, die zumeist gleichzeitig in den Vordergrund drängen und denen planerisch zu begegnen überaus schwierig ist.
Zum einen, und das ist seine vordringliche Intention, will dieser Unterricht ja in und durch die leibliche Begegnung dem Lernbedürfnis **jeden** Schülers der Klasse gerecht werden, dazu muß er optimal **individualisiert** sein. Auf der anderen Seite soll die schulische Erziehung das schwerstbehinderte Kind aber ebenso zum lehrerunabhängigen, zum intrinsisch motivierten

Lernen befähigen. Ein Lernen, das sich über Lernmaterialien und in der Gemeinschaft mit anderen vollzieht. Unterricht muß bei aller notwendigen Individualisierung demzufolge immer auch ein soziales, ein **Klassen-Geschehen** bleiben.[2]

Welche weiteren Ansprüche verbergen sich hinter dieser Forderung?

Will der beziehungsorientierte Unterricht der Lebendigkeit des Lebens gerecht werden und das schwerstbehinderte Kind nicht von ihr ausschließen, darf er nicht einseitig oder linear, auf einen Fähig- oder Fertigkeitsbereich, z.B. die sensorielle Anregung beschränkt bleiben, sondern muß **mehrdimensional** ausgerichtet sein. Das heißt, obwohl die schweren Lernbeeinträchtigungen dieser Schüler eine inhaltliche Reduktion und Beschränkung erfordern, dürfen die gewählten Inhalte nicht monokausal an beispielsweise entwicklungsbezogenenen Erlebens- oder Wahrnehmungsfähigkeiten orientiert bleiben. Die Unterrichtsziele bzw. -inhalte müssen auf möglichst vielen verschiedenen und vor allem **existentiell** relevanten Ebenen ansetzen, um zu gewährleisten, daß das Kind sich durch sie auch wirklich in seinem Leib-Sein angesprochen und zur Begegnung mit der Lernwelt gedrängt fühlt. Dabei sind für jeden Schüler, wegen der unterschiedlichen Lebens- und Lernerfahrungen sowie -möglichkeiten, andere Schwerpunkte zu setzen; und am Beispiel von Ellen werde ich im nächsten Abschnitt zeigen, wie diese inhaltliche Mehrdimensionalität auf der Beziehungsebene[3] zu realisieren ist.

Neben dieser starken Ausrichtung auf den einzelnen Schüler, die über weite Strecken die Einzelförderung als Interaktionsform verlangt, muß der Unterricht aber auch weiteren Sozial- und Arbeitsformen gerecht werden, damit dem Schwerstbehinderten langfristig die Integration in die Klassengemeinschaft möglich wird. Deshalb sind für einzelne Schüler zunehmend parallele Unterrichtsinhalte und -methoden zu entwickeln, um die Einzelförderung erst vom **Partner-**, schließlich vom **Gruppenunterricht** abzulösen. Dieser Prozeß kann erleichtert werden, wenn die Schüler zuvor die beziehungsvermittelnde Funktion von Lernmaterialien, z.B. in der elementaren medialen Beziehung kennen- und mit ihr umzugehen gelernt haben. Hierdurch werden auch die Voraussetzungen für ein Lernen in heterogenen Gruppen /Klassen geschaffen.

Dennoch bleibt die Realisation dieser Anforderungen angesichts des numerischen Mißverhältnisses zwischen Schülern und Lehrer[4] schwierig.

Auf der Folie des schulspezifischen Bildungsauftrags, 'Selbstverwirklichung in sozialer Integration', hat der Lehrer seine inhaltlichen und methodischen Entscheidungen in einem Spannungsfeld von optimaler Individualisierung sowie größtmöglicher Selbstbestimmung für den Einzelnen und sozialer Interaktion im Lernen aller Schüler miteinander zu treffen. Das verlangt von ihm eine offene, kreative, aber auch selbstkritische Haltung gegenüber den eigenen

---

[2] Anm.d.Verf.: Dies ist eine Diskrepanz, die augenblicklich gerade im Rahmen der Diskussion um die Sinnhaftigkeit reiner Schwerstbehindertenklassen angeführt wird.

[3] Anm.d.Verf.: Wenn ich nachfolgend von 'Beziehungsebene' spreche, dann meine ich damit jenes Vermittlungsniveau, das durch die Wahl des Unterrichtsinhaltes dem Begnungs- und Erlebniswert des Körpers in besonderer Weise gerecht zu werden versucht.

[4] Anm.d.Verf.: In NRW beträgt die Lehrer-Schüler-Relation in sog. Schwerstbehinderten-Klassen 8:2, d.h. jeder Lehrer hat gleichzeitig vier Schüler zu unterrichten, was in Anbetracht der häufig extrem unterschiedlichen Lernvoraussetzung kaum möglich ist.

pädagogischen Urteilen und Handlungen. Im Hinblick auf die elementare Beziehungsentfaltung lassen die beiden im zweiten Teil beschriebenen beziehungsorientierten Förderungen beispielsweise erkennen, daß sie sich anfänglich nur in der störungsfreien Atmosphäre des Individualunterrichtes zwischen Kind und Lehrer ereigneten. Bliebe es aber hierbei und versuchte der Lehrer nicht, dem Kind weitere Beziehungen zu Mitschülern oder anderen Bezugspersonen und Lerngegenständen zu ermöglichen, dann käme es zur entwicklungs- und lernhemmenden Symbiose zwischen beiden. Dieser Gefahr, die durch die Betonung der Beziehungsebene zwangsläufig entsteht, hat der beziehungsorientierte Unterricht durch die Berücksichtigung aller hier skizzierten Ansprüche mit Hilfe einer gründlichen Lehr- und Lernplanung von vornherein zu begegnen. Und es zeigt sich, daß der Lehrer selbst wesentlicher Bestandteil dieser Planung sein muß.

Nach diesen ersten, allgemeineren Prämissen einer beziehungsorientierten Erziehung möchte ich nun anhand meines letzten Stundenplanes, als Überblick der gesamten Unterrichtsorganisation[5], **eine** Möglichkeit ihrer Realisation vorstellen. Wegen seiner einfachen und klaren Gliederung vermittelt er zwar zunächst den Eindruck, als sei der Unterricht gleichförmig, doch bei genauerem Hinsehen entwickelt er sich als überaus dynamisches und differenziertes Geschehen. Obwohl die gewählten Inhalte und die Methoden ihrer Vermittlung bei langsamer lernenden schwerstbehinderten Schülern länger Gültigkeit besitzen, und Planungen in der Regel Jahres-, seltener Halbjahresentwürfe sind, ist der durchgeführte Unterricht keineswegs starr oder linear. Die bei Schwerstbehinderten notwendige Regelmäßigkeit und längere Präsenz der angebotenen Inhalte schließt die Dynamik des Unterrichtes nicht aus und wird erreicht, indem Phasen der Aktivität und der Ruhe sowie der Einzelförderung und der Gruppen- oder Klassenaktivitäten einander abwechseln. Jeder Tag hat trotz seines vergleichbaren Rhythmus oder Ablaufes einen anderen Unterrichtsinhalt. Da diese wiederum immer am gleichen Tag der Woche angeboten und den Schülern vorher durch sehr unterschiedliche Medien (z.B. durch ein bestimmtes Lied oder durch einen ganz vereinfachten Bild-Stundenplan für die stärkeren Schüler) angekündigt werden, können sie sich auf die jeweilige Inhalts- und Unterrichtsstruktur einstellen, und lernhemmende Überraschungen bzw. Überforderungen werden vermieden. Um sich auf eine Lernaufgabe einlassen zu können, ist es wichtig zuvor einen Eindruck von dem gewonnen zu haben, was einen erwartet oder von einem erwartet wird. Wir übersehen diese Grundvoraussetzung beim Schwerstbehinderten häufig und konfrontieren ihn unvermittelt mit Lerninhalten oder -materialien, weil wir glauben, daß er unsere Erläuterungen doch nicht verstehe. Wir müssen hier nach methodischen Lösungen suchen, damit das Kind zu dieser Vor-Erfahrung, zu diesem Vor-Wissen gelangt. Ein gut strukturierter Unterricht, der planmäßig durchgeführt und dadurch transparent wird, bietet hierzu die Voraussetzung. In ihm sollten die unterstützenden Medien so eingesetzt werden, daß möglichst jede Unterrichtsphase des Tages für das Kind bedeutungsvoll wird. In der Einzelförderung verwendete Lernmaterialien, wie etwa Tast- oder Bildmaterial, die nach Ende der Lernsequenz mit dem Kind unter sein eigenes

[5] Anm.d.Verf.: siehe Anhang S. 42

Foto geheftet werden und am folgenden Tag vor der Weiterarbeit gemeinsam wieder von dort abgeholt werden, vermögen dem Schwerstbehinderten auf sehr einfache aber eindringliche Weise den Sinn des Vorhabens zu vermitteln und bieten ihm die Möglichkeit, an Vorangegangenes anzuknüpfen. Unterrichtsmedien erfüllen, bei geplantem Einsatz, auch über den eigentlichen Verwendungszweck hinaus wichtige lernpsychologische Funktionen. Von ähnlicher Bedeutung ist aber auch die Dynamisierung des Lerntages selbst, die den physiologisch-psychologischen Lerngegebenheiten schwerstbehinderter Schüler, ihren Hochs und Tiefs, Rechnung zu tragen hat.

Jeder Tag mit Ausnahme des Freitags, an dem die Schule um 12.15 Uhr endete, läßt sich grob in sechs verschiedene Unterrichtsblöcke unterteilen:

1. Begrüßungsphase
2. erster Unterrichtsblock
3. Frühstückszeit und erste Pflegephase
4. zweiter Unterrichtsblock, nach dem vier der sieben Schüler wegen ihrer geringen Belastbarkeit nach Hause fahren
5. Mittagessenszeit mit anschließender ausgiebiger Ruhe-und Pflegephase; Unterrichtsende für eine weitere Schülerin
6. dritter Unterrichtsblock

Da nur in den Vormittagsstunden alle Schüler anwesend waren, die beiden verbleibenden am Nachmittag lange ruhten und in der anschließenden, meist kurzen Zeit mit der Kinderkrankenschwester Musik hörten, bastelten oder am Unterricht einer Parallelklasse teilnahmen, beschränke ich mich in der weiteren Darstellung vornehmlich auf den Unterricht bis zum Mittagessen.
Jeder Morgen begann für die Schüler mit einer kurzen Begrüßung am Schulbus und der Erkundigung nach ihrem Befinden, das die meisten inzwischen mimisch oder lautlich zum Ausdruck bringen konnten. Nachdem alle die Klasse erreicht, ihre Jacken abgelegt und sich im Kreis versammelt hatten[6], signalisierte ein Begrüßungslied den Schülern den Beginn des Unterrichtes. Musik und Gesang kommen wegen ihres starken Erlebenscharakters der Aufnahmefähigkeit Schwerstbehinderter entgegen und sind darum besonders geeignet, ihnen bestimmte, immer wiederkehrende Sachverhalte (Beginn des Unterrichtes, Essenszeiten, bestimmte Lernsequenzen oder das Unterrichtsende) zu vermitteln. Damit der Gesang durch zu häufige Wiederholung nicht in eine wenig lerneffektive Routine abgleitet und damit seinen 'Signal'- Charakter verliert, ist es wichtig, die Lieder oder Musikstücke im Laufe des Schuljahres mehrfach zu wechseln, wobei neue langsam auf die Schüler, ihre Aufnahme- und Handlungsfähigkeit abzustimmen und im jeweiligen situativen Kontext zu erarbeiten sind. Die musischen

---

6 Anm.d.Verf.: Handlungen, die bei allen Schülern durch die beiden Lehrer und die Kinderkrankenschwester vollzogen werden.

Medien erfüllen nur dann ihre vermittelnde Funktion, wenn sie auf die kindlichen Möglichkeiten, das Geschehen nicht nur passiv aufzunehmen, sondern sich auch selbst aktiv einzubringen, etwa durch instrumentelle Begleitung oder durch inhaltsbezogene Gebärden, eingehen.
Die Lieder zum Beginn des Unterrichtes waren beispielsweise so ausgewählt und teilweise entsprechend modifiziert, daß sie der aktiven Begrüßung zwischen Schülern und Lehrern, aber auch der Schüler untereinander dienten. In einfachen Singspielen wurde den Kindern die Möglichkeit gegeben, durch das Weiterreichen von Finger- oder Handpuppen aufeinander aufmerksam zu werden oder sich einander im instrumentalen Dialog zu begrüßen. Daneben wurde aber auch versucht, die Schüler mit ihren Lauten in den Gesang einzubeziehen. Nachdem Hanne, Ludwig und Felix dies zunächst nur mit Hilfe des Lehrers möglich war, konnten sie später allein einander 'singend' begrüßen. Bei diesem dialogischen 'Singen' verwendeten sie Laute, die sie in der elementaren Beziehung als Anruf an den Lehrer kennen- und anzuwenden gelernt hatten, und im Tun mit den anderen Kindern entwickelten sie die nötige Selbstsicherheit, um sich später und in weniger beliebten Lernsituationen lautlich zu artikulieren.
Diese erste halbe Stunde des Vormittages war also mehr als der in der Schule für Geistigbehinderte übliche 'Morgenkreis', die lustbetonte Einstimmung in den Tag, weil sie durch die gewählten und vermittelten Inhalte wesentlich zum gegenseitigen Kennen- und Mit-einander-umgehen-lernen beitrug. Der Vormittag endete, nach verschiedener Indiviudal- und Gruppenförderung, in der Regel mit einem, dem Morgenkreis vergleichbaren Klassenunterricht, in dem jetzt aber sozial ausgerichtete Bewegungsspiele und -lieder im Mittelpunkt standen und nach den anstrengenden Lernstunden eher aufmunternd wirkten.

Erfahrungsgemäß war für alle Schüler die Zeit vor dem Frühstück die lernintensivste, so daß hier eine optimale Differenzierung und Individualisierung sinnvoll war. Sie wurde erreicht, indem wir die Schüler zunächst in zwei Gruppen teilten, wobei mein Kollege die drei stärkeren und ich die vier schwächeren übernahm. Während in der ersten Gruppe bereits der Partnerunterricht erprobt wurde und sich diese Schüler bis zu 30 Minuten auf eine Aufgabenstellung konzentrieren konnten, benötigten die schwächeren die störungs- und ablenkungsfreie Einzelfördersituation im abgeschirmten Nebenraum der Klasse, um sich hier für wenige Augenblicke einem Lerninhalt zuzuwenden. Aufgrund der geringen Konzentrationsfähigkeit und Belastbarkeit der Kinder mußte jede kurze Lernsequenz von einer längeren Ruhephase abgelöst werden, wodurch es aber möglich wurde, in den 80 Minuten vor dem Frühstück alle Schüler der Klasse individuell zu fördern.
Die Lerninhalte waren dabei sowohl intentional, als auch methodisch auf jedes einzelne Kind abgestimmt und unterschieden sich im Anspruchsniveau zwischen beiden Gruppen erheblich. Während sich die stärkeren Schüler bereits mit ersten affektiv-kognitiv oder pragmatisch betonten Lerninhalten wie dem Wiedererkennen oder -finden von Verstecktem, dem Verstehen einfacher Bildfolgen, bei denen sie selbst die Hauptakteure[7] waren oder mit dem Ausprobieren

[7] Anm.d.Verf.: Es waren Foto- oder Bilderserien, auf denen der Schüler selbst abgebildet war, die von ihm handelten und zu denen er darum besonders gut einen Bezug herstellen konnte.

neuer Handlungen, deren situativer Kontext immer stark auf die eigene Person bezogen war, auseinandersetzten, richtete sich der Schwerpunkt des Unterrichtes bei den vier schwächeren primär auf das Selbsterleben und -erfahren. Ausgehend von ihren stereotypen Verhaltensweisen, die zunächst, um gegenseitiges Verstehen zu ermöglichen, mitvollzogen wurden, kamen allmählich solche Lernangebote hinzu, die den Kindern die eigenen, leiblichen Beziehungs-, Wahrnehmungs- und Handlungsmöglichkeiten erlebbar machten. Über die personelle Beziehung zum Lehrer sollten sie somit zu materiellen Umweltbegegnungen gelangen. Während sich der Unterricht bei diesen Schülern noch vorwiegend auf der Beziehungsebene[8] bewegte, trat bei den anderen der Körper (als Leib) schon in seinem Instrumentalwert stärker in den Vordergrund. Trotz der Unterschiede im Lernniveau beider Gruppen, wie auch innerhalb dieser, erfolgte die Vermittlung nach derselben anthropologischen Grundentscheidung: Berücksichtigung der leibgegebenen Reziprozität zwischen Mensch und Welt sowie der subjektiven Sinnhaftigkeit dieses Verhältnisses. Das bedeutet, wie ich es im vorausgegangenen Abschnitt dargestellt habe, dem Kind durch die 'offene und erwartungslose Haltung'des Lehrers Begegnungs- und elementare Beziehungsfreiräume zu schaffen, die ihm genügend Zeit lassen, der Situation nach Maßgabe seiner Leiblichkeit Sinn zu verleihen. Wie sich dies konkret verwirklicht, werde ich an der Lehrplanung für Ellen später ausführlich zeigen, hier jetzt nur zwei kurze Beispiele:

Wenn montags auf dem Stundenplan für die schwächere Gruppe 'individuelle Förderung im haptisch-taktilen Bereich' stand, war damit nicht allein, wie in der basalen oder Stimulationspädagogik, die Anregung der Haut, z.B. der Hände mit unterschiedlichen Materialien, gemeint. Berücksichtigung der Reziprozität von Kind und Welt bedeutet hier, neben dem **Fühlen** auch das **An-Fühlen** zu ermöglichen, damit das Kind zu dem **Sich-Anfühlenden** eine Beziehung aufbauen und ihm damit Sinn geben kann. So erwies sich die Hand des Lehrers als das geeigneteste Anregungs-Material, weil sich über das Fühlen und An-Fühlen elementare, einander verstehende Beziehung ereignete. Nachdem die Schüler den Finger des Lehrers festzuhalten und zu bewegen, ihm also Sinn zu geben gelernt hatten, waren sie bereit, dies mit verschiedenen Tast- und Greifmaterialien und schließlich mit Spielmaterialien zu tun.

Im Rahmen der auditiven Förderung für die stärkeren Schüler, die Instrumente ihrem Klang nach unterscheiden und auf Bildkarten wiedererkennen konnten, bedeutete leibliche Begegnung zunächst, mit den Instrumenten in ihrer Weise, belutschend, beriechend, hörend sowie anhörend umzugehen und ihnen dabei Sinn zugeben, um anschließend die primär kognitive Leistung des Zuordnens zur Abbildung zu erbringen.

Ich möchte aber nicht zur eigentlichen organisationsbezogenen Darstellung zurückkehren, ohne vorher auf eine Besonderheit des beziehungsorientierten Unterrichtes hingewiesen zu haben. Jeden Mittwoch, und das merkten sich die Schüler außergewöhnlich schnell, gab ich während der Einzelförderung keinen Lerninhalt vor, sondern ließ die Schüler selbst entscheiden, was wir gemeinsam tun sollten. Je nach Vorliebe des Kindes haben wir mit einander in ih-

---

8 Anm.d.Verf.: in Orientierung an LANGEVELD könnte man in diesem Zusammenhang auch von 'Begegnungsebene' (des Leibes) sprechen

ren Lauten gesungen, gespielt (z.B. Fingerspiele), Geschichten erzählt oder Bilderbücher betrachtet. Daß diese Situation besonders zur Beziehungsentfaltung und damit zur Stärkung des Selbstvertrauens und -zutrauens der Kinder beitrug, habe ich schon in anderem Zusammenhang erwähnt und braucht hier wohl nicht weiter erläutert zu werden.

Ermöglicht wurde die starke Differenzierung im ersten Unterrichtsblock auch durch die Mithilfe von Krankenschwester und -gymnastin. Vor und nach dem Frühstück wurden jeweils zwei Schüler, nach einem festgelegten und mit dem Unterricht in Einklang gebrachten Plan, krankengymnastisch betreut. Somit erhielt jeder Schüler neben dem krankengymnastischen Schwimmen am Freitag zwei bis drei Bewegungstherapien pro Woche, die aber trotz der erforderlichen räumlichen Trennung doch nicht völlig vom Unterricht losgelöst waren. Durch die gute Kooperation konnten beispielsweise neu erworbene Bewegungs- oder Lagerungspositionen in den Unterricht und inhaltliche oder methodische Gesichtspunkte in die Therapie einfließen. Zu erwähnen ist an dieser Stelle auch die Körperpflege, die ja zentraler Bestandteil der Erziehung Schwerstbehinderter ist und darum nach denselben anthropologischen Grundsätzen durchgeführt wurde. So blieben die Handlungen der Krankenschwester nicht auf das Wechseln der Windeln oder auf Toilettenbesuche beschränkt, sondern auch ihre Aktivierungshilfen wurden sinnvoll in den Unterricht für jeden einzelnen Schüler integriert. Sie klopfte beispielsweise nach dem zum Selbsterfahren nach der Massage dienenden Baden den Schüler ab, um ihm das Abhusten und Atmen zu erleichtern. Oder sie wandte sich den Kindern zu, die zur Entspannung nach der Einzelförderung aus dem Rollstuhl genommen und unter ein beduinenähnliches Zeltdach[9] gelegt wurden. Sie sang oder unterhielt sich mit ihnen oder zeigte ihnen das unterschiedliche Anregungsmaterial, das von der Zeltplane herabhing.

Einen großen Teil des Vormittags nahm das Frühstück ein, da die Schüler alle gefüttert weden mußten und wegen ihrer Eßschwierigkeiten sehr viel Zeit[10] benötigten. Weil Essen miteinander, wie ich im ersten Teil der Arbeit mit BODENHEIMER dargestellt habe, ein äußerst kommunikativer Prozeß ist, war es wichtig, die Mahlzeiten für alle Schüler, trotz ihrer Schwierigkeiten beim Schlucken bzw. Gefüttertwerden, so angenehm wie möglich zu gestalten. Dazu gehörte ein ansprechend gedeckter Tisch u.a. mit Blumen, leise beruhigende Musik im Hintergrund und, ganz wichtig, das Mitessen der Erwachsenen. So wurde den Eßproblemen der Schüler weniger durch therapeutische Handgriffe, als vielmehr über die Beziehungsebene zu begegnen versucht, was aber weder eine individuelle Planung der Situation ersetzt noch erübrigt, sondern geradezu voraussetzt.
Weil das Frühstücken die Schüler sehr anstrengte, brauchten sie nach dem sich anschließenden Wechseln der Windeln bzw. den Toilettenbesuchen eine längere Ruhephase. Daß auch für

---

9 Anm.d.Verf.: Wegen seiner anheimelnden Atmosphäre war dieses selbstgenähte Zelt der Lieblingsort der Schüler.

10 Anm.d.Verf.: mindestens eine Stunde

den 'Pflege-Unterricht' viel Ruhe und vor allem eine gründliche Planung erforderlich sind, versteht sich von allein.

Wegen der allgemeinen Erschöpfung und der geringeren Konzentrationsfähigkeit der Schüler waren die gestalteten Lernphasen im zweiten Unterrichtsblock kürzer als im ersten. Hier standen sozial ausgerichtete Lerninhalte unterschiedlicher Zielsetzung im Mittelpunkt, die für alle Schüler der Klasse gleichzeitig Gültigkeit besaßen und nur durch die individuelle Lehrerhilfe die notwendige Differenzierung erreichten. Sozial ausgerichtet waren die Lerninhalte insofern, als sie entweder der direkten Interaktion der Schüler miteinander, wie etwa bei den rhythmischen Übungen dienten oder durch das gemeinsame Tun an ein und demselben Sachverhalt, beispielweise beim gemeinsamen Gestalten eines Bildes, zum Entstehen eines Wir-Gefühls beitrugen. So wurde montags z.B. gemeinsam mit den Händen Plakate bemalt oder mit Spezialstempeln bedruckt und je nach jahreszeitlichem Zusammenhang Feiern (Ostern, St. Martin, Geburtstage usw.) gestalterisch vorbereitet.
Im musisch-rhythmisch ausgerichteten Unterricht am Dienstag sollten die Schüler beim gemeinsamen Schwingen eines Tuches, beim paarweise Bewegtwerden (Tanzen) zu Musik oder beim einander Zurollen von Kugeln über eine schiefe Ebene u.d.m. miteinander umgehen bzw. sich auf einander einstellen lernen. Bei diesen Übungen, die eine starke motivationale Wirkung auf die Kinder hatten, waren individuelle Hilfen vor allem im motorischen Bereich nötig und Anregungen von seiten der Krankengymnastin sehr hilfreich.
Stark motorisch betont war auch der Unterricht am Mittwoch. Nachdem sie sich im Vorjahr mit der Turnhalle, die sie zunächst sehr ängstigte, vertraut gemacht hatten, konnten sie sich jetzt selbst dort auf dem Trampolin erleben und mit Unterstützung neue Bewegungsmöglichkeiten ausprobieren und entwikkeln. Das Trampolin bot den Schülern, die den festen Untergrund des Rollstuhls oder sonstiger Lagerungsmöglichkeiten gewohnt waren, eine völlig neue Erlebenswelt, mit der sie ganz behutsam vertraut gemacht werden mußten.
Donnerstags wurden im ersten Unterrichtsblock einfache Speisen (Cremes, Obstsalat, Omeletts etc.) zum Frühstück zubereitet, wobei die osamtisch-gustatorische Anregung, das Riechen und Schmecken der einzelnen Zutaten bei den Schwächeren, und für die Stärkeren daneben das Erkennen von Handlungszusammenhängen im Vordergrund stand. Da dieser Unterricht sehr viel Zeit in Anspruch nahm und sich dadurch das Frühstück verschob, blieb danach meist nur noch Raum für ein etwas augedehnteres Singen zum Abschluß des Schultages. Genauso war es am Freitag, weil das 'Schwimmen' überaus pflegeintensiv, zeitaufwendig und damit für alle Beteiligten sehr ermüdend war.
Jeder Tag, unabhängig wie anstrengend, er- oder entmutigend[11] er für Schüler und Lehrer war, endete immer mit einem Beisammensitzen und Singen, um auf diese Weise die Lernfreude der Kinder zu erhalten und sie auf das Unterrichtsende einzustimmen.

---

11 Anm.d.Verf.: denn an manchen Tagen häuften sich z.B. die epileptischen Anfälle bei den Schülern, oder bei Erkrankungen von Kollegen konnte der Unterricht nur sehr unbefriedigend durchgeführt werden

3.2 Der elementare Dialog in Relation zum beziehungsorientierten Unterricht

Nach der vorstehenden Begründung der Notwendigkeit einer stärkeren Leibbetonung im Unterricht mit Schwerstbehinderten und der Aufzeigung erster didaktischer und methodischer Konsequenzen am Beispiel der beziehungsorientierten Erziehung, soll nun versucht werden, das Wesen der elementaren Beziehung in didaktischer Hinsicht zu erfassen, was allerdings mit gewissen methodologischen Schwierigkeiten verbunden ist.
Anhand des helicalen Modells konnte zuvor[12] zwar aufgewiesen werden, daß sich die elementare Beziehung nach bestimmten strukturellen Gesetzmäßigkeiten vollzieht und insofern allgemeinverbindliche Aussagen zuläßt, aber da nicht ihr phasiger Verlauf das pädagogisch Entscheidende ist, können von ihm aus keine unterrichtsorganisatorischen Rückschlüsse gezogen werden. Von zentraler didaktischer Relevanz ist ausschließlich das subjektive Erleben zwischen dem schwerstbehinderten Kind und dem Lehrer. Es ist immer ein einmaliges und von der Persönlichkeit der beiden Sichbeziehenden abhängiges Erleben, welches den leibhaften Dialog nachhaltig bestimmt. Daß zur Persönlichkeit des Schülers auch seine individuellen Lernvoraussetzungen gehören, ist zwar selbstverständlich, aber dennoch betonenswert, weil gerade sie, wie ich später noch zeigen werde, jede elementare Beziehungssituation zu einer individuellen machen, was methodisch für die didaktische Wesenserfassung bedeutet, daß sie sich uns nur durch den interindividuellen Unterrichtsvergleich erschließt. Und dieser erfolgte, indem ich zunächst den Entwicklungsverlauf von der elementaren zur generellen Beziehung bei jedem Schüler in Relation zur Intentionalität und Methode seiner Förderung setzte und anschließend die hierbei gewonnenen persönlichen Aussagen miteinander verglich. Als Kriterien dienten die Unterrichtsziele, die damit verbundenen Möglichkeiten der Beziehungsentfaltung für das Kind, methodische und mediale Gesichtspunkte sowie der Erfolg des Unterrichts, gemessen an den Verhaltensveränderungen des jeweiligen Schülers.
Ich werde nun, des flüssigen Fortgangs der Gesamtdarstellung wegen, darauf verzichten, die sehr umfangreiche Reflexion im Detail vorzustellen. Stattdessen wende ich mich exemplarisch nur einer entsprechend aufgearbeiteten, d.h. in mehrfacher Hinsicht reflektierten Unterrichtsbeschreibung[13] zu, um über sie den Bezug zu allgemeingültigen und in der Gesamtreflexion aller Unterrichtsdeskriptionen gewonnenen Aussagen herzustellen.

Wie die Darstellungen der elementaren Beziehungen in den beiden vorausgegangenen Teilen zeigen, ereignet sich der leibhafte Dialog zwischen Schüler und Lehrer vornehmlich in der konzentrierten Lernatmosphäre des Einzelunterrichtes, so daß ich mein weiteres Augenmerk primär auf diesen richte und der Gruppen- bzw. Klassenunterweisung weniger Beachtung schenke. Bezogen auf den Unterricht, den Ellen gemeinsam mit den anderen Schülern erhielt[14] und in dem durch die Art der Zuwendung bzw. Hilfestellung eine individuelle Differenzierung

---

[12] Anm.d.Verf.: vgl. Teil I, Kapitel 5

[13] Anm.d.Verf.: vgl. Aufarbeitung Anhang S. 28-40

[14] Anm.d.Verf.: Begrüßungs- und Abschlußsingen bzw. -spielen, Frühstücken sowie der Unterricht danach

erreicht wurde, läßt sich vorab festhalten, daß er natürlich denselben, zuvor skizzierten dynamischen Gesetzmäßigkeiten unterlag, als da waren Wechsel im Aktivsein und Entspannen, von Einzel- und Gruppenunterricht sowie von Offenheit des Lernweges einerseits und Stetigkeit der Lerninhalte andererseits. Da uns die Ziele des Klassenunterrichtes nicht direkt, sondern erst durch die gründliche Reflexion der binnendifferenzierenden Maßnahmen zu ihren beziehungsimmanenten Inhalts- und Methodenaspekten führen, können sie für das jetzige Anliegen weitgehend unberücksichtigt bleiben, werden später allerdings nochmals aufgegriffen.

Wie schon angeführt sind immer die individuellen Lernvoraussetzungen entscheidend für die Wahl der Inhalte und Methoden jeden Unterrichtes, unabhängig, ob er mit dem einzelnen Schüler oder in der Gemeinschaft mehrerer durchgeführt wird. Hier noch einmal zur Erinnerung einige Stichpunkte zu denen Ellens:

- umfängliche Beziehungsstörungen zur personellen und materiellen Umwelt
- starke, häufig autoaggressive Stimulation in Form von Schaukeln, athetotischem Verdrehen der Arme, Finger und Beine mit Atemanhalten oder Hyperventilieren und Grimassieren, wobei letztere Ausdruck eines epileptischen Anfalls sein können, für Ellen aber auch Form der subjektiv sinnvollen Auseinandersetzung mit der Welt und Möglichkeit auf sich aufmerksam zu machen bzw.regulierend auf die Umwelt einzuwirken sind.
- starker Speichelfluß
- sie reagiert auf ihren Namen
- sie zeigt eine Vorliebe für das Schaukeln vor dem Spiegel und hört gerne Musikcasetten
- Spielmaterialien haben noch keinen Aufforderungscharakter für sie
- flächige Unterlagen bekratzt sie stereotyp
- sie kann frei sitzen, sich zum Vierfüßlerstand erheben und mit Unterstützung Schreitbewegungen ausführen
- sie ißt passierte Speisen und trinkt aus der gehaltenen Tasse, wobei sie auf dem Schoß des Fütternden sitzt
- noch fehlende Blasen- und Darmkontrolle

Die vielfältigen Beziehungsstörungen hatten bei Ellen schon in früher Kindheit dazu geführt, daß sie sich weitgehend von der angebotenen Welt zurückzog und in Selbststimulation und Autoaggression Bestätigung suchte. Die schulische, stark materialisierte Lernwelt, wie sie für weniger geistigbehinderte Kinder angemessen erscheint und im Rahmen der vorausgegangenen Diskussion dargestellt wurde, hatte für sie noch keine Bedeutung: Mitschüler und Lehrer schien sie anfangs nicht zu beachten; die notwendigen Aktivierungshilfen beim Essen und während der Pflege ängstigten sie und Lerngegenstände mißachtete sie völlig. Schwerstbehindertenspezifische Fördermethoden, wie das 'Passive Lernangebot' (FISCHER), die 'Basale Stimulation' (FRÖHLICH) oder die 'Basale Aktivierung' (BREITINGER/FISCHER), erwiesen sich hier ebenfalls als unangemessen, weil nicht das Selbsterleben durch Anregung des Kör-

pers im physiologischen oder besser, im instrumentalen Sinne für Ellen entscheidend war, sondern weil sie sich, aufgrund ihrer 'beziehungsgestörten' Biographie[15] erst in der Abgrenzung von einem Partner erfahren mußte, um hierbei Selbstvertrauen und -zutrauen zu gewinnen. Über den elementaren Dialog mit dem Lehrer, der ja von Leib ausgeht und auf Leib gerichtet ist, konnte die Anregung ihres Körpers Sinn für sie erlangen und die Lernwelt transparent werden. Desweiteren motivierte er sie, ihr stereotypes Verhalten zu unterbrechen, phasenweise sogar ganz zugunsten flexiblerer Umweltbegegnungen aufzugeben.
Um dieses Ziel zu erreichen mußte der Unterricht mit Ellen zunächst dem Beziehungsaufbau dienen, elementare Beziehung selbst zum Unterrichtsziel und -inhalt werden. Da sie nun aber, wie ich im vorausgegangenen Abschnitt darstellte, immer nur Ziel im impliziten Sinne sein kann und darum als Unterrichtsinhalt nur indirekt planbar ist, waren für Ellen solche Inhaltsaspekte zu wählen, die sie in ihrer Lebenswelt und ihren Körper in seinem Begegnungs- und Erlebniswert anzusprechen vermochten. Denn nur so konnten die Voraussetzungen zur Entfaltung elementarer Beziehungen und zum ersten gegenseitigen 'ursprünglichen Verstehen'[16] geschaffen werden. Beide erforderten darüber hinaus aber noch ein weiteres: Zum Enstehen des elementaren Zwiegesprächs ist nicht nur die offene anthropologische Grundeinstellung der Partner einander gegenüber (= die gegenseitige Akzeptanz der leibgegebenen Anrufbarkeit) maßgeblich, sondern auch eine gewisse **beziehungsvermittelnde oder -tragende Unterrichtssituation** und diese ist jetzt von besonderem didaktischem Interesse, weil nämlich genau sie, im Gegensatz zur elementaren Beziehung, planerisch beeinflußbar ist. Die beziehungsstiftende oder -vermittelnde Lernsituation war bei Ellen, genauso wie bei ihren Mitschülern, anfänglich weniger eine Welt der Lernmaterialien, als vielmehr eine, in der der eigene Körper (Leib) mit seinen Fähigkeiten zu erleben, wahrzunehmen, zu handeln und sich auszudrükken im Mittelpunkt stand. Und daß der kindliche Körper durch seine drei Erlebnisweisen (LANGEVELD) besonders geeignet ist, aus der Lern- eine Begegnungswelt zu machen, habe ich ja schon hinreichend erläutert. Entscheidend für die Gestaltung der beziehungsstiftenden Unterrichtssituation ist, **wie** sie an diese drei Erlebnisweisen des Körpers anküpft, damit sich hierbei der leibhafte Dialog zwischen Kind und Lehrer verwirklichen kann. Da es nun aber diesbezüglich keine allgemeinverbindlichen Maßstäbe gibt, ist der Lehrer hier zur individuellen Reflexion gedrängt, d.h., die Erlebnisweisen sind zunächst von der Lebenswelt des jeweiligen Kindes aus, also subjektbezogen zu erschließen, was ich damit meine, soll am Beispiel von Ellen veranschaulicht werden.
Ihre Lebenswelt wurde anfänglich von Selbststimulation und -aggression unterschiedlichster Art bestimmt und genau bei ihnen hatte die Unterrichtsplanung zu beginnen, indem der Lehrer als erstes die subjektive Sinnhaftigkeit dieser Handlungen für Ellen erkannte und sich weiter fragte, welche ihrer verschiedenen Stimulationsformen für ein begegnendes Mitvollziehen seinerseits am geeignetsten war. Da ihr Atemanhalten oder Hyperventilieren mitzuerleben und -

---

15 Anm.d.Verf.: und damit ist Ellen repräsentativ für die meisten schwerstbehinderten Kinder

16 Anm.d.Verf.: vgl. Teil I, Kpt. 4.5.4

zugestalten weitaus schwieriger war als ihr Schaukeln, entschied ich mich für das letztere, um ihr damit das grundsätzliche Akzeptieren ihres Verhaltens erfahrbar zu machen.
Was das konkret heißt, möchte ich an einer Tagebuchaufzeichnung verdeutlichen, die gleichzeitig einen ersten Eindruck von einer beziehungsstiftenden Unterrichtssituation und zwar im Bereich der vestibulären Anregung vermitteln soll.

> Nach dem Begrüßungssingen gehe ich mit Ellen in den Gruppenraum, wo ich zuvor eine Gymnastikrolle auf eine Schaumstoffmatte gelegt habe, damit sich Ellen bei evtl. Herunterrutschen oder bei ihrem autoaggressiven, epileptiformen Umkippen nicht verletzt. Während ich sie auf die Rolle setze erkläre ich ihr, daß ich mit ihr schaukeln wolle. Ich bin mir aber nicht sicher, ob sie mich versteht und ob sie sich an die vorausgegangene, erste Sitzung erinnert, in der sie sich noch nicht aus ihrer Selbstbezogenheit löste. Um den Aufforderungscharakter der Situation für sie, da sie das Angesehenwerden ja noch nicht erträgt, zu verringern, nehme ich wieder hinter ihr Platz und lasse auch einen kleinen Abstand zwischen uns, weil ihr Körperkontakt noch unangenehm ist.
> Ellen schaukelt aufgeregt vor und zurück. Ihre Atmung ist dabei sehr unregelmäßig und ihr Verhalten gleicht der gewöhnlichen Selbststimulation auf dem Boden. Ich bleibe erst einmal still sitzen und beobachte ihre Bewegungen, versuche mich ganz auf sie zu konzentrieren und mich auf ihren Schaukelrhythmus einzustellen. Schließlich versuche ich ihn zu imitieren und varriiere den meinigen so lange, bis wir uns synchron bewegen, wobei die Rolle unser Tun spürbar überträgt.
> Plötzlich hält Ellen für einen winzigen Augenblick inne und scheint meine Anwesenheit wahrzunehmen. Als sie wieder zu schaukeln beginnt, verändert sich ihre Atmung, die Phasen des Nichtatmens werden kürzer. Dieser minimalen Verhaltensveränderung entnehme ich, daß Ellen meine Gegenwart nicht ängstigt und ich verringere den Abstand zu ihr so, daß vielleicht noch eine handbreit Raum zwischen uns bleibt und die Körperwärme des anderen spürbar wird.
> Wir schaukeln eine Weile miteinander im gleichen Rhythmus, wobei Ellens Atmung immer ruhiger wird. Als dann auch ihre Bewegungen langsamer werden, fühle ich mich von ihr angerührt, weil wir nun wirklich etwas **miteinander** tun und ich rutsche noch ein kleines Stückchen näher zu ihr. Mein Verhalten scheint nun auch sie anzurühren und sie hält plötzlich in ihrem Schaukeln inne. Da ich über ihr ungewöhnliches Verhalten angenehm überrascht bin, verharre ich zunächst still, empfinde aber meinen Anruf als von ihr bestätigt. Meine abwartende Haltung wird nun wiederum Ellen zum Anruf, den sie mit einem zufriedenen, tiefen Ausatmen beantwortet.Wir beziehen uns eine Weile in dieser Weise, als im Atem-Dialog aufeinander, doch als ich sie im Wiegen anzurufen versuche, richtet sie sich wieder auf und führt ihren eigenen Schaukelrhythmus fort.

Diese Lernsituation erwies sich im weiteren als äußerst beziehungsstiftend und ihre Entwicklung habe ich im zweiten Teil folgendermaßen beschrieben: "Da Ellen sich schnell an meine Gegenwart gewöhnte, konnte ich den Abstand zu ihr verringern und sie ertrug schließlich meine Körpernähe, die sie zuvor immer abgelehnt hatte. Sie ließ mich an ihrem Schaukeln teilhaben und stellte sich bald immitierend auf meine Bewegungsvorgabe ein. Am Ende des Schuljahrs saßen wir uns sogar auf der Rolle gegenüber und schaukelten, indem wir uns bei den Händen nahmen. Auch diese Änderung war insofern Entwicklungsfortschritt, weil Ellen anfangs das Berühren ihrer Hände nicht ertrug. In der Schaukelsituation hörte ich sie das erste Mal mit mir summen und in einem 'dah'- Laut sprechen."[17]

Ich will dem beziehungsstiftenden Aspekt dieser Lernsituation nun nachgehen. Die beiden anderen Möglichkeiten der Sinnentnahme des Kindes in dieser exemplarischen, vestibulären Unterrichtssequenz, die ich im vorausgegangenen Abschnitt erwähnte und in denen der Schüler entweder auf der Eigen- oder auf das Situationserleben, aber nicht auf den Partner gerichtet ist, lasse ich weitgehend unberücksichtigt, weil sie jetzt nicht direkt zur didaktischen Wesenserfassung beitragen.
Elementare Beziehung entstand während des Schaukelns , weil Ellen durch meine Übernahme ihres Bewegungsrhythmus, durch mein ihr Gleichtun, nicht nur ihre eigene Handlung als akzeptiert erlebte und sich damit bestätigt fühlen konnte, sondern weil es nicht ausschließlich bei diesem Selbsterleben blieb. Wäre sie nicht auf mich aufmerksam geworden, hätte sich lediglich das direkt geplante Unterrichtsziel 'Erleben und Erfahren der eigenen Person in und durch vestibuläre Anregung'[18] verwirklicht, nicht aber auch das implizite Ziel 'Erleben und Erfahren der eigenen Person im leiblichen Dialog, durch Abgrenzung vom anderen'. Was zeigt, daß die beziehungsstifende Lernsituation wegen ihrer Lebensweltnähe an sich immer sinnvoll für das schwerstbehinderte Kind ist, auch wenn sich elementare Beziehung in ihr nicht entfaltet, weil die Partner intentional nicht aufeinander gerichtet sind.
Indem Ellen aber, wie beispielsweise in der beschriebenen Beziehungssituation, meine Bewegung und mein Atmen als Antwort auf ihren Anruf empfand und dabei die Wirkung ihres Tuns auf einen anderen erlebte, konnten wir zur Welt für einander werden, entfaltete sich ein 'ursprünglich verstehendes' Wirerleben. Die ihr vertrauten Mittel der Auseinandersetzung mit der Welt ermöglichten ihr in dieser beziehungsstiftenden Situation, sich mit einem anderen eins zu fühlen und dennoch nicht eins zu sein; eine Abgrenzung, die Ellen zur Selbstbestätigung wurde. Die Welt war in dieser Lernsequenz für sie damit nicht nur eine neue oder andere, eine, der sie Sinn entnehmen und geben konnte, sondern sie erlebte **sich** in ihr auch **selbst anders**.
Anders erlebt auch der Lehrer den Schüler in dieser Situation. Durch das ursprüngliche Verstehen wird ihm in der elementaren Beziehung die Lebenswelt des schwerstbehinderten Kindes transparenter, was die Entscheidung für weitere beziehungsvermittelnde Lern- und Unter-

---

17 Anm.d.Verf.: vgl. Teil II, Kpt. 2.2.2, S.

18 Anm.d.Verf.: Ein Ziel, das im Sinne eine Grobziels für alle Lernsequenzen dieser Art bestimmend war.

richtsinhalte erleichtert. So entschloß ich mich im Anschluß an dieses erste Beziehungserlebnis mit Ellen, die, ihr angepaßte, indische Baby-Massage zu versuchen. Ihre methodische Gestaltung und die sich hierbei entwickelten elementaren Beziehungen habe ich im praktischen Teil schon ausführlich dargestellt und dabei wurde deutlich, daß auch jede weitere inhaltliche Entscheidung unmittelbar an die Lebenswelt des Kindes anknüpfen muß.

In den Vorlieben oder Stereotypien Schwerstbehinderter kommt ihre Lebenswelt zum Ausdruck. Hier kann beziehungsvermittelnder Unterricht ansetzen. Er hat der Vielfalt an Vorlieben oder subjektiven Auseinandersetzungsformen dieser Kinder mit der Welt zu entsprechen, was ihn immer zu einem individuellen Unterricht macht. Bei Hanne hieß unterrichtlich an ihrer Lebenswelt anknüpfen beispielsweise, gemeinsam mit ihr dicke Versandhauskataloge blättern oder mit den Fingerspitzen im Wasser plätschern. Eveline hingegen bevorzugte das einander im Spiegel Betrachten und das Erzählen erdachter Geschichten. Und bei Norbert bedeutete beziehungsvermittelnder Unterricht mit ihm auf der Matte liegen, entspannen und gegenseitig den Atemrhythmus imitieren.

An der Lebenswelt des Kindes anknüpfen kann aber auch für den Lehrer heißen, abzuwarten und das Kind den Inhalt des Unterrichtes selbst bestimmen lassen[19]. Obwohl diese Lernsituationen vordergründig ziel-los sind, dürfen sie doch nicht als plan-los mißverstanden werden, denn plan-voll gestalten muß der Lehrer die Lernatmosphäre, damit durch sie die äußeren Bedingungen zur elementaren Beziehungsentfaltung geschaffen werden. Eine ihr dienliche, entspannte Atmosphäre wird erreicht, wenn sich der Lehrer mit dem Schüler in einen ruhigen Winkel zurück zieht, ihn beispielweise aus dem Rollstuhl auf den Schoß nimmt und dann abwartet, was das Kind tut. Und nach einer Weile des stillen Erwartens[20] macht der Schüler einen Vorschlag, aus dem sich häufig, aber nicht zwangsläufig ein elementarer Dialog entwickelt. Bei Ellen vollzog er sich um die Schuljahrsmitte durch Sehen und Ansehen, später durch Lächeln und Zurücklächeln. Bei Felix war es das Lachen und Singen in seinen Lauten und Ludwig streichelte anfangs behutsam mein Gesicht und ließ sich streicheln.

In all diesen Situationen wird elementare Beziehung zum Unterrichtsinhalt, der mittelbar durch einen zweiten beziehungstiftenden Inhalt bzw. Zielsetzung oder durch eine besondere Lernatmosphäre geplant werden kann. Die beziehungsstiftenden Lerninhalte können sich, wie die kurzen Beispiele zeigen, auf sehr unterschiedlichen Anspruchsniveaus bewegen und führen damit teilweise zu völlig verschiedenen methodischen Vorgehensweisen.

Und noch ein Weiteres ist im Hinblick auf den beziehungsimmanenten Inhaltsaspekt zu bedenken. Die elementare Beziehung ist ja nun ein überaus dynamischer Prozeß, der durch seine nachhal(l)tige Wirkung auf die Beziehungspartner verändernd wirkt, aber auch selbst veränderbar ist und zwar gleichzeitig im mehrfacher Hinsicht. Nachdem anfänglich meist nur ein-

---

[19] Anm.d.Verf.: Im vorigen Abschnitt habe ich schon auf diese besondere beziehungsstiftende Unterrichtssituation, die i.d. R. mittwochs eingeplant war, hingewiesen.

[20] Anm.d.Verf.: Das sich selbst Zurücknehmen ist für den, auf Aktion bedachten, Lehrer häufig sehr schwierig.

zelne Beziehungselemente zum Unterhalt des Dialoges verwendet werden, kommen im Verlauf des gemeinsamen Erlebens neue und variabler eingesetzte hinzu. Aus den ersten homologen können herterologe Beziehungen werden. Ebenso erweitern sich auch ihre Vollzugsweisen, die direkte wird durch die mediale ergänzt. Daß diese Eigendynamik maßgeblich für Entwicklung und Lernen des Kindes verantwortlich ist, beide sich aber auch gegenseitig bedingen, habe ich im ersten Teil[21] erläutert. Aufgrund dieser besonderen Eigenschaft ist es überhaupt erst möglich, mit dem schwerstbehinderten Kind den Weg von der elementaren zur generellen Beziehung zu gehen, der ja notwendig ist, damit es zum selbstbestimmten Lernen und zur Integration in die Gemeinschaft innerhalb und außerhalb der Schule gelangen kann. Doch dies gelingt nur, wenn der Lehrer die besonderen Beziehungsattribute sinnvoll in verschiedene beziehungsstiftende Unterrichtssituationen einzubinden vermag. Das heißt, er darf nicht bei der anfänglichen Vollzugsweise stehen bleiben, sondern muß den Modus des leiblichen Dialogs behutsam durch inhaltliche und methodische Modifikationen der ersten zu erreichen versuchen. Bei Ellen geschah das, indem ich, wie oben beschrieben, einerseits die vestibuläre Anregungssituation ganz allmählich bzgl. des Schaukelrhythmus[22] und der Sitzposition veränderte und daneben die indische Baby-Massage und das Baden schrittweise als weitere Unterrichtsschwerpunkte hinzunahm. Beide Lerninhalte zeichneten sich wieder durch große Lebensweltnähe aus[23] und eigneten sich darum besonders gut, elementare Beziehung als implizites Ziel zu realisieren. Doch auch diese beiden Aspekte erweiterten sich im Verlauf des Schuljahres stufenweise, z.B. wurde nach der Rücken- und Bauch- die Handmassage mit Ellen durchgeführt, beim Baden begegnete sie neuen Spielgegenständen und beides trug dazu bei, daß sie erste Berührungsängste abbaute.
Elementare Beziehung kann ihre entwicklungs- und lernfördernde Wirkung nur entfalten, wenn die beziehungsstiftenden Lernsituationen so in den Gesamtförderplan integriert werden, daß durch sie die nicht explizit auf Beziehungsentfaltung ausgerichtete Förderung, z.B. im Rahmen der Selbstversorgung, der motorischen Förderung oder des Gruppenunterrichtes, für den Schüler subjektiv sinnvoll wird. Und dies ist möglich, weil die elementare Beziehung über das momentane Erleben hinaus wirkungsvoll ist und weil sie zwischen Schüler und Lehrer ein Vertrauensverhältnis schafft, das die Grundlage jeden Unterrichtes bildet. Der beziehungsorientierte Unterricht, als Gesamtheit aller pädagogischen Maßnahmen, muß den Rahmen zur Verwirklichung **aller** Ziele schaffen: Verwirklichung der individuellen Ziele eines jeden Schülers, aber auch der gemeinsamen Ziele aller; Verwirklichung der Ziele, die der Beziehungsentfaltung zwischen Kind und Lehrer dienen, aber auch der Ziele, die das Kind zur Begegnung mit der weiteren Lernwelt befähigen.

Die Position, die die speziellen beziehungsstiftenden Lerninhalte bzw. -situationen in der schulischen Gesamtförderung des Kindes einnimmt, wird noch deutlicher, wenn wir uns fragen, wie

[21] Anm.d.Verf.: vgl. Teil I, Kpt. 5.3.2
[22] Anm.d.Verf.: neben dem Vor und Zurück kamen nun seitliche Schaukelbewegungen hinzu
[23] Anm.d.Verf.: vgl. Teil II, Kpt. 2.2.2

es der elementaren Beziehung möglich ist, über sich selbst hinaus Welt zu vermitteln. Und mit dieser Frage komme ich zur zweiten didaktischen Eigenschaft der elementaren Beziehung. Sie besitzt nämlich nicht nur die **Fähigkeit, implizites Unterrichtsziel bzw. -inhalt** zu sein, sondern kann auch **methodisch** wirksam werden und sie tut dies sogar in zweifacher Hinsicht: zum einen durch ihre nachhal(l)tige Wirkung und zum anderen in und durch ihre, die Gegenstandswelt vermittelnden, medialen Beziehungsweise. Beide Attribute sind zu konkretisieren. Die verschiedenen im Verlauf der Arbeit angeführten Beziehungsprotokolle zeigen, daß jeder direkte Dialog zwischen Schüler und Lehrer über den eigentlichen Vollzug hinaus wirkungsvoll blieb, wodurch sich das Kind der schulischen Welt gegenüber öffnen konnte. So wurde Ellen beispielsweise im Anschluß an das gemeinsame Erleben beim Schaukeln und Massiertwerden insgesamt aufmerksamer mir gegenüber, knüpfte somit erste Bindungen zu mir und kurz darauf auch zu den Kollegen. Dieses wurde ihr möglich, weil sie in der elementaren Beziehung Selbstbestätigung fand und damit **Selbstzutrauen** gewann, so daß ihr Aufmerksamwerden auf den anderen bzw. ihre Hinwendung zum anderen nicht mehr eng auf leibgegebene Dialogsituationen beschränkt blieb, sondern zur Persönlichkeitseigenschaft wurde, die sich im gesamten Unterricht zeigte. Ellen vermochte jetzt, ihre Wünsche und Bedürfnisse zielgerichtet zu artikulieren und signalisierte Freude beim Singen und Spielen mit anderen, ohne sich aber zum damaligen Zeitpunkt schon selbst aktiv in die Gruppe einbeziehen zu können. Mit der **personellen Bindung**, die in der direkten elementaren Beziehung zum Lehrer entsteht, wird für das Kind die existentiell wichtige Voraussetzung zur Begegnung mit der Sozial- und Material-, eben der schulischen Lernwelt geschaffen. Diese Bindung bildet den tragenden Grund für alles weitere Lernen und Selbstverwirklichen des Kindes, womit das reziproke Verhältnis zwischen den diaktischen Eigenschaften und den anderen beiden Doppelfunktionen der elementaren Beziehung[24] hervortritt.

Ihren besonderen methodischen, die Sachwelt vermittelnden Einfluß macht sie darüber hinaus aber gerade in der **medialen** Beziehungsweise geltend, der ja gleichzeitig zwei Merkmale innewohnen und in der nun die schulische Gegenstandswelt eine exponierte Stellung einnimmt. Den medialen, also den durch ein beziehungsübertragendes Drittes charakterisierten Vollzug, habe ich zuvor mit BODENHEIMER bereits folgendermaßen gekennzeichnet: Die beiden Partner könnten sich, so sagt er, entweder "*gegenüber dem Dritten wiederum* ***aufeinander*** *beziehen, ihre Stellung zu dem Gegenüberstehenden von einander abheben und sich solcherart (mittelbar) ihr Selbst vergegenwärtigen oder die Partner beziehen* ***sich gemeinsam auf das Dritte***"[25]. Und hiermit meint BODENHEIMER[26], daß zur medialen Beziehung immer zweierlei gehört, die Abgrenzung jeden Partners vom Medium und die Abgrenzung der Sichbeziehenden von einander mittels des Mediums; und insofern erlangt in

---

[24] Anm.d.Verf.: vgl. Teil III, Kpt. 1

[25] BODENHEIMER 1967, 85

[26] Anm.d.Verf.: vgl. auch Teil I, Kpt. 5.2.2

diesem Prozeß nicht nur der Beziehungspartner Bedeutung, sondern das beziehungsermöglichende Dritte, der Lerngegenstand.
Vergegenwärtigen wir uns in diesem Zusammenhang noch einmal die Beschreibung der medialen Beziehungssituation mit Ellen vor dem großen Standspiegel[27], dann werden diese beiden, zueinander in Wechselwirkung stehenden Charakteristika des medialen Vollzugs deutlich. Zur Erinnerung: ich hatte den Spiegel mit Schaum besprüht, um Ellen durch Bekratzen der Fläche zur Unterbrechung ihrer Selbststimulation und zur haptisch-taktilen Auseinandersetzung mit dem Schaum zu motivieren, was ja auch für einen kurzen Augenblick gelang. Doch als eine kleine Stelle der Spiegelfläche erschien, ereignete sich elementare Beziehung zwischen uns, indem wir uns über den Spiegel blickend und anblickend gegenseitig anriefen. Dieser Austausch war aber erst möglich, nachdem sich jeder von uns im Spiegel selbst erkannte, sich also abgegrenzt erlebte und der Partner im bzw. mittels des Spiegels sichbar wurde.
Die beziehungsübermittelnde Funktion des Standspiegels in diesem Beispiel können im Unterricht mit Schwerstbehinderten die unterschiedlichsten Lerngegenstände übernehmen und einige habe ich im Verlauf der Arbeit ja schon vorgestellt. Doch es können nur solche mediale Beziehung unterhalten, die der Lebenswelt des Kindes entsprechen. Was wiederum beim Lehrer eine gründliche und vordringlich beziehungsorientierte Medienanalyse voraussetzt. Bei Hanne, ich erwähnte diese Szene schon, erwiesen sich beispielsweise Versandhauskataloge als lebensweltnahe und beziehungsvermittelnde Unterrichtsmedien. Während sich Ellen, im ersten Exempel, nach Abbruch des Dialogs mit dem Lehrer auch nicht mehr dem Spiegel zuwandte, wuchs bei Hanne hingegen gerade durch die mediale Beziehung ihr Interesse am Medium, an der Sache selbst. Hanne, die anfänglich unter vergleichbaren Beziehungensstörungen wie Ellen litt, hatte aufgrund ihrer längeren Schulzeit schon mehr Selbstsicherheit und -zutrauen in Beziehungen zu Lehrern und Mitschülern erfahren. Sie konnte den medialen Austausch mit dem Lehrer bereits im Sinne einer emotionalen Rückversicherung und Selbstbestätigung im Vorfeld der eigenaktiven, d.h. lehrerunabhängigen Auseinandersetzung mit den angebotenen Lernmaterialien nutzen. Genauso war es auch bei Eveline, Konrad, Ludwig oder Eva. Sie alle konnten sich nach der medialen Beziehung mit dem Lehrer dem Medium selbst zuwenden und sich in der ihnen eigenen Weise damit beschäftigen. Dabei reichte häufig eine mediale Beziehung aus, um dem Medium, dem Lerngegenstand, für viele weitere und beziehungsunabhängige Unterrichtsstunden Sinn zu verleihen.
An dieser vergleichenden Gegenüberstellung zwischen Ellen und Hanne wird deutlich, daß der elementare mediale Dialog meist nicht am Anfang der beziehungsorientierten Förderung mit einem schwerstbehinderten Schüler steht, da ihm entwicklungmäßig i.d.R.[28] die direkte Beziehungsweise vorausgeht. Hierdurch wird aber auch belegt, daß die elementare Beziehung insgesamt, und in ihr namentlich die mediale, das entscheidende **methodische Mittel** im beziehungsorientierten Unterricht mit Schwerstbehinderten ist, und dieses möchte ich abschließend

27 Anm.d.Verf.. vgl. Teil II, Kpt. 2.2.2, Unterpunkt II
28 Anm.d.Verf.:eine Ausnahme bilden hier, wie bereits erwähnt, manche autistische Kinder

überblickartig und in Orientierung an der graphischen Gestalt des didaktischen Dreiecks, in Relation zu ihrem Entwicklungsverlauf (von der elementaren zur generellen Beziehung) stellen:

1. <u>Abb. 24:</u> <u>Situation der Beziehungsstörung</u>

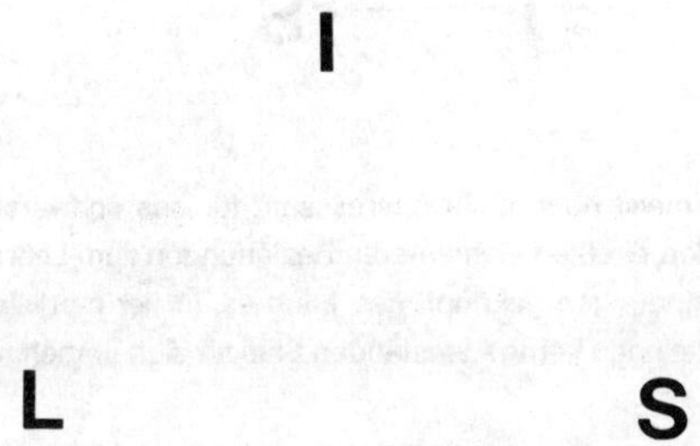

Anfangs ist das Kind häufig in sich selbst zurückgezogen, die Lernwelt scheint noch keinen Anreiz auf es auszuüben, so daß zwischen den Bedingungsaspekten der unterrichtlichen Interaktion, I = Lerninhalt und -gegenstand, S = Schüler und L = Lehrer, noch keine Verbindung besteht.

2. <u>Abb. 25:</u> <u>Vertrautmachen mittels direkter Beziehung</u>

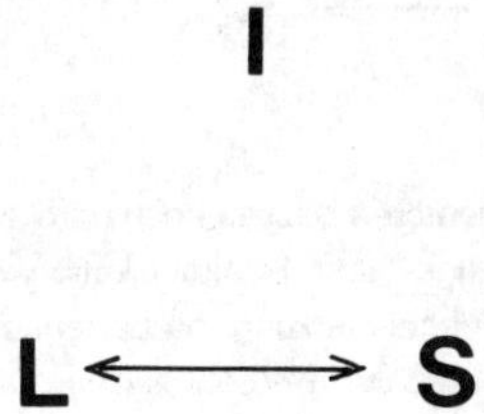

Erste elementare Beziehungen zwischen Schüler und Lehrer ermöglichen eine Annäherung, ein Kennen-, Verstehen- und mit einander Umgehenlernen. Der Unterricht mit dem einzelnen Kind dient zunächst dem Beziehungsaufbau.

3. <u>Abb. 26: Mediale Beziehung als erste Begegnung mit dem Lerngegenstand</u>

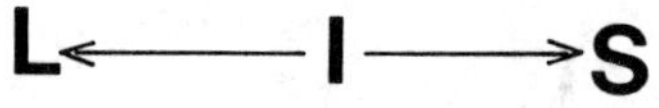

Zu Anfang ist die Sachwelt meist noch nicht interesseant für das schwerstbehinderte Kind. Erst, nachdem das Kind in den direkten elementaren Beziehungen zum Lehrer Selbstzutrauen gewonnen und personelle Bindungen geknüpft hat, kann es, in der medialen Beziehung mit ihm, den beziehungsübermittelnden Lerngegenständen Sinn für sich entnehmen.

4. <u>Abb. 27: Generalisierte Beziehungen werden möglich</u>

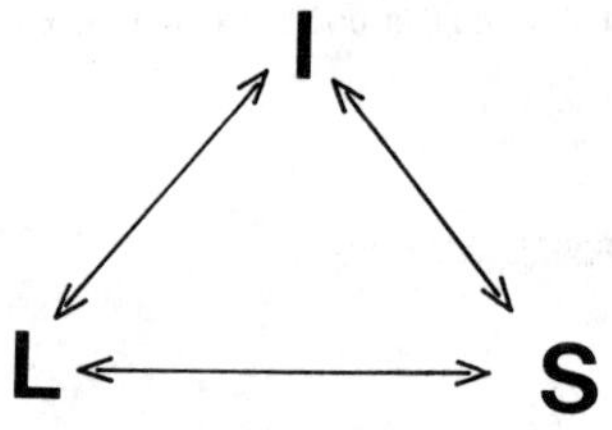

Das Kind hat auf der Grundlage von elementaren Beziehungen (direkter und medialer Art) generelle, allgemeinverständliche Beziehungs- und Kommunikationsweisen gelernt, die es unabhängiger vom Lehrer und die Auseinandersetzung mit beziehungsunabhängigen Unterrichtsinhalten und -gegenständen interessanter werden lassen. Die für jeden Unterricht charakteristische didaktische Dreieckskonstellation ist damit erreicht.

5. Abb. 28/29: Eigenaktive Auseinandersetzung mit Lerninhalt bzw. -gegenstand

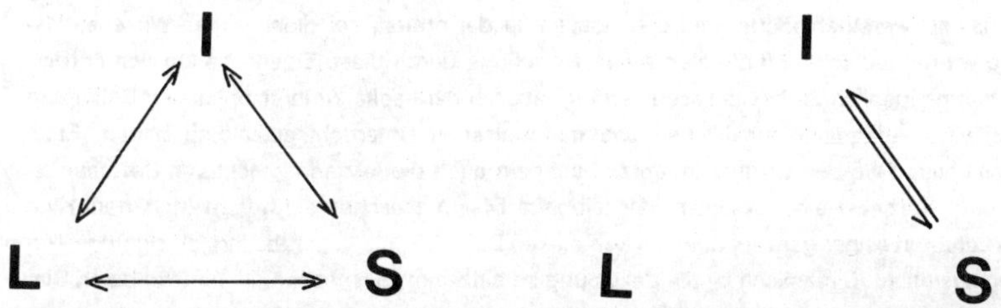

Unterrichtsbeginn

Im Verlauf des Unterrichtes

Methodisches Ziel jeden Unterrichtes (für behinderte wie nichtbehinderte Kinder) sollte das weitgehende oder wenigstens phasenweise Überflüssigwerden des Lehrers sein, damit sich das Kind selbst, in der ihm eigenen - leibgegebenen - Weise mit dem Lerninhalt und -material auseinandersetzen und dabei seine ureigenen Erfahrungen machen kann. Aufgabe des Lehrers dabei ist, die Voraussetzungen für diese leibliche Begegnung zu schaffen, d.h., er muß Inhalt bzw. den Inhalt vermittelnde Unterrichtsmedien der Lebenswelt des Kindes entnehmen und so bereitstellen, daß diesen die lehrerunabhängige Auseinandersetzung mit der Lernwelt möglich wird. Das klassische trigonale Gefüge zwischen Schüler, Lehrer und Inhalt sollte sich nach der Einführung auflösen, indem der Lehrer sich z.B. auf eine Beobachterposition zurückzieht und sich nur dann wieder einbringt, wenn das Kind Hilfe oder Anregung wünscht.

Hier wird deutlich, daß sich die methodischen Eigenschaften der elementaren Beziehung nicht ohne die inhaltsbezogene verwirklichen können, aber beiden gelingt dies wiederum nur durch die enge Wechselwirkung, in der sie zu den beiden anderen Doppelfunktionen stehen. Die Unterteilung in die verschiedenen Beziehungsattribute ist demzufolge eine künstliche, aber eine zur Wesenserfassung unabdingbare.

3.3 Didaktisch-methodische Reflexionen zum beziehungsorientierten Unterricht

In den ersten beiden Teilen der Arbeit wurde das Wesen der elementaren Beziehung in ihrer existentiellen Relevanz für und in ihrer besonderen lern- und entwicklungsfördernden Wirkung auf das schwerstbehinderte Kind erschlossen. In der dritten, der didaktischen Wesenserfassung wurde deutlich, daß die elementare Beziehung durch diese Eigenschaften den Förderprozeß maßgeblich zu beeinflussen vermag, aber andererseits zu ihrer optimalen Entfaltung auch einer adäquaten inhaltlichen und methodischen Unterrichtsgestaltung bedarf. Erste Aspekt hierzu wurden vorgestellt. Jetzt, nachdem auch die letzten elementaren Beziehungsattribute erarbeitet sind, erscheint der leibhafte Dialog zwischen schwerstbehindertem Kind und Lehrer in seiner ganzen, überaus komplexen Dynamik, die ja gerade ihre einzigartige Wirkung ausmacht. Dynamisch ist die Beziehung im einzelnen Geschehen, im unmittelbaren Dialog zwischen Kind und Lehrer, darüberhinaus aber auch in der Entfaltung ihrer verschiedenen Vollzugsweisen, d.h. in ihrem Entwicklungsverlauf von der elementaren zur generellen Beziehung und gerade ihn will ich jetzt zum Anlaß nehmen, um abschließend erste allgemeingültige Gestaltungsschwerpunkte des beziehungsorientierten Unterrichtes mit Schwerstbehinderten zu erörtern.

Intention des beziehungsorientierten Unterrichtes ist es, das schwerstbehinderte Kind aus seinen Beziehungsstörungen zu allgemeinverständlichen Beziehungen zu führen. Es damit zu schulischem Lernen und zur Selbstverwirklichung zu befähigen. Die Beziehungsentfaltung ist ein überaus komplexer Prozeß und entwickelt sich, wie ich im ersten Teil anhand der pyramideähnlichen Skizze[29] veranschaulicht habe, stufenweise; was für den beziehungsorientierten Unterricht bedeutet, daß er sich sowohl in inhaltlicher wie in methodischer Hinsicht dieser Eigendynamik anzupassen hat und erste Realisationsaspekte wurden im vorausgegagngenen Abschnitt diskutiert.
Aufgrund der anfänglichen Beziehungsstörung zwischen Schüler und Lehrer wird der Unterricht zunächst dazu dienen, einen allerersten Umgang der beiden mit einander zu ermöglichen. Woraufhin der Lehrer die Notwendigkeit, den Beziehungsaufbau selbst zum Ziel der Förderung zu machen, erkennt. Nach den ersten elementaren Beziehungen zwischen beiden wird der Unterricht den verschiedenen Beziehungsmöglichkeiten des Kindes anzupassen sein. Wenn es schließlich in der medialen Beziehung die Begegnung mit Lerngegenständen kennengelernt hat, kann die Sachwelt behutsam in den Mittelpunkt der Förderung rücken und das Kind langsam auf ein lehrerunabhängigeres Lernen vorbereitet werden.
In jeder Phase des langen Entwicklungsprozesses hat sich der Unterricht am jeweiligen Beziehungsniveau des Schülers zu orientieren, muß aber gleichzeitig durch die persönliche Haltung des Lehres und seine offene Planung die nächste Stufe vorbereiten. Trotz der Einmaligkeit eines jeden Entwicklungsverlaufes lassen sich, im Anschluß an den interindividuellen Vergleich, allgemeingültige Gestaltungsschwerpunkte des beziehungsorientierten Unterrichtes vorstel-

[29] Anm.d.Verf.: vgl. Teil I, Kpt. 5.3.1

len, die im Rahmen der Unterrichtsplanung mit individuellen Lernzielen und -methoden gefüllt werden müssen. Insgesamt lassen sich fünf Gestaltungsaspekte oder beziehungsorientierte Unterrichtsniveaus unterscheiden:

1. Unterricht zur Kontaktanbahnung
- Erstes Kennenlernen des Kindes;
- Beobachten seines Verhaltens und erste Versuch der Interpretation,
- Einstellen auf die nötigen Aktivierungshilfen beim Essen und Pflegen des Kindes und
- Bereitstellen erster, stark lustbetonter Lerninhalte

2. Unterricht unter dem Beziehungsaspekt
- Durch besonders beziehungsvermittelnde Lerninhalte ist der Unterricht, vornehmlich die Einzelförderung so offen zu gestalten, daß sich jederzeit direkte oder mediale elementare Beziehung zwischen Kind und Lehrer entwickeln kann;
- Dazu muß der Körper des Kindes zunächst in seinem Begegnungs- und Erlebniswert angesprochen werden

3. Unterricht unter dem Materialaspekt
- Der kindliche Körper tritt jetzt stärker in seinem Instrumentalwert in den Vordergrund;
- Der eigenaktive, handelnde Umgang mit Lerngegenständen setzt ein und das Kind lernt beziehungsunabhängiger

4. Unterricht zur Festigung der Fähigkeiten
- Die erworbenen direkten und medialen Beziehungsfähigkeiten werden nun vom Kind in verschieden Situationen und mit unterschiedlichen Personen (verschiedenen Lehrern und Mitschülern) erprobt;
- Aber auch die im vorausgegangenen Unterricht angeeigneten Fähig- und Fertigkeiten des Kindes, etwa im motorischen, sozialen oder kognitiven Bereich, werden durch Variation der Lernsituationen zu festigen und zu erweitern versucht

5. Unterricht zum selbstgesteuerten Lernen
- Jetzt muß die intrinsische Motivation beim Kind angebahnt und es auf der, durch elementare Beziehung entstandenen Vertauensgrundlage zu selbstgesteuertem, weitgehend lehrerunabhängigem Lernen befähigt werden;
- Auch wenn sich das Kind in einzelnen Situation schon alleine mit einer Lernaufgabe befassen kann, wird es vor allem in neuen, den beziehenden Zuspruch des Lehrers brauchen, wodurch es immer wieder zu einer Überschneidungen der einzelnen Stufen kommt.

Aus der kurzen Beschreibung der verschiedenen Gestaltungsschwerpunkte wird deutlich, daß zwischen ihnen und dem Niveau der kindlichen Beziehungsentwicklung ein reziprokes Verhältnis besteht und beide sich darum nur in Wechselwirkung zueinander realisieren können, was sich anhand einer skizzenhaften Gegenüberstellung zusammenfassend veranschaulichen läßt.

Stufen der Beziehungsentwicklung		Gestaltungsschwerpunkte des Unterrichtes
generalisierte Beziehungen zu Personen und Lerngegenständen	→	Unterricht zum selbstgesteuerten Lernen
direkte und mediale Beziehungen zu mehreren Bezugspersonen	→	Unterricht zur Festigung von Fähigkeiten
direkte und mediale Beziehung gleichwertig nebeneinander	→	Unterricht unter dem Materialaspekt
mediale Beziehung direkte Beziehung	→	Unterricht unter dem Beziehungsaspekt
Beziehungsstörung	→	Unterricht zur Kontaktanbahnung

Abb. 30: Relation zwischen kindlicher Beziehungsentwicklung und Gestaltungsschwerpunkt des Unterrichtes

Daß die Wahl des Inhaltes sowie der Vermittlungsmethode auf jeder Stufe individuell auf die Fähigkeiten des Kindes abgestimmt werden muß, habe ich zuvor schon hinreichend begründet. Wichtig erscheint mir in diesem Zusammenhang, und darum weise ich noch einmal darauf hin, daß bei aller notwendigen Individualisierung des Unterrichtes nicht die mögliche Integration des Kindes in die Gemeinschaft übersehem werden darf. Darum ist von Anfang an neben der Einzelförderung immer Unterricht mit allen Schülern durchzuführen, auch wenn sich das Kind sich vielleicht noch nicht aktiv in die Gemeinschaft einbeziehen kann. Aber dieses erste Miterleben bildet die Voraussetzung für weitere lehrerunabhängige und generelle Beziehungen des Kindes mit anderen Menschen, innerhalb und außerhalb der vertrauten Klassengemeinschaft.

Nachdem die Relation zwischen der elementaren Beziehung und den Schwerpunkten des beziehungsorientierten Unterrichtes vorgestellt ist, bietet es sich auf dieser Grundlage an, die Entwicklungsmöglichkeiten des schwerstbehinderten Kindes in und durch diesen Unterricht nun noch einmal im Hinblick auf die Verwirklichung des pädagogischen Auftrages der Schule für Geistigbehinderte abschließend darzustellen, und dies soll in Form einer graphischen Übersicht geschehen.

1. Abb. 31: Situation des schwerstbehinderten Kindes zu Beginn des beziehungsorientierten Unterrichtes

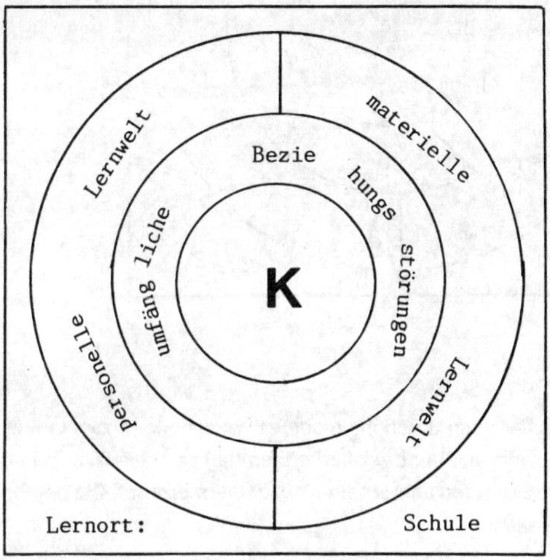

Sie ist gekennzeichnet durch umfängliche Beziehungsstörungen, so daß weder die personelle, noch die materielle Lernwelt für das Kind Bedeutung hat.

2. Abb. 32: Die elementare Beziehung erschließt dem Kind die personelle Lernwelt

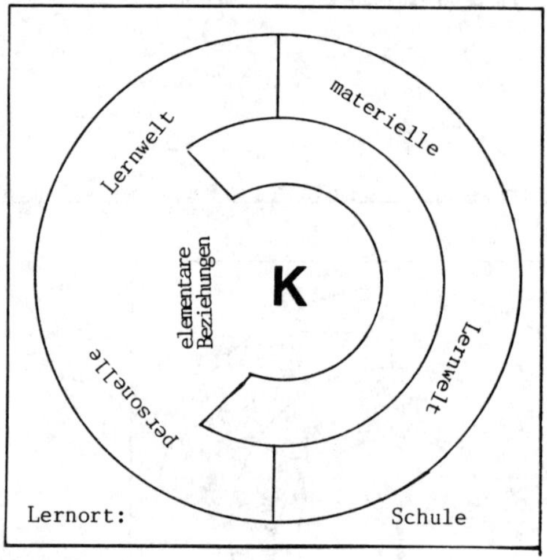

Durch die direkten und später auch durch die medialen Beziehungen zum Lehrer gewinnt das Kind zunehmend an Selbstvertrauen und -sicherheit, so daß es schließlich seine elementaren Beziehungserfahrungen mit anderen Lehrern und Mitschülern erprobt. Die personelle Lernwelt wird für den Schüler interessant.

3. Abb.33.: Die elementaren Beziehungen bilden die Basis des Zugangs zur materiellen Lernwelt

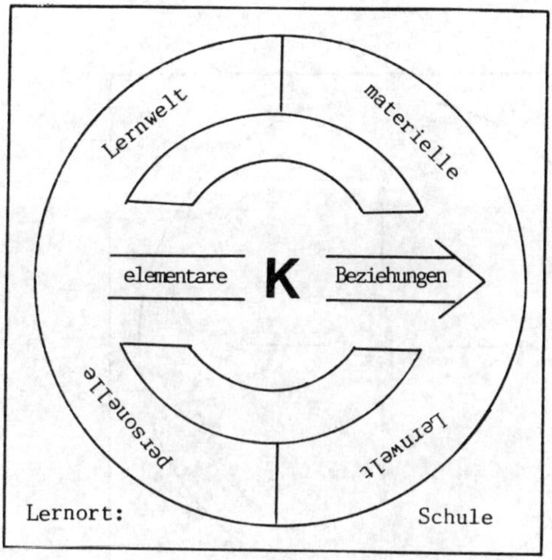

Durch die vorausgegangenen elementaren Beziehungen hat das Kind inzwischen so viel Selbstsicherheit und Selbstzutrauen entwickelt, daß es sich der Sachwelt zuwenden kann. Die an der medialen Beziehung beteiligten Lerngegenstände, die zuvor primär eine beziehungsvermittelnde Funktion erfüllten, werden jetzt für das Kind bedeutungsvoll. Es benötigt nur noch gelegentlich die Selbstbestätigung durch elementare Beziehungen mit dem Lehrer.

4. Abb.34: Auseinandersetzungen mit der personellen und materiellen Lernumwelt auf der Grundlage genereller Beziehungen

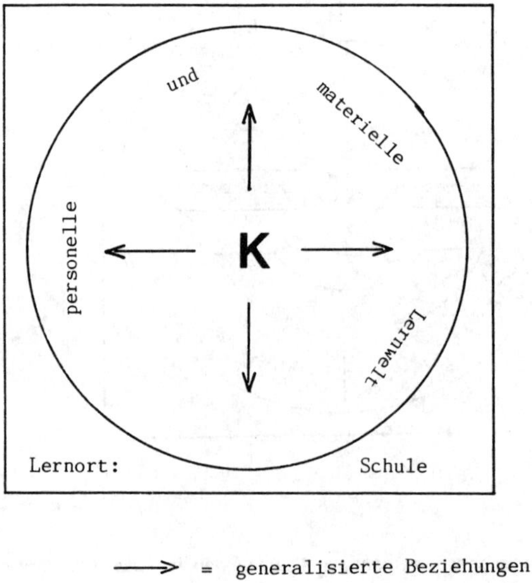

Das Kind kann sich jetzt durch allgemeinverständliche Äußerungen mitteilen, sich in der vertrauten schulischen Welt zurechtfinden, seine Wünsche durchsetzen und sie im Rahmen seiner Möglichkeiten mitgestalten.

5. Abb.35: Selbstverwirklichung in sozialer Intergration auf der Grundlage genereller Beziehungen

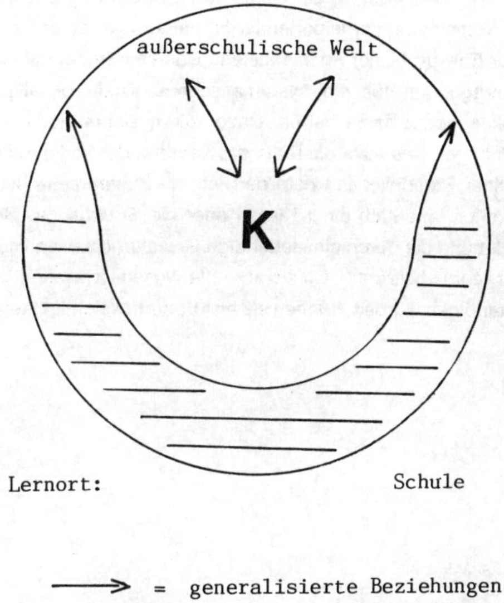

Das Kind hat durch den beziehungsorientierten Unterricht so viel Selbstvertrauen und -bewußtsein entwickelt, daß es sich im Rahmen seiner individuellen Möglichkeiten nun auch außerhalb der Schule, in der Familie, in der Wohngemeinschaft oder in der Freizeitgruppe eingliedern und seine Bedürfnisse dort durchsetzen kann.
Sicher werden nicht alle Schwerstbehinderten dieses Ziel, das durch den beziehungsorientierten Unterricht langfristig anzustreben ist, erreichen können. Da aber die elementare Beziehung immer auch Selbstverwirklichung für das Kind bedeutet, und eben nicht nur die Voraussetzungen dazu schafft, trägt jede Phase dieses Unterrichtes in besonderer Weise zur Erfüllung des pädagogischen Auftrags der Schule bei.

Die Erarbeitung wesentlicher Aspekte des beziehungsorientierten Unterrichtes erfolgte im Rahmen der gesamten didaktischen Diskussion noch eher unsystematisch. Dies geschah, weil nicht der Unterricht selbst die eigentliche Intention dieser Arbeit ist, sondern die elementare Beziehung in ihm, d.h., der beziehungsorientierte Unterricht war in seiner Funktion, den situativen Rahmen für die Beziehungsentfaltung zu bilden, darzustellen, und mit dieser Eigenschaft trug er entscheidend zur Wesenserfassung der elementaren Beziehung bei. Dieser Unterricht versteht sich als eine Konkretisierung der leiborientierten Pädagogik, deren umfassender, wissenschaftlich begründeter Entwurf bisher noch aussteht. Doch ich hoffe, mit diesen ersten didaktischen Aspekten Anregungen für ein systematischeres und vor allem auch metatheoretisches Weiterdenken gegeben zu haben. Dazu wären sicher noch ergänzende Gesichtspunkte zu berücksichtigen, wie etwa die Rolle des Lehrers, der im leiborientierten Unterricht ja viel stärker in seiner Persönlichkeit gefordert ist, die Zusammenarbeit der verschiedenen Lehrerpersönlichkeiten innerhalb einer Klasse oder die Struktur des Raumes, in dem dieser Unterricht stattfindet und die durch eine lebendige Gestaltung wesentlich zur Entfaltung des leiborientierten Unterrichtes beiträgt[30]. Da sie aber die Wesenserfassung der elementaren Beziehung nicht vervollständigen würden, können sie hier unberücksichtigt bleiben.

---

30 Anm.d.Verf.: Wichtige Anregungen für die Umgestaltung von Schulbauten sind u.a. dem Werk H. KÜKELHAUS' zu entnehmen; z.B. *Unmenschliche Architektur*, Köln 1977

4. Abschließende, zusammenfassende Gedanken

'Verstehen heißt antworten'. Diesem Leitgedanken BODENHEIMERs gemäß wird in der vorliegenden Arbeit versucht, in der elementaren Beziehung einen verstehenden Zu- und Umgang mit dem schwerstbehinderten Kind aufzuzeigen, der gleichzeitig Voraussetzung und Verwirklichung einer beziehungs-, respektive leiborientierten Erziehung ist. Wissenschaftstheoretische und -methodische Grundlage hierzu bildet die Phänomenologie.

Im Mittelpunkt der Arbeit stehen Menschen, die wegen ihrer umfänglichen Lernbeeinträchtigungen lange als bildungsunfähig galten und denen die Pädagogik erst in jüngerer Zeit ihr Interesse schenkte. Die vermehrte Auseinandersetzung mit dem Personenkreis der Schwerstbehinderten läßt die Grenzen bisherigen pädagogischen Denkens und Handelns immer deutlicher werden und drängt die Geistigbehindertenpädagogik dazu, andere Wege der Erkenntnisgewinnung zu entwickeln. Wege, die es u. a. ermöglichen, den Schwerstbehinderten in seiner, uns immer noch weitgehend verborgenen, Lebenswelt zu erschließen. Gerade hierzu soll in dieser Arbeit ein Beitrag geleistet werden, indem die Lebenswelt des Schwerstbehinderten als eine in besonderer Weise beziehungsgestörte aufgefaßt und das erzieherische Verhältnis zwischen behindertem Schüler und Lehrer zum Anlaß der Lebenswelterfassung genommen wird. Um die pädagogische Beziehung in ihrer existentiellen Relevanz für das schwerstbehinderte Kind zu erkennen, wurde sie als elementarer, leibgegebener Dialog begründet, der die Voraussetzungen und ersten Möglichkeiten zur Überwindung der umfänglichen Beziehungsstörungen zwischen Kind und Welt schafft.

Die anthropologische und methodologische Basis für die Erarbeitung der speziellen Beziehungs-Thematik wurde aus dem Bezug zwischen Phänomenologie und eigenen schulpraktischen Erfahrungen mit schwerstbehinderten Kindern gewonnen und im Verlauf der Arbeit auf verschiedenen Ebenen, der pädagogisch-philosophischen, der biographisch-pädagogischen und der didaktisch-methodischen, diskutiert, wobei das Wesen der elementaren Beziehung in ihrer überaus großen Dynamik und Wirkweise erscheint. Die so gegebene Dreigliedrigkeit der Arbeit entspricht den drei Schwerpunkten der Wesenserfassung, durch die die elementare Beziehung in ihrer existentiellen, lern- und entwicklungsbezogenen sowie didaktischen Relevanz für das schwerstbehinderte Kind und seine Erziehung erkennbar wird, wobei aber in jedem Teil die verschiedenen lebensweltlichen Ebenen, auf denen sich elementare Beziehung zu konstituieren vermag, zu berücksichtigen waren.
Die Phänomenologie, als Wissenschaftsmethode, bot im Vorfeld der wissenschaftlichen Reflexion den geeigneten Rahmen zur Bearbeitung und exemplarischen Beschreibung der vielfältigen vorwissenschaftlichen Beziehungserfahrungen, die schließlich die Erziehungswirklichkeit als 'intersubjektive Wirklichkeit' belegten. Erfahrungsberichte und Reflexionen des Bezie-

hungserlebens ergänzten einander und bildeten die Grundlage für die wissenschaftliche Auseinandersetzung.

So konnte im theoretisch-pädagogischen Teil gezeigt werden, daß die Phänomenologie, als Wissenschaftstheorie, im Phänomen der Leiblichkeit und vornehmlich in der präreflexiven Weise des Zur-Welt-Seins des Menschen, eine Möglichkeit zum gegenseitigen 'ursprünglichen Verstehen' zwischen schwerstbehindertem Schüler und Lehrer anbietet und insofern besonders zur anthropologischen Fundierung der elementaren Beziehung beiträgt. In ihr geht das einander Anrufen der Sichbeziehenden von Leib aus und ist auf Leib gerichtet. In Anlehnung an die Phänomenologie MERLEAU-PONTYs, PFEFFERs, MAIERs und durch Hervorhebung der existentiellen, leibgegebenen Beziehungsdimension wurde eine Abgrenzung zur BODENHEIMERschen Beziehungstheorie unter dem Schwerstbehindertenaspekt möglich und erste Attribute des elementaren Dialogs deutlich, die ihrerseits wiederum die Leiblichkeit in ihrer pädagogischen Relevanz erscheinen lassen.
Aufgrund ihrer Fähigkeit, 'ursprüngliches Verstehen' zwischen Schüler und Lehrer zu vermitteln, bildet die elementare Beziehung die Voraussetzung für die Selbstverwirklichung des Kindes. Da jene zur Selbstbestätigung und -findung des Kindes beiträgt, ist ihr unmittelbarer Vollzug bereits als Selbstverwirklichung aufzufassen. Elementare Beziehung wird damit dem pädagogischen Auftrag der Schule für Geistigbehinderte in zweifacher Weise gerecht.

Diese erste, demzufolge nicht nur existentiell, sondern auch pädagogisch bedeutungsvolle, Doppelfunktion des leibgegebenen Dialogs wird durch seine überaus große Dynamik möglich. In der strukturbezogenen Reflexion konnte gezeigt werden, daß sich nicht nur die unmittelbare Beziehung zwischen Schüler und Lehrer überaus lebhaft gestaltet, sondern darüber hinaus auch die elementare Beziehung ihre Wirkung bei jedem Partner individuell und nachhaltig zu entfalten vermag, und es darum einer Erweiterung des kreisförmigen Beziehungsmodells BODENHEIMERs bedarf.
Dynamisch ist der Beziehungsprozeß in seinem unmittelbaren Vollzug zwischen den beiden Partnern in dreifacher Hinsicht. Zum einen durch seinen phasigen, in sich geschlossenen Aufbau, zum anderen durch die verschiedenen Beziehungsweisen (direkt und medial), desweiteren aber auch durch die verschiedenen zum Unterhalt der Beziehung gewählten Elemente. Die Beziehungselemente BODENHEIMERs waren unter dem Aspekt des 'Elementaren' bzw. der existentiellen Leibbegründung, um die Dimension des Emotionalisiert-Seins sowie der somatischen Erscheinungen des Leibes zu ergänzen, weil sich der schwerstbehinderte Mensch gerade durch sie im elementaren Dialog mitzuteilen vermag.
Die horizontale, das Erleben der Beziehungspartner miteinander bestimmende und die vertikale, den phasigen Ablauf betreffende Dynamik, die sich stets gemeinsam verwirklichen, wurden anhand des helicalen Beziehungsmodells zu veranschaulichen versucht. Als in sich geschlossenes Doppelspiralsystem ist die elementare Beziehung über ihren unmittelbaren Dialog hinaus wirkungsvoll und vermag sich darum, in ihren Vollzugsweisen zu entwickeln. Die ver-

schiedenen Entwicklungsstufen von der elementaren zur generellen Beziehung wurden aufgezeigt. Anhand dieser komplexen Eigendynamik konnte deutlich werden, daß der elementaren Beziehung eine weitere, 'doppelte', Eigenschaft innewohnt, indem sie einerseits die Voraussetzungen für Lernen und Entwickeln des Kindes schafft, andererseits bereits in ihrem unmittelbaren Geschehen als Lern- bzw. Entwicklungsprozeß aufzufassen ist.

Die exemplarischen biographischen Beschreibungen der beiden Schüler im zweiten Teil belegen diese ersten beiden Wesensmerkmale der elementaren Beziehung: Selbstverwirklichung sowie Lern- und Entwicklungsentfaltung. Sie verdeutlichen zwar die Individualität eines jeden elementaren Beziehungs- und Entwicklungsverlaufes, ermöglichen aber durch den interindividuellen Vergleich Verallgemeinerungen und tragen damit zur Vertiefung der Aussagen des ersten Teils bei. Die Praxis-Deskriptionen weisen gleichzeitig auch auf die Notwendigkeit einer didaktisch-methodischen Reflexion hin, weil sich für das schwerstbehinderte Kind die existentiell wichtigen Beziehungen nur in einem auf Beziehungsstiftung ausgerichteten Unterricht entfalten können.

Mit Hilfe eines kurzen metatheoretischen Überblicks wurde im dritten Teil der Arbeit gezeigt, daß sich sonderdidaktische Theoriebildung auch heute noch als schwierig erweist und im Schwerstbehindertenbereich bisher kaum realisiert wurde. Darum konnten hier, wo es primär um die Wesenserfassung der elementaren Beziehung ging, nur erste, wenig systematisierte, didaktische Spuren aufgezeigt werden. Durch die Abgrenzung von bestehendem didaktischen Denken wurde auf der Grundlage der theoretischen Erörterungen im ersten Teil versucht, die Notwendigkeit einer stärkeren Leiborientierung in der Pädagogik und besonders in der Erziehung Schwerstbehinderter zu begründen, dies u.a., indem der Körper des Kindes, der bei Schwerstbehinderten i.d.R. den Ansatzpunkt der Förderung bildet, in seinen drei Erlebnisweisen (nach LANGEVELD) dargestellt und eine größere Berücksichtigung seines Begegnungs- und Erlebniswertes im Unterricht gefordert wurde. Die beziehungsorientierte Förderung zielt zunächst auf diese beiden Werte ab, um dadurch das Kind in seinem Leib-Sein anzusprechen und ihm Begegnungen neuer Art, also Lernen, zu ermöglichen. Erste inhaltliche und methodische Konsequenzen wurden vorgestellt, wobei der beziehungsorientierte Unterricht als eine Konkretion der leiborientierten Pädagogik erscheint.
In ihr kommen wieder zwei besondere Attribute der elementaren Beziehung zum Tragen. Ausgehend von der durch Beziehungsstörung geprägten Lebenswelt des behinderten Kindes muß elementare Beziehung zwischen Schüler und Lehrer zunächst selbst zum Unterrichtsziel und -inhalt werden. Durch die Unmittelbarkeit ihres Vollzugs, der wesentlich von der Intentionalität der Sichbeziehenden abhängt, kann sie diese Eigenschaft immer nur im impliziten Sinne erfüllen, wodurch sie an sich aber nicht weniger wirkungsvoll ist. Das spezielle Verhältnis zwischen planbaren und implizitem, beziehungsintendierendem Lerninhalt bzw. -ziel, wurde anhand von Unterrichtsbeispielen konkretisiert. Neben dieser intentionalen Fähigkeit vermag die elementare Beziehung durch ihre große Eigendynamik über den personellen Bezug die Lernwelt

zu vermitteln; sie wird damit auch zum methodischen Mittel im beziehungsorientierten Unterricht.

Die Wirkung der elementaren Beziehung beschränkt sich also nicht ausschließlich auf den unmittelbaren Dialog zwischen Schüler und Lehrer, sondern sie kann indirekt, durch die Fachkompetenz und die persönliche Haltung des Lehrers, wesentlich zur Vermittlung der personellen und materiellen Lernwelt beitragen. Es wurde gezeigt, daß der beziehungsorientierte Unterricht nur dann lernwirksam werden kann, wenn sich der Lehrer im Vorfeld um eine anthropologische Auseinandersetzung bemüht, die grundsätzliche Beziehungsfähigkeit jeden schwerstbehinderten Schülers erkennt bzw. anerkennt und hieraus die zur Beziehungsentfaltung nötige offene pädagogische Haltung entwickelt. Er muß bereit sein, sich auf den leibgegebenen Dialog mit dem Kind einzulassen, ohne dabei die nächsten Entwicklungsmöglichkeiten und -erfordernisse aus den Augen zu verlieren. Dies ist möglich, weil sich ihm das schwerstbehinderte Kind durch die elementare Beziehung in seiner Lebenswelt erschließt. Das Kind erfährt im elementaren Zwiegespräch mit dem Lehrer Selbstbestätigung und Selbstzutrauen, die es benötigt, um sich aus seiner Selbstbezogenheit zu lösen, Interesse an der Lernwelt zu gewinnen und sich in die soziale Gemeinschaft von Schule, Elternhaus oder Heim selbstverwirklichend zu integrieren.

Die dreidimensionale Wesenserfassung läßt die elementare Beziehung als überaus dynamischen Prozeß erscheinen, der seine existentiellen, entwicklungsbezogenen und didaktischen Eigenschaften immer nur in enger Wechselwirkung zueinander entfaltet. Mit der Arbeit soll gezeigt werden, daß wir den Bereich der zwischenmenschlichen Beziehungen nicht länger aus der pädagogischen Diskussion ausschließen dürfen, weil gerade sie bei schwerstbehinderten Schülern, aber nicht nur bei ihnen, den Weg zu einer kindgemäßeren Erziehung ebnen. Mit der Betonung der Beziehungs- und Erlebensdimension soll **eine** Lücke geschlossen und Anregung zum Weiterdenken in Richtung leiborientierter Pädagogik gegeben werden.
Zwangsläufig müssen vorerst noch viele Fragen offen bleiben; einige habe ich im Verlauf der Arbeit aufzuzeigen versucht: beispielsweise den bestehenden Paradigmenstreit, der gerade unter dem Schwerstbehindertenaspekt dringend das 'Miteinander von Natur- und Geisteswissenschaften' (SPECK) in der Sonderpädagogik verlangt, wobei ich Anregungen für diesen Wissenschaftsdialog in der Gestaltkreis-Lehre V.v.WEIZSÄCKERs oder im integrativen Denken KÜKELHAUS' gegeben sehe, oder, die Verbindung von objektiven, z.B. neurophysiologisch-entwicklungspsychologisch bestimmten, und subjektiven, erlebens- und erfahrensmäßigen Dimensionen des Mensch-Welt-Verhältnisses als Grundlage pädagogischer und didaktischer Entscheidungen. In diesem Zusammenhang ist die scheinbare Polarität zwischen naturgegebenen menschlichen Entwicklungsanalogien (Gesetzmäßigkeiten) einerseits und der Individualität ihrer Verwirklichung (Selbst-Sein) andererseits, unter dem Gesichtspunkt der Behinderung neu zu thematisieren.

Eine Pädagogik, die der geforderten Leiborientierung gerecht werden will, muß die vielfältigen aufgezeigten Polaritäten zur Grundlage ihrer Diskussion machen, und sie in die konkrete Erziehung so zu integrieren versuchen, daß dem Kind bei größtmöglicher Rücksichtnahme auf seine Individualität deren Verwirklichung im sozialen Umfeld - mit seinen Anforderungen an Anpassung, Kooperation etc. - gelingt. Dies verlangt eine intensive Auseinandersetzung mit dem Phänomen der 'Leiblichkeit', das im beschränkenden Rahmen der vorliegenden Arbeit auf der Basis MERLEAU-PONTYscher Sichtweise diskutiert wurde, selbstverständlich aber der Ergänzung bzw. Abgrenzung von z.B. KÜKELHAUS oder der aktuellen behindertenspezifischen Sicht D. FISCHERs bedarf.
Grundsätzlich neu zu überdenken ist auch das Verständnis von 'Behinderung', insbesondere von 'geistiger' bzw. 'schwer geistiger Behinderung'. Auf der phänomenologischen Grundlage, die den Menschen aus seiner Einheit mit der Welt begreift, kann der 'Geist-an-sich' gar nicht behindert sein; ein Aspekt, der in der sonderpädagogischen Anthropologie m.E. bisher nicht ausreichend berücksichtigt worden ist.

"Du gleichst dem Geist, den Du
begreifst, nicht mir."
(GOETHE[1])

Aber auch die Frage nach der 'pädagogischen Wirklichkeit' ist erneut zu stellen. Sie und wachsende "*Zweifel an der Wirklichkeit der Wirklichkeit*"[2] indizieren die Ergänzung empirischer um hermeneutischer Zugangsweisen zur Erfassung eben dieser vieldimensionalen Wirklichkeit; Erfassungsebenen, die neu zu bedenken sind. Die Erkenntnis darf dem Erleben im wissenschaftsmethodischen Zugriff nicht dogmatisch vorangestellt werden; vielmehr muß zur Erschließung pädagogischer Wirklichkeit auch Raum für einen 'absteigenden Abstraktionsmodus' im AUERSPERGschen Sinn vorhanden sein.
Neben den vorstehenden Forderungen, theoretischen und metatheoretischen Überlegungen werden natürlich auch Fragen nach der konkret-praktischen Erziehung schwerstbehinderter Menschen aufgeworfen, die vorerst ebenfalls offen bleiben müssen.
Ziel und Zweck dieser Arbeit kann und soll nur sein, **eine** anthropologische Begründung zu entwerfen, erste Spuren ihrer pädagogischen und didaktischen Realisation aufzuzeigen und zur Ergänzung zu ermutigen.

*

---

1 GOETHE o.A. nach AUERSPERG 1965, 75

2 SCHÄFER, G.E.: *Pädagogik am Ende der 'realistischen Wendung'?*, in: Zt. Neue Sammlung, 28.Jg., 4/1988, 509

LITERATURVERZEICHNIS

ARBEITSKREIS 'ORGANISMUS UND TECHNIK' (Hrsg): Hugo Kükelhaus, Essen 1987

ARNOLD,W/EYSENCK,J./MEILI,R.: Lexikon der Psychologie, Bd.2 u.3, Freiburg/Basel/Wien 1974

ASCHERSLEBEN,K.: Einführung in die Unterrichtsmethodik, Stuttgart 1984

AUERSPERG,A.: Poesie und Forschung - Goethe, Weizsäcker, Teilhard de Chardin, Stuttgart 1965

BACH,H.: Früherziehungsprogramme für geistigbehinderte und entwicklungsverzögerte Säuglinge und Kleinkinder, Berlin 1974

BEGEMANN,E./FRÖHLICH,A./PENNER,H.: Förderung von schwerstkörperbehinderten Kindern in der Primarstufe, Zwischenbericht, Mainz 1979

BEGEMANN,E.: Von definierten Verhältnissen zu biographischer Erfahrung, in: EBERWEIN,H. (Hrsg.): Fremdverstehen sozialer Randgruppen, Berlin 1987, 23-56

BESEMS,Th./VUGT,G.v.: Integrative Körpertherapie bei behinderten Kindern und Jugendlichen, in: FÄRBER,W. (Hrsg.): Integrative Therapie mit geistig und psychisch behinderten Kindern und Jugendlichen, Dortmund 1983

BLANKERTZ,H.: Theorien und Modelle der Didaktik, München 1975

BLEIDICK,U.: Überlegungen zu einer Theorie der Beziehung aus behindertenpädagogischer Sicht, in: Begegnen-Verstehen-Annehmen: Beziehung in der heilpädagogischen Arbeit - Bericht der 13. Fachtagung der Bundesgruppe der Heilpädagogen (BHS), Berlin 1981, 11-36

BODENHEIMER A.R.: Versuch über die Elemente der Beziehung, Basel/Stuttgart 1967

BODENHEIMER,A.R.: Identität, Identitätsproblematik, Identitätskrise im Beruf des Gehörlosenlehrers, in: EUROPÄISCHER FÖRDERKREIS VON TAUBSTUMMENVERBÄNDEN: Kommunikationsstörungen, Fribourg/Schweiz 1981, 8-60

BODENHEIMER,A.R.: Die einen und die anderen, in: Zt. Zur Orientierung, 6.Jg,1/1982, 20-43

BODENHEIMER,A.R. : Begleiten-Erweitern-Stören: Die drei Grundformen aller Beziehung, in: BÄCHTOLD, A./JELTSCH-SCHUDEL,B./ SCHLIENGER, I. (Hrsg.): Sonderpädagogik - Handlung, Forschung, Wissenschaft, Berlin 1986, 96-113

BOLLNOW,O.F.: Neue Geborgenheit - Das Problem einer Überwindung des Existentialismus, Stuttgart 1979[4]

BREITINGER,M./FISCHER,D.: Intensivbehinderte lernen leben , Reihe: Neues Lernen mit Geistigbehinderten, Würzburg 1981

BROCKHAUS ENZYKLOPÄDIE, Bd. 17, Wiesbaden 1973

BRUGGER,W.: Philosophisches Wörterbuch, Freiburg 1979

BUBER,M.: Das dialogische Prinzip, 3. verb. und erg. Aufl., Heidelberg 1973

BUNDSCHUH,K.: Grenzen in der Erziehung, in: ADAM,G./HUSS-LEIN,E. /PFEFFER,W. (Hrsg.): Erziehen als Beruf, Würzburg 1987

BUYTENDIJK,F.J.: Das Menschliche - Wege zu seinem Verständnis, Stuttgart 1958

CUBE,F.v.: Die kybernetisch-informationstheoretische Didaktik, in: GUDJONS,H./TESKE,R./WINKEL,R.: Didaktische Theorien, Hamburg 1986, 46-60

DANNER H.: Methoden der geisteswissenschaftlichen Pädagogik, München 1979

DITTMANN,W.: Basale Förderung als Bildungsauftrag der Schule für Geistigbehinderte, in: DITTMANN,W. u.a. (Hrsg.): Neue Richtlinien für den Unterricht an der Schule für Geistigbehinderte, Stuttgart 1983, 49-66

DRAVE,E./STREICHER,G.: Zusammenhänge sehen - Die ordnenden Kräfte der Natur, Köln 1984

DREHER,W.: Das pathosophische Denken Viktor von Weizsäckers - Ein Beitrag der medizinischen Anthropologie zu einer anthropologisch fundierten Pädagogik, Frankfurt/M 1974

DREHER,W.: Überlegungen im Vorfeld einer sonderpädgogischen Theoriebildung der Erziehung schwer geistigbehinderter Menschen, in: HOFMANN,Th. (Hrsg.): Beiträge zur Geistigbehindertenpädagogik, Rheinstetten 1979, 198-212

DREHER,W.: Selbstverwirklichung in sozialer Integration - Ideen und Wirklichkeit einer neuen Lebensperspektive für Menschen mit sogenannter geistiger Behinderung, unveröff. Manuskript zur Antrittsvorlesung, Köln 1982

DREHER,W.: Überlegungen zum Phänomen 'Selbstverwirklichung' im Rahmen der Diskussion um die Zielsetzung des Forschungsprojekts, unveröff. Manuskript zur Begleituntersuchung, Köln 1983

DREHER,W.: Begleituntersuchung: Modelle zur Förderung schwer geistigbehinderter Schüler, unveröff. Zwischenbericht, Köln 1984; Anhang zum unveröff. Zwischenbericht, Köln 1984; unveröff. Abschlußbericht, Köln 1986

DREHER,W.: Anthropologische Fragmente zu einer Pädagogik, der es um sogenannte schwer geistigbehinderte Menschen geht - Bemerkungen über Probleme ihrer kommunikativen Kompetenz, in: FORSCHUNGSGEMEINSCHAFT 'DAS KÖRPERBEHINDERTE KIND' (Hrsg.): Entwicklung und Förderung Körperbehinderter, Heidelberg 1986, 157-168

DROSDOWSKI,G. u.a. (Hrsg.): Duden- Das große Wörterbuch der deutschen Sprache, Bd. 2, Mannheim 1976

dtv - Koversationslexikon, Bd. 7, München 1967

EGGERS,Ch. (Hrsg.): Bindungen und Besitzdenken beim Kleinkind, München 1984

ERN,M.: Initiativen zur Geistigbehindertenpädagogik bei Dieter Fischer, unveröff. Examensarbeit, Köln 1987

FABER,W.: Zum Problem der Begegnung, München 1969

FEUSER,G.: Zur Realisation des Auftrags der Förderung aller geistig Behinderter in Kindergarten und Schule, in: BUNDESVERBAND LEBENSHILFE (Hrsg.): Hilfe für schwerst Geistigbehinderte - Eingliederung statt Isolation, Bd. 3, Marburg 1978, 68-79

FEUSER,G.: Schwerstbehinderte in der Schule für Geistigbehinderte, in: DITTMANN,W./KLÖPFER,S./RUOFF,E. (Hrsg.): Zum Problem der pädagogischen Förderung schwerstbehinderter Kinder und Jugendlicher, Rheinstetten 1979, 21-42

FEUSER,G.: Integrative Erziehung und Unterrichtung schwerstbehinderter Kinder - eine Frage der Didaktik, unveröff. Manuskript zum Vortrag anläßlich der Fachtagung des VDS: Entwick-lungsförderung schwerstbehinderter Kinder und Jugendlicher, Hamburg 9./10.9.1988

FIKAR,H.: Körperorientierte Förderansätze im Unterricht bei Menschen mit schwerer geistiger Behinderung, in: Zt. Geistige Behinderung, 26.Jg., 4/1987, Heftmitte

FISCHER,D. Eine methodische Grundlegung, Würzburg 1978

FISCHER,D.: Problem der Vermittlung - ein Beitrag zur effektiveren Unterrichtsgestaltung mit Geistigbehinderten, in: HOFMANN,Th. (Hrgs.): Beiträge zur Geistigbehindertenpädagogik, Rheinstetten 1979, 140-155

FISCHER,D.: Körpernahes Lernen - Lernen mit dem Körper als Weg der Erziehung und Bildung von Menschen mit schwerer geistiger Behinderung, in: OSKAMP/FEUSER/RUMPLER (Hrsg.): Förderung und Erziehung schwerstbehinderter Kinder und Jugendlicher, Stuttgart 1983, 103-109

FISCHER,D.: Die neuen Richtlinien für die Schule für Geistigbehinderte - ein neuer Rahmen - eine neue Richtung - oder nur neue Linien?, in: DITMMANN,W. (Hrsg.): Neue Richtlinien für den Unterricht in der Schule für Geistigbehinderte, Stuttgart 1983a, 18 -48

FISCHER,D.: Lebenslauf und Behinderung als Herausforderung für die sonderpädagogische Didaktik, Diss. Würzburg, 1984

FISCHER,D.: Neue Impulse für die Schule für Geistigbehinderte - Die Schule für geistig Behinderte Ort 'leiblicher Kutlur' -, in: Zt. Geistige Behinderung, 27.Jg., 4/1988, 230-250

FISCHER,E.: Ansätze und Tendenzen in der pädagogischen Förderung schwer Geistigbehinderter in der Bundesrepublik Deutschland, in: Zeitschrift für Heilpädagogik, 38.Jg., 7/1985, 510-524

FORNEFELD,B.: Sauberkeitserziehung bei schwerstmehrfachbehinderten Schülern, in: Zt. Lernen konkret, 5.Jg., 2/1986, 17-19

FRÖHLICH,A.: Ansätze zur ganzheitlichen Förderung schwer geistig Behinderter unter sensumotorischem Aspekt, in: BUNDESVERBAND LEBENSHILFE (Hrsg.): Hilfe für schwerst Geistigbehinderte - Eingliederung statt Isolation, Bd. 3, Marburg 1978, 42-59

FRÖHLICH,A.: Der somatische Dialog, in: Zt. f. Behinderte, 5.Jg., 4/1982, 15-10

FRÖHLICH,A.: Probleme der Förderung von Schwerst- und Mehrfachbehinderten, in: HARTMANN,N.(Hrsg.): Beiträge zur Pädagogik der Schwerstbehinderten, Heidelberg 1983, 62-78

FRÖHLICH,A.: Ganzheitliche Schwerstbehindertenpädagogik - Kommunikation-Wahrnehmung-Umwelterfahrung, in: VERBAND DEUTSCHER SONDERSCHULEN (Hrsg.): Bewegen, Erleben, Lernen, Beiheft 12 der Zt. f. Heilpädagogik, Nienburg 1985, 7-13

FRÖHLICH,A.: Die Mütter schwerstbehinderter Kinder, Heidelberg 1986

GROOTHOF,H.H./STALLMANN,M.: Neues pädagogisches Lexikon, Stuttgart 1971

GUARDINI,R./BOLLNOW,O.F.: Begegnung und Bildung, Würzburg 1956

GUARDINI,R.: Welt und Person - Versuch einer christlichen Lehre vom Menschen, Würzburg 1955

GUDJONS,H./TESKE,R./WINKEL,R.(Hrsg.): Didaktische Theorien, Hamburg 1986

GÜNZBURG,C./GÜNZBURG,A.: Probleme der Selbständigkeitsentwicklung und Umweltgestaltung für den behinderten Menschen, in: DITTMANN,W./KLÖPFER,S./RUOFF,E.: Zum Problem der pädagogischen Förderung schwerstbehinderter Kinder und Jugendlicher, Rheinstetten 1979, 79-98

GÜNZBURG,C.: Führung zur Selbständigkeit, Teil 1: Kontrollierte Führung, in: Zt. Geistige Behinderung, 20.Jg.,2/1981, 97-107; Teil 2: Messen und Vergleichen, in: Zt. Geistige Behinderung, 20.Jg.,3/1981, 158-170; Teil 3: Schwierigkeiten in der Umwelt, in: Geistige Behinderung, 20.Jg. 4/1981, 230-243

HAEBERLIN,U.: Die wissenschaftliche Wende in der Sonderpädagogik, in: Zt. VHN, 49.Jg., 1/1980, 2-14

HAGMÜLLER,P.: Einführung in die Unterrichtsvorbereitung, Düsseldorf 1983

HAHN,M.: Zur Problematik der Definition des Begriffs 'schwerstbehindert', in: Zt. Zur Fortbildung, 1 - 2/ 1976, 7-15

HAHN,M.: Überlegnungen und Organisationsvorschläge für die Förderung schwer geistig behinderter Kinder in der Schule für Geistigbehinderte, in: HOFMANN,Th. (Hrsg.): Beiträge zur Geistigbehindertenpädagogik, Rheinstetten 1979, 213-221

HAHN,M.: Behinderung als soziale Abhängigkeit: Zur Situation schwerstbehinderter Menschen, München 1981

HAHN,M.: Von der Freiheit schwerstbehinderter Menschen: anthropologische Fragmente, in: HARTMANN,N. (Hrsg.): Beiträge zur Päda-gogik der Schwerstbehinderten, Heidelberg 1983, 132-141

HAHN,M.: o.T., unveröff. Manuskript zum VDS-Vortrag am 24.5.1983a in Ulm

HAHN,M.: Zum Ausbrennen (Burn-out-Syndrom) im Zusammenleben mit schwerstbehinderten Menschen, in: Zt. VHN, 54.Jg., 2/1985, 142-159

HAHN,M.: Selbstbestimmung bei Menschen mit Schwerst- und Mehrfachbehinderung?, in: BUNDESVERBAND FÜR KÖRPERBEHINDERTE (Hrsg.): Pädagogische Förderung schwerstbehinderter Kinder und Jugendlicher, Köln 1987, 56-65

HARTMANN,H./MISLIN,H.: Die Spirale im menschlichen Leben und in der Natur eine interdisziplinäre Schau, Basel 1985

HAUPT,U./FRÖHLICH,A.: Entwicklungsförderung Schwerstbehinderter, Bericht über einen Schulversuch, Teil I, Mainz 1982

HEIDINGSFELDER,M./FRÖHLICH,A.: Materialien zur Förderung wahrnehmungsgestörter körperbehinderter Kinder, in: FRÖHLICH,A. (Hrsg.): Wahrnehmungsstörungen und Wahrnehmungstraining bei Körperbehinderten, Rheinstetten 1977, 132-140

HEITS,H./JOHN,E.: Unterrichtsarbeit an der Schule für Geistigbehinderte, Berlin 1980

HOFMANN,Th.: Humanes Annehmen geistigbehinderter Kinder, in: ders. (Hrsg.): Beiträge zur Geistigbehindertenpädagogik, Rheinstetten 1979, 20-28

HORVATH,J.: Der schuleigene, standortbezogene Lehrplan der Schule für Geistigbehinderte, in: Zeitschrift für Heilpädagogik, 38.Jg., 3/1987, 177-186

KANE,J.F./KANE,G.: Geistig schwer Behinderte lernen lebenspraktische Fertigkeiten, Bern-Stuttgart-Wien 1976

KELEMAN,S.: Leibhaftes Leben, München 1982

KIPHARD,E.J.: Wie weit ist ein Kind entwickelt?, Dortmund 1980

KIRSCH,R.: Aspekte der äußeren Differenzierung in der Schule für Geistigbehinderte, in: Zeitschrift für Heilpädagogik, 30.Jg.,7/1979, 478-489

KLAFKI,W.: Die Bildungstheoretische Didaktik im Rahmen kritisch-konstruktiver Erziehungswissenschaft, in: GUDJONS,H./TESKE,R./ WINKEL,R.: Didaktische Theorien, Hamburg 1986, 11 -26

KLEIN,F.: Beurteilungsgesichtspunkte zur Planung und Gestaltung einer Unterrichtsstunde, insbesondere an der Schule für Geistigbehinderte, in: Ehrenwirth Sonderschulmagazin, 6.Jg, 9/1984, 3-4

KLOSTERMANN,B./KERN,H.: Zugangswege zu Menschen - Ein Konzept zur therapeutischen Arbeit mit mehrfachbehinderten Kindern und Erwachsenen, in: Zt. Geistige Behinderung, 27.Jg., 3/1988, 159-169

KOBI,E.E.: Grundfragen der Heilpädaogik und der Heilerziehung, Bern 1975
KOBI,E.E.: Heilpädagogik als Herausforderung, Luzern 1979
KOBI,E.E.: Heilpädagogik als Dialog, in: LEBER,A.: Heilpädagogik, Darmstadt 1980, 61-94
KOBI,E.E.: Vorstellungen und Modelle zur Wesenserfassung geistiger Behinderung und zum Umgang mit geistig Behinderten, in: Zt. Geistige Behinderung, 22.Jg.,3/1983, 155-166
KOBI,E.E.: Das schwerstbehinderte Kind, in: THALHAMMER,M.: Gefährdungen des behinderten Menschen im Zugriff von Wissenschaft und Praxis, München 1986, 81-93

KORCZAK,J.: Wer kann Erzieher werden? , in: FLITNER,A./ SCHEUERL,H.(Hrsg.): Einführung in pädagogisches Sehen und Denken, München 1984[10], 19-20

KRAUSE,H.: Vom Um-gang mit Geistigbehinderten - Das Phänomen der Melancholie, unveröff. Protokoll zum gleichnamigen Seminar mit BODENHEIMER/FORNFELD, Univ. Köln, 28./29.5.1986

KREBS,H.: Pathobiologische und ärztliche Gesichtspunkte bei der Versorgung und Förderung schwer geistig Behinderter, in: BUNDESVERBAND LEBENSHILFE: Hilfe für schwerst Geistigbehinderte - Eingliederung statt Isolation, Bd. 3, Marburg 1978, 16-41

KULTUSMINISTER NRW: Runderlaß v. 12.7.1978: Aufnahme Schwerstbehinderter in Sonderschulen (GABl. NW. S. 503)
KULTUSMINISTER NRW: Richtlinien und Lehrpläne für die Schule für Geistigbehinderte, Düsseldorf 1980
KULTUSMINISTER NRW: Richtlinien für die Förderung schwerstbehinderter Schüler und Hinweise für den Unterricht, Düsseldorf 1985

KÜKELHAUS,H.: Unmenschliche Archtitektur, Köln 1977
KÜKELHAUS,H.: Gedanken zur Doppelspirale, in: HARTMANN,H./MISLIN,H.: Die Spirale im menschlichen Leben und in der Natur eine interdisziplinäre Schau, Basel 1985, 81-85
KÜKELHAUS,H.: Fassen, Fühlen, Bilden, Köln 1986[4]
KÜKELHAUS,H.: Hören und Sehen in Tätigkeit, Zug 1986a
KÜKELHAUS,H./ZUR LIPPE,R.: Entfaltung der Sinne, Frankfurt/M 1987

LANGEVELD,M.J.: Die Bedeutung des eigenen Körpers für das Selbsterleben des Kindes, in: Psychologische Rundschau, Bd.5, 1954, 206-220

LANGEVELD,M.J.: Gelebte und gebotene Welt - Eine pädagogische Meditation, in: LIPPITZ,W./MEYER-DRAWE,K.: Lernen und seine Horizonte, Frankfurt/M. 1986[3], 78-83

LEBOYER,F.: Sanfte Hände - Die traditionelle Kunst der indischen Baby-Massage, München 1979

LINDNER,H.: Biologie, Stuttgart 1971

LIPPITZ,W./ MEYER-DRAWE,K.: Einige Bemerkungen zur Aktualität und Geschichte phänomenologischen Fragens in der Pädagogik, in: ders.: Lernen und seine Horizonte, Frankfurt/M. 1986[3], 6-18

LIPPITZ,W.: 'Lebenswelt' oder die Rehabilitation vorwissenschaftlicher Erfahrung, Weinheim/Basel 1980

LIPPTIZ,W.: Phänomenologie als Methode? Zur Geschichte und Aktualität des phänomenologischen Denkens in der Pädagogik, in: LIP-PITZ,W./MEYER-DRAWE,K.: Kind und Welt, Frankfurt/M. 1987[2], 101-129

MAIER,W.:Das Problem der Leiblichkeit bei Jean-Paul Sartre und Maurice Merleau-Ponty, Diss. Tübingen, 1963

MAIER,W.:Die Leiblichkeit des Menschen - ein pädagogisches Problem, in: BOLLNOW,O.F.(Hrsg.): Erziehung in anthropologischer Sicht, Zürich 1969, 211-225

MALL,W.: Basale Kommunikation - ein Weg zum anderen, in: Zt. Geistige Behinderung, 23.Jg., 1/1984, Heftmitte

MARCUSCHI,L.A.: Die Methode des Beispiels - Untersuchungen über die methodische Funktion des Beispiels in der Philosophie, insbesondere bei Ludwig Wiitgenstein, Erlangen 1976

MASSA,W.: Die Hilfe des Herzens, Butzen u. Berker 1981

MAUTHNER,F.: Wörterbuch der Philosophie, Zürich 1980

MERLEAU-PONTY, M.: Phänomenologie der Wahrnehmung, Berlin 1966

MEYER,H.: Unterrichtsmethoden, Bd. I, Frankfurt/M. 1987

MEYER-DRAWE,K.: Lernen als Umlernen, in: LIPPTZ,W./MEYER-DRAWE,K.: Lernen und seine Horizonte, Frankfurt/M. 1986[3], 19-45

MEYER-DRAWE,K.: Die Belehrbarkeit des Lehrenden durch den Lernenden - Fragen an den Primat des Pädagogischen Bezugs, in: LIPPITZ,W./MEYER-DRAWE,K.: Kind und Welt, Frankfurt/M. 1987[2], 63-73

MEYER-JUNGCLAUSEN,V.: Geistige Behinderung und Erwachsenenbildung, Berlin 1985

MÖLLER,Ch.: Die curriculare Didaktik, in: GUDJONS,H./TESKE,R./ WINKEL,R.: Didaktische Theorien, Hamburg 1986, 63-77

MÜHL,H.: Handlungsbezogener Unterricht mit Geistigbehinderten, Bonn-Bad Godesberg 1979

MÜLLER,M.: Heilpädagogische Diagnostik bei schwer und schwerstbehinderten Kindern, Berlin 1982

NESTLE,W.: Didaktik und Sonderpädagogik, in: Zeitschrift für Heilpädagogik, 27.Jg. 3/1976, 167-180

O'NEILL,J.: Der Spiegelleib. Merleau-Ponty und Lacan zum frühkindlichen Verhältnis von Selbst und Anderem, in: MÉTRAUX,A./ WALDENFELS,B. (Hrsg.): Leibhafte Vernunft - Spuren von Merleau-Pontys Denken, München 1986, 236-257

OHLMEYER,G.: Frühförderprogramme für behinderte Kinder, Dortmund 1979

PAPOUSEK,M.: Wurzeln der kindlichen Bindung an Personen und Dinge, in: EGGERS,Ch. (Hrsg.): Bindungen und Besitzdenken beim Kleinkind, München 1984, 154-184

PETERSSEN,W.: Lehrbuch Allgemeiner Didaktik, München 1983

PFEFFER,W.: Die pädagogische Dimension des Begriffs 'schwerste geistige Behinderung', in: Zt. Behindertenpädagogik, 21.Jg. 2/1982, 122-135

PFEFFER,W.: Die Bedeutung des Selbstseins im Unterricht mit Geistigbehinderten, in: Zt. Geistige Behinderung, 21.Jg., 4/1982a, 237-249

PFEFFER,W.: Grundlegung der Aufgabe und Möglichkeiten der Förderung schwer geistig Behinderter, unveröff. Habil.-Schr. Würzburg, 1986

PFEFFER,W.: Leibhaftes Lernen bei geistig Behinderten, in: Zt. Geistige Behinderung, 25.Jg., 2/1986a, 94-104

PFEFFER,W.: Fremdverstehen auf präreflexiver Ebene erzieherischer Interaktion, in: EBERWEIN,H. (Hrsg.): Fremdverstehen sozialer Randgruppen, Berlin 1987, 104-123

PFEFFER,W.: Zur Entwicklung des Erziehers in der Erziehung bei schwerer geistiger Behinderung, in: ADAM,G./HUSSLEIN,E./ PFEFFER,W. (Hrsg.): Erziehen als Beruf, Würzburg 1987a, 257-268

PORTZ,H.: Bericht schulpraktischer Studien, unveröff. Seminararbeit, Köln 1987

PRIOR,B.: Selbst-Sein und Selbst-Werden in Beziehung, Frankfurt/M 1984

PUTTKAMER,M.v.: Gestalt und Gebärde - Wegweiser zum Wort, in: Zt. Poeisis, 4/1988, 102-109

RICHTER,I.: Schwer mehrfach Behinderte lernen Selbständigkeit, Bern-Stuttgart-Wien 1980

RUPRECHT,H.: Modelle grundlegender didaktischer Theorien, in: RUPRECHT,H./BECKMANN,H.-K./CUBE,F.v./SCHULZ,W.: Modelle didaktischer Theorien, Hannover 1976, 9 - 71

SCHÄFER,G.E.: Pädagogik am Ende der 'realistischen Wendung'?, in: Neue Sammlung, 28.Jg., 4/1988, 505-518

SCHMITZ,E.: Elternprogramm für behinderte Kinder, München 1976

SCHRÖDER,S.: Anmerkungen zum Phänomen Schwerst- und Mehrfachbehinderung, in: HOFMANN,Th.(Hrsg.): Beiträge zur Geistigbehindertenpädagogik, Rheinstetten 1979, 222-229

SCHUMACHER,J.: Schwerstbehinderte Menschen verstehen lernen, in: Zt. Geistige Behinderung, 24.Jg., 1/1985, Heftmitte

SEIFFERT,H.: Einführung in die Wissenschaftstheorie, Bd. 2, 8. verb. und erw. Aufl., München 1983

SPECK,O.: Geistige Behinderung und Erziehung, München 1972

SPECK,O: Bildung, Bildbarkeit und Lernen des geistigbehinderten Menschen, in: Zt. VHN, 42.Jg., 2/1973, 137-144

SPECK,O.: Kinder mit Intensivformen geistiger Behinderung - Tendenzen zu ihrer Förderung im internationalen Überblick, in: Zt. VHN, 47.Jg., 1/1978, 6-14

SPECK,O.: Wissenschaftstheoretische Grundlagen und ihre Bedeutung für das Miteinander von Natur- und Geisteswissenschaften, in: Zt. Infans Cerebropathicus, 4/1980, 85-91

SPECK,O.: Geistige Behinderung und Erziehung, München 1980a

SPECK,O.: Wende in der Sonderpädagogik, in: Zt. Sonderpädagogik, 12.Jg., 4/1982, 145-157

SPECK,O. : Aufgabenfelder der Erziehung von Behinderten, in: BLEIDICK,U. (Hrsg.): Theorie der Behindertenpädagogik, Berlin 1985, 129-151

SPECK,O.: Aufgaben und Richtziele für die Erziehung geistig behinderter Menschen, in: WACKER,E./NEUMANN,J. (Hrsg.): Geistige Behinderung und soziales Lernen, Frankfurt/M. 1985a, 221- 233

SPECK,O.: System Heilpädagogik - Eine ökologisch reflexive Grundlegung, München /Basel 1988

SPECK,O./THALHAMMER,M.: Die Rehabilitation der Geistigbehinderten, München/ Basel 1974

STRASSMEIER,W.: Frühförderung konkret, München 1981

STRAUS,E.: Vom Sinn der Sinne - Ein Beitrag zur Grundlegnung der Psychologie, Berlin/Göttingen/Heidelberg 1956

STRIEBEL,H.R.: Zum Geleit, in: HARTMANN,H./MISLIN,H.: Die Spirale im menschlichen Leben und in der Natrur eine interdiszilpinäre Schau, Basel 1985, 7

TAYLOR,Ch.: Leibliches Handeln, in: MÉTRAUX,A./WALDENHELS,B. (Hrsg.): Leibliche Vernunft - Spuren von Merleau-Pontys Denken, München 1986, 194-217

THALHAMMER,M.: Geistige Behinderung, in: SPECK,O./ THALHAM-MER,M.: Die Rehabilitation der Geistigbehinderten, München 1974, 9-72

THALHAMMER,M.: Fragmente zur Erziehungswirklichkeit schwer körperlich- und geistigbehinderter Kinder, in: Zeitschrift für Heilpädagogik, 31.Jg. 8/1980, 547-556

THALHAMMER,M.: Warten und Erwarten, Träumen und Trauern - Anthropologische Fragmente zur Schwerstbehindertenpädagogik, in: ders. (Hrsg.): Gefährdungen des behinderten Menschen im Zugriff von Wissenschaft und Praxis, München 1986, 122-149

TISCHNER,W.: Das dialogische Prinzip in der Erziehung und die Entwicklungsstufen der kindlichen Aktivität, in: Zt. Pädagogische Rundschau, 39.Jg. 2/1985, 469-489

TUCKERMANN,U.: Kommunikationsförderung mit Schwerstbehinderten, in: FRÖHLICH,A. (Hrsg.): Dokumentation zur Situation Schwerstbehinderter, Staufen 1978, 83-104

USLAR,D.v.: Die Wirklichkeit des Psychischen - Seele als Wirklichkeit des Leibes, Pfullingen 1969

HERDER-VERLAG (Hrsg.): Der neue Herder, Konversationslexikon, Bd. 1, Freiburg 1951[4]

VESTER,F.: Bemerkungen zur Spiegelbildasymmetrie, in: HARTMANN,H./MISLIN,H.: Die Spirale im menschlichen Leben und in der Natur eine interdisziplinäre Schau, Basel 1985, 35-37

WARWEG,Ch.: Heilpädagogische Aktivierung Schwerstbehinderter, in: Zt. Zur Orientierung, 6.Jg.,2/1982, 164-182

WEIZSÄCKER,C.F.v.: Der Garten des Menschlichen - Beiträge zur geschichtlichen Anthropologie, München 1977

WILLAND,H.: Theoriediskussion als Grundlage einer Allgemeinen Heilpädagogik, in: Zt. VHN, 49.Jg., Teil I 3/1980, 238-248, Teil II 4/1980, 374-381

WOHLFARTH,R.: Das Bild vom geistig behinderten Menschen und seine Rolle für die Erziehung, in: Heilpädagogische Forschung, Bd.XII 2/1985, 189-198

WÖHLER,Kh.: Wie die Sonderpädagogik zum Behinderten kam und kommt: Der Behinderte als Objekt und Subjekt, in: Zt. Behinderte, 9.Jg., 5/1986, 2-13

Anhang

INHALTSVERZEICHNIS

ANMERKUNG

Der Anhang vermittelt einen Einblick in die Bearbeitung und Reflexion der vielfältigen Praxiserfahrungen, die wegen ihrer Fülle hier im ganzen Umfang nicht angeführt werden können.

JANUS KORCZAK

Wer kann Erzieher werden ?

"Das ist eine Erzählung aus dem Ausland. Es gibt dort eine Familie, den Vater Mordechaj, die Mama Rewka, den älteren Bruder Ari, die kleine Tochter Ester, den kleinen Jungen Srulik. Es gibt auch den Großvater Abram; er ist gelähmt und sitzt im Sessel. Morgens gehen alle aus dem Haus, an die Arbeit und in die Schule, die Mutter Rewka geht auf dem Markt, zu Hause bleibt der kleine Srulik mit dem Großvater Abram im Sessel auf Rädern. Der Opa Abram ist 70 Jahre alt. Er sitzt bequem im Sessel, ist schön angezogen; sie haben ihm die frommen Bücher in die Hand gelegt, damit er sie lesen kann. Der kleine Srulik spielt im Zimmer mit dem Ball.
Der Opa Abram will nach dem Buch greifen, die Brille ist ihm hinuntergefallen, er will sie aufheben und kann es nicht. In den nächsten drei Stunden erwartet ihn die Untätigkeit. Eine große Traurigkeit überfällt ihn, und er fängt an zu weinen. Der kleine Srulik läuft im Zimmer herum, und plötzlich hört er das Aufschluchzen des Großvaters.
Er kommt zu ihm heran und sieht, daß er weint, ist erstaunt und fragt: Opa, warum weinst du?
Der Opa antwortet: Ach nichts, heb mir die Brille auf, die mir heruntergefallen ist. Srulik gibt ihm die Brille, und der Großvater kann wieder lesen. Die Mama kommt vom Markt zurück, und der kleine Srulik erzählt ihr erstaunt, daß der Opa geweint habe. Warum? Wenn er könnte, würde er hinzufügen: - wegen welcher Kleinigkeit.
Seine Schwester Ester kommt aus der Schule, läuft in ihr Zimmer, legt sich aufs Sofa und weint. Die Mutter Rewka kommt zu ihr und fragt, was passiert ist. Das Mädchen würgt schluchzend heraus: Sie sagten, ich sei die Königin in der Gruppe, jetzt sagen sie, daß ich es nicht bin und zerreißen mir die Hefte. Die Mama tröstet sie: Dummerchen, lohnt es sich wegen solch einer Dummheit zu weinen?
Der Sohn Ari ist 15 Jahre alt, kehrt mittags nach Hause zurück; sie bitten ihn zum Essen, er kommt nicht, steht auf der Straße und Tränen stehen in seinen Augen. Der Vater fragt: Warum weinst du? Was ist passiert? Aris Antwort wird vom Schluchzen erschüttert. Ein Mädchen hat mich beleidigt. Sie schaut mich nicht an, sie hört nicht auf meine Worte. Der Vater hört zu und tröstet den Sohn. Welche Dummheit, wegen eines Mädchens zu weinen, du findest andere!
Die Mama machte Besuche, kommt verzweifelt zurück: Man hat mir gesagt, daß mein Kleid ein Lappen sei, aber es ist doch mein bestes Kleid, ich habe nichts anzuziehen. Sie erzählt dies unter Tränen.
Mordechaj, ihr Mann, wundert sich: Du weinst wegen eines Kleides! Er kann seiner Frau nicht versprechen, ihr Geld für ein neues zu geben, denn sie sind nicht reich. Andere fahren mit eigenem Auto an ihren Arbeitsplatz. Mordechaj fährt mit dem Bus, welche Schande! Diese Scham füllt seine Augen mit Tränen.

Der Opa Abram wundert sich: Zu meiner Zeit gab es keine Privatautos. Es ist doch nicht schlecht, mit dem Bus zu fahren. Du weinst um ein Auto? Der kleine Srulik weint, er hat Angst, daß der Teufel hinter der Tür stehen könnte, er ängstigt sich und weint. Die Mama öffnet die Tür und zeigt, daß da niemand steht. Srulik hört nicht auf zu weinen und bittet die Mutter, ihn auf den Arm zu nehmen.

Alle Tränen sind salzig, wer das begreift, kann Kinder erziehen, wer das nicht begreift, kann nicht erziehen."[1]

---

[1] KORCZAK, J.: *Wer kann Erzieher werden?*, in: FLITNER, A./SCHEUERL, H. (Hrsg.): *Einführung in pädagogisches Sehen und Denken*, München 1984 [10], 19 - 20

Gegenüberstellung verschiedener exemplarischer Definitionen zum Begriff der 'Selbstverwirklichung'

1. Philosophie

"Im ethischen Sinn kann unter Selbstverwirklichung die Befolgung der Maxime 'Werde wer du bist' oder 'Sei du selbst' verstanden werden, die in der Antike von PINAR, in der dt. Mystik von MEISTER ECKART und ähnlich von ANGELUS SILESIUS angesprochen und später von P. DE LAGARD wieder aufgenommen worden ist. Gefordert wird darin die Gestaltung des eigenen Daseins gemäß der eigenen durch natürliche oder gottgegebene Anlage vorgezeichnete Wesensbestimmung. In neuer Wendung, als Ausruf zu selbsteigener freier Übernahme und Gestaltung des Geschicks dazusein, tritt der Gedanke der Selbstverwirklichung in M. HEIDEGGERs Aufforderung 'Eigentlichkeit' hervor." (BROCKHAUS)[1]

2. Humanistische Psychologie

"Zusammenfassend könnte man sagen, daß Selbstverwirklichung eine 'Lebensweise' (ROGERS) ist, in der der einzelne aus einem positiven inneren 'Kern' heraus bestimmte Tendenzen egozentrischer, aber gleichzeitig auch kreativer, sozialer und ethischer Art realisiert und aktualisiert und selbstregulativ, in Betätigung seines ganzen Organismus in Wachheit und Bewußtheit zu bestmöglicher Befriedigung gelangt, vom Elemente des sozialen Klimas, der mitmenschlichen Beziehung hilfreich sind." (PRIOR)[2]

3. Geistigbehindertenpädagogik

"Allgemein kann Selbstverwirklichung als die umfassende Entfaltung der im Menschen angelegten Möglichkeiten angesehen werden, die sich im praktischen Vollzug äußert (TEUNISSEN 1982, 74). BACH sieht Erfülltheit, Orientiertheit und praktische Tüchtigkeit als die Bereiche an, die zusammen die Selbstverwirklichung ausmachen." (MEYER-JUNGCLAUSEN)[3]

4. Schwerstbehindertenpädagogik

Arbeitsthese im Modellversuch: Selbstverwirklichung wurde fürs erste als Prozeß beschrieben, "in dem das Individuum in Orientierung an eigenen Lebensperspektiven sein Leben befriedigend gestaltet." (DREHER)[4]

---

1 BROCKHAUS ENZYKLOPÄDIE, Bd. 17, Wiebaden 1973, 286

2 PRIOR, B.: *Selbst-Sein und Selbst-Werden in Beziehung*, Frankfurt/M. 1984, 97

3 MEYER-JUNGCLAUSEN, V.: *Geistige Behinderung und Erwachsenenbildung*, Berlin 1985, 44

4 DREHER, W.: *Selbstverwirklichung*, unveröff. Arbeitspapier zum Modellversuch, Köln 14.10.1983

Veranschaulichungen zum helicalen Modell

I. Der DNS - Doppelstrang

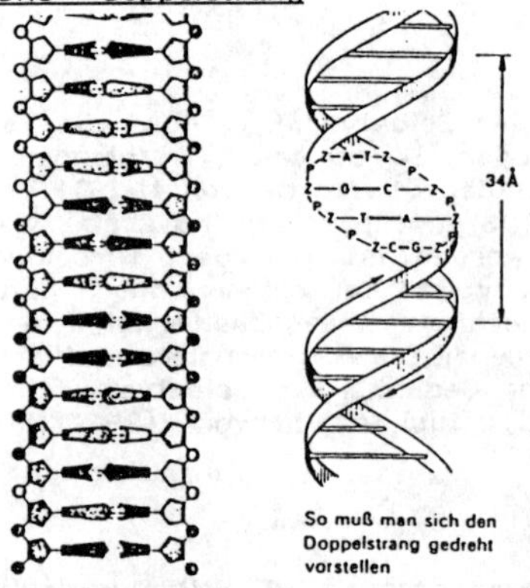

Modell vom Bau der DNS nach Watson und Crick

LINDNER, H.: *Biologie*, Stuttgart 1971, 260

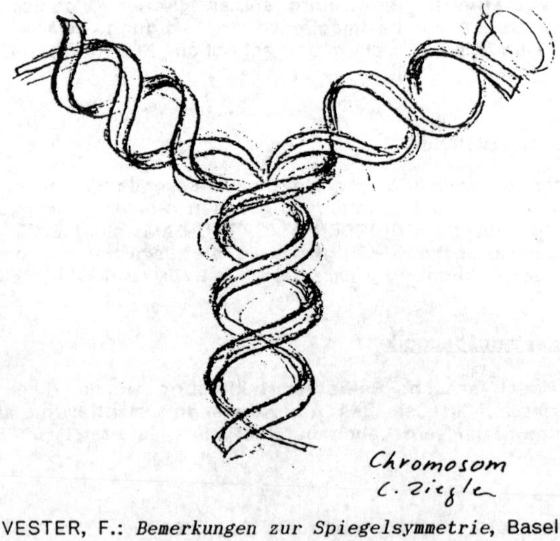

VESTER, F.: *Bemerkungen zur Spiegelsymmetrie*, Basel 1985, 37

II. Die Partner - Schaukel von HUGO KÜKELHAUS

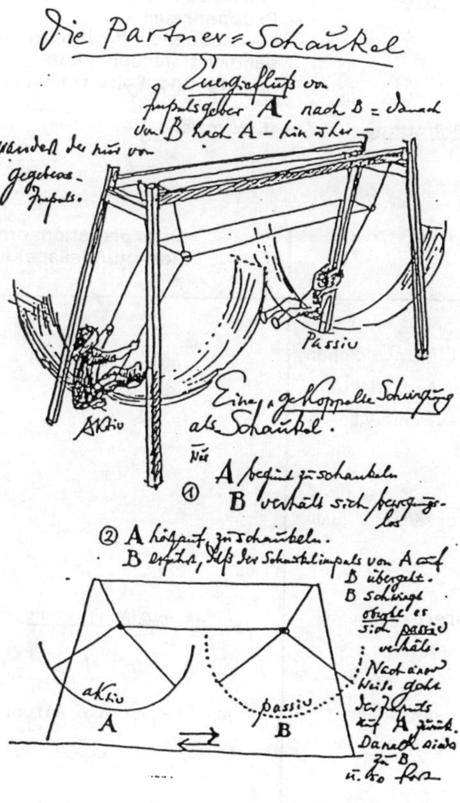

ARBEITSKREIS 'ORGANISMUS UND TECHNIK' (Hrsg.): *Hugo Kükelhaus*, Essen 1987, 41

Protokoll einer exemplarischen Tonbandaufzeichnung

Tonbandprotokoll vom: Karneval 1984

Situative Gegebenheiten:	-individuelle Förderung im Gruppenraum -Lernsequenz, die inhaltlich vom S. bestimmt werden kann -Ludwig und Felix (nacheinander)
Dauer der Aufzeichnung:	-15 Minuten

Unterrichtsverlauf	Interpretation unter dem Beziehungsaspekt
(Ludwig sitzt auf meinem Schoß, Felix wartet daneben im Rollstuhl, als die Aufnahme beginnt.)	
ich: "Wollen wir erzählen, Ludwig?"	
L.: "Ja, ja!"	
ich: "Hast du gestern Karneval gefeiert?"	Phase der Annäherung
L.: "Ja, ja."	
ich: "Du bist ja ganz heiser!"	ja - betont als Antwort auf seine Vorgabe
L.: "Ha - ha." kurze Pause "Hi - ha."	Anruf von L.
ich: "Ha - ha."	Rückruf meinerseits
L.: "Ha - ha."	Antwort und Anruf von L.
ich: "Ha - ha."	Rückruf
L.: "Ne - ne, ne - ha."	Modifikation des Anrufs Phase des 'ursprünglichen Verstehens'

- wir lachen beide (weil sich L. vorgebeugt hat und mich vor freudigem Übermut beißen will)	
ich: "Nein!"	<u>Phase des Rückzugs</u>
L.: "Há" (und versucht mich erneut zu beißen)	
ich: "Nein, das tut mir weh."	
L.: "Ja, ha."	
ich: "Wollen wir singen?"	
L.: "Já!"	
- wir singen gemeinsam das Lied "ah, ah, ah - der Winter, der ist da", wobei L. bei den Lauten mitsingt	<u>mediale Beziehung</u> (Lied als Medium, im Verlauf des Singens rückt L. immer näher an mich heran)
- Strophe 2: "eh, eh, eh - er bringt uns Eis und Schnee"	Beziehung im elementaren Sinne (auditiv / haptisch-taktil)
- Strophe 3: "oh, oh, oh - jetzt sind wir alle froh"	
- Strophe 4: "uh, uh, uh - jetzt weiß ich was ich tu"	
- bei der letzten Strophe singt L. nicht mehr mit	Abbruch der Beziehung, weil der neue 'uh - Laut' für L. noch zu schwer ist
- kurzer Augenblick der Stille	
L.: "Ha - ha."	
F.: "Ah?"	
L.: antwortet nicht	
F.: "Ah, ah!"	
L.: atmet unruhig, antwortet aber nicht lautlich	
- Stille (keine hörbare Reaktion von den S.)	

ich: spreche L. "Hallo" vor	
L.: probiert durch "Ha-o" die Vorgabe zu wiederholen	Dialog im Sinne generalisierter Beziehungen
L.: zappelt aufgeregt und lachend auf meinem Schoß	
ich: "Stopp, du fällst gleich runter; wollen wir noch einmal singen?"	
L.: "Já!"	
- wir singen die ersten drei Strophen des 'Winter - Liedes'	mediale Beziehung im generalisierten Sinne
- während der 3. Strophe hustet F.	
- L. hört sofort auf zu singen, atmet sehr aufgeregt; er scheint sich erschrocken zu haben	
F.: "Ah - ah."	
L.: atmet immer noch aufgeregt	
ich: "Das ist nur F., er hat dich gerufen."	
L.: "Ha" - Pause - "ha - he" - Pause - "ha - he - ha."	erste Lautkette
ich: "Ha - he - ha."	
L.: "Ha - he, ha - ah, ha - ha - ha, na - na - na"; lacht freudig	L.'s Lautproduktionen werden für F. zum Anruf
F.: "Ah!"	
L.: hält den Atem an	L. fühlt sich scheinbar von F. angesprochen
- Flugzeuglärm - Ende der Aufnahme	Beziehung durch äußere Einflüsse unterbrochen

Exemplarisches Beziehungsprotokoll

Zur systematischen Reflexion der Tagebuchaufzeichnungen elementaren Beziehungserlebens zwischen Schüler und Lehrer oder der Schüler miteinander.

Anhand der schematischen Erfassung der zur Verwirklichung des leibhaften Dialoges verwendeten Beziehungselemente wurde im intraindividuellen Vergleich die Entwicklung innerhalb der Beziehungsweisen deutlich (z.B. direkte, mediale, generalisierte, aber auch homologe oder heterologe Weisen).

Beziehungsprotokoll

beteiligte Schüler: Felix und Ludwig **Datum:** 12.9.1983

situative Gegebenheiten:
- Ruhephase nach dem Frühstück und Wickeln auf dem Luftkissen;
- Möglichkeit für lehrerunabhängige Sozialkontakte der Schüler miteinander;
- Bisher noch keine elementare Beziehung der beiden Schüler zueinander beobachtbar;

FELIX	LUDWIG

Elementare Beziehung ist beiden durch den Dialog mit Eva und mir bekannt.

I. Vorbereitung

Beide liegen still auf dem Kissen, scheinen sich auf die Geräusche oder das Geschehen um sie herum zu konzentrieren.

II. Annäherung

Plötzlich fängt L. an zu jammern, in einer Weise, wie ich es zuvor nicht gehört habe; sagt leise 'Mama'; wendet sich zu Felix; dreht sich schließlich auf die Seite und betastet vorsichtig sein Gesicht.

III. 'Ursprüngliches Verstehen'

F. zuckt zusammen, hält ergriffen und angerührt den Atem an; L.'s Rufen und Betasten müssen ihn zutiefst getroffen haben und zum Anruf für ihn geworden sein. L., der sich wiederum von F.'s Innehalten angerufen fühlt, antwortet durch erneutes Jammern. F. fährt zusammen und atmet erleichtert aus. L. betastet ihn daraufhin und ruft ihn durch einen 'ah-Laut' an. F. antwortet tief-schnaubend und dreht den Kopf in L.'s Richtung. L. ruft wieder an: 'Mama', 'ha', Jammern, Lachen. F. bewegt aufgeregt die Augenlider, scheint sehr konzentriert und völlig auf L. gerichtet zu sein. Plötzlich 'quiekt' er freudig, worauf L. kurz den Atem anhält und ihm im Jammern antwortet. F. hebt den Kopf und 'schreit' wieder vor Freude. Der Dialog von 'Schrei-Anruf' (Felix) und Jammern- bzw. 'Laut-Rückruf' (Ludwig) dauert eine Weile an,

VI. Rückzug

bis Lärm in der Klasse die beiden stört.

Beide liegen 'glücklich erschöpft' auf dem Kissen, wobei sie einander zugewandt sind.

V. Nachhall

Beide scheinen dem Erlebten nachzuspüren und achten nicht auf das Geschehen um sie herum.

VI. Entfaltung

In der nachfolgenden Zeit nahmen die beiden immer häufiger elementare Beziehung zueinander auf.

Anteil der Beziehungs-Elemente im elementaren Dialog

Schüler: FELIX (*)

Datum: 12.9.1983

Lehrer: /

Mitschüler: LUDWIG (+)

	auditiv	visuell	haptisch - taktil	gustatorisch	osmatisch	Gesten des Leibes
1. Vorbereitung	+					
2. Annäherung	+ *	+	+ *			
3. 'Ursprüngl. Verstehen'	+ *	+	+ *			Erwartung Spannung + *
4. Rückzug	+ *	+	+ *			+ *
5. Nachhall			+ *			+ *
6. Entfaltung						Entspannung Versonnensein + *

a. Dominanz eines Beziehungselementes: auditives Element; das Fühlen u. Anfühlen dauert nicht während der gesamten Beziehungsnahme an

b. Reihenfolge der verwendeten Elemente in Phase 3: erst auditiv, dann hapt.-taktil und wieder auditiv

c. Veränderung im Vergleich zu den Elementen der vorausgegangenen Situation: erste Situation

<u>Diagramm zur Entwicklung der elementaren Beziehungsfähigkeit</u>

<u>F E L I X</u>

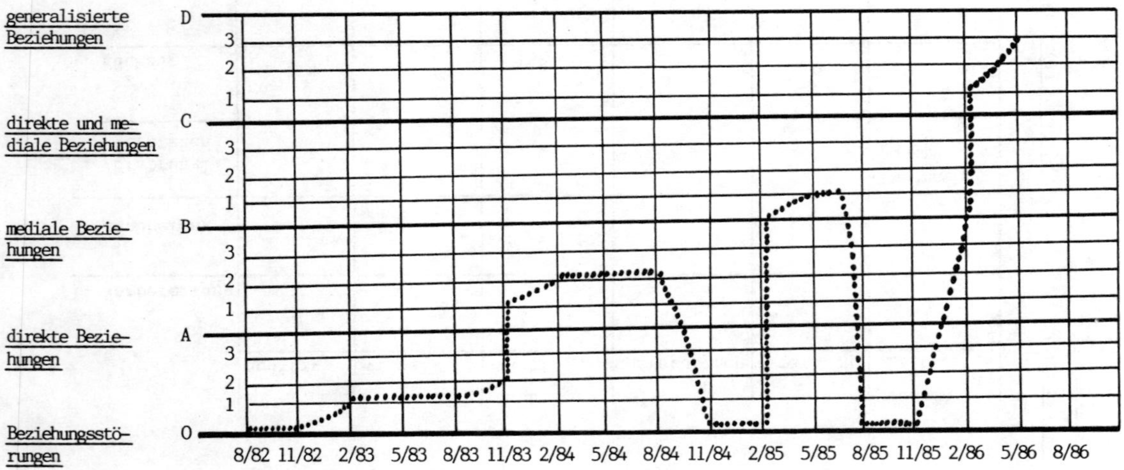

<u>Erläuterung der Codierung im 'Diagramm zur Entwicklung der elementaren Beziehungsfähigkeit'</u>

O = Völlige Selbstbezogenheit des Kindes / Beziehungsstörungen

A = Direkte Beziehungen:
- 1 - zu einer bevorzugten Bezugsperson
- 2 - zu einem oder mehreren Mitschülern
- 3 - zu weiteren Bezugspersonen

B = Mediale Beziehungen:
- 1 - zu einer bevorzugten Person über ein bestimmtes Medium
- 2 - über verschiedene Medien
- 3 - zu verschiedenen Personen über verschiedene Medien

C = Direkte u. mediale Beziehungen:
- 1 - direkte Beziehung gegenüber medialer dominant
- 2 - direkte u. mediale Beziehungen werden bei einer Bezugsperson gleichrangig nebeneinander verwendet
- 3 - direkte u. mediale Beziehungen zu mehreren Bezugspersonen gleichrangig nebeneinander möglich

D = Generalisierte Beziehungen:
- 1 - zu vertrauten Personen
- 2 - in vertrauten situativen Gegebenheiten
- 3 - zu fremden Personen und Situationen

Entwicklungsprofil elementarer Beziehungsfähigkeit

Name: FELIX Beobachtungszeitraum: August 85 - Juli 86

(Das Entwicklungsprofil ist aus dem interindividuellen Vergleich der Beziehungsprotokolle eines Schuljahres entstanden.)

Entwicklungsbereiche	Beobachtbares Ausmaß der Entwicklungsfort- bzw. -rückschritte
1.-völlige Selbstbezogenheit	- durch Klassenumbildung und Probleme in der Familie fehlt F. häufig; und wenn er da ist, versinkt er in sich selbst (1. Schulhalbjahr)
-noch keine Beziehungsnahme i.S. elementarer Beziehungen möglich	
-Form und Ausmaß der Beziehungsstörung	- in dieser Zeit ist meine Beziehung zu ihm gestört, weil ich durch die Belastung der neuen Situation nicht die Ruhe finde, mich ganz auf ihn zu konzentrieren. Als dann im Dez./Jan. eine situative Entlastung eintritt, bessert sich auch gleich sein Zustand; wir führen unsere Beziehung in der Weise fort, in der wir sie vor den Sommerferien unterbrochen hatten.
2. elementare-direkte Beziehung	
- direkte Bez. zu 1 bevorz. Person - initiiert vom Lehrer - initiiert vom Schüler	- elementare Beziehung wieder möglich (vgl. Protokoll - Entwicklung)
- direkte Bez. zu 1 bevorz. Person mittels 1 bevorz. Elementes	- Prozeß der Ablösung von mir: ich versuche jetzt bewußt weniger Beziehung zuzulassen, d.h., ruft er mich an, antworte ich ihm, initiiere aber selbst keine mehr, um auf diese Weise seine Bindung an mich langsam zu lösen.
- direkte Bez. zu 1 bevorz. Person mittels eines weiteren Elementes - initiiert vom Lehrer - initiiert vom Schüler	

3. mediale Beziehung	
- mediale Beziehung zu 1 bevorz. Person über 1 bestimmtes Medium und mittels 1 bevorz. Elementes - initiiert vom Lehrer - initiiert vom Schüler	- er kann jetzt mediale Beziehung initiieren, wenn er im Rollstuhl sitzt und sich z.B. mit einem Klangrahmen beschäftigt - es sind Medien, die auditiv wahrnehmbar sind, dabei bevorzugt er, wie bei der direkten Beziehung, das auditive Element
- mediale Beziehung zu 1 Person über verschiedene Medien und mittels mehrerer Elemente - initiiert vom Lehrer - initiiert vom Schüler	
- mediale Beziehung zu 1 weiteren Lehrperson möglich - über 1 bevorzugtes Medium - mittels 1 bevorz. Elementes - initiiert vom Lehrer - initiiert vom Schüler - mittels verschiedener Elemente - über verschiedene Medien	- es ist ihm jetzt beim Essen möglich,Beziehung zu demjenigen aufzubauen, der ihn füttert (= Bedeutung des gemeinsamen Essens) - dabei setzt er häufig sein differenziertes Mienenspiel als Anruf ein; am Gerührtsein der Kollegen war erkennbar, daß sie sich getroffen fühlten - eine deutliche Entwicklung, die sich nach der Freizeit noch intensivierte
- mediale Beziehung zu 1 Mitschüler möglich - über 1 bevorzugtes Medium - mittels 1 bevorz. Elementes - initiiert vom Mitschüler - initiiert vom Schüler selbst - mittels verschiedener Elemente - über verschiedene Medien	
- mediale Beziehung zu verschiedenen Mitschülern oder Lehrpersonen möglich	- mediale Beziehung auch zu Ludwig möglich; z.B. beim Suchspiel oder beim gemeinsamen Liegen unter Klangringen auf der Matte

- verschiedene Beziehungselemente gewinnen an Bedeutung, werden aber immer noch in der primären L-S-Beziehung verwendet	- er benötigt jetzt den Körperkontakt nicht mehr; kann nun auch die Beziehung über eine räumliche Distanz hinweg aufrecht erhalten
- direkte Bez. zur 1. 'Bezugs' - Person vom Schüler mittels verschiedener Elemente initiierbar	- das Rufen (auditives Element) wird nun zum bedeutesten Element, mit dem er Beziehung zu Ludwig, Helmut und mir aufnimmt.
- direkte Bez. zu einer weiteren Lehrperson möglich - initiiert vom Lehrer - initiiert vom Schüler - mittels eines Elementes - mittels verschiedener/variierter Elemente	
- direkte Bez. zu 1 Mitschüler - initiiert vom Mitschüler - initiiert vom Schüler selbst - mittels eines Elementes - mittels verschiedener/variierter Elemente	
- direkte Beziehung zu Mitschülern - initiiert von den Mitschülern - initiiert vom Schüler selbst - mittels eines Elementes - mittels verschiedener/variierter Elemente	
- Beziehung zu Materialien/Lerngegenständen; intensive Auseinandersetzung mit dem Material	- er beschäftigt sich zunehmend länger mit Lerngegenständen und dabei sehr intensiv, so daß er kurzzeitig die Geräusche der Umgebung vergißt.

4. <u>generalisierte Beziehungen</u> - Charakteristika der generalisierten Beziehungen des Schülers	 - er behauptet sich durch Rufen oder ggf. durch Weinen in der Gruppe - er drückt seine Wünsche verständlich durch Laute und Mienenspiel aus - er geht auf Fremde zu, d.h., er ruft sie 'begrüßend', läßt sich anfassen und ist durch Lachen und Laute zum Dialog mit ihnen fähig

Protokoll zu den Entwicklungsveränderungen des Kindes in verschiedenen Bereichen

Name: FELIX Beobachtungszeitraum: Januar bis Juli 1983

(Alle innerhalb eines Schulhalbjahres gemachten Beobachtungen zu Felix' Gesamtentwicklung wurden der gründlichen Reflexion wegen, nach bestimmten Bereichen geordnet, dann mit den vorausgehenden Protokollen sowie mit den Reflexionen zur 'Entwicklung seiner Beziehungsfähigkeit' verglichen.)

Entwicklungsbereiche	Beobachtbares Ausmaß der Entwicklungsfort- bzw. -rückschritte
1. Beziehungsfähigkeit - direkte Beziehung: Schwerpunkt Beziehungspartner - direkte Beziehung: Schwerpunkt Beziehungselemente - mediale Beziehung: Schwerpunkt Beziehungspartner - mediale Beziehung: Schwerpunkt Beziehungselemente - mediale Beziehung: Schwerpunkt Medium - Konstanz der Beziehung	- 7.1.83 erste elementare Beziehung zu mir; erster Zugang zu ihm bewirkt erste Öffnung seinerseits - ab Februar erste Beziehungen zu Hanne - ab Juni Beziehungen auch zu Eva - nur direkte Beziehungen primär über das auditive, nachgeordnet auch über das haptisch-taktile Element - Die ersten elementaren Beziehungen haben ihm den Weg zur Umwelt geöffnet und Lernen beginnt.
2. Mitteilungsfähigkeit - mimische Äußerungen - gestische Äußerungen - lautliche Äußerungen - erste Worte/ 'Sprache' - Sinngehalt von Äußerungen - Ausdruck von Stimmungen	- sein Lachen und 'Schmollen' ist jetzt eindeutig situationsbezogen; er reagiert auf weitere Reizworte: "Joghurt essen?" und "Trinken?" - er 'spricht' durch seine differenzierte Atmung, Veränderung der Körperspannung und äußert 'ah-' und 'cha-Laute' - er akzeptiert jetzt den Gesang einer Person; singen aber mehrere gleichzeitig, scheint er es nicht ertragen zu können und weint heftig

3. <u>Selbstverwirklichung</u>	
- Selbsterfahrung - Selbstbewußtsein (Ereignisse, an denen diese Grundbedürfnisse beobachtet werden)	- er wirkt nun aufgeschlossener und läßt sich leichter aus seiner Selbstbezogenheit lösen - er drückt seine Wünsche durch ablehnendes Schreien oder fordernd-klagendes Weinen aus - bei Freude lacht er jetzt herzhaft laut; sein Körper entspannt sich häufiger
4. <u>Sozialverhalten</u>	
- soziale Zugewandtheit	- kennt den Lehrer; antwortet ihm mit Lauten
- Kontakt zu Mitschülern und/oder Lehrern über den Klassenverband hinaus	- nimmt Kontaktangebote von Hanne und Eva an, beantwortet sie durch Veränderung der Atmung oder der Körperspannung, aber noch nicht durch Laute; initiiert selbst aber noch keine Beziehung
- Regulation der eigenen Bedürfnisse im sozialen Umfeld - Selbstbehauptung	- kann jetzt länger abwarten, wenn der Lehrer mit anderen Schülern beschäftigt ist; das eifersüchtige Weinen oder Sich-Erbrechen ist seltener geworden
5. <u>Wahrnehmungsfähigkeit</u>	
- visueller Bereich	
- auditiver Bereich	- unangenehme Umweltgeräusche, wie Fön oder Handrührgerät, erträgt er nach intensivem Vertrautmachen; lehnt aber weiterhin das Fließgeräusch des Wassers ab, indem er heftig weint
- haptisch-taktiler Bereich	- er reagiert jetzt beim Baden oder Abreiben mit unterschiedlich harten Materialien; mit Handführung betastet er Tastbretter und reagiert mit Augenrollen auf die Qualitätsunterschiede; er bevorzugt weiche Materialien; er unterscheidet auch Temperaturen
- osmatisch-gustator. Bereich	- er unterscheidet Geschmacksrichtungen und Gerüche; bevorzugt süße Speisen
- kinästh.-vibrator. Bereich	- Schaukeln auf dem Arm erfreut ihn; Schaukelbrett und -trichter akzeptiert er und nimmt die Bewegung auf

6. <u>Selbstversorgung</u> - Eß- und Trinkverhalten - Toilette / Pflege - An- oder Auskleiden	- seit Jan. 83 ißt er in Joghurt aufgeweichte Brotstückchen; akzeptiert andere Joghurtsorten; während er zu Anfang nur Weißbrotstückchen schlucken kann, ißt er am Schuljahrsende Graubrotstücke - keine Veränderungen
7. <u>Motorische Fähigkeiten</u> - Grobmotorik - Feinmotorik	- in der krankengymnastischen Therapie keine Veränderungen beobachtbar - läßt sich jetzt aktiv in Fingerspiele einbeziehen - hält zunächst den Finger des Lehrers, dann fingerähnliche, längliche Greiflinge unterschiedlicher Art; aktives Festhalten und Loslassen - läßt sich zunehmend mehr und fremde Gegenstände zum Erkennen durch die Handflächen ziehen bzw. in ihnen bewegen
8. <u>Denkvermögen</u> - erste Zusammenhänge erkennen Ursache - Folge - Denken - Abstraktionsfähigkeit - Transferstärke	- kennt den Tagesrhythmus, d.h., er kennt die Lieder, die die verschiedenen Phasen des Vormittags anzeigen - er hat verbale Charakteristika für bestimmte Unterrichtssituationen,wie 'malen', 'fühlen', 'frühstücken', 'wickeln' und 'singen' verinnerlicht
9. <u>Lernverhalten</u> - Motivation - Belastbarkeit/Leistungsvermögen - Ausdauer - Toleranz / Flexibilität - Disziplin	- läßt sich leichter aus seiner Selbstbezogenheit lösen und bleibt bis zu 5 Minuten auf einen Lerninhalt konzentriert; seine Motivation ist aber noch stark von seiner Befindlichkeit abhängig - benötigt nicht mehr ständig die Zuwendung des Lehrers; die Fustrationstoleranz scheint gestiegen zu sein (die Eifersuchtsreaktionen - Weinen oder Erbrechen - werden weniger) - <u>Lernen über den Bezug zum Lehrer möglich</u>!

10. <u>Körperliche Veränderungen</u> - organisch bedingte Veränderungen - psychische Veränderungen - psychomotorische Veränderungen	- er fehlt nicht mehr so häufig (nur noch alle 6 bis 8 Wochen) und nicht mehr so lange <u>Felix ist die Integration in die Klasse gelungen!</u>

Auszug aus einer Halbjahresplanung

für das Schuljahr 1985/86

(Die Namen der Schüler wurden aus Gründen des Datenschutzes geändert.)

Richtlinienbezug Richt-/Grobziele	Individuelle Förderkurse Folge der Grob- und Feinziele	Hanne	Eveline	Ellen	Eva	Ludwig	Helmut	Felix	Nils
	I. Sozial - kommunikativer Schwerpunkt								
1. Fähigkeit, über den Körper die eigene Person zu erleben 1.1 Fähigkeit, die Haut als Wahrnehmungsorgan zu erleben	I.1 (Integrative Maßnahmen für die neuen Schüler) Ellen und Helmut sollen durch das systematische Streicheln ihres Körpers diesen bewußt (zunehmend bewußter) wahrnehmen und dabei ein Körperempfinden, -gefühl und -schema entwickeln. Sie sollen hierbei eine erste Beziehung zum Lehrer aufbauen können (= Lernanbahnung über den personellen Bezug).			X			X		
1.9 Fähigkeit, Kommunikationsbereitschaft auszudrücken 3. Fähigkeit, Beziehung zur Umwelt aufzunehmen und sich zurechtzufinden 3.1 Fähigkeit, zur unmittelbaren Umgebung, den Nahraum Beziehung aufzunehmen	Ellen und Helmut sollen sich beim Baden des gesamten Körpers od. einzelner Körperteile entspannen, sich wohlfühlen und in Verbindung mit der vorausgegangenen Übung ein positives Körpergefühl entwickeln. (Beide S. sind starke Epileptiker, bei denen extreme Körperverspannungen zu beobachten sind; neben der Körperbehinderung scheinen diese Verspannungen eine primär psychische Ursache zu haben; bevor Lernen im Sinne aktiver Umweltauseinandersetzung vermittelt werden kann, muß zunächst durch Angstabbau, Wohlfühlen und Erleben der eigenen Person (= Selbst-Vertrauen) die Basis für das Lernen geschaffen werden.)			X			X		
4. Fähigkeit, in der Gemeinschaft zu leben	I.2 Die S. sollen ihre direkte Beziehungsfähigkeit erfahren und erweitern								
	a. zu Bezugspersonen (Lehrern)			X	X		X	X	X
	b. zu Mitschülern	X	X		X	X		X	
4.1 Fähigkeit, Gemeinschaft wahrnehmen zu können	c. zu anderen in der Klasse tätigen Personen	X	X	X	X	X	X	X	X
4.2 Fähigkeit, Beziehung an- und aufzunehmen	I.3 Die S. sollen ihre mediale Beziehungsfähigkeit erleben	X	X			X		X	
4.3 Fähigkeit, sich in die Gemeinschaft einzuordnen und sich zu behaupten	I.4 Die S. sollen die ihnen vertrauten Kommunikationsformen anwenden und sich mit neuen vertraut machen								
	z.B. - Atmung			X			X	X	X
	Hautkontakt			X	X		X	X	X
	Blickkontakt	X	X	X		X	X		
	Lautproduktion (individuell)	X			X	X	X	X	
	Einwort - Sätze					X			
	Mimik	X	X	X	X	X	X	X	X
	Gestik	X				X			

	I.5 Helmut , Felix u. Eva sollen lernen abzuwarten, d.h., nicht mehr ständig die Ansprache und Zuwendung des Lehrers zu fordern und zu benötigen, sondern stattdessen selbst aktiv zu werden oder Kontakt zu Mitschülern herzustellen. (= Hinführung zur Gruppenfähigkeit/ Abbau von Überbehütung)				X		X	X	
	I.6 Die S. sollen beim gemeinsamen Tun mit einem Partner sich zunächst abgehoben von diesem wahrnehmen und sich anschließend zunehmend auf diesen einstellen lernen.	X	X	X	X	X	X	X	X
	(Aufbau ersten sozialen Verhaltens: Kennenlernen des			X	X		X	X	
	anderen, Akzeptieren und Rücksichtnehmen auf den anderen,	X	X			X			
	das eigene Verhalten dem des anderen anpassen)		X			X			
	I.7 Die S. sollen ihre Fähigkeit, im Klassenverband aktiv zu werden stabilisieren und erweitern - beim gemeinsamen Singen und Musizieren - bei einfachen sozialen Spielen - während des Frühstückens / Mittagessens	X	X	X	X	X	X	X	X
	I.8 Die S. sollen beim gemeinsamen Singen, Musizieren und Spielen außerhalb des Klassenverbandes Freude empfinden, andere S. akzeptieren lernen und Mut zur Eigenaktivität entwickeln - Musik - AG		X			X			
	- gemeinsame Aktivitäten mit der Klasse von Frau A.	X	X		X	X		X	X
	I.9 Die S. sollen am Schulgottesdienst teilnehmen, die besondere Atmosphäre aufnehmen und Freude empfinden. Sie sollen bei der Einordnung in die große Gemeinschaft zunehmend unabhängiger von der Zuwendung des Lehrers werden, d.h. Gewöhnung an die veränderte Akustik und die visuelle Reizflut, aber auch Gewöhnung an den fremden Raum mit seinen Besonderheiten und den vielen Menschen. Die S. brauchen zunächst noch den festen Orientierungspunkt 'Lehrer'.Wenn sie sich an die Besonderheit der Situation gewöhnt haben, soll die Vermittlung einfacher religiöser Inhalte angebahnt werden.	X				X	X	X	
	II. <u>Haptisch - taktiler Schwerpunkt</u>								
1. Fähigkeit, über den Körper die eigene Person zu erleben 1.1 Fähigkeit, die Haut als Wahrnehmungsorgan zu erleben 1.3 Fähigkeit, Geräusche und Klänge wahrzunehmen 1.4 Fähigkeit, über die Hand Tasteindrücke wahrzunehmen	II.1 Felix und Eva sollen durch Abreiben mit verschiedenen Materialien sowie beim Baden ihre Füße bewußt wahrnehmen. Sie sollen ihre Füße als Wahrnehmungsorgane ('Tast'-Organe) kennenlernen und zunehmend aktiver einsetzen. (Da beide S. blind sind, muß der Unterricht stark auditive und osmatische Komponenten enthalten.) - Medien beim Abreiben: rauhe u. weiche Tücher rauhe u. weiche Bürsten Schaum (diff. Duftqualität) - Medien beim Baden: diff. temperiertes Wasser rieselfähiges Material Sand / Steine				X			X	

1.7 Fähigkeit, die Hand als Greiforgan zu benutzen	II.2 Sie sollen die Veränderung von Materialien mit Hilfe ihrer Füße empfinden, verfolgen und dabei ihre hapt.-taktile Wahrnehmungsfähigkeit erweitern. - Füße in sich härtendem Kleister oder Gips - Füße in Tonmehl				X			X	
	II.3 Sie sollen ihre Füße auf bewegtem Untergrund spüren und dabei die Bewegungsveränderung aufnehmen. - Füße auf festem, glattem Untergrund - Füße auf porösem, rauhem Untergrund - Füße auf kippendem, rollendem Untergrund				X			X	
	II.4 Die S. sollen sich selbst durch Stoßen oder Tasten mit der Umwelt auseinandersetzen. (Da beide S. in den Vorjahren das Tasten mit den Händen gelernt haben, gilt dieses Ziel -der angeleiteten Alleinarbeit- nun auch für die Füße.)				X			X	
2.1 Fähigkeit, Ausscheidungsvorgänge wahrzunehmen und zur Sauberkeit beizutragen 2.2 Fähigkeit, seinen Beitrag zur Körperpflege zu leisten	II.5 Die S. sollen beim gezielten Abreiben ihres Körpers mit qualitativ unterschiedlichen Materialien (siehe Duschprogramm - Vorjahresplanung) ihre Wahrnehmungsfähigkeit im gesamten Körperbereich erweitern. Sie sollen dabei die Reziprozität von Fühlen und Anfühlen erleben (= Voraussetzung für die aktive Umweltbegegnung u. -auseinandersetzung). Für Ellen und Helmut wird dieses Ziel erst im Laufe des Schuljahres gelten können. Dieser Unterricht findet eine Ergänzung bei der 'intensiven Pflege' durch die Kinderkrankenschwester (s. dazu Arbeitsplan der KKS)			X	X		X	X	X
	III. <u>LERNBEREICH I: Aspekt: 'Hören'</u> (Anknüpfung an den Unterrichtsschwerpunkt des Vorjahres)								
1. Fähigkeit, über den Körper die eigene Person zu erleben 1.3 Fähigkeit, Geräusche und Klänge wahrzunehmen	III.1 Die S. sollen die Funktion des Ohres erfahren und sich dessen bewußt werden. - Geräusche bei 'geöffnetem' u. 'geschlossenem' Ohr erzeugen (zur Angstvermeidung vor dem Spiegel)	X	X	X	X	X	X	X	X
	III.2 Die S. sollen Höreindrücke auf vibrierenden Materialien (Trommelmenbran, Becken, Gitarre, Geräuschdosen od. Holzbrettern) erfahren. Sie sollen entsprechend ihrer motorischen Fähigkeiten in die Klangerzeugung einbezogen werden.	X	X	X	X	X	X	X	X
3.1 Fähigkeit, zur unmittelbaren Umgebung, dem Nahraum, Beziehung aufzunehmen	III.3 Die S. sollen Höreindrücke durch röhrenartige Materialien (Papp- od. Metallröhren, Stethoskop) erfahren. Sie sollen dabei die hallartige Veränderung der Laute/Klänge kennenlernen.	X	X	X	X	X	X	X	X
	III.4 Den S. soll die Qualität von Höreindrücken bewußt werden: Erzeugen leiser und lauter Geräusche auf unterschiedlichen Materialien. Eveline und Ludwig wird anhand von Symbolkarten die Begrifflichkeit vertiefend erläutert (kognitiver Aspekt).	X	X X	X	X	X X	X	X	X

	III.5 Die S. sollen ihre eigene Stimme kennenlernen. Tonbandaufnahmen in verschiedenen Situationen, am Sofortbild verdeutlicht.	X	X	X	X	X	X	X	X
	III.6 Die S. sollen die Stimme ihrer Mitschüler und Lehrer kennenlernen und später wiederkennen. Stimme vom Tonband:im Rahmen sozialer Spiele Wiedererkennen der Stimme des anderen (= Motivation zur Lautäußerung)	X	X			X		X	
	III.7 Die S. sollen ein Geräusch als Aktivierungsimpuls kennenlernen. Auf unterschiedliche Klänge hin sollen die S. z.B. die Arme bewegen, den Kopf heben, die Augen schließen oder rufen.	X	X			X			
	III.8 Die S. sollen durch Musik vom Tonband verschiedene Tonqualitäten kennenlernen (z.B. 'Hänschen klein', 'Vogelhändler' oder 'Bruder Jakob').	X	X			X			
	III.9 Die S. sollen langsame und schnelle Musik im Einklang mit entsprechender Bewegung erleben. (Lernziel ist eng an den Unterricht im Lernbereich II und die rhythmischen Übungen gebunden)	X	X	X	X	X	X	X	X
	IV. <u>LERNBEREICH II: Bewegung erleben</u>								
1. Fähigkeit, über den Körper die eigene Person zu erleben	IV.1 Die S. sollen durch Bewegtwerden und durch Eigenbewegung im großen Raum ihr Körper- und Raumgefühl erleben und erweitern.	X	X	X	X	X	X	X	X
1.2 Fähigkeit, die Raumlage in Ruhe und Bewegung zu erleben 5. Fähigkeit, die Sachumwelt mitzugestalten und an ihrer Gestaltung teilzuhaben 5.1 Fähigkeit, verschiedenartige Materialien anzunehmen und sich mit diesen zu beschäftigen	Kommentar: Im vorausgegangenen Schuljahr haben die S. die Turnhalle mit ihren spezifischen räumlichen u. akustischen Gegebenheiten kennengelernt. Beim gezielten Durchfahren (bzw. Durchschreiten) des Raumes haben sie sich mit dessen Achsensystemen vertraut gemacht, und die Angst bzw. Unsicherheit vor dem Fremden verloren. Allen S. war das freie Bewegtwerden nach rhythmischer Musik und in Tanzformation möglich. Damit ist die Voraussetzung für die Auseinandersetzung mit Geräten im Raum gegeben.								
	IV.2 Die S. sollen durch Bewegen und Bewegtwerden auf unterschiedlichen Geräten ihr Körpergefühl erweitern; sie sollen ihre kinästhetisch-vestibuläre Wahrnehmung in Verbindung mit der haptisch-taktilen zunehmend aktiver einsetzen.	X	X	X	X	X	X	X	X
	a. Die S. sollen sich durch leichtes Schwingen mit dem Trampolin vertraut machen. Im engen Körperkontakt mit dem Lehrer sollen sie sich an den 'nachgebenden' Untergrund gewöhnen. Sie sollen sich entspannen und mit dem ganzen Körper die Schwingungen aufnehmen. Durch den engen Kontakt hilft der L. zunächst bei der Aufnahme und Beantwortung der Bewegung, so daß jedes	X	X	X	X	X	X	X	X

	Kind seinen individuellen motorischen u. psychischen Gegebenheiten gemäß, ein optimales Körpergefühl erlebt, entwickelt und den sich verändernden Gegebenheiten anpassen kann. Unter Anleitung der KG wird dabei jedes Kind in eine reflexhemmende Sitzposition gebracht, um ihm hierdurch eine bestmögliche Bewegungsaufnahme und -beantwortung zu ermöglichen.								
	b. Die S. sollen sich unter Anleitung von Frau P. mit den verschiedenen Schwingungs- und Bewegungsmöglichkeiten des Trampolins vertraut machen. (s. Planung v. Frau P.)	X	X	X	X	X	X	X	X
	c. Die S. sollen in der Aufnahme, Verarbeitung und Beantwortung der Bewegungsimpulse zunehmend unabhängiger von der Hilfestellung des L. werden. (= Hinführung zu selbständiger Umweltauseinandersetzung; Bewältigung ungewohnter Körperempfindungen; Erweiterung personeller Bezüge: Vertrautmachen mit Frau P. und Gewöhnung an die S. von Frau A.)	X	X	X	X	X	X	X	X
	d. Die S. sollen die Schwingungsmöglichkeiten einer großen Mattenschaukel kennenlernen, mit dem gesamten Körper die Bewegung aufnehmen und beantworten.	X	X	X	X	X	X	X	X
	V. <u>Förderung der Mundmotorik / Sprache (im weitesten Sinne)</u>								
1.8 Fähigkeit, die Mundmotorik zu beherrschen	V.1 Die S. sollen durch abwechslungsreiche Nahrung ihren Mundbereich bewußter wahrnehmen und die Mundmotorik zunehmend kontrollieren lernen (dazu ausführlich Planung zum Frühstück und Mittagessen).	X	X	X	X	X	X	X	X
2.3 Fähigkeit, Essen u. Trinken als angenehm zu empfinden u. die Aufnahmetechnik zu verbessern	V.2 Die S. sollen durch Streichen gegen den Unterkiefer ihren Mund schließen und ihren Speichel schlucken lernen.		X	X			X	X	
	V.3 Hanne und Ludwig sollen durch Blasen (Materialien mit allmählich steigendem Schwierigkeitsgrad) ihre Atemfrequenz kontrollieren lernen. Sie sollen dabei ihre stimmlichen Äußerungen erweitern und gezielt einsetzen (Bewußtmachen der eigenen 'Sprache'; mehr Mut zur Äußerung entwickeln).	X				X			
3.3 Fähigkeit, häufig erfahrene Situationen in ihrem Ablauf zu erkennen	V.4 Eveline soll durch Rufen auf sich aufmerksam machen u. ihren Wünschen mehr Ausdruck verleihen. Um ihr über die reine Ja- /Nein-Antwort hinaus (dies verdeutlicht sie z.Zt. mimisch) mehr Ausdrucksmöglichkeiten zu vermitteln, werden ihr einfache Abbildungen als Symbole für Handlungen angeboten. In Verbindung mit einem für sie entworfenen Gerät soll sie schließlich in der Lage sein, unter verschiedenen Möglichkeiten die richtige Antwort zu wählen, bzw. verschiedene Wünsche zu äußern und damit unabhängig von den Ja- oder Nein-Fragen des Lehrers zu werden. Eveline soll zunächst die Begriffe 'essen', 'Windel wechseln' und 'lernen' anhand von Fotos, später Schemazeichnungen erfassen. Das zunehmend abstrakter werdende Bildmaterial zu den drei Begriffen soll sie den entsprechenden Situationen zuordnen.		X						

	VI. <u>Musische Übungen</u>								
1.3 Fähigkeit, Geräusche und Klänge wahrzunehmen	VI.1 Die S. sollen sich mit Singspielen einfacher Art vertraut machen und die vorgegebenen Bewegungen im Rahmen ihrer Möglichkeiten mitvollziehen.	X	X	X	X	X	X	X	X
	VI.2 Die S. sollen sich bei sozial ausgerichteten Singspielen auf die Mitschüler einstellen lernen, d.h. abwarten, aber sich auch einbringen lernen.	X	X	X	X	X	X	X	X
	VI.3 Die S. sollen während des Morgenkreises und des Unterrichtes am Freitag (2. Block) den Gesang instrumental begleiten.	X	X	X	X	X	X	X	X
3.4 Fähigkeit, Zeit in ihrem Ablauf wahrzunehmen	VI.4 Die S. sollen anhand von St. Martins-, Nikolaus- und Weihnachtsliedern sich auf die Feste einstimmen bzw. mitgestalten können.	X	X	X	X	X	X	X	X
	<u>Planung für das Frühstück: Hanne, Ludwig, Felix, Helmut</u>								
1.8 Fähigkeit, die Mundmotorik zu beherrschen	1. Die S. sollen sich an der Vorbereitung ihres Brotes beteiligen und den Brotbelag selbst auswählen.								
2.3 Fähigkeit, Essen u. Trinken als angenehm zu empfinden u. die Aufnahmetechnik zu verbessern	2. Die S. sollen mit Hilfestellung die Milch eingießen und dabei ihre Trinkmenge selbst einschätzen lernen.								
	3. Die S. sollen sich äußern, wenn sie gesättigt sind.								
	4. Anhand individueller Eßhilfen sollen die S. weitgehend in den Füttervorgang einbezogen werden.								
	5. Die S. sollen den Wunsch nach Milch oder Joghurt äußern lernen. (Hinweise zu den einzelnen S. sind den beiliegenden Protokollen zu entnehmen; die Ziele des Vorjahres gelten derzeit noch.)								
	<u>Planung des Toilettentrainings: Hanne</u>								
2.1 Fähigkeit, Ausscheidungsvorgänge wahrzunehmen und zur Sauberkeit beizutragen	1. Hanne soll durch lang anhaltendes Lachen ihr Bedürfnis,zur Toilette gebracht zu werden, äußern.								
	2. Hanne soll sich an weitgehend regelmäßige Toilettenzeiten gewöhnen (9.50 u. 12.50 Uhr)								
2.2 Fähigkeit, seinen Beitrag zur Körperpflege zu leisten	3. Hanne soll sich an ihre Monatsblutungen und den damit verbundenen Pflegeaufwand gewöhnen. (In dieser Zeit benötigt sie besonders viel Zuwendung.)								
	4. Hanne soll beim Händewaschen ihre Hände selbst in den Wasserstrahl halten und sich nicht gegen das Abtrocknen wehren.								

Aufarbeitung der vorgenannten Unterrichtsplanung unter dem besonderen Beziehungsaspekt

A. Verzeichnis der in der systematischen Reflexion verwendeten Codierung

B. Planungsaufarbeitung aufgezeigt am Beispiel von Ellen

A.1 Methodische Schwerpunkte im Beziehungsunterricht

I. Ebene der Auseinandersetzung mit einem Sachverhalt
(vom Schüler aus zu betrachten)

I.1 Abbau von Abwehrverhalten oder Stereotypien
I.2 Geschehen - lassend
I.3 Interesse - erwachend
I.4 Mitvollziehend
I.5 Nachvollziehend
I.6 Eigenaktiv auseinandersetzend
I.7 Übend/ wiederholend

II. Ebene der Unterrichtsvermittlung
(vom Lehrer aus zu betrachten)

II.1 Anmutungsebene
II.2 Elementare Beziehungsebene
II.3 Erlebensebene
II.4 Erfahrensebene
II.5 Handlungsebene
II.6 Erkenntnisebene
II.7 Übertragungs- und Schlußfolgerungsebene

III. Sozialformen im spezifischen Unterricht

III.1 Einzelunterricht (= intensive S-L-Interaktion)
III.2 Übungsähnlicher Unterricht
III.3 enge Beziehungssituation (in isoliertem Raum)

III.4 freie Beziehungssituation (nicht geplant, frei in Raum und Situation entstehend)

III.5 Einzelunterricht in Anwesenheit anderer Schüler (diese aber noch nicht einbezogen)

III.6 stützende Partnerarbeit (2 Schüler haben die gleiche Aufgabe; der Lehrer stellt aber noch die Verbindung zwischen beiden her)

III.7 stützende Gruppenarbeit

III.8 echte Partnerarbeit (S-S-Interaktion)

IV. Personelle Vermittlung des Lerninhalts im speziellen Unterricht

IV.1 Durchführung des Unterrichtes primär vom Klassenlehrer

IV.2 Übernahme des Unterrichtes durch 2. Lehrer möglich

IV.3 Teilaspekt des Unterrichtes von der KKS durchgeführt

IV.4 Teilaspekt des Unterrichtes von der KG durchgeführt

IV.5 Teilaspekt des Unterrichtes vom ZDL (o.a.) durchgeführt

V. Organisatorischer Rahmen (= Raum) der Vermittlung

V.1 isolierter, ablenkungsarmer Raum (Gruppen- oder Pflegeraum)

V.2 Klassenraum

V.3 Toilette

V.4 Turnhalle / Schwimmbad

V.5 Eingangshalle / Aula

V.6 Raum und Weg außerhalb der Schule

VI. Mediale Ebene im Vermittlungsprozeß

VI.1 Material zur Gestaltung der Anmutungsebene (Musik, Klänge, Gesang etc.)

VI.2 Person- und Körperebene (= direkte elem. Beziehung) (Atmen, Blicken)

VI.3 Sensorisches Anregungsmaterial (visuell, auditiv etc.)

VI.4 Kinästhetisch-vibrator. Anregungsmaterial (Schaukel, Wippe, Trampolin)

VI.5 Bewegung provozierendes Anregungsmaterial

VI.6 Beziehung vermittelndes Material (=mediale Beziehung)

VI.7 Anschauungsmaterial mit steigendem Abstraktionsgrad:
- Realgegenstand - Realsituation
- Modell
- Film, Foto, Tonband
- Abbildung - Schemazeichnung
- Symbol

A.2 Stellenwert des Lernziels im Beziehungsunterricht

Abkürzungen

A - Ziel ist auf Entstehen und Entfaltung elementarer Beziehung ausgerichtet

Aa - zum Lehrer (=direkte Beziehung)

Ab - über Material zum Lehrer (=mediale Beziehung)

Ac - zu anderen Personen (=direkte Beziehung)

Ad - über verschiedene Materialien zu verschiedenen Personen (=mediale Bez.)

B - Ziel dient der Vorbereitung und Unterstützung der Beziehungsentwicklung, d.h., der Inhalt ist auf Selbsterleben und -erfahren des Kindes ausgerichtet und soll durch die dabei entstehende Selbstsicherheit dem Kind Mut zur Beziehung vermitteln

C - Ziel ist primär auf die Erlangung und Festigung von individuellen Fähigkeiten und Fertigkeiten ausgerichtet, läßt aber durch die spez. Unterrichtsorganisation jederzeit elementare Beziehung zu

D - Ziel berücksichtigt eher die Sozial- und auch Anmutungsebene, d.h., es ist auf Erleben und Wohlfühlen in der Gemeinschaft ausgerichtet und bildet damit die grundlegende Voraussetzung für die Orientierung und Selbstbehauptung in der (Klassen-) Gemeinschaft

A.3 Reaktionen des Kindes auf den Unterricht Erfolg des spezifischen Unterrichtes

Abkürzungen

0 - Das Kind reagiert noch nicht; es reagiert weder auf den Lehrer noch auf das Lernangebot = generelle Beziehungsstörung

1 - Das Kind zeigt minimale Reaktionen (z.B. Veränderung der Atemfrequenz), die aber noch nicht eindeutig dem Lehrer oder dem Lernangebot zugeordnet werden können = generelle Beziehungsstörung

2 - Das Kind zeigt Reaktionen, die als 'Offenheit' interpretiert, aber noch

eindeutig dem Lehrer oder dem Lernangebot zugeordnet werden können = generelle Beziehungsstörung

2.1 - Die Reaktion des Kindes ist als 'Offenheit' gegenüber dem Lehrer zu verstehen = Voraussetzung zur Beseitigung der Beziehungsstörung

2.2 - Die Reaktion des Kindes ist als 'Offenheit' gegenüber dem Lernangebot zu verstehen = Voraussetzung zur aktiven Umweltbegegnung

3 - Das Kind zeigt Reaktionen, die im weitesten Sinne als Ablehnung verstanden, aber noch nicht eindeutig dem Lehrer oder dem Lernangebot zugeordnet werden können = generelle Beziehungsstörung

3.1 - Die Reaktion ist als Ablehnung zu verstehen = Beziehungsstörung zwischen Kind und Lehrer

3.2 - Die Reaktion ist als Ablehnung gegen das Lernangebot zu verstehen

3.3 - Die Reaktion des Kindes ist als Ablehnung des Lehrers in Verbindung mit dem Lernangebot zu verstehen = partielle Beziehungsstörung zum Lehrer

4 - Das Kind läßt den Unterricht an sich geschehen, tritt aber in seinem Verlauf in direkte Beziehung zum Lehrer; der eigentliche Lerninhalt ist noch bedeutungslos für das Kind

4.1 - Die direkte Beziehung wird dabei eher vom Lehrer initiiert

4.2 - Das Kind kann im Verlauf des Unterrichtsgeschehens selbst direkte Beziehung initiieren

4.3 - Das Kind läßt den Unterricht an sich geschehen, tritt aber weder direkt noch medial mit dem Lehrer in Beziehung

5 - Kind und Lehrer konzentrieren sich zunächst auf den Lerninhalt, treten zueinander in direkte Beziehung, um sich anschließend wieder dem Lerninhalt zuzuwenden; der Lerninhalt ist der Vermittler der Beziehung = mediale Beziehung

5.1 - Die mediale Beziehung wird eher vom Lehrer initiiert

5.2 - Die mediale Beziehung wird eher vom Kind initiiert

6 - Das Kind setzt sich nach anfänglicher direkter Beziehung zum Lehrer (durch das dabei gewonnene Selbstvertrauen) mit dem Lernangebot bzw. -gegenstand auseiannder

7 - Das Kind nimmt mittels des Lernangebotes oder -gegenstandes Beziehung zu anderen Personen auf = direkte oder mediale Beziehung

8 - Das Kind nimmt im Rahmen des Unterrichtes Kontakt zur Umwelt im Sinne generalisierter Beziehungen auf

8.1 - generalisierte Beziehungen zu Personen der Klasse

8.2 - generalisierte Beziehungen zu Personen außerhalb der Klasse

9 - Das Kind erwirbt durch den Unterricht neue Fähigkeiten und Fertigkeiten (welche konkret?)

10 - Durch den Lerninhalt / Unterricht sind gravierende Persönlichkeitsveränderungen beim Kind festzustellen (welche konkret?)

A.4 Effektivität der gewählten Lernziele im Hinblick auf die Entwicklung individueller Beziehungsfähigkeit

Abkürzungen

I - Das Ziel hat den Charakter eines 'Probeunterrichtes', d.h., es steht am Anfang der Erziehung eines schwerstbehinderten Kindes und dient dem Lehrer als erste Orientierungshilfe

II - Das Ziel läßt keine Aussagen über das Beziehungsverhalten des Kindes zu

III - Das Ziel berücksichtigt die Bedürfnisse des Kindes nicht:

III.1- Der Unterricht zeigt, daß das Ziel die Beziehungsbedürfnisse des Kindes nicht berücksichtigt (zu hoch angesetzt)

III.2- Der Unterricht zeigt, daß das Ziel unterhalb der Bedürfnislage des Kindes liegt (zu tief angesetzt)

IV - Das Ziel ist zu eng formuliert, d.h., es läßt Schüler bzw. Lehrer zu wenig Freiraum, damit elementare Beziehung entstehen kann

V - Das Ziel läßt ein begrenztes Beziehungsgeschehen zu, ist nicht offen genug, damit die nächste Stufe in der Entwicklung von Beziehungsfähigkeit entstehen kann

VI - Das Ziel entspricht voll den situativen und personalen Erfordernissen, d.h. es führt unmittelbar zum gewünschten Lerneffekt

Lehrplanaufarbeitung unter dem besonderen Beziehungsaspekt

Schüler: ELLEN

Entwicklungsbereich: A. Beziehungsfähigkeit   Zeitraum der Unterrichtsplanung: 1. Halbjahr 1985/86

Teilbereiche	Unterrichts- bzw. Grobziele	Anteil und Ausmaß der möglichen Beziehung für den Schüler	Methodische Schwerpunkte	Medien	Erfolg / Entwicklungsveränderung
direkte Beziehung	Ellen soll ihre direkte Beziehungsfähigkeit erfahren und erweitern a. zur Bezugsperson (Lehrer) b. zu anderen in der Klasse tätigen Personen (Richtlinien: 4/4.1/4.2)	Ausrichtung des Ziels: 1. auf konkrete Situation, in der der S. das Unterrichtsgeschehen selbst bestimmt 2. für den gesamten Unterricht durch die gegenseitige Akzeptanz der Beziehungsfähigkeit relevant II – Unterricht unter dem primären Beziehungsaspekt VI – Bewertung der Effektivität des Ziels	Komplex I : alle Komplex II : 1 u. 2 Komplex IV : 1 u. 2	Schüler- und Lehrerpersönlichkeit	zu Beginn: 1 ab Sep. 85: 4 u. 4.1 ab Okt. 85: 4.2

<u>Entwicklungsbereich</u>: B. Ausdrucks- bzw. Mitteilungsfähigkeit

	Ellen soll die ihr vertrauten Kommunikationsformen anwenden und sich mit neuen vertraut machen - Atmung - Hautkontakt - Blickkontakt - Mimik (Richtziele: 1.9/ 4/ 4.1/ 4.2)	Ziel für den Gesamtunterricht relevant; nicht auf konkrete Situation bezogen I – Unterricht zur Erprobung und Kontaktanbahnung II – Unterricht unter dem primären Beziehungsaspekt VI – Bewertung der Effektivität des Ziels	Komplex I : alle Komplex II : II.4 Komplex III : alle Komplex IV : alle Komplex V : V.1 V.4 V.8	Schüler- und Lehrerpersönlichkeit	Ellen macht nun zunehmend durch Fixieren auf sich aufmerksam zu Beginn: 2.1 ab Sep. : 4.1 ab Okt. : 4.2

<u>Entwicklungsbereich</u>: C. Sozialverhalten

Kennenlernen der Mitschüler -Aufbau ersten sozialen Verhaltens	Ellen soll sich beim gemeinsamen Tun mit einem Partner zunächst abgehoben von diesem erleben und sich zunehmend auf diesen einstellen lernen (Richtziele: 4/ 4.1/ 4.2 / 4.3)	I – Unterricht zur Erprobung und Kontaktanbahnung I u. II – Bewertung der Effektivität des Ziels	Komplex I: 4 Komplex II: 3 u. 4 Komplex IV: 3	z.B. gemeinsames Liegen auf der Matte oder Liegen unter dem Zelt	keine eindeutigen Reaktionen auf die Mitschüler (autistisches Verhalten?) zu Beginn: 0 im Verlauf: 2.1 wirkt zunächst auf den Lehrer konzentriert
	– Sie soll ihre Fähigkeit im Klassenverband aktiv zu werden stabilisieren und erweitern (Richtziele: s.o.)	s. o.	s. o.	Lieder u. Spiele verschied. Art	'Offenheit' gegenüber dem Lehrer Beziehungsstörung zu Mitschülern
Musische Übungen	– Sie soll sich mit Singspielen einfacher Art vertraut machen und die vorgegebene Bewegung im Rahmen ihrer Möglichkeiten mitvollziehen	s. o.	Komplex IV	'Der Elefant auf dem Spinnennetz' 'Der graue Esel' 'Ziege meck, meck' 'Bauer Klaus'	verfolgt das Geschehen, wird aber selbst nicht aktiv zu Beginn : 0 im Verlauf: 2.2
	– Sie soll sich bei sozial ausgerichteten Singspielen auf die Mitschüler einstellen lernen, d.h. abwarten, aber auch einbringen	I u. II – Bewertung der Effektivität des Ziels		Versteckspiele Tanzspiele	keine Reaktion auf die Mitschüler
	– Sie soll während des Morgenkreises und beim Freitagsunterricht den Gesang instrumental begleiten	I u. III.1 u. V – Bewertung der Effektivität des Ziels		Glockenband	Material hat noch keine Bedeutung für sie
	– Sie soll sich anhans von spez. Liedern auf jahreszeitl. Feste einstimmen bzw. mitgestalten	I u. II – Bewertung der Effektivität des Ziels		St. Martins –, Nikolaus- und Weihnachtslieder	zeigt keine Reaktionen auf die Lieder; sie liebt Gesang an sich

Entwicklungsbereich: D. Wahrnehmung

Erleben des eigenen Körpers	Ellen soll durch das systematische Streicheln ihres Körpers diesen zunehmend bewußter wahrnehmen und dabei ein Körperempfinden, -gefühl u. -schema entwickeln. Sie soll dabei erste Beziehung zum Lehrer aufbauen können. (Richtziele: 1/ 1.1)	I - Unterricht zur Erprobung und Kontaktanbahnung II - Unterricht unter dem primären Beziehungsaspekt (Durch die offene Haltung des Lehrers kann, wenn das Kind will, direkte Beziehung entstehen) VI - Bewertung der Effektivität des Ziels	Komplex I: 1 u. 2 Komplex II: 1 - 3 Komplex III: 1 u. 2 Komplex IV: 1 - 3 Komplex V : 1,2,4,5	Körpermassage (s. Ausarbeitung)	zu Beginn: 3 im Verlauf: 4
	Sie soll sich beim Baden des Körpers od. einzelner Körperteile entspannen, sich wohlfühlen und in Verbindung mit dem vorausgegangenen Unterricht ein positives Körpergefühl entwickeln. (Richtziele: 1/ 1.1/ 3/ 3.1)	I - Unterricht zur Erprobung und Kontaktanbahnung II - Unterricht unter dem primären Beziehungsaspekt (s. o.) VI - Bewertung der Effektivtät des Ziels	s. o.	Duschprogramm (s. Ausarbeitung)	Freude beim Baden; hier eher Hautkontakt möglich; gute Entspannung, aber keine akt. Auseinandersetzung mit Schwimmtieren zu Beginn: 0 im Verlauf: 4, 4.1, 4.2
Kinästhetische Wahrnehmung	Ellen soll durch Bewegtwerden und durch Eigenbewegung im großen Raum ihr Körper- und Raumgefühl erleben und erweitern. Sie soll durch Bewegen und Bewegtwerden auf unterschiedlichen Geräten ihr Körpergefühl erweitern; sie soll ihre kinästhetische Wahrnehmung in Verbindung mit der hapt.-taktilen zunehmend aktiver einsetzen. (RIchtziele: 1/ 1.2/ 5/ 5.1)	III-Unterricht unter dem primären Materialaspekt Durch das enge, gemeinsame Tun mit dem Lehrer kann, wenn beide dazu bereit sind, elementare Beziehung entstehen. IV - Bewertung der Effektivität des Ziels (III.1)	primär: Komplex II: 1 u.3 Komplex V : 3.1	Mattenschaukel	zunächst Unsicherheit auf bewegtem Untergrund, dann Freude zu Beginn: 3.2 im Verlauf: 3.3 - 10 erlangt im Laufe des Schuljahres gewisse Stabilität im Kniestand; Angst ganz abgebaut im Verlauf: 9

Entwicklungsbereich: E. Feinmotorik

Anbahnung: Greifen	Da Ellen bisher nur sehr selten von sich aus Gegenstände anfaßt oder berührt, ist darauf zu achten, inwieweit ihre 'zufälligen' Bewegungen als Kontaktaufnahme zu werten sind. Weil sie Spiegel sehr liebt, soll sie vor dem Spielgel hängende Gegenstände anstoßen u. ergreifen; desg. mit kleinen Spiegeln od. spiegelnden Gegenständen.	I – Unterricht zur Erprobung und Kontaktanbahnung (Intention des Unterrichtes: Abbau von Stereotypien) I – Bewertung der Effektivität des Ziels	Komplex III besondere Aufmerksamkeit des Lehrers	Stand- u. Handspiegel	Berührt die Gegenstände vor dem Spiegel nicht, sondern betrachtet sich in 'stereotyper' Weise im Verlauf: 0
	Ellen soll auch unabhängig vom Frühstück verschiedene Becher u. Tassen anfassen (Handführung). Richtziele: 1/ 1.1/ 1.7/ 3.1	IV – Unterricht zur Festigung von Fähig- bzw. Fertigkeiten III.1– Bewertung der Effektivität des Ziels		div. Becher, Saft	Gegenstände sind für sie noch bedeutungslos im Verlauf: 0
Hapt.-takt. Übungen = Gestalterischer Schwerpunkt	Die Schüler sollen - div. Materialien wie Fingefarbe, Kleister und derg. mit den Händen fühlen, (bzw. fühlen lassen) - diese Stoffe mit den Händen verformen, verteilen od. vermischen - mit den Händen großräumige Linien ziehen - Farben mit Sand od. derg. mischen und den Vorgang verfolgen	III – Unterricht unter dem Materialaspekt III.1 – Bewertung der Effektivität des Ziels	Komplex V: 3 u.a.	Fingerfarbe, Pappmaché, Kleister, Klebstoffe, Schaumstoffe, Watte	läßt sich die Hände führen, scheint aber keine Bedeutung dem Tun zu entnehmen im Verlauf: 4.3

Entwicklungsbereich: I. Selbstversorgung

Toiletten-training	- Ellen soll mit Unterstützung in den Hüften selbst zur Toilette gehen. - Sie soll auf dem Kindersitz frei auf der Toilette sitzen. - Sie soll den Sinn des Toiletten-ganges durch Verstärkung bei 'Er-folg' erfahren. - Sie soll die Wasserspülung selbst betätigen und den Lauf des Was-sers verfolgen - Sie soll sich die Hände am Wasch-becken waschen u. abtrocknen las-sen. - Sie soll bei Toilettengängen die Türen mit Hilfe öffnen lernen. (Richtziele: 2.1/ 2.2)	IV - Unterricht zur Festigung von Fähig- bzw. Fertigkeiten III - Bewertung der Effektivität des Ziel (kann aber durch die Gestal-tung der Lernatmosphäre doch zu VI werden - der si-tuative Rahmen ist bei trainingsartigem Unterricht das entscheidene)	Komlpex IV: 1 - 3 Komplex V: 1,2,4,5 6,8,12 14	Toilette	- weiß, wozu die Toi-lette da ist - Erfolg noch unre-gelmäßig - akzeptiert Toilet-tengänge im Verlauf: 9

Methodische Hinweise:

- Der Toilettengang und das Wickeln soll für Ellen in möglichst ruhiger Weise erfolgen.
- Da Ellen das Anfassen- und Berührtwerden von vorne als bedrohlich erlebt, sollte der Lehrer beim An- bzw. Ausziehen hinter ihr stehen.
- Wenn die Windel trocken ist, evtl. ein zweites Mal mit ihr zur Toilette gehen.
- Auch bei bereits nasser Windel Toilettengang durch-führen.
- Zunächst zu unterschiedlichen Zeiten gehen, um den 'richtigen' Zeitpunkt herauszufinden.

Entwicklungsbereich: I. Selbstversorgung II

Förderung der Mundmotorik	Ellen soll durch abwechslungsreiche Nahrung ihren Mundbereich bewußter wahrnehmen und die Mundmotorik zunehmend kontrollieren lernen. (Hinführung zum Essen fester Nahrung)	- elementare Beziehung über das osmat.-gustatorische Element möglich IV - Unterricht zur Festigung von Fähig- bzw. Fertigkeiten	Komplex IV: 1 - 3 Komplex III:3 - 4 Komplex V : 4,5,6...	Joghurt, Brot, Aufschnitt	zerdrückt zunächst kleine Brotstückchen mit der Zunge zu Beginn: 2.1/2.2 (Reaktionen nicht ganz eindeutig)
	- Sie soll an der Vorbereitung ihres Brotes beteiligt werden, den Belag selbst wählen: - ansehen und riechen lassen - auf evtl. Reaktionen achten	II - Bewertung der Effektivität des Ziels (kann aber dennoch durch die spez. Lernatmosphäre entstehen)			
	- Sie soll sich äußern, wenn sie gesättigt ist, bzw. noch hungrig ist.				gibt Sättigungsgefühl nicht an (0) zeigt durch Vorbeugen u. Anschauen Wunsch nach Milch(9)
	- Sie soll mit individueller Hilfe weitgehend in das Füttern einbezogen werden: - soll den Becher zum Trinken möglichst lange anfassen und zum Mund führen lassen - soll den Kopf möglichst oft dem Fütternden zuwenden und durch Öffnen des Mundes den Eßwusch ausdrücken			Trinkbecher, Saft, Milch	der Trinkvorgang scheint ihr nicht bewußt zu sein

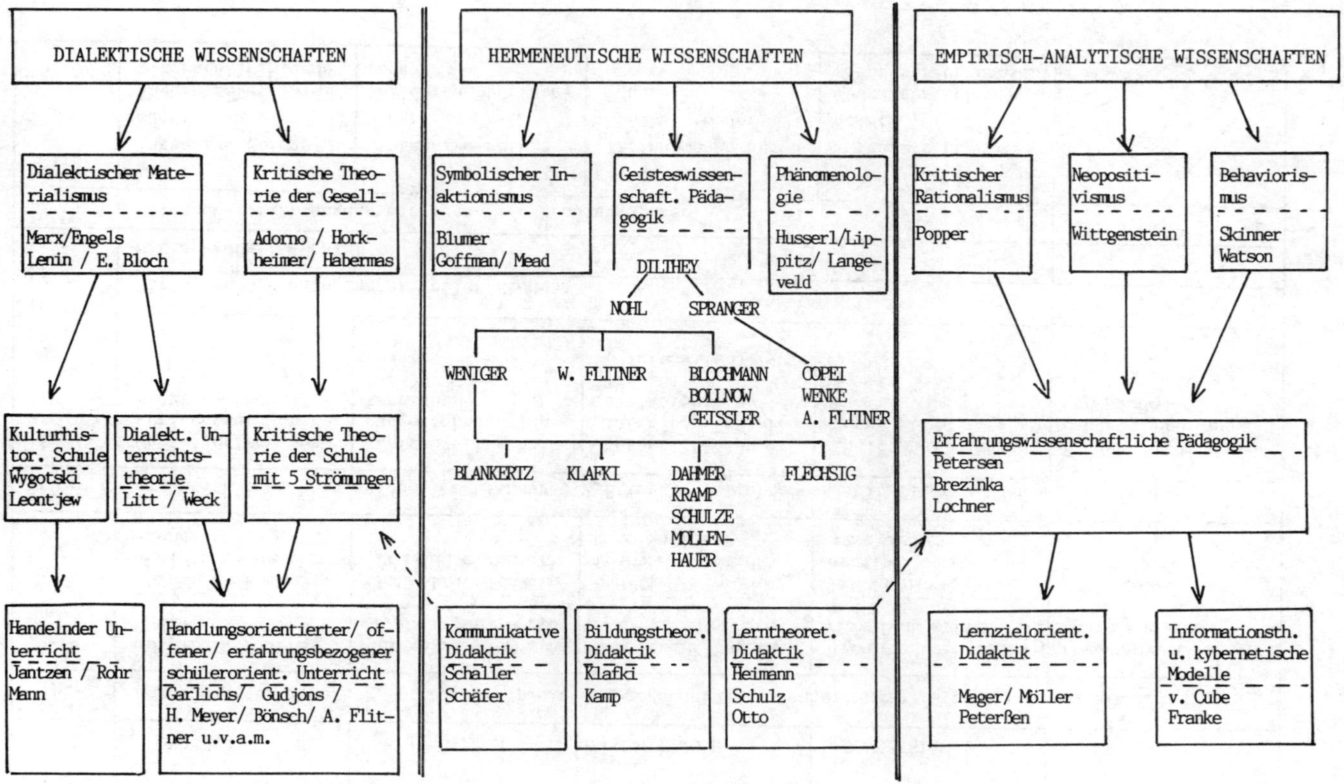

In Anlehnung an die "Didaktische/ Wissenschaftstheoretische Landkarte", H. MEYER 1987

Exemplarischer Stundenplan für das Schuljahr 1985/86

ZEIT	MONTAG	DIENSTAG	MITTWOCH	DONNERSTAG	FREITAG
8.30 - 8.50	Begrüßung der Schüler / soziale Spiele zum gegenseitigen Kennenlernen / Toilettengang mit Ellen				
8.50 - 10.00	Individuelle Förderung f. d. stärkere Gruppe - - - - - - - - - - Individuelle Förderung im haptisch - taktilen Bereich	Individuelle Förderung f. d. stärkere Gruppe - - - - - - - - - - Individuelle Förderung im auditiven Bereich	Individuelle Förderung f. d. stärkere Gruppe - - - - - - - - - - Individuelle Förderung im sozial - kommunikativen Bereich	Hauswirtschaftl. Unterricht f. d. stärkere Gruppe - - - - - - - - - - Individuelle Förderung osmatisch - gustatorischen Bereich	Krankengymnastische Therapie im Wasser (Schwimmen)
10.00 - 11.30	Frühstück (nach individueller Planung) / Pflege - Toilettengang mit Ellen u. Hanne / Ruhephase				
11.30 - 12.15	Gestalterisch ausgerichteter Unterricht	Musisch - rhythmisch ausgerichteter Unterricht	Unterricht zum Erleben und Erfahren des Körpers auf dem Trampolin (Turnhalle)	Individuelle Förderung	Singen und Musizieren zum Ausklang der Woche
12.15 - 13.00	Mittagessen (nach individueller Planung)				
13.00 - 14.00	Mittagsruhe / -schlaf				
14.00 - 14.30	Pflege / Toilettengang mit Hanne / Erholungsphase				
14.30 - 15.30	Intensive Pflege oder: Angeleitetes Spiel mit Parallelklasse	Intensive Pflege oder: Bilderbuchbetrachtung	Teilnahme an der Musik - AG der Schule	Intensive Pflege oder: Gestalterisch ausgerichteter Unterricht	